KARL ROBERT MANDELKOW

# Goethe in Deutschland

Rezeptionsgeschichte eines Klassikers
Band I
1773–1918

VERLAG C. H. BECK MÜNCHEN

CIP-Kurztitelaufnahme der Deutschen Bibliothek

*Mandelkow, Karl Robert:*
Goethe in Deutschland : Rezeptionsgeschichte
e. Klassikers / Karl Robert Mandelkow. –
München : Beck.
Bd. 1. 1773 – 1918. – 1980.
ISBN 3 406 07907 5

ISBN 3 406 07907 5

Umschlagentwurf: Bruno Schachtner, Dachau

Satz und Druck: Sellier Druck GmbH, Freising
Printed in Germany

Karl Robert Mandelkow

# Goethe in Deutschland
Band I

# Inhaltsverzeichnis

# Vorwort

Das vorliegende Buch war ursprünglich geplant als ein revidierter Wiederabdruck der Einleitungen zu den drei von mir herausgegebenen Dokumentationsbänden ,Goethe im Urteil seiner Kritiker', die in der Reihe ,Wirkung der Literatur' erschienen sind. Bei der Vorbereitung zu diesem Unternehmen ergab sich die Notwendigkeit nicht nur der Revision des vorhandenen Textes, sondern seiner Erweiterung durch Einbeziehung von Aspekten, die in den Einleitungen nicht berücksichtigt werden konnten. So ist eine auf weite Strecken hin neue Darstellung entstanden, deren Umfang gegenüber dem Text der Einleitungen mehr als verdoppelt worden ist. Unverändert habe ich den Wortlaut der Einleitungen dort gelassen, wo ich glaubte, dies auch heute noch verantworten zu können. Wenn trotz der beträchtlichen Erweiterungen dieses Buch von einer auch nur annähernd vollständigen Darstellung des Gegenstandes noch weit entfernt ist, so liegt dies nicht nur an den Grenzen meiner Möglichkeiten und meiner Kompetenz, sondern ist auch im Wesen des Gegenstandes selbst begründet. Angesichts der grundsätzlichen Unabschließbarkeit der Bearbeitung eines derart komplexen und materialintensiven Themas war ich gezwungen, mehr oder minder willkürliche Schnitte der Stoffbegrenzung vorzunehmen. Sollte es mir dennoch gelungen sein, die Geschichte der Rezeption Goethes in Deutschland in ihren Haupt- und Grundzügen ohne allzu einseitige Akzentuierung sichtbar gemacht zu haben, so sähe ich meine Aufgabe als erfüllt an. Der hier vorgelegte erste Band meiner Untersuchung behandelt den Zeitraum, der in den ersten drei Bänden von ,Goethe im Urteil seiner Kritiker' dokumentiert ist. Die von mir analysierten Rezeptionstexte sind, wenn möglich, nach dem Abdruck in dieser Sammlung zitiert worden. Die aus anderen Quellen stammenden Texte sind, dem Grundsatz der Gleichbehandlung folgend, den Editionsprinzipien der Dokumentationsbände angeglichen worden (Modernisierung der Orthographie). Titel von Werken werden grundsätzlich in der originalen Form und Schreibweise geboten.

Mein Dank gilt auch für dieses Buch dem Verlag C. H. Beck, dessen Mitarbeiter mich ermuntert haben, es zu schreiben. Er gilt ferner den wenigen Freunden, die mit kritischem Interesse die Arbeit an ihm begleitet haben. Insbesondere gilt mein Dank Herrn Dr. Konradin Zeller, der die Herstellung dieses Buches betreut hat und mit seiner überaus sorgfältigen Durchsicht des Manuskripts manche stilistischen Unstimmigkeiten hat beseitigen helfen.

Hamburg, im März 1980 — Karl Robert Mandelkow

# Einleitung

## Zur Geschichte der Rezeptionsgeschichte Goethes. Standortbestimmung der vorliegenden Darstellung

Wenn die These richtig ist, daß das Auftreten rezeptionstheoretischer Reflexion immer als ein Indiz für die krisenhafte Infragestellung eines eingespielten Verhältnisses zwischen Werk und Rezipient gelten kann,[1] so stellt sich die Aufgabe, für den hier vorgelegten Versuch einer Rezeptionsgeschichte Goethes die Momente zu benennen, die auf eine solche Krise im Verhältnis der Deutschen zu ihrem bislang anerkanntermaßen größten Dichter hindeuten. Die Erörterung dieses Problems wäre zugleich die Antwort auf die Frage, in welcher kritischen Konstellation der vorliegende Versuch zu gerade dieser Gegenwart des Jahres 1980 steht. Die Eskalation rezeptionstheoretischer und rezeptionsgeschichtlicher Methoden und Verfahrensweisen, die seit nunmehr zehn Jahren die wissenschaftliche und außerwissenschaftliche Auseinandersetzung mit Literatur kennzeichnet, ist ein Phänomen, das nicht nur für die Beschäftigung mit Goethe Symptomcharakter hat, sondern für unsere Stellung zum literarischen Erbe überhaupt. Sie ist primär Ausdruck einer alle gesellschaftlichen Bereiche umgreifenden Emanzipationsbewegung, die etablierten Normen und Traditionen gegenüber das Recht auf Kritik und der auf Veränderung drängenden Mitsprache einklagt. So auch für jenen Bereich der Literatur, der von der Überlieferung den Anspruch, klassisch zu sein, aufgeprägt erhalten hat. Die kritische Opposition gegen durch Traditionen sanktionierte Privilegien mußte jenen Autor zentral treffen, der in Deutschland als der klassische Nationalautor schlechthin galt, Goethe. Noch 1952 hatte Emil Staiger im ersten Band seiner großen Goethedarstellung mögliche Ansprüche der Gegenwart an den Dichter im Gestus traditionsbewahrender Entschiedenheit abgewiesen: „Gerade dann aber, ja nur dann, wenn uns die Frage: Was hat uns Goethe heute zu sagen? angesichts seiner Wirklichkeit auf den Lippen erstirbt oder sich in die angemessenere verwandelt: Wie bestehen wir heute vor ihm? – dann ist es geglückt, ihn neu zu gewinnen und so der Zeit den Dienst zu leisten, den niemand leistet, der sich von ihr die Gesetze des Denkens vorschreiben läßt.“[2] Diese Sätze formulieren unvergleichlich genau ein traditionsautoritäres Goetheverständnis, das nur aus den spezifischen Bedingungen der unmittelbaren Nachkriegssituation heraus verständlich ist.

In beiden Teilen Deutschlands erfuhr Goethe nach 1945 eine einzigartige Renaissance. Für beide Teile war der Rückbezug auf Goethe Bestandteil der Suche nach einer neuen nationalen Identität, in beiden Lagern, so unterschiedlich die Voraussetzungen und Traditionen der Rezeption auch waren, griff die Berufung auf Goethe weit über die literarisch-künstlerische Bedeutung seines Werkes hinaus, sie wurde – zur jeweils unterschiedlich interpretierten – Anknüpfung an die wahre, die eigentliche, die humanistische Tradition der Deutschen, die der Welt durch die jüngste faschistische Vergangenheit verdeckt worden war. Goethe erhielt Alibifunktion, er wurde eines der vornehmlichen Vehikel der Wiederherstellung des beschädigten Selbstbewußseins der Deutschen in beiden deutschen Staaten. Dieser unvergleichliche, bisher noch kaum untersuchte Vorgang in der Ideologiegeschichte der Deutschen hat annähernd genau zwei Jahrzehnte gedauert, man wird diesen Zeitraum ohne Bedenken einen Kulminationspunkt der Hochschätzung Goethes und der deutschen Klassik in Deutschland nennen dürfen. Ging die Inthronisation Goethes als Gipfel und Zentrum des literarischen Erbes im östlichen Teil Deutschlands von Anfang an gepaart mit einer scharfen Kritik an seiner bisherigen bürgerlichen Rezeptionsgeschichte,[3] so wurde in Westdeutschland die Kontinuität des neuen Goetheverständnisses mit der bisherigen Tradition betont. Gelegentlicher kritischer Einspruch gegen die weltanschauliche und ästhetische Leitfunktion, die Goethe beim Wiederaufbau einer nationalen Kultur zugesprochen wurde, wie die Frankfurter Rede ‚Unsere Zukunft und Goethe' (1947) von Karl Jaspers, wurde von prominenten Forschern zurückgewiesen und mit dem Anathema des Ungehörigen belegt.[4] Es hat nicht an Versuchen gefehlt, mit einem emphatischen Bekenntnis zu Goethe sich von der Kollaboration mit dem braunen Ungeist reinzuwaschen. Das fatalste Beispiel dieses neuen Dienstes an Goethe ist das 1952 erschienene kompendiöse Buch ‚Das Goethebild des XX. Jahrhunderts' von Heinz Kindermann, der einst einer völkischen Literaturbetrachtung mit in den Sattel geholfen hatte. Hinter der Fassade einer eindrucksvollen Belesenheit verbirgt sich hier der Versuch, die ungebrochene Kontinuität eines durch die Zäsur des Faschismus unbehelligten Goetheverständnisses bis in die Gegenwart nachzuweisen und sich zugleich durch das Weltecho des Goethejahrs 1949 die Absolution des Auslands für begangenes Unrecht einzuholen. Von der Nachbarschaft Buchenwalds zu Weimar ist in diesem Buch nicht die Rede. Stattdessen der Jubelruf über den trostspendenden Allheiler Goethe, in dessen Namen die zerspaltene Welt zu neuer Harmonie sich einigen wird: „Goethe ist überall, nicht allein im deutschen Sprachgebiet und nicht allein in Europa ein höchst lebendiges Ferment unserer Umschichtungen. Er greift über zweihundert Jahre hinweg überaus lebendig ein in unser neues Werden. Daß aber eine ganze Welt dabei an ihm teilhat, daß sie alle, die vom Osten und die vom Westen, jeder in seiner Weise, an einem lebendigen Goethe und an seine wirksame Strahlungskraft glauben – ist diese Erkenntnis des neuen Goethebildes nicht ein gewaltiger Trost, ja vielleicht sogar eine Verheißung in dieser Epoche des Weltmißtrauens und der Zerspaltenheit?"[5] Es wäre ungerecht, die Goetherenaissance nach 1945 ausschließlich im Spiegel dieses verzerrten Pathos zu sehen. Dennoch bleibt das Gegenpathos der zwanzig Jahre später einsetzenden aggressiven Goethekritik ohne die Kenntnis dieser ideologisch besetzten Rezeptionsphase Goethes weithin unverständlich. Wir werden im zweiten Band unserer Darstellung Gelegenheit haben, diese Zusammenhänge ausführlich darzustellen. Hier sei nur auf die wichtigsten Fakten hingewiesen.

Die seit der Mitte der sechziger Jahre einsetzenden Angriffe gegen das kulturelle Bewußtsein der Adenauerschen Restaurationsepoche waren auf breiter Front immer auch Angriffe gegen die für dieses Bewußtsein konstitutive Restauration Goethes und der Goethezeit überhaupt. Goethe stand im Lichte dieser Angriffe stellverstretend für eine traditionsbewußte Klassikerpflege, die im selbstvergessenen Hinhören auf das Dichterwort an der unergründlichen und unerschöpflichen Vielfalt der Seinsmöglichkeiten, die dieser Autor verhieß, ästhetisch teilhaben konnte, um sich so der „würdelosen Despotie des Zeitgeistes" (E. Staiger) und der politischen Verantwortung für die Gestaltung der Gegenwart gelassen zu entziehen. Die tabuverletzende Goethe-Biographie von Richard Friedenthal (1963) setzte ein erstes Signal,[6] der Zürcher Literaturstreit um Emil Staigers Rede ‚Literatur und Öffentlichkeit' im Dezember 1966 radikalisierte die Fragestellung und sprengte mit schonungsloser Offenheit die brüchig gewordene Fassade restaurativer Klassikerpflege. Eine erste literaturwissenschaftliche Bestandsaufnahme dieser politischen Götterdämmerung des bisherigen Goethe- und Klassikverständnisses brachte der ‚Second Wisconsin Workshop', der 1970 in Madison/USA stattfand und dessen Beiträge ein Jahr später unter dem von Franz Mehring entlehnten Titel ‚Die Klassik-Legende' veröffentlicht wurden.[7] Das Vorwort der Herausgeber Reinhold Grimm und Jost Hermand formulierte eindeutig die polemische Stoßrichtung der gemeinsamen Überlegungen: „Es gehört nun einmal zum Wesen der Weimarer Hofklassik, daß hier zwei hochbedeutende Dichter die Forderung des Tages bewußt ignorieren und sich nach oben flüchten: ins Allgemein-Menschliche, zum Idealisch-Erhabenen, zur Autonomie der Schönheit, um dort in Ideen und poetischen Visionen das Leitbild des wahren Menschentums zu feiern."[8]

Die Krise des gegenwärtigen Goetheverständnisses ausschließlich auf den emanzipatorischen Protest gegen die „Einschüchterung durch Klassizität" (B. Brecht) zurückzuführen, hieße die Problematik, um die es hier geht, allerdings um eine wesentliche Dimension zu verkürzen. Zentraler scheint mir das hinter dem antiautoritären Protest sichtbar werdende Phänomen des Funktionsverlusts, von dem ein Autor wie Goethe, der wie kaum ein anderer weltweit in alle Lebensbereiche hinein gewirkt und seine prägenden Spuren hinterlassen hat, in der Gegenwart bedroht ist. Steht sein Werk überhaupt noch in einer ‚kritischen Konstellation' zu unserer Gegenwart, derart, daß wir uns mit unseren Fragen und Problemen in ihm und seinen Antworten auf die ihm möglichen Fragen wiederzuerkennen vermöchten? Diese Frage allerdings ist nicht neu. Schon Theodor Mundt, einer der führenden jungdeutschen Kritiker, hat zwei Jahre vor Goethes Tod dessen Werk, vom Standpunkt der Gegenwart aus betrachtet, als vergangen, für die Rezeption abgeschlossen und für das Gegenwartsinteresse antiquiert bezeichnet.[9] Diese Feststellung klingt – da durch die Geschichte so glänzend widerlegt – beruhigend für diejenigen, die ihre eigene Ratlosigkeit dem literarischen Erbe gegenüber durch den Hinweis auf die ewige Wiederkehr des Gleichen zu besänftigen pflegen. Rezeptionsgeschichte erhält unter diesem Gesichtspunkt die Funktion einer Trostgeschichte angesichts eines durch die Gegenwart nicht mehr zu führenden Legitimationsnachweises. Was einmal eine Funktion gehabt hat, ist es wert, auch heute noch geschätzt und beachtet zu werden: Nach dieser Devise werden heute ganze wissenschaftliche Disziplinen, die aus dem Interesse der Gegenwart herausgefallen sind, künstlich am Leben erhalten. Die Faszination, mit der sich die Literaturwissenschaft heute Fragen der Rezeptionsgeschichte widmet, ist vielfach eine von Habenichtsen, die aus der Not der Gegenwart eine Tugend der Geschichte machen. Die Verlagerung des Interesses von den eigenen Erfahrungen im Umgang mit einem Werk auf diejenigen, die andere früher mit ihm gemacht haben, charakteristisch für jede rezeptionsgeschichtliche Betrachtungsweise, ist immer ein Indiz für einen Verlust von primärer Erfahrungsunmittelbarkeit im Umgang mit Texten der Vergangenheit. Daß der Versuch einer Herstellung von Unmittelbarkeit zum Text in der Haltung einer „Ergriffenheit dessen, was uns ergreift" (E. Staiger),[10] der ein großer Teil der sogenannten immanenten Interpretation verpflichtet war, diesen Erfahrungsverlust eher verschleiert hat, ist das realistische Fazit der kritischen Infragestellung eines etablierten Umgangs mit den Klassikern, das heute jede ehrliche Wiederannäherung an sie nur um den Preis des Illusionären wird unterlaufen können.

Der marxistische Literarhistoriker wird allerdings darauf beharren, daß dieser melancholisch stimmende Befund das typische Eingeständnis der Ratlosigkeit einer Klasse ohne Zukunft dem literarischen Erbe gegenüber sei. Man sollte sich jedoch durch solchen erbefrohen Optimismus nicht einschüchtern oder täuschen lassen. Wer die letzte Veröffentlichung des im gleichen Jahr verstorbenen Präsidenten der Goethe-Gesellschaft, Helmut Holtzhauer, über ‚Die Lage in den Ortsvereinigungen der Goethe-Gesellschaft und ihre Probleme' im Goethe-Jahrbuch 1973 aufmerksam gelesen hat, wird die tiefe Betroffenheit eines Mannes, der sein Leben aktiv in den Dienst an Goethe gestellt hat, durch die ‚Attacken', denen dieser ‚in diesen Jahren' ausgesetzt ist, heraushören. Im gleichen Jahr findet in der Zeitschrift ‚Sinn und Form' eine mit streitlustiger Vehemenz geführte Auseinandersetzung um das klassische Erbe statt, in der vor allem Goethe deutliche Punktverluste hinnehmen muß.[11] „Man gewinnt den Eindruck", schreibt Holtzhauer, „daß offen – und noch mehr verdeckt – der Angriff auf den durch Goethe in universaler Weise repräsentierten Stand der menschlichen Entwicklung, des gesellschaftlichen Fortschritts in Literatur, Kunst, Philosophie und Wissenschaft sich nicht in erster Linie gegen das historische Phänomen – warum auch wohl – sondern gegen seine Lebendigkeit in der Gegenwart, gegen sein Fortwirken und gegen alle Bestrebungen richtet, das von der Menschheit einmal Erreichte und Errungene zu einem Ausgangspunkt für die Weiterentwicklung der menschlichen Gesellschaft zu nehmen."[12] Diese Feststellung verbindet Holtzhauer mit der Aufforderung an die Ortsvereinigungen in der DDR, sich dieser Herausforderung zu stellen und nicht in musealer Lethargie zu verharren, nicht an die Bilder sich zu klammern, „die im Verlauf von zweihundert Jahren Generationen von Goethefreunden lieb und teuer geworden sind".[13] Kritik an einer etablierten Praxis selbstgewisser Goetheaneignung: Dies scheint auch mir die Chance nicht nur eines neuen produktiven Umgangs mit Goethe heute zu sein, sondern auch die Chance der Wirkungsgeschichte, aus der Not einer Rückwendung zur Geschichte eine Tugend für die Gegenwart zu machen. Denn die Geschichte der Überlieferung Goethes im Spiegel seiner Rezeption sollte nicht Ersatzfunktion für die fehlende eigene Erfahrung im Umgang mit ihm haben, sondern ein Stimulans sein, die noch unausgeschöpften Möglichkeiten seiner aktualisierenden Aneignung in produktiver Auseinandersetzung mit seiner bisherigen Gebrauchsgeschichte zu erkunden. Eine so verstandene Rezeptionsgeschichte will nicht der historistischen Einfühlung in vergangene Standorte der Betrachtung dienen, sondern ihrer kritischen Reflexion im Lichte gegenwärtiger Erkenntnisinteressen. Daß diese Erkenntnisinteressen selbst wiederum der Modifikation durch die Erfahrungen unterworfen sind, die nur die Rezeptionsgeschichte aufbewahrt und dokumentiert hat, bezeichnet die Spannung, in der überlieferte Textaneignungen zu jedem neu erst zu gewinnenden Textverständnis für eine dialektische Betrachtungsweise stehen.

Der vorliegende Versuch, die Rezeptionsgeschichte Goethes darzustellen, steht in einer langen Tradition. Bereits zu Goethes Lebzeiten erscheinen zwei umfangreiche Sammlungen mit wirkungsgeschichtlichen Zeugnissen, 1823 Varnhagen von Enses Band ‚Goethe in den Zeugnissen der Mitlebenden' und 1828 die Sammlung von Alfred Nicolovius ‚Ueber Goethe. Literarische und artistische Nachrichten'. Beide Sammlungen verdanken ihre Entstehung nicht allein nur gelehrtem, antiquarischem Sammeleifer, sie müssen zugleich auch begriffen werden als frühe Reaktion auf einen grundsätzlichen Wandel in der bisher weitgehend unerschütterten hohen Einschätzung Goethes, der 1821 mit den falschen ‚Wanderjahren' Pustkuchens einsetzt und die Periode der Goetheopposition der zwanziger und dreißiger Jahres des 19. Jahrhunderts einleitet. Wirkungsgeschichte als Antwort auf die Infragestellung einer bisher mit autoritativem Anspruch auftretenden Tradition: am Beispiel der frühen Wirkungsgeschichte Goethes können wir dieses auch für unsere eigene Gegenwart gültige Syndrom bereits nachweisen! Aufschlußreich ist das Vorwort, das Nicolovius seinem Werk vorangestellt hat.[14] Freimütig bekennt er, daß er eine „Übersicht der sämtlichen Urteile über Goethe [...] für eine zweckmäßigere und nützlichere Unternehmung erachte, als irgendein neues Urteil selbst über ihn zu wagen".[15] Hier wird die Not der Unfähigkeit, Neues über Goethe sagen zu können, zur Tugend der Wirkungsgeschichte, die ihren Fluchtcharakter an dieser Stelle unbewußt preisgibt. Goethe hat sich beiden Sammlungen gegenüber äußerst reserviert verhalten. Daß in ihnen ausschließlich positive Stimmen über ihn vereinigt waren, erregte seinen Widerspruch und ließ ihn im Falle Varnhagens einen ‚Vorschlag zur Güte' machen, nämlich ein ‚Gegenstück' zu veranstalten: „Goethe in den mißwollenden Zeugnissen der Mitlebenden".[16] Deutlicher hat Goethe sein Mißbehagen anläßlich der Sammlung von A. Nicolovius ausgesprochen: „Ist es mehr oder weniger bedenklich, an dasjenige, was man getan und geleistet, in späteren Jahren erinnert zu werden, so ist es wohl noch apprehensiver, wie man auf andere gewirkt und wie man von ihnen durch Rückwirkung gefördert, gestört und gehindert worden, gewissermaßen protokolliert zu sehen."[17] Am 2. Oktober 1827 hatte Goethe, nach Lesung des Manuskripts, an Nicolovius geschrieben: „Solltest Du nun nicht auch [...] alles dasjenige sammeln, was *gegen* mich gesagt ist? wenn Du es auch nur zu Deiner und der Freunde Belehrung tätest. Die Menschen haben viel, mit Recht und Unrecht, an mir getadelt, und da es ja hier darauf ankommt, mich und das Jahrhundert kennen zu lernen, so ist eben so gut als der pro auch das contra nötig."[18]

Fünf Jahre nach der Sammlung von Nicolovius erschien jene Darstellung der Wirkungsgeschichte Goethes, die dessen Forderung, neben dem pro auch das contra zu Wort kommen zu lassen, in origineller und eigenwilliger Form verwirklichte, Heinrich Heines ‚Zur Geschichte der neueren schönen Literatur in Deutschland'.[19] Er hat als erster Geschichtsschreiber der deutschen Literatur ein wirkungsgeschichtliches Verfahren angewandt. Die einzelnen Autoren werden bei ihm dargestellt im Spiegel der Wirkungen, die sie auf ihre Zeitgenossen gehabt haben. So auch in der berühmt-berüchtigten Darstellung Goethes im ersten Buch des Heineschen Werkes. Es ist der erste darstellende Überblick über die Geschichte der Deutung und Wirkung Goethes zu dessen Lebzeiten. Auch Heines Gebrauch der wirkungsgeschichtlichen Methode ist Antwort auf eine Krisensituation, ist Reflex seiner Proklamation des Endes der Kunstperiode. Im Unterschied zu Varnhagen und Nicolovius, die als ‚Goetheaner' die bedrohte Autorität ihres Meisters durch die Phalanx der goethefreundlichen Zeugnisse glaubten stützen und wiederherstellen zu müssen, zitiert Heine die Gegner, allerdings mit dem Erfolg, daß im Spiegel ihres Verdikts die Autorität Goethes nur um so strahlender hervortritt. Nur ist diese Autorität, im Gegensatz zur apologetischen Intention seiner Vorgänger, für ihn eine bereits historisch vollendete, abgeschlossene und damit überwundene. Die vielzitierte Ambivalenz seines Goethebildes erklärt sich nicht zuletzt aus dieser Dialektik.

Das Heinesche Verfahren wirkungsgeschichtlicher Darstellung der Literaturgeschichte blieb in Deutschland eine folgenlose Episode. Sein gegen die ‚Apologisten' Goethes gerichteter Versuch, eine Geschichte seiner Wirkung von einem Standpunkt jenseits der ‚Kunstperiode' zu schreiben, wurde in der zweiten Hälfte des 19. Jahrhunderts als vielgeschmähtes Beispiel einer würdelosen, kunstfremden, die tiefsten Werte der Deutschen verletzenden Haltung denunziert. In seiner folgenreichen und bis heute nachwirkenden Darstellung ‚Goethe und das Publikum' (1887) hat Viktor Hehn Heine und Börne, „diesen zwei klugen, mit scharfer Witterung begabten Gnomen",[20] die Hauptschuld an der Entfremdung des deutschen Publikums von seinem größten Dichter angelastet. Hehn ist mit seiner Studie der Begründer des Mythos vom einsamen, unverstandenen, von seinem zeitgenössischen Publikum verlassenen und durch die Nachwelt verratenen Goethe geworden. Methodisch ist sein Vorgehen die Umkehrungsform des von Varnhagen und Nicolovius angewandten apologetischen Verfahrens. Werden bei diesen nur die Fürsprecher zitiert, so bedient sich Hehn fast ausschließlich der Gegner. In beiden Fällen bleibt der Gegenstand der Wirkungsgeschichte von dieser selbst unberührt. Hehn nimmt Goethes Gegner genausowenig ernst wie die Goetheaner Varnhagen und Nicolovius seine Verehrer in einem tieferen Sinne ernst genommen hatten. Sein Bild Goethes ist jenseits und unabhängig von dessen Wirkungsgeschichte entstanden. Produktionsästhetik und Rezeptionsästhetik bleiben im Rahmen dieser apologetischen Pseudowirkungsgeschichte einander äußerliche und unverbundene Faktoren. Die Wahrheit ist hier immer auf Seiten des Autors, und so kann Wirkungsgeschichte letztlich nur auf Publikumsbeschimpfung hinauslaufen. Goethes Adlatus Riemer hat hier, wie in vielen anderen Fällen, schärfer und richtiger gesehen, wenn er am 20. August 1830 in seinem Tagebuch notiert: „Die andern Menschen sind gegen uns Reagentien. Durch diese kommt zum Vorschein, was in uns ist und was wir wirken. Die homogenen und abnormen Urteile über Goethe sagen am Ende doch wirklich aus, was in ihm ist, und wie er erscheint d. h. was für Wirkungen (Empfindungen, Gedanken, Urteile) er hervorbringt oder veranlaßt, mithin gehört es zu dem Tatbestand seiner Energie, seiner Wirksamkeit und Wirkung. Ein guter Spiegel zeigt doch am Ende unsere naevos so gut als unsre virtutes."[21]

Erst 1949 erscheint die erste umfassendere, wissenschaftlich ernst zu nehmende Darstellung der Wirkungsgeschichte Goethes in Deutschland, Reinhard Buchwalds ‚Goethezeit und Gegenwart. Die Wirkungen Goethes in der deutschen Geistesgeschichte'. Auch Buchwald geht von der methodischen Prämisse einer grundsätzlichen Trennung der beiden Bereiche Produktion und Rezeption aus. Im Vorwort betont er mit Nachdruck, „daß die Frage nach dem *Fortleben* der großen Schöpfungen des Geistes von der anderen nach den *Bedingungen ihrer Entstehung* offenbar scharf geschieden werden muß".[22] Wirkungsgeschichte ist für Buchwald eine Problematik, die ‚neben' die bisher fast ausschließlich die wissenschaftliche Erforschung von Literatur beherrschende Frage nach den Produktionsbedingungen tritt und nun den ‚Anspruch' anmeldet, „auch ihrerseits ernst genommen zu werden".[23] Ziel des Buchwaldschen Werkes ist der Nachweis, daß sich die ‚Wirkungen' Goethes in allen Lebensbereichen gegen alle Widerstände, „die ihm teils von Gegnern absichtlich bereitet wurden, teils in der Entwicklung des Zeitalters lagen",[24] mit unaufhaltsamer, wennschon stiller Gewalt durchgesetzt und, wider alle Erwartung, in der Gegenwart einen Kulminationspunkt erreicht zu haben scheinen. Buchwalds Argumentation kann als paradigmatisch für den eingangs beschriebenen Vorgang der Goetherenaissance nach 1945 gelten. Auch für ihn ist die Zukunft Deutschlands an die Zukunft Goethes in einem Lande gebunden, das nach dem verlorenen Kriege zum Kampfplatz zweier ‚Weltkulturen' geworden ist: „Die Geschichte, die uns sonst mit schweren Schicksalen belastet hat, scheint uns hier in der Stunde schwerer Gefahr entgegenzukommen. Denn unser größtes Erbe – Goethe – wirkt in unseren Grenzen, wie in der Welt, aus eigener Macht. Ein Kraftstrom geht von ihm aus und hat sich erst jetzt unter uns ganz entfaltet. Es kommt nur auf uns an, ob wir uns ihm ehrfürchtig und bescheiden hingeben und ihn in uns walten lassen."[25] Von diesem idealistischen Ausgangspunkt aus schreibt Buchwald seine Geschichte der Wirkung Goethes in Deutschland, die trotz kenntnis- und materialreicher Analysen im einzelnen zu einer trostspendenden Erbauungsgeschichte von der sanften, alle Widerstände überwindenden Gewalt des klassischen Geistes, wie ihn Goethe für die Deutschen repräsentiert, geworden ist, ein Werk, das heute nur noch die Funktion haben kann, uns die unendliche Kluft deutlich machen zu helfen, die uns einem so verstandenen „Dienst an Goethe"[26] trennt.

Es ist kein Zufall, daß in der Epoche der immanenten Interpretation und der strukturalistischen Literaturwissenschaft, die in Goethe einen ihrer zentralen Gegenstände fand, rezeptionsgeschichtliche Fragen fast ganz in den Hintergrund traten. Erst 1961 wurde der abgerissene Faden wirkungsgeschichtlicher Bemühungen mit Wolfgang Leppmanns ‚The German Image of Goethe' wieder aufgenommen. Das Buch erschien 1962 unter dem Titel ‚Goethe und die Deutschen. Vom Nachruhm eines Dichters' in deutscher Übersetzung.[27] Es unterscheidet sich von der Buchwaldschen Darstellung durch eine betont spielerische Distanz zum Gegenstand. Neu und wertvoll ist die hier zum erstenmal systematisch in Angriff genommene Untersuchung der Funktion, die bestimmte Institutionen wie die Goethe-Gesellschaft und der Deutschunterricht an den Schulen für die Goetherezeption gehabt haben. Leppmanns Darstellung ist, wie die seiner Vorgänger, vortheoretisch im Sinne heutiger Rezeptionstheorie. In der Einleitung zu seinem Buch hat der Autor seine Erkenntnisziele formuliert: „Es gilt, die Entdeckung Goethes von seiten verschiedener deutscher Generationen zu verfolgen und damit die Art und Weise, in der repräsentative Vertreter dieser aufeinanderfolgenden Generationen beim Entdecken Goethes sich selber entdeckten. Bis vor kurzem war ja Goethe nicht nur ein deutsches Gemeinschafts-, man möchte fast sagen Stammeserlebnis, sondern auch eine von jedem Gebildeten individuell gemachte Erfahrung. In der Tat gehört Goethe zu den ganz wenigen Erfahrungen, die Beethoven mit Marx, Bismarck mit Freud und Nietzsche mit Schweitzer teilte. [Absatz] Das deutsche Goetheerlebnis begann mit dem zeitgenössischen Publikum, mit den Männern und Frauen, die in den 1770er-Jahren zuerst mit Goethes Werk und Persönlichkeit bekannt wurden, dazu Stellung nahmen und dadurch wieder Goethe selber beeinflußten, in jenem geheimnisvollen und dynamischen Spiel der Wirkung, Rückwirkung und Weiterwirkung, das aller Literatur zugrunde liegt. Trotz Teilung und Atombombe, ja trotz ‚Nullpunkt' und ‚Substanzschwund' wird dieses Goetheerlebnis fortdauern, solange Deutsch gesprochen und geschrieben wird."[28] Leppmann teilt offenbar mit Buchwald das unerschütterliche Vertrauen in die Durchsetzungskraft des Goetheschen Erbes gegen alle auftauchenden Widerstände. Aufschlußreich ist allerdings die Unterscheidung, die er trifft zwischen Goethe als einem Kollektiverlebnis und Goethe als „individuell gemachte Erfahrung". Letztere scheint für ihn unwiederbringlich der Vergangenheit anzugehören, Rezeptionsgeschichte als individuelle Erfahrungsgeschichte an die großen, von ihm genannten Namen gebunden zu sein.

Im gleichen Jahr wie die deutsche Übersetzung von Leppmanns ‚Goethe und die Deutschen' erschien Hans Schwertes Untersuchung ‚Faust und das Faustische. Ein Kapitel deutscher Ideologie'.[29] Dieses ausgezeichnete, kenntnisreiche und grundsolide gearbeitete Buch hat, wie mir scheint, bisher nicht die Beachtung gefunden, die es verdient hätte als erster Versuch einer ideologiekritischen Rezeptionsgeschichte eines Goetheschen Werkes, noch lange, bevor Ideologiekritik hierzulande zu einem Modeartikel wurde. Schwertes Buch will keine Rezeptionsgeschichte der Goetheschen Faustdichtung sein – obschon es bis heute keine bessere gibt! –, sondern kritische Analyse der Entstehung und der Entfaltungsform jenes Mythos des ‚Faustischen', der sich auf Goethes Werk glaubte berufen zu können. Das Ziel seiner ideologiekritischen Rezeptionsgeschichte ist es, die falsche Inanspruchnahme des ‚Faust' durch die Idee des ‚Faustischen' und des ‚faustischen Menschen' darzustellen, um damit den Weg zu einem ideologiefreien Verständnis des Werkes zu öffnen. Wörtlich heißt es bei Schwerte: „‚Faust ist tot', hat Günther Anders unlängst behauptet. Gemeint ist die von Goethe gestaltete poetische Figur, mit ihr die ‚Faust'-Dichtung. Das dürfte eine übereilte, eine falsche Prognose sein. Tot ist ‚das Faustische'. Es ist im Gerichtsgang der Geschichte als bodenlos, als nichtig befunden worden. Es kann nicht neu erstehen, so wenig wie der ‚faustische Deutsche'. Aber aus dem tödlichen Niedergang des ‚Faustischen' erhebt sich die Dichtung ‚Faust' zu neuem poetischem Leben."[30] Schwerte will Wegbereiter einer kritischen Philologie sein, der es vorrangig um die Zerstörung falscher Mythen und Ideologien zu tun ist: „Die Entideologisierung, die Entmythologisierung gewisser angeblicher Grundvorstellungen unseres nationalen Wort- und Bildbestandes ist in der gegebenen geschichtlichen Situation eine der wichtigsten Aufgaben der kritischen Philologie."[31]

Aus der inzwischen nicht unbeträchtlichen Zahl der Spezialuntersuchungen zum Thema Goetherezeption möchte ich an dieser Stelle ohne nähere Charakteristik nur drei Arbeiten nennen, die meine eigenen Überlegungen zu diesem Gegenstand wesentlich mitbestimmt und gefördert haben: Walter Dietzes Buch ‚Junges Deutschland und deutsche Klassik. Zur Ästhetik und Literaturtheorie des Vormärz' (1957),[32] Hans-Joachim Mähls Abhandlung ‚Goethes Urteil über Novalis. Ein Beitrag zur Geschichte der Kritik an der deutschen Romantik' (1967)[33] und Klaus F. Gilles Monographie ‚Wilhelm Meister im Urteil der Zeitgenossen. Ein Beitrag zur Wirkungsgeschichte Goethes' (1971).[34]

Der Titel der vorliegenden Arbeit mag Erwartungen wecken, die sie nicht erfüllt. Dies betrifft vor allem die Beschränkung des Begriffs Rezeption auf den engeren Bereich der Kritik, der von mir allerdings variabel verwendet wird und die literarische Kritik im engeren Sinne gleichermaßen umfaßt wie die Darstellung Goethes in Literaturgeschichten, in der Forschung oder in literaturtheoretischen Programmschriften. Eine auf die Totalität aller Aspekte zielenden Geschichte der Goetherezeption müßte sich auf die Vieldimensionalität seiner Wirkungen einlassen, müßte den engeren Bereich der Literaturwissenschaft weit hinter sich lassen und Philosophiegeschichte, Musikgeschichte, Kunstgeschichte und Geschichte der Naturwissenschaften, um nur einiges zu nennen, mitumfassen. Daß dies heute von einem einzelnen auf der Grundlage von Sachkompetenz nicht mehr zu leisten ist, bedarf kaum der Erwähnung. Unverzichtbar allerdings erschien mir die Einbeziehung der Rezeption des Naturwissenschaftlers Goethe, auch wenn ich mich auf diesem Felde für nur bedingt befugt halte. Die Begrenzung der Darstellung auf den deutschsprachigen Raum ist nicht in einem bornierten und zudem von Goethe selbst in Frage gestellten Festhalten am Begriff einer Nationalliteratur begründet, sondern hat Gründe, die mit den ebengenannten korrespondieren. Goethes Wirkungsgeschichte im Ausland, vom Dichter zu Lebzeiten mit Genugtuung und Dankbarkeit registriert und in seiner Zeitschrift ‚Über Kunst und Altertum' von ihm dokumentiert und kommentiert, ist längst zu einem eigenen Forschungsbereich innerhalb der Goetheliteratur geworden. Die zu diesem Thema vorgelegten Einzeluntersuchungen stellen, was Quantität und Qualität betrifft, die zur Rezeptionsgeschichte Goethes in Deutschland erschienene Arbeiten vielfach beschämend in den Schatten. Auch die inzwischen klassisch gewordene Darstellung ‚Goethe und die Weltliteratur' (1946) von Fritz Strich hat bis heute keine Entsprechung für das Thema ‚Goethe und die deutsche Literatur' erhalten.

Erstes Kapitel

# Die zeitgenössische Goetherezeption

## 1. Goethe in den Zeugnissen der Mitlebenden. Umrisse einer Rezeptionsgeschichte

Die Geschichte der Deutung und Wirkung Goethes in Deutschland in dem Zeitraum seit seinem ersten Auftreten als Autor bis zu seinem Tode ist zugleich die Geschichte des literarischen Publikums, der literarischen Kritik, der Poetik und der Ästhetik in dieser Epoche, die in der Auseinandersetzung mit seinem Werk ihren eigentlichen Orientierungspunkt gefunden hat. Erst mit der Rezeption dieses Werkes emanzipiert sich die deutsche Literatur endgültig von der auch die Aufklärung noch weitgehend bestimmenden Tradition der Antike und ihres verpflichtenden Anspruchs als Muster und Vorbild sowie zugleich von der Hegemonie der im Kraftfeld dieser Tradition stehenden französischen Literatur, wird nun erst eigentlich, trotz Klopstock und Lessing, Nationalliteratur, um am Ende dieser Entwicklung in den Rang von Weltliteratur aufzusteigen. Nur zwei Autoren sind, wenn auch mit Abstand, neben Goethe zu nennen, deren Wirkungsgeschichte diesen Emanzipationsprozeß entscheidend mitbestimmt haben: Shakespeare und Schiller. Die Wirkungsgeschichte Goethes ist mit der Wirkungsgeschichte dieser beiden Dichter von Beginn an aufs engste verbunden, sie bleibt, auch nach Goethes Tod, auf sie in Spiegelung, Vergleich und Antithese bis ins 20. Jahrhundert bezogen. Es gehört zu den wesentlichen Voraussetzungen für das Verständnis der Eigenart von Goethes Wirkungsgeschichte, daß die Medien und Träger dieser Geschichte recht eigentlich erst von ihrem Gegenstand selbst geschaffen worden sind. Goethe ist der Schöpfer eines neuen literarischen Publikums in Deutschland, an ihm entwickelt sich die literarische Kritik zur eigenständigen, selbstbewußten, autonomen, Diszplin, er liefert die neuen Muster der Poetik und er gibt der Ästhetik des Idealismus von Schiller bis Hegel die objektiven Bestimmungen und Inhalte, die in der transzendentalen Ästhetik Kants und seiner Vorläufer noch fehlen.

Goethe hat das zeitgenössische Publikum und die zeitgenössische Kritik mit einer besonderen Schwierigkeit konfrontiert, die in dieser Form einzigartig und wohl auch unwiederholbar genannt werden kann, der Schwierigkeit der Nichtfixierbarkeit, des nicht Festlegenkönnens. Die Geschichte seiner Werke und ihrer Aufnahme beim Publikum ist die Geschichte einer ständigen Durchbrechung aller durch dieses Werk selbst gestifteten Erwartungshorizonte, ist die Geschichte einer fast forcierten Nichtanpassung an einen einmal etablierten Publikumsgeschmack, ist die Geschichte einer fast bis zum Extrem getriebenen Provokation des Publikums, das nur bis zu einer gewissen Grenze die Wandlungen eines Autors mitzuvollziehen gewillt war, den die Kritik schon sehr früh als unfaßbaren und immer wieder entgleitenden Proteus bezeichnet hatte.[1] Nicht zuletzt dieses Grundfaktums wegen ist die Geschichte der Deutung und Wirkung Goethes bereits zu Lebzeiten des Dichters eine Geschichte der Widersprüche, der Antithesen, die von sich aus zur Polyphonie drängt. Die mehrperspektivische Form, in der Ludwig Tieck 1828 in der Vorrede zu Lenz' Gesammelten Schriften sein Goethebild darbietet, ist adäquater Ausdruck dieses Sachverhalts. Der gleiche Tieck jedoch bietet bereits einen Ausweg aus dem Dilemma des Umgangs mit einem ‚proteischen Dichter' an, ein Ausweg, der schon vor ihm begangen und nach ihm immer wieder praktiziert worden ist: die Fixierung Goethes auf *eine* Epoche seiner Entwicklung, auf *eine* Werkgruppe, auf *eine* Aussageschicht, um so einen Halt in der Flucht der Erscheinungen zu gewinnen.

Die Vielfalt und Gegensätzlichkeit der kritischen Stimmen über Goethe bereits zu dessen Lebzeiten hat schon sehr früh zu Versuchen der Gliederung und der Systematisierung der Urteile über ihn geführt. So unterscheidet Tieck in der genannten Abhandlung die Rezeptionsformen und -perspektiven des Orthodoxen, des Paradoxen, des Historikers, des Vermittelnden und des Frommen,[2] Karl Rosenkranz in seinem 1847 erschienenen Werk ‚Göthe und seine Zeit' zwischen der enthusiastischen, der idealistischen und der humanistischen Goethekritik, dem moralischen, dem patriotischen und dem pietistischen Rigorismus der Goethegegner.[3] Vor allem die Klassifizierung der Goethegegner scheint schon früh ein beliebtes Gesellschaftsspiel gewesen zu sein, an dem sich Goethe selbst beteiligt hat, wie Eckermann in seinen „Gesprächen" unterm 14. April 1824 berichtet.[4]

Der folgende Versuch einer Gliederung der Phasen der Goetherezeption in der Zeit von 1773 bis 1832 in sieben Abschnitte soll einer ersten Orientierung dienen, auf Zusammenhänge mit der Geschichte der Kritik, der Literaturtheorie und der allgemeinen politischen Geschichte aufmerksam zu machen und gleichzeitig Möglichkeiten der Systematisierung des Materials zu eröffnen.

Die erste Phase der Goethewirkung ist durch den ‚Götz' und den ‚Werther' bestimmt. Sie reicht, wenn wir das Kriterium der Aktualität und der Unmittelbarkeit verwenden, bis in die Mitte der achtziger Jahre und ist die in sich geschlossenste, am reichsten dokumentierte und wohl auch bekannteste Epoche der Goetheschen Wirkungsgeschichte. Sie ist zugleich die Phase der größten Popularität Goethes bei einem alle Standesschichten umgreifenden Publikum geblieben. Schon für die Zeitgenossen war die Wirkung des ‚Werther' ein Phänomen sui generis, das stellvertretend für die Wirkungsmöglichkeit von Literatur überhaupt stand und zu Deutungen und Erklärungen reizte.

Goethe selbst hat im 13. Buch von ‚Dichtung und Wahrheit' eine solche Deutung gegeben, der Hinweis auf den paradigmatischen Charakter der ‚Wirkung dieses Büchleins' durchzieht seine Briefe und Gespräche. Mit dem Erscheinen des ‚Götz' und des ‚Werther' konstituierte sich auch in der Kritik die Gruppe der Stürmer und Dränger und konnte dem Modell Shakespeare zwei eigenständige Werke zugesellen, deren theoretischer Reflex die etablierte aufklärerische Literaturtheorie in Frage stellt und zur Abwehr zwingt. Die Diskussion der anderen Frühwerke Goethes, vielleicht nur mit Ausnahme der ‚Stella', fällt gegenüber der Dominanz der Götz- und Wertherdiskussion nicht ins Gewicht.

Seit seinem Übergang nach Weimar, 1775, verschwindet Goethe für ein ganzes Jahrzehnt aus dem Gesichtskreis und dem Interesse des Publikums. Für die Öffentlichkeit bleibt zumeist nur die Erinnerung an den einst berühmten und vieldiskutierten Autor des ‚Götz' und des ‚Werther', der der Schriftstellerei entsagt und sich ganz auf die praktische Tätigkeit geworfen hat. In einem zeitgenössischen Bericht aus dem Jahre 1783 heißt es: „Was er gegeben hat, das hat er gegeben – und jetzt ist er fürs Publikum so unfruchtbar wie eine Sandwüste – was ihm itzt die Musen schenken, das behält er nur für sich und wenige Freunde und Kenner; denn er ist froh, daß er aus dem Munde der Rezensenten ist. Seine meiste Zeit und Kraft schenkt er itzt den ersten Geschäften des Staats, ist darin ebenso groß, eben so sehr Goethe, als er's in seinen Arbeiten fürs Publikum war, und sucht dadurch denjenigen Dank von einem kleinen Volke und einem edlen Fürsten zu ernten, welchen ihm die größere undankbare Welt, für die er schrieb, schuldig geblieben ist."[5]

Die zweite Phase ist markiert durch das Erscheinen der ‚Schriften' bei Göschen, mit denen sich Goethe nach seiner Rückkehr aus Italien seit 1787 erstmals wieder dem Publikum vorstellt. Neben den z. T. überarbeiteten Jugendwerken enthielten die ‚Schriften' auch die Werke von Goethes Frühklassik, ‚Iphigenie' und ‚Egmont', und konfrontierten das Publikum und die Kritik mit einem Stilwandel, auf den schon Wieland 1784 im dritten seiner ‚Briefe an einen jungen Dichter'[6] hellsichtig hingewiesen hatte. Der Rezensent der ersten fünf Bände der ‚Schriften' in der ‚Neuen Bibliothek der schönen Wissenschaften und der freyen Künste' (1789) hat den andersartigen Charakter der zweiten Wirkungsphase der Goetheschen Werke mit der durch Goethes Frühwerk selbst bewirkten kathartischen Beruhigung der „Wut der Empfindsamkeit"[7] begründet. Er schreibt u. a.: „Die Arbeiten dieses vortrefflichen und originalen Dichters wurden bei seiner ersten Erscheinung im Publikum mit einem Enthusiasmus aufgenommen, der bis zur Ausschweifung ging. Ein Heer von Nachahmern zog hinter ihm her; nicht besser, ja vielleicht noch etwas schlimmer als die Nachahmer schon in Horazens Zeitalter waren. Aber ihre Stimme wird nicht mehr gehört. Sie haben sich zerstreut, wie die Krähen, die dem Vogel Jupiters nachkrächzen, während er selbst seinen stillen Flug nach der Sonne zunimmt. Die meisten aus diesem zahlreichen Schwarm haben ihren ephemerischen Ruhm längst überlebt; aber so lange man noch echtes Genie, so lange man noch wahre Nachbildung der Natur bewundern wird, so lange werden auch noch die meisten von Goethes Werken gelesen werden."[8] 1792 erscheint in der einflußreichen Jenaer ‚Allgemeinen Literatur-Zeitung' eine Gesamtwürdigung der inzwischen abgeschlossenen Ausgabe der ‚Schriften' von Ludwig Ferdinand Huber,[9] der noch der alte Tieck in der Vorrede zum 6. Band seiner Schriften (1828) eine besondere Bedeutung für den Prozeß der Wiederentdeckung des über ein Jahrzehnt wie verschollenen Autors zugesprochen hat: „Goethe's Ruhm, der nach dem allgemeinsten Beifall, den ein Schriftsteller wohl je in Deutschland erfahren, bald gesunken war, hob sich von neuem um 1792 und verbreitete sich immer mehr. Einige Rezensionen, namentlich eine von Huber, hatte Anstoß und Aufmerksamkeit erregt. Es schien andern Schriftstellern und Kritikern ärgerlich, daß diesem Einen schon bei seinen Lebzeiten der Ruhm der Nachwelt auf lange hinaus zugesichert werden sollte, und daß man diesen, als einen Genius, der dem ganzen Volk angehörte, verkündigte."[10] Das gespaltene Votum über Goethe, das für die Zeitschriftenkritik der neunziger Jahre charakteristisch ist, wird von Tieck hier zutreffend bezeichnet. Ein wesentlicher Grund für die gegenüber der Aufnahme des ‚Götz' und des ‚Werther' fehlende Spontaneität und die ausbleibende Breitenwirkung in der Begegnung des Publikums mit der durch die ‚Schriften' und die ‚Neuen Schriften' (ab 1792) repräsentierten neuen Schaffensstufe war die weit geringere Möglichkeit der Identifikation mit diesen Werken. Adam Müller hat in seiner Frühschrift ‚Die Lehre vom Gegensatze' (1804) die fallende Kurve der Popularität Goethes nach dem einmaligen Ereignis des ‚Werther' beschrieben. Nach der „krampfhaften Begierde", mit der das Publikum den ‚Werther' ergriffen, „verschwand er mit jedem immer größeren Werke mehr und mehr aus dem Gesichtskreis der Menge. Diese verlangte *ihre* Natur, und er gab ihr die *allgemeine* Natur aller Zeiten; sie verlangte *ihre* Natur neben *ihrer* Kunst gestellt, im verzweifelten Kampfe auf Tod und Leben, und er gab ihr *seine* Natur versöhnt mit *seiner* Kunst zum ewigen Leben. Der Tempel seiner Geselligkeit stand offen, aber leer da, und bei den Schenken der Popularität erdrückte sich die Menge."[11]

Erst auf dem Hintergrund der Unentschiedenheit, der Ratlosigkeit und Desorientierung des Publikums, die die Gefahr einer dauernden Entfremdung zwischen Goethe und der literarischen Öffentlichkeit enthielt, wird die Bedeutung jener beiden großen Briefe Schillers an Goethe vom 23. und 31. August 1794 sichtbar, die, wie Goethe in seiner Antwort vom 27. August schreibt, „mit freundschaftlicher Hand die Summe meiner Existenz ziehen und mich durch Ihre Teilnahme zu einem emsigeren und lebhafteren Gebrauch meiner Kräfte aufmuntern". Schillers kongeniale Analyse des Goetheschen Geistes, die ihre konstruktive Kraft und begriffliche Schärfe aus der gleichzeitig entstehenden Abhandlung über ‚Naive und sentimentalische

Dichtung' schöpft, greift weit über das private Ereignis einer brieflichen Konfession hinaus, sie eröffnet eine neue Etappe der Goetheschen Wirkungsgeschichte, die in den folgenden fünf Jahren zur zentralen Geschichte der Konstitution einer Theorie der modernen Literatur überhaupt wird. In der gleichzeitigen Modifikation einer klassischen und einer romantischen Begründung findet sie ihren Bezugspunkt in Goethe. Das neue dieser dritten Phase gegenüber der vorklassischen und vorromantischen Goetherezeption der neunziger Jahre ist die grundsatztheoretische Funktion, die die Auseinandersetzung mit Goethe für eine Positionsbestimmung der modernen Literatur erhält. Zwei Goethesche Werke rücken in das Zentrum des Interesses und werden zum Gegenstand intensiver philologisch-kritischer Analysen, hinter deren empirischer Akribie die von der idealistischen Transzendentalphilosophie inspirierte Kraft spekulativer Synthesis steht: ‚Wilhelm Meisters Lehrjahre' und ‚Hermann und Dorothea'. Fünf Namen sind es, die, wennschon von unterschiedlichen Positionen ausgehend, unter diesem Aspekt als Initiatoren einer spekulativen Wendung in der Geschichte des Goethebildes gemeinsam genannt werden müssen: Schiller, Wilhelm von Humboldt, Friedrich und August Wilhelm Schlegel und Novalis.

Für die breitere literarische Öffentlichkeit war dieser Versuch einer spekulativ fundierten Kanonisierung Goethes als des „Statthalters des poetischen Geistes auf Erden" (Novalis), vor allem in der spektakulären Form der Verlautbarungen des ‚Athenäum', eher ein zusätzliches Skandalon des ohnehin strapazierten Zugangs zu Goethe. Er führte zu einer erneuten Spaltung der Kritik und des Publikums, dessen goetheskeptischer Teil jetzt die Antipathie gegen den Autor hinter der Feindschaft gegen dessen Apologeten verstecken konnte. Goethes Wirkungsgeschichte wird von diesem Moment ab Wirkungsgeschichte der Wirkungsgeschichte. Dies gilt vor allem für die Vertreter der Aufklärung, die Klassik und Romantik gemeinsam den Kampf angesagt hatten und im Goethe-Kult des ‚Athenäum' die Mesalliance ihrer Antipoden glaubten bloßstellen zu können. Ein besonders aufschlußreicher Beleg dafür sind Friedrich Nicolais ‚Vertraute Briefe von Adelheid B*** an ihre Freundin Julie S***' (1799),[12] in denen das berühmte Tendenzfragment Friedrich Schlegels kontrafaktisch durch die eigentlichen Tendenzen des Zeitalters, „Friedrich der Große, die amerikanische Republik und – die Kartoffel", ersetzt wird. Doch auch dort, wo sich die Polemik nicht gegen Goethe richtete, erregte dessen enthusiastische Kanonisierung zur „Morgenröte echter Kunst und reiner Schönheit" (F. Schlegel)[13] Anstoß und Ärgernis wie bei Friedrich Maximilian Klinger, der in seinen ‚Betrachtungen und Gedanken über verschiedene Gegenstände der Welt und der Literatur' (1. Band, 1803) schreibt: „Man streute wohl ehemals Goethen Weihrauch; jetzt aber erkühnen sich Knaben, ihn mit Teufelsdreck zu parfümieren. Ich würde sagen, was für einen Zauber muß Schmeichelei mit sich führen, da Goethe nicht an einem solchen Gestank erstickt? Aber ich denke zu gut von ihm, als daß ich einen

Augenblick glauben sollte, er habe diesen Gestank gerochen. Wären ‚Wilhelm Meister' und ‚Hermann und Dorothea' nicht von so gutem Atem, wie würde es ihnen unter einem solchen Rauchfaß ergangen sein? Und doch glauben verständige Leute zu bemerken, ihre Farbe sei etwas blässer dadurch geworden."[14]

Der Annäherung Schillers an Goethe und den Goethekult der Frühromantiker korrespondieren zeitlich die zunehmende Distanz und Kritik, mit der die älteren Freunde und Weggenossen wie Lavater, Jacobi, Knebel und Herder dem Dichter, vor allem dem Autor des ‚Wilhelm Meister' begegnen. Der Begeisterung Schillers, Körners und Friedrich Schlegels über die ‚Lehrjahre' entsprechen die moralisierenden Verdikte, mit denen Jacobi, Knebel und insbesondere Herder dieses Werk belegen. So berichtet Jacobi im Brief an Goethe vom 18. Februar 1795 über eine Lesung des Buchs im Emkendorfer Freundeskreis des Grafen von Reventlow: „Alle so viel ihrer hier der Vorlesung der Lehrjahre beigewohnt haben, sind dieses Buches wegen böse auf dich geworden. So weit habe ich ihnen nachgeben müssen, daß ein gewisser unsauberer Geist darin herrsche, und die Sache damit entschuldigt, daß ich das Buch als eine besondre eigene Art von Confessions ansähe, und man die Entwickelung abwarten müsse."[15] Knebel berichtet an Karoline Herder Ende Oktober 1796, daß ihn „die Lektüre eben nicht in Enthusiasmus gesetzt" und daß ihm „das Umwandern von Wilhelm zu Natalien [...] äußerst widrig" war.[16] Herders schroff absprechende Urteile, daß ihm „die Marianen und Philinen, diese ganze Wirtschaft [...] verhaßt" sei,[17] daß er unter den Menschen dieses Romans nicht leben könne und Lafontaines Romane vorziehe,[18] sind Reflex der während seiner Italienreise 1788/89 beginnenden Abkehr von Goethe, die sich zunächst als Protest gegen die Anfänge des Goethekults in Weimar artikuliert,[19] um im weiteren Verlauf die Form einer grundsätzlichen Opposition des am aufklärerischen Dichtungsbegriffs festhaltenden Theoretikers und Kritikers gegen das Autonomieideal der Werke des klassischen Goethe anzunehmen. Das Erscheinen der siebten und achten Sammlung seiner ‚Briefe zu Beförderung der Humanität' 1796, die Goethes epochemachende klassische Werke nur beiläufig erwähnen,[20] führt zur endgültigen Entfremdung der einstigen Bundesgenossen im Kampf um eine Erneuerung der deutschen Literatur. Sie war zu diesem Zeitpunkt, im Zeichen der Französischen Revolution, nicht mehr nur Ausdruck einer ästhetischen, sondern auch einer politischen Opposition, die in Jean Paul, dem Schützling Herders und Antipoden Goethes und der Weimarer Klassik, eine folgenreiche Aktualisierung erfahren sollte.

Die Gruppe der spätaufklärerischen Goethegegner, der man im Rahmen dieses Gliederungsversuchs nur unter Vorbehalt einen eigenständigen Status innerhalb der Rezeptionsgeschichte Goethes wird zubilligen können, ist vor allem durch die Namen Friedrich Nicolai, August von Kotzebue und Garlieb Merkel bezeichnet. Ihr Einfluß darf nicht überschätzt werden, auch wenn er in einigen Zentren wie z. B. in Berlin noch auf längere Zeit der herrschende war. So schreibt Tieck in der schon erwähnten Vorrede zum 6. Band seiner ‚Schriften': „In Berlin schieden sich diejenigen, die sich ein Urteil zutrauten, offenbar in zwei Parteien. Die, die sich für die Besseren hielten, und denen ich mich jugendlich zuversichtlich von 1794 an ebenfalls anschloß, verkündigten, erläuterten und priesen diesen großen Geist und fühlten sich mehr oder minder von ihm begeistert. Man kannte sich an diesem Vereinigungspunkte wieder, und Freundschaft und Wohlwollen verband rasch die ähnlich Denkenden. Doch war diese neue und schwärmende Kirche die unterdrückte. Fast alle ältern Männer strebten ihr entgegen. Die namhaften oder berühmten Gelehrten Berlins bekämpften und verspotteten diesen Schwindel der unerfahrnen Jugend, wie sie diese Liebe zur Poesie nannten. Engel machte seine frühere persönliche Bekannschaft mit Goethe, den er schon in Leipzig gesehn hatte, geltend; Nicolai berief sich auf seine deutsche Bibliothek und Lessing; mehr als ein Moralist führte die alten Klagen über ‚Stella' und noch lautere über ‚Werther' wieder auf; die wenigen Religiösen bedauerten des Dichters Freigeisterei, und die erhitzten Demokraten schalten auf den ‚Groß-Cophta' und ‚Bürgergeneral'. Die ‚Horen', ‚Meister', ‚Hermann und Dorothea', am meisten aber die ‚Xenien', vermehrten den Kampf und steigerten die Heftigkeit desselben."[21]

Von größter Bedeutung für die Rezeption Goethes in der Folgezeit wurde eine Oppositionsbewegung, die sich weniger spektakulär als die Goethedenunziation von Kotzebues Zeitschrift ‚Der Freymütige' artikulierte, die aber desto nachhaltiger die weitere Wirkungsgeschichte Goethes bestimmte: die nationale und religiöse Opposition gegen die Kunstidee der deutschen Klassik, der jetzt, zwanzig Jahre vor Heine, eine Absage erteilt wird. Sie stammt aus jenem Lager, das noch kurz zuvor das Rüstzeug bereitgestellt hatte, mit dessen Hilfe die Inthronisation jener Idee gelingen konnte, der Romantik. Diese Absage, die sich in den Schriften der Brüder Schlegel seit 1803 zuerst abzeichnet und nach dem Zusammenbruch Preußens im Jahre 1806 die Dimension einer historischen Legitimation erhält, richtete sich im wesentlichen auf vier Punkte: 1. das Primat des Ästhetischen und das Postulat von der Autonomie der Kunst; 2. den weltbürgerlichen, kosmopolitischen Charakter von Kunst; 3. die den Leitbegriffen der klassischen Ästhetik, ‚Objektivität' und ‚Überparteilichkeit', inhärente Suspension des politischen Praxisbezugs von Kunst; 4. das auf die Antike (vgl. Goethes Winckelmann-Schrift von 1805) gestützte Postulat einer künstlerischen Gestaltung der Gegenwart in ihrer säkularen ‚Prosaität', In der ‚Landshuter Erklärung' (1808) von Friedrich Ast[22] ist Goethe dieser Opposition, die sich für ihn bereits mit dem Erscheinen von Wackenroders ‚Herzensergießungen eines kunstliebenden Klosterbruders' angekündigt hatte, in aller Schärfe entgegengetreten. Die Auseinandersetzung mit ihr wurde von ihm und seinen Freunden vornehmlich auf dem Felde der bildenden Kunst geführt, die eigentliche Aktualisierung dieser Debatte in den Goetheschriften von Pustkuchen und Wolfgang Menzel, in denen die obengenannte Zurücknahme der Positionen einer klassischen Ästhetik allererst publikumswirksam an die Öffentlichkeit trat, hat er kaum noch zur Kenntnis genommen.

Das Beispiel der nationalen und religiösen Opposition gegen Goethe zeigt, daß eine rein chronologische Gliederung der Phasen der zeitgenössischen Wirkungsgeschichte dieses Dichters zumindest seit der Frühromantik nicht mehr möglich ist. Systematische Gesichtspunkte müssen ergänzend zu den chronologischen hinzutreten, damit Zusammenhänge und Zusammengehörigkeiten sichtbar werden. Dies gilt auch für jene Gruppe, die von Heine in seiner ‚Romantische Schule' als ‚Goetheaner' bezeichnet wurde und die nach ihm „die Kunst als eine unabhängige zweite Welt [betrachten], die sie so hoch stellen, daß alles Treiben der Menschen, ihre Religion und ihre Moral, wechselnd und wandelbar unter ihr hin sich bewegt".[30] Die nach Heine für diese Gruppe charakteristische Autonomieerklärung der Kunst grenzt sie deutlich ab von der nationalen und religiösen Opposition gegen Goethe, die den Autonomieanspruch durch Hinweis auf das Primat der Religion und der Moral relativierte. Die Tatsache, daß es vor allem die Goetheaner gewesen sind, gegen die der seit 1830 einsetzende Protest der Jungdeutschen gerichtet war, könnte zu der Vorstellung verleiten, wir hätten es hier mit einer in sich homogenen, politisch konservativ ausgerichteten Gruppe zu tun. Richtig an diesem Vorurteil ist, daß die Mehrzahl der Goetheaner innerhalb der Metternichschen Restauration eine systemstabilisierende Funktion hatten. Ihr an der klassischen Ästhetik orientierter Kunstbegriff korrespondierte mit dem Kunstenthusiasmus der Restaurationszeit, mit dem sich das um seine politischen Versprechungen betrogene Bürgertum nach dem Wiener Kongreß die Langeweile der politischen Windstille vertrieb. Die kosmopolitische Orientierung der deutschen Klassik entsprach der Europaideologie Metternichs, mit der die nationalen Emanzipationsbestrebungen bekämpft wurden. Extremes Beispiel für diese Inanspruchnahme Goethes im Sinne einer reaktionären Restaurationsideologie ist der Goetheabschnitt im zweiten Teil von Friedrich Ancillons zeitkritischer Analyse ‚Zur Vermittlung der Extreme in den Meinungen' (1831),[24] wo allerdings zugleich deutlich wird, um welchen Preis der Verflachung und Schematisierung der Goetheschen Position diese Inanspruchnahme erkauft wird. Auf der anderen Seite stehen Namen wie Rahel und Karl August Varnhagen, die zur liberalen Fronde dieser Gruppe gehören und vermittelnd den Anschluß an die politische Opposition gesucht haben. Allen Äußerungen der Goetheaner gemeinsam ist das nostalgische Bewußtsein, Bewahrer und Künder eines kostbaren Erbes zu sein, das in Gefahr steht, von der Gegenwart verschleudert oder vergessen zu werden. Auch die Goetheaner fühlen sich als Oppositionelle, und zwar einem Zeitgeist gegenüber, der nach ihrer Meinung die Kunst an das Geschäft und die Unterhaltung, die Sprache an die journalistische Tagesschriftstellerei und die Solidität künstlerischer Meisterschaft an das Machwerk der Stunde verraten habe. Ihr Protest war allerdings vielfach nur das Echo der Goetheschen Zeitkritik, die im Alter einen prophetisch-autoritären Gestus annimmt. Auch die gemessen würdevolle Sprache konnte das Vorbild der Goetheschen Altersprosa kaum verleugnen, deren Kopie nicht selten ins Formelhaft-Leblose erstarrte.

Der politische Protest gegen Goethe, wie er sich, initiiert durch die Programmschrift „Die deutsche Literatur" (1828) von Wolfgang Menzel und die Menzel-Rezension Heines, bei Mundt, Grabbe[25] und Börne noch zu Lebzeiten Goethes artikulierte, ist immer auch Protest gegen die genannte Gruppe der Goetheaner gewesen und nur aus der genauen Kenntnis der notwenigen Verbindung von Goetheverehrung und Restaurationsideologie heraus zu verstehen. Die Zäsur von Goethes Todesjahr markiert innerhalb seiner Wirkungsgeschichten keinen radikalen Einschnitt. Die Frontstellungen in der Auseinandersetzung, die in den dreißiger Jahren an pointierter Antithetik zunimmt, sind in der Gegenüberstellung der zumeist konservativ gesinnten Goetheaner und der liberal-demokratischen Opposition bereits im letzten Jahrfünft von Goethes Leben vorgezeichnet. Nur erst schüchtern meldet sich jetzt eine Goethephilologie zu Wort, die abseits vom aktuell-politischen Streit ihr Feld glaubt bestellen zu können. Ihre große Stunde schlägt jedoch erst nach 1849. Erst mit diesem Jahre sind die Akten einer Wirkungsgeschichte Goethes in den Zeugnissen der Mitlebenden endgültig geschlossen.

## 2. Goethe und das Publikum

Die zeitgenössische Wirkungsgeschichte eines Autors nur aus der Perspektive der Wirkungsträger darzustellen, hieße den tatsächlichen Wirkungsvorgang um eine wesentliche Dimension verkürzen. Produktion und Rezeption treten in ihm in ein notwendiges Wechselverhältnis, und zwar nicht nur in dem Sinne, daß die Wirkungen eines Autors auf dessen eigenes Schaffen in der Form der Bestätigung, der Korrektur und der Abgrenzung zurückwirken, sondern auch im Sinne einer Rückkopplung der Aufnahme dieser Wirkungen beim Autor auf die Wirkungsträger selbst. Schon früh hat der Topos von Goethes angeblicher Verachtung des Publikums,[1] seiner vermeintlichen Gleichgültigkeit der literarischen Kritik gegenüber, auf ebendieses Publikum und ebendiese Kritik zurückgewirkt, hat zur Mythisierung Goethes als des sich bewußt vom Publikum isolierenden und seine Intentionen verrätselnden unantastbaren Olympiers geführt. Es konnte nicht ausbleiben, daß ein gesellschaftsbezogenes, wirkungstheoretisch orientiertes Literaturverständnis an diesem aristokratisch-monarchischen Verhältnis von Autor und Publikum, wie es Goethe zu repräsentieren schien, Anstoß nahm. Madame de Staël, Wegbereiterin einer soziologisch fundierten Kunstauffassung, hat in ihrem Buch ‚De l'Allemagne' (1814) mit Erstaunen die Geringschätzung des Publikums, der Wirkung und des Erfolgs bei den deutschen Autoren konstatiert. Goethe ist für sie der Prototyp dieser Haltung. Es ist der Autor, der „fast nie tut, was man von ihm erwartet",[2] es fehlt seinen Dichtungen das Kalkül auf den Effekt, „er will auf einem Umweg und gleichsam ohne Wissen des Autors wie des Lesers eine Wirkung erzielen".[3] „Man merkt an Goethes Gedichten", schreibt sie, „daß er eine Menge Hindernisse, Rücksichten, Kritiken und Bemerkungen, die ihm entgegengestellt werden könnten, vollständig geringschätzt und verachtet."[4] Der Vorwurf, Goethe mißachte das Publikum, wurde zuerst von seinen aufklärerischen Gegnern, die die Literatur den Postulaten der Volkstümlichkeit und des gesellschaftlichen Nutzens unterstellten, geltend gemacht. So schreibt Friedrich Nicolai im ‚Anhang zu Friedrich Schillers Musenalmanach für das Jahr 1797': „Auf seine Leser sieht er [Goethe] von seiner Höhe herab. Er wirft dem deutschen Publikum seine Schriften vor, beinahe wie man den Hunden ein Stück Brot vorwirft."[5] Doch auch später bleibt Goethes vermeintliche Publikumsfeindlichkeit ein Topos der Goethekritik. So notiert Grillparzer 1827: „Goethe nimmt häufig zu wenig Rücksicht auf seine Leser",[6] und Henrik Steffens formuliert in seiner Autobiographie ‚Was ich erlebte' nur einen Gemeinplatz, wenn er schreibt, daß für die Deutschen „Schiller der eigentlich populäre Dichter" gewesen sei, „Goethes tiefer, dichterischer Natursinn war den meisten, selbst unter seinen Verehrern, ein Geheimnis".[7] Diese beliebig zu vermehrenden Aussagen der Zeitgenossen werden bekräftigt durch den lapidaren Satz, mit dem Riemer, der vieljährige Vertraute Goethes und einer seiner schärfsten Beobachter, im Abschnitt ‚Publikum' seiner ‚Mittheilungen über Goethe' das Verhältnis seines Meisters zur literarischen Öffentlichkeit charakterisiert: „G[oethe] schrieb eigentlich für sich."[8] Diese das Publikum ignorierende Haltung einer monologischen Produktion wird durch zahlreiche Äußerungen Goethes selbst bestätigt. Im ‚Zweiten Römischen Aufenthalt' (1829) heißt es im Abschnitt ‚Korrespondenz' unterm 5. Oktober 1787: „Fahre du fort, lieber Bruder, zu finden, zu vereinigen, zu dichten, zu schreiben, ohne dich um andre zu bekümmern. Man muß schreiben, wie man lebt, erst um sein selbst willen, und dann existiert man auch für verwandte Wesen."[9] Im Brief an Körner vom 26. November 1812 wird von Goethe diese Art des monologischen Schreibens nur für die vor ‚Dichtung und Wahrheit' erschienenen Werke in Anspruch genommen: „Da ich sehr gern gestehe, es auch aus meinen Konfessionen erhellen wird, daß ich alle meine früheren Arbeiten um mein selbst willen und für mich selbst unternommen, weshalb ich denn auch wegen mancher wohl zwölf und mehr Jahre geruhig abwarten konnte, bis sie Eingang fanden und einige Wirkung taten, so will ich doch gern bekennen, daß es mit diesem letzten Werke [Dichtung und Wahrheit] sich anders verhält."[10] Die dem Publikum zugewandte, exoterische Kommunikationsform der autobiographischen Schriften Goethes ist von der zeitgenössischen Kritik sofort erkannt worden und hat ihnen bis heute den Rang von leserorientieren Interpratationshilfen gesichert. Goethes Äußerungen zum Verhältnis von Produktion und Rezeption sind fast ausschließlich vom Primat der Produktion bestimmt. „Die größte Achtung, die ein Autor für sein Publikum haben kann", heißt es in ‚Kunst und Altertum', „ist, daß er niemals bringt, was man erwartet, sondern was er selbst auf der jedesmaligen Stufe eigener und fremder Bildung für recht und nützlich hält."[11] Diese Bemerkungen sind keine Zufalls- oder Gelegenheitsäußerungen, sie haben ihr Fundament in empirischen Erfahrungen und in grundsätzlichen kunsttheoretischen Einsichten und Überzeugungen.

Unter dem 23. Oktober 1810 notiert Riemer in seinen ‚Mittheilungen' folgende Äußerung Goethes: „Doppelte Ansicht der literarischen Produktionen, moralisch und ästhetisch, nach ihren Wirkungen und nach ihrem Kunstwert. Gewirkt hat das schlechteste Werk so gut als das beste, der Werther, der Siegwart, der Messias, Geßners Idyllen, der schlechteste Roman wie der beste, aber sie sind nicht alle Kunstwerke."[12] Die hier getroffene Unterscheidung zwischen einer moralischen und einer ästhetischen ‚Ansicht' der literarischen Produktionen entspricht dem für die klassische Ästhetik konstitutiven, auf Kant zurückgehenden Perspektivismus der Erkenntnis ästhetischer Phänomene, deren Wesen in transzendentallogischer Ableitung nur in der Modifikation des jeweiligen Befragungshorizonts erscheint. Dieser Perspektivismus sicherte eine von allen außerästhetischen Zwecken freie, autonome Kunstauffassung, schloß jedoch – das muß mit Nachdruck gegen Mißverständnisse des klassischen Autonomieprinzips betont werden – eine heteronome Kunstbetrachtung und -erkenntnis nicht aus, grenzte sie aber als sekundäre Erkenntnis aus der dem Wesen der Kunst adäquaten Fragerelation aus. Die Frage nach der Wirkung des Kunstwerks ist im Rahmen dieses erkenntnistheoretischen Modells eine sekundäre Frage, sie zwingt dem Werk außerästhetische Maßstäbe auf und trägt zur Erkenntnis seines Wesens nichts bei. Goethe hat es noch im hohen Alter als „ein grenzenloses Verdienst unsres alten Kant" bezeichnet, daß er seine Generation von den „absurden Endursachen" befreit habe, „Kunst und Natur kräftig nebeneinandergestellt und beiden das Recht zugesteht: aus großen Prinzipien zwecklos zu handeln".[13] In Auseinandersetzung mit der aristotelischen Katharsislehre hat Goethe seine rigoros jede wirkungsästhetische Betrachtungsweise des Kunstwerks ablehnende Kunstauffassung im Alter noch einmal apodiktisch formuliert: „Die Vollendung des Kunstwerks in sich selbst ist die ewige unerläßliche Forderung! Aristoteles, der das Vollkommenste vor sich hatte, soll an den Effekt gedacht haben! welch ein Jammer!"[14] Die Begegnung mit Kant brachte in dieser Frage für Goethe nur die theoretische Klärung einer Grundüberzeugung, die er bereits in einer seiner frühesten literaturtheoretischen Bekundungen gegen die psychologische Wirkungsästhetik der Aufklärung ausgesprochen hatte. In der Rezension von J. G. Sulzers ‚Theorie der schönen Künste' in den ‚Frankfurter Gelehrten Anzeigen' von 1772 heißt es:

„Wenn irgendeine spekulative Bemühung den Künsten nützen soll, so muß sie den Künstler grade angehen, seinem natürlichen Feuer Luft machen, daß es um sich greife und sich tätig erweise. Denn um den Künstler allein ist's zu tun, daß der keine Seligkeit des Lebens fühlt als in seiner Kunst, daß in sein Instrument versunken, er mit allen seinen Empfindungen und Kräften da lebt. Am gaffenden Publikum, ob das, wenn's ausgegafft hat, sich Rechenschaft geben kann, warum's gaffte, oder nicht, was liegt an dem?"[15] Noch 1821 hat Goethe seine Auffassung von der primär auf den Autor und dessen Werk bezogenen Funktion der Kritik ausgesprochen. Im Zusammenhang seiner bekannten Äußerung über den Unterschied einer produktiven und einer zerstörenden Kritik heißt es: „Machen wir aufmerksam auf noch einen Punkt, den man nicht genug beobachtet, daß man mehr um des Autors als des Publikums willen urteilen müsse."[16]

Goethes entschiedene Ablehnung einer wirkungsästhetischen Auffassung von Kunstproduktion, die zu seinen frühesten theoretischen Überzeugungen gehört und seine Kunstauffassung nicht nur vom Psychologismus der Aufklärungsästhetik, sondern auch von den stärker der Rhetorik verpflichteten Positionen Schillers und Wilhelm von Humboldts deutlich abgrenzt,[17] findet ihr Komplement in Erfahrungen mit dem zeitgenössischen Publikum, die seine Theorie auf dem Felde der Empirie zu bestätigen scheinen. Goethes negativen Urteile über das deutsche Publikum sind bekannt und sind oft zitiert worden. So erinnert sich Heinrich Luden in seinem Werk ‚Rückblicke in mein Leben' an eine Aussage von Knebel über Goethe: „Er bekümmert sich um kein Urteil. Solange seine Schriften vom Buchhändler tüchtig bezahlt werden, weil sie Abgang finden, ist ihm alles einerlei. Wir haben noch vieles von ihm zu erwarten. Vor dem Dinge, das man Publikum nennt, hat er eine souveräne Verachtung. Es freuet ihn, wenn er dem Ungeheuer Brocken hinwerfen kann, an welchem es sich die Zähne blutig beißt."[18]

Man könnte Goethes Urteile über das deutsche Publikum zur Collage einer in dieser Form wohl einzigartigen Publikumsanklage oder Publikumsbeschimpfung zusammenstellen. Sie werden und wurden vor allem von denen gern zitiert, die auf dieser Folie ihr eigenes, der breiten, unverständigen Menge überlegenes Goetheverständnis kontrastiv abheben wollen. Eckermann hat in seinen ‚Gesprächen mit Goethe' dieses kompensatorische Verfahren an vielen Stellen vorgeführt. Von ihm ist auch das vielzitierte Wort Goethes überliefert: „*Meine Sachen können nicht popular werden;* wer daran denkt und dafür strebt, ist in einem Irrtum. Sie sind nicht für die Masse geschrieben, sondern nur für einzelne Menschen, die etwas ähnliches wollen und suchen, und die in ähnlichen Richtungen begriffen sind."[19]

Es ist im Rahmen dieser Untersuchung nicht möglich, eine auch nur annähernd zureichende Analyse der Goetheschen Äußerungen über das Publikum zu geben, geschweige eine soziologisch fundierte Analyse dieses Publikums selbst zu liefern, zumal hier Vorarbeiten noch so gut wie ganz fehlen. Obschon das negative Urteil die Dominante in der Auseinandersetzung Goethes mit dem zeitgenössischen Publikum bleibt, ist diese Auseinandersetzung keine starr fixierte, sondern hat eine Geschichte mit deutlich angebbaren Wendepunkten. Am Anfang steht das Vertrauen in die Partnerschaft eines gleichgesinnten Publikums, wie es das 1773 veröffentlichte Gedicht ‚Der Autor' noch ganz im Sinne der gesellschaftlich orientierten Dichtungsauffassung des Rokoko ausspricht:

> Was wäre ich
> Ohne Dich
> Freund Publikum!
> All mein Empfinden Selbstgespräch,
> All meine Freude stumm.[20]

Der Schaffensrausch der nun folgenden Jahre der Jugenddichtungen läßt die kritische Reflexion auf das Publikum weitgehend zurücktreten hinter der Selbstgewißheit des im kleinen Kreis Gleichgesinnter geborgenen und um die Wirkung seiner Arbeiten weithin unbekümmerten Produzenten. Erst nach seiner Rückkehr aus Italien tritt das Verhältnis Goethes zu seinem Publikum in ein reflektiertes Stadium und wirkt unmittelbar auf die Produktion zurück. Nachdem er im ersten Weimarer Jahrzehnt als Autor geschwiegen hatte, unternimmt Goethe mit den seit 1787 erscheinenden ‚Schriften' der Versuch, die abgerissene Verbindung mit dem Publikum erneut herzustellen. Bereits die Anordnung, Auswahl und Tendenz der Überarbeitung der Jugenddichtungen (z. B. des ‚Werther') in den ‚Schriften' zeigen das Bestreben, die Isolation der auf innere Selbstentfaltung gerichteten ersten zehn Jahre seines Wirkens am Weimarer Hof zu durchbrechen und sich in gewandelter, den neu gewonnenen Auffassungen und Maßstäben entsprechender Weise im Spiegel des bislang Geleisteten dem Publikum vorzustellen. In dem den ‚Schriften' als Einleitung vorangestellten Gedicht ‚Zueignung' hat Goethe sein neues Verhältnis zum Publikum ausgesprochen:

> Für andre wächst in mir das edle Gut,
> Ich kann und will das Pfund nicht mehr vergraben!
> Warum sucht' ich den Weg so sehnsuchtsvoll,
> Wenn ich ihn nicht den Brüdern zeigen soll?[21]

Im Unterschied zur sorglos unbekümmerten Art seiner Jugendjahre achtet Goethe von nun an sehr genau auf das Echo, das seine Dichtungen finden. Noch die kritischen Äußerungen seines Dieners Seidel zur ‚Iphigenie' sind ihm wichtig genug, sich mit ihnen auseinanderzusetzen.[22] Doch die Erwartungen, die Goethe an das sorgfältig vorbereitete und durchgeführte Unternehmen, das Publikum neu zu gewinnen, geknüpft hatte, erfüllten sich nur zum Teil. Die ersten Erfahrungen mit dem Publikum in dieser Zeit gibt Goethe in seinem Brief an Reichardt vom 28. Februar 1790: „Von Kunst hat unser Publikum keinen Begriff [...] Die Deutschen sind im Durchschnitt rechtliche, biedere Menschen aber von Originalität, Erfindung, Charakter, Einheit und Ausführung eines Kunstwerks haben sie nicht den mindesten Begriff. Das heißt mit Einem Worte sie haben keinen Geschmack. Versteht sich auch im Durchschnitt. Den rohren Teil hat man durch Abwechslung und Übertreiben, den gebildetern durch eine Art Honettetät zum besten. Ritter, Räuber, Wohltätige, Dankbare, ein redlicher biederer Tiers-Etat, ein infamer Adel pp. und durchaus eine wohlsoutenierte Mittelmäßigkeit, aus der man nur allenfalls abwärts ins Platte, aufwärts in den Unsinn einige Schritte wagt, das sind nun schon zehen Jahre die Ingredienzien und der Charakter unsrer Romane und Schauspiele."[23] Diese Philippika beschreibt die Grunderfahrung, die Goethe nach seiner Rückkehr aus Italien mit dem deutschen Publikum machte. Von seinem Verleger Göschen muß er sich 1791 sagen lassen, daß seine „Sachen nicht so kurrent sind als andere an denen ein größer Publikum Geschmack findet".[24] Wir haben bereits auf die epochale Bedeutung hingewiesen, die auf diesem Hintergrund die Begegnung mit Schiller für Goethe haben mußte. Schillers einzigartige Fähigkeit und Bereitschaft, kritischer Spiegel der Goetheschen Produktionen zu sein, konnte für diesen zum Ersatz einer fehlenden Öffentlichkeit werden. Hellsichtig hat Körner diese Funktion seines Freundes im Brief an ihn vom 8. Juli 1796 bezeichnet: „Ich freue mich, daß Du den Meister beurteilen willst. Dich wird diese Beschäftigung interessieren, und Dich auf manche fruchtbare Ideen bringen. Und dann ist mirs um *Goethens* willen lieb. Um uns Werke von solchem Umfange zu liefern, bedarf es einer Aufmunterung. Für den deutschen Dichter gibt es keine Hauptstadt. Sein Publikum ist zerstreut und besteht aus einzelnen Köpfen die seinen Wert zu schätzen wissen, aber deren Stimme selten laut wird. Die unsichtbare Kirche bedarf eines Repräsentanten, sonst glaubt der Dichter in einer Wüste zu sein, und zu diesem Repräsentanten schickt sich niemand besser als Du."[25] Diese Kanalisierung der Rezeption in den privaten Raum eines die Öffentlichkeit negierenden ‚idealen' Dialogs barg auch Gefahren der Isolation in sich, die niemand schärfer und bissiger bloßgestellt hat als Börne in seiner Auseinandersetzung mit dem Schiller-Goetheschen-Briefwechsel.[26] Auf der anderen Seite ist es nicht zuletzt gerade das Verdienst Schillers gewesen, Goethe an seine Verpflichtungen dieser Öffentlichkeit gegenüber erinnert zu haben. Angefeuert von dessen pädagogischem Rigorismus und unterstützt durch die gleichgesinnte Mitarbeit Heinrich Meyers und Wilhelm von Humboldts, tritt Goethe in seinem Verhältnis zum Publikum in eine neue Phase. Es wird von nun an offensiv. Schärfster Ausdruck dieser offensiven Haltung sind die gemeinsam mit Schiller verfaßten ‚Xenien'. Ihnen tritt das publizistische Erziehungswerk der ‚Horen' und der ‚Propyläen' zur Seite, das sich zur Aufgabe macht, das Publikum der strengen Gesetzgebung der hochklassischen Kunstgesinnung zu unterwerfen und es zu dieser heranzubilden. Auch das gemeinsam mit Schiller geplante Dilettantismusprojekt[27] ist Teil des auf Integration und Förderung des Publikums gerichteten Programms einer ästhetischen Erziehung, das jetzt ins Zentrum der kunsttheoretischen Überlegungen rückt. Der nur geringe Erfolg dieser offensiven Bemühungen um die Bildung eines klassischen Publikums, nach dem gleichzeitigen Urteil Friedrich Schlegels die Voraussetzung für das Entstehen einer klassischen Literatur,[28] wurde von Goethe im nachklassischen Jahrzehnt mit dem erneuten Rückzug in den Wirkungsraum des kleinen, elitären Kreises beantwortet. Im Brief an Reinhard vom 31. Dezember 1809 heißt es: „Die Wahlverwandtschaften schickte ich eigentlich als ein Zirkular an meine Freunde, damit sie meiner wieder einmal an manchen Orten und Enden gedächten. Wenn die Menge dieses Werkchen nebenher auch liest, so kann es mir ganz recht sein. Ich weiß zu wem ich eigentlich gesprochen habe, und wo ich nicht mißverstanden werde."[28] Goethe hat diesen privaten Wirkungsraum mit Hingabe und Selbstverleugnung gepflegt. Er mußte ihm jene Öffentlichkeit ersetzen, die ihm das deutsche Publikum versagte.

Die Ambivalenz und Widersprüchlichkeit von Goethes Urteilen über das Publikum und über Fragen des Wirkungsaspekts von Literatur erklärt sich nicht zuletzt aus der Kontextbedingtheit seiner diesbezüglichen Aussagen. Als gereizt-kritischer Opponent zum Publikum spricht Goethe zumeist in seiner Rolle als im Schaffensprozeß unmittelbar betroffener Produzent. Hier zieht er sich in der Regel auf jene von Riemer bezeichnete monologische Position zurück und bricht auch den Dialog mit Schiller über den ‚Wilhelm Meister' in dem Moment ab, wo dieser für ihn produktionsgefährdend wird. Gelassener und positiver dagegen reagiert er als Rezipient seiner eigenen Wirkungsgeschichte. In diesen Zusammenhang gehören jene Äußerungen, in denen Goethe seinen Wunsch, eine breite Wirkung zu erzielen und Erfolg zu haben, betont. Er habe sich, schreibt er am 30. Januar 1812 an Rochlitz, „den Dédain du Succès angewöhnt, welchen die Frau von Staël in mir gefunden haben will", weil ihn die nur zögernde Aufnahme seiner Werke in den letzten zwanzig Jahren dazu gezwungen habe. „Was aber den wahren Erfolg betrifft, gegen den bin ich nicht im mindesten gleichgültig; vielmehr ist der Glaube an denselben immer mein Leitstern bei allen meinen Arbeiten. Diesen Erfolg nun früher und vollständiger zu erfahren, wird mit den Jahren immer wünschenswerter, wo man nicht mehr viel Stunden in Gleichgültigkeit gegen den Augenblick zuzubringen und auf die Zukunft zu hoffen hat."[30] Und vier Jahre später heißt es in einem Brief an Zelter: „Ich möchte keinen Vers geschrieben haben, wenn nicht tausend und aber tausend Menschen die Produktionen läsen und sich etwas dabei, dazu, heraus oder hinein dächten",[31] ein Bekenntnis, das in den ‚Gesprächen mit Eckermann' wiederkehrt in dem Satz: „Wer aber nicht eine Million Leser erwartet, sollte keine Zeile schreiben."[32] So ändert sich auch seit Beginn der zwanziger Jahre Goethes reservierte Haltung dem Publikum gegenüber wiederum grundlegend. 1822 heißt es in dem Aufsatz ‚Geneigte Teilnahme an den Wanderjahren': „In späteren

Jahren übergab ich lieber etwas dem Druck als in den mittleren, denn in diesen war die Nation irre gemacht durch Menschen, mit denen ich nicht rechten will. Sie stellten sich der Masse gleich, um sie zu beherrschen; sie begünstigten das Gemeine, als ihnen selbst gemäß, und alles Höhere ward als anmaßend verrufen. Man warnte vor tyrannischem Beginnen anderer im Literarkreise, indessen man selbst eine ausschließende Tyrannei unter dem Scheine von Liberalität auszuüben suchte. Es bedarf keiner langen Zeit mehr, so wird diese Epoche von edlen Kenner frei geschildert werden."[33] Vor allem das Echo, das seine Werke seit Beginn der zwanziger Jahre im Ausland fanden, hat Goethes Reserve gegenüber dem Aspekt der Wirkung und des Erfolgs von Literatur abgebaut. Die Franzosen und die Engländer versöhnten ihn im Alter in vielem mit den Erfahrungen, die er mit dem deutschen Publikum gemacht hatte.

Betraf Goethes Ablehnung der Wirkungsästhetik ausschließlich den Produktionsbereich von Dichtung, so hatte er in seinen naturwissenschaftlichen Schriften längst eine Wirkungstheorie entwickelt, die dem Wirkungsaspekt und der Geschichte der Wirkung nicht nur für den Bereich der Naturerfahrung erkenntnisstiftende Funktion zuwies. So heißt es im Vorwort des ersten Bandes seiner ‚Farbenlehre': „Denn eigentlich unternehmen wir umsonst, das Wesen eines Dinges auszudrücken. Wirkungen werden wir gewahr, und eine vollständige Geschichte dieser Wirkungen umfaßte wohl allenfalls das Wesen jenes Dinges. Vergebens bemühen wir uns, den Charakter eines Menschen zu schildern; man stelle dagegen seine Handlungen, seine Taten zusammen, und ein Bild des Charakters wird uns entgegentreten."[34] Wie die Anwendung dieses erkenntnistheoretischen Grundsatzes liest sich ein erstaunliches, bisher wenig beachtetes Dokument aus den letzten Lebensjahren, das nur scheinbar eine Zurücknahme von Goethes Ablehnung einer wirkungsästhetischen Kunstauffassung ist. In dem kurzen Aufsatz ‚Englisches Schauspiel in Paris' (1828) stellt Goethe die deutsche und die französische Shakespeare-Rezeption einander gegenüber. Die „gründliche Verfahrungsweise" der Deutschen sucht in Shakespeares „Wesenheit" einzudringen, ohne jedoch, trotz aller Bemühung, zum Ziele zu gelangen, ja Goethe markiert die Gefahr einer ausschließlich auf das „Wesen" abzielenden Literaturbetrachtung, die, nachdem der Kreis möglicher Deutungen durchlaufen ist, sich zuletzt dem Irrtum in die Arme wirft, da die Wahrheit steril geworden sei und zuletzt nur noch „anwidert". „Unsere westlichen Nachbarn dagegen", fährt Goethe fort, „lebendig-praktischen Sinnes, verfahren hierin ganz anders [...] Um die Wesenheit des Dichters und seiner Dichtung, welche doch niemand ergründen wird, kümmern sie sich nicht; sie achten auf die Wirkung, worauf denn doch eigentlich alles ankommt, und indem sie die Absicht haben, solche zu begünstigen, sprechen sie aus, teilen sie mit, was jeder Zuschauer empfindet, empfinden sollte, wenn er sich auch dessen nicht genugsam bewußt würde."[35]

## 3. ,Götz' und ,Werther'

Die Geschichte der Wirkung und des Ruhms jener beiden Werke, mit denen der junge Goethe sich kurz nacheinander dem Publikum als Autor vorstellte, wurde bereits von seinen Zeitgenossen zur Legende stilisiert. Vor allem die Wirkung des ,Werther' wurde immer wieder zitiert als der in der Geschichte der neueren deutschen Literatur einzigartige Fall eines die engeren Grenzen ästhetischer Wirkungsmöglichkeiten sprengenden Ereignisse epochaler Art, dem historischen Rang nicht nur in der Literaturgeschichte, sondern in der allgemeinen Sozialgeschichte der modernen europäischen Völker zukommt.[1] Um die legendarische Aura dieser Wirkungsgeschichte wissend, hat Goethe mit sichtlich ironischem Behagen im 13. Buch von ,Dichtung und Wahrheit' die Entstehungsgeschichte dieses „Büchleins" beschrieben und zugleich den Versuch gemacht, seine „ungeheure" Wirkung beim Erscheinen zu erklären. Goethes Argumente sind bekannt und haben bis heute unser Bild dieses Phänomens bestimmt. Entgegen seiner späten Erklärung in den ,Maximen und Reflexionen', daß „die größte Achtung, die ein Autor für sein Publikum haben kann, ist, daß er niemals bringt, was man erwartet",[2] hat er hier mit Nachdruck betont, daß sein Werk „genau in die rechte Zeit traf". „Denn wie es nur eines geringen Zündkrauts bedarf, um eine gewaltige Mine zu entschleudern, so war auch die Explosion, welche sich hierauf im Publikum ereignete, deshalb so mächtig, weil die junge Welt sich schon selbst untergraben hatte, und die Erschütterung deswegen so groß, weil ein jeder mit seinen übertriebenen Forderungen, unbefriedigten Leidenschaften und eingebildeten Leiden zum Ausbruch kam."[3] Diese Übereinstimmung von Publikumserwartung und Werkerfüllung wird jedoch von Goethe im gleichen Atemzug mit dem Hinweis relativiert, daß das Publikum einen nur stoffartigen Anteil an dem Werk nahm, und daß ihn die Wirkungsgeschichte gerade dieses Werkes darüber belehrt habe, „daß Autoren und Publikum durch eine ungeheure Kluft getrennt sind, wovon sie, zu ihrem Glück, beiderseits keinen Begriff haben".[4] Wie erklärt sich dieser Widerspruch zwischen prästabilisierter Harmonie von zeitgenössischem Erwartungshorizont und Werk auf der einen und der Diskrepanz zwischen Wirkung und Autorenintention auf der anderen Seite?

Die große Wirkung des ,Götz' und des ,Werther' ist nur auf dem Hintergrund von Erwartungen zu verstehen, die durch beide Werke, wennschon in unterschiedlicher Intensität, eingelöst wurden. So schreibt Tieck 1828 mit Bezug auf die beiden Werke, die Goethes Frühruhm begründet haben: „Ein Dichter ist darum noch nicht da, wenn er geschrieben hat, oder gedruckt ist; das haben alle Zeitalter bewiesen. Ein Element, eine geistige Aufregung, ein Bedürfnis nach ihm, ein Hungern und Dürsten nach seinen Herrlichkeiten muß schon da sein, dann nur kann er wirken und andere Bedürfnisse des Geistes wecken, um auch diese zu befriedigen."[5] So steht die Rezeption des

‚Götz' in engstem Zusammenhang mit der Forderung nach einen nationalen Drama, das das durch Lessing begonnene Werk der Ablösung und Überwindung der antik-klassizistischen Tradition durch Schaffung von ‚Original'-stücken vollenden sollte. Diese Forderung war eine genuin aufklärerische und schien mit dem Modell, das Lessing selbst geliefert hatte, mit der ‚Emilia Galotti' bereits wegweisend erfüllt zu sein. Erst das Erscheinen des ‚Götz' vermittelte der bisher ausschließlich am Beispiel Shakespeares geführten Diskussion jenes ‚originale' Anschauungsmaterial, das zur endgültigen Formierung und Abgrenzung der theoretischen Fronten führte. Im Unterschied zur wenig später einsetzenden Auseinandersetzung um den ‚Werther' bleibt die ‚Götz'-Debatte vergleichsweise gemäßigt. Ihr fehlt die schroffe und leidenschaftliche Antithetik, die ein Indikator dafür ist, daß grundsätzlichere Interessen im Spiel sind als nur ästhetisch-literarische. Das Dilemma, vor dem die aufklärerische Kritik in der Auseinandersetzung mit dem ‚Götz' stand, dokumentiert sich paradigmatisch in der großen Rezension von Christian Heinrich Schmid,[6] der mit kaum verhohlener Bewunderung die „patriotische" Gegenstandswahl, die poetische Gestaltungskraft und die Kunst der Motivation an diesem „poetischen Fremdling" lobt und gleichzeitig die Verletzung der Regeln und die Abweichung „von allen bekannten Gattungen des Schauspiels", die dieses Stück für das Theater unbrauchbar mache, tadelt. Die Monita Schmids indessen haben keine argumentative Kraft mehr, ihnen fehlt die begriffslogische Authentizität, mit der noch Lessing in der ‚Hamburgischen Dramaturgie' die Regeln des Aristoteles verteidigt hatte, und es ist daher für Wieland in seiner vermittelnden Erwiderung[7] auf Schmid ein Leichtes, den nur formalistischen Charakter seines Insistierens auf den Regeln zu entlarven. Wenn man von der späten, anachronistisch anmutenden Äußerung Friedrichs des Großen[8] absieht, so war die Aufklärung offenbar bereit, auf dem Gebiet der Dramentheorie Positionen zu räumen, die durch ihre eigenen Forderungen bereits in Frage gestellt waren. Es ist bemerkenswert, daß die Polemik Schmids gegen die neue ‚Sekte' des Sturms und Drangs erst in dem Augenblick militante Züge gewinnt, als der ‚Werther' erschienen ist. In seiner ‚Fortsetzung der kritischen Nachrichten vom Zustande des teutschen Parnasses' von 1774[9] heißt es im Anschluß an die Erwähnung, daß Herder am Schluß seines Shakespeare-Aufsatzes Goethe vor Shakespeares Bild umarmt habe: „Anbetung dieses großen Briten, Ungebundenheit, Verachtung des Zwanges, den Wohlstand, Gewohnheit, Regel auflegen, üppige Phantasie – sind sympathetische Bande genug, um ihn mit Herder und seinen Freunden zu verknüpfen. – Wenn ich mich patriotisch freue, daß endlich einmal wieder ein Originalgenie hervorgedrungen ist, so möchte ich es auch beklagen, daß Goethens Zeit in Tage fallen mußte, wo er Grundsätze und Beispiele vorfand, die ihn, sein natürliches Feuer ungerechnet, über die Grenzen hinausrissen."[10] Mögen diese Bemerkungen auch zunächst noch den Dichter des ‚Götz' meinen, sie sind unterschwellig gespeist von der Opposition gegen jenes Werk, das radikaler als der ‚Götz' die Aufklärung in Frage stellte. Die Schärfe der Reaktion erklärt sich zu einem nicht geringen Teil aus der Tatsache, daß der ‚Werther' auf eine Rezeptionserwartung antwortet, die Kernstück des avanciertesten Flügels eben dieser Aufklärungsästhetik war, in der Erfüllung dieser Erwartung jedoch die Grundlage, auf der sie ruhte, aufhob.

In seinen Buch ‚Werther und Wertherwirkung' schreibt Klaus R. Scherpe: „Goethes Roman störte auf das empfindlichste die Erwartung des bürgerlichen Publikums, das gewohnt war, in seiner Romanlektüre Nutzen und Vergnügen angenehm verbunden zu finden." [11] Nur ein flüchtiger Blick auf die zeitgenössische Ästhetikdiskussion liefert Belege genug, um diese Behauptung in ihr Gegenteil zu verkehren und den Satz aufzustellen, daß der ‚Werther' den Erwartungen des bürgerlichen Publikums in einer geradezu idealen Weise entsprach. Scherpes Formel von der angenehmen Verbindung von Nutzen und Vergnügen als Signatur der Rezeptionshaltung des Romanlesers im Jahre 1774 ist anachronistisch; sie mag auf die Gottschedische Fabeltheorie zutreffen, unterschlägt jedoch, daß sich spätestens seit dem Beginn der sechziger Jahre ein Prozeß der Sensibilisierung, Emotionalisierung und Versinnlichung in der Konzeption des Ästhetischen abzeichnet, der die spannungslose rationalistische Verhältnisbestimmung einer ‚angenehmen' Verbindung des prodesse und delectare zugunsten einer Wirkungsästhetik der ‚herzrührenden Schreibart' radikalisiert hatte.[12] In Sulzers ‚Allgemeiner Theorie der schönen Künste' hat diese aufklärerische Wirkungsästhetik ihre mit dem ‚Werther' gleichzeitige Formulierung gefunden. In dem Artikel ‚Schöne Künste' im 1774 erschienenen zweiten Teil des Werkes heißt es über das Wesen der Kunst: „Ihr Wesen besteht darin, daß sie den Gegenständen unserer Vorstellung sinnliche Kraft einprägen; ihr Zweck ist lebhafte Rührung der Gemüter, und in ihrer Anwendung haben sie die Erhöhung des Geistes und Herzens im Augenmerke." [13] „Der Geschichtschreiber', heißt es im gleichen Artikel, „erzählt eine geschehene Sache nach der Wahrheit, wie sie sich zugetragen hat; der Dichter aber so, wie er glaubte, daß sie nach seinen Absichten uns am lebhaftesten rühre."[14] Im Lichte dieser Bestimmungen erscheint Goethes Roman geradezu als gelungene Probe aufs Exempel der Wirkungsästhetik der aufklärerischen Popularphilosophie. Der empfindsame Roman, der sich mit Richardson, Rousseau, Gellert und J. Th. Hermes als Briefroman lange vor dem ‚Werther' das formale Vehikel einer auf Unmittelbarkeit abzielenden Gemütserregungskunst geschaffen hatte, liegt nicht außerhalb, sondern innerhalb der Grenzen der aufklärerischen Wirkungsästhetik, ja erfüllt deren Forderungen nach ‚lebhafter Rührung' besser noch als die konkurrierende Form des bürgerlichen Trauerspiels. Wenn der ‚Werther' dennoch diese Grenzen sprengt und die Grenzwächter zu defensivem Eingreifen veranlaßt, so sind die Bedingungen dieser Sprengung von denen mitgeschaffen worden, die so unverzüglich zur Retraite geblasen haben. Der Grund für die so vehement einsetzenden Abwehrreaktionen derer, die der Wirkung des ,Werther' den Weg bereiten halfen, liegt in dem Umstand, daß Goethe, gerade indem er die Forderungen der aufklärerischen Wirkungsästhetik ernst zu nehmen schien, die Bedingungen, auf denen sie ruhte, aufhob. Für die Aufklärungsästhetik hatte das ästhetische Moment als der wirkungsauslösende Faktor dienende Funktion zur Aktualisierung einer den ästhetischen Bereich grundsätzlich transzendierenden, ihm immer schon vorausliegenden ,Wahrheit'. Im Rahmen dieser Verhältnisbestimmung von Kunst und Wahrheit blieb das Werk kontrollierbar durch den deutenden Rückgriff auf das aller Wirkung zugrundeliegende ,moralische' Substrat, das eine eindeutige Festlegung und Fixierung ermöglichte. Die auf sinnlicher Gemütserregung basierende Wirkung eines Werkes mußte von seiner Ratio legitimiert sein und sich vor der Ratio des Rezipienten als durchschaubar und analysierbar ausweisen können. Wirkung und Wesen eines Kunstwerks sind für die Auflärungsästhetik einander äußerliche Momente einer auf die Praxis moralischer Vervollkommnung abzielenden Arbeitsteilung. Für den ,Werther', und das bezeichnet seine epochale Bedeutung innerhalb der Geschichte der Literatur im 18. Jahrhundert, ist das ästhetische Moment der Wirkung identisch mit dem gnoseologischen Moment der Wahrheit, ein Griff ,hinter' die Wirkung des Werkes führt nicht zur Dekodierung seiner in der Aisthesis der Wirkung verschlüsselten ,Botschaft', sondern zur Konfrontation des Rezipienten mit sich selbst. Indem Wirkung und Wahrheit des Werkes nicht mehr hierarchisch getrennt, sondern gleichrangig dialektisch aufeinander bezogen sind, ist der Rezeptionsvorgang zum von außen nicht mehr kontrollierbaren autonomen Dialog zwischen Werk und Leser geworden. Die Appellstruktur dieser neuen Textform, wie sie der ,Werther' darstellt, führt zu einer Emanzipation des Lesers von allen heteronomistischen Bestimmungen und setzt zugleich logisch eine Pluralität von Rezeptionsmöglichkeiten frei. Es ist daher ein grundsätzliches Mißverständnis des Wesens dieser neuen Kunstform, von einem Mißverständnis dieses Werkes zu sprechen! *Alle* Deutungen des ,Werther' müssen dem Ineffabile dieses Werkes gegenüber Mißverständnisse sein, da eine Kontrollinstanz, an der ein Mißverständnis als ein solches entlarvt werden könnte, fehlt.[15] Es bleibt unter diesen Voraussetzungen ein bedenkliches Unternehmen, die pseudowerkidentifikativen Rezeptionen der Jacobi, Heinse, Lenz u. a. gegen die werkfeindlichen Rezeptionen eines Goeze und Nicolai auszuspielen. Lessings Verdikt gegen den ,Werther', das mit seiner Forderung nach einem „Kapitelchen zum Schlusse; und je zynischer je besser",[16] den aufklärerischen Protest am bündigsten formuliert hat, bleibt der ehrlichste und schlagkräftigste Einspruch gegen ein Werk, das sich endgültig von der seit der Antike geltenden Heteronomie des Ästhetischen emanzipiert hat und sich auf die Wahrheit des ,Gedichteten' beruft, die in das gleiche Recht wie die Wahrheit des ,Geschehenen' eingesetzt wird.[17] Die Zeitgenossen haben sich entweder an das Geschehene gehalten und diesem neugierig nachgespürt, oder sie haben das Gedichtete zu korrigieren gesucht, um sich seinem Anspruch zu entziehen. Wenn Goethe in 'Dichtung und Wahrheit' darüber klagt, daß der 'Werther' eine nur stoffliche Wirkung gehabt habe, so ist diese entfremdete Wirkung in der Tatsache begründet, daß die Rezeption von keinem werkimmanenten Substrat gelenkt war, das die Wirkung hätte rationalisieren helfen. Die Ratlosigkeit dieser neuen Form gegenüber suchte sich Rat in dem, was diesem Werk selber akzidentell war. Auch Goethe bot zur Erklärung der Wirkung des 'Werther' nur Stoffliches an, verhielt sich also in diesem Punkt nicht anders als das von ihm geschmähte Publikum. Als Produzierender allerdings berief er sich auf die kathartische Funktion der 'Komposition', die den Stoff aus der Wirklichkeit in Poesie verwandelt habe, und er verwies es seinen Freunden, wenn sie die Poesie wieder in die Wirklichkeit verwandeln wollten.[18] Eine auf Identifikation beruhende Praxisanweisung enthielt der Roman nicht, er enthielt vielmehr im Gegenteil verdeckt das Angebot, sich im rezeptiven Nachvollzug von jenen Handlungsantrieben kathartisch zu befreien, die der Roman so suggestiv zur Nachahmung anbot. Damit aber war ein Publikum überfordert, das diese kathartische Rezeptionshaltung bisher nur im schützenden Kollektiv des Theaters eingeübt hatte und nun durch den Leseakt in eine durch die monoperspektivische Briefform die Unmittelbarkeit der Konfrontation noch verstärkende, ungeschützte Vereinzelung hineingetrieben wurde. Die von Goethe so beklagte rein stoffliche Wirkung des 'Werther' ruhte auf formalen Bedingungen, die den Betroffenen nicht bewußt waren und von ihnen wohl auch nicht durchschaut werden konnten.

Es ist kein Zufall, daß gerade der 'Werther' zur Parodie und Travestie aufforderte. Wo der eingeübte, kontrollierende Griff des Aufklärungsästhetikers ins Leere geht, bleibt nur die Kontrafaktur, die das Bild nicht entschlüsselt, sondern durch das Gegenbild zu widerlegen sucht. Nicolais 'Freuden des jungen Werthers' (1775)[19] sind das berühmteste und wohl auch gelungenste Beispiel für dieses Verfahren. Nicolai ist in seiner Parodie der Anwalt des „prosaischen Weltzustandes", der für den Vertreter einer bürgerlich-aufklärerischen Gesellschaftsphilosophie sein Recht gegen die Anmaßung und die Rebellion des sich von der Gesellschaft isolierenden Subjekts geltend macht. Nicolais Profanierung der Werther-Gestalt ist eine Vorwegnahme jener Analyse des Romanhaften unter den Bedingungen der bürgerlichen Gesellschaft und des bürgerlichen Staates, wie sie Hegel mit dem ihm eigenen realistischen Sarkasmus in seinen Vorlesungen über Ästhetik gegeben hat. Auch für Nicolais Werther besteht das Ende seiner romanhaften Lehrjahre darin, „daß sich das Subjekt die Hörner abläuft, mit seinen Wünschen und Meinen sich in die bestehenden Verhältnisse und die Vernünftigkeit derselben hineinbildet",[20] auch für ihn steht am Ende der Katzenjammer des Philisteriums als der Signatur erwachsener Bürgerlichkeit. Man sollte den Stab über Nicolai erst dann brechen, wenn man seiner bei Hegel nicht mehr bedarf! Parodiert Nicolai seinen Werther auf das Niveau des Philisters herunter, so stilisiert ihn J. M. R. Lenz in seinen gegen Nicolai gerichteten ‚Briefen über die Moralität der Leiden des jungen Werthers'[21] ins Religiös-Sakrale hinauf. Beide, der Werther-Gegner wie der Werther-Apologet, sind gezwungen, ihren Gegenstand zu verändern, ihn um- und weiterzudichten. Lenz begabt Goethes Werther mit jener Schaffenskraft, jener glücklich gestimmten Einbildungskraft, jener Harmonie und jener bürgerlichen Handlungsfreudigkeit, die er nötig gehabt hätte, um überleben zu können. Auf der Grundlage jener Umdeutung fällt es ihm nicht schwer, die „Moralität" des Werkes zu demonstrieren, die für ihn in der Wirkung gestalteter Empfindungsfähigkeit und Leidenschaftlichkeit begründet liegt. Lenz verzichtet auf eine Deutung des Werkes, wie er im letzten Brief auch selber gesteht. Er verweist vielmehr den Leser an sein eigenes „Genie", die „nützlichste Anwendung" des Exempels, das dieser Roman statuiert, zu machen. Daß Lenz mit seiner Begründung der Moralität des Werther-Romans als Schule der Empfindsamkeit kein exklusives Sturm-und-Drang-Credo verkündigt, beweist der Satz aus Blanckenburgs großer Werther-Rezension von 1775: „Wir wollen nicht Schwärmer bilden; aber wir fühlen es lebendig in uns, daß Empfindsamkeit das edelste Geschenk der Vorsicht sei, und gehörig gepflegt und erzogen, die *menschlichsten* Tugenden und wahre Glückseligkeit hervorbringe [...]."[22] Blanckenburg, der erste Theoretiker des modernen bürgerlichen Romans im 18. Jahrhundert, behilft sich zur Rettung des moralischen Nutzens des ‚Werther', auf den er als Aufklärer nicht verzichten kann, durch die Übertragung der Katharsislehre des bürgerlichen Trauerspiels auf den Roman, ohne die grundsätzlich andere Rezeptionshaltung, die diese Gattung impliziert, mitzureflektieren. Blanckenburgs Rezension ist ein Musterbeispiel jener von uns oben erwähnten arbeitsteiligen Auffassung von Kunst und ihrer Wirkung in der aufklärerischen Ästhetik. Die Dichtung dient der Sensibilisierung, der „Ausbildung und Lenkung der Empfindungen". „Den Fleiß, die Aufmerksamkeit, und richtige Begriffe von einem Geschäfte und einer Pflicht müssen euch andre lehren."[23] Für ihn liefert der ‚Werther' willkommenes Anschauungsmaterial, um über die „Verhältnisse zwischen Menschen und ihren Zufällen, und den gegenseitigen Einfluß von Begebenheit und Charakter, und das Werden und Wachsen aller unsrer Neigungen denken [zu] lernen".[24] Die durch dieses Nachdenken erworbenen Kenntnisse können nach Blanckenburg dazu dienen, den vernünftigen Umgang mit den Werther-Gestalten der Wirklichkeit einzuüben, eine Art Kurs in jener therapeutischen Krankenpflege, die Wilhelm in Goethes Roman seinem Freund gegenüber nach Meinung Blanckenburgs sträflich unterlassen hat.

Aus der Fülle der zeitgenössischen Zeugnisse der unmittelbaren Werkrezeption haben wir in unserer Analyse nur wenige, prägnante Beispiele herausgegriffen. Nicht auf die Entfaltung eines facettenreichen Panoramas von Stimmen kam es uns an, sondern auf die Darstellung eines Problems, das sich dem zeitgenössischen Publikum in der Konfrontation mit einem Werk stellte, das seinen Erwartungen in einem so hohen Grade entgegenkam und zugleich die Voraussetzungen dieser Erwartungen so radikal in Frage stellte. Gezeigt werden sollte die Hilflosigkeit sowohl der affirmativen wie der kritischen Rezeption eines Werkes, das eingeschliffene Rezeptionsmechanismen in Frage stellte und damit das Publikum überfordern mußte. Es ist nur scheinbar paradox, daß gerade jenes Werk, das wie kein anderes in der deutschen Literatur Wirkungen ausgeübt und ausgelöst hat, zur Aufhebung der Wirkungsästhetik beitrug, die nicht nur in der Aufklärung das Vakuum der Wirkungslosigkeit durch die Forderung erborgter Wirkungen aufzufüllen sucht.

Im Unterschied zur ,Götz'-Rezeption, die eine vorwiegend noch auf ästhetische und dramentheoretische Fragen gerichtete blieb, betraf die zeitgenössische Auseinandersetzung mit dem ,Werther' zentrale religiöse, weltanschauliche und gesellschaftspolitische Probleme. Zurecht bemerkt Scherpe: „Kein Zweifel: Hier wird weniger um ein Stück Literatur gestritten; angegriffen und verteidigt werden vielmehr die Prinzipien bürgerlicher Lebensordnung schlechthin."[25] Der Vorwurf, der Roman sei eine Apologie des Selbstmords, wurde vor allem in der berüchtigten Attacke des Hamburger Hauptpastors Goeze vorgebracht,[26] die die lange Reihe der kirchlich-orthodoxen Angriffe auf Goethe eröffnet und u. a. zum Verbot des ,Werther' durch die theologische Fakultät der Universität Leipzig führte.[27] Die Weigerung Werthers, sich den Zwängen des prosaischen Weltzustands der bürgerlichen Gesellschaft zu unterwerfen, hatte den Protest Nicolais und vieler in seinem Sinne argumentierender Kritiker auf den Plan gerufen. Vor allem dieses, durch schwärmerische Werther-Nachfolge und Werther-Identifikation unterstützte Verhaltensmuster hat das Bild Goethes als des Anführers einer wilden Sekte von Ausgeflippten bis in die achziger Jahre hinein bestimmt. Aufschlußreich in diesem Zusammenhang ist die kritische Darstellung des Aufklärers Johann Kaspar Riesbeck, der in seinen ,Briefen eines reisenden Franzosen über Deutschland an seinen Bruder zu Paris' (1784) die ,Werther'-Wirkung aus seiner Sicht beschreibt: „Ohne Zweifel sieht er [Goethe] jetzt selbst ein, daß er der deutschen Literatur viel geschadet hat. Viele junge Leute glaubten, es wäre bloß um Dreistigkeit, Unverschämtheit, Verunstaltung der Sprache und Vernachlässigung alles dessen, was Ordnung und Wohlstand heißt, zu tun, um Genies zu werden. Sie behaupteten öffentlich, daß alles Studieren, alle Regel und aller Wohlstand Unsinn und alles, was *natürlich* ist, schön wäre, daß ein wahres Genie keine Bildung nötig hätte, sondern, wie Gott, alles aus seinem Wesen schöpfen und sich selbst genug sein müßte, daß ein Genie berechtigt wäre, sich im bloßen Hemd oder auch nach Belieben in puris naturalibus auf dem offenen Markt oder bei Hofe zu produzieren, daß die kalte Vernunft die Menschen zu Schöpsen, eine unbezähmte Phantasie aber zu Halbgöttern machte, daß Träumen, Entzücktsein und Rasen der natürliche und glückliche Zustand des Menschen wäre, daß alle Beschäftigungen, wodurch der Mensch sein tägliches Brot verdiente, ihn unter seine Natur und Würde erniedrigten, daß in der *besten Welt* die Menschen auf allen vieren gehen und Eicheln fressen müßten usw."[28]

Das gesellschaftsoppositionelle und gesellschaftskritische Moment des Romans, in dessen Zeichen seine Wiederentdeckung in der Gegenwart steht, ist in der zeitgenössischen Rezeption nur angedeutet in der Metapher vom „gekreuzigten Prometheus", die Lenz im achten seiner ‚Briefe über die Moralität der Leiden des jungen Werthers' zur Kennzeichnung der Einschränkung von Werthers Möglichkeiten gebraucht.[29] Schiller spricht zwanzig Jahre später in seiner Abhandlung ‚Über naive und sentimentalische Dichtung' davon, „wie wenig empfehlend, ja wie feindlich die Wirklichkeit" gegen Werthers Empfindsamkeit „gestellt ist, und wie von außen her sich alles vereinigt, den Gequälten in seine Idealwelt zurückzudrängen".[30] Erst Heinrich Heine benennt 1828 den Punkt, auf den sich auch heute wieder die politische ‚Werther'-Interpretation richtet: „Sein erstes Publikum fühlte nimmermehr seine eigentliche Bedeutung, und es war nur das Erschütternde, das Interessante des Faktums, was die große Menge anzog und abstieß. Man las das Buch wegen des Totschießens, und Nicolaiten schrieben dagegen wegen des Totschießens. Es liegt aber noch ein Element im Werther, welches nur die kleinere Menge angezogen hat, ich meine nämlich die Erzählung, wie der junge Werther aus der hochadeligen Gesellschaft höflichst hinausgewiesen wird. Wäre der Werther in unseren Tagen erschienen, so hätte diese Partie des Buches weit bedeutsamer die Gemüter aufgeregt, als der ganze Pistolenknalleffekt."[31] Das spätere 19. Jahrhundert war wenig mehr geneigt, sich mit Werther zu identifizieren oder dessen Protest gegen die bürgerliche Gesellschaft einen gesellschaftsverändernden Impuls abzugewinnen. In Karl Hillebrands Aufsatz ‚Die Werther-Krankheit in Europa' ist die restlose Historisierung des Werther-Problems vollzogen: „Werther [...] gehört ganz seiner Zeit an; er teilt alle ihre Antipathien und Sympathien, namentlich aber alle Illusionen, ihren Glauben an die Unfehlbarkeit des Individuums, als sittlicher Mensch wie als Künstler. Ihm zufolge zerstört die Gesellschaft den Genius, wie sie die Natürlichkeit vernichtet, und er sucht das Paradoxon sophistisch in der Literatur wie im Leben nachzuweisen. Was Wunder, wenn er sich in seine innere ideale Welt flüchtet; birgt doch dieser anspruchsvolle Name den naivsten Egoismus. Werther ist ganz und durchaus von seinen Gefühlen beherrscht, von seinen augenblicklichen Stimmungen, von seiner Laune, und er weiß sich was darauf. Er geht sogar soweit, darein den wahren Wert des Lebens zu setzen – ein verhängnisvoller Irrtum, der ihn ins Verderben führen muß. Man verkennt nicht ungestraft das Gesetz der Arbeit und der gesellschaftlichen Tätigkeit; ein Sichbeschränken auf das innere Leben, so rein und schön es sein mag, muß zum Pessimismus führen."[32]

Folgte dem ‚Götz' jene Flut von Ritterstücken, die bis in den Anfang des

19. Jahrhunderts die Bühnen beherrschten und nicht selten Anlaß zur Kritik an dem Vorbild der Mode boten, so erzeugte der ,Werther' jene Fülle von Um-, Nach- und Weiterdichtungen, die als ,Wertheriaden' den Kometenschweif von Goethes genialem Frühwerk bilden. Diese produktionsstimulierende Funktion, die ,Götz' und ,Werther' gehabt haben, ist nicht zuletzt auch ein Zeichen der Popularität, ja Volkstümlichkeit dieser Werke und ihrer Stoffe gewesen. Dieser Vorgang hat sich im weiteren Verlauf der Rezeptionsgeschichte Goethes in dieser Form nicht wiederholt, wenn wir von *einer* Ausnahme, dem ,Faust', absehen.

Die gesamte weitere Wirkungsgeschichte des Autors Goethe war durch die Hypothek, der weltberühmte Verfasser des ,Werther' zu sein, belastet. Die Erwartungen, die in der Folgezeit an ihn herangetragen wurden, waren durch dieses Werk und seine breite Wirkung bestimmt. Goethe hat unter dieser Fixierung gelitten und an mehr als einer Stelle seines Werkes und seiner Briefe darauf Bezug genommen. Schon 1775 klagte er in einem Brief an Auguste Gräfin zu Stolberg: „Ich bin das ausgraben und sezieren meines armen Werthers so satt",[33] und in einer unterdrückten Fassung der zweiten der ,Römischen Elegien' wird die Flucht nach Italien auch als Flucht vor neugierigen Werther-Schnüfflern begründet:

> Fraget nun, wen ihr auch wollt! Mich werdet ihr nimmer erreichen,
> Schöne Damen und ihr Herren der feineren Welt!
> Ob denn auch Werther gelebt? ob denn auch alles fein wahr sei?
> Welche Stadt sich mit Recht Lottens, der Einzigen, rühmt?
> Ach, wie hab' ich so oft die törichten Blätter verwünschet,
> Die mein jugendlich Leid unter die Menschen gebracht!
> Wäre Werther mein Bruder gewesen, ich hätt' ihn erschlagen,
> Kaum verfolgte mich so rächend sein trauriger Geist.[34]

Es hat nicht an Versuchen gefehlt, die Schaffensstufe des ,Götz' und des ,Werther' als früh erklommenen und später nie wieder erreichten Höhepunkt des Gesamtschaffens Goethes zu kanonisieren. So heißt es in der Rede des Paradoxen in Tiecks Abhandlung ,Goethe und seine Zeit': „Wir dürfen aber auch niemals zugestehn, daß Goethe späterhin in seiner Begeisterung, Dichterkraft und Ansicht höher gestanden habe, als in der Jugend, wenn wir nicht auf ähnliche Art, wie er, an uns selbst untreu werden wollen. Wir fühlen unbedingt, im ,Götz' und ,Werther' ist das Höchste erreicht, unser Gefühl und Verständnis, die Begeisterung, die in uns übergeht, lassen sich nicht, als schwächere, andern, höheren unterordnen."[35] Nur wenige Kritiker waren in der über ein Jahrzehnt währenden Zeitspanne, die dem sensationellen Erfolg des ,Götz' und des ,Werther' folgte und in der Goethe als Autor für die Öffentlichkeit zu existieren aufgehört hatte, bereit und durch persönliche Nähe in der Lage, Prognosen über seine weitere Entwicklung als Dichter anzustellen. Zu ihnen gehörte Wieland, der sich schon in der ‚Götz'- und ‚Werther'-Debatte als wichtiger Vermittler zwischen Aufklärung und Sturm und Drang profiliert hatte. Im dritten seiner 1784 im ‚Teutschen Merkur' erschienenen ‚Briefe an einen jungen Dichter'[36] unternimmt er es noch einmal, die historische Notwendigkeit der im Zeichen Shakespeares erfolgten Revolution des Dramas durch Goethes ‚Götz' zu verteidigen, diesmal in Auseinandersetzung mit dem Wiener Burgtheaterdichter Cornelius Hermann von Ayrenhoff, der den Klassizismus im Drama restaurieren wollte und in der Vorrede zu seinem 1783 erschienenen Trauerspiels ‚Cleopatra und Antonius' Shakespeare und die Shakespeare-Mode des Sturm und Drang scharf angegriffen hatte. Wielands erneutes Eintreten für den ‚Götz' bedeutet jedoch nicht Kanonisierung der durch ihn repräsentierten neuen Dramenform als der für die Zukunft einzig möglichen und wünschbaren. Wieland, der schon früh die Wandlungsfähigkeit der Proteusnatur Goethes erkannt und besungen hatte,[37] öffnet in seinen ‚Briefen an einen jungen Dichter' als erster Kritiker überhaupt der Öffentlichkeit den Blick für die Entwicklung Goethes vom Sturm und Drang zur Frühklassik, die für ihn der Weg von Shakespeare zu Aischylus und Sophokles ist.[38] Mit Anspielung auf Voltaires ‚Candide' schreibt Wieland, eine neue Phase der Rezeptionsgeschichte Goethes antizipierend: „Aber wer die ‚Iphigenia in Tauris', eine *noch ungedruckte* Tragödie in Jamben, von eben diesem Verfasser, eben so ganz im *Geiste des Sophokles* als sein ‚Götz' im Geiste *Shakespeares* geschrieben, und (wenn ja in Regelmäßigkeit ein so großer Wert liegt) *regelmäßiger als irgendein französisches Trauerspiel,* – wer (sage ich) diese ‚Iphigenia' gelesen, oder gehört hat: wird keinem warmen Freunde unsrer Literatur verdenken, wenn ihm, auch in Absicht *dieses* Falles, einige demütige Zweifel gegen *Meister Panglossens* Lieblingssatz aufstoßen. Welcher andre, als ein Dichter, der, je nachdem ihn sein Genius trieb, mit gleich glücklichem Erfolge, mit Shakespeare oder Sophokles um den Preis ringen konnte, würde geschickter gewesen sein den Gebrechen unsrer Schaubühne abzuhelfen, den Ausschweifungen der Nachahmer Einhalt zu tun, und durch Verbindung der *Natur,* welche die Seele von Shakespears Werken ist, mit der *schönen Einfalt* der Griechen, und mit der *Kunst* und dem *Geschmacke,* worauf die Franzosen sich so viel zugute tun, unsrer dramatischen Muse einen eigentümlichen Charakter und einen Vorzug zu verschaffen, den ihr keine andre Nation so leicht hätte streitig machen können?"[39]

## 4. Der ‚Statthalter des poetischen Geistes auf Erden'

Konnte Goethe bei seinem ersten Auftreten als Autor für den ‚Götz' und den ‚Werther' eine ihm günstige Erwartungshaltung des Publikums nützen und gewissermaßen für sich ausbeuten, so mußte er bei seinem Versuch, sich dem

Publikum in gewandelter Gestalt vorzustellen, gegen einen Erwartungshorizont ankämpfen, den er selber hatte stiften helfen. So heißt es 1795 in Georg Sartorius' Rezension der beiden ersten Bände von ‚Wilhelm Meisters Lehrjahren': „Die Aufmerksamkeit des Publikums war nicht wenig auf die Erscheinung desselben gespannt, und es war dazu berechtigt, durch jenes frühere Kunstwerk, welches derselbe Dichter in seiner Jugend, in der nämlichen Gattung, so unnachahmlich schön dargestellt hatte, und welches von allen gebildeten Nationen mit ungeteiltem Beifall aufgenommen ward. Die Hoffnung, etwas dem ähnliches in dieser neuen Dichtung zu finden, wird man jedoch in mehr denn *einer* Hinsicht getäuscht finden. Ein so großes Publikum, als ‚Werther' gefunden hat, wird ‚Meister' nie gewinnen."[1] Es ist nicht zuletzt das Verdienst der romantischen Goethekritik, den Dichter von den Fesseln seines eigenen Frühruhms befreit und als Zeitgenossen der nachrevolutionären Epoche begriffen zu haben, um ihn so in die Kontemporaneität mit der grundsätzlich gewandelten Zeitsituation zu versetzen. Die programmatische Verknüpfung des ‚Wilhelm Meister' mit der Französischen Revolution und Fichtes ‚Wissenschaftslehre' im berühmten Tendenzfragment Friedrich Schlegels von 1798[2] ist mehr als nur eine geistreiche Zusammenstellung; es ist die Versicherung einer jüngeren Generation von Intellektuellen, daß die gleichzeitige Goethesche Produktion auf der Höhe der Zeit steht, mit der philosophischen Revolution des deutschen Idealismus und der politischen Revolution in Frankreich konfiguriert. Nicht anders hatte auch Schiller in seinem großen Brief an Goethe vom 23. August 1794 diesem selbstbewußt bestätigt, daß er, wiewohl unbewußt, sich in Übereinstimmung mit „den reinsten Resultaten der spekulativen Vernunft" befinde. Für die programmatischen Äußerungen der Frühromantiker über Goethe charakteristisch ist die Betonung des Kairos, den seine neuesten Werke ankündigen und den zu verkünden sie sich berufen fühlen. „Wer Goethes ‚Meister' gehörig charakterisierte, der hätte damit wohl eigentlich gesagt, was *jetzt* an der Zeit ist in der Poesie", so lautet eins der kritischen Fragmente Friedrich Schlegels aus dem ‚Athenäum'.[3] In der gleichen Zeitschrift spricht Novalis von „Goethe, der *jetzt* der wahre Statthalter des poetischen Geistes auf Erden ist".[4] Goethe wird hier nicht rezipiert als überzeitliches Phänomen, sondern als ein unmittelbar mit dem gegenwärtigen Augenblick verknüpftes, für ihn entscheidendes Ereignis. Was steht hinter dieser auffallenden Inanspruchnahme Goethes für das ‚Jetzt' der Jahre 1795 bis 1799, die wir nicht nur bei den schon erwähnten Romantikern finden, sondern die auch die Goethedeutungen Schillers und Wilhelm von Humboldts in dieser Zeit prägt? Die Beantwortung dieser Frage vermag uns in einem ersten Schritt den überaus komplexen Vorgang erklären helfen, der Voraussetzung dieser fast plötzlich einsetzenden Berufung auf Goethe in einem so kurzen Zeitraum ist. Wenn wir uns dabei nicht auf die Äußerungen der Frühromantiker beschränken, sondern auch Schiller und Humboldt in unsere Betrachtung einbeziehen, so deswegen, weil ihre Goetheaussagen grundsätzlich dem gleichen Argumentationszusammenhang entstammen, der auch den Äußerungen der Brüder Schlegel und Novalis' zugrundeliegt.

Es geht den Autoren, die sich in der zweiten Hälfte der neunziger Jahre so intensiv um Goethe bemühen, nicht um ein von interesselosem Wohlgefallen an seinen Werken motiviertes ‚objektives' Bild des Dichters, ihre Auseinandersetzung mit ihm ist vielmehr in einem eminenten Grade interessengeleitet und bezieht gerade aus diesem Interesse die argumentative Kraft und wirkungskräftige Ausstrahlung.[5] Es ist wohl mit Recht behauptet worden, daß erst mit den Brüdern Schlegel, mit Schiller und W. v. Humboldt eine werkgerechte Interpretation Goethes einsetze, es muß jedoch mit Nachdruck betont werden, daß gerade die großen bleibenden Leistungen der Goethekritik dieser Autoren die Bedingungen ihrer Möglichkeit nicht in einem auf interesselose Objektivität abzielenden immanenten Verfahren haben, sondern auf Voraussetzungen beruhen, die die Werkimmanenz transzendieren in Richtung auf allgemeinere geschichtsphilosophische und erkenntnistheoretische Fragestellungen. Diese allgemeineren Fragestellungen, die eine theoretische und eine praktische Dimension haben, zielen auf eine Fundamentalkritik des Verhältnisses von Kunst und Gesellschaft unter den veränderten Bedingungen des nachrevolutionären Jahrzehnts, sie kulminieren in einer transzendentalphilosophisch begründeten Neubestimmung des Wesens und der Funktion von Kunst und Literatur. Erst der Bezug auf diesen umfassenderen Rahmen gibt den einzelnen Aussagen über Goethe ihren Stellenwert und enthüllt ihren operationalistischen Charakter. Gemeinsamer Ausgangspunkt der großen kunsttheoretischen Abhandlungen der neunziger Jahre, Schillers ‚Über die ästhetische Erziehung des Menschen' (1795) und ‚Über naive und sentimentalische Dichtung' (1795/96), Friedrich Schlegels ‚Über das Studium der griechischen Poesie' (1797) und Wilhelm von Humboldts Schrift über ‚Hermann und Dorothea' (1799), ist die Feststellung der Kunstfeindlichkeit der zeitgenössischen Gesellschaft, der Aufweis der Bedingungen, unter denen in der arbeitsteiligen modernen Welt Kunst zu einer vom Untergang bedrohten Randerscheinung geworden sei und zugleich die Suche nach Möglichkeiten einer Wiedereinsetzung der Kunst in jene Funktion, die sie unter anderen gesellschaftlichen und politischen Bedingungen in der Antike gehabt hatte. Mit dem Bezug auf die Antike als maßstabsetzenden Horizont der Reflexion auf die gegenwärtigen Bedingungen und Möglichkeiten von Kunst rückt die in diesen Abhandlungen inaugurierte Diskussion ein in den größeren Argumentationszusammenhang der ‚Querelle des anciens et des modernes', die in dieser Form einer historisch verspäteten Aktualisierung in Deutschland Ausgangspunkt einer folgenreichen Theorie der modernen Literatur wird.[6] Am Gegenbild des in der Antike möglichen und verwirklichten Ideals einer Kunst der Totalität von Sinnlichkeit und Vernunft, von Wirklichkeit und Ideal, Schönheit und Erkenntnis wird der Gegenwart ein diese Naturform des Ästhetischen bedrohendes und sie denaturierendes Übergewicht des Verstandesmäßigen, des Reflexiven und Künstlichen vindiziert, das die Kunst als Anwalt der Natur, der Sinnlichkeit und der Anschauung zurückgedrängt hat und ihre Existenz in Frage stellt. Die Theorie der modernen Kunst, wie sie in den klassischen und romantischen Manifesten der neunziger Jahre entworfen wird, ist die Antwort auf diese Herausforderungen der Reflexion. Sie unterwarf die etablierte Praxis und deren Theorie einem Legitimationszwang, dem sich zu stellen zur notwendigen Bedingung einer mit der politischen und wissenschaftlichen Revolution gleichzeitigen Literatur wurde. Die Rechtfertigung des Ästhetischen vor dem Anspruch des seine Berechtigung und seine Funktion negierenden Geistes der Reflexion hat in der ästhetischen Diskussion der neunziger Jahre drei Lösungsmöglichkeiten erfahren. Ihre Kenntnis ist die Voraussetzung des Rezeptionshorizonts der Inanspruchnahme Goethes als des „Wiederhersteller[s] der Poesie in Deutschland" (A. W. Schlegel, 1803):[7] 1. Der Rückgriff auf die vorreflexive Naturform der antiken Kunst. Dieser Position ist das Primat der Widerspiegelung der Wirklichkeit in ihrer natürlichen Anschaulichkeit und unmittelbaren Gegenwärtigkeit inhärent. 2. Der Versuch einer dialektischen Verbindung von Antike und Moderne im Sinne einer reflektierten Darstellung von Wirklichkeit, die das antike Element als ‚ästhetische' Korrektur des auf Hegemonie bedachten reflektorischen Moments der Moderne bewahrt, sich dieses Moments jedoch als Voraussetzung der zeitgerechten Möglichkeit der Restitution der Kunst bedient. 3. Die Verabschiedung des antiken Elements der naturbewahrenden Widerspiegelung zugunsten einer Freisetzung des modernen Moments einer reflektierten Innerlichkeit, die die Herausforderung der Ästhetik durch Reflexion mit deren Ästhetisierung beantwortet.

Sämtliche Aussagen über Goethe in den hier in Frage stehenden Texten der Jahre 1795 bis 1800 stimmen in der einen entscheidenden Feststellung überein, die als Konstante den individuellen Varianten und Differenzen zugrundeliegt: In Goethes Werken ist eine Möglichkeit der Poesie manifest geworden, die einen Vergleich mit zeitgenössischer Literatur nicht zuläßt und die nur begriffen werden kann, wenn man sie als Wiederherstellung des Geistes der Antike in moderner Zeit erkennt. Diese Wiederherstellung wird als prozessualer Vorgang beschrieben, der Goethes hier zum erstenmal thematisierte und in ihrer Gesetzlichkeit entschlüsselte ‚Entwicklung' vom ‚Werther' bis zu ‚Hermann und Dorothea' bestimmt, eine Entwicklung, die paradigmatischen Charakter für die Situation und die Zielbestimmung der modernen Literatur überhaupt zugesprochen erhält. Diese Kennzeichnung Goethes als eines Dichters, in dem die Form und der Geist der Antike manifest geworden sind, wurde nicht primär an den Gegenständen seiner frühklassischen Arbeiten oder am Gebrauch antiker Versmaße im Drama und Epos gewonnen, sie findet ihre Begründung vielmehr wesentlich im Argumentationszusammenhang der an der ‚Querelle des anciens et des modernes' entwickelten Standortbestimmung der Aufgaben und Ziele der Gegenwartsliteratur. Die Antike ist im Rahmen dieses Modells der Ort der höchsten Naturbestimmung des Ästhetischen, die ihre normative Funktion, als in einer historisch vergangenen Epoche verankert, wohl eingebüßt hat, als regulatives Postulat jedoch unvermindert in Geltung steht, solange Kunst als anschauende Widerspiegelung der Natur ein Eigenrecht gegenüber anderen Formen der Wirklichkeitserfassung für sich beansprucht. In dieser Weise haben Schiller und F. Schlegel Goethe als Verkörperung des antiken Prinzips in der Moderne gedeutet, Schiller mit der bekannten Formel des ‚naiven' Dichters, Schlegel mit den an der antiken Dichtung gewonnenen Begriffen des Schönen und des Objektiven. Bei beiden steht dem antiken Prinzip ein anderes gegenüber. Schillers Kategorie der sentimentalischen Dichtung und Schlegels Begriff einer romantischen Poesie reflektieren die spezifischen Bedingungen, unter denen die moderne Dichtung im Unterschied zur antiken steht und enthalten zugleich die in die Zukunft gerichtete Zielvorstellung, der die weitere Entwicklung unterworfen ist. Der Unterschied im Hinblick auf die Funktion, die Goethe in beiden Konzeptionen für die auf die Zukunft gerichtete Perspektive der modernen Dichtung hat, entspricht der Verhältnisbestimmung, in der die Begriffe naiv und sentimentalisch auf der einen und klassisch und romantisch auf der anderen Seite erscheinen. Für Schiller bleibt das Amt des naiven Dichters, Bewahrer der Natur, Anwalt der Wirklichkeit zu sein. Wird der naive Dichter, wie Goethe, als Fremdling in die moderne Zeit hineingeboren, so wird er sich durch Übernahme eines sentimentalischen Gehalts wider Willen dem Gesetz dieser Zeit unterwerfen müssen. Folgt der naive Dichter der Forderung der Natur, so ist der sentimentalische Dichter durch die Vernunft bestimmt, die auf Überschreitung der Natur in Richtung des Ideals gebieterisch drängt. Damit aber erfüllt erst der sentimentalische Dichter die eigentliche Forderung der Gegenwart, ihm fällt die Perspektive der Zukunft zu, während das Beispiel des naiven Dichters die retardierende Funktion eines Grenzbewahrers des Ästhetischen erhält, das der sentimentalische Dichter immer zu überschreiten in Gefahr steht. Indem der naive Dichter am Prinzip der Naturnachahmung festhält, muß er in der Moderne notwendig zum Anwalt der Prosa des wirklichen Lebens werden, da die heroisch-poetische Wirklichkeit der Antike in der Gegenwart zum Unpoetisch-Prosaischen entfremdet ist, das schlechterdings nicht Gegenstand einer das Ideal und das höchste Schöne intendierenden Poesie sein kann. „Es läßt sich [...] beweisen", schreibt Schiller am 4. November 1795 an Herder, „daß unser Denken und Treiben, unser bürgerliches, politisches, religiöses, wissenschaftliches Leben und Wirken wie die Prosa der Poesie entgegengesetzt ist." Auf Grund dieses Tatbestandes bleibt, wie Schiller in dem Brief fortfährt, „für den poetischen Genius kein Heil, als daß er sich aus dem Gebiet der wirklichen Welt zurückzieht und anstatt jener Koalition, die ihm gefährlich sein würde, auf die strengste Separation sein Bestreben richtet".[8] Diese der Schillerschen Bestimmung des Verhältnisses von naiver und sentimentalischer Dichtung inhärente Beschränkung der Funktion des naiven Dichters als eines Anwalts der Prosa des Realen sollte von größter Konsequenz für die gesamte weitere Rezeptionsgeschichte Goethes werden. Die typologische Entgegensetzung von naiver und sentimentalischer Dichtung in Schillers Abhandlung hat schon früh zur formelhaften Festlegung Goethes als dem der Natur verhafteten Realisten und Schillers als dem aus dem Geist der Reflexion heraus dichtenden Idealisten geführt. Schon 1796 hat F. Schlegel auf die Gefahr einer solchen Gegenüberstellung hingewiesen: „Schiller und Goethe nebeneinander zu stellen, kann ebenso lehrreich wie unterhaltend werden, wenn man nicht bloß nach Antithesen hascht, sondern nur zur bestimmtern Würdigung eines großen Mannes, auch in die andre Schale der Waage, ein mächtiges Gewicht legt.“[9]

Im Unterschied zu Schiller, der eine Verbindung des Naiven und Sentimentalischen am Schluß seiner Abhandlung zwar andeutet aber begrifflich nicht ausführt, nimmt Friedrich Schlegel seine Bestimmung des Klassischen als dialektisches Moment in die Konzeption einer romantischen Poesie auf. Sein Denken ist nicht auf Trennung und typologische Entgegensetzung gerichtet, sondern auf Vermischung und dialektische Vermittlung. Schon im Brief vom 27. Februar 1794 an seinen Bruder August Wilhelm heißt es: „Das Problem unsrer Poesie scheint mir die Vereinigung des Wesentlich-Modernen mit dem Wesentlich-Antiken; wenn ich hinzusetze, daß Goethe, der erste einer ganz neuen Kunst-Periode, einen Anfang gemacht hat, sich diesem Ziel zu nähern, so wirst Du mich wohl verstehen.“[10] Was hier bereits 1794 als ‚Problem unsrer Poesie‘ definiert ist, wird in den programmatischen Aufsätzen und Fragmenten des ‚Athenäum‘ zur Theorie entfaltet. Gegenüber den Frühschriften, in denen F. Schlegel eine historische und systematische Ableitung des ‚Wesentlich-Antiken‘ gibt und dieses als normative Korrektur einer negativ bewerteten Moderne entgegensetzt, muß das Programm des ‚Athenäums‘ als Rechtfertigung der Moderne begriffen werden, der ein Moment der Negation insofern inhärent bleibt, als die Rechtfertigung der Moderne zugleich ihre Aufhebung in ein Neues, erst zu Schaffendes intendiert. Dieses Neue ist nach Schlegel die romantische Poesie, die in dem bekannten Athenäumsfragment 116 als „progressive Universalpoesie“ definiert wird. Die Bedeutung Goethes im Rahmen dieses Argumentationsschemas liegt für Schlegel darin begründet, daß die Entwicklung dieses vielseitigen, proteischen Dichters in paradigmatischer Form die Entwicklung der gesamten modernen Dichtung widerspiegelt, die im Rückgriff auf das ‚Wesentlich-Antike‘ den Hebel gefunden hat, das nur ‚Wesentlich-Moderne‘ zur progressiven Universalpoesie der Zukunft hin zu transzendieren. Im ‚Versuch über den verschiedenen Stil in Goethes früheren und späteren Werken‘ (1800) heißt es: „Goethe hat sich in seiner langen Laufbahn von solchen Ergießungen des ersten Feuers, wie sie in einer teils noch rohen, teils schon verbildeten Zeit, überall von Prosa und von falschen Tendenzen umgeben, nur immer möglich waren, zu einer Höhe der Kunst heraufgearbeitet, welche zum erstenmal die ganze Poesie der Alten und der Modernen umfaßt, und den Keim eines ewigen Fortschreitens enthält."[11] Goethes Entwicklung wird von Schlegel dargestellt als der Weg von der manirierten, charakteristischen, individuellen Poesie der Frühwerke hin zur Objektivität und Schönheit von ,Wilhelm Meister' und ,Hermann und Dorothea'. Dieses erreichte Objektive ist das ,Wesentlich-Antike', das Goethe von den Modernen unterscheidet und das den eigentlichen ,Kunst'charakter seiner Werke ausmacht. Diese Entwicklung jedoch hat Goethe unter den Bedingungen, denen ein moderner Künstler unterworfen ist, durchlaufen. Wäre er nur ein antiker Dichter in moderner Zeit, seine Erscheinung wäre ein schöner Anachronismus, dem keine exemplarische Bedeutung für die Gegenwart zukommen würde. Die zentralen Bestimmungen des ,Wesentlich-Modernen', wie sie Schlegel im Studiumaufsatz entwickelt hatte, die Künstlichkeit der Bildung, das Primat von Reflexion und Theorie und die mythenlose Prosa der gesellschaftlichen Verhältnisse: sie sind als bedingende Strukturelemente auch in das Goethesche Werk eingegangen. Schon das Goethe-Fragment von 1796[12] betont das Mischungsverhältnis, in dem Antikes und Modernes bei Goethe stehen: „Fast könnte es scheinen, als sei die Objektivität seiner Kunst nicht angeborne Gabe allein, sondern auch Frucht der Bildung; die Schönheit seiner Werke hingegen eine unwillkürliche Zugabe seiner ursprünglichen Natur."[13] Die Anwendung des Begriffs Transzendentalpoesie auf Goethe[14] und dessen Entfaltung im Meister-Aufsatz rückt die Betrachtung des Dichters in die für die Moderne entscheidende Bestimmung der Reflexivität, während die Gegenstandswahl im ,Werther', in ,Hermann und Dorothea' und im ,Wilhelm Meister' die Goethesche Dichtung in einer bis dahin unbekannt radikalen Weise mit der Prosa der Gegenwart verknüpft. Für Schlegel ist es die einzigartige Leistung vor allem des Autors des ,Wilhelm Meister', unter den kunstfeindlichen Bedingungen der Gegenwart ein Werk geschaffen zu haben, das diese Bedingungen nicht negiert, sondern sie bewußt aufgreift und einer Kunstproduktion funktionabel macht, die die höchsten ästhetischen Bestimmungen, wie sie die Antike aufgestellt hat, erfüllt. Der Studiumaufsatz hatte den spezifischen Charakter der „schönen Kunst" definiert als „freies Spiel ohne bestimmten Zweck".[15] Dem Begriff der Schönheit tritt als zweite zentrale Kategorie der Begriff der Objektivität zur Seite, der im genannten Aufsatz als „gesetzmäßiges Verhältnis des Allgemeinen und des Einzelnen in der freien Darstellung" bezeichnet wird.[16] Im Wilhelm-Meister-Aufsatz hat F. Schlegel, wenn schon verschlüsselt, eine Antwort gegeben auf die Frage, wie es Goethe gelingen konnte, die ,antiken' Bestimmungen des Ästhetischen, Schönheit und Objektivität, in einem Werk zu verwirklichen, das sich so weit in den Raum des Modernen vorgewagt und sich dessen Bedingungen so stark unterworfen hat, wie es in den ,Lehrjahren' der Fall ist. Schon die Gattung des

Werkes weist es als ein modernes aus. Bekanntlich hat Schlegel seine Theorie der modernen Literatur als Theorie des Romans entwickelt. Als Mischform überschreitet der Roman grundsätzlich die für die Antike kanonischen Gattungsgrenzen und wird zu einem flexiblen Gefäß für die Darstellung einer Wirklichkeit, die aus der mythischen Vorstrukturierung in die mythen- und transzendenzlose Prosa entlassen ist. Während für das antike Epos die dargestellte Wirklichkeit selber bereits Poetizität besitzt, ist der Autor des Romans gezwungen, die in der Moderne nicht mehr vorhandene Poesie des Gegenstandes entweder durch eine gezielte poetische Gegenstandswahl oder durch eine die Poetizität künstlich herstellende Form zu ersetzen. Diese Form ist in der Moderne nur als eine transzendentale möglich, d. h. als eine solche, die die Bedingungen ihrer Möglichkeit im Werk mitreflektiert, nicht nur Poesie, sondern zugleich auch Poesie der Poesie ist.[17] Die Gefahr eines solchen Verfahrens und damit die Gefahr der modernen Literatur überhaupt ist die Grenzüberschreitung des Ästhetischen. Von ihr war der Roman als illegitimes Kind der noch immer an der Antike orientierten Gattungspoetik ohnehin betroffen. Indem Schlegel den Roman zum Instrument der ästhetischen Legitimation der Moderne macht, verlagert er die Beweisführung an die nach traditionellem Gesichtspunkt schwächste Stelle. Es war der Versuch nachzuweisen, daß die formloseste Form den strengsten ästhetischen Formbestimmungen Genüge leiste, wie es Schlegel im 116. Athenäumsfragment im Hinblick auf die „romantische Poesie“ formuliert hatte: „Sie ist der höchsten und der allseitigsten Bildung fähig; nicht bloß von innen heraus, sondern auch von außen hinein; indem sie jedem, was ein Ganzes in ihren Produkten sein soll, alle Teile ähnlich organisiert, wodurch ihr die Aussicht auf eine grenzenlos wachsende Klassizität eröffnet wird.“[18] Dem Aufweis der inneren Organisation des Werkes, die als „gesetzmäßiges Verhältnis des Allgemeinen und des Einzelnen“ und als „Vollständigkeit der Verknüpfung“ die Objektivität garantiert, ist der analytische Teil des Meister-Aufsatzes gewidmet. Kontrastierung, Dissonanz, Spiegelung und musikalische Wiederholung sind die formalen Mittel, die Schlegel als das architektonische Kalkül des Werkes scharfsichtig herausarbeitet. Nach ihm ist es Goethe gelungen, das Prosaische des Gegenstandes durch die ironische Behandlung zu tilgen und so kraft der Form die Wirklichkeit zur „erhabensten Poesie“ zu läutern, die den Autonomieanspruch der Schönheit als eines „freien Spiels ohne bestimmten Zweck“ erfüllt. Seit der Veröffentlichung von Schlegels Notizheften aus den Jahren 1797–1801 durch H. Eichner (1957) wissen wir, daß Schlegel dem ‚Wilhelm Meister‘ gegenüber Einwände hatte, die sämtlich in der Abgrenzung dieses Werkes gegen seine zur gleichen Zeit entstehende Theorie einer romantischen Dichtung konvergieren. Nur tendenziell, so formulieren es die privaten Aufzeichnungen, erfülle der ‚Wilhelm Meister‘ die dann im ‚Gespräch über die Poesie‘ erhobene Forderung, daß alle Poesie romantisch sein solle.[19] Diese Kritik war zunächst nur Mittel der Selbstverständigung über die eigenen, über Goethe hinausgreifenden Zielsetzungen, sie tangierte die öffentlichen Urteile über ihn nicht, die für das Publikum vielmehr auf eine fast uneingeschränkte Indentifikation hinauslaufen mußten. Erst die Rezension der Goetheschen ‚Werke' von 1808[20] vollzieht auch öffentlich die terminologische Abgrenzung des ‚Wilhelm Meister' von der romantischen Poesie. Schlegel rechnet jetzt den Goetheschen Roman zur modernen Poesie, „die von der romantischen wesentlich geschieden, und wie durch eine große Kluft getrennt ist".[21] Die Trennung ist durch zwei Merkmale gegeben, die jetzt aus der Definition des Romantischen herausfallen. Durch diese Ausklammerung wird die kühne Rechtfertigung der modernen Literatur, wie sie das ‚Athenäum' unternommen hatte, zugunsten eines retrospektiv-historisierenden Begriffs einer romantischen Poesie zurückgenommen. Es handelt sich um das „Verhältnis zur Kritik und Theorie" und um die Darstellung der Gegenwart in der Dichtung. Diesen beiden Bestimmungen der ‚Moderne' wird jetzt für das Programm der romantischen Literatur der Abschied erteilt. In den Wiener Vorlesungen über die ‚Geschichte der alten und neuen Literatur' hat Schlegel das Mißlingen des modernen Romans, „eine prosaische Darstellung der wirklichen Gegenwart zur Poesie zu erheben",[22] zum Anlaß genommen, „das wahre und richtige Verhältnis der Poesie zur Gegenwart und zur Vergangenheit zu bestimmen".[23] Seine Ausführungen sind die endgültige Absage an das Programm, den modernen, gegenwartbezogenen Roman zum Vehikel einer romantischen Poesie zu machen. Der moderne Romanautor, als der – um mit Hegel zu sprechen – Darsteller des ‚prosaischen Weltzustandes', kann nach Schlegel den höchsten Bestimmungen der Poesie nicht mehr genügen. Die ‚beengende Wirklichkeit' der gegenwärtigen prosaischen Verhältnisse erlaubt nur noch Surrogate einer poetischen Behandlung: „Ja, wenn auch die Begebenheit ganz im Lande und in der Sphäre des einheimischen bürgerlichen Lebens spielt, immer strebt die Darstellung, so lange sie noch Darstellung bleibt, und nicht bloß in ein Gedankenspiel der Laune, des Witzes und des Gefühls sich auflöst, auf irgend eine Weise aus der beengenden Wirklichkeit sich herauszuarbeiten, und irgend eine Öffnung, einen Eingang zu gewinnen in ein Gebiet, wo die Fantasie sich freier bewegen kann; wären es auch nur Reiseabenteuer, Zweikämpfe, Entführungen, eine Räuberbande oder die Ereignisse und Verhältnisse einer fahrenden Schauspielergesellschaft."[24] Nicht zufällig waren die ‚Ereignisse und Verhältnisse einer fahrenden Schauspielergesellschaft' Inhalt der drei ersten Bände des ‚Wilhelm Meister' gewesen. Die ‚prosaische' Liquidierung dieser pseudoästhetischen Welt im vierten Band des Romans enthüllte die ‚Poesie' der drei ersten Bände, auf deren Analyse sich der Meister-Aufsatz von 1798 bezeichnenderweise beschränkt hatte, als eine, wennschon notwendige, Durchgangsstufe des Helden, die der Entfaltung des prosaischen Humanitätsideals im 7. und 8. Buch weichen muß. Genau an dieser Stelle hatte bereits Novalis in seiner bekannten Auseinandersetzung mit dem Goetheschen Roman seinen Protest angemeldet. Sein gegen den vierten Band gerichtetes Verdikt lautet: „‚Wilhelm Meisters Lehrjahre‘ sind gewissermaßen durchaus *prosaisch* – und modern. Das Romantische geht darin zu Grunde – auch die Naturpoesie, das Wunderbare – Er handelt bloß von gewöhnlichen *menschlichen* Dingen – die Natur und der Mystizism sind ganz vergessen. Es ist eine poetisierte bürgerliche und häusliche Geschichte. Das Wunderbare darin wird ausdrücklich, als Poesie und Schwärmerei, behandelt. Künstlerischer Atheismus ist der Geist des Buchs. Sehr viel Ökonomie – mit prosaischen, wohlfeilen Stoff ein poetischer Effekt erreicht.“[25] Auch Novalis hatte Goethe im Schema der ‚Querelle des anciens et des modernes‘ rezipiert. Auch für ihn, wie für F. Schlegel, schien sich in seinem Werk eine einzigartige Verbindung des Antiken und des Modernen abzuzeichnen, die auf ein höheres Drittes, eine „vereinigte Periode“[26] verwies. In der Goethe-Abhandlung von 1798[27] hat Novalis den überragenden Kunstverstand Goethes als das antike Prinzip herausgearbeitet, das in der Moderne wieder hervorgebracht zu haben seine eigentliche Leistung darstellt und ihn zum „wahren Statthalter des poetischen Geistes auf Erden“ qualifiziert. Wenn in der gleichen Abhandlung die Forderung aufgestellt wird, „Goethe wird und muß übertroffen werden“, so zögert Novalis nicht, hinzuzufügen, „aber nur wie die Alten übertroffen werden können“, nämlich „an Gehalt und Kraft, an Mannigfaltigkeit und Tiefsinn“.[28] Bereits die noch unpolemischen Aufzeichnungen über den ‚Wilhelm Meister‘ im ‚Allgemeinen Brouillon‘ von 1798[29] betonen als das Charakteristische dieses Romans die eigentümliche Verbindung von „gemeinen alltäglichen Begebenheiten“ und ihrer kunstvollen Behandlung durch den strukturellen Parallelismus der Figurenkonstellation und durch die schöne, poetische Sprache. Die drei polemischen Goethe-Fragmente vom Januar und Februar 1800[30] interpretieren diesen Befund negativ, indem sie scharf herausstellen, daß im Meister-Roman die ‚antike‘ Meisterschaft künsterlischer Vollendung und der ‚moderne‘ Gehalt nicht zur Deckung gebracht seien, daß beide Prinzipien, von deren Vereinigung Novalis sich eine neue Epoche der Dichtung erhofft hatte, letztlich unverbunden blieben, daß eine leerlaufende ‚poetische Maschinerie‘ auf der einen und eine gemeine ökonomische ‚Prosa‘ auf der anderen Seite übrig blieben. Das Experiment des modernen Romans, der gegenwärtige Verhältnisse in der strengen Form eines soliden antiken Kunstbewußtseins hatte darstellen wollen, ist nach Novalis gescheitert. Wer diesen Roman, so heißt es wörtlich, „recht zu Herzen nimmt, liest keinen Roman mehr“.[31]

Die von Friedrich Schlegel nur verhüllt vorgetragenen, von Novalis radikalisierten Einwände gegen den ‚Wilhelm Meister‘ wird man nur bedingt als spezifisch ‚romantisch‘ interpretieren dürfen. Am 20. Oktober 1797 hatte Schiller, nach erneuter Lektüre des Romans, an Goethe geschrieben, daß die „Form des Meisters, wie überhaupt jede Romanform, schlechterdings nicht poetisch [ist], sie ist [und] liegt ganz nur im Gebiete des Verstandes, steht unter allen seinen Forderungen und partizipiert auch von allen seinen Grenzen".[32] So entstehe ein „sonderbares Schwanken zwischen einer prosaischen und poetischen Stimmung, für das ich keinen rechten Namen weiß". Höchst aufschlußreich heißt es dann weiter, daß es dem ‚Meister' „an einer gewissen poetischen Kühnheit" fehle und zugleich an einer „eigentlichen Nüchternheit". Kurze Zeit zuvor, im Spätsommer 1797, hatte F. Schlegel gerade jene schwankende Unentschiedenheit zwischen den Polen des Poetischen und des Prosaischen in seinen Notizheften zum eigentlichen Vorwurf gegen Goethes Roman gemacht.[33] Indem der ‚Meister' die Prosa der dargestellten Gegenwartswelt bereits in poetisierter Form einführe und die Form durch Verstandesrücksichten prosaisiere, bleibe er hinter der Forderung nach einem ‚vollkommenen Roman' zurück. Der Versuch, Goethe als die Reinkarnation des antiken Kunstgeistes in moderner Zeit am Beispiel des Romans aufzuzeigen, mußte scheitern, da diese Form offenbar den Bezugsrahmen der ‚Querelle des anciens et des modernes' hinter sich ließ. Er gelang hingegen am Beispiel jener Gattung, die wie keine andere geeignet war, diesen Beweis zu führen, am Epos. Hier stand die Argumentation auf dem festen Boden einer etablierten Tradition, hier waren die kanonischen Vergleichsmöglichkeiten vorhanden, um die Eigenart und Eigengesetzlichkeit eines sich der epischen Form bedienenden modernen Autors zu analysieren und darzustellen. In seiner umfangreichen Studie über ‚Hermann und Dorothea' (1799)[34] hat Wilhelm von Humboldt diese Chance genutzt.

Dieses Werk, von Goethe nur mit Vorbehalten aufgenommen, von den Zeitgenossen wenig beachtet, schließt sich in seiner philosophisch-ästhetischen Fragestellung, in seiner auf die nachrevolutionäre Situation bezogenen Zielsetzung und in seiner Anknüpfung an die ‚Querelle des anciens et des modernes' aufs engste an die besprochenen Arbeiten von Schiller und F. Schlegel an. Humboldts Analyse des Goetheschen Dichtungscharakters kommt zu Resultaten, die denen der beiden Genannten bis in die Formulierung und den Gebrauch der Begriffe hinein ähnlich sind, ja bisweilen mit ihnen identisch zu sein scheinen. Trotz dieser auffallenden Übereinstimmung, die wesentlich durch die gleiche Fragestellung und die gleiche zeitgeschichtliche Ausgangsposition bestimmt ist, enthält das Goethebild Humboldts eine entscheidende Akzentverschiebung, die den weiteren Verlauf der Wirkungsgeschichte des Dichters nachhaltig bestimmt hat. Auch Humboldt orientiert seine Goetheanalyse an der Verhältnisbestimmung des Antiken und Modernen, wobei er wie Schiller das Naive der natürlichen Wahrheit und Gegenständlichkeit der Goetheschen Wirklichkeitsdarstellung und wie Schlegel die ‚reine und vollendete Objektivität' der künstlerischen Auffassung als das wesenhafte Antike an Goethe herausarbeitet. In der entschiedenen Betonung des modernen, sentimentalen Gehalts des Goetheschen Epos geht Humboldt über die einseitige Festlegung Goethes als naiven Dichters, wie sie Schiller in seiner Abhandlung gegeben hatte, hinaus und nähert sich den Schlegelschen Bestimmungen, wenn er schreibt, daß wir in Goethe „eine überraschend schöne Vereinigung der wesentlichsten Vorzüge der alten Kunst mit den Fortschritten und Verfeinerungen neuerer Zeiten“ finden.[35] Auch für Schlegel und Novalis war diese ‚Vereinigung‘ zunächst das Auszeichnende und Zukunftweisende des Goetheschen Dichtungscharakters gewesen. Für sie jedoch war diese in Goethe sich ankündigende Synthesis zerbrochen im Aufweis des vorherrschend reflektorischen und prosaischen Moments im ‚Wilhelm Meister‘, das Goethe als spezifisch modernen Autor negativ charakterisierte. Indem Humboldt das Element des Reflektorischen weitgehend aus seiner Analyse des Goetheschen Dichtungscharakters herausnimmt und Goethes Verfahren an die Sinnlichkeit und Plastik der bildenden Kunst annähert, schränkt er die Gefahr ein, die der Kunst Goethes durch diese zentrale Bestimmung der Moderne droht. Die durch den Gebrauch des antiken Versmaßes garantierte Idealität und Objektivität erlaubt es Goethe nach Humboldt ferner, die Prosa des ‚gewöhnlichen Alltagslebens‘ in ihrer sinnlichen Gegenständlichkeit zum Inhalt eines Werkes zu machen, ohne die Poetisierung und Idealisierung zu opfern. Das Problem der Dialektik von Poesie und Prosa ist im Goetheschen Epos gelöst: „Nur selten hat ein andrer unter den Neuern so sehr die strenge Wahrheit und die schlichte Einfalt der Natur mit der vollkommensten Begeisterung der Kunst gepaart, und nie – könnte man sagen – ist einer in einem so durchaus *prosaischen* Gange in so hohem Grade *poetisch* gewesen.“[36]

Humboldts Abhandlung über ‚Hermann und Dorothea‘ ist das hervorragendste Dokument der idealistischen Ästhetik der klassischen ‚Kunstperiode‘. Seine Kennzeichnung Goethes als des objektiven, gegenständlichen und überparteilichen, vorzüglich epischen Dichters, in dem das Antike und das Moderne zu konfliktlos harmonischer Einheit gelangt sind, wurde zur Grundlage jeder späteren ‚konservativen‘ Goethedeutung. Von seinen Bestimmungen zehren die Goetheaner der zwanziger Jahre genauso wie Ancillon, Hegel, Gervinus und die poetischen Realisten des 19. Jahrhunderts. Partizipieren Humboldts Begriffe der Objektivität und der Überparteilichkeit noch an dem emanzipatorischen Anspruch, den die idealistische Ästhetik der Kunst als Mittel der ästhetischen Erziehung zur Humanität gegeben hatte, so beginnt in der Restaurationsepoche ihre ideologische Inanspruchnahme im Sinne konservativer oder gegenrevolutionärer Positionen. Bedeutendstes Beispiel für diesen Vorgang ist das antimodernistische Goethebild, das Viktor Hehn in seinem um die Jahrhundertmitte geschriebenen, erst 1893 aus seinem Nachlaß veröffentlichten Buch über ‚Hermann und Dorothea‘ mit Hilfe der Humboldtschen Begriffsbestimmungen entworfen hat. Wir werden in späterem Zusammenhang ausführlich darauf zurückkommen.

Die klassisch-romantische Goethekritik und -deutung, die sich in der knappen Zeitspanne von nur fünf Jahren konstituiert, hat eine folgenreiche Nachgeschichte gehabt. Sie ist für die weitere Rezeptionsgeschichte Goethes in vielem bis heute bestimmend geworden, ihre Urteile und Argumentationsmuster sind immer wieder als literaturtheoretische und ästhetische Basis der Goetheinterpretation benutzt und herangezogen worden und haben ein Goethebild fixieren und festschreiben helfen, das an die Normen der ihr zugrundeliegenden Werkstufe des Dichters gebunden blieb. Das gilt insbesondere für Schiller und Wilhelm von Humboldt, deren ästhetische Positionen zuerst von Gervinus zum Maßstab der Beurteilung Goethes und der deutschen Klassik gemacht worden sind. In seiner 1833 in den ‚Heidelbergischen Jahrbüchern der Literatur' erschienenen programmatischen Rezension der Literaturgeschichten von Bohtz und Herzog setzt er Humboldts Abhandlung über ‚Hermann und Dorothea', „ein so vergessenes Buch bei uns", als einen von der Literaturgeschichtsschreibung noch uneingelösten Leitfaden der ästhetischen Beurteilung polemisch gegen „das Geschrei der Zwerge und Pygmäen" einer theorielosen und orientierungslosen Tageskritik.[37] In der drei Jahre später erschienenen Schrift ‚Ueber den Göthischen Briefwechsel' wird von Gervinus der Goethe-Schiller-Briefwechsel in ähnlicher Weise als Kodex der ästhetischen Beurteilung der Klassik behandelt. Gegenüber der Kanonisierung Schillers und Humboldts als den eigentlich befugten und unüberbietbaren Interpreten Goethes hat die frühromantische Goethekritik der Brüder Schlegel und Novalis' sich erst im 20. Jahrhundert als immer wieder in Anspruch genommene Inspirationsquelle der Interpretation durchgesetzt. Seit 1870 begegnet häufig die wertende Gegenüberstellung der Positionen Schiller/Humboldt einerseits und der Brüder Schlegel andererseits, so bei Herman Grimm, der in seinen Goethe-Vorlesungen Humboldt einen „Fürsten der Kritik" nennt: „Niemals wieder sind große Dichtungen in der Art durch gleichzeitiges Urteil erklärt worden, wie Schillers und Goethes letzte Werke durch Wilhelm von Humboldt. Ihm ist es zu verdanken, um mit dem Niedrigsten zu beginnen, daß von den neunziger Jahren an über alles, was Goethe und Schiller produzierten, sofort in der würdigsten Weise bei uns geurteilt wurde. Humboldt hat verhindert, daß der brillanteste, geistreichste aller kritischen Schriftsteller jener Tage, der zugleich aber unzuverlässig, launisch und eitel war, nicht emporkommen konnte als maßgebender Urteilspender: August Wilhelm Schlegel. Wilhelm von Humboldt hat Goethes und Schillers Werke zuerst eigentlich auch den deutschen Gelehrten und Philologen vermittelt."[38] Die wertende Polarisierung von klassischer und romantischer Goethekritik bleibt ein Topos der Rezeptionsgeschichte Goethes bis in die Gegenwart hinein. Noch 1956 heißt es im zweiten Band von Emil Staigers ‚Goethe' mit Bezug auf ‚Wilhelm Meisters Lehrjahre': „Schiller, der erste Leser, hat sich die Sache großartig zurechtgeschnitten und alles künftige Verstehen in seinen Briefen bereits überholt. Selbst Schiller hat indes – er weiß es selbst – die Fülle nicht bewältigt. Friedrich Schlegel, der den ‚Wilhelm Meister' mit Fichtes ‚Wissenschaftslehre' und mit der Französischen Revolution die drei bedeutendsten Tendenzen des Jahrhunderts zu nennen wagte und damit viel zu einer neuen Ära von Goethes Ruhm beitrug, gelangt in seiner bekannten Kritik kaum über eine etwas manirierte Inhaltsangabe hinaus und leitet mit seinem allzu betonten Hinweis auf die Ironie – die Ironie, wie er sie verstand, als sokratische Buffonerie – sogar ein Mißverständnis ein, das für die Entwicklung des Bildungsromans nicht ohne bedenkliche Folgen blieb."[39] Die Diskreditierung der frühromantischen Goethekritik durch die Goetheapologeten von einst und jetzt hat nicht allein nur sachliche Gründe. Sie ist zumeist auch unterschwellige Reaktion auf die Tatsache, daß es die gleichen Kritiker gewesen sind, die Goethe als „Statthalter des poetischen Geistes auf Erden" ausgerufen und als erste diesen epochalen Rang ihm wieder streitig gemacht haben.

## 5. Der romantische Protest

Die messianische Hoffnung, Goethe sei der Wiederhersteller des antiken Kunstgeistes in der kunstfeindlichen, prosaischen Gegenwart, die dem beispiellosen Vorgang seiner Kanonisierung zum „Statthalter des poetischen Geistes auf Erden" in den besprochenen Zeugnissen der zweiten Hälfte der neunziger Jahre zugrundeliegt, kann nur in dem größeren Zusammenhang der Antikerezeption im 18. Jahrhundert begriffen werden, die mit Winckelmann im Bereich des Ästhetischen zum Bruch mit der feudalen Barockkultur führt und mit der Französischen Revolution für die aufstrebende bürgerliche Klasse zum Instrument auch der politischen Emanzipation wird, die am Humanitätsideal der antiken Kunst Leitbild und Korrektiv für die eigene Gegenwart glaubte finden zu können. In der Ästhetik der deutschen Klassik wurde die politisch-revolutionäre Dimension des Rückgriffs auf die Antike mediatisiert zum auf Ausgleich der Klassengegensätze zwischen Adel und Bürgertum gerichteten Glauben an die humanisierende Kraft des antiken Ideals schöner Menschlichkeit als Totalität aller humanen Möglichkeiten im zweckfreien Spiel der Kunst. Daß der autonome Spielcharakter des Ästhetischen die echte Kunst abhebt von jeder Form naturalistischer Wiedergabe der Wirklichkeit, war der gemeinsame Ausgangspunkt der klassisch-romantischen Kunsttheorie gewesen. Im Unterschied zu Schiller und den Romantikern hatte Goethe jedoch, gerade unter Berufung auf die Antike, an dem ‚realistischen' Charakter von Kunst festgehalten. Dieser Goethesche Realismus war von der Romantik als Kapitulation vor der Prosa der Gegenwart denunziert worden. Der Verrat der Poesie an die Prosa bedeutete für sie eine Beschneidung und Einengung des Bereichs der Kunst, die mit der Forderung nach ihrer unendlichen Progression und Perfektibilität in Widerspruch trat. Während die Frühromantik noch glaubte, diese Progressivität in einer Synthesis des Antiken und des Modernen herstellen, ja konstruieren zu können, bricht dieser Versuch nach 1800 in eine antithetische Konzeption auseinander. Erst jetzt konstituiert sich eine Theorie der romantischen Literatur, die das Antike als aufgehobenes Moment einer künftigen Literatur preisgibt. Diese Verabschiedung der Antike bedeutete zugleich die Absage an das emanzipatorisch-politische Element ihrer Rezeption im Zeichen der Französichen Revolution, war Ausdruck eines gegenrevolutionären Bewußtseins, das dem republikanischen Ideal der antiken Polis das Ideal des hierarchisch gegliederten, feudalen Mittelalters als Gegenbild gegenüberstellte. Im Bereich der ästhetischen Theorie reflektiert sich dieser Vorgang als Absage an das Autonomieprinzip und als Absage an die vermeintlich leere Allgemeinheit des antiken Humanitätsideals. Dem setzt die Romantik nach 1800 eine Kunsttheorie entgegen, die mit dem Zentralbegriff des ‚Unendlichen' die Kunst aus der Verpflichtung der Naturnachahmung entläßt und sie zum Organ metaphysischer und religiöser Bedürfnisse macht. Das Autonomieprinzip wird jetzt als unverbindlicher Ästhetizismus bezeichnet, und die Kunst wird wieder rigoros einer Heteronomie moralischer und religiöser Wertbestimmungen untergeordnet. Der abstrakten Allgemeinheit des antiken Humanitätsideals, das dem transzendentalen Bewußtsein der idealistischen Philosophie entsprach, wird jetzt die konkrete Totalität des Mittelalters entgegengesetzt, mit der, im Unterschied zur Antike, die Gegenwart in einem geschichtlichen Wirkungszusammenhang stehe, dessen Kontinuität das Christentum garantiere. Dieser hier skizzierte Vorgang findet seinen ersten publizistischen Niederschlag in F. Schlegels Gemäldebeschreibungen in der Zeitschrift ‚Europa' (1803/05), die in bewußter Polemik gegen das klassizistische Programm der ‚Propyläen' die Theorie einer religiösen und nationalen Kunst entwickeln. In seinem ‚Schreiben an Goethe über einige Arbeiten in Rom lebender Künstler. Im Sommer 1805' formuliert A. W. Schlegel die Absage an das antike Prinzip der Naturnachahmung im Geiste einer spiritualistischen Kunstauffassung: „Ist die Kunst überhaupt etwas anderes, als die Mitteilung eines tieferen, geistigeren Sehens, wobei das Äußerliche und einzeln Wirkliche mehr oder weniger unwesentlich wird?"[1] Das Jahr 1806, das Jahr der Niederlage Preußens gegen Napoleon, brachte im Selbstverständnis der Romantiker die historisch-politische Bestätigung einer von ihnen bereits drei Jahre zuvor proklamierten Abkehr vom Geist der ‚Kunstperiode' des klassisch-romantischen Jahrfünfts und führte zu einer Radikalisierung ihrer Positionen. Am 12. März 1806 schreibt A. W. Schlegel an Friedrich de la Motte-Fouqué: „Wie Goethe, als er zuerst auftrat, und seine Zeitgenossen, Klinger, Lenz, usw. (diese mit roheren Mißverständnissen) ihre ganze Zuversicht auf Darstellung der Leidenschaften setzten, und zwar mehr ihres äußeren Ungestüms als ihrer inneren Tiefe, so, meine ich, haben die Dichter der letzten Epoche die Phantasie, und zwar die bloß spielende, müßige, träumerische Phantasie, allzusehr zum herrschenden Bestandteil ihrer Dichtungen gemacht. Anfangs mochte dies sehr heilsam und richtig sein, wegen der vorhergegangenen Nüchternheit und Erstorbenheit dieser Seelenkraft. Am Ende aber fordert das Herz seine Rechte wieder, und in der Kunst wie im Leben ist doch das Einfältigste und Nächste wieder das Höchste. Warum fühlen wir die romantische Poesie inniger und geheimnisvoller als die klassische? Weil die Griechen nur die Poetik der Freude ersonnen hatten. Der Schmerz ist aber poetischer als das Vergnügen, und der Ernst als der Leichtsinn."[2] Im weiteren Verlauf des Briefes setzt Schlegel der Poesie des „schönen und freien Spiels" eine Poesie des religiösen Mitleids gegenüber und kommt zu der Schlußfolgerung: „Wir bedürften also einer durchaus nicht träumerischen, sondern wachen, unmittelbaren, energischen und besonders einer patriotischen Poesie. Dies ist eine gewaltsame, hartprüfende, entweder aus langem, unsäglichem Unglück eine neue Gestalt der Dinge hervorzurufen oder auch die ganze europäische Bildung unter einem einförmigen Joch zu vernichten bestimmte Zeit. Vielleicht sollte, solange unsere nationale Selbständigkeit, ja die Fortdauer des deutschen Namens so dringend bedroht wird, die Poesie bei uns ganz der Beredsamkeit weichen [...]."[3] Radikaler noch als sein Bruder August Wilhelm formulierte Friedrich Schlegel zwei Jahre später den Bruch mit der ‚ästhetischen' Periode der deutschen Kunst und Literatur in seiner Rezension von Adam Müllers ‚Vorlesungen über deutsche Wissenschaft und Literatur'. Der Französischen Revolution setzt er die „große deutsche Revolution, die jetzt begonnen hat", entgegen und konstatiert: „In den tätigern und strengern Lebensverhältnissen wird die müßige Vielschreiberei und Spielerei zum Teil aufhören, oder doch minder werden aber auch in dem Geiste des Ganzen muß eine wesentliche Reform vorgehen. Es ist ein Anblick, der zum Teil mit Staunen, zum Teil mit Wehmut erfüllt, wenn man die von drohenden Anzeichen schwangre, ruinenvolle Geschichte des letzten Jahrhunderts gegenwärtig hat, und nun die ersten Geister der Deutschen, fast ohne Ausnahme, seit mehr als fünfzig Jahren einzig und allein in eine bloß ästhetische Ansicht der Dinge so ganz verloren, fast alle nur damit beschäftigt sieht, bis endlich jeder ernste Gedanke an Gott und Vaterland, jede Erinnerung des alten Ruhms und mit ihnen der Geist der Stärke und Treue meist bis auf die letzte Spur erloschen war. [...] Die ästhetische Ansicht ist eine in dem Geist des Menschen wesentlich begründete; aber ausschließend allein herrschend wird sie spielende Träumerei, und noch so sehr sublimiert, führt sie doch höchstens zu jenem verderblich pantheistischen Schwindel, den wir jetzt nicht bloß in den Gespinsten der Schule, sondern überall in tausend verschiedenen und losern Gestalten beinah allgemein herrschend sehen."[4]

Die hier nur in ihren wesentlichsten Zügen charakterisierte Entwicklung, die unmittelbar in die Dichtung und Publizistik der Befreiungskriege hinüberführt, ist der Hintergrund, vor dem die Rezeption Goethes im nachklassischen Jahrzehnt Relief gewinnt. Es sind für Goethe selbst Jahre einer tiefgreifenden Krise seines Verhältnisses zur literarischen Öffentlichkeit. Wilhelm von Humboldt hat in einem Brief an seine Frau Karoline Goethes Stimmung in dieser Zeit festgehalten: „Unendlich weht tut es einem, daß

Goethe nicht wegen des fremden Einflusses, sondern wegen des inneren Unwesens an allem literarischen Heil in Deutschland verzweifelt. Jeder, sagt er, will für sich stehen, jeder drängt sich mit seinem Individuum hervor, keiner will sich an eine Form, eine Technik anschließen, alle verlieren sich im Vagen, und die das tun, sind wirklich große und entschiedene Talente, aus denen aber darum schlechterdings nichts werden kann. Er versichert darum, daß er sich nicht mehr um andere bekümmern, sondern nur seinen Gang gehen wolle, und er treibt es so weit, daß er versichert, der beste Rat, der zu geben sei, sei die Deutschen, wie die Juden, in alle Welt zu zerstreuen, nur auswärts seien sie noch erträglich."[5] Im gleichen Jahr, 1808, erscheint jene kurze Rezension einer romantischen Gedichtanthologie, in der der Landshuter Professor für klassische Philologie und Ästhetik Friedrich Ast eine Charakteristik der neuesten Epoche der Poesie gibt und holzschnittartig vereinfacht drei Stufen ihrer Entwicklung einander gegenüberstellt.[6] Die ‚Objektivität' der Goetheschen Dichtungen, für die Frühromantik noch ein Symptom für „die Morgenröte echter Kunst und reiner Schönheit",[7] wird jetzt abgewertet, sie erscheint auf der untersten Stufe der Skala, da „die Poesie [...] nicht bloß objektives und sich selbst darstellendes Leben sein, sondern ihr Leben [...] auch eine höhere Bedeutung haben" soll.[8] Nach Ast soll die Dichtung symbolischer und allegorischer Ausdruck des ‚Unendlichen' sein, während Goethes Poesie heidnisch und plastisch geblieben ist. Ludwig Tieck dagegen habe mit seinen romantischen Dichtungen die höhere Stufe einer allegorischen Unendlichkeit erklommen, während Friedrich Schlegel als höchste Form der „echten und vollendeten Produktivität" die Goethesche Plastik mit dem Tieckschen ‚Unendlichen' verbinde. Die „Landshuter Erklärung" (Karl Bertuch) von Friedrich Ast faßt den romantischen Protest gegen Goethe, wie er sich in F. Schlegels Zeitschrift ‚Europa' zum erstenmal artikuliert hatte, in einem Brennspiegel zusammen. Aus Briefen Goethes und aus Gesprächsaufzeichnungen über ihn wissen wir, wie stark der Weimarer Dichter durch dieses Manifest berührt worden ist.[9]

Im April 1808 erscheint in den neubegründeten ‚Heidelbergischen Jahrbüchern' Friedrich Schlegels große Rezension der ersten vier Bände der Cotta'schen Ausgabe von Goethes Werken.[10] Auf sie trifft das Verfahren zu, das Walter Benjamin für eine seiner Rezensionen formuliert hat,[11] nämlich, daß er den Autor exoterisch loben, esoterisch aber tadeln und kritisieren wolle. Mit Recht spricht Klaus Gille im Hinblick auf den ‚Wilhelm-Meister'-Teil der Besprechung davon, daß dieser „als Palinodie auf den Lobpreis des Romans im ‚Athenäum' gelesen werden müsse".[12] Wir haben bereits darauf hingewiesen, daß Schlegel den ‚Wilhelm Meister' hier, indem er ihm als einen ‚modernen' Roman bezeichnet, gegen die ‚romantische' Poesie abgrenzt. Erst jetzt jedoch wird der folgende Satz, in dem Schlegel sich scheinbar energisch gegen die ‚Meister'-Kritik des Novalis verwahrt, in seiner polemischen Zielrichtung deutlich: „So kann man dann gewiß nicht behaupten, die Absicht des Verfassers sei gegen die Poesie gerichtet, ob man gleich allenfalls sagen könnte: es sei ein Roman gegen das Romantische, der uns auf dem Umweg des Modernen (wie durch die Sünde zur Heiligkeit) zum Antiken zurückführe."[13] Auf dem Hintergrund der veränderten Bewertung, die das Antike als Gegenbegriff zum Romantischen inzwischen für Schlegel erhalten hat, läßt sich diese esoterische Aussage als Distanzerklärung einem Roman gegenüber dechiffrieren, der den Forderungen, die an ein romantisches Kunstwerk gestellt werden müssen, nicht entspricht. Auch wenn Schlegel sich entschieden dagegen ausspricht, den ‚Wilhelm Meister' mit dem ‚Don Quixote' zu vergleichen, wie Adam Müller es in seinen ‚Vorlesungen über deutsche Wissenschaft und Literatur' getan hatte, so wird dennoch seine Parteinahme für dieses Muster der romantischen Poesie deutlich, die zugleich ein politisches Bekenntnis zum ‚poetischen Weltzustand' des feudalen spanischen Ständestaats im 16. Jahrhundert ist. Blieb die Polemik gegen Goethe in der Rezension von 1808 verschlüsselt, so lassen die Wiener Vorlesungen von 1812[14] diese Rücksichten fallen. Klar und unmißverständlich wird jetzt ausgesprochen, daß Goethes Beispiel dadurch, daß „er auch in der reifern Zeit so häufig seine Poesie unmittelbar an die Gegenwart zu knüpfen versucht" habe, „irreleitend" sein könnte, daß er in „Rücksicht auf die Denkart [...] auch wohl ein deutscher Voltaire genannt werden" könne und „daß es dieser verschwenderischen Fülle von geistigem Spiel an einem festen inneren Mittelpunkt fehlt".[15] Dieser berühmt gewordene Einwand, der den vermeintlichen bindungslosen Ästhetizismus Goethes treffen soll, ist die negative Variante des Proteus-Topos, den der junge Schlegel noch preisend zur Kennzeichnung der poetischen Allmacht des Dichters angewandt hatte[16] und der jetzt, in der pejorativen Bedeutung von Mittelpunktslosigkeit, zum Leitmotiv der religiösen und nationalen Goethekritik der Restaurationszeit wird.

Die religiöse und die national-burschenschaftliche Goetheopposition der zwanziger Jahre, die vor allem an die Namen von Johann Wilhelm Friedrich Pustkuchen und Wolfgang Menzel geknüpft ist, schöpft aus dem gedanklichen Fonds, den die Romantik seit 1806 bereitgestellt hatte. Sie hat in Pustkuchen den Popularisator einer spiritualistischen Kunstauffassung gefunden, die von der schroffen Trennung des Profanen und des Heiligen ausgeht und damit das klassisch-romantische Zentralproblem einer Dialektik von Prosa und Poesie endgültig zugunsten eines ätherisch-priesterlichen Poesiebegriffs entscheidet, und in Menzel den Verkünder einer politisch orientierten Dichtungsauffassung, die von der romantischen Forderung einer Verbindung von Kunst und Leben bestimmt ist und die Kunst ridige moralischen und nationalen Zielvorstellungen unterwirft. Beide Positionen kommen in dem entscheidenden, von Novalis und F. Schlegel zuerst formulierten Vorwurf überein, Goethe habe sich zum artistischen Anwalt der prosaischen Gegenwart gemacht und habe damit die höchste Aufgabe der Kunst, verklärende Idealisierung der Wirklichkeit zu sein, verraten.

Der erste und wichtigste Teil der berühmt-berüchtigten falschen ,Wanderjahre'[17] des evangelischen Pfarrers und Schriftstellers Pustkuchen erschien 1821, unmittelbar vor der Erstfassung der Goetheschen ,Wanderjahre'; er erregte beträchtliches Aufsehen und stiftete wohlgezielte Verwirrung beim literarischen Publikum. Längere Zeit herrschte Unklarheit über die Verfasserschaft des anonym publizierten Werkes. Der Autor selbst bekannte sich öffentlich erst 1824 in der ,Zeitung für die elegante Welt'[18] zu seinem Werk. Pustkuchens falsche ,Wanderjahre' können als ein „Sammelbecken jahrzehntelanger Goethekritik" (Gille) bezeichnet werden, sie bilden den weithin beachteten Auftakt zur Goetheopposition der zwanziger Jahre und des Jungen Deutschland. Der Roman provozierte eine Reihe von Entgegnungen. 1822 veröffentlichte Friedrich de la Motte-Fouqué seinen Aufsatz ,Ein Wort über Göthe's Helden',[19] in dem er Goethe unter Berufung auf den ,Götz' gegen den Vorwurf verteidigt, er könne keine Helden darstellen. Für Karl Immermann wird Pustkuchens Angriff zum Anlaß, in seinem ,Brief an einen Freund über die falschen Wanderjahre Wilhelm Meisters'[20] ein umfassendes öffentliches Bekenntnis zu Goethe abzulegen, und Heinrich Heine, der der Schrift Immermann bewundernd zugestimmt hatte,[21] plante noch 1827, „eine Batterie gegen das Pustkuchentum loszufeuern", wie er an Varnhagen von Ense schreibt.[22]

Wolfgang Menzel eröffnet seinen lebenslangen Feldzug gegen Goethe mit den Invektiven seiner ,Streckverse' von 1823.[23] Der ein Jahr später in den ,Europäischen Blättern' erscheinende Aufsatz ,Göthe und Schiller'[24] enthält im Kern bereits alle Argumente, die dann der große Goetheabschnitt seiner Schrift ,Die deutsche Literatur' von 1828[25] voll entfalten wird. Goethe ist für Menzel „in vieler Hinsicht [...] einer der ersten und vorzüglichsten Schöpfer der modernen Poesie" und muß „in jeder Hinsicht als ihr höchstes Muster betrachtet werden".[26] Goethes zeitbeherrschende Modernität ist jedoch für Menzel nur die des bloßen Talents, das sich proteisch den jeweiligen Zeitbewegungen und Zeitströmungen angepaßt habe. „So wird die Erscheinung Goethes lediglich aus den Erscheinungen der Zeit erklärt und alle seine Werke lassen sich folgerecht mit den verschiedenen Moden, in denen der sittliche Geist seiner Zeit gewechselt, parallelisieren. Daß ihn dabei das Glück begünstigt, wie den Napoleon, ist unverkennbar. Er fand seine Zeit gerade so, wie sie ihn und er sie brauchte und hatte keinen starken Gegner zu bekämpfen. Alle jene Richtungen der Zeit huldigten dem Spiele des Talentes und waren dem Ernst tiefer Ideen entfremdet."[27] Der Hinweis auf die Verwandtschaft mit Napoleon gibt der Goetheanalyse des Burschenschaftlers Menzel die politische Spitze. Wie Goethe der „Universalerbe der moralischen Revolutionen unsrer Zeit", so ist Napoleon der „Erbe der politischen gewesen".[28] Goethe habe diesem „Geist der Zeit", der ein ewig wechselnder, charakterloser war, gehuldigt, es entsprach „seinem ganzen Wesen, daß er immer nur die herrschende Partei ergriff".[29] „Als aber der Ernst zurückkehrte zunächst in jener großen philosophischen Richtung der Deutschen, dann mit Blut und Flammen im politischen Leben und zuletzt mit der Religion, deren Trost die Not der Zeit nicht länger entbehren mochte, da war Goethe glücklich genug, seine Ernten schon gesammelt zu haben, denn seine späten Saaten fanden kein Gedeihen mehr. Er versuchte zwar sein Talent auch an dem Ernst der neuern Zeit, aber es bestand die Probe nicht."[30] Die Radikalität, mit der Menzel Goethe zum opportunistischen und charakterlosen Anwalt der jeweils herrschenden Partei abstempelte, ließ ihn Ende der zwanziger Jahre zum Wortführer und Bundesgenossen der mit Heine, Börne und dem Jungen Deutschland sich formierenden politischen Goetheopposition werden. Allerdings nur für kurze Zeit, denn gerade in der Auseinandersetzung mit der griffigen Schwarz-Weiß-Polemik des noch ganz vom Pathos der Befreiungskriege erfüllten Menzel gelangten wenig später Heine und Gutzkow zu einer weit differenzierteren Einschätzung der Rolle und Funktion Goethes in der Epoche des sozialen und politischen Umbruchs an der Wende der zwanziger zu den dreißiger Jahren des 19. Jahrhunderts.[31]

Pustkuchen und Menzel haben sich zur Stützung ihrer Argumente neben der hier erörterten romantischen Tradition und neben Schiller[32] auf einen Autor berufen, der schon früh vom Publikum und der Kritik als Antipode der Weimarer Klassik zitiert und in Anspruch genommen wurde, auf Jean Paul. Bereits in einem Brief von Karoline Herder an Knebel vom 30. Mai 1807 finden wir eine Charakteristik Jean Pauls, die die Inanspruchnahme dieses Dichters als messianisch-seraphische Gegenfigur zur behaglichen Weltlichkeit Goethes, die in Börnes Rede auf Jean Paul von 1825 gipfelt, scharf zum Ausdruck bringt: „O lieber Freund, ich möchte ein Geständnis machen über die hochgepriesenen poetischen Abgötter der Zeit. Wie steif und leer und herz- und geistlos sind sie mir in ihren Formen, mit denen sie uns jetzt ein kunstvoll Menuett vortanzen! Arme, zusammengelesene Gegenstände, die nicht leben; kurz, meist *ausgedrückte Zitronen* gegen unsern *einzig lebendigen* Jean Paul. [...] *Ein Genius und Heiland seiner Zeit ist er!* Und welcher Dichter dies nicht ist, hat seinen göttlichen Beruf verfehlt."[33] Das theoretische Fundament der Inthronisation Jean Pauls als epochaler Gegenfigur zum Geist einer an der Antike orientierten modernen klassischen Dichtung hat Joseph Görres geschaffen. Seine große, 1811 in den ‚Heidelbergischen Jahrbüchern der Literatur' erschienene Rezension der Sämtlichen Schriften des Dichters[34] ist das eigentliche Manifest der Hochromantik, in dem die Modernität Jean Pauls in jeder ihrer einzelnen Bestimmungen antithetisch zur Kunst der Antike entwickelt wird. Er ist für Görres der Dichter, der „die fortschreitenden Bestrebungen seiner Zeit in sich als ihrer Mitte sammelt",[35] seine Poetik des Witzes und des Humors ist die moderne Alternative zur schönen Objektivität der klassischen Kunst. Für Wolfgang Menzel sind Jean Paul und Goethe die eigentlichen Dioskuren der modernen Poesie. „Beide schildern das Leben, in dem sie selber lebten, das moderne, aber nach zwei verschiedenen Anschauungsweisen. Goethe liebäugelte, billigte, pries dieses Leben und faßte dasselbe in seiner Einheit als ein Ganzes auf; Jean Paul dagegen sah es humoristisch halb mit Wehmut, halb mit Spott an, und faßte es in seiner Zerrissenheit, in dem unendlichen Widerspruch auf, der durch dasselbe hindurchgeht, und der eben unsre Zeit so sehr von dem in sich sichern und befriedigten Mittelalter unterscheidet."[36] Mit dem Schlagwort von der ‚Zerrissenheit' wird Jean Paul zum Prototyp der Literatur der Jungdeutschen, deren Opposition gegen Goethe im Namen des Witzes, der Ironie und der weltschmerzlich gestimmten Satire an dieser Stelle von Menzel vorweggenommen wird. „Das Rühmlichste", so heißt es bei Menzel weiter, „was wir Jean Paul nachsagen müssen und was ihn mit den edelsten Männern der Nation in eine Reihe stellt, ist der Adel seiner Gesinnung, seine reine Tugend, und das Feuer edler Leidenschaft, der ethische Ingrimm gegen das Laster, jene erhabenen Eigenschaften des Charakters, die er vorzüglich mit Schiller geteilt hat."[37].

In Ludwig Börnes enthusiastischer Charakteristik Jean Pauls als des Sängers der Armen und der Betrübten, der nicht „in den Palästen der Großen" sang und der der „Jeremias seines gefangenen Volkes" war, des „sittlichen Sängers", der für „Wahrheit, für Recht, für Freiheit und Glauben" stritt,[38] ist bei jeder dieser Kennzeichnungen, wennschon nicht mit Namen genannt, sein Antipode, sein Gegenbild als Folie mitgedacht: Goethe. Mit Börnes ‚Denkrede auf Jean Paul' bekommt die Polarität Goethe – Jean Paul eine politische Dimension, die unterschwellig die ‚konstellative' Rezeptionsgeschichte beider Dichter bis zur Gegewart bestimmen sollte. So stellt im Jahre 1868 Karl Christian Planck in seinem Buch ‚Jean Pauls Dichtung im Lichte unserer nationalen Entwicklung' den Anwalt eines modernen prosaischen Realismus der verkümmerten deutschen bürgerlichen Verhältnisse, Jean Paul, dem Idealismus Goethes und der Klassik polemisch gegenüber. Die heutige Goethekritik hat Jean Paul als politischen Bundesgenossen in ihrem Kampf gegen die vermeintlich unpolitische Klassik wiederentdeckt, so Wolfgang Harich in seiner 1974 erschienenen umfassenden Analyse von ‚Jean Pauls Revolutionsdichtung'[39] oder Martin Walser mit seinem im gleichen Jahr veröffentlichten Aufsatz ‚Goethe hat ein Programm, Jean Paul eine Existenz'.[40]

Pustkuchen und Menzel sind die eigentlichen Popularisatoren der mit Novalis und F. Schlegel einsetzenden idealistisch-romantischen Goetheopposition. Quintessenz aller ihrer Vorwürfe ist die Behauptung, Goethe habe sich zum realistischen Anwalt der Wirklichkeit gemacht, habe sich proteisch den Formen des modernen gesellschaftlichen Lebens hingegeben und damit nur dem jeweiligen Publikumsgeschmack gehuldigt. Indem er auch das Gemeine, Alltägliche und Prosaische zum Gegenstand seiner Dichtung gemacht habe, habe er die wahre Bestimmung der Kunst verraten, die auf das Edle und Ideale ziele. So sei Goethe recht eigentlich die Inkarnation des modernen Materialismus und dessen Charakterlosigkeit geworden.

Die Argumente der religiösen und der nationalen Goethegegner berühren sich an dieser Stelle aufs engste mit denen der politisch-liberalen Opposition gegen den Dichter, die sich gleichzeitig mit Menzel zu Wort meldet. Die Übereinstimmung ist jedoch nur eine scheinbare. Unmißverständlich hat Heinrich Heine in seiner Menzel-Rezension[41] die Trennungslinie zwischen beiden Lagern der Gegnerschaft gegen Goethe gezogen. Er war sich der Gefahr bewußt, daß eine Parteinahme gegen Goethe als stillschweigende Solidarisierung mit jener Position ausgelegt werden konnte, mit der verwechselt zu werden er als das größere Übel ansehen mußte. Im 15. Kapitel von ‚Ideen. Das Buch Le Grand' im 1827 erschienenen zweiten Band seiner ‚Reisebilder' hat Heine in der Darstellung des Kampfes um Narren und der Vernünftigen eine verschlüsselte Analyse seines Zweifrontenkrieges gegen die Romantik einerseits und die ‚Goetheaner' anderseits gegeben. Der Dualismus dieser beiden Positionen war für Heine geradezu die geistige Signatur der zweiten Hälfte der zwanziger Jahre. Wir haben die ‚Narren', um in Heines Terminologie zu sprechen, kennengelernt. Ihren Widersachern, den ‚Vernünftigen', sei der nächste Abschnitt gewidmet.

## 6. Die ‚Goetheaner'

Die Schärfe der Angriffe, wie sie seit der Mitte der zwanziger Jahre von den verschiedenen Standorten eines pietistisch gefärbten Christentums, eines burschenschaftlichen Nationalismus und einer liberaldemokratisch eingestellten politischen Opposition gegen Goethe laut werden, hat die Tatsache zur Voraussetzung, daß spätestens seit dem Tod Schillers in der allgemeinen Einschätzung der Deutschen Goethe die alles überragende, epochebestimmende Erscheinung in der Geschichte der neueren Dichtung ist. Die Geschichte der zeitgenössischen Aufnahme und Einbürgerung Goethes bei den Deutschen gehört nicht in das Kapitel einer tragischen Literaturgeschichte, ist nicht, wie bei Kleist, Büchner und anderen, die Geschichte einer grundsätzlichen Fehleinschätzung, Nichtbeachtung, Verkennung und Unterdrückung gewesen. Eher wäre man geneigt, im Gegenteil von einer vorschnellen und voreiligen Inbesitznahme zu sprechen, vergleichbar nur dem Ruhm und der Wirkung Schillers in dieser Epoche. Zahlreiche Zeugnisse dokumentieren bereits für das erste Jahrzehnt des 19. Jahrhunderts den Vorgang einer immer größere Schichten und Kreise des Publikums erfassenden Kanonisierung und Mythisierung Goethes. So schreibt Henrik Steffens, der Zeitgenosse der romantischen Generation, in seiner Autobiographie ‚Was ich erlebte' über die Jahre nach 1806: „Daß Goethe eine neue Zeit schuf, ward allgemein zugestanden; die Opposition, welche die früheren Schranken der Dichtkunst festhalten wollte, war durch Schlegel und Tieck zurückgedrängt und immer mehr als eine untergeordnete betrachtet. Alle jugendlichen Dichter schienen sich um

Goethe zu vereinigen, und wenn es als ein geistig Dürftiges betrachtet wurde, für einen Anhänger Kants zu gelten, so galt es dahingegen für geistig vornehm, Goethe zu verehren. Es bildete sich eine Art Geniekult um ihn, welcher sich einen esoterischen Charakter aneignen wollte und der den Grund legte zu der unerschütterlichen europäischen Zelebrität, die dieser mächtige Geist zu einer Zeit, wo keine geistige Eigentümlichkeit mehr eine allgemeine Anerkennung erhalten zu können schien, mit einer Einstimmigkeit erwarb, die in ihrer Art einzig ist."[1] Dieses Zeugnis eines mit den Romantikern und der nationalen Erhebung gegen Napoleon sympathisierenden Autors mag nach dem im vorangegangenen Kapitel Ausgeführten zunächst überraschen. Der von der zweiten Phase der Romantik initiierte, in der Befreiungsbewegung aktualisierte Nationalismus darf nicht nur, wie es die einseitige Darstellung des Kapitels über die romantische Opposition gegen Goethe nahelegen könnte, als eine der Quellen der Angriffe und Vorbehalte gegen den Weimarer Dichter interpretiert werden, er war gleichzeitig auch einer der stärksten Impulse der Inthronisation Goethes als des ersten Dichters der Nation. Karl Immermann hat in seinen ‚Memorabilien' der Literatur in den Jahren der nationalen Erniedrigung nach 1806 die Funktion zugewiesen, „Trösterin eines zerdrückten Volkes [gewesen] zu sein".[2] Er schreibt: „Es ist wahr und muß immer wiederholt werden: Die Deutschen hatten in jenen Leidensjahren nur in ihrer großen Dichtung das Evangelium, welches sie zur Gemeine machte, sie über der materiellen Not, über dem Verlieren in eine wüste Verzweiflung emporhielt. Namentlich sind *Goethe* und *Schiller* die beiden Apostel gewesen, an deren Predigt sich das deutsche Volk zu Mut und Hoffnung auferbaute. [...] Ich sage euch, diese zwei Heiden haben uns mehr genützt, als ihr guten Christen jemals uns nütztet und nützen werdet."[33] Die Literatur der deutschen Klassik als einigendes und einheitstiftendes Band einer zerrissenen und geschlagenen Nation: dieses von Immermann für die Jahre nach 1806 treffend bezeichnete Phänomen blieb nicht auf die Zeit der Befreiungskriege beschränkt, es bestimmt als wiederkehrende Grundfigur die Wirkungsgeschichte unserer klassischen Dichter bis in die Gegenwart, wie es auf der anderen Seite jenen zuerst von Gervinus formulierten Einspruch hervorgerufen hat, die nationale Identität der Deutschen sei nicht im Überbau der Kunst und der Literatur zu suchen und anzusiedeln, sondern sei im politischen Handeln herzustellen.

Nennt Immermann in den ‚Memorabilien' zunächst Goethe und Schiller in einem Atemzuge, so nimmt er im weiteren Verlauf des Abschnitts ‚Lehre und Literatur' eine bezeichnende Differenzierung vor: „Am gewaltigsten unter allen wirkte aber doch Schiller, während Goethe uns mehr als ein Gott in unendlichem Abstande blieb."[4] Immermann formuliert an dieser Stelle einen Topos der zeitgenössischen Goethewirkung, dem wir in früherem Zusammenhange bereits bei H. Steffens begegnet waren: die Feststellung des grundsätzlichen Geheimnischarakters der Goetheschen Dichtungen, ihre auf Distanz zielende und sie bewirkende Esoterik, die das wahre Verständnis von vornherein auf einen kleinen Kreis Eingeweihter beschränkt und Popularität im Sinne der Wirkung der Schillerschen Werke verhindert. Aus diesem Distanzcharakter des Goetheschen Werkes erklärt sich im Lager der Goetheaner der Hang zu elitärer Zirkel- und Gruppenbildung, auf den Madame de Staël in ihrem Deutschlandbuch hinweist: „Die Goethebewunderer bilden eine Art Brüderschaft, deren Losungsworte die Adepten miteinander bekannt machen."[5]

Für die gesamte positive oder affirmative Goethekritik in dem hier dokumentierten Zeitraum ist, bis auf wenige Ausnahmen, die persönliche Nähe oder der persönliche Kontakt mit dem Weimarer Dichter konstitutiv. Goethe hat diesen Kontakt gesucht, gefördert und vielfach, nicht ohne ein strategisches Kalkül, gestiftet und zu erhalten gesucht. Seine positiven Kritiker wie W. v. Humboldt, Abeken, Woltmann, Rochlitz, Zauper, Varnhagen von Ense, Carus, Schubarth, Eckermann u. a., eine nicht geringe Phalanx, konnten sich rühmen, auch Korrespondenten des berühmten Dichters zu sein. Nicht wenige von ihnen haben von privaten Mitteilungen ihres Meisters in ihren Arbeiten über ihn Gebrauch gemacht, um den authentischen Charakter ihrer Aussagen zu unterstreichen. Seit der Mitte der zwanziger Jahre dehnte Goethe seine Bemühungen um seine Kritiker auch auf die ausländischen Rezensenten und Beurteiler aus und machte die Zeitschrift ‚Über Kunst und Altertum‘ zum Ausstellungsraum seiner Weltwirkung, indem er Kritiken und Korrespondenzen, die ihn und seine Werke betrafen, abdruckte und wohlwollend kommentierte. Seine erstaunliche Duldsamkeit gegenüber geschäftiger Mittelmäßigkeit ließ ihn das bisweilen Inferiore oder nur Affirmative vieler Rezensionen tolerieren und bot damit seinen Gegnern nur zu oft berechtigte Angriffspunkte.

Verglichen mit der spekulativen Phase der Goetherezeption im letzten Jahrfünft des 18. Jahrhunderts ist die Masse der Goethekritik der Goetheaner durch ein eklektisches Verfahren immanenter Beschreibung und paraphrasierender Reproduktion bestimmt, das den fortschreitenden Verfall der Literaturkritik nach 1805 widerspiegelt. Nur drei Kritiker sind diesem Dilemma entgangen, Adam Müller, Wilhelm von Humboldt und Heinrich Gustav Hotho. Während A. Müller an die spekulative Kritik der Klassik und Romantik anknüpft und ihre Positionen vermittelnd für die Praxis aktualisieren und ‚einbürgern‘ will, repräsentiert der späte Humboldt noch einmal souverän, autochthon und schon fast zeitentrückt den Geist und die Ausstrahlungskraft des klassischen Humanismus und erreicht in der großen Analyse von Goethes ‚Zweitem Römischen Aufenthalt‘[6] eine Stimmigkeit und Unanfechtbarkeit der Argumentation, die in ihrer gedankenreichen Monumentalität Höhepunkt und Abschluß der ‚klassischen‘ Literaturkritik bildet. Die große Rezension der zweiten Fassung der ‚Wanderjahre‘ von H. G. Hotho[7] ist das erste bedeutende Dokument einer von Hegel inspirierten Goethedeutung,

Anfang einer neuen Phase der spekulativen Goethekritik, die die dreißiger und vierziger Jahre bis hin zu Karl Rosenkranz' umfassender Goethedarstellung (1847) entscheidend mitbestimmen sollte.

In seiner ‚Romantischen Schule' hat Heinrich Heine als das Grundaxiom der Goetheaner die Auffassung bezeichnet, daß es in der Kunst „keine Zwecke, wie in dem Weltbau selbst" gäbe. Dies schließe die Unabhängigkeit der Kunst von den „zeitlichen Ansichten der Menschen" sowie von der Moral ein. „Indem die Goetheaner von solcher Ansicht ausgehen", so beschließt Heine seine Analyse, „betrachten sie die Kunst als eine unabhängige zweite Welt, die sie so hoch stellen, daß alles Treiben der Menschen, ihre Religion und ihre Moral, wechselnd und wandelbar unter ihr hin sich bewegt."[8] Es sollte überraschen, daß Heine zur polemischen Kennzeichnung eines von der Wirklichkeit abgelösten Kunstidealismus ausgerechnet die Goetheaner nennt, war doch der entscheidende Vorwurf etwa der romantischen Goethekritik gerade der, daß Goethe zu sehr der Wirklichkeit, der Prosa verhaftet geblieben war. Dennoch erweist sich Heines Charakteristik bei näherer historischer Nachprüfung als durchaus genau und zutreffend. Indem die positive Goethekritik die romantische Negation Goethes als eines Anwalts der Prosa aufhebt zugunsten einer harmonisch-vermittelnden Konzeption des Verhältnisses von Kunst und Wirklichkeit, rechtfertigt sie das Prosaisch-Wirkliche als aufgehobenes und geläutertes Moment einer neuen Kunstwirklichkeit. In deutlicher Frontstellung gegen eine antithetische Konzeption des Verhältnisses von Kunst und Wirklichkeit hat W. v. Humboldt in seiner vermächtnishaften Ansprache vor dem Berliner Kunstverein am 1. Mai 1832 die eigentliche Leistung Goethes als Künstler in dieser ‚organischen' Verbindung von Natur und Kunst gesehen: „Da Goethe die Natur immer zugleich in der Einheit ihres Organismus und in der vollen Entfaltung ihrer gestaltenreichen Mannigfaltigkeit auffaßte, so konnte die Gedanken- und Sinnenwelt nie einen schroffen Gegensatz zu ihm bilden. Die Wirklichkeit gab ihm ihre Gestalt nur auf, um eine neue aus der Hand der schaffenden Phantasie zu empfangen. Dadurch, um diese Betrachtungen auf eine Weise zu schließen, die uns zu unsrem Gegenstand zurückführt, wurde er vorzüglich der Kunst so wohltätig."[9] Es ist nur scheinbar ein Paradox, daß von Heine die Adepten des ‚realistischen' Goethe als Vertreter einer idealistischen Kunstauffassung bezeichnet werden, während er den ‚idealistischen' Schiller lobt, der sich, „jener ersten Welt viel bestimmter angeschlossen" habe als Goethe.[10] Bereits Adam Müller hatte die irdisch-realistische Poesie Goethes der himmlisch-augustinischen des Novalis gegenübergestellt und zwischen beiden Positionen zu vermitteln gesucht, dergestalt, daß er in Goethes Dichtungen die Möglichkeit einer Verbindung von Kunst und Leben, von Ökonomie und Poesie sieht, die die endlich fällige „Einbürgerung der Kunst" in das reale gesellschaftlich-politische Leben der Zeit bewerkstellige.[11] Goethe ist für Adam Müller „das große Muster versöhnender und vermittelnder

Kraft"[12] inmitten einer Zeit unversöhnlicher gesellschaftlicher und geistiger Gegensätze. Gerade indem Goethe die Kunst mit dem Leben und der Wirklichkeit vermittelt, liefert er die ästhetische Rechtfertigung des Bestehenden, das aus der Vereinzelung eines bloßen Gegensatzes in die Synthesis des poetischen Kunststaates erlöst wird. Mit diesen Überlegungen hat A. Müller das Modell eines ,konservativen' Goethebildes geschaffen, das durch die rechtfertigende Anerkennung der prosaischen Wirklichkeit als eines legitimen Gegenstands der Dichtung und durch die Betonung des gesellschaftsbezogenen Praxischarakters der Goetheschen Poesie zugleich den Schein der Progressivität für sich buchen konnte.

In dem ,Brief des Rechtgläubigen an die verbündete Gemeine', Teil der großen Abhandlung über ,Goethe und seine Zeit', (1828) hat Ludwig Tieck eine im wesentlichen zutreffende idealtypische Darstellung des affirmativen Goethebildes der Goetheaner gegeben. Der kurze Text faßt die wichtigsten Merkmale dieses am Ende der zwanziger Jahre bereits scharf als Gruppenstandpunkt herausgehobenen Bildes gut zusammen. Goethes allumfassende Universalität, die konsequente, von einer inneren Logik bestimmte Entwicklung von den Jugendwerken bis hin zu den Altersdichtungen, die Einheit von Autor und Werk: diese zentralen Bestimmungen runden sich zu dem Bild eines olympischen Dichters, der sein Gesetz in sich selber trägt und dem vorschreiben zu wollen, wie er hätte denken und dichten sollen, einem Sakrileg gleich käme. „Wenn wir dankbar sind, daß er unser ist und uns gebildet hat", so heißt es am Schluß des Briefs, „wenn wir ihn ohne Heuchelei bewundern und immerdar von ihm lernen, so haben wir genug getan."[13] In der Betonung des gesetzhaft-notwendigen Charakters von Goethes Leben und Werken reflektiert dieser Text sehr genau das zentrale apologetische Argument der Goetheaner in der Auseinandersetzung mit der nationalen und politischen Opposition gegen den Dichter. Der gesetzhaft-organische Vorbildanspruch dieses Lebens schien ihnen von Goethe selbst in seinen autobiographischen Schriften, vor allem in ,Dichtung und Wahrheit', ausgesprochen zu sein. Goethes Proteus-Natur, von den Gegnern als Kennzeichnung seines unverbindlichen, standortlosen Ästhetizismus zitiert, wird im Lager der Goetheaner zur höchsten auszeichnenden Chiffre für seine unerschöpfliche, naturhafte und darum unangreifbare Vielseitigkeit und Verwandlungsfähigkeit. Ihn einseitig fixieren und festlegen zu wollen, hieße dieses Grundgesetz seiner Existenz zu negieren, hieße den innersten Kern seiner Schöpfungsvielfalt zu zerstören. Mit diesem Argumentationschema wurde vor allem die Mauer gegen die politische Opposition errichtet. So heißt es in Varnhagen von Enses Rezension der ,Tag- und Jahres-Hefte' von 1830: „Denken wir uns Goethe'n anstatt dieser merkwürdigen Lebensbahn einer andern angehörig, in das Gedräng einer großen Hauptstadt, in die Anforderungen und Darbietungen großer Massen versetzt, so ist er nicht Goethe mehr. Er hätte mit diesen Gewalten, um seinem schaffenden Geiste zu folgen, brechen müssen, und dann wäre die schöne Ruhe der Übereinstimmung, der harmlose Frieden gestört gewesen, oder jene Mächte hätte ihn an sich gerissen, sein Leben wäre ein politisches geworden, und dann hätte er ohne Zweifel stark eingegriffen in die Bewegungen der Zeit, allein das klare, starke Licht der Jahrhunderte, der Dichter und Lehrer seines Volks wäre er dann schwerlich geworden."[14]

Es hieße die Intentionen der Goetheaner gründlich mißverstehen, wollte man ihre Bemühungen um Goethe nur als einen zeitlosen und wirklichkeitsentrückten Kult des Schönen interpretieren. Trotz ihrer entschiedenen Ablehnung einer von Nützlichkeitserwägungen und Zweckforderungen bestimmten Kunstauffassung geht es auch ihnen um sehr reale Zwecke und Forderungen, die sie im Namen Goethes verfolgen und in Auseinandersetzung mit dem Geist der Zeit durchsetzen wollen. Goethe ist für sie der große Kontrapunkt zum, wie sie meinen, geistigen und kulturellen Verfall einer Zeit, die sich von den Ideen und Idealen des großen klassischen Jahrzehnts losgesagt habe. Diese zeitpolemische Komponente der affirmativen Goethekritik, die in der Zeitkritik des alten Goethe ihr Pendant findet, führt zu einer auffallend didaktischen und pädagogisierenden Attitüde ihrer Schriften. „Auf der Grenze des Lächerlichen steht in dieser Hinsicht einer, Namens Herr Eckermann, dem es übrigens nicht an Geist fehlt", schreibt Heine in der ‚Romantischen Schule'.[15] Diese Bemerkung zielt nicht auf die berühmten ‚Gespräche mit Goethe', sondern auf seine ‚Beyträge zur Poesie mit besonderer Hinweisung auf Goethe',[16] die für den hier angesprochenen Aspekt paradigmatischen Charakter haben. Dieses liebenswert-unbeholfene Buch eines dilettantischen Außenseiters ist nicht nur die schüchterne Morgengabe eines von Goethe ergriffenen Jünglings, sondern ein bisweilen geradezu martialisch sich drapierender Angriff auf den vermeintlichen Ungeist der Zeit. Eckermanns Kampf gilt der Kraftlosigkeit, der moralischen Willensschwäche und dem schrankenlosen Subjektivismus seiner Zeitgenossen, und er führt diesen Kampf im Namen seines Meisters, den er als Vorbild und als Beispiel zur Nachahmung herausstellt.[17] In seine späteren ‚Gespräche mit Goethe' ist dieser moralisierend-zeitpolemische Impuls als Perspektive des Arrangeurs und Kommentators der Goetheschen Aussprüche eingegangen und hat nicht unwesentlich zur Wirkung dieses weltlichen Andachtbuches beim Bildungsbürgertum des 19. und 20. Jahrhunderts beigetragen. Auch Varnhagen von Ense betont seinen Goetherezensionen immer wieder den Vorbild- und Anweisungscharakter der Goetheschen Werke. So heißt es bei ihm über den ‚Briefwechsel zwischen Schiller und Goethe': „Kein andres Buch bringt [...] dem Weihegenossen und dem Weihesuchenden, dem jüngeren Schriftsteller überhaupt und dem aufstrebenden Dichter insbesondre, eine so reiche, tiefgehende, ergebende und anmutige Unterweisung und Beispielkräftigung."[18] Gerade dieser Aspekt des Lehrhaften, der als Anspruch und Forderung an die Zeit die Schriften der Goetheaner bestimmt, hat den Widerspruch und den

Protest der Generation der Jungdeutschen herausgefordert. Goethe selbst hatte in seiner Zeitschrift ,Über Kunst und Altertum' das Muster und Beispiel eines solchen autoritativen Lehrstils gegeben, und es ist kein Zufall, daß Heine in der Menzel-Rezension mit dem Satz „Wird Kunst und Altertum imstande sein, Natur und Jugend zurückzudrängen?"[19] witzig gerade auf diese Zeitschrift anspielt. Vier Jahre zuvor noch hatte Bernhard Rudolf Abeken in seinem ,Schreiben an einen Freund über das neueste Heft von Goethes Kunst und Alterthum' folgendes Bekenntnis abgegeben: „Wird es Dir doch gehen wie mir und vielen andern, daß Du die Mitteilungen in K[unst] und A[ltertum] als Lehren, als fruchttragende Saatkörner, als Segen ansiehst, die ein wohlgesinnter Lehrer, nach ernstlich betriebenem Tagewerk, am Abend seines Lebens ausstreut. Wenn irgendwo, so sollte sich Pietät in unsern Landsleuten äußern in liebevoller, ehrerbietiger Aufnahme, Pflege, Anwendung und Fortführung des Dargebotenen, und ihr Jüngern müßt darin Aufforderung finden, gegen die Barbarei anzukämpfen, die in unsern Tagen Kunst und Wissenschaft bedroht und hier und da zu herrschen scheint."[20]

## 7. Liberaler Goethekult: Rahel und Karl August Varnhagen von Ense

Eine Sonderstellung innerhalb der sogenannten Goetheaner nimmt der Schriftsteller, Diplomat und spätere Geheime Legationsrat Karl August Varnhagen von Ense ein. Er ist nicht nur, was Umfang und Einfluß betrifft, der herausragende Goethekritiker dieser Gruppe, sondern an seine Person vor allem ist die Kontinuität einer vom Dichter selbst mit Wohlwollen registrierten Goetheverehrung über die Zäsur des Jahres 1832 hinaus bis in die zweite Hälfte des 19. Jahrhunderts geknüpft. Auslösendes Moment dieses lebenslangen Dienstes an Goethe wurde die Begegnung mit Rahel Levin, seiner späteren Frau, die Varnhagen 1807 kennenlernt und mit der er seit 1808 einen umfangreichen, 1874/75 in sechs Bänden veröffentlichten, Briefwechsel unterhält. „Die Liebe und Verehrung für Goethe", schreibt Varnhagen in den ,Denkwürdigkeiten des eignen Lebens', „war durch Rahel im Kreise ihrer Freunde zu einer Art von Kultus gediehen, nach allen Seiten sein leuchtendes, kräftigendes Wort eingeschlagen, sein Name zur höchsten Beglaubigung geweiht, ehe die beiden Schlegel und ihre Anhänger, schon gerührt und ergriffen von jenem Kultus, diese Richtung in der Literatur festzustellen unternahmen."[1] Zweifellos übertreibt Varnhagen an dieser Stelle, wenn er Rahel zur Initiatorin der Goetheverehrung der Berliner Kreise emporstilisiert. Sie tritt, wie Herbert Scurla zu Recht hervorhebt,[2] in ein Gespräch ein, das in der preußischen Hauptstadt seit langem „in vollem Gange" war und mit den Namen von Karl Philipp Moritz, Zelter, Henriette Herz und Dorothea Veit, der Tochter von Moses Mendelssohn, verbunden ist. Mit Rahel Varnhagen tritt uns der Typus der hochintelligenten und hochsensiblen Goetheleserin und Goetheverehrerin entgegen, wie wir ihn, wennschon in anderer Form, in den Gestalten der Caroline Schlegel und der Bettina von Arnim wiederfinden. Doch Rahel begegnet Goethe nicht nur als Frau, sondern auch als Jüdin. Ihr Goetheerlebnis ist durch beides zentral bestimmt. Die Werke des Dichters werden für sie zum immer wieder mit Inbrunst aufgesuchten Ratgeber und Helfer eines vielfach bedrängten, zerrissenen und beschädigten Lebens. „Durch all mein Leben begleitete *der* mich unfehlbar", heißt es im Juli 1808 in einem Brief an Varnhagen, „und kräftig und gesund brachte der mir zusammen, was ich, Unglück und Glück zersplitterte, und ich nicht sichtlich zusammenzuhalten vermochte. Mit seinem Reichtum machte ich Kompagnie, er war ewig mein einzigster, gewissester Freund; mein Bürge, daß ich mich nicht nur unter weichenden Gespenstern ängstige; mein superiorer Meister, mein rührendster Freund, von dem ich wußte, welche Höllen er kannte! – kurz, mit ihm bin ich erwachsen, und nach tausend Trennungen fand ich ihn immer wieder, er war mir unfehlbar; und ich, da ich kein Dichter bin, werde es nie aussprechen, was er mir war!"[3] Rahel interpretiert sich in diesem Brief als eine von Unglück und Glück Zersplitterte, die mit dem kräftigen und gesunden Goethe und dessen Reichtum ‚Kompagnie' macht. Für sie, die sich als Frau und als Jüdin in ihren Möglichkeiten der Selbstverwirklichung unterdrückt wußte, wird Goethe zum entscheidenden Vehikel der Emanzipation. Mit dieser Rezeptionshaltung hat Rahel das Grundmuster eines spezifisch jüdischen Verhältnisses zu Goethe vorgelebt, ein Verhaltensmuster, das wir nicht nur bei Heine, sondern bei der breiten jüdischen Verehrergemeinde, die der Dichter in der Folgezeit gefunden hat, wiederfinden. Der Schluß der zitierten Briefstelle, „und ich, da ich kein Dichter bin, werde es nie aussprechen, was er mir war!", bezeichnet eine weitere, zentrale Konstante von Rahels Goetherezeption. Sie findet lebensgeschichtlich ihr Pendant in den immer wieder gescheiterten Versuchen, mit Goethe in ein näheres persönliches Verhältnis zu kommen. „Ich habe *Unendliches* von ihm gehabt. Er nicht mich", heißt es resigniert und mehrdeutig in einem Brief an Varnhagen aus dem Jahre 1815.[4] Sie ist auf die briefliche Äußerung und auf das Gespräch angewiesen, um ihr Goethewissen mitzuteilen und weiterzugeben, oft gegen die Meinung und die Vorurteile ihrer Zeitgenossen. So hat sie sich zeitlebens werbend für Goethe eingesetzt und noch den jungen Heine in Bann und Widerspruch zu ihrem Abgott gezwungen.

Varnhagen hat früh die Bedeutung der Briefschreiberin Rahel erkannt. Nicht ohne den Nebengedanken, dem eigenen literarischen Ruhm durch den Dienst an dem Größeren den Weg zu bahnen, bittet er im November 1811 von Prag aus den Dichter brieflich um die Erlaubnis zum Druck eines Auszugs von Briefen zwischen ihm und Rahel, die Goethe und seine Werke betrafen. Goethe antwortete am 10. Dezember 1811, daß ihm „nichts erwünschter sein [konnte] als zu vernehmen, wie so bedeutende Personen als jene Korrespondenten sind, aus deren Briefen Sie mir gefällige Auszüge mitteilen, über mich und meine Produktionen denken".[5] Triumphierend berichtet Varnhagen über Goethes Zustimmung zum Abdruck an Rahel: „Mit Dir hab' ich diesen Sieg erfochten, Dich hab' ich als unbezwingliche Waffe geführt. Und wenn ich Dich, Geliebteste, im Dank des Herzens freudig dafür küsse, so magst Du auch wohl ein wenig mir danken! Das hab' ich zuwege gebracht, daß wir nun von dem weisesten Dichter die edelsten Aussprüche über Deinen Geist besitzen, daß ihr wie Geister euch im dunklen Nebel entgegenwinkt."[6] Die Auszüge erschienen 1812 unter dem Titel ‚Ueber Goethe. Bruchstücke aus Briefen, herausgegeben von K. A. Varnhagen von Ense' im ‚Morgenblatt für gebildete Stände' (Nr. 161–176). Im Mittelpunkt dieser Briefauszüge steht, wie schon in den frühesten brieflichen Äußerungen Rahels über Goethe aus der Mitte der neunziger Jahre, der ‚Wilhelm Meister'. Dieses Werk, vor allem aber die ‚Wanderjahre', werden Mittelpunkt auch der Goetheschriften von Varnhagen bleiben, dessen bedeutende Besprechung der 2. Fassung des Romans, die unter dem Titel ‚Im Sinne der Wanderer' 1832 im letzten Heft von ‚Über Kunst und Altertum' erscheint, die ‚sozialistische' ‚Meister'-Deutung des 19. Jahrhunderts einleitet.[7] Die gesellschaftsanalytische und sozialkritische Substanz der ‚Wanderjahre'-Interpretation Varnhagens ist vorgegeben in den kongenialen Brieffragmenten Rahels über die ‚Lehrjahre', und Varnhagen war ehrlich genug, sich später auf sie zu beziehen.[8] So heißt es bei Rahel in einem Brief vom 17. Dezember 1808 an Varnhagen: „Das ganze Buch ist für mich nur ein Gewächs, um den Kern herumgewachsen, der als Text im Buche selbst vorkommt, und so lautet: ‚O wie sonderbar ist es, daß dem Menschen nicht allein das Unmögliche, sondern auch so manches Mögliche versagt ist!' Du kennst die Stelle von mir. Und dann die andere: daß dem Menschen jeder Strich Erde, Fluß, und alles genommen ist. Mit einem Zauberschlag hat Goethe durch dies Buch die ganze Prosa unseres infamen kleinen Lebens festgehalten: und uns noch anständig genug vorgehalten. Daran hielten wir, als er uns schilderte; und an Theater mußte er, an Kunst, und auch an Schwindelei den Bürger verweisen, der sein Elend fühlte: und sich nicht wie Werther töten wollte; den Adel wie er ist, und der den anderen als arêne – ich weiß das Wort jetzt nicht – vorschwebt, als wo sie hin wollen, zeigt er beiläufig, gut und schlecht, wie es fällt. Dann bliebe noch die Liebe; und darüber ist die gedrängteste Bemerkung die, welche ich anführte, und wo sich Geschichten darum bis zur Niedrigkeit und bis zur Tragik bewegen; die Menschen treffen sich nicht; Vorurteil, wenn sie sich getroffen haben, trennt sie! der Harfner, Aurelia und so weiter, und da der Mensch hier nichts begreift, weil ihm die andere Hälfte, wozu dies Irrspiel gehören mag, fehlt; so bricht Meister und Goethe in die Betrachtung aus, daß unser Mögliches hier, was wir dafür halten, auch mit Ketten gehalten sein mag, an Pilastern, die auf anderen Welten ruhen, die wir wieder nicht kennen: unterdes bewegen sich aber die Menschen, und das trägt er uns in seinem

Buche wie in einem Spiegel vor."[9] Die Briefstelle beweist, wie bei Rahel schwärmerische Verehrung und Vergötterung des Dichters einem hellsichtig-realistischen Blick auf sein Werk nicht im Wege zu stehen brauchen. Rahels Äußerung kommt eine Schlüsselfunktion in der Geschichte der ,Meister'-Deutung zu. Im Unterschied zur Schlegelschen Apotheose des Poetischen und Novalis' Verdikt über das Prosaische in diesem Roman bekommt bei Rahel Goethes Poetisierung der Prosa („Mit einem Zauberschlag hat Goethe durch dies Buch die ganze Prosa unseres infamen kleinen Lebens festgehalten") eine realistische und zugleich sozialkritische Intention, indem die ,Prosa unseres infamen kleinen Lebens' als eigene Erfahrung wiedererkannt wird. Um nicht, wie Werther, an dieser Prosa zugrundezugehen, mußte Goethe nach Rahel den Bürger, ,der sein Elend fühlte', an das Theater, die Kunst und an Schwindelei verweisen. Rahel entlarvt in ihrem Brief die ästhetische Erziehung Wilhelms als Ersatzfunktion für fehlende gesellschaftliche und politische Entfaltungsmöglichkeiten, während Novalis die von Goethe ganz im Sinne der Rahelschen Interpretation vollzogene Infragestellung der ästhetisch-romantischen Sphäre des Werkes im 7. und 8. Buch als Verrat der Poesie an die Prosa denunziert hatte. Goethe, der unbestechliche Realist, der gegenständliche Dichter, der darstellt, was ist und der der Vielfalt der Erscheinungsformen des Lebens gegenüber proteisch-flexibel seine Darstellungsmittel einsetzt: das ist auch der Tenor der im ,Morgenblatt' abgedruckten Briefe Varnhagens wie auch seiner späteren Goetherezensionen. So heißt es schon im Brief vom 16. Oktober 1808 an Rahel: „Was er nur anrührt, gewinnt gebildetes Leben, und überall dringt der feste Gegenstand durch seine Darstellung hervor. Klar und wahr sind alle seine Worte, und alle wie von den Augen her, und wie vom Ohre her, genommen. Darin ist sein Stil sich überall gleich. Wie verschieden aber nach der Art, wie ihn der Gegenstand bedingt!"[10]

Goethe hat die Bemühungen Varnhagens mehrfach durch öffentliche Anzeigen honoriert, so in dem Aufsatz ,Geneigte Teilnahme an den Wanderjahren' von 1822, der sich auf Varnhagens 1821 in Gubitz' ,Der Gesellschafter' erschienene Zusammenstellung von Briefen über die 1. Fassung des Werkes[11] bezieht: „Ein tiefsinnender und -fühlender Mann, Varnhagen von Ense, der, meinen Lebensgang schon längst aufmerksam beobachtend, mich über mich selbst seit Jahren belehrte, hat im Gesellschafter die Form gewählt, mehrere Meinungen im Briefwechsel gegeneinander arbeiten zu lassen, in solchem Falle sehr glücklich, weil man den Bezug eines Werkes zu verschiedenen Menschen und Sinnesweisen hiedurch am besten zur Sprache bringen und sein eigenes Empfinden mannigfach und anmutig an den Tag geben kann."[12]

Varnhagen von Ense wurde nach Goethes Tod – ein Jahr später starb auch seine Frau Rahel – einer seiner prominentesten Statthalter und vielbefragte und vielbesuchte Autorität in Sachen Goethe und Goethezeit. 1834 verfaßte er im Auftrag der Großherzogin von Weimar, Maria Paulowna, eine Denkschrift über eine zu gründende Goethe-Gesellschaft, ein Plan, der auf den Schweizer Erzieher Soret zurückging. Dieses wenig bekannte Dokument kann als eine Art Gründungsmanifest der erst ein Menschenalter später ins Leben gerufenen Goethe-Gesellschaft gelten. Varnhagen hebt in dieser Denkschrift besonders die erhaltende und bewahrende Funktion hervor, die die Institutionalisierung der Goetheverehrung in einer Zeit revolutionärer Unruhe und Veränderung haben kann: „Für die Literatur wären unermeßliche Vorteile zu gewinnen: ein sichtbarer Anhalt für alle Gebildeten, eine allverbreitete Förderung der guten Richtungen, eine eben solche Abwehr und Niederhaltung der falschen und verworrenen. Vielleicht würde der jetzt leider in erschreckendem Maße zunehmende anarchische Zustand unserer Literatur durch eine solche Institution binnen kurzem und ohne Beeinträchtigung der notwendigen und wünschenswerten Freiheit in einen mehr geordneten und gesetzlichen zu verwandeln sein. [Absatz] Schon hierdurch allein wären auch für den politischen Zustand wesentliche Vorteile mit erlangt. Der Staatsmann, welcher mit Sorgen auf die Zukunft blickt, der auch für Deutschland eine gefahrvolle Entwicklung droht, wird mit Freuden einer Stiftung beistimmen, welche inmitten so vieler Schwankenden einige wichtige Lebenspunkte zu befestigen verspricht. Der Geist Goethes ist ein Geist der Ordnung, der Mäßigung, der Besonnenheit, der Ehrfurcht, seine Wirksamkeit ist erhaltend und fortbildend, und dabei so mannigfaltig und beweglich, daß ihm vor anderen gelingen kann, auch die ausschweifenden und verwilderten Kräfte, welche von dem literarischen Boden auf den politischen so leicht übergehen, zu ruhiger Entwicklung anzuziehen und in milderen Gestalten festzubannen."[13] Zwei Jahre später verfaßt Varnhagen für Metternich seine bekannte Denkschrift über das Junge Deutschland, eine geschickte, diplomatisch raffiniert durch Tadel getarnte Verteidigung der jungen Literatur, deren heimlicher Förderer (Heine, Laube, Mundt) er war. Ehrlich allerdings ist auch sein Hinweis am Schluß der Denkschrift, daß das jetzige Junge Deutschland den Vergleich mit dem wahren jungen Deutschland des 18. Jahrhunderts nicht standzuhalten vermag: „Die ganze Kategorie ist überdies schon völlig in nichts aufgelöst und kann höchstens nur noch im Scherze gebraucht werden. Als es ein wirkliches junges Deutschland gab, in Goethes Jugend, da hatte man den Namen noch nicht; jetzt dürfte man lange den Namen vorschieben und herumzerren, ehe man wieder zu der Sache gelangte! Ich und die mir Gleichgesinnten, wir fühlen nur allzu sehr, daß wir zu dem alten Deutschland gehören und uns mit der Jugend, welche dasselbe einst hatte, behelfen müssen!"[14] Varnhagen ist der typische Liberale unter den ‚Goetheanern', er bekennt sich dem durch Goethe repräsentierten ‚alten Deutschland' zugehörig, sucht jedoch den Kontakt mit dem ‚jungen Deutschland'. Der schlaue Fuchs Metternich wußte um diese Doppelstrategie Varnhagens. Für ihn hatte sie allerdings wenig Rätselhaftes, da er zwischen Goetheverehrung und Engagement für die junge Literatur keinen allzu großen Unterschied zu machen geneigt war, wie er in seinem Brief vom 30. November 1835 an den Fürsten Wittgenstein bekennt: „Herr Varnhagen ist ein Ideolog und mir fällt die Gemeinschaft des Kultus für *Goethe* auf, da ich den hinterlassenen Gatten der Rahel kenne, zu welchem sich die neue Literatur auf jene den alten Dichter vergötternden Weise bekennt. In dem Treiben der jungen Literatoren mit dem St. Simonismus liegt das Gemeinsame, daß beide Sekten sich *einen Gott* zu schaffen bemühen: Goethe soll augenscheinlich in Deutschland die Rolle des ebenfalls verstorbenen St. Simon für die Franzosen spielen. Diese Götter gleichen sich nicht. Goethe war ein ebenso großer Dichter, als St. Simon, den ich persönlich gekannt habe, ein ausgemachter zynischer Narr war. Goethe war ein im Leben geregelter und St. Simon ein ganz ungeregelter Mensch. Goethe hatte allerdings nur wenige rein moralische und religiöse Begriffe; er war ein Sinnenmensch und seine ‚Wahlverwandtschaften' sind ein höchst unmoralisches, der neuen Religion des Fleisches hinneigendes Buch. Aus all dem ergeht noch keine Ähnlichkeit zwischen den beiden Gottheiten. Das wirklich Barocke in der Tat ist aber, daß die Priester des besseren Gottes weit ärgere Lotterbuben sind als die des schlechteren."[15]

Varnhagen von Enses berühmt-berüchtigte ‚Tagebücher', in denen er sensibel den Wandel der Wirkungsgeschichte Goethes im zweiten Drittel des 19. Jahrhunderts registriert und kommentiert hat, sind durch die für ihn typische Ambivalenz zwischen Bewahren der Tradition und Förderung des Neuen charakterisiert. Nicht das kecke Aufbegehren Heines und Börnes gegen Goethe und die durch ihn symbolisierte Kunstperiode markiert für ihn das eigentliche Ende der Goethezeit, sondern die nationale Literaturgeschichtsschreibung eines Gervinus und dessen Versuch, die klassische Literatur der Deutschen durch Historisierung als Potential für die Zukunft zu immunisieren. Gervinus' radikale Kritik am Goetheschen Spätwerk mußte zudem den Unmut und die Empörung des Entdeckers, Interpreten und Verteidigers der ‚Wanderjahre' hervorrufen. Reflex dieser Stimmung ist eine Tagebucheintragung vom 9. September 1842, in der es heißt: „Nun kommt die Zeit immer stärker heran, die ich schon früher, die ich schon bald nach Goethes Tod erwartete, die Zeit, wo sein Name sich den Deutschen verdunkelt, wo man ihn stets weniger versteht und ihn auch schon äußerlich weniger kennt. Es ist ein Wunder, daß sein Stern noch an die zehn Jahre so stark hat nachleuchten können. Nun aber tritt wirklich die Verdunkelung ein. Der heimliche Haß der Romantiker, der Schlegel und Tiecks, der offene Haß der Pfaffen haben allein nichts gegen ihn vermocht, so wenig wie Börnes und des jungen Deutschlands Unglimpf. Aber nun kommt die neueste politisch-poetisch-philosophische Deutschtümelei und kommt Gervinus mit seinen Mißurteilen, die ihren pedantisch-gelehrten Nachdruck haben und schon eine Schule bilden – und diese Rauchwolken verdüstern das hohe Licht. [Absatz] Alles wollen sie historisch ordnen, zerlegen, zusammensetzen. Sie treiben mit

Historisch jetzt den Mißbrauch, der früher mit Philosophisch getrieben wurde, alles wollen sie konstruieren, herleiten, begründen. Und wie armselig, ja wie kindisch ist da nicht selten ihr Verfahren! Die Zeit wird auch das wieder wegschieben und zerstören und Goethes Stern so hell und rein glänzen wie nur je! Dessen bin ich sicher, mir ist für ihn nicht bange!“[16] Varnhagen hat noch die schulmäßige Behandlung Goethes durch die seit 1850 ins Kraut schießenden Goethekommentatoren erlebt, die die alexandrinische Epoche der eigentlichen Goethephilologie haben vorbereiten helfen. In der in seinem Todesjahr, 1858, erschienenen Besprechung von Heinrich Düntzers Erläuterungen zu ‚Hermann und Dorothea‘ sagt er vermächtnishaft, die Summe eines lebenslangen Umgangs mit Goethe ziehend und zugleich die weitere Rezeptionsgeschichte des Dichters antizipierend: Goethe „ist gleichsam die Kernmitte unserer Literatur, das reichste Füllhorn und der höchste Glanz derselben; mit ihm und seinen vielartigen Schöpfungen, mit seiner tiefeindringenden Wirksamkeit, hängen die wichtigsten geistigen Entwicklungen des Vaterlandes zusammen, und seine Gebilde sind so mannigfaltig, so groß und voll, dabei so frisch und stark aus dem persönlichen Leben, daß ohne die genaue Kenntnis von diesem und seinen nach allen Seiten strahlenden Beziehungen uns ein großer Teil des Verständnisses seiner Schriften verloren geht. Warum sollten wir unsern Goethe nicht in gleichen Ehren halten, nicht mit der gleichen Sorgfalt pflegen, wie die Italiener ihren Dante, die Engländer ihren Shakespeare? Jahrhunderte sind vergangen, und noch immer vermehrt sich die den beiden Heroen gewidmete Literatur! Die Goethe-Literatur hat noch manchen Zuwachs abzuwarten, ehe sie zu gleicher Ausdehnung gelangt!“[17]

## 8. Das ‚Ende der Kunstperiode‘

Hatte Friedrich Schlegel 1794 Goethe als den Dichter „einer ganz neuen Kunst-Periode“ bezeichnet,[1] so erklärt Heinrich Heine 1828 in seiner Menzel-Rezension deren Ende. Die schlagwortartige Prägung ‚Ende der Kunstperiode‘ benutzt er allerdings erst drei Jahre später in dem Aufsatz ‚Französische Maler‘, wo es heißt: „Meine alte Prophezeiung von dem Ende der Kunstperiode, die bei der Wiege Goethes anfing und bei seinem Sarge aufhören wird, scheint ihrer Erfüllung nahe zu sein. Die jetzige Kunst muß zu Grunde gehen, weil ihr Prinzip noch im abgelegten, alten Regime, in der heiligen römischen Reichsvergangenheit wurzelt. Deshalb, wie alle welken Überreste dieser Vergangenheit, steht sie im unerquicklichsten Widerspruch mit der Gegenwart.“[2] Ein Jahr zuvor hatte Theodor Mundt seine Besprechung der zweiten Fassung der ‚Wanderjahre‘ mit der Feststellung eingeleitet, daß „die Zeit der *unbedingten* Bewunderung und Anbetung [...] für Goethes Werke gewiß vorüber [sei]“.[3] An die Stelle der aristokratischen Literaturperiode, die auf dem „Irrtum des produktiven Individuums" gegründet war, ist nach Mundt die „heutige Tagesliteratur" getreten, die Ausdruck einer „mehr republikanische[n] Literaturverfassung" sei.[4] Sind die polemischen Abgrenzungen Heines und Mundts gegen die Goethesche Kunstperiode noch durch ein abwägendes pro und contra gekennzeichnet, so tritt mit Ludwig Börne die entschiedene und kompromißlos radikale Verneinung auf den Plan, die man nicht durch den Hinweis auf vereinzelte positive Äußerungen, die Börne zudem wohlweislich nicht der Öffentlichkeit preisgab, abschwächen sollte. Obschon die drei genannten Autoren, die die Absage an Goethe vom Standort eines liberal-demokratischen Bewußtseins gleichzeitig und relativ unabhängig voneinander formulierten, aus einem jeweils individuell bedingten Begründungszusammenhang zu ihrer Verabschiedung Goethes gelangten, mußte für die Zeitgenossen zeitweilig der Eindruck einer geschlossenen, einheitlichen Frontbildung entstehen. Auch Menzel wurde zunächst unbesehen in die Reihe der politisch liberalen Goethegegner aufgenommen, obschon Heine schon früh die Distanz zu ihm öffentlich ausgesprochen hatte. Das Pathos, mit dem die Genannten sich von Goethe und der durch ihn repräsentierten Kunstperiode lossagen, hat nicht lange vorgehalten. Bereits kurz nach Goethes Tod nehmen Heine und die Jungdeutschen ihre radikalen protestlerischen Positionen der Jahre 1828 bis 1831 zurück und steuern auf eine Rehabilitation des gerade erst entthronten Goethe zu. Die vermeintliche Goethefeindschaft Heines und des Jungen Deutschlands ist eine Legende, der energisch widersprochen werden muß. Sie hat ihren Ursprung nicht in den Texten der Jungdeutschen selbst, sondern in deren Wirkungsgeschichte in Deutschland, die die zeitweilige Opposition der Jungdeutschen gegen Goethe zur Brunnenvergiftung der hehrsten Quelle deutschen Geistes hochstilisierte und in der vermeintlichen Ahnenschändung das willkommene Argument einer Diffamierung ihrer politischen Ansichten in der Hand zu haben glaubte. Nur Börne ist – darin vergleichbar seinem späteren politischen Widersacher Menzel – in seiner Goethefeindschaft konsequent geblieben. Er ist der eigentliche und vielleicht bis heute der einzige politische Gegner Goethes von Format, auf den alle spätere radikale Goethegegnerschaft zurückgreifen mußte und zurückgegriffen hat.

Die Verkündigung des ‚Endes der Kunstperiode' ist nicht, wie oft behauptet worden ist, politischer Reflex der Julirevolution, sie hat ihre Vorgeschichte und findet ihre Begründung in den gesellschaftlichen und ideologischen Widersprüchen der Restaurationszeit selber. Die außerordentlich rasch fortschreitende Kapitalisierung, Industriealisierung und Kommerzialisierung Deutschlands in den zwanziger Jahren, die mit der gleichzeitigen politischen Entmündigung des Bürgertums nach dem Wiener Kongreß einherging, hatte im Bereich der Kunst und Literatur zu einer ständig wachsenden Kluft zwischen einer den „realen" Leben verhafteten Unterhaltungskunst und einer den Traditionen der Klassik und Romantik verpflichteten Kunst der ewigen, überzeitlichen Werte und Normen geführt. Der endgültige Eintritt der bürgerlichen Gesellschaft in den „prosaischen Weltzustand" (Hegel) wurde von dieser mit der Flucht in das Reich der Poesie und der schönen Kunst beantwortet. Hegels Proklamation des Endes der Kunst, die der jungdeutschen Absage an die Kunstperiode vorhergeht, reflektiert den Anachronismus einer mit der prosaischen Gegenwart nicht mehr vermittelten und zu vermittelnden Kunstproduktion und -rezeption, die ihre Legitimation einem vergangenen ,Weltzustand' verdankt hatte. In diesem Sinne sind Hegels ,Vorlesungen über Ästhetik' ein zeitpolemisches Dokument, das das falsche Bewußtsein einer mit dem Entwicklungsstand der bürgerlichen Gesellschaft ungleichzeitigen Kunstpraxis schonungslos aufdeckt.

Atmosphärisch unvergleichlich treffend hat Heine in seiner frühesten öffentlichen Auseinandersetzung mit Goethe, im Abschnitt ,Die Nordsee' im zweiten Teil der ,Reisebilder' (1827), an das Kunstgeschwätz der Restaurationszeit angeknüpft, indem er die zum leeren Gesellschaftsspiel herabgekommene Unterhaltung über Goethe und Schiller zum Ausgangspunkt seiner eigenen Reflexionen macht. Das Goethebild, das Heine hier mit wenigen kraftvollen Strichen entwirft und dem kranken, zerrissenen Geist der Gegenwart entgegenstellt, scheint auf den ersten Blick eher von einem Goetheaner zu stammen als von dem Verfasser der ein Jahr später erscheinenden Menzel-Rezension. Wie ist dieser Widerspruch zu erklären? Der gottgleiche Goethe, der mit „seinem klaren Griechenauge alles sieht" und die Dinge so schildert, wie sie wirklich sind, der große Heide mit dem „Vermögen des plastischen Anschauens, Fühlens und Denkens", der sich in „naiver Unbewußtheit" über das eigene Vermögen nicht im klaren ist: dieses Bild eines olympischen, gesunden Realisten, wie es der Abschnitt ,Die Nordsee' entwirft,[5] ist bis in die Formulierungen hinein die genaue Wiederholung der Bestimmungen des ,naiven' Dichters, wie sie Schiller auf der Folie des Gegenbildes des Sentimentalischen gegeben hatte. An keiner Stelle der zeitgenössischen Wirkungsgeschichte Goethes ist das Schillersche Goethebild so rein und unverfälscht reproduziert und aktualisiert worden wie hier. Auch für Heine ist – wie für Schiller – die Existenz eines solchen naturwüchsigen, ganzheitlichen Dichtertyps eine Herausforderung, die die eigenen Bedingungen und Möglichkeiten in Frage stellt. Der Nordsee-Text deutet im Hinweis auf „unsere kranken, zerrissenen, romantischen Gefühle" den Bereich der Schillerschen Gegenkategorie des Sentimentalischen, die bei Heine neue inhaltliche Bestimmungen erfährt, nur an. Erst die beiden großen bekenntnishaften Briefe an Rudolf Christiani vom 26. Mai 1825 und an Moses Moser vom 1. Juli 1825, die Heines Besuch bei Goethe im Oktober 1824 reflektieren, bringen die notwendige antithetische Füllung des perspektivischen Rahmens, in dem die Goetheaussagen des Nordsee-Textes stehen. Hier spricht Heine es aus, daß er und Goethe zwei Naturen sind, „die sich in ihrer Heterogenität abstoßen müssen".[6] Heines in beiden Briefen eingestandene ,Schwärmerei', seine Neigung, die Realität zugunsten der Idee zu negieren, die damit verbundene Mißachtung des dem Irdischen verhafteten Lebensgenusses: diese antithetisch zum Bild Goethes entwickelten, ihm ‚heterogenen' Wesenszüge sind der ‚sentimentalische' Kontrapunkt zum ‚naiven' Dichter des Nordsee-Kapitels. In beiden Briefen nun gesteht Heine, daß seine Vernunft mit der ihm angeborenen Schwärmerei in ‚beständigem Kampf' stehe, daß er einen Zweifrontenkrieg führe, der sich sowohl gegen Goethe als auch gegen sich selbst richte. Heine hat diesen Zweifrontenkrieg zum Gegenstand des 15. Kapitels von ‚Ideen. Das Buch Le Grand' gemacht. In jenem schwerverständlichen Schlüsseltext des 1827 erschienenen zweiten Bandes der ‚Reisebilder' haben wir das notwendige Verbindungsstück zwischen dem Nordsee-Abschnitt und der Menzel-Rezension, erst von ihm aus erhellt sich Genesis und Struktur von Heines ambivalenter Stellung zu Goethe. In dem tollkühnen Furioso der Witz und Ernst spielerisch vermischenden Berichte an die Madame, die den fiktiven Rahmen des ‚Buchs Le Grand' bilden, wird im 15. Kapitel eine eigenartige, den Leser verwirrende Dialektik der sogenannten Vernünftigen und der sogenannten Narren entwickelt. Der Autor berichtet davon, daß er sich, obschon ihr selber ursprünglich nicht angehörend, zur Partei der Vernünftigen geschlagen habe und nun Krieg führe mit den Narren. Die Vernünftigen werden von ihm des näheren charakterisiert als die „Ruhigsten, Mäßigsten [...], die fest verschanzt in in ihren altaristotelischen Festungen sitzen" und dann und wann „wohlbewiesene Bomben unter ihre Feinde" werfen.[7] In den Narren, die sich unter Berufung auf das Gemüt, den Glauben, die Inspiration und den Enthusiasmus gegen das Establishment der kühlen und ruhigen Vernünftigen erhoben haben und diese mit viel Geschrei und Greuel bekämpfen, erkennen wir unschwer jene Schwärmer wieder, zu denen Heine, wie er im Brief an Christiani bekennt, eine angeborene Neigung zu haben behauptete und in deren Namen er seinen Kampf gegen Goethe zu rechtfertigen und zu erklären gesucht hatte. „Mich Armen", so heißt es im ‚Buch Le Grand' weiter, „hassen sie [gemeint sind die Narren] aber ganz besonders, indem sie behaupten: ich sei von Haus aus einer der Ihrigen, ich sei ein Abtrünniger, ein Überläufer, der die heiligsten Bande zerrissen, ich sei jetzt sogar ein Spion, der heimlich auskundschafte, was sie, die Narren, zusammen treiben, um sie nachher dem Gelächter seiner neuen Genossen Preis zu geben; und ich sei so dumm, nicht mal einzusehen, daß diese zu gleicher Zeit über mich selbst lachen und mich nimmermehr für ihres Gleichen halten – Und da haben die Narren vollkommen recht. Es ist wahr, jene halten mich nicht für ihres Gleichen und mir gilt oft ihr heimliches Gekicher. Ich weiß es sehr gut, aber ich laß mir nichts merken. Mein Herz blutet dann innerlich, und wenn ich allein bin, fließen drob meine Tränen. Ich weiß es sehr gut, meine Stellung ist unnatürlich; alles, was ich tue, ist den Vernünftigen eine Torheit und den Narren ein Greuel. Sie hassen mich und ich fühle die Wahrheit des Spruches: ‚Stein ist schwer und Sand ist Last, aber der Narren Zorn ist schwerer denn die beide.' Und sie hassen mich nicht mit Unrecht. Es ist vollkommen wahr, ich habe die heiligsten Bande zerrissen, von Gott- und Rechtswegen hätte ich unter den Narren leben und sterben müssen."[8] Wie müssen wir dieses erstaunliche, von Heine bewußt verschlüsselte Bekenntnis verstehen? Es ist, um es klar zu sagen, Heines Absage an den Irrationalismus der Romantik, einen Irrationalismus, der sich politisch als religiös fundiertes Demagogentum und künstlerisch als christlich-jenseitsflüchtiger Protest gegen die praktische Weltlichkeit des großen ,Heiden' Goethe in den zwanziger Jahren des 19. Jahrhunderts als allgemeine Zeitstimmung manifestiert hatte. Heines Bekenntnis seiner ,unglücklichen Passion für die Vernunft' im 15. Kapitel des ,Buchs Le Grand' ist zugleich das zentrale, bisher in diesem Zusammenhang nicht beachtete Bekenntnis seiner ,unglücklichen Passion' zu Goethe, seine Absage an das romantische Goetheverständnis und die romantische Goethekritik, in deren Namen auch er noch kurz zuvor gegen den Genuß- und Lebemenschen Goethe protestiert hatte. Heines Menzel-Rezension von 1828[9] reflektiert bis in alle Einzelheiten genau die ambivalente und ,unnatürliche' Stellung, in der sich Heine zwischen den Parteien der Narren und der Vernünftigen sieht. Ihr letztes Wort über Goethe jedoch ist das Wort des zur Vernunft bekehrten Schwärmers, der nicht umhin kann, „ausdrücklich zu bemerken, daß wir unter ,Goethentum' nicht Goethes Werke verstehen, nicht jene teuern Schöpfungen, die vielleicht noch leben werden, wenn längst die deutsche Sprache schon gestorben ist und das geknutete Deutschland in slawischer Mundart wimmert; unter jenem Ausdruck verstehen wir auch nicht eigentlich die Goethesche Denkweise, diese Blume, die im Miste unserer Zeit immer blühender gedeihen wird, und sollte auch ein *glühendes Enthusiastenherz* sich über ihre kalte Behaglichkeit noch so sehr ärgern".[10]

Heines Auseinandersetzung mit Goethe bleibt auch nach 1832 zentraler Orientierungspunkt seiner Reflexionen über die Funktion der Dichtung, ihres artistischen und ihres politisch-gesellschaftlichen Auftrags und der von ihm problematisierten Möglichkeit, beides miteinander in Einklang zu bringen. Die Lösungsversuche, die Heine in den großen Pariser Schriften und in seinem Börne-Buch anbietet, werden uns im zweiten Teil dieser Untersuchung beschäftigen. Festzuhalten bleibt hier, daß Heine auch nach der Verabschiedung der sogenannten ,Kunstperiode' die immer erneute Konfrontation mit Goethe gesucht hat, der für ihn in steigendem Maße zur überragenden Inkarnation des reinen Künstlers und Artisten wird und damit in jenen Deutungskanon einrückt, unter dem die Frühromantik und die Frühklassik Goethe entdeckt hatte. Goethes ,objektives' Artistenevangelium erhält in den Schriften der dreißiger Jahre bei Heine geradezu den Charakter eines überzeitlichen Prinzips, das in der Börne-Schrift gegen den Usurpationsanspruch einer rein politischen Literaturbetrachtung polemisch ausgespielt wird.

Anders als Heine, wennschon nicht unbeeinflußt von ihm, begründet der spätere Jungdeutsche Theodor Mundt in seiner Rezension der ,Wanderjahre' von 1830[11] die Absage an die ‚aristokratische' Dichtung Goethes von dem Begriff einer ‚Zeitpoesie' her, die integraler Bestandteil der jungdeutschen Kunstauffassung werden sollte. Die Dialektik von Zeitlichkeit und Überzeitlichkeit des Kunstwerks wird in dieser Frühphase jungdeutscher Theoriebildung in Richtung auf eine fast ausschließliche Betonung des zeitlichen Charakters von Literatur hin nivelliert. Die Literatur, so lautet das gegen den Überzeitlichkeitsanspruch der restaurativen Kunstideologie gerichtete neue Credo, solle Ausdruck und Abbild *ihrer* Zeit und deren gesellschaftlichen Fragen und Interessen sein. Wenn es bei Mundt heißt, „Goethes Werke haben bereits ihre Zeit gehabt, wir dürfen es uns nicht leugnen", [12] so ist damit ihre Fundierung in einer, verglichen mit dem Jahre 1830, grundsätzlich anderen gesellschaftlichen und geistigen Struktur gemeint. Es gilt daher, die Goetheschen Werke historisch und aus den Bedingungen ihrer Zeit heraus zu verstehen und durch diese Historisierung ihren Gültigkeitsanspruch an die Gegenwart zu relativieren. In seinem Aufsatz ‚Über deutsche Romane und Novellen in ihrer Entwickelung' von 1829[13] hatte Mundt dieses Verfahren bereits auf die ‚Lehrjahre' angewandt, indem er behauptete, dieses Werk sei „durchaus ein Roman des achtzehnten Jahrhunderts."[14] Die vermeintliche revolutionäre Stoßkraft der jungdeutsche Literaturtheorie ist diejenige des heraufkommenden Historismus, der sich innerhalb der zeitgenössischen Wirkungsgeschichte Goethes hier zum erstenmal zu Wort meldet.

Mundts Besprechung der ‚Wanderjahre' ist in weiten Teilen Antikritik der großen Rezension des Goetheschen Alterswerkes, die der Hegelianer Heinrich Gustav Hotho 1829/30 in den Berliner ‚Jahrbüchern für wissenschaftliche Kritik' veröffentlicht hatte.[15] Im Gegensatz zu Mundt hatte Hotho das Fortschrittliche, in die Zukunft Weisende des Goetheschen Altersromans herausgearbeitet. Seine Argumentation knüpft an das alte, uns schon hinreichend bekannte Problem des Verhältnisses von Poesie und Prosa an, das für ihn für alle Romane Goethes konstitutiv ist. Als Goetheaner und als Hegelianer kommt es ihm darauf an, die ‚Versöhnung' beider Bereiche im Meister-Roman nachzuweisen, ja er sieht in dem harmonischen Ausgleich von Poesie und Prosa das Auszeichnende des Goetheschen Dichtungscharakters überhaupt. „Man kann von dieser Seite her die goethische Poesie als das Streben bezeichnen, die Poesie des Gemüts mit der sogenannten Lebensprosa, die innersten Bedürfnisse des Einzelnen mit allgemeiner Sittlichkeit und bürgerlicher Ordnung friedlich und freundlich, so daß nirgend sich Bruch und Trennung dieser Seiten zeige, zu eigner Befriedigung jedes, und zu allgemeinem Genusse vereinigt darzustellen."[16] Von diesen Voraussetzungen her kommt Hotho zu einer für die Zeit überraschend positiven Einschätzung der ‚Wanderjahre'. Wörtlich heißt es bei ihm: „Denn wer in den wahren Sinn dieser zweiten Durcharbeitung eingedrungen ist, wird sich mit Bewunderung überzeugen, hier sei das Unerwartete geleistet, und der prosaischen Gattung des Lehrromans gegenüber ein neues poetisches Vorbild aufgestellt. [...] Mit diesem Stoffe [...] tritt der Dichter an die äußersten Grenzen der Poesie überhaupt heran; die engeren Grenzen poetischer Auffassung und Darstellung aber, welche die früheren Romane ziehen, überschreitet er weit, und versetzt ihren Markstein, nachdem er dem modernen Roman ein neues Gebiet erobert hat.“ [17] Auch Mundt konstatiert, daß Goethe durch die Einbeziehung der prosaischen Arbeitswelt in den Roman die „engeren Grenzen poetischer Auffassung und Darstellung“ überschritten habe, bewertet dies jedoch nicht positiv als „Versetzung ihres Marksteins“, sondern negativ als Verletzung des Poetischen, denn „die ökonomischen, technischen, und landwirtschaftlichen, haushälterischen und handwerkszünftigen Darstellungen, wie nettgoethisch sie auch oft sein mögen, haben den Roman zu tief und rettungslos in die Prosa hineingestürzt“. [18] Hier stoßen wir auf das unverhüllte romantische Verdikt gegen die Prosa der ‚Lehrjahre‘, das Mundt jetzt auf die ‚Wanderjahre‘ anwendet. Dieser Prosa gegenüber beruft er sich auf die „poetische Kunstform“ des Romans. [19] Die Verabschiedung Goethes wird also paradoxerweise in einer Apologie des Poetischen begründet. „Es zeigt sich das Bestreben“, schreibt dazu Klaus Gille, „der Kunst doch wieder ein Reservat einzurichten, aus dem ‚kunstfremde‘ Stoffe verbannt werden sollen, also doch wieder auf die ‚Kunstperiode‘ zurückzugreifen, von der man sich feierlich losgesagt hatte.“ [20] Die Kritik an dem ‚harmonischen‘ Goethebild Hothos, das auf Ausgleich und Versöhnung von Poesie und Prosa gerichtet war, ist bei Mundt erkauft durch Aussperrung entscheidender Bereiche aus dem Darstellungsgebiet der Kunst. Sein Postulat einer Verbindung von Kunst und Leben enthüllt an dieser Stelle seine unreflektiert-idealistischen Voraussetzungen. Der Anwalt des Lebens im Prozeß gegen die Kunst ist zu dessen Denunziator geworden. Die Restitution der Idee der Kunst, die Mundt in seinen Schriften nach 1835 vollzieht, ist in diesem frühen pseudorebellischen Dokument bereits voll angelegt.

Nur mit Vorbehalten wird man die Goetheopposition Heines und Mundts eine politische nennen dürfen. Der einzige wirkliche politische Gegner Goethes, der noch zu dessen Lebzeiten öffentlich das Wort gegen ihn ergreift, ist Ludwig Börne gewesen. Seine Goethefeindschaft ist in Deutschland bis heute prototypisch für die politische Opposition gegen den Weimarer Dichter geblieben. War für Rahel Varnhagen ihr Judentum ein wesentliches Stimulans ihrer Goetheverehrung gewesen, so wurde es für Ludwig Börne eine entscheidende Voraussetzung seines Goethehasses. Der unter den entwürdigenden Bedingungen des Frankfurter Gettos aufgewachsene Löb Baruch, der unter dem Namen Ludwig Börne seine Feder in den Dienst der Entrechteten, Deklassierten, Unterdrückten und Verfolgten stellte, sah in dem Frankfurter Patriziersohn Goethe zeitlebens den Vertreter der Herrschenden, Etablierten, den Dichter des ‚Palastes‘, dem er seine Publizistik der ‚Hütte‘ entgegenwarf. Nicht von ungefähr hat die konservative Goetheliteratur der Folgezeit dem ‚Juden‘ Börne seine Goethefeindschaft mit Haß und Verunglimpfung heimgezahlt.[21] Vor allem den Satz aus dem sechzehnten seiner ‚Pariser Briefe' (1832) haben die Deutschen ihm nicht verziehen: „Es ist mir, als würde mit Goethe die alte deutsche Zeit begraben, ich meine an dem Tage müsse die Freiheit geboren werden."[22]

Zweites Kapitel

# Von Goethes Tod bis zur Reichsgründung

## 1. Wirkungsgeschichte im Spannungsfeld von Negation und Apotheose

Der Zeitraum zwischen Goethes Tod und der Reichsgründung ist bis in die jüngste Zeit hinein von der akademischen Goethephilologie zumeist abwertend als Epoche der Goetheferne und der Goethefeindschaft kritisiert worden, eine Zeit, in der die Kenntnis, die Pflege und die Verehrung des größten Dichters der Deutschen auf einzelne Goetheadepten oder verstreute Goethegemeinden beschränkt geblieben sei, um erst nach 1870/71 zum zentralen Gegenstand einer nationalen Öffentlichkeit aufzurücken. Vielzitiert sind die Sätze, mit denen Viktor Hehn in seiner Abhandlung ‚Goethe und das Publikum' 1887 die Kluft zwischen Goethe und dem deutschen Volk im Jubiläumsjahr 1849 umrissen hat: „Ja, man darf behaupten: das hundertste Jahr nach Goethes Geburt bezeichnete den tiefsten Stand seines Ansehens in der Nation: es war von der Nichtachtung fast bis zur Verachtung gesunken."[1] Ohne schon hier auf das ideologische Moment dieses Beurteilungsschemas der Wirkungsgeschichte Goethes im zweiten Drittel des 19. Jahrhunderts, das eine folgenreiche Nachgeschichte gehabt hat, einzugehen, muß festgestellt werden, daß es vom Standpunkt einer historisch-kritischen Goethewissenschaft, die erst in den achtziger Jahren des 19. Jahrhunderts sich entwikkelt, kaum oder wenig Anknüpfungspunkte gab, die einen Rückgriff auf die Zeugnisse der Deutung und Wirkung in der Zeit von 1832 bis 1870 ermöglichten oder als sinnvoll und förderlich erscheinen ließen. Dies gilt über den Positivismus der Goethephilologie der achtziger und neunziger Jahre hinaus bis in die jüngste Zeit der stilanalytischen und strukturalistischen Beschäftigung mit Goethe. Zurecht ist darauf hingewiesen worden, daß in dem hier dokumentierten Zeitraum keine einzige Goethebiographie von bleibendem Wert geschrieben worden sei, und daß die Deutschen sich stattdessen mit englischem Import hätten begnügen müssen.[2] Die positivistische Goethephilologie berief sich auf die Tatsache, daß erst mit der Eröffnung des Weimarer Archivs im Jahre 1885 die Grundlage für die philologisch exakte, auf dem reichen Fundus der handschriftlichen Quellen fußende wissenschaftliche Beschäftigung mit Goethe geschaffen worden sei, wie sie sich in der großen ‚Weimarer Ausgabe' von Goethes Werken (1887–1919), den Quellenpublikationen des 1880 begründeten Goethe-Jahrbuchs und den seit 1885 erscheinenden ‚Schriften der Goethe-Gesellschaft' dokumentiere. Von diesen neuen Fundamenten aus mußte die gesamte vorangegangene Beschäftigung mit Goethe als ‚vorwissenschaftlich' erscheinen. Gerade im Vergleich mit dem neuen positivistischen Wissenschaftsideal der Objektivität und den an den Naturwissenschaften orientierten Maßstäben der Exaktheit und der Nachprüfbarkeit wird die Eigenart und die Andersartigkeit der Rezeptionstexte dieses Zeitraums deutlich. Was sie, bei aller Unterschiedlichkeit der Standorte, charakterisiert, ist gerade nicht jene erst aus der historischen Distanz zum Gegenstand sich herstellende, durch methodisches Vorgehen abgesicherte und kontrollierbare Objektivität, sondern die bewußte Parteilichkeit dem Gegenstand gegenüber, das Eingebundensein in die aktuelle, oft tagespolitische Diskussion und Auseinandersetzung. Ob als Goethenegation bei den Gegnern oder als Goetheapotheose bei seinen Verteidigern: Goethe bleibt auch über seinen Tod hinaus Zeitgenosse einer Auseinandersetzung, der es primär nicht um die nur-wissenschaftliche Erklärung und Analyse seines Werkes und seiner Person geht, sondern um die Funktion, die beides für die nachgoethezeitliche Geschichte der Deutschen in einem umfassenden, das nur Literarische transzendierenden Sinne gehabt hat. Die Nachgeschichte Goethes im zweiten Drittel des 19. Jahrhunderts ist *Wirkungs*geschichte in jenem wörtlichen Sinne, der die Möglichkeiten der Urteilsfindung über den Gegenstand an die Reflexion auf seine bisherigen und seine gegenwärtigen Vermittlungen knüpft. Demgegenüber bedeutet der positivistische Ruf ad fontes die Suspendierung der bisherigen Wirkungsgeschichte, die aus ihrer erkenntnisstiftenden Funktion entlassen wird und zur bloßen Illustration von Fehlurteilen degeneriert. An ihre Stelle tritt „das Streben nach der Wahrheit an sich, nach dem Echten, Ursprünglichen, Authentischen", wie Wilhelm Scherer in seinem programmatischen Aufsatz ‚Goethe-Philologie' von 1877 es formuliert hat.[3] Die Bedingungen, an die im Falle Goethes jenes „Streben nach der Wahrheit an sich" geknüpft waren, hat Herman Grimm in seiner Rezension des ‚Leben Schleiermachers' von Wilhelm Dilthey 1870 scharfsichtig genau bezeichnet: „Goethe ist nun ganz in der Vergangenheit untergetaucht. Die Wellen eines neuen Daseins rollen ruhig über die Stelle hin, wo vor kurzem seine Stirne noch emporragte. Wir fragen nicht mehr: wie würde Goethe dazu sich gestellt haben? Wir fragen überhaupt nach dem Urteil derer nicht mehr, qui ante nos fuere. Aus Epigonen sind wir plötzlich wieder Deukalionen geworden. Wir meinen zum erstenmale aus dem Stein zu erwachen, sehen uns mit einer gewissen Ruhe (die gleichfalls diesen Ursprung nicht verleugnet) Gegenwart und Zukunft an und wissen bestimmt daß das Vergangene für immer abgetan sei."[4] Die radikale Historisierung des Gegenstandes erst ermöglicht seine objektive Analyse, schafft jene distanzierte Ruhe des Blicks, die sich selbstvergessen ins Detail verlieren kann, ohne durch die Frage nach dessen Funktion abgelenkt zu werden. Der Versuch, Goethes Werk zu historisieren, es vom Standpunkt der Gegenwart aus als vergangen zu betrachten, hat eine lange Vorgeschichte; sie beginnt mit dem Protest der Romantik gegen den Dichter und findet ihre erste schlagkräftige Formulierung in Heines Diktum vom ‚Ende der Kunstperiode'. Im Unterschied zu jenen frühen Abgrenzungs- und Abschiedserklärungen, die in Theodor Mundts Rezension von Goethes ‚Wanderjahren' von 1830 zum erstenmal mit den Argumenten des heraufziehenden Historismus gestützt werden,[5] geht die nach 1870 erfolgte Historisierung Goethes und der Goethezeit gepaart mit einer beispiellosen Aufwertung, ja Kanonisierung seiner Gestalt zur „auf Jahrhunderte hin unvergleichlichen Persönlichkeit".[6] Erst jetzt erfolgt jene Versetzung des ‚Olympiers' Goethe, zumeist vereint mit seinem Dichterkollegen Schiller zum ‚Dioskurenpaar' oder ‚Zwillingsgestirn' der deutschen Literatur, in den überzeitlichen Dichterhimmel, wo er lange als unantastbarer Klassiker thronen sollte.

Die Rezeptionsgeschichte Goethes im Zeitraum zwischen 1832 und 1870 dokumentiert jenen widerspruchsvollen, antithesen- und konfliktreichen Prozeß, der von der Heineschen Proklamation vom Ende der Kunstperiode zur Kanonisierung Goethes als der alles überragenden Gestalt der deutschen Literatur und der kulturellen Geschichte der Deutschen führt. Dieser Abschnitt der Wirkungsgeschichte Goethes im Spannungsfeld zwischen Negation und Apotheose spiegelt die wandlungsreiche Geschichte der deutschen Literatur, Literaturkritik und Ästhetik zwischen dem Jungen Deutschland und den Gründerjahren, sie spiegelt sie nicht nur, sondern wird integrales Moment der Konstitution und der programmatischen Selbstdefinition der verschiedenen einander ablösenden Bewegungen, Gruppen und Zirkel. In einer in diesem Ausmaß weder vorher noch nachher derart bestimmenden Weise ist die Wirkungsgeschichte Goethes zwischen 1832 und 1870 politische Wirkungsgeschichte. Der zuerst von der nationalen Opposition gegen Goethe nach 1806 geltend gemachte Grundwiderspruch: die Diskrepanz zwischen dem der Suprematie und Autonomie des Ästhetischen verpflichteten klassischen Kulturentwurf und dem mit der Französischen Revolution eingeleiteten, nach der Julirevolution von 1830 auch für Deutschland akuten Prozeß der Politisierung aller Lebensbereiche, bleibt bis 1870 das zentrale Thema der Auseinandersetzung mit Goethe. Stolz verkündet Herman Grimm an der Schwelle des neuen Reiches, daß dieses Problem im Hinblick auf eine Beurteilung Goethes und der um ihn herum sich gruppierenden Heroen der klassischen Epoche endgültig ein vergangenes, weil gelöstes, sei. „Noch vor zwanzig Jahren klagten wir diese Männer an, die Erbschaft der Freiheitskriege übel verwaltet zu haben: heute verstummen solche Vorwürfe. Deutschland ist in seinen Anfängen auf dem besten Wege. Wir haben nicht mehr zu trauern über vergebliches Ringen nach einem Ziele, das offen zu nennen früher polizeilicher Hochverrat war. Wir besitzen so viele Freiheiten, daß wir oft Mühe haben, uns selber darin zurecht zu finden: wir werfen niemandem mehr vor, daß durch seine Schuld uns deren Genuß eine Reihe von Jahren zu spät zuteil geworden sei. [...] Gerade die Abwesenheit des politischen Lebens im heutigen Sinne gibt diesen Bestrebungen für unseren Anblick das Allmächtige. Man kannte nichts als das. Nur dieser einzige Weg schien eröffnet, um den Fortschritt der Menschheit zu bewirken. Nach dieser einzigen Richtung hin schärfte sich alle Auffassung, alle Produktionskraft."[7]

Was einer am Maßstab strenger Wissenschaftlichkeit, Objektivität und philologischer Exaktheit orientierten Goetheaneignung und Klassikerpflege bei der Einschätzung der Goetherezeption zwischen 1832 und 1870 als Mangel erscheinen mußte, gibt sich im Lichte der gegenwärtig geführten Goethe- und Klassikerdiskussion eher als ein Vorzug. Der Rückgriff gerade auf diese Epoche der Goethekritik und Goetherezeption bietet die Möglichkeit, den durch die akademische Goethewissenschaft vielfach verbarrikadierten Zugang zu dem Dichter aufzubrechen, Klischees eines verdinglichten Goethekultus aufzulösen und die Konfrontation mit einem Goethebild herzustellen, das – noch jenseits von eindeutigen Fixierungen und Kanonisierungen – Einblick gewährt in die widersprüchliche Genesis von Urteilsbildungen und Urteilsfindungen. Nur so ist es möglich, einen klassischen Autor aus dem Getto vermeintlicher Überzeitlichkeit und unantastbarer Vorbildlichkeit zurückzuholen in die Geschichtlichkeit, die sich nicht nur produktionsästhetisch als die Geschichtlichkeit der Werke, sondern auch wirkungsästhetisch als deren Nachgeschichte konstituiert. Der Legitimationszwang, unter den die deutsche Klassik in der Gegenwart geraten ist, findet in der hier beschriebenen Phase der Wirkungsgeschichte Goethes seine Entsprechung in der Infragestellung des Anspruchs, den seine Person und sein Werk an die Mitwelt und die Nachwelt gestellt hat. Es besteht für uns kein Anlaß, die vielfach nachgesprochene Klage des späten Viktor Hehn über die Goetheferne und die Goetheverachtung im zweiten Drittel des 19. Jahrhunderts zu wiederholen. Gerade die beiden Autoren, die er mit offen antisemitischer Rankūne beschuldigte, die Kluft zwischen Goethe und den Deutschen aufgerissen und befestigt zu haben, Heine und Börne, sind für uns zum Anlaß geworden, ein traditionelles und restauratives Goetheverständnis in Frage zu stellen. Auch wenn die politischen Erwartungen, die etwa Börne an Goethe herangetragen hat, sich bei nüchterner Prüfung dem Dichter und seinem Werk gegenüber als inkommensurabel erweisen, so bedeutet seine Stimme für eine lebendige Aneignung Goethes heute mehr als der andächtige Chor der unkritischen Verehrer, auf die sich frühere Versuche, die Wirkungsgeschichte dieses Dichters darzustellen, so gern und so ausführlich berufen haben.

## 2. Die Weimarischen Kunstfreunde

Goethes Tod kann nur sehr bedingt als ein Einschnitt in der Geschichte seiner Rezeption bezeichnet werden. Die Polarisierung der Wirkungsträger in Goetheaner einerseits und Goethegegner andererseits, die die Rezeptionsgeschichte des Dichters bis 1848 bestimmt, datiert, wie ich im ersten Teil der Untersuchung zu zeigen versucht habe, bereits von der Mitte der zwanziger Jahre her. Waren es jedoch bisher vereinzelte, wennschon wirkungsmächtige, Stimmen, die die Opposition gegen Goethe eröffneten, so erhält diese jetzt, unter der Fahne des Jungen Deutschland, Gruppen- oder Parteicharakter. Dennoch verbietet es sich, wie wir sehen werden, von *den* Goethegegnern der dreißiger Jahre als von einer in sich homogenen, von gleichen Voraussetzungen und Interessen geleiteten Gruppe zu sprechen. Eher ist dies der Fall bei den Goetheanern, den Verteidigern, den Apologeten des Dichters. Unter ihnen hebt sich zunächst der Kreis der engeren Mitarbeiter Goethes heraus, die ‚Weimarischen Kunstfreunde', die gleich nach Goethes Tod den ersten ‚Goethe-Verein' gründen und in gemeinsamer Arbeit das Schlußheft von Goethes Zeitschrift ‚Über Kunst und Altertum' herausgeben.[1] Sie alle, der Kanzler Friedrich von Müller, der Philologe Friedrich Wilhelm Riemer, Johann Peter Eckermann, der Oberbaudirektor Coudray, der Direktor des Oberkonsistoriums Peucer, der Schweizer Arzt und Prinzenerzieher Soret, der Kunsthistoriker Heinrich Meyer und Goethes Arzt Dr. Vogel, sind als Herausgeber von Goethes Nachlaß, als Verfasser von Gesprächssammlungen oder als Dokumentatoren hervorgetreten, einer unter ihnen, Eckermann, hat sich die bescheidene Nische eines zeitüberdauernden Ruhms neben seinem Meister durch seine ‚Gespräche mit Goethe' erobern können. Diese fleißigen Philologen, Literaten und Kunsthistoriker haben mit ihren Editionen und Dokumentationen das erste Fundament einer Goethephilologie geschaffen und das von Goethe gut und planvoll vorbereitete Erbe der Nachlaßverwaltung für mehr als ein Jahrzehnt übernommen.

Goethes Testament hatte den Kanzler von Müller, Riemer und Eckermann zu Verwaltern seines handschriftlichen Nachlasses bestimmt, wobei Eckermann die Aufgabe der Redaktion, Revision und Anordnung der zwanzig Nachlaßbände zukam, die die 1830 abgeschlossene ‚Ausgabe letzter Hand' von Goethes Werken ergänzen sollten. Eckermann war noch unter Goethes Aufsicht und Anleitung mit der Durchsicht und Prüfung des unveröffentlichten und unvollendeten Materials für die ‚Ausgabe letzter Hand' betraut worden, während der Altphilologe Carl Wilhelm Göttling die Revision der bereits gedruckten Werke übernommen hatte. Die Reihe der Nachlaßbände, die 1832 mit der Veröffentlichung von ‚Faust II' eröffnet wurde, konnte 1842 abgeschlossen werden. In einem ‚Vorwort', das Eckermann als verantwortlicher Herausgeber für den ersten Band der Nachlaßreihe geschrieben hat, das jedoch nicht gedruckt wurde und erst hundert Jahre später von H. H. Houben veröffentlicht worden ist, hat Goethes engster Mitarbeiter und langjähriger Gesprächspartner noch einmal sein schon in den ‚Beyträgen zur Poesie' entwickeltes Bild Goethes als des gegenständlich-objektiven Dichters auf knappem Raum dargelegt: „Sein ganzes Wesen war auf *Wahrheit* gegründet und seine geistige Richtung von frühester Jugend bis ins späteste Alter ging immer darauf hinaus: das Objekt d. h. die Welt außer ihm in seiner eigentümlichen Gestalt aufzufassen und, mit den Gaben seines schönen Inneren geschmückt, auszusprechen. Waren die Gegenstände unmittelbare Zeugnisse aus der Hand Gottes, oder waren sie Werke der Menschen, das galt ihm gleich; ihm genügte es, wenn sie sich der Art erwiesen, daß er sie mit einer höheren Idee verknüpfen und ihnen dadurch den Stempel seines eigenen Wesens aufdrücken konnte. Und so sehen wir ihn als Naturforscher, als Dichter, als Beobachter und Beurteiler der Erzeugnisse der Literatur, wie der Kunst, immer auf die reine Auffassung der wahren Gestalt der Gegenstände gerichtet und bei immer neuen Objekten, uns immer eine neue Façe seines vielseitigen Innern entgegenspiegeln."[2] Die für alle öffentlichen und privaten Äußerungen der Weimarischen Kunstfreunde charakteristische Tendenz, apologetisch für ihren Meister gegen eine zunehmend durch die Goethekritiker bestimmte Zeitstimmung einzutreten, findet sich auch in Eckermanns unterdrücktem Vorwort zu Goethes Nachlaß. So wendet er sich entschieden gegen den Vorwurf, Goethe habe keine Achtung vor dem Publikum gehabt: „Wenn Goethe sich dem Publikum hingab, wie er war, so bewies er ihm eben dadurch die höchste Achtung. [...] Ja man kann sagen, Goethe liebte das Publikum und er mußte es lieben, um, wie er getan, lebenslänglich und unermüdet an dessen Bildung und Vervollkommnung zu arbeiten."[3]

Die 60 Bände der ‚Ausgabe letzter Hand' sind bis zum Erlöschen des Cottaschen Privilegs im Jahre 1867 die Grundlage der wissenschaftlichen und außerwissenschaftlichen Rezeption Goethes im 19. Jahrhundert gewesen. Ihre z. T. problematische Textgestalt und die Anordnung und Auswahl der Texte haben das Goethebild über mehr als ein Menschenalter bestimmt. Noch für die Editoren der ‚Weimarer Ausgabe' wurde die ‚Ausgabe letzter Hand' als Vermächtnis des Dichters die Norm, an der sie sich orientierten. Neben der ‚Ausgabe letzter Hand' belieferte Cotta den Markt in regelmäßigen Abständen mit Leseausgaben, die z. T. neue Texte boten oder die vorhandenen in neuer Anordnung präsentierten. Zwei dieser Ausgaben unterlagen wiederum der editorischen Obhut der Weimarischen Kunstfreunde, die von Eckermann und Riemer herausgegebene zweibändige Ausgabe von ‚Goethe's poetischen und prosaischen Werken', die sogenannte ‚Quartausgabe', die nur dichterische Werke enthielt, und die von Eckermann unter Mithilfe von Christian Theodor Musculus, der auch das Register zur ‚Ausgabe letzter Hand' erstellt hatte, 1840 herausgegebene vierzigbändige Ausgabe von ‚Goethe's sämmtlichen Werken', auf die die folgenden Ausgaben von 1850/51 (30 Bände), 1853–1858 (40 Bände) und 1869 (40 Bände) zurückgehen. Die hier genannten Ausgaben enthalten keine Einleitungen und keinen Kommentar. Riemer plante nach der Vollendung seiner ‚Mittheilungen über Goethe' einen großen Kommentar zu Goethes Werken, den er nicht mehr hat ausführen können. Die von Karl Goedeke 1866–1868 herausgegebene Ausgabe von ‚Goethe's sämtlichen Werken' in 36 Bänden ist die erste mit Einleitungen versehene Goetheausgabe. Erst mit der Hempelschen Goetheausgabe (1869–1879) beginnt die Ära der kommentierten Goetheausgaben.

Der nach Goethes Tod ihres Mittelpunktes beraubten Runde der Weimarischen Kunstfreunde fehlen nicht die Züge sektiererhafter Skurrilität. So berichtet Stephan Schütze am 15. Juni 1832 in seinem Tagebuch über eine Zusammenkunft des Goethe-Vereins: „Bei Tische ist nur immer von Goethen die Rede: wie er auch Courage gehabt, tollkühn gewesen. Riemer: wie er in Breslau bei einer Feuersbrunst hat kommandieren wollen. Wie Goethe in Karlsbad einen Jungen angefahren, der den Schluchzen gehabt. Der Kanzler: wie der Großherzog nach s. Mutter Tode durch Goethen eine Gesellschaft habe errichten wollen; aber da macht er den Streich zu heiraten. Der Großherzog hat einmal Schillersche Verse korrigiert. In Goethes späteren Briefen käme öfters vor, daß er noch als Hausvater sorgen müsse. In einem Jahre wäre für Sirup 300 Thlr. ausgegeben. Halb 12 Uhr zu Hause. Eckermann begleitete mich; er hätte es ganz satt; wir bauten am Turm zu Babel."[4] Daß nicht nur Eckermann es bisweilen ‚satt' hatte, lehrt eine Tagebuchaufzeichnung von Riemer, noch vor Goethes Tod, am 4. November 1830: „Goethe hat mich und uns andere was ehrliches geärgert. Er hat uns in unserem Wesen auf alle Weise eingeschränkt. Wir haben uns nach ihm genieren müssen und – setze ich hinzu – auch wollen."[5]

Die Weimarischen Kunstfreunde beriefen sich auf die Authentizität ihres Goethebildes, die durch die persönliche Erfahrung des Umgangs mit ihrem Meister gesichert schien. Richtete sich der Protest der jungen oppositionellen Literatur gegen den aristokratischen Kult der großen Persönlichkeit, gegen die Autorität einer alles beherrschenden Dichtergestalt, an deren Stelle, wie Theodor Mundt 1830 schreibt, „eine mehr republikanische Literaturverfassung getreten ist",[6] so ist für den Kreis der engsten Mitarbeiter Goethes gerade der Glaube an die große, Autorität ausstrahlende Individualität Goethes das eigentliche Movens ihrer Goetheverehrung geworden. So notiert Riemer am 22. Februar 1833 in seinem Tagebuch: „Ich weiß nicht, wie es kommt: wenn ich auch bei andern Schriftstellern neue, gute, große Gedanken lese, so weiß ich nicht, wer sie sagt: es sind mir nur geschriebene Worte; es fehlt sozusagen die Persönlichkeit und noch mehr die Autorität."[7] Vier Monate später heißt es bei Riemer: „Wir Deutschen feiern in Goethe eigentlich unsere Verklärung und Glorifikation. Das ist die Blüte und Frucht des deutschen Wesens bis jetzt."[8] In dieser Eintragung ist der Goethemythos, der bis heute seine vielfältig dokumentierte Nachgeschichte gefunden hat, von einem Zeitgenossen auf die knappste Formel gebracht worden. In ihr ist die Überzeugung formuliert, der die beiden bedeutendsten Werke dieses Kreises ihre Herkunft verdanken: Eckermanns ‚Gespräche mit Goethe' (1836/48) und Riemers ‚Mittheilungen über Goethe' (1841). Man hat beide Werke lange Zeit ausschließlich als Quellenpublikationen Goethescher Aussprüche oder Gespräche gewürdigt und benutzt, ihre Verfasser als wichtige meinungsbestimmende Faktoren und Potenzen im Rahmen einer Wirkungsgeschichte Goethes jedoch nicht eigentlich ernst genommen, sie als bloß zufällige Medien des Meisters heruntergespielt und sich nicht selten über sie lustig gemacht. Nichts wird dem Anspruch und der Intention beider Autoren indessen weniger gerecht als ihre schon sprichwörtlich gewordene Degradierung zu lebendigen Tonträgern Goethescher Auslassungen. Beide wollen einen durchaus individuellen Beitrag leisten zur aktuellen Goethediskussion, der polemische Gestus ihres apologetischen Eintretens für den Dichter bildet die Folie, die auch die scheinbare Objektivität und Authentizität des von ihnen aufgezeichneten Goetheworts noch einfärbend bestimmt. Das Wegschneiden dieses zeitgenössischen und zeitpolemischen Kontextes, die Eliminierung der Medien zugunsten der Herauspräparierung der Goetheschen Substanz, käme einer Verarmung der durch Riemer und Eckermann vor allem vermittelten Kenntnis der Bedingungen und des soziologischen Umfeldes von Goethes Altersexistenz gleich, die durch andere Quellen nicht kompensiert werden könnte. Es ist das Verdienst der 1921 durch Arthur Pollmer veranstalteten Neuausgabe der Riemerschen ‚Mittheilungen',[9] diesen skurril-pedantischen, von Philologenborniertheit nicht freien Autor, der bei aller Philistrosität die Gabe hellsichtig genauer Beobachtung hatte, wiederentdeckt und seinen eigenen Mitteilungen neben dem von ihm Mitgeteilten breiten Raum gelassen zu haben.

Kein Werk der frühen Goetheliteratur hat die Rezeptionsgeschichte bis heute so nachhaltig bestimmt und beeinflußt wie Eckermanns ‚Gespräche mit Goethe'. Der reizvollen, noch immer nicht gelösten Aufgabe, die ‚Echtheit' der durch sie überlieferten Aussagen Goethes nachzuprüfen,[10] hätte die nicht minder wichtige zur Seite zu treten, ihre Wirkungs- und Gebrauchsgeschichte bis zur Gegenwart zu untersuchen. Bereits Gervinus, der in seiner Rezension der beiden ersten, 1836 erschienenen Bände davon spricht, daß „die Veröffentlichung der Gespräche Eckermanns mit Goethe uns einen neuen Schlüssel [liefert], wenn nicht zu dem ganzen Charakter des großen Mannes und Schriftstellers, so doch zu manchem Fache seiner vielseitigen Natur und Bildung",[11] schlachtet die ‚Gespräche' für seine Goethedarstellung im fünften Band seiner ‚Geschichte der poetischen National-Literatur der Deutschen' von 1842 förmlich aus und belegt seine kritischen Verdikte über die nachklassische Literatur in Deutschland durch die Autorität des Eckermannschen Goethe und dessen olympischer Opposition gegen den rückschrittlichen Subjektivismus seiner Zeit. Eckermanns ‚Gespräche' werden in der Folgezeit zum meistzitierten Werk Goethes, die griffigen, zitierfähigen Aussagen des Eckermannschen Goethe haben manchem deutschen Festredner aus der Verlegenheit geholfen und ihm zugleich die Aura des goethefesten Gebildeten verliehen, Eckermanns ‚Gespräche' sind es recht eigentlich gewesen, die Goethe als Meinungslieferant für alle Gott und Welt betreffenden Fragen in Deutschland Popularität verschafft haben! Das von Eckermann überlieferte und mitgeschaffene Goethebild hat wesentlich zur Vorstellung vom harmonischen Goethe, zum Mythus vom ‚Olympier' Goethe beigetragen. Auch dies ist in Eckermanns ‚Beyträgen zur Poesie', also noch vor der persönlichen Begegnung mit Goethe, vorweggenommen, wenn es dort heißt: „Goethe gleicht dem Schein der Sonne bei heitrem Himmel, alles ist Klarheit, Ruhe und Milde. [...] Angeborene schöne Natur, gesunde Vollendung, Einheit in der Richtung der geistigen Kräfte, ohne durch zu viel gelehrtes Treiben zersplittert zu sein, Sinn für das Körperliche und die Schönheit der Form. Dann zur Ausführung: viel geübte vollendete Technik, helle Klarheit und hohe besonnene Kraft. Drittens endlich: ein Leben nicht geringer als das der Alten, und eine Religion und Heldensage, der Poesie nicht weniger günstig."[12] Die Betonung des Harmonischen und der vollendeten Gesundheit korrespondiert aufs genaueste mit dem Goethebild, das wenig später ein anderer Goetheaner als Kontrapunkt zum kranken und zerrissenen Geist der Zeit vorlegen wird: Carl Gustav Carus. Eine besondere Bedeutung haben die ‚Gespräche' in der Auseinandersetzung um die politischen Anschauungen Goethes erhalten. Die vor allem von Eckermann überlieferten antirevolutionären Äußerungen Goethes, allen voran die berühmte, auf Sorets Aufzeichnungen beruhende über die Julirevolution von 1830 im dritten Band der ‚Gespräche' (2. August 1830), haben das Werk zum Lieblingsbuch aller konservativen Goetheinterpreten gemacht. Auch dem späten Heine hat die Lektüre Eckermanns als Palliativ gedient. Er schreibt am 5. November 1851 an Georg Weerth: „Apropos Goethe: Ich habe vor einiger Zeit wieder Eckermanns Gespräche mit Goethe gelesen und ein wahrhaft pomadiges, besänftigendes Vergnügen daran gefunden."[13] Die Goetheaner haben das Erscheinen der ‚Gespräche' geradezu als Bollwerk gegen die zeitgenössische Goethekritik gefeiert. So schreibt Varnhagen von Ense am 18. Juni 1836 an Eckermann: „Es ist ein ordentliches Ereignis, so groß und allseitig fast unbestritten ist der Erfolg Ihres Buches, das wahrhaft ein Lebensbuch heißen kann, weil es aus dem Leben kommt und ins Leben geht. Goethes Macht und Ansehen tut sich darin auf das herrlichste dar. Die Widersacher müssen für den Augenblick weichen, sie können nicht anders, wenn sie auch ihren Grimm deshalb nicht aufgeben."[14]

Man hätte erwarten können, in dem Kreis der Weimarischen Kunstfreunde einen ästhetisierenden Zirkel zu finden, der sich ausschließlich dem Kult der von Heine verabschiedeten Goetheschen Kunstidee gewidmet hätte. Das Gegenteil ist der Fall. Wenn der Kanzler von Müller unmittelbar nach Goethes Tod diesen in seiner „practischen Wirksamkeit"[15] und seiner „ethischen Eigenthümlichkeit" (1832) darstellt, so ist dies eine sehr entschiedene und sehr bewußte Korrektur eines Bildes, das Goethe ausschließlich als Künstler und Dichter fixieren und festlegen möchte. Ganz in diesem Sinne hat Goethes Arzt Dr. Vogel 1834 die Dokumentensammlung ‚Goethe in amtlichen Verhältnissen' veröffentlicht, die das Bild des Ministers Goethe zum erstenmal in Umrissen sichtbar werden läßt. Nicht die Goetheaner sind es gewesen, die Goethe auf die Bereiche von Kunst und Literatur haben festlegen helfen, sondern ihre Gegner. Und so ist es kein Zufall, wenn ein Geistesverwandter der Weimarischen Kunstfreunde, Carl Gustav Carus, in seinem Goethebuch von 1843 schreibt: „Hat es mir doch überall so herrlich an Goethe geschienen, daß er nie und nirgends es so etwa besonders darauf angelegt hat, ein großer Dichter zu werden:"[16] Die Betonung und Rechtfertigung der Vielseitigkeit und Totalität von Goethes Existenz ist ein Hauptargument seiner Apologeten von Beginn an gewesen. Aber selbst wenn die Goetheaner derart auf den Vorwurf der Apolitizität Goethes parieren wollten, taten sie dies doch so ungeschickt, daß der von ihnen gezeichnete Goethe diesen Vorwurf eher bestätigte. Neben das Bild des Nur-Künstlers stellen sie das Bild des vielseitigen Individuums, des tüchtigen, in vielen Lebenssituationen erprobten und erfahrenen Mannes. Der Vorwurf, daß Goethe seine nationale Stellung und die politische Verantwortung, die sich aus ihr ergab, nicht reflektiert habe, wird durch ihr Bild nicht entkräftet. Obwohl Eckermann selbst einige Zeugnisse von Goethes höchst komplexer und zwiespältiger Position der individuellen Selbstverwahrung gegenüber dem Bereich des Politischen und gegenüber der politischen Inanspruchnahme des Einzelnen in seinen ‚Gesprächen' überliefert hat, ist er, und sind die Goetheaner, doch letzthin gespürlos für die vielfältig gebrochene Reflektiertheit dieser Position. An sie wird eine Darstellung der politischen Existenz des Dichters nur höchst bedingt anknüpfen können.

## 3. Die Hegelianer

Beschränkten sich die Weimarischen Kunstfreunde im ersten Jahrzehnt nach Goethes Tod im wesentlichen auf die Publikation von Quellen aus dem Nachlaß des Dichters, so wurden die Berliner ‚Jahrbücher für wissenschaftliche Kritik' in diesem Zeitraum das eigentliche Forum der positiven Goethekritik und -apologetik. In diesem Zentralorgan der Hegelianer waren noch zu Goethes Lebzeiten die große Rezension von Varnhagen von Ense über den Goethe-Schillerschen-Briefwechsel,[1] Heinrich Gustav Hothos Abhandlung über die ‚Wanderjahre',[2] Wilhelm von Humboldts vermächtnishafte Rezension über Goethes ‚Zweiten Römischen Aufenthalt'[3] und Carl Gustav Carus' Anzeige der Übersetzung des ‚Versuchs über die Metamorphose der Pflanzen' von Soret[4] erschienen. Nach Goethes Tod wird diese imponierende Kette der positiven Goethekritik durch neue Namen, wie die der Philosophen Christian Hermann Weiße und Karl Rosenkranz, erweitert und fortgesetzt. Auch der junge Gustav Kühne beteiligt sich hier als Goetherezensent. Seine im Geist der ‚Jahrbücher' 1835 veröffentlichte einfühlsame Besprechung der Teile 4 bis 6 des Goethe-Zelterschen-Briefwechsels[5] kontrastiert höchst merkwürdig mit der im oppositionellen Jargon des Jungen Deutschland verfaßten, im gleichen Jahr veröffentlichten programmatischen Rede ‚Wie die Kunst bei den Deutschen nach Brot geht!'.[6] Zum Kreis der Hegelianer gehörend und als Rezensent den ‚Jahrbüchern' verbunden, trat Carl Friedrich Göschel, der nachmalige Magdeburger Oberkonsistorialpräsident, 1832 mit seinem Buch ‚Hegel und seine Zeit. Mit Rücksicht auf Göthe' hervor. Seine 1834 in zwei Bänden erschienenen ‚Unterhaltungen zur Schilderung Göthescher Dicht- und Denkweise', denen 1838 ein dritter Band folgte, fanden bei den Zeitgenossen große Beachtung. Sein Ziel, die Goethesche ‚Dicht- und Denkweise' mit der Philosophie und dem Christentum zu versöhnen, bleibt zentrales Motiv der Hegelianischen Goethedeutung bis zu Rosenkranz' ‚Göthe und seine Zeit' (1847). Karl Rosenkranz, der bedeutendste Goetheinterpret unter den Alt-Hegelianern, hat in seiner Hegelbiographie von 1844 die Affinität zwischen dem Werk Goethes und der Philosophie Hegels klar ausgesprochen: „Die Einheit Hegelscher Spekulation und Goethescher Poesie wurde ein förmliches Dogma der Hegelschen Schule. Den Dichter erklärte man mit dem Philosophen, den Philosophen bewahrheitete, belegte man mit dem Dichter, wie vorzüglich *Göschel* dies getan hat, der dann freilich zu beiden noch die Bibel hinzufügte. Der Zufall, daß die Geburtstage beider Männer aneinander grenzten, gab ihrer geistigen Verwandtschaft vollends einen mystischen Schimmer und den poetischeren Genossen des Weimar-Berlinschen Kreises viel glücklichen Gesangsstoff zu enkomiastischen Versen."[7] Bevorzugte Domäne der spekulativen Goethekritik der Hegelianer war das Werk des klassischen und – vor allem – des späten Goethe. Hegel selbst hatte hier in seinen ‚Vorlesungen über die Ästhetik' (1835/38)[8] die Maßstäbe gesetzt. ‚Hermann und Dorothea' und der ‚West-östliche Divan' sind für ihn die herausragenden Zeugnisse der Meisterschaft des reifen, klassischen und des alten Goethe. Seine z. T. schroffen Verdikte über die Jugenddichtungen waren zugleich polemische Abgrenzung gegen deren einseitige Kanonisierung in der Romantik, z. B. durch Tieck, sie kontrastierten mit der emphatischen Betonung des revolutionären Charakters von Goethes Sturm und Drang im Jungen Deutschland, vor allem bei Wienbarg. Nur Heine befindet sich mit dem unvergleichlichen Abschnitt über den Sensualismus des ‚West-östlichen Divans' in seiner ‚Romantischen Schule'[9] in Übereinstimmung mit Hegel.

Es ist nicht zuletzt das Verdienst der Hegelianischen Goetheinterpretation, sich zum Anwalt des Goetheschen Alterswerks gemacht zu haben, das bald nach dem Tod des Dichters zum Gegenstand aggressiver Kritik und erbarmungsloser Negation wurde. Gervinus formuliert bereits einen Topos der zeitgenössischen Goetheauseinandersetzung, wenn er in seiner Frühschrift ‚Ueber den Göthischen Briefwechsel' von 1836 schreibt: „Es gehört das deutsche Volk dazu, dem großen Künstler nachzusehen, daß er ihm nach der ersten Darlegung seines ungemeinen Vermögens, Dichtungen hinwarf, die ihn meinethalb der Ungeschmack des Publikums schreiben heißen konnte, von denen ihn aber die Achtung vor der Würde der Kunst ewig hätte abhalten müssen; es gehörte unsere Gutmütigkeit hierzu, daß wir uns an den Spätfrüchten seiner Muse die Zähne ausbissen, die uns, mit deutlichen Worten, zum Schaden unserer Zähne geboten waren, und daß wir uns durch des Dichters kontemptive Behandlung in unserer Vergötterung nicht irren ließen."[10] Für die ‚Wanderjahre', das vielzitierte Beispiel von Goethes vermeintlich seniler Altersimpotenz, hatte Hotho in seiner Analyse das große Muster gegeben, das bis über die Jahrhundertmitte hinaus positiver Orientierungspunkt der vielverzweigten Diskussion dieses Romans blieb. Einem gängigen Vorurteil widersprechend, das besagt, erst im 20. Jahrhundert sei dieses zentrale Alterswerk in seiner Bedeutung erkannt und in seinem Wert gewürdigt worden, muß mit Nachdruck auf die intensive Auseinandersetzung mit gerade diesem Text in den ersten drei Jahrzehnten nach Goethes Tod hingewiesen werden. Sie wurde geführt unter der thematischen Dominante ‚Goethe und der Sozialismus', und es ist kein Zufall, daß mit diesem Thema auch das Werk, anhand dessen es vorrangig diskutiert worden war, nach 1870 aus dem Gesichtskreis der Goethekritik und der Goetheforschung verschwindet.

Daß Goethes ‚Faust' sich als geradezu idealer Gegenstand für eine philosophisch-spekulative Deutung anbietet, haben zahlreiche ‚Faust'-Kommentare von Philosophen bis auf den heutigen Tag bestätigt. Die spezifische Affinität der Philosophie zu diesem Werk finden wir bereits in einer frühen prophetischen Äußerung Schellings über das ‚Faust'-Fragment von 1790 ausgesprochen. In seinen 1802/03 in Jena und 1804/05 in Würzburg gehaltenen Vorlesungen über ‚Philosophie der Kunst' heißt es über das ‚Faust'-Fragment, „daß, wenn irgend ein Poem philosophisch heißen kann, dieses Prädikat Goethes Faust allein zugelegt werden muß. Der herrliche Geist, der mit der Kraft des außerordentlichen Dichters den Tiefsinn des Philosophen vereint, hat in diesem Gedicht einen ewig frischen Quell der Wissenschaft geöffnet, der allein hinreichend war, die Wissenschaft in dieser Zeit zu verjüngen, die Frischheit eines neuen Lebens über sie zu verbreiten. Wer in das wahre Heiligtum der Natur dringen will, nähere sich diesen Tönen aus einer höheren Welt und sauge in früher Jugend die Kraft in sich, die wie in dichten Lichtstrahlen von diesem Gedicht ausgeht und das Innerste der Welt bewegt."[11] Hegel nennt den ‚Faust' in seinen ‚Vorlesungen über Ästhetik' „die absolute philosophische Tragödie"[12] und legitimierte damit gewissermaßen eine philosophisch-spekulative Auslegung dieses Werkes.

Die philosophische ‚Faust'-Deutung lag bis 1840 fast ausschließlich in den Händen der Hegelianer. Im zweiten Teil seines kritischen Autodafés über die

'Faust'-Literatur von 1839[13] hat Friedrich Theodor Vischer fünf dieser Werke exemplarisch analysiert und die „spekulative Deutungswut" solcher Versuche, die „immer Hegel statt Goethes Faust im Auge hat",[14] ad absurdum geführt und damit eine neue Phase der 'Faust'-Interpretation eingeleitet.

Diese Verabschiedung einer philosophisch-spekulativen 'Faust'-Kritik, die bei Vischer mit einem folgenreichen Verriß des zweiten Teils der Dichtung und der Kanonisierung des ersten Teils gekoppelt war, hatte für die Rezeptionsgeschichte Goethes weitreichende Konsequenzen, auf die in jüngster Zeit Hans Mayer nachdrücklich hingewiesen hat.[15] Für Mayer entspricht in der zweiten Hälfte des 19. Jahrhunderts *„dem vergessenen Hegel auch ein vergessener Goethe"*.[16] Vergessen wurde der 'geistige Parallelismus' zwischen dem 1808 erschienenen ersten Teil des 'Faust' und der ein Jahr zuvor erschienenen 'Phänomenologie des Geistes' von Hegel, die Mayer ein 'Parallelwerk' zu Goethes Dichtung nennt, ein Werk, in dem die Forderung „der Verwirklichung des Geistes als angestrebter Vollendung der europäischen Aufklärung" ihre bedeutendste zeitgenössische Form fand.[17] Diese Argumentation geht zurück auf Georg Lukács, in dessen 1940 geschriebenen 'Fauststudien' es heißt: „Goethes 'Faust' und Hegels 'Phänomenologie des Geistes' gehören als die größten künstlerischen und gedanklichen Leistungen der klassischen Periode in Deutschland zusammen".[18] Ähnlich hatte Edmond Vermeil in seinem 1946/47 in den 'Etudes Germaniques' erschienenen berühmten Aufsatz 'Revolutionäre Hintergründe in Goethes Faust' argumentiert, die 'Phänomenologie' Hegels enthalte „die wesentlichen Elemente der Fausttragödie".[19] Ernst Bloch hat diese Zusammenhänge weiterentwickelt in dem Abschnitt 'Faust, Hegels Phänomenologie und das Ereignis' seines 1956 zuerst erschienenen Aufsatzes 'Leitfiguren der Grenzüberschreitung: Faust und die Wette um den erfüllten Augenblick'.[20]

Es ist kein Zufall, daß es ein Gegner Hegels gewesen ist, der die Grundlage der späteren genetisch-entstehungsgeschichtlichen 'Faust'-Deutung geschaffen hat, die nach 1848 die philosophisch-spekulative ablösen sollte: Christian Hermann Weiße. Er ist denn auch nach Vischers Urteil der erste *„Kritiker"*[21] des Gedichts. So enthält sein Buch 'Kritik und Erläuterung des Goethe'schen Faust' (Leipzig 1837) in Ansätzen bereits die sogenannte 'Erdgeisthypothese', die zum eigentlichen Paradigma und Tummelplatz der entstehungsgeschichtlichen 'Faust'-Deutung werden sollte.[22]

Der bedeutendste und einflußreichste hegelianische Goethekritiker des 19. Jahrhunderts ist Karl Rosenkranz gewesen, 1833 als Nachfolger Herbarts auf den Lehrstuhl Kants in Königsberg berufen, wo er jahrzehntelang eine fruchtbare akademische Lehrtätigkeit entfaltete. Rosenkranz verdanken wir die erste größere Abhandlung über den zweiten Teil von Goethes 'Faust', der 1832 im 41. Band der 'Ausgabe letzter Hand' erschienen war und die Reihe der 'Nachgelassenen Werke' des Dichters eröffnet. 'Faust II', dessen Bekanntmachung Goethe den Zeitgenossen zu seinen Lebzeiten verweigert hatte, wurde zum eigentlichen Schibboleth des Urteils der Nachwelt über das Spätwerk des Dichters. Vischer, die alle überragende Autorität in Sachen ‚Faust' im zweiten Drittel des 19. Jahrhunderts, wurde der erbittertste Gegner des zweiten Teils und hat durch seinen bis ins hohe Alter mit neurotischer Beharrlichkeit fortgesetzten Kampf mit „diesem frostigen, allegorischen, didaktischen, totgeborenen Kinde einer welken Phantasie"[23] viele Zeitgenossen wie E. Mörike, G. Keller, C. F. Meyer u. a. maßgeblich beeinflußt und wesentlich dazu beigetragen, den Zugang zu diesem zentralen Alterswerk Goethes zu blockieren.[24] Er fand hierbei in Gervinus einen gewichtigen Bundesgenossen und in Lewes, dem Verfasser einer lange Zeit einflußreichen Goethebiographie, einen willfährigen Popularisator.[25] Gegen diese Phalanx von meinungsbestimmenden Autoritäten war es schwer, ein positives Verständnis eines Werkes durchzusetzen, das dem Rezipienten kaum Möglichkeiten des Vergleichs und der Anknüpfung an Vorhandenes bot, so daß auch Rosenkranz schon 1833 feststellen zu müssen glaubte, „daß der zweite Teil des ‚Faust' nie die Popularität des ersten erlangen, daß er nicht, wie dieser, die Nation entzücken, sie über sich selbst zum Bewußtsein bringen, fortbilden, sondern stets ein gewisses esoterisches Dasein haben werde".[26] Rosenkranz' Versuch, die Einheit der Goetheschen Faustdichtung als konsequente Entwicklung von der Subjektivität zur Objektivität, vom Gefühl zur Reflexion, vom Symbol zur Allegorie darzustellen, ist zweifellos orientiert an der Entwicklungsgeschichte der Goetheschen Romane vom ‚Werther' bis zur 2. Fassung der ‚Wanderjahre', wie sie Hotho zwei Jahre zuvor in den gleichen ‚Jahrbüchern' gegeben hatte. Das strukturbestimmende Prinzip von ‚Faust II' ist für Rosenkranz nicht mehr die „in sich abgerundete Handlung",[27] sondern das unendliche Streben Fausts nach Selbstverwirklichung in der Idee der Freiheit. So ist er „für die Nation, ja für Europa der Repräsentant der weltumfassenden, selbstbewußten Innerlichkeit des Geistes geworden".[28] Die Darstellung dieses, nach der Hegelschen Philosophie notwendigen Prozesses der auf Freiheit gerichteten Selbstbewegung der Idee in der allegorischen Bildlichkeit des Werkes muß nach Rosenkranz die Grenzen der klassischen Kunst und Ästhetik sprengen. Rosenkranz' indirekte Rechtfertigung der Allegorie, der Reflexion, der Didaxe, des Häßlichen und des grotesken Humors als Formen der dichterischen Darstellung in ‚Faust II' entspricht formal der Verteidigung der von dem Jungdeutschen Mundt als Grenzverletzung des Poetischen gerügten Einbeziehung der „ökonomischen, technischen und landwirtschaftlichen, haushälterischen und handwerkszünftigen Darstellungen" in den ‚Wanderjahren' durch den Hegelianer Hotho.[29] Die Möglichkeiten, die Hegel selbst in seiner ‚Ästhetik' für eine Kunstpraxis nach dem ‚Ende der Kunst' eröffnet hatte, werden von den Alt-Hegelinanern Hotho und Rosenkranz genutzt zur ästhetischen Rechtfertigung einer nicht mehr klassischen, einer die Gesetze der klassischen Kunstperiode überschreitenden Kunstpraxis. Der politisch ‚progressivere' Junghegelianer Vischer dagegen argumentiert in seinem Kampf gegen das Spätwerk Goethes von der Grundlage der klassischen Ästhetik aus, die Goethe selbst in seiner Alterspraxis längst hinter sich gelassen hatte. Sein emphatischer Einspruch gegen das Allegorische, das Reflexive und Esoterische in ‚Faust II' ist der Einspruch des klassischen gegen den nachklassischen Goethe, ist die postume Restitution der Ästhetik der klassischen Kunstperiode. Gervinus hat dieses Verfahren zur Achse seiner Kanonisierung des klassischen Jahrzehnts als dem eigentlichen Gipfel der deutschen Literatur gemacht. Die Verbindung von fortschrittlichem politischen Bewußtsein und restaurativer Ästhetik hat auch in der Wirkungsgeschichte Goethes eine lange Tradition!

Daß sich gerade die Hegelianer, die in der Restaurationsepoche als Vertreter der offiziellen preußischen, staatserhaltenden Philosophie, einer den status quo verteidigenden Rechts- und Gesellschaftslehre galten, zum Anwalt Goethes, und zudem noch von dessen Spätwerk, machten, wurde für die junge oppositionelle Literatur ein wichtiges zusätzliches Motiv ihres Angriffs auf den Dichter und die gesamte Literatur der Kunstperiode. Schon Ludwig Börne hatte in seinem Sodener Tagebuch 1830 Goethe den ‚gereimten' neben Hegel den ‚ungereimten Knecht' gestellt.[30] Der Junghegelianer und 48er Demokrat Karl Biedermann hat in seinem 1838 in den ‚Hallischen Jahrbüchern' erschienenen Aufsatz ‚Die junge Literatur und die Reform des Geschlechtsverhältnisses' die Gemeinsamkeit der Frontstellung der Autoren des Jungen Deutschland gegen Goethe *und* Hegel unvergleichlich genau formuliert. Nach Biedermann war die jungdeutsche Forderung nach Emanzipation der Sinnlichkeit und nach einem natürlichen, vom christlichen Spiritualismus sich befreienden Lebensgenuß bereits in Goethes und Hegels Rückgriff auf die Antike und die griechische Naturbetrachtung vorbereitet, ja verwirklicht worden, allerdings in der Form einer Integration dieses emanzipativen Moments in die Totalität und Objektivität einer Weltbetrachtung, die jeden einseitigen Anspruch einer sich absolut setzenden Subjektivität ausschloß. „So überwand Goethe die beschränkende Macht übergewaltiger sinnlicher Eindrücke oder Gefühlsregungen dadurch, daß er diese selbst nur als ein Moment seiner Lebensentfaltung, als ein Objekt künstlerischer Gestaltung behandelte und so einer Totalbildung einordnete; und Hegel fand seine Hauptstärke in der dialektischen Würdigung geschichtlicher Entwickelungsphasen. Dieser Schein wahrhaft selbständigen Fortschritts, der in den Augen der Menge für Wesen galt, schützte sie vor dem Verdachte subjektiven Beliebens und abstrakt-formaler Beschränktheit; der gemessene, streng in sich gehaltene Gang ihrer Lebensanschauung gab dieser zugleich diejenige Sicherheit wieder, welche sie durch Lossagung von dem gewohnten Prinzipe des Spiritualismus leicht hätten verlieren können. Diese Gemessenheit aber und Strenge fand die junge Literatur unerträglich, pedantisch, aristokratisch; Goethes Kunstform widerte sie an; Hegels starre, die lustigen Sprünge genialer Individualität zügelnde Objektivität empörte sie. Daß beide das Absolute flüssig gemacht, den abstrakten Gott verlebendigt und verkörpert hatten, war wohl ganz gut; aber daß dieser lebendige Gott nun doch bloß in der Person des Geheimerats von Goethe oder des preußischen Hofphilosophen Hegel zur vollendeten Erscheinung gekommen sein sollte, und daß jede natürliche Lebensregung, die nicht in das System dieses oder in die ästhetische Anschauung jenes paßte, hier vornehm ignoriert, dort dialektisch vernichtet ward, das schien der neuen Schule ein Absolutismus nicht viel besserer Art."[31] Die Hegelianer der Berliner ‚Jahrbücher' haben die Herausforderung der jungen Literatur, nicht ohne den Hochmut der akademisch Etablierten und Befugten, beantwortet mit dem Vorwurf der Frivolität, des gedanken- und haltlosen Dilettantismus und des franzosenfreundlichen Verrats an der deutschen Kultur und Literatur. Paradigmatisch für eine solche professorale Abfuhr eines in dieser Form in Deutschland ungewohnten Journalismus, der sich witzig und tabuverletzend in die Diskussion um die geheiligten Güter der Nation einzumischen begann, ist die große Rezension von Heines Schrift ‚Zur Geschichte der neueren schönen Literatur in Deutschland' durch Christian Hermann Weiße, die 1833 in den Berliner ‚Jahrbüchern' erschien.[32] Hier heißt es: „Ein geistreich desultorisches Hin- und Herreden über nationalliterarische Gegenstände, wie es in unsern Tagen von Hunderten versucht, und mit mehr oder minder Glück geleistet worden ist, kann man sich innerhalb der Grenzen der Literatur selbst, welche besprochen wird, gefallen lassen; es mag hier auf diesem Wege selbst manches Anregende und früher oder später Fruchtbringende zutage gefördert werden. Aber in die Geschichte dieser Literatur, in ihren Geist und ihre Tendenzen andere Nationen belehrend einzuführen, ist ein ernsteres Geschäft, und wir glauben nicht zu viel zu sagen, wenn wir behaupten, daß hier an jedem unnütz oder leichtfertig gesprochenen Worte die strengste Verantwortlichkeit haftet. Wie aber soll man den Charakter eines Schriftstellers bezeichnen, der, in der seligen Zuversicht, selbst einer der ersten seiner Nation zu sein, seit geraumer Zeit Überdruß an allem, was von diesem Volke ausging, und Verachtung gegen das Volk selbst in Wort und Tat laut vor sich tragend, jetzt vor das Ausland tritt, und in oberflächlich spirituellem, nur das Pikante suchendem und reich mit Persönlichkeiten aller Art durchzogenem, ja, wo es die Gelegenheit gibt, auch die skurrilsten Späße nicht verschmähendem Räsonnement über die Geschichte der Literatur seines Volkes berichtet." Weißes Resümee über den Goetheabschnitt der Heineschen Schrift lautet: „Mit Ekel wenden wir uns von diesem Räsonnement weg, welches für sich allein wohl hinreichen möchte, den völligen Unberuf des Verfs. zum Geschichtsschreiber der Literatur zu erweisen."[33]

## 4. Heinrich Heine und das Junge Deutschland

Ist die von Heinrich Heine entlehnte Bezeichnung ‚Goetheaner' für die Vertreter eines ästhetischen Ancien régime unter der Autorität Goethes bereits eine höchst problematische Vereinfachung, so entpuppt sich der Begriff ‚Goethegegner', angewandt auf das erste Jahrzehnt nach Goethes Tod, bei genauerem Zusehen als eine bloß formale Kategorie, die inhaltlich Widersprüchlichstes, ja Gegensätzlichstes umfaßt. Es ist im Zusammenhang der antiautoritären Attacken auf Goethe und die deutsche Klassik in jüngster Zeit Mode geworden, jeder Opposition gegen Goethe fortschrittliches Bewußtsein zu vindizieren. Diesem Unfug ist nur durch eine genaue und differenzierende Auseinandersetzung mit den historischen Texten zu begegnen. Dabei läßt sich leicht zeigen, daß die liberale und die radikal-demokratische Goethekritik der dreißiger und vierziger Jahre an keiner Stelle – vielleicht mit der einen Ausnahme Börnes – auf das platte Niveau einer mechanischen Konfrontation von progressiv contra reaktionär zurückfällt. Für die Beurteilung des vielschichtigen und widersprüchlichen Phänomens der Goetheopposition in der ersten Hälfte der dreißiger Jahre ist es wichtig, noch einmal auf ihre Vorgeschichte zurückzublicken. Sie reicht, wie wir im ersten Teil dieser Untersuchung gesehen haben, in die Anfänge des 19. Jahrhunderts zurück. Die Absage an die Schiller-Goethesche Kunstperiode, wie sie Friedrich und August Wilhelm Schlegel in den Jahren 1803 bis 1806 zuerst formuliert haben, bildete die Grundlage von Pustkuchens falschen ‚Wanderjahren' und Wolfgang Menzels Programmschrift ‚Die deutsche Literatur' von 1828. In diesen Zeugnissen dokumentiert sich der Protest der Romantik gegen Goethe, gestützt auf den Gewährsmann Novalis, dessen Goethefragmenten bei Menzel eine zentrale Funktion zukommt.[1] Theodor Mundt hat in seinem jungdeutschen Manifest ‚Ueber Bewegungsparteien in der Literatur' (1835)[2] diesen Zusammenhang exakt beschrieben, und zwar in der Nachfolge Menzels, den er als den „erste[n] Vorkämpfer der neuen Bewegung, die unternommen wurde, um an alten hergebrachten Pedanterien des deutschen Wesens niederzureißen",[3] bezeichnet. Anders Heine. Er hatte schon früh erkannt, daß die Goethefeindschaft Menzels ein Trojanisches Pferd war, dem alsbald die ‚Narren' der Romantik entsteigen sollten, um ihr christlich-nationales Banner aufzupflanzen. Die vielerörterte Ambivalenz Heines dem Phänomen Goethe gegenüber, sein vermeintliches Schwanken zwischen einer politischen und einer ästhetizistischen Funktionsbestimmung von Kunst, ist wesentlich durch seine entschiedene Frontstellung gegen die pietistische (Pustkuchen) und die nationalistisch-burschenschaftliche (Menzel) Variante der zeitgenössischen Goetheopposition mitbestimmt, deren illegitimer Erbe Ludwig Börne für ihn wurde. Menzel ist auch nach Goethes Tod nicht müde geworden, den mit seiner Programmschrift von 1828 spektakulär eröffneten Kampf gegen den Dichter fortzusetzen. Neben den Aufsätzen im ‚Literaturblatt' sind hier vor allem die Neubearbeitung seiner ‚Geschichte der Deutschen' (1834/35) und die wesentlich erweiterte zweite Auflage der ‚Deutschen Literatur' von 1836 zu nennen, in der die Goethekritik gegenüber der ersten Auflage radikalisiert und um zahlreiche gehässige Pointen ergänzt wurde. Eine Art Zusammenfassung von Menzels Goethebild in dieser Zeit bietet der folgende Passus aus einer Besprechung von Lerminiers ‚Au-delà du Rhin', die am 9. September 1835 im ‚Literaturblatt' erschien: „Goethe war eine Macht in Deutschland, eine dem äußeren Feind in die Hände arbeitende, innere erschlaffende, auflösende Kraft, unser böser Genius, der uns mit einem phantastischen Egoismus, mit den Genüssen des Scheins und der Selbstvergötterung über den Verlust der Religion, des Vaterlandes und der Ehre täuschte, der da machte, daß wir uns wie der weichliche Narcissus im Quell bespiegelten, während man hinter uns Ketten und Dolche bereitete; mit einem Worte, der uns zu Schwächlingen machte, während wir des Heldenmutes am meisten bedurften: aus diesem Gesichtspunkte konnte Herr Lerminier unserem berühmten Goethe allerdings eine welthistorische Bedeutung zuerkennen."[4] Die Rede von Goethes Egoismus, seinem genüßlichen Quietismus und seinem apolitischen Ästhetizismus war also besetzt; sie ungeschützt und undialektisch zu gebrauchen, hieß, sich die Prämissen, die ihr bei Menzel zugrunde lagen, zu eigen zu machen. Neben Heine ist es vor allem Karl Gutzkow gewesen, der diesen Zusammenhang erkannt und kritisch aufgebrochen hat. Er hatte sich als junger Kritiker und als Eleve Menzels kurz nach der Julirevolution an der Rebellion gegen den Geist der Restaurationszeit beteiligt, der auch für ihn der leblose Geist einer musealen Klassikerpflege gewesen war, gegen den er im Namen der Jugend protestierte: „Jene alte klassische Periode unserer Literatur wurde statt fortgesetzt, angebetet. Man verwandelte ein Andenken, welches lebenskräftig auf den Nachwuchs der Nation wirken sollte, in Marmor; Goethe und Schiller wurden als Büsten ausgerufen, und eine Herrschaft begann, welche die demütigendste ist, die Herrschaft des Ruhms. Die Schulen unterwiesen uns in deutscher Literatur, sie erzählten uns von unsern Vätern wie von alten Helden, welche längst dem Plutarch anheim gefallen waren. Alles wurde in eine nebelhafte mythische Ferne gerückt, und es blieb uns, der Jugend, der frischen, die alle Privilegien hatte, der Jugend voll Energie, Tatkraft, Prädestination, nichts zurück, als eine zitternde Andacht. Das haben wir alle erlebt. Die Restaurationsperiode überlieferte uns eine abgeschlossene Vergangenheit, einen Despotismus des Ruhms, eine Religion Schiller und Goethe. Die Anbetung brachte die Nachbetung, die Nachbetung die Mittelmäßigkeit, die Mittelmäßigkeit den Plunder."[5] Im Unterschied zu den Jungdeutschen Mundt, Kühne und Laube, deren Goethebild bis 1835 in den durch Menzel vorgegebenen Bahnen bleibt, gelingt es Gutzkow verhältnismäßig früh, „in der Auseinandersetzung mit den Anti-Goetheanern und der Goethe-Vergötterung eine Konzeption zu schaffen, die auf eigenen Füßen steht und mit möglichst objektiven Maßstäben zu arbeiten bemüht ist".[6] Bestimmendes Vehikel dieser Selbständigkeit ist die Auseinandersetzung mit seinem einstigen Lehrer und Mentor Menzel. In seinem wichtigen Aufsatz ‚Wolfgang Menzel und der deutsche Tiersparti' im ‚Literatur-Blatt' zum ‚Phönix' vom 30. April 1835 macht Gutzkow das Goethebild Menzels zum Kriterium seiner scharfen Polemik gegen den Tugendterror und den bornierten Patriotismus der durch ihn vertretenen Tiersparti. Menzels ‚Werther'-Deutung ist das Modell, anhand dessen Gutzkow seine Einwände formuliert. „Siehe, der Riese Menzel naht sich deinem Hofe, kratzt sich sauber den Kot von den Stiefeln draußen an der Tür ab, und tritt hinein, dich demütig grüßend und findet die großen Metallknöpfe deiner Weste schön, Werthers Leiden aber nennt er ein niederträchtiges Buch. Das ist ein arger Ausdruck! Das ist ein Wort, was die Diskussion aufhebt, und nur durch Pistolen rektifiziert werden kann. Warum ist Werther ein niederträchtiger Mensch! Weil er liebt? Weil er da liebt, wo keine Hoffnung ist? Weil er in Kleidern geht, wie sie 1770 Mode waren? Weil er die Residenz wegen ihres Übermutes und aus Verzweiflung, daß man in ihm den bürgerlich Geborenen verachtet, floh? Weil er sich nicht auf der Stelle totschießt? Oder weil er es überhaupt tut? Warum ist Werther ein niederträchtiger Mensch? Ich will es gleich sagen, weil er eine sanfte, weiche Seele ist, und im Jahre 1770 nicht hinging und beim Bundestag eine Petition wegen des 13ten Artikels einreichte."[7] Gutzkow verallgemeinert diesen Einspruch, indem er ihn in eine zentrale Aussage über die Legitimität einer ‚Poesie der Schwäche' überführt, die ihre Bedeutung erst im Lichte der seit Pustkuchens falschen ‚Wanderjahren' geführten Diskussion über die schwächlich-weibischen Helden der Goetheschen Werke erfährt. „Das Poetische der Schwäche, die moralische Unentschlossenheit, die ganze weibliche Seite des menschlichen Geistes, die Goethe in so herrlichen Gedichten zur Anschauung gebracht hat, wird mit dem kurzen Ausdrucke Niederträchtig! angespien."[8] Der Forderung Pustkuchens und Menzels nach einem ‚positiven Helden' steht Gutzkows Verteidigung der ‚Poesie der Schwäche' gegenüber. Friedrich Engels spätere rigide Polemik gegen den „schwärmerischen Tränensack" Werther[9] steht in einer Tradition und hat selber wiederum eine Tradition begründet, gegen die mit Gutzkow eine ‚Poesie der Schwäche' aufzubieten auch heute noch keineswegs an Aktualität verloren hat.

Im Kampf gegen die patriotisch-demagogische Goethenegation wußte sich Gutzkow mit Heine solidarisch: „Gegen diese Titanen im Schlafrock, diese patriotischen Pinsel, welche ihren Kindern z. B. die Lektüre Goethes verbieten, diese Bilderstürmer, welche mit dem Ruhm auch die Erinnerung zerschlagen wollen, hat niemand so vortrefflich debutiert als *Heine* in seinen Heften zur deutschen Literatur."[10] Der Goetheabschnitt in Heines Schrift ‚Zur Geschichte der neueren schönen Literatur in Deutschland' von 1833,[11] der mit nur wenigen Veränderungen in die ‚Romantische Schule' von 1836 übernommen wurde, ist nach Menzels ‚Die deutsche Literatur' (1828) die erste umfassendere, programmatische Auseinandersetzung der jungen Literatur mit dem Weimarer Dichter. Heines Abhandlung ist immer wieder, neben Ludolf Wienbargs ‚Ästhetischen Feldzügen', als Manifest der jungdeutschen Ästhetik und ihrer Forderung nach Politisierung der Dichtung angesehen worden. Man hat sich dabei auf die Heinesche Kritik des Autonomieprinzips berufen, die den Angelpunkt seiner kritischen Einwände gegen Goethe und die ihm folgenden Goetheaner bildet. Unmißverständlich heißt es bei Heine, daß die Goetheschen Meisterwerke „unser teueres Vaterland wie schöne Statuen einen Garten zieren, aber es sind Statuen. Man kann sich darin verlieben, aber sie sind unfruchtbar: die Goetheschen Dichtungen bringen nicht die Tat hervor, wie die Schillerschen. Die Tat ist das Kind des Wortes, und die Goetheschen schönen Worte sind kinderlos. Das ist der Fluch alles dessen was bloß durch die Kunst entstanden ist."[12] Der Bezug auf Schiller als das Gegenmodell zum Goetheschen Autonomieprinzip folgt der Tradition einer antithetischen Gegenüberstellung beider Dichter, wie sie Pustkuchen begründet und wie sie Menzel bereits 1824 zur Achse seiner antigoetheanischen Argumentation gemacht hatte.[13] Heines Übereinstimmung mit diesem Deutungsschema, das bis zu Gervinus eine fast unbestrittene Geltung hatte, ist jedoch nur eine scheinbare. Ein Vergleich mit der starr antithetischen Konzeption des Verhältnisses zwischen Goethe und Schiller bei Menzel erst läßt den dialektischen Charakter der Auseinandersetzung bei Heine klar hervortreten. Während Goethe und die Goetheaner nach Heine „die Kunst als eine unabhängige zweite Welt" betrachten und von „jener ersten wirklichen Welt, welcher doch der Vorrang gebührt" sich abwenden,[14] hat nach ihm Schiller „sich jener ersten Welt viel bestimmter angeschlossen als Goethe, und wir müssen ihn in dieser Hinsicht loben. Ihn, den Friedrich Schiller, erfaßte lebendig der Geist seiner Zeit, er rang mit ihm, er ward von ihm bezwungen, er folgte ihm zum Kampfe, er trug sein Banner, und es war dasselbe Banner worunter man auch jenseits des Rheines so enthusiastisch stritt, und wofür wir noch immer bereit sind unser bestes Blut zu vergießen. Schiller schrieb für die großen Ideen der Revolution, er zerstörte die geistigen Bastillen, er baute an dem Tempel der Freiheit, und zwar an jenem ganz großen Tempel, der alle Nationen, gleich einer einzigen Brüdergemeinde, umschließen soll; er war Kosmopolit."[15] Womit jedoch hat Schiller jene größere Nähe zur Wirklichkeit, jene Einbeziehung der Ideale der Zeit in seine Dichtung erkauft? Heine sagt es unmißverständlich in jenem Abschnitt, wo er gegen „die Geringschätzung Goethes zugunsten des Schiller" polemisiert und feststellt: „Oder wußte man wirklich nicht, daß jene hochgerühmten hochidealischen Gestalten, jene Altarbilder der Tugend und Sittlichkeit, die Schiller aufgestellt, weit leichter zu verfertigen waren als jene sündhaften, kleinweltlichen, befleckten Wesen, die uns Goethe in seinen Werken erblicken läßt?"[16] Mit unüberhörbarer Ironie und mit einer deutlichen Spitze gegen Menzels patriotisches Lob der Schillerschen ‚Altarbilder der Tugend und Sittlichkeit' hat es Heine hier formuliert: Was Schillers Kunst an politischer Aktualisierung und

Zeitverbundenheit der Goetheschen voraus hat, ist erkauft durch einen Verrat an den unerbittlichen Forderungen des handwerklichen Gewissens und einer auf ästhetische Vollendung und Abrundung des Kunstwerks gerichteten Kunstauffassung, wie sie Goethe in seinen Propyläen-Aufsätzen entworfen hatte. In Heine hat diese klassische Ästhetik Goethes noch einmal ihren beredtesten Verteidiger gefunden. Wenn Heine fünf Jahre später in seinen Briefen ‚Über die französische Bühne' bei Gelegenheit der Besprechung der Dramen von Victor Hugo ein Bekenntnis „für die Autonomie der Kunst" ablegt, so wird man hier nicht unbedingt, wie Peter Uwe Hohendahl meint, „einen Umschwung in Heines ästhetischer Position ansetzen müssen".[17] In den Angriffen auf Victor Hugo, so schreibt Heine 1837, „begegnen wir denselben einseitigen Vorwürfen, die schon Goethe von unseren Frommen zu ertragen hatte, und wie dieser muß auch Victor Hugo die unpassende Anklage hören, daß er keine Begeisterung empfände für das Ideale, daß er ohne moralischen Halt, daß er ein kaltherziger Egoist sei usw. Dazu kommt eine falsche Kritik, welche das Beste, was wir an ihm loben müssen, sein Talent der sinnlichen Gestaltung, für einen Fehler erklärt, und sie sagen: es mangle seinen Schöpfungen die innerliche Poesie, la poésie intime, Umriß und Farbe seien ihm Hauptsache, er gäbe äußerlich faßbare Poesie, er sei materiell, kurz sie tadeln an ihm eben die löblichste Eigenschaft, seinen Sinn für das Plastische."[18] Heines Berufung auf das Autonomieprinzip steht in beiden Fällen, in der Programmschrift von 1833 und in den Briefen ‚Über die französische Bühne' von 1837, in engstem Zusammenhang mit seinem Plädoyer für einen sensuellen, plastischen Realismus der Darstellung, der zur *idealistischen* Forderung nach außerästhetischen Zwecken der Kunst in einen scheinbar unaufhebbaren Widerspruch gerät. Materialistische Darstellungspraxis ist für Heine an die strengsten Forderungen der ‚reinen', autonomen Kunst geknüpft. In seiner Polemik gegen die politischen Vormärzlyriker hat er diese Grundüberzeugung noch einmal aktualisiert. Wiederum hat er sich dabei auf Goethe berufen.[19] Es hieße allerdings Heine gründlich mißverstehen, wollte man ihn deshalb zu einem verkappten Goetheaner oder gar zu einem Adepten der L'art-pour-l'art-Theorie machen. Es fällt vielmehr auf, daß sich in dem Maße, in dem Heine, wie in der ‚Lutetia', sein Insistieren auf der Freiheit der Kunst von jeglichen außerkünstlerischen Zwecken radikalisiert, die politische Schlagkraft und die handlungsorientierte Konkretheit seiner Dichtungen sich intensivieren. Artistik und politisches Engagement stehen bei Heine nicht in einem aporetischen Verhältnis zueinander, die Menzelsche Dichotomie zwischen Goethe und Schiller ist im Urteil Heines aufgehoben zur dialektischen Synthese, allerdings um den Preis der theoretischen Formalisierung beider Positionen. Das Orientierungsmodell Goethe-Schiller, das Heine in den frühen dreißiger Jahren zur Klärung seiner ästhetischen Position diente, ist zu diesem Zeitpunkt materialiter von seiner ästhetischen Praxis bereits längst überholt, die seit den ‚Reisebildern' eine Praxis jenseits der

,Kunstperiode' war.[20] Heines theoretischer Rückgriff auf Goethe und Schiller geschah unter Ausklammerung des konkreten inhaltlich-politischen Anspruchs ihres Werkes, war ein wichtiger Schritt hin zur Ästhetisierung beider zum Synthesemodell einer mit der Praxis der Gegenwart nicht mehr zu vermittelnden ,Klassik', dessen Schöpfer Gervinus wurde.

Das Goethebild des Cheftheoretikers des Jungen Deutschland, Ludolf Wienbarg, teilt mit Heine die Frontstellung gegen die radikale Goethenegation Menzels und Börnes, die ihr jungdeutsches Pendant in Gustav Kühnes programmatischer Rede ,Wie die Kunst bei den Deutschen nach Brot geht!' (1835)[21] gefunden hat. Auch bei Wienbarg steht neben der Apotheose Goethes als des „geistigen Befreiers der Deutschen"[22] das Verdikt, Goethe habe sich nach der Französischen Revolution mit den politischen und gesellschaftlichen Zuständen in Deutschland „redlich versöhnt".[23] Im Unterschied zu Heine jedoch, der seine dialektische Haltung zu Goethe bereits in ,Ideen. Das Buch Le Grand' bewußt verrätselt hat und in den Schriften der dreißiger Jahre hinter Ironie versteckt, ist die antithetische Argumentation Wienbargs von griffiger Eindeutigkeit. Seine Formel von Goethes „doppelten Charakter, als Servilen und Liberalen, als Großen und als Kleinen, als Genie und als Weltmann"[24] hat ein Jahrzehnt später in Friedrich Engels berühmter Charakteristik Goethes ihre Radikalisierung erfahren: „Es ist ein fortwährender Kampf in ihm zwischen dem genialen Dichter, den die Misere seiner Umgebung anekelt, und dem behutsamen Frankfurter Ratsherrnkind, resp. Weimarischen Geheimrat, der sich genötigt sieht, Waffenstillstand mit ihr zu schließen und sich an sie zu gewöhnen. So ist Goethe bald kolossal, bald kleinlich; bald trotziges, spottendes, weltverachtendes Genie, bald rücksichtsvoller, genügsamer, enger Philister".[25]

Nach Wienbarg ist es das größte Verdienst Goethes gewesen, die Forderung einer Verbindung von Kunst und Leben zum Leitfaden seiner dichterischen Praxis gemacht zu haben. „Diesen Goetheschen Grundsatz nennen wir das große Goethesche Samenkorn, ausgestreut in die Literaturen des neunzehnten Jahrhunderts, so lange kritisch-polemisch wuchernd, in liebender Sehnsucht keimend, in zürnender Ungeduld drängend, bis es herausschlägt an den hellen Tag und die Welt mit ungeahnter Schönheit überrascht."[26] Die futurische Form der Wienbargschen Formulierung hebt ab auf das utopische Moment, das seiner Grundforderung einer Verbindung von Kunst und Leben inhärent ist. Kunst hat die Aufgabe, gegen die unpoetisch-prosaische Wirklichkeit zu protestieren mit dem Ziel, die Wirklichkeit selber zum Kunstwerk umzuschaffen. Nur der junge Goethe hat nach Wienbarg dieses Postulat in seinem Werk eingelöst, während der nachrevolutionäre Goethe den utopischen Anspruch zugunsten der Widerspiegelung tatsächlicher sozialer und gesellschaftlicher Verhältnisse zurückgenommen und damit die Poesie an das Leben verraten habe. Wiederum ist es, wie schon bei Menzel, die ,Wilhelm Meister'-Kritik von Novalis, die zur Stützung dieser These eingesetzt wird.

„Goethe erniedrigt die Poesie“, schreibt Wienbarg in seinem Aufsatz ‚Goethe und die Weltliteratur‘, „indem er sie zur Begleiterin der Trivialität machte. In diesem Verstand hatte Novalis recht zu äußern: man weiß nicht recht, wer sich mehr darüber zu beklagen, ob der Adel, daß er zur Poesie gerechnet wird, oder die Poesie, daß sie zum Adel gehören soll.“ [27] Allerdings – und an dieser Stelle erreicht er das Niveau der Heineschen Auseinandersetzung – anerkennt und erkennt Wienbarg die innere Konsequenz von Goethes realistischem Verfahren: „Hätte denn nicht aber Goethe mit viel leichterer Mühe der Poesie in Deutschland einen erhabenen Charakter andichten können, ihr Heldenliebhaber und fabelhafte Ideenprinzen andichten können? In diesem Fall, das muß man einräumen, wäre Goethe nicht Goethe geblieben, das Schicksal hätte sich an ihm vergriffen, als es seiner einzigen Naivetät den Wendepunkt einer Literaturepoche anvertraute, wir besäßen zwei Schiller statt einem.“ [28] Gegenüber der Menzelschen und Börneschen Forderung des idealen, positiven Helden stellt Wienbarg fest: „Goethe dichtete keine Helden, keine großen Charaktere, er schilderte seine Zeitgenossen.“ [29] Daß dieser Goethesche Realismus den Widerspruch von Kunst und Leben ungelöst läßt, ist nach Wienbarg die Grenze, die das Programm der jungen Literatur und die nachrevolutionäre Kunstpraxis Goethes trennt. „Die Poesie, die nur das Gestaltete liebt und aus diesem Gehalt und Stoff zu höheren Gestaltungen entlehnt, ist grenzenlos unglücklich und im Begriff, an sich selber zu verzweifeln.“ [30] Das jungdeutsche Postulat einer Verbindung von Poesie und Leben ist an dieser Stelle noch weit vom Programm des poetischen Realismus entfernt.

Hatte der Hegelianer Hotho gerade die Versöhnung von Poesie und Prosa als die eigentliche Leistung des ‚Wilhelm Meister‘-Romans hervorgehoben und damit einem ‚realistischen‘ Goetheverständnis vorgearbeitet, so bleibt für die jungdeutsche Ästhetik die Kunst das regulative Prinzip einer Wirklichkeit, die erst als schöne Wirklichkeit wieder legitimer Gegenstand widerspiegelnder Nachahmung werden konnte. Dieses Insistieren auf dem Postulat einer „Poesie der ideellen Wahrheit und reellen Unwirklichkeit“, wie es, ähnlich wie bei Wienbarg, in dem programmatischen Abschnitt ‚Wahrheit und Wirklichkeit‘ von Gutzkows Roman ‚Wally, die Zweiflerin‘ heißt,[31] mußte die jungdeutsche Literaturpraxis in einen unaufhebbaren Widerspruch zu den realen Bedingungen des nachrevolutionären Zeitalters bringen, das Hegel als den ‚prosaischen Weltzustand‘ beschrieben hatte. In ihm habe sich, so Hegel, die Kunst der prosaischen Objektivität des gewöhnlichen täglichen Lebens in seiner Veränderlichkeit und endlichen Vergänglichkeit zu stellen, wenn sie nicht Gefahr laufen wolle, in leerer Subjektivität und Reflexivität sich aufzulösen.[32] Von dieser Gefahr war die Literatur des Jungen Deutschland in besonderem Maße bedroht. In seinem Eröffnungsartikel zur ersten Nummer des ‚Literatur-Blatts‘ zum ‚Phönix‘ vom 7. Januar 1835 hat Karl Gutzkow sie ausgesprochen: „Es ist eine Literatur der Negation im Anzuge, welche *alles* zerbröckelnd und auseinander schälend, die Schranken der Objektivität niederreißen will, und *alles* auflöst in Reflexion. Das Urteil und die Meinung sind an die Stelle der Kunst getreten. Hier ist der Punkt, wo die jüngere Generation die Fortführung unserer literarischen Interessen übernehmen wird. Bis hieher sind wir im Augenblick gekommen, bis zu dem Grundsatze: die kritische Periode ist vorüber."[33] Integratives Moment der ‚kritischen Periode' war die polemische Negation Goethes gewesen. Jetzt habe die „junge Generation [...] die Aufgabe, positiv zu verfahren, selbst zu schaffen; zu lärmen und zu perhorreszieren würde ihr schlecht stehen".[34] Gutzkows Abhandlung ‚Ueber Göthe im Wendepunkte zweier Jahrhunderte' (1836)[35], nach dem Verbot des Jungen Deutschland durch den Beschluß des Bundestages vom 10. Dezember 1835 begonnen und während einer vierwöchigen Gefängnishaft des Autors im Januar/Februar 1836 vollendet, liest sich wie die Einlösung dieses Programms einer neuen, positiven Kritik. Sie ist der großangelegte Versuch, der künftigen Literatur ein tragfähiges Fundament zu geben im Rückgriff auf Goethe, der für den jungdeutschen Verfasser nun das alle Zeitgenossen überragende Paradigma für die problematische und widerspruchsvolle Situation der Literatur an der Wende vom 18. zum 19. Jahrhundert geworden ist. Gutzkows Schrift ist nicht nur Kritik der bisherigen Goethekritik, sie ist in wesentlichen Punkten auch Revision und Zurücknahme eigener ästhetischer Positionen. Dem antirealistischen Programm der ‚Wally' wird jetzt der Konkretismus der Goetheschen Poesie gegenübergestellt, am Maßstab der Bestimmtheit und Individualität der Goetheschen Werke werden die Prävalenz des Allgemeinen und die Rhetorik der Tendenz in der Literatur der Gegenwart abgewertet. Goethe ist für Gutzkow der Dichter der Kategorie der Besonderheit. Seine Werke sind ein Korrektiv für eine Zeitliteratur der „Jahrhundertfragen", die das Kainsmal der Abstraktheit und „Produktionsohnmacht"[36] trägt. Goethes Dichtung dagegen geht aus vom Haus und der Familie, der „stille[n] Sittlichkeit und Naivität der bescheidenen Existenz", ja, „das Philisterhaftdeutsche ist der Leib, aus welchem die höhere Psyche der Goethischen Lebensanschauung emporsteigt".[37] Zentrale Bedeutung erhält das Studium der Werke Goethes im Hinblick auf eine formelle Bändigung der Phantasie. In dem bereits erwähnten Aufsatz ‚Wahrheit und Wirklichkeit' aus der ‚Wally' hatte es geheißen: „Es ist wahr, die Dichter fangen an, auf immer luftigeren Bahnen zu wandeln: sie schaffen sich ihre eignen Welten mit Thronen, die ihre Phantasie erbaute, mit Richterstühlen, die ihre eigne Gesetzgebung haben, mit einem Gottesdienst, dessen Priester nur noch die kleine Gemeinde selbst ist. Es baut sich eine Wahrheit der Dichtung auf, der in den uns umgebenden Institutionen nichts entspricht, eine ideelle Opposition, ein dichterisches Gegenteil unsrer Zeit, das einen zweifachen Kampf wird zu bestehen haben, einen gegen die Wirklichkeit selbst als konstituierte Macht mit physischer Autorität, sodann einen gegen die Poesie der Wirklichkeit, welche so viel Dichter und so viel Kritiker für sich hat."[38] Der schon hier leicht distanzierten und von Skepsis gebrochenen Bestandsaufnahme der modernen Literatur setzt die Goetheschrift von 1836 entgegen: „Durch Goethes Studium soll sich jede ausschweifende luxurierende Phantasie im Zügel ergriffen fühlen, und auf jene Bahn einlenken, wo selbst das Willkürlichste nicht ohne innere Formation ist, jenen Blumen gleich, welche der Frost auf Fensterscheiben zeichnet."[39] Dieser Satz liest sich wie die Vorwegnahme der fundamentalen Erfahrung, die Gottfried Keller knapp zwanzig Jahre später den Helden seines ‚Grünen Heinrich' in der Begegnung mit Goethes Werken machen läßt.[40] Eine ähnliche Antizipation einer neuen Etappe der Wirkungsgeschichte Goethes liegt vor, wenn Gutzkow das Naturhaft-Organische von Goethes empirischem Welt- und Wahrheitsverständnis hervorhebt und aus seinem „Egoismus der Gesundheit" ableitet. „Es wäre eine Aufgabe, die ein geistreicher Arzt noch zu lösen hätte," heißt es in diesem Zusammenhang, „den Anteil zu bestimmen, welchen an der allmählichen Entwickelung des Geschichts- und Menschheitszweckes das Befinden des Körpers und der Seele hat."[41] Carl Gustav Carus hat diese Aufgabe in seinem Goethebuch von 1843 als erster in Angriff genommen und Goethes ‚Gesundheit' zur Basis einer morphologischen Interpretation seiner Persönlichkeit und seiner Werke gemacht.[42] Hatte Heine dem Indifferentismus der naturhaft-pantheistischen Weltansicht Goethes noch die auf Geschichte fundierten Werke Schiller gegenübergestellt,[43] so ist mit der einseitigen Pointierung Goethes als „ein kritisches Regulativ für jede zukünftige Schöpfung"[44] zugleich die Weiche für ein ‚konservatives' Goethebild gestellt, das Geschichte durch Natur, historische Veränderung durch Metamorphose ersetzt. Ein Jahr nach Gutzkows Schrift erscheint die Abhandlung ‚Göthe's naturwissenschaftliche Ansichten' des österreichischen Arztes Feuchtersleben,[45] in der das Gesetz der Metamorphose als Grundgesetz auch der dichterischen Werke Goethes in Anspruch genommen wird. Im Rahmen dieses Deutungsmodells ist jede politische Kritik am Dichter immunisiert. Metamorphosen können nur beschrieben, nicht aber in Frage gestellt werden.

## 5. Bettina, Börne und die politische Vormärzlyrik

Die radikalste politische Goethekritik der dreißiger Jahre verdanken wir indirekt jenem Dokument, mit dem die romantische Goetheverehrung und der romantische Goethekult ein nie wieder überbotenes Extrem im 19. Jahrhundert erreichen: Bettina von Arnims dreibändigem Werk ‚Goethe's Briefwechsel mit einem Kinde. Seinem Denkmal', das bei seinem Erscheinen, 1835, einer literarischen Sensation gleichkam.[1] Unter den zahlreichen Rezensionen, die dieser höchst eigenartige, wie ein poetischer Fremdling aus vergangenen Tagen in eine prosaische, nachromantische Gegenwart herabgefallene, schwärmerisch hochgestimmte Briefroman provozierte, nimmt die noch im gleichen Jahr im ‚Morgenblatt für gebildete Stände' erschienene von Ludwig Börne eine Sonderstellung ein. Sie steht als einziger größerer, in sich geschlossener Text dieses Autors über Goethe am Ende einer bis ins Jahr 1818 zurückreichenden Auseinandersetzung mit dessen Person und seinem Werk, eine Auseinandersetzung, deren Schärfe, Unerbittlichkeit und deren moralisch-politischer Rigorismus Börne zum prominentesten und bekanntesten Goethegegner bis heute haben werden lassen. Unter den Analysen, die dem Verhältnis Börnes zu Goethe gewidmet worden sind, hat diejenige Viktor Hehns aus der Mitte des 19. Jahrhunderts insofern besonderes Gewicht und lebensgeschichtliche Authentizität, als hier ein zu Goethe bekehrter Börneaner seine später im Alter verleugnete und in Denunziation verkehrte Faszination angesichts des Phänomens des ‚edlen' Goethehassers zum Ausdruck bringt: „Man hat es in neuerer Zeit Goethe oft zum Vorwurf gemacht, daß er so egoistisch sich abgeschlossen und nichts für sein Volk getan. Er mit seiner mächtigen Rede hätte die schlummernde Nation zur Freiheit wecken, zu Taten begeistern und zur politischen Größe führen sollen. Aber statt dem unterdrückten Recht seine hilfreiche Stimme zu leihen, suchte er Selbstgenuß in der schönen Kunst; [...] Es war besonders Ludwig Börne, ein gewiß ebenbürtiger Gegner, der diese Vorwürfe häufte. Lessing sagt in einem Brief, er laufe Gefahr ärgerlich zu werden und mit Goethen trotz dem Genie, worauf dieser so poche, anzubinden. Ein halbes Jahrhundert später erfüllte ein Geistesverwandter Lessings die Drohung gegen den unterdes mächtig gewordenen Dichter. In immer erneuerten hingeworfenen Bemerkungen kommt er auf Goethe zurück, den er von Anbeginn gehaßt zu haben gesteht, und schleudert aus der Glut seines edeln Herzens, in der sich sein Märtyrerleben verzehrte, leuchtende Brandkugeln in Goethes Kunstanlagen."[2]

Die Grundposition von Börnes Kritik an Goethe und dem Goethekult der Restaurationszeit findet sich bereits in einer Aufzeichnung vom 27. Mai 1823: „Freiheit ist das Schönste und Höchste in Leben und Kunst. Möge das deutsche Vaterland sich diese Freiheit um jeden Preis bewahren! Möge es stolz auf die Ungerechtigkeit sein, mit der es seinen Goethe zu behandeln beginnt, möge es sich des Undanks rühmen, welcher den, der ihn erleidet, wie die, welche ihn begehen, auf gleiche Weise ehrt. Daß Freiheit in deutscher Kunst und Wissenschaft sich erhalte, muß der literarische Ostrazismus gegen Goethe endlich verhängt werden. Ihn tadeln, heißt ihn achten."[3] Noch zu Goethes Lebzeiten, wenige Wochen vor seinem Tode, erscheinen in der von Karl Herloßsohn herausgegebenen Zeitschrift ‚Der Komet' in einem Vorabdruck unter dem Titel ‚Börne über Schiller und Goethe' Teile von Börnes Sodener Tagebuch aus dem Jahre 1830, seine erste öffentliche Verlautbarung über Goethe.[4] In einer mit dem Sodener Tagebuch gleichzeitigen Eintragung in sein Notizbuch hat Börne den exemplarischen Charakter seiner Goetheopposition hervorgehoben: „Nur drei Jahreszeiten in seinem Dichterleben wie in seinem menschlichen. Einen schönen aber kurzen Frühling, einen Herbst reich an goldnen Früchten und einen kalten und trocknen Winter. Der Sommer fehlt! Mit seiner Glut, mit seinen Gewittern, mit seinem Morgentau und seiner Abendkühle. Armer Dichter, der kein Volk hat! Armes Volk, das keinen Dichter hat – Warum mir doch immer so unbeschreiblich zumute ist, sooft [ich] Goethen gegenüberstehe. Ich will nicht sagen, daß mir wehe ist, ich bin zu stolz dazu, es zu sein und zu sagen, aber unwohl ist mir. Ich hasse ihn nicht, aber er ist der König alles dessen, was ich hasse, und sooft er erscheint, sehe ich alle meine Abneigungen in seinem Gefolge."[5] Erst die ‚Briefe aus Paris', vor allem die berühmte Analyse von Goethes ‚Tag- und Jahresheften' im 51. Brief,[6] lassen Börnes Goethekritik zum integralen Bestandteil der politischen Opposition der liberalen Publizistik in den frühen dreißiger Jahren werden. Börnes Kritik an der auf ‚Ruhe' und ‚Ordnung' bedachten „breite[n] kunstschmausende[n] Behaglichkeit" Goethes, die „ihm das Leben selbst" war,[7] rückt sein Goethebild in die Nähe der gleichzeitigen Aussagen Heines über die „Kunstbehaglichkeit des großen Zeitablehnungsgenies, der sich selbst letzter Zweck ist".[8] Doch diese Übereinstimmung ist nur eine scheinbare. Gerade in der Einschätzung und Bewertung Goethes tritt der fundamentale Gegensatz zwischen den Dioskuren der politischen Vormärz-Literatur zutage.

Börnes Besprechung von Bettina von Arnims ‚Briefwechsel mit einem Kinde' liegt ein genialer Einfall zugrunde. Man hätte erwarten können, daß er dieses exzessive Dokument eines schwärmerischen Goethekults zum Anlaß eines bedingungslosen Verrisses gemacht hätte, wie es Grabbe in seiner nicht veröffentlichten, aggressiven Rezension tatsächlich getan hat, der schlichtweg von der „Ekelhaftigkeit" der Bettinaschen „Schmierereien" spricht.[9] Börne dagegen lobt und preist das Buch, indem er es „gegen den Strich bürstet".[10] Er lobt Bettina auf Kosten Goethes, Bettina, die für ihn die wiedererstandene Mignon ist, die Goethe seinerzeit unbarmherzig liquidiert habe, um „ihr Andenken in den schönsten Liedern" feiern zu können.[11] So ist die als Bettina wiederauferstandene Mignon „nicht Goethes Engel, sie ist seine Rachefurie".[12] In ihr verkörpert sich die bedingungslose, reine Hingabe und Liebe, die von Goethe auf Distanz gehalten wurde und in deren flammende Glut er das Wasser seiner Leben-tötenden Kunst spritzte.[13] Kaum verhüllt tritt hinter diesem Bild das Grundmuster von Börnes Goethekritik hervor. Bettina wird zur symbolischen Vertretung aller derer, die sich in ihrer Liebe und Hingabe an den großen Dichter getäuscht sahen und statt der erhofften Wärme Kälte, statt des geopferten Lebens Kunst von ihm zurückerhielten. Börne hat seine eigenen Erwartungen und Enttäuschungen im Umgang mit Goethe in die Person Bettinas hineingespiegelt. Sein Satz „Goethes Nachwelt ist auch die ihre, sie richtet beide. Wird Goethe verurteilt, ist Bettina freigesprochen, wird Goethe freigesprochen, ist Bettina schuldig",[14] muß in der Ersetzung des Namens Bettina durch den Börnes gelesen werden!

Der scheinbar geniale und originelle Einfall Börnes, Bettina als wiederauferstandene Mignon zu Goethes Rachefurie zu machen und das Recht der Liebe, der Phantasie, des Rausches und der Begeisterung gegen die „Sachdenklichkeit“[15] der auf Distanz und Bändigung der Gefühle bedachten Goetheschen Kunstidee einzuklagen, hat seine Vorgeschichte, die man kennen muß, um die Position Börnes rezeptionsgeschichtlich genauer bestimmen zu können. Sie führt in direkter Linie zur romantischen Goethekritik, zu Novalis' Fragmenten über den ‚Wilhelm Meister‘ und zu Joseph Görres' ‚Aurora‘-Aufsätzen. Für Novalis waren die ‚Lehrjahre‘ „durchaus *prosaisch*“, ein Werk, in dem das Romantische zu Grunde gehe, „auch die Naturpoesie, das Wunderbare – Er handelt bloß von gewöhnlichen *menschlichen* Dingen – die Natur und der Mystizism sind ganz vergessen. Es ist eine poetisierte bürgerliche und häusliche Geschichte. Das Wunderbare darin wird ausdrücklich, als Poesie und Schwärmerei, behandelt. Künstlerischer Atheismus ist der Geist des Buchs.“[16] An diese Kritik anknüpfend hatte Görres 1804 ein streng dichotomisches Bild der Goetheschen Werke entworfen, in dem ein prosaischer und ein poetischer Bereich sich unvermittelt gegenüberstehen. Der prosaische Teil des ‚Wilhelm Meister‘ wird von Görres folgendermaßen charakterisiert: „Das sind nebelichte Regentage hier und dort ins Jahr geworfen, eine dichte Wolkendecke hält den Himmel da umzogen, es ist frostig und schaurig, kalte, feuchte Winde wehen, nur hier und da zerreißt die graue Decke, und es ist, als ob die Sonne Wasser zöge, und da wandeln Gestalten, in sich zusammengedrückt, laut- und tonlos; ihr Atem legt sich oft wie Reif an die Haare an. Dieser Jarno, dieser kalte, stolze, eingebildete Begriff, mit der Miene eines Seelenverkäufers; dieser Lothario, der die Welt für einen großen Pachthof hält, und wohl gern als ihr Verwalter sie regieren möchte; dieser Abbé, Serlo, Melina, und wie sie alle weiter heißen; es ist die Welt, aber die Schattenwelt im Hades, wo die Helden traurig und verdrüßlich gegeneinander sich bewegen und heißhungrig heraufeilen und sich um die Grube stellen, in die das Blut des geschlachteten Opfertieres zusammenfließt und gierig das fließende schlürfen.“[17] In dieser Welt muß die Verkörperung der Poesie, Mignon, zugrunde gehen: „Und die arme Mignon – unbarmherzig hat der Dichter aus ihrem warmen Vaterlande sie gerissen und unter diesen kalten Himmel hingeworfen, wo ihr immer schauert, und der kalte Frost die zarte Blüte drückt, daß sie am Ende gar erfrieren muß. Ängstlich wie Mignon Meistern, frag' ich den Roman: Geht's nach Norden oder Süden? Und immer geht's nach Norden, immer tiefer in den Winter, und ich bliebe wie sie zurück, wenn die Kunst der Darstellung mich nicht fesselte, und ich die Universalität nicht ehrte, die auch im Bilden des Gehässigen, vom höheren Impuls getrieben, sich gefällt.“[18] In seiner gleichzeitig mit Börnes Rezension erschienenen Besprechung von Bettinas ‚Briefwechsel mit einem Kinde‘ hat Görres den knappen Grundriß des ‚Aurora‘-Aufsatzes von 1804 zu einer breitausladenden, barock-allegorischen Deutung Goethes und seiner Funktion in der durch ihn als ‚Kaiser‘ beherrschten Zeit erweitert. Die Argumentation ist im Kern die gleiche geblieben. Goethes ‚Doppelnatur' dokumentiert sich für Görres in seiner Doppelbuhlschaft mit der Frau Prosa und der Frau Poesia. „Es wurde also eine Haushaltung wie bei dem Grafen *Gleichen* und in der ‚Stella', und es ging nicht ab ohne vieles Gezänke der beiden Frauen; aber eine um die andere kam in die Wochen und beschenkte ihn mit Nachkommenschaft. Und es zeigte sich, daß des Vaters Doppelnatur sich unter die beiden Linien der Deszendenz verteilt. Frau Poesia empfing und gebar ihm nämlich Gretchen und Klärchen und Mignon mit dem Harfner als Zwillinge, Iphigenia, Mariane, den Werther, Tasso, die Prinzessin, den Götz und andere viele. Aber neben der *Rachel* sah der Herr auch die triefäugige *Lea* an und machte sie sehr fruchtbar, und sie gebar ihm die Lotte mit dem Albert, den Weislingen, die natürliche Tochter, den Bürgergeneral, den Cagliostro, Stella, Ferdinand, die Therese, Aurelia, den Abbé, Jarno, Lothario und viele andere, deren Namen mir nicht mehr gegenwärtig sind."[19] In diese eingespielte Doppelwirtschaft bricht Bettina als ein ‚seltener Paradiesvogel' ein und entfacht als Inkarnation der romantischen Poesie ein bacchantisches Zauberspiel, mit dem sie den Dichter aus der von ihm mühsam verwalteten doppelten Mesalliance herauszutanzen sucht. „Nun aber hebt sich ein wundersames Spiel. Goldbeschuht, die Kastagnetten zwischen den Fingern schüttelnd, beginnt sie den Zaubertanz, auf und nieder, von der Rechten zur Linken, dann wieder behende sich um ihn im Kreise drehend; überall, wo ihr Fuß hingetreten, bleiben die Lichtspuren von ihm zurück, und wie sie *die* hingleitend in strahlende Lichtfäden ausgezogen und dort die gesponnenen in rechter Ordnung auseinanderlegt, dann querüberschießend mit andern Fäden sie durchwebt und die Maschen in künstlichen Knoten zusammenknüpft, hat sie in kürzester Frist mit leuchtendem Netze ihn umwoben, und er muß sich ihr gefangen geben."[20] Die Gefangenschaft dauert allerdings nicht lange, denn unter des Dichters „kalmierenden Striche besänftigten sich die Wirrgewordenen; Ebenmaß kehrte in alle Lineamente zurück, und sie wurde wieder hellsehend wie zuvor. Wollte das allzusehr bewegte Herz die Mensur verlieren, dann hielt er einen Finger ihm entgegen; ein Funke schlug herüber und der Schlag war wieder geregelt, wie er sollte."[21] Entfesselte Hingabe und Begeisterung wird unter dem ‚kalmierenden Strich' des besonnen bleibenden Dichters zur schönen Form der Kunst. Bettina hat zwar den spröden Dichter aus der Erstarrung wieder gelöst und ‚zum Fluß gebracht', aber nicht für sie, sondern für das ‚tadellose Gedicht', das aus dieser Berührung erwächst. „So gewinnt unter seiner kunstreichen Hand, indem das ungestüm Vordrängende sich temperiert, jedes sein rechtes Maß, er selber aber fühlt wohltätig von der Wärme sich berührt und durch sie wieder zum Fluß gebracht, von innerer Herbigkeit und Spröde sich befreit. Dem allem zum Zeugnisse stehen die mancherlei Sonette da, die aus diesem Verhältnis aufgeblüht; was sie in der Begeisterung in ihren Briefen hingegossen, das hat er in lindem Druck des Fingers mit geschmeidiger Form umschrieben, und so ist es zum tadellosen Gedicht geworden, das wie eine lebendige Blume im Dichtergarten blüht."[22]

Auch Görres' allegorische Abhandlung ist, wie Börnes Rezension, eine Apologie Bettinas auf Kosten Goethes. Bettinas Bruder Clemens teilte diese Auffassung, wenn er im Herbst 1834, nach Lektüre des Manuskripts des ‚Briefwechsels' an seine Schwester schreibt: „Goethe ist mir durch seine Behandlung dieses Verhältnisses eben nicht mehr geworden, ich darf diese Weise nicht für die wahre auslegen! – Sein Genie erscheint mir arm gegen das Deiner Liebe, Du hast die ganze Musik und auch die bildende Kunst vor ihm voraus, wie viel Du Herz mehr hast, weiß Gott. [...] Dein Buch ist mir lieber als alle Goethische Poesie samt und sonders. [...] Du hast Goethens Herz nicht besiegt mit Deiner Liebe, aber seinen Genius hast Du erbleichen macht [sic]!"[23] Poesie, Herz, Liebe, Gemüt, Phantasie und Begeisterung versus Prosa, Maß, Form, Distanz, Besonnenheit und Kunst: das ist der Tenor der romantischen Goethekritik, die bei Börne im politischen Gewand wiederkehrt. Die Analogie reicht jedoch noch weiter. Börnes Kritik an Goethe, er habe „weder Sinn noch Geist für edle Liebe" gehabt, er „verstand ihre Sprache nicht, noch ihr stummes Leiden", kulminiert in einer schonungslos scharfen Verurteilung der ‚Sinnlichkeit' der Goetheschen Liebesdarstellungen: „Die Liebe, die er begriff, die ihn ergriff, das war die gemeine, jenes Herzklopfen, das aus dem Unterleibe kömmt; und selbst in dieser galt ihm nur geliebt *werden*, lieben galt ihm nichts. Abends, wenn Goethe müde war vom Stolze, ward er eitel sich auszuruhen. Man mustere die liebenden Paare, die durch seine Dichtungen streichen, loses Gesindel, das in alten Reichsstädten dem Konsistorium zugefallen wäre. Die glückliche Liebe ist ein Verbrechen, die unglückliche ein verbrecherischer Wunsch, Sinnlichkeit, Eitelkeit, Heuchelei mit Stickereien von blumigen Redensarten als Schleier darüber. Seine geliebten Frauen sind Mätressen, seine geliebten Männer Günstlinge und bezahlt. Die Liebeswirtschaft in ‚Wilhelm Meister' hätte die Polizei keinen Tag geduldet, wären nicht Barone und Gräfinnen dabei im Spiele gewesen."[24] Auch diese denunziatorische Passage ist frühromantischen Ursprungs. Ihr Prototyp ist wiederum Novalis' ‚Wilhelm Meister'-Kritik, in der es heißt: „Er [Goethe] macht die Musen zu Komödiantinnen, anstatt die Komödiantinnen zu Musen zu machen. Es ist ordentlich tragisch, daß er den Shakespear in diese Gesellschaft bringt. Avanturiers, Komödianten, Mätressen, Krämer und Philister sind die Bestandteile des Romans. Wer ihn recht zu Herzen nimmt, liest keinen Roman mehr."[25]

Heine hatte so Unrecht nicht, wenn er in seiner Börne-Denkschrift von 1840 den deutschen Republikanern vorwarf, ihnen fehle „die Majestät der Genußseligkeit, die nur bei bewußten Göttern gefunden wird".[26] Ein solcher Gott im heidnisch-griechischen Sinne war für Heine seit den ‚Reisebildern' Goethe, die Verkörperung des Hellenischen inmitten einer kranken, zerrissenen Zeit. Dem „lebensheiteren, entfaltungsstolzen und realistischen Wesen" der Hellenen steht in der bekannten Heineschen Typologie die „asketische, bildfeindliche, vergeistigungssüchtige" Haltung des Nazareners gegenüber. Für Heine war auch Börne „ganz Nazarener, seine Antipathie gegen Goethe ging unmittelbar hervor aus seinem nazarenischen Gemüte, seine spätere politische Exaltation war begründet in jenem schroffen Ascetismus, jenem Durst nach Märtyrertum, der überhaupt bei den Republikanern gefunden wird, den sie republikanische Tugend nennen und der von der Passionssucht der früheren Christen so wenig verschieden ist".[27] Der Zweikampf, den Börne mit Goethe führte, war für Heine jenem Zweikampfe vergleichbar, „welchen der jüdäische Spiritualismus gegen hellenische Lebensherrlichkeit führte, ein Zweikampf, der noch immer nicht entschieden ist und vielleicht nie ausgekämpft wird: der kleine Nazarener haßte den großen Griechen, der noch dazu ein griechischer Gott war".[28] Ohne der Versuchung einer allzuglatten Verallgemeinerung zu erliegen, könnte man den Gegensatz der Goetherezeption Heines und Börnes auch als den Gegensatz von klassischer und romantischer Kunstauffassung definieren, mit jenen Einschränkungen allerdings, die wir bei der Analyse von Heines Position im vorangegangenen Kapitel gemacht haben.

War die Goetheopposition des Jungen Deutschlands spätestens mit Gutzkows ‚Wendepunkt'-Schrift von 1836 in die Bahnen einer neuen Goethenachfolge umgeschwenkt, so wird sie mit der Politisierung und Radikalisierung der Vormärzliteratur nach 1840 aufs neue aktualisiert. Für Georg Herwegh ist sie in seinem Aufsatz ‚Die Literatur im Jahre 1840' eine der drei Säulen, auf denen die neue Literatur aufruht: „Die neue Literatur ist ein Kind der Juliusrevolution. Sie datiert von der Reise Börnes nach Frankreich, von Heinrich Heines Reisebildern. Sie datiert *von der Opposition gegen Goethe.*"[29] Auch wenn Herweghs Stellung zu Goethe nicht eindeutig ist und er zwischen dem ‚Aristokraten' Goethe und dessen Poesie unterscheidet,[30] so steht doch für ihn mit seinem Vorbild Börne fest: „Goethe war kalt, indifferent, er sympathisierte nur mit der Ewigkeit, nicht auch mit der Zeit, die ein integrierender Teil von jener ist. Und die Zeit forderte Sympathien. Nur wer ihr diese bewies, wurde von ihr auf den Schild gehoben."[31] Als Zeitpoesie und Zeitgedicht will auch die politische Lyrik des Vormärz verstanden sein. Ein zentrales Moment ihrer immanenten Poetik wird die Auseinandersetzung mit einer Lyrik, die den Ansprüchen der Zeit ausgewichen, ihnen nicht gerecht geworden ist. Ihr Prototyp ist Goethe und die Klassik, deren kritische Rezeption sich im Vormärz von der theoretischen Auseinandersetzung ins Gedicht, in die innerlyrische Antithetik verlagert. So heißt es im 14. Sonett im ersten Teil von Herweghs ‚Gedichten eines Lebendigen' von 1841:

Die große Zeit zertrümmerte die Flöte
Sie braucht Posaunen und den tiefsten Basso,
Und schwarze Nacht, statt milder Abendröte.

Die Losung ist nun Dante und nicht Tasso.
Was sollen uns noch Schiller oder Goethe?
Was soll uns gar der Pascha Semilasso?[32]

Das bekannteste, gewissermaßen klassisch gewordene Beispiel einer polemischen Abgrenzung der politischen Vormärzlyrik von Goethe und einer durch ihn vertretenen apolitischen Dichtungsauffassung ist Hoffmann von Fallerslebens Gedicht ‚Ein Lied aus meiner Zeit' vom Juni 1842:

Ein politisch Lied, ein garstig Lied!
So dachten die Dichter mit Goethen
Und glaubten, sie hätten genug getan,
Wenn sie könnten girren und flöten
Von Nachtigallen, von Lieb und Wein,
Von blauen Bergesfernen,
Von Rosenduft und Lilienschein,
Von Sonne, Mond und Sternen.

Ein politisch Lied, ein garstig Lied!
So dachten die Dichter mit Goethen
Und glaubten, sie hätten genug getan,
Wenn sie könnten girren und flöten –
Doch anders dachte das Vaterland:
Das will von der Dichterinnung
Für den verbrauchten Leiertand
Nur Mut und biedre Gesinnung.

Ich sang nach alter Sitt und Brauch
Von Mond und Sternen und Sonne,
Von Wein und Nachtigallen auch,
Von Liebeslust und Wonne.
Da rief mir zu das Vaterland:
Du sollst das Alte lassen,
Den alten verbrauchten Leiertand,
Du sollst die Zeit erfassen!

Denn anders geworden ist die Welt,
Es leben andere Leute;
Was gestern noch stand, schon heute fällt,
Was gestern nicht galt, gilt heute.
Und wer nicht die Kunst *in* unserer Zeit
Weiß *gegen* die Zeit zu richten,
Der werde nun endlich beizeiten gescheit
Und lasse lieber das Dichten![33]

Auch der junge Demokrat und Börne-Anhänger Gottfried Keller hat sich mit seinem Sonett ‚Den Göthe-Philistern' von 1845 an der Auseinandersetzung der Vormärzlyriker mit Goethe beteiligt:

„Nur Ordnung, Anmut!" tönt es immerdar.
Wer spricht von Ordnung wo die Berge wanken?
Wer spricht von Anmut während die Gedanken
Noch schutzlos irren mit zerrauftem Haar?

Noch kämpfen wir, durchringend Jahr um Jahr,
Noch tut uns not ein scharf, ob unschön, Zanken,
Durch dieses Zeitenwaldes wirre Ranken
Lacht eine Zukunftsau' uns noch nicht klar.

Und Goethe ist ein Kleinod, das im Kriege
Man still begräbt im untersten Gewölbe,
Es bergend vor der rauhen Feindeshand:

Doch ist der Feind verjagt, nach heißem Siege
Holt man erinnerungsfroh hervor dasselbe
Und bringts zum Ehrenplatz an seine Wand.[34]

Unter dem neuen Titel ‚Die Goethe-Pedanten' hat Keller das Gedicht leicht verändert in die Ausgabe seiner ‚Gesammelten Gedichte' von 1883 übernommen. Im goethefrommen Kontext des neuen Reiches mußte die Wiederveröffentlichung dieses Textes wie das unnötige Vorzeigen einer Jugendsünde wirken. Der Herausgeber des Goethe-Jahrbuchs, Ludwig Geiger, bat dann auch den Schweizer Dichter um nähere Aufklärung, die dieser im Brief vom 11. März 1884 gab: „Das Sonett ‚Goethe-Pedanten' ist in vormärzlicher Zeit entstanden und gehört lediglich zu den Protesten gegen die damalige Flucht stabiler Kreise, die doch nicht für geistlos gelten wollten, vor dem Wehen der Zeit und hinter den Namen Goethes. Ich habe das Sonett nur noch als historisches Denkmälchen aufgenommen. Es rangiert zu anderen Stimmungen und Symptomen damaliger Zeit, welche in noch roherer Form aufgetreten sind."[35]

Heinrich Heines Beitrag zur lyrischen Goethedebatte des Vormärz ist sein Gedicht ‚Die Tendenz' von 1842:

Deutscher Sänger! sing und preise
Deutsche Freiheit, daß dein Lied
Unsrer Seelen sich bemeistre
Und zu Taten uns begeistre,
In Marseillerhymnenweise.

Girre nicht mehr wie ein Werther,
Welcher nur für Lotten glüht –
Was die Glocke hat geschlagen,

Sollst du deinem Volke sagen,
Rede Dolche, rede Schwerter!

Sei nicht mehr die weiche Flöte,
Das idyllische Gemüt –
Sei des Vaterlands Posaune,
Sei Kanone, sei Kartaune,
Blase, schmettre, donnre, töte!

Blase, schmettre, donnre täglich,
Bis der letzte Dränger flieht –
Singe nur in dieser Richtung,
Aber halte deine Dichtung
Nur so allgemein als möglich.[36]

Heines Gedicht ‚Die Tendenz' ist ein verschlüsselt-ironischer Beitrag zur lyrischen Goethedebatte, der lange naiv im Sinne einer planen Parteinahme für die Posaune und gegen die Flöte gelesen worden ist, dessen Pointe sich jedoch erst auf dem Hintergrund von Heines Polemik gegen das leere deklamatorische Pathos der vormärzlichen Tendenzdichtung enthüllt.[37] In diesem Sinne gelesen decouvriert Heines Gedicht vielmehr die von der politischen Vormärzlyrik zum Credo erhobene falsche Antithese von epigonaler Goethenachfolge einerseits und rhetorisch überdonnerter Allgemeinheitslyrik andererseits, der er in ‚Doktrin' meisterhaft den Kontrapunkt einer Synthese von politischem Engagement und Goetheschem Sensualismus entgegensetzt:

Schlage die Trommel und fürchte dich nicht,
Und küsse die Marketenderin!
Das ist die ganze Wissenschaft,
Das ist der Bücher tiefster Sinn.[38]

Die Rezeptionsgeschichte der politischen Vormärzlyrik in Deutschland nach der gescheiterten 48er Revolution ist bekannt. Der Kampf der Theoretiker des sich jetzt formierenden Frührealismus galt primär den sogenannten ‚Märzpoeten', wie Julian Schmidt in einem Aufsatz in den ‚Grenzboten' 1850 die politische Vormärzlyrik abschätzig nennt.[39] Weniger bekannt ist es, daß es ein ehemaliger Parteigänger Heines und Börnes war, der die Abkehr von der politischen Vormärzlyrik mit der programmatischen Restaurierung des Goetheschen Gedichts als des Archetyps vollkommener Lyrik schlechthin verbunden hat: Viktor Hehn. Seine während seiner Dorpater Zeit als Lektor im Sommer 1848 gehaltenen Vorlesungen über Goethes Lyrik, das Seitenstück zu der im Sommer 1851 gehaltenen über ‚Hermann und Dorothea' und wie diese erst nach Hehns Tod aus seinem Nachlaß veröffentlicht, ist das eigentliche Manifest einer Renaissance der Goetheschen Lyrik als dem Gegenmodell zur politischen des Vormärz.[40] Hehn hat größere Teile der Vorlesungen noch für den Druck überarbeitet. Dieser Überarbeitung sind längere Passagen der ursprünglichen Fassung zum Opfer gefallen, die der Herausgeber, Eduard von der Hellen, dankenswerterweise in den Anmerkungen zu der von ihm besorgten Nachlaßedition mitgeteilt hat. Sie gewähren einen ungemein aufschlußreichen Einblick in die Vorgeschichte des späteren konservativen und antisemitischen Denunziators der „zwei klugen, mit scharfer Witterung begabten Gnome" Heine und Börne.[41] In der ursprünglichen Fassung der Lyrikvorlesung heißt es u. a.: „Heine hat nebst Börne am meisten dazu beigetragen, wenn überhaupt freie und frische Regungen den deutschen Volkskörper durchziehen. Er war in der Restaurationszeit ein Retter Deutschlands: er und Börne riefen mit der Stimme des Jahrhunderts in die Ohren des behaglich ausgestreckten und in altorientalische und altmittelalterliche Finsternisse versunkenen deutschen Michels."[42] Der überarbeitete Text hält an der Bedeutung der politischen Lyrik des Vormärz als einer neuen, gegenüber dem Epigonentum der nachgoetheschen Lyrik eigenständigen Form fest: „Die *neueste politische Lyrik* [...] scheint die erste neue Form, die seit Goethe und Schiller versucht worden ist: sie scheint die Blume eines ganz anderen Himmelsstriches. Auf Goethes Leier findet sich dieser Ton nicht, wenigstens nicht in dieser reinen Absonderung, ebensowenig auf Schillers."[43] Der ‚neuesten politischen Lyrik' stellt Hehn den ‚humanen Universalismus' der deutschen Klassik Goethes und Schillers gegenüber, auf den jede politische Partei Berufung einlegen kann, da in ihm „alles bejaht und alles in seiner Einzelnheit wieder verneint" wird. So ist Goethe „konservativ, indem er die ewig wiederkehrenden Naturelemente der Menschheit darstellend bestätigt, er ist progressistisch, indem er allem Edlen und Hohen Raum schaffen und das echt Menschliche dem Drucke jeder Satzung entziehen will. Aber politischer Dichter, insofern man darunter einen Dichter versteht, der in Haß und Liebe die Leidenschaften der politischen Momente teilt, ein solcher ist er nicht."[44] Hehn stellt die entscheidende Frage, die die Theoretiker der politischen Dichtung, Robert Prutz, Arnold Ruge u. a., kurz zuvor auf die Tagesordnung gesetzt hatten: „ist dies Verhältnis unsrer Dichter zur Politik ein ewiges Kunstgesetz, oder ist es eine Schranke ihrer Dichtung, die aufgehoben werden soll?"[45] Seine Antwort ist eindeutig: „Wie der Dichter nicht belehren noch bessern will, so will er mit seinem Gesange auch durchaus nicht politisch wirken. Alle praktische Wirksamkeit hebt den reinen Frieden der Kunst auf, der es nicht auf die Existenz, sondern auf den Schein, nicht auf die Zwecke der gebundenen wirklichen Welt, sondern auf die freie Gesetzmäßigkeit ihrer eigenen idealen Welt ankommt. Ein Kunstwerk mit politischer Tendenz ist ein Unding."[46] Hehn hätte sich in diesem Zusammenhang auf eine von Eckermann überlieferte Äußerung Goethes berufen können, die in der Folgezeit immer wieder gegen die politische Dichtung angeführt und ausgespielt worden ist: „Ein politisches Gedicht ist überhaupt im glücklichsten Falle immer nur als Organ einer einzelnen Nation und in den meisten

Fällen nur als Organ einer gewissen Partei zu betrachten; aber von dieser Nation und dieser Partei wird es auch, wenn es gut ist, mit Enthusiasmus ergriffen werden. Auch ist ein politisches Gedicht immer nur als Produkt eines gewissen Zeitzustandes anzusehen; der aber freilich vorübergeht und dem Gedicht für die Folge denjenigen Wert nimmt, den es vom Gegenstand hat.“[47]

Mit Viktor Hehns Vorlesungen ‚Über Goethes Gedichte‘ ist die Rezeptionsgeschichte des Dichters bereits in den Bereich des programmatischen Frührealismus eingetreten. Der von der politischen Lyrik des Vormärz relativierte und strittig gemachte Alleinvertretungsanspruch der Goetheschen Lyrik wird von Hehn unter Berufung auf die klassische Ästhetik erneut wieder eingeklagt. Ganz im Sinne der Rückzugsideologie der berühmten ‚grünen Stellen‘ in Vischers ‚Ästhetik‘ wird der Dichter auf die „wiederkehrende Grund- und Naturform menschlichen Zusammenlebens“ verwiesen, nicht auf die „historische Bewegung, die ewig zertrümmert und baut“.[48] Und so war für Hehn Goethe nicht der Dichter einer Bewegungspartei, sondern der „Dichter der Ehe und der Privatexistenz, der Dichter häuslicher Ansiedelung“.[49] Es bleibt ein bemerkenswertes Faktum der deutschen Literaturgeschichte an der Wende einer vor- und einer nachrevolutionären Epoche, daß es ein Adept Börnes und Heines gewesen ist, der diese Diagnose zuerst gestellt und mit seinem Spätwerk, den ‚Gedanken über Goethe‘ von 1887, die Rezeptionsgeschichte Goethes entscheidend in diesem Sinne gelenkt und bestimmt hat!

## 6. Georg Gottfried Gervinus und das Synthesemodell der deutschen Klassik

In der bekannten Besprechung der Literaturgeschichten von August Wilhelm Bohtz und Karl Herzog, die Georg Gottfried Gervinus 1833 in den ‚Heidelberger Jahrbüchern der Literatur‘ veröffentlicht und in der der spätere Historiker der deutschen National-Literatur seine Prinzipien der Literaturgeschichtsschreibung formuliert hat, findet sich folgende Passage über Goethe und dessen Stellung zur nachrevolutionären Wirklichkeit in Deutschland: „Der Gegensatz, den das neue Leben in Deutschland seit der Revolution zu Goethes vergangenen Jahren bildete, war aber auch zu grell, als daß er nicht den energischsten Mann hätte erschüttern sollen. Man denke sich die Lage von Deutschland in jenen friedlichen Jahren der aufblühenden Literatur, in welche die Nation sich ganz versenken durfte, jene gemütliche Ruhe und Toleranz, die Ständeunterschied und Rangwesen nicht stören konnte, man denke hinzu den Zustand von Frankfurt selbst, wo auch alle Ungleichheit aufgehoben war, dann den Aufenthalt in Italien und die ausschließende Beschäftigung mit der Kunst, die es eigen hat, daß sie den Menschen still ruhig und friedlich macht: nun kommt er zurück und findet jene Ruhe in Deutschland aufs ärgste getrübt; die Masse des Volks erregt, da er nur Wohlfahrt von dem wohlgesinnten Beförderer der inneren Zustände hofft; die Aufmerksamkeit auf ganz andere Dinge gerichtet, als ihn grade jetzt am lebhaftesten beschäftigen; das Publikum von Schillers ersten Stücken angesprochen, die ihn dahin zurückzuweisen scheinen, von wo er sich mit so vieler Mühe losgerungen hatte; dazu ward er selbst recht mitten in den Strudel geworfen, indem er die Kampagne nach Frankreich mitmachte. Die Wirkungen dieses jähen Wechsels waren daher außerordentlich. Er ward zurückgezogen, seinen Freunden lästig und beschwerlich, mißmutig über die ‚*Betrügereien* kühner Phantasten und *absichtlicher* Schwärmer' und verwundert über ‚die Verblendung vorzüglicher Menschen bei ihren frechen Zudringlichkeiten', er sah gespensterhaft die greulichsten Folgen, mit Schreck gewahrte er, wie die revolutionären Gesinnungen in edle deutsche Gemüter eindrangen. Er hatte nicht den Mut und nicht die Natur, diesen Begebenheiten fester ins Gesicht zu sehen, er konnte ‚als Dichter den rollenden Weltereignissen nicht nacheilen', er rettete sich vor jedem neuen großen politischen Vorfall in die Kunst, in die Natur, er warf sich in ein anderes Extrem, und dabei war ihm die sittliche oder vaterländische Bedeutung der Begebenheit ganz gleichgültig, wie er denn in den Befreiungskriegen anfing, chinesische Geschichte zu treiben."[1] Man könnte geneigt sein, diesen Abschnitt der jungdeutschen Goethekritik zuzuordnen, wenn man nicht wüßte, daß Gervinus in der gleichen Besprechung dieser Fraktion der Goetheopposition eine entschiedene Absage erteilt hat: „Sie hätten sich des künstlerischen Charakters in Goethe annehmen sollen und daraus das erläutern, was in seinen Schriften von moralischer Seite abstößt, ausgehend von seinem eigenen Grundsatz, daß, wer sittlich wirke, keine seiner Bemühungen verliere, daß aber, wer künstlerisch verfahre, in jedem Werk alles verloren habe, wenn es nicht als ein solches anerkannt wird. Man müßte in ähnlicher Weise [...] seinen politischen Charakter aus den Umständen erläutern und überhaupt jede Forderung an den Dichter ablehnen, die ihn als Dichter nicht angeht."[2]

Mit Gervinus stehen wir am Beginn einer neuen Phase der Goethekritik, die von vielen Zeitgenossen als radikaler und den Nerv des Goetheschen Werkes empfindlicher treffend als die Goetheopposition der Jungdeutschen registriert wurde. Im Vorwort seiner 1836 erschienenen Schrift ‚Ueber den Göthischen Briefwechsel' definiert er seine Position als eine, die sich in gleichem Maße gegen die „wunderliche Goethomanie unserer Tage" wie gegen den „Antigoethianismus" richte. Die Voraussetzung dieser Position eines archimedischen Punktes jenseits der Polarisierungen und Frontstellungen der Goetherezeption der dreißiger Jahre liegt in dem ersten Versuch einer radikalen Historisierung Goethes und Schillers als den Gipfel- und Endpunkten der deutschen Nationalliteratur, deren Geschichte Gervinus zu schreiben begonnen hatte mit dem Ziel, die Deutschen aus dem idealen Reich ästhetischer

Kontemplation heraus und hin zur Wahrnehmung und Realisierung ihrer politischen Interessen durch die gesellschaftlich verändernde Tat zu führen. Im Unterschied zu Heinrich Heine, dessen Proklamation des Endes der ‚Kunstperiode' die produktive Auseinandersetzung mit ihr auf dem Wege der experimentellen Erprobung einer neuen, auf gesellschaftliche Veränderung gerichteten Kunstpraxis nicht ausschloß, ist Gervinus an der Aufrechterhaltung der dialektischen Kontinuität von ‚klassischer' und ‚moderner' Literatur nicht mehr interessiert, da Kunst und Literatur im Rahmen seines aktivistischen Programms einer politischen Neugestaltung der gesellschaftlichen Verhältnisse in Deutschland funktionslos geworden ist. Diese politisch motivierte Suspension des Ästhetischen zugunsten der Forderung des Tages, der klassischen Poesie der Deutschen eine klassische Politik folgen zu lassen, ist die Bedingung der erst durch Gervinus vollzogenen Kanonisierung Goethes und Schillers zum Dioskurenpaar einer deutschen Klassik. Dieses Hinaufkatapultieren beider in den Raum überzeitlicher, kanonischer, d. h. klassischer Geltung konnte erst in dem Augenblick erfolgen, wo ihr Anspruch auf wirkungsgeschichtliche Vermittlung mit der Gegenwart und – wie bei Gutzkow – der Zukunft grundsätzlich in Frage gestellt wurde. Wie aber verträgt sich diese Absolutsetzung Goethes und Schillers, wie sie die berühmte Einleitung zum ersten Band der ‚Geschichte der poetischen National-Literatur der Deutschen' von 1835 vollzieht,[3] mit der z. T. unbarmherzig scharfen Kritik, die Gervinus vor allem an Goethe übt und die viele Goetheaner wie z. B. Varnhagen von Ense als den eigentlichen Beginn der ‚Verdunklung' von Goethes Ruhm empfanden?[4]

Gervinus' Schrift ‚Ueber den Göthischen Briefwechsel' greift noch einmal den seit Pustkuchen und Menzel zum zentralen Thema gewordenen Vergleich zwischen Goethe und Schiller auf und macht ihn zur Achse einer eindringlichen Analyse des Briefwechsels beider. Die antithetische Konzeption ihres Verhältnisses, in der bisherigen Wirkungsgeschichte in vielfältigen Varianten vorgebildet, wird bei Gervinus bis zum Extrem radikalisiert: „Nie hat die Welt vielleicht zwei so total und in aller Hinsicht verschiedene Menschen in so naher und in einer so ganz eigentümlichen Verbindung gesehen."[5] Das Neue des Ansatzes von Gervinus liegt weniger in seiner Charakteristik der gegensätzlichen Naturen beider Dichter – hier folgt er weithin der schon zum Klischee gewordenen Gegenüberstellung des Realisten und des Idealisten, des Dichters der Natur und des Dichters der Geschichte, des geborenen Lyrikers und des geborenen Dramatikers usw. – als in seiner Art der Zuordnung beider zueinander. Wennschon in der Schrift von 1836 noch eine deutlich spürbare Parteinahme für Schiller, den männlichen Dichter der Tat und der Geschichte, gegenüber Goethe, der „das handelnde Leben verachtet",[6] durchschlägt, so ist die Grundtendenz der Bewertung bereits hier auf die Synthese beider gerichtet, die nach Gervinus allererst den Anspruch auf Klassizität gibt. Der Abschnitt über die ‚Gemeinsame Tätigkeit' Schillers und

Goethes im fünften Band seiner Literaturgeschichte (1842)[7] hat diesen Aspekt stärker und ausgewogener als die noch stark polemische Frühschrift herausgearbeitet. Das Fazit der Analyse lautet hier: Nur beide Dichter zusammen repräsentieren die Totalität künstlerischer und menschlicher Möglichkeiten. Gerade ihre Verschiedenheit als Typos drängt auf Vereinigung, die biographisch durch den einzigartigen Kairos ihres zehnjährigen Zusammenwirkens in Weimar gewissermaßen leibhafte Parusie für die Deutschen geworden ist. „Und so durchkreuzen sich die Linien des doppelseitigen Wesens in beiden so vielfach, daß sie uns gleichsam erst in dieser verschlungenen Gestalt ein gemeinsames Ganzes darstellen, an dem wir uns ungetrennt freuen und aufbauen sollen, wie es in der Absicht der Männer selber lag. Wer wollte zwischen beiden wählen! wer die Grundlehre beider, die wir so wiederholt, so nachdrücklich, wie sie sich in ihren Schriften selbst findet, auch in unserer Darstellung wieder und wieder bringen mußten, die Lehre von der vereinten totalen Menschennatur, so blind aus dem Auge lassen! wer möchte das *eine* als das Ausschließliche preisen, da sie selbst uns auf ein Drittes wiesen, das größer ist als beide!“[8] Diese Sätze könnte man als das Gründungsmanifest eines wirkungsgeschichtlichen Klassikbegriffs bezeichnen, auch wenn der Begriff von Gervinus selbst nicht gebraucht wird. Mit seinem Synthesemodell hat Gervinus den Totalitätsanspruch der Weimarer Klassik begründet, die jede nur denkbare Möglichkeit künstlerischer Aussage umgreift und in der jede vorhandene und künftige Polarität künstlerischer Tätigkeit aufgehoben ist. Die gesamte nachklassische Produktion (auch und vor allem die Goethesche!) mußte demzufolge ein Abfall von diesem durch eine glückliche Konstellation einmal erreichten und musterhaft realisierten Ideal sein. Der Junghegelianer Friedrich Theodor Vischer hat sich dieser Auffassung angeschlossen und sie zur theoretischen Basis seiner Angriffe gegen die politische Vormärzdichtung gemacht.[9] In seinem Aufsatz ‚Noch ein Wort darüber, warum ich von der jetzigen Poesie nichts halte‘ von 1844 hat er den Kern von Gervinus' Klassikideologie hervorgehoben: „Den Mittelpunkt unserer letzten poetischen Blüte, das Verhältnis zwischen Schiller und Goethe, hat noch kein Historiker so festgestellt wie Gervinus. Es ist die *erste Kritik* dieser Dichter, welche in unserer Literatur zum Vorschein kam. Er zuerst hat gezeigt, daß Goethe den weniger großen Stoff, die subjektiven Kämpfe der Persönlichkeit, voller in poetische Form umsetzt; Schiller den größeren Stoff, die politischen Kämpfe des handelnden Willens, unvollkommener, und stets mit einem Bruche der Abstraktion zur poetischen Gestaltung bringt.“[10]

Die Reduktion einer deutschen Klassik auf das sogenannte ‚klassische Jahrzehnt‘ der Zusammenarbeit zwischen Goethe und Schiller bedeutete die isolierende und abgrenzende Hervorhebung dieser Schaffensperiode gegenüber dem Frühwerk und – im Falle Goethes – dem Spätwerk beider Dichter. Sie bedeutete zugleich die dem Zwang dieses Synthesemodells inhärente Stilisierung Goethes zum reinen, geschichtsfremden Dichter, dessen universelles

Streben nach Überschreitung des Nur-Ästhetischen in seiner amtlichen Tätigkeit und in seinen naturwissenschaftlichen Forschungen von Gervinus bereits in der Schrift ‚Ueber den Göthischen Briefwechsel' beckmesserisch kritisiert wird.[11]

Das von Gervinus geschaffene Synthesemodell einer deutschen Klassik hat bis in die Gegenwart hinein eine folgenreiche Nachgeschichte gehabt. Noch 1964 heißt es bei Benno von Wiese: „Denn die Synthese der deutschen Klassik ruht auf dem tiefen Gegenatz dieser beiden Naturen [Goethes und Schillers] und seiner Überwindung. Solange uns überhaupt noch ‚Synthese' von Widersprüchen aufgegeben ist, können wir die damals erreichte Leistung nicht entbehren."[12] Früh jedoch auch ist dieser Syntheseformel widersprochen worden. So hat Vischer in unmittelbarer Anknüpfung an und Weiterführung von Gervinus die Synthese Goethe – Schiller durch einen dritten Namen überboten, der als der wahre Klassiker die in Goethe und Schiller verkörperten Gegensätze in *einer* Person vereinige und damit in idealer Weise geeignet sei, als Anknüpfungspunkt einer noch erst zu schaffenden politischen Dichtung der Deutschen zu fungieren: Shakespeare. In Vischers Aufsatz ‚Shakespeare in seinem Verhältnis zur deutschen Poesie, insbesondere zur politischen' von 1844 heißt es: „Goethe hat das Sein, aber der Wille als reine Selbstbestimmung fehlt. [...] Schiller hat den Willen, aber er kann ihn nicht mit dem Sein zusammenbringen, sondern es bleibt bei dem Sollen. [...] Shakespeare aber vereinigt, was Goethe hat, mit dem, was Schiller hat, und füllt aus, was dem letzteren fehlt. Man muß Goethe und Schiller nicht bloß miteinander vergleichen, sondern beide mit Shakespeare, wenn man sie richtig messen will!"[13] So hat auch Gervinus selbst mit seinem vierbändigen Werk über Shakespeare (1849/50) einen Kontrapunkt gesetzt zur Klassik Goethes und Schillers. Im Vorwort zum ersten Band heißt es über den englischen Dichter: „Selbst an unseren eigenen großen Dichtern, an unseren Goethe und Schiller, hat er uns zweifeln gemacht; es ist bekannt genug, daß in einer jungen Schule in Deutschland der messianische Glaube an die Zukunft eines zweiten, deutschen Shakespeare herrscht, der eine größere dramatische Kunst begründen werde als jene beiden."[14] Die Einsetzung Shakespeares in den Rang eines mit Schiller und Goethe konkurrierenden, ja beide übertreffenden Klassikers ist ein wichtiges Moment der nach der gescheiterten Revolution von 1848 sich durchsetzenden realistischen Kunsttheorie. Neben Gervinus und Vischer haben vor allem die Shakespeare-Untersuchungen von Hermann Ulrici[15] und die ‚Shakespeare-Studien' von Otto Ludwig dazu beigetragen, den kanonischen Anspruch der Klassiker Goethe und Schiller durch Berufung auf den sie beide übergipfelnden englischen Dichter zu relativieren, ja in Frage zu stellen. Es hat nicht an Stimmen gefehlt, die gegen diese wertenden ‚Parallelen' polemisch Stellung bezogen haben, so Gustav Rümelin, der in seinen vielbeachteten ‚Shakespearestudien eines Realisten' von 1864 schreibt: „Man muß in der Tat mit Gervinus in einen Fall Mücken seigen, im andern Kamele verschlucken, um mit ihm zu dem Urteil zu gelangen, daß Shakespeare als dramatischer Dichter die Vorzüge von Goethe und Schiller in sich vereinige und doch frei von beider Fehlern sei. Man muß an der Aufgabe der Dichtkunst und an der natürlichen Bedeutung der Worte irre werden, um mit Ulrici zu sagen: Goethe und Schiller, denen die wahrhaft historische Weltanschauung fehle, haben an dem britischen Dichter, der sie besitze, wie an einem Wesen höherer Art hinaufzublicken."[16] In Rümelins Versuch, die kontrastive Antithetik Shakespeare versus Goethe-Schiller zu überwinden, die Eigenart der drei Dichter individuell zu charakterisieren, ohne sie wertend gegeneinander auszuspielen, deutet sich ein historisierendes Beurteilungsverfahren an, das nach 1870 den konstellativen Vergleich Goethe – Shakespeare in zunehmendem Maße bestimmen sollte und in Wilhelm Diltheys typologischer Gegenüberstellung der Schaffensprozesse beider Dichter seinen für diesen Zeitraum charakteristischen methodischen Abschluß erfährt.[17]

Für die Zeitgenossen von Gervinus standen außer Shakespeare noch andere Alternativen zur Hegemonie des Synthesemodells Goethe-Schiller zur Debatte. So schreibt Karl Gutzkow 1859 in seinem Aufsatz ‚Nur Schiller und Goethe?' (1860)[18], daß diese beiden Dichter „zu sehr zwei Begriffe geworden [sind], die sich gegenseitig ergänzen und die volle, von allen Seiten mögliche Betrachtung der Literatur ausdrücken sollen. Diese Allheit bestreiten wir. ‚Schiller und Goethe' drücken nicht das ganze Gebiet des dichterischen Schaffens aus, bezeichnen nicht die Bahnen, in denen allein die deutsche Literatur zu wandeln hat. Es gibt Notwendigkeiten im geschichtlichen Gang unserer Literatur, für welche sich *weder* bei Schiller *noch* bei Goethe der entsprechende Ausdruck findet."[19] Gutzkow nennt als Alternative, um „aus dem Bann des Begriffs ‚Schiller und Goethe' herauszukommen", zwei Namen: Heinrich von Kleist und Jean Paul. Während er Kleist keine Chance einräumt, als Kontrapunkt zu Goethe und Schiller zu fungieren (hier hat ihn die weitere Wirkungsgeschichte gründlich widerlegt!), ist für ihn Jean Paul „in der Tat in gewissem Sinne mehr als Schiller und Goethe der Vater der ganzen neuern Literatur von Bedeutung geworden".[20] Die Einsetzung Jean Pauls als einer dritten, die kanonische Geltung des Doppelgestirns der Weimarer Dioskuren relativierenden Kraft haben wir an früherer Stelle bereits kennengelernt und ihre Nachgeschichte bis in die Gegenwart hinein verfolgt.[21]

Klassik als Synthese von Polaritäten: Gervinus hat dieses von ihm geschaffene Modell an die Stelle der Alternative ‚Goethe oder Schiller' gesetzt. Er konnte dabei auf eine ältere Tradition der Deutungsgeschichte beider Autoren zurückgreifen, die man kennen muß, um den Begriff einer Weimarer Klassik, der lange noch auf die Vorstellung vom Dioskurenpaar Goethe-Schiller fixiert blieb, in seiner Genese zu verstehen.

## 7. Goethe oder Schiller?

Die Rezeptionsgeschichte Goethes ist nicht die monologische und gleichsam eigengesetzliche Entfaltung der Urteile über und der Reaktionen auf nur diesen einen Autor. Sie vollzieht sich spätestens seit Mitte der neunziger Jahre in beständigem Vergleich mit und in wechselnder Konkurrenz zu anderen literarischen Erscheinungen. So ist die zeitgenössische Rezeption bis 1832 durch die Doppelperspektive vieler Rezeptionszeugnisse auf Goethe *und* Schiller gekennzeichnet. Der Schiller-Bezug bleibt auch nach Goethes Tod bis in die Gegenwart hinein eine entscheidende Konstante von Goethes Rezeptionsgeschichte. Die Goethe-Schiller-Polarität wird allerdings schon zu Goethes Lebzeiten, und dann verstärkt nach seinem Tod, durch andere Zuordnungen und Antithesen ergänzt oder ersetzt. So tritt die Rezeption Goethes in Konstellation zur Rezeptionsgeschichte Shakespeares, Jean Pauls, Hölderlins, Kleists, Heines, ein Phänomen, das besonders deutlich die aktuelle Goethediskussion und Goethekritik der Gegenwart bestimmt. Die bisherige Praxis fast ausschließlich autorzentrierter Rezeptionsgeschichtsschreibung, so habe ich bereits an anderer Stelle ausgeführt,[1] hat die Möglichkeiten, die eine konstellativ angelegte Wirkungsgeschichte bietet, weitgehend ungenützt gelassen. Die Rezeptionsgeschichte Goethes konstituiert sich in ständiger Kontrapunktik zu Gegenentwürfen, die seine Geltung und seinen normativen Anspruch relativieren und negieren. Es wird ein wesentliches Ziel unserer Darstellung sein, diese Konstellationen und ihre je eigene Wirkungsgeschichte herauszuarbeiten und in ihren funktionellen Bedeutungen bis in die Gegenwart hinein sichtbar zu machen.

Bereits in Friedrich Schlegels Rezension von Schillers ‚Musenalmanach für das Jahr 1796' heißt es: „*Schiller* und *Goethe* nebeneinander zu stellen, kann ebenso lehrreich wie unterhaltend werden, wenn man nicht bloß nach Antithesen hascht, sondern nur zur bestimmtern Würdigung eines großen Mannes, auch in die andre Schale der Waage, ein mächtiges Gewicht legt".[2] Der gelehrte Kenner der antiken Literatur mag bei diesem Hinweis an Plutarchs Parallelbiographien gedacht haben, ein Werk, das im 18. Jahrhundert außerordentlich populär war. Die erkenntnissteigernde Kraft solcher ‚Parallelen' betont ein Jahrhundert später der Ästhetiker Heinrich von Stein in seinen Vorlesungen über ‚Die Aesthetik der deutschen Klassiker' (1887), wenn er über die Konstellation Goethe – Schiller ausführt: „Die Nebeneinanderstellung Goethes und Schillers läßt das Persönliche in ihnen beiden sichtbar hervortreten. Vielleicht sind solche Nebeneinanderstellungen ein nie gänzlich zu entbehrendes Mittel, um das, was wir hier unter dem Persönlichen verstehen, wirklich vor die Augen zu bringen. [...] Man könnte sagen, wie Farben je nach ihrer Zusammenstellung anders gesehen werden, so sei auch dieses ästhetische Darstellungsmittel ein bewegliches. Je nach der gewählten Nebeneinanderstellung nämlich werden die Gestalten in etwas anderer Kontur und Färbung erscheinen, Goethe z. B. neben Kleist betrachtet, anders als in der Zusammenfügung mit Schiller gesehen werden: Die Erkenntnis-Aufgabe, welche mit solchen Erscheinungen gegeben ist, ist wie ihr lebendiges Wesen, unerschöpflich. Daß nun das Leben selbst in diesem Falle die Zwei-Erscheinung Goethes und Schillers als Tatsache aufstellt, ist schon in Beziehung auf ihr ästhetisches Verständnis als herrliches Geschenk zu schätzen.".[3]

Die für die Konstellation Goethe – Schiller bereits für den Zeitraum bis 1832 charakteristische Alternative zwischen einer antithetischen und einer harmonischen, auf Synthese beider Dichter gerichteten Konzeption ist angelegt in den großen grundsatztheoretischen Deutungsversuchen im letzten Drittel der neunziger Jahre. Die Inthronisation Goethes als ‚Statthalter des poetischen Geistes auf Erden' durch die Frühromantik war verbunden gewesen mit einer gleichzeitigen scharfen Kritik Schillers. Diesem, durch die Brüder Schlegel geschaffenen Deutungsmodell einer antithetischen Rezeptionskonstellation Goethe – Schiller steht das auf den Nachweis der Gleichberechtigung unterschiedlicher Dichterindividualitäten abzielende Deutungsverfahren Wilhelm von Humboldts gegenüber. Auf Humboldt – beiden Autoren eng verbunden als scharfsinniger und ebenbürtiger Partner im Gespräch über literaturtheoretische Fragen, als teilnehmender Beobachter ihrer entstehenden und als erster Interpret ihrer vollendeten Werke – geht die Konzeption Goethes und Schillers als eines harmonisch verbundenen Freundespaares zurück, eine Verbindung, in der jeder der beiden seine scharf profilierte, unverwechselbare Individualität zugewiesen bekommt, ohne daß der eine relativierend und abwertend gegen den anderen ausgespielt wird. Diese Konzeption führt im weiteren Verlauf der Rezeptionsgeschichte Goethes und Schillers zum Synthesemodell der Klassik bei Gervinus und zum Dioskurenmythos in der zweiten Hälfte des 19. Jahrhunderts. Fast symbolisch für diese auf Gleichberechtigung abhebende Polarität Goethe – Schiller in der Deutung Humboldts stehen sich seine gleichzeitig erschienenen großen vermächtnishaften Interpretationen beider Dichter gegenüber, die die Nachwelt zurecht unter die bedeutendsten zeitgenössischen Würdigungen Goethes und Schillers gezählt hat: Die Rezension von Goethes ‚Zweitem Römischen Aufenthalt' (1830) und die unter dem Titel ‚Über Schiller und den Gang seiner Geistesentwicklung' veröffentlichte ‚Vorerinnerung' zu seinem Briefwechsel mit Schiller (1830).[4]

Charakteristisch für die harmonische Konzeption der Polarität Goethe – Schiller ist die vorwiegend auf das ästhetische Moment abzielende Deutung beider Dichter. So polemisiert der anonyme Verfasser der bedeutenden Rezension des ‚Briefwechsels zwischen Schiller und Goethe' in der Zeitschrift ‚Hermes' 1830, zu einem Zeitpunkt, in dem die politisch motivierte antithetische Konzeption bereits an Boden gewonnen hatte, gegen diejenigen, die, „statt die Eigentümlichkeit beider Männer sich klar zu machen und zu forschen, wie gerade diese Eigentümlichkeit eine solche Verbindung erzeugen mußte, Goethe und Schiller in Opposition treten ließen und abwechselnd den einen über den andern erhoben, und dies nicht ohne kleinliche Befangenheit und Parteigeist".[5] Der ‚Hermes'-Rezensent dagegen interpretiert den Briefwechsel als „das lebendigste Dokument einer ganz einzigen Freundschaft, eine Bestätigung dessen, was sie geglaubt, wonach sie geforscht; jene mißtönenden Stimmen werden verstummen müssen oder nicht mehr gehört werden".[6] Grundlage seiner Deutung ist ein apolitischer, rein ästhetischer Dichtungsbegriff: „Vaterland, Freiheit, Religion und Tugend werden immer den von ihnen erfüllten poetischen Genius zu den herrlichsten Dichtungen begeistern, sie werden ein Boden sein, auf dem erquickliche Früchte wachsen; auch durch sie wird der Dichter segensreich wirken. Aber wer durch die Poesie dieselben fördern und verbreiten *will*, der entsagt dem schönen Vorrechte der Dichtkunst, ihrer Freiheit, und macht die zur Dienerin, die Herrin sein sollte".[7] Die Apotheose der Kunst in dieser Rezension ist mit der klassischen Ästhetik Wilhelm von Humboldts identisch, in der Goethe *und* Schiller vereint die Schöpfer eines die Wirklichkeit überwindenden idealen Reichs der Schönheit sind: „Wer aber die Dichtkunst als ein hohes, der Welt vom Schöpfer anvertrautes Gut betrachtet; wer sie als eins der Mittel ansieht, wodurch der Mensch, die Schranken des Irdischen durchbrechend, sich mit dem Höheren, Himmlischen in Verbindung setzt, als ein Organ, vermittelst dessen das Zerstreute und Zufällige, das Gemeine und Widerwärtige der Welt sich zu Harmonie und Schönheit verklärt; wer gefühlt und erkannt hat, wie das Bedürfnis, das Verlangen nach ihr sich alle Jahrhunderte hindurch in den verschiedensten Stimmen der Völker und Geschlechter, bewußt oder unbewußt, ausspricht: der wird die uns gereichte Gabe, in der wir unsere größesten Dichter die Poesie ‚als eine sehr ernsthafte Beschäftigung' treiben sehn, mit Entzücken empfangen und auch uns gern folgen, wenn wir ihren Reichtum und ihre Fülle im einzelnen darzulegen suchen".[8]

Die antithetische Auffassung der Bewertung der Polarität Goethe – Schiller tritt mit den Brüdern Schlegel zuerst in der Form der Kanonisierung Goethes zuungunsten Schillers in Erscheinung, um dann synchron mit der von uns geschilderten Zurücknahme dieser Inthronisation Goethes nach 1806 ins andere Extrem umzuschlagen. Auch wenn man dem Mythos, Schillers Dichtungen hätten wesentlich das Pathos der Befreiungskriege aufbauen helfen, mit Norbert Oellers skeptisch gegenüber stehen mag,[9] so ist dennoch kaum zu leugnen, daß der im Abschnitt ‚Der romantische Protest' analysierte Paradigmawechsel der literarischen Kritik und der ästhetischen Theorie einer Aufwertung Schillers entgegenkam, wie wir sie an zahlreichen zeitgenössischen Zeugnissen ablesen können. Stellvertretend sei hier wiederum Karl Immermann als Zeuge angeführt, der in dem Abschnitt ‚Die Jugend vor fünfundzwanzig Jahren' seiner ‚Memorabilien' schreibt: „In Schiller traf nun aber alles zusammen, was wir begehrten; gleichsam eine historische Sentimentalität wehte uns aus ihm entgegen. Seine voll hinrauschenden Worte prägten sich fast ohne Absicht, sie zu behalten, dem Gedächtnisse ein. [...] Unsere Begeisterung für ihn ging aber bis zur Andacht. Es war uns wunderbar, daß ein solcher Mann hatte sterben können; das Bewußtsein, daß sein Tod erst vor wenigen Jahren erfolgt sei, schärfte noch die mythische Empfindung, von welcher jeder in seinem Privatgeschicke ein Analoges erlebt. [...] So schritt uns Schiller als Schatten noch umher, denn er war ja in der Mitte seiner Laufbahn hinweggerafft worden, und wir sagten uns, daß wir, wenn er das gewöhnliche Lebensalter erreicht hätte, ihn dereinst vielleicht von weitem gesehen haben würden."[10] War die ‚harmonische' Konzeption der Polarität Goethe – Schiller eine genuin ästhetische gewesen, so wird der Burschenschaftler Wolfgang Menzel der Begründer einer die Partei Schillers gegen Goethe ergreifenden politisch-nationalen Ästhetik, die für Heine und das Junge Deutschland auslösende Funktion für ihr eigenes Programm einer Politisierung der Literatur erhalten sollte. In Wolfgang Menzels Aufsatz ‚Göthe und Schiller' aus dem Jahre 1824 heißt es einleitend: „Die Gunst, die eine edle deutsche Fürstin den schönen Künsten widmete, bannte die beiden Männer zuerst in *einen* Kreis, und das große deutsche Publikum sah von dort aus ihren Ruhm, wie den Glanz des Zwillingssgestirns, immer vereint auf sich herableuchten; aber jene wie dieses ahndete wohl kaum, welche feindliche, in ihrer innersten Natur sich widerstrebende Gestirne sie hier für die Dioskuren nahmen."'[11] Scharf wird im Folgenden die Antithetik beider Dichter herausgearbeitet. Während nach Menzel Goethe als der dem Zeitgeist versklavte Proteus „immer mit dem Strome und immer oben wie ein Kork" schwamm, schwamm Schiller „sein Lebenlang gegen den Strom". Während der Egoist und ‚Höfling' Goethe sich ganz unter das Joch des Publikumsgeschmacks beugte, suchte Schiller „niemals sich, seinen Ruhm, sein Glück, die Gunst des Publikums. Er wollte die Menschheit erheben, und sprach fast immer als ein zürnender und strafender Prophet. Die hohen Ideen von Liebe, Freundschaft, Freiheit, Ehre, Vaterland waren es, die ihn umwandelbar begeisterten, und keine niedrige Gesinnung in ihm aufkommen ließen. Wer weiß es nicht, daß alle seine herrlichen Dichtungen diesen Adel der Gesinnung tragen, wenn sie auch oft ein minder gebildetes Talent verraten, als das von Goethe."[12] Das Fazit dieser ‚konstellativen' Goethekritik, die Menzel in der 1828 erschienenen Programmschrift ‚Die deutsche Literatur' ausgebaut und in ihren weiteren Auflagen um neue gehässige Varianten vermehrt hat, lautet: „Goethe befand sich am Hofe in seinem rechten Elemente. Dort hat er sich sein Glück, seine Zufriedenheit, seine Ämter und ihre Titel, und sein langes Leben erholt. Schiller taugte nimmer in die Hofluft und holte sich dort nur den Gram, der ihn früh aufrieb. [Absatz] Goethe benutzte sein Talent trefflich zum Vorteil seines Vermögens. Schillers hoher Geist verachtete die Reichtümer, und er wußte nicht einmal, daß er Tadel verdienen würde, seine Familie in drückender Armut hinterlassen zu haben, während er nur seinem Buchhändler den Grund zu einem unermeßlichen Vermögen hatte legen helfen."'[13]

In diesem Zusammenhang gewinnt jener Passus aus dem Nordsee-Abschnitt von Heines ‚Reisebildern' (1827) an Bedeutung, in dem der Autor eine persiflierend-hintergründige Momentaufnahme der hier dargestellten Problematik gibt: „Der hannövrische Adel ist mit Goethe sehr unzufrieden und behauptet: er verbreite Irreligiosität, und diese könne leicht auch falsche politische Ansichten hervorbringen, und das Volk müsse doch durch den alten Glauben zur alten Bescheidenheit und Mäßigung zurückgeführt werden. Auch hörte ich in der letzten Zeit viel diskutieren: ob Goethe größer sei als Schiller, oder umgekehrt. Ich stand neulich hinter dem Stuhle einer Dame, der man schon von hinten ihre vierundsechzig Ahnen ansehen konnte, und hörte über jenes Thema einen eifrigen Diskurs zwischen ihr und zwei hannövrischen Nobilis, deren Ahnen schon auf dem Zodiakus von Dendera abgebildet sind, und wovon der eine, ein langmagerer, quecksilbergefüllter Jüngling, der wie ein Barometer aussah, die Schillersche Tugend und Reinheit pries, während der andere, ebenfalls ein langaufgeschossener Jüngling, einige Verse aus der ‚Würde der Frauen' hinlispelte und dabei so süß lächelte wie ein Esel, der den Kopf in ein Sirupfaß gesteckt hatte und sich wohlgefällig die Schnauze ableckt. Beide Jünglinge verstärkten ihre Behauptungen beständig mit dem beteuernden Refrain: ‚Er ist doch größer. Er ist wirklich größer, wahrhaftig. Er ist größer, ich versichere Sie auf Ehre, Er ist größer.' Die Dame war so gütig, auch mich in dieses ästhetische Gespräch zu ziehen, und fragte: ‚Doktor, was halten Sie von Goethe?' Ich aber legte meine Arme kreuzweise auf die Brust, beugte gläubig das Haupt und sprach: ‚La illah ill allah, wamohammed rasul allah'."[14] Dieser Abschnitt läßt etwas von der Erwartungshaltung Heines erkennen, in der er wenig später Menzels ‚Die deutsche Literatur' kennenlernen wird. Formuliert schon seine berühmte Rezension des Buches, trotz der in ihr verkündeten Absage an das „Prinzip der Goetheschen Zeit, die Kunstidee",[15] deutlich die Vorbehalte, ja den Protest gegen das Argumentationsmuster der Menzelschen Goethekritik, so wird erst der große Goetheabschnitt der ‚Romantischen Schule' Heines komplexe und bis heute vielfach mißverstandene Stellungnahme zum Menzelschen Antithesenmodell Schiller versus Goethe breit entfalten. Wir haben Heines Antwort auf die in den ‚Reisebildern' mit dem Hinweis auf das mohammedanische Glaubensbekenntnis allzu dilatorisch beantwortete Frage: „Doktor, was halten Sie von Goethe?" bereits ausführlich kennengelernt.

Wer erwarten würde, daß das Antithesenmodell Goethe – Schiller die Auseinandersetzung mit beiden Dichtern im Jungen Deutschland bestimmt hätte, sieht sich getäuscht. Gutzkows Versuch, der Abstraktheit der jungdeutschen Zeitliteratur durch den Vorschlag einer Rückkehr zu Goethes ‚gesundem' Individualismus und Realismus aufzuhelfen, endet mit der Feststellung: „Die Zeit der Tendenz kann beginnen, wenn man über die Zeit des Talentes im reinen ist. Dann kann man auch wieder anfangen, Schiller statt Goethe zu empfehlen."[16] In Heinrich Laubes historisierender Darstellung ‚Schiller und

Goethe nebeneinander' von 1844[17] ist das Bewußtsein einer politischen Antithetik beider Dichter, das noch das Movens von Heines spannungsreichem Lösungsversuch des Problems in der ‚Romantischen Schule' gewesen war, zugunsten des von Gervinus geschaffenen Synthesemodells zurückgenommen und zu einer Denkmalspose geworden, der ein Jahrzehnt später Ernst Rietschel mit seinem Weimarer Doppelstandbild (1857) zum Leben verhelfen sollte: „*Zusammen* sind sie die vollständige Offenbarung deutscher Fähigkeit, und darum nennt man sie zusammen, und drückt mit dem verschlungenen Namen Schiller und Goethe das Höchste und Beste aus, dessen sich Deutschland rühmen kann. [...] Wenn wir sie daher schreiten sehen Hand in Hand, und wie sie die Hände auswärts segnend ausstrecken über Deutschland, so können wir wohl sagen: da kommt die deutsche Poesie leibhaftig, diese Zwillinge sind Deutschlands Genius und Wappen, und es hieße unser Vaterland verstümmeln, wenn man die Hände, welche sie selbst ineinandergelegt, auseinanderbrechen wollte."[18]

Erst die politische Radikalisierung der Vormärzliteratur am Vorabend der 48er Revolution ließ Gutzkows Vorhersage, daß die „Zeit der Tendenz beginnen [kann], wenn man über die Zeit des Talentes im reinen ist. Dann kann man auch wieder anfangen, Schiller statt Goethe zu empfehlen", für kurze Zeit Wirklichkeit werden. Die politische Vormärzlyrik steht nicht in der Nachfolge des Goetheschen Liedes, sondern im Zeichen des Pathos der Schillerschen Gedankenlyrik. Der Theoretiker der politischen Dichtung des Vormärz, Robert Prutz, hat die politische Funktion der Dichtungen Schillers in seinen ‚Vorlesungen über die deutsche Literatur der Gegenwart' (1847) zurückprojiziert in die Darstellung der Situation nach der Schlacht bei Jena und Auerstedt: „Jetzt, wo es galt, das Vaterland vom Abgrund zu retten, wo nur ein letzter, männlicher Entschluß den Untergang abwenden konnte – siehe da, gleich den Dioskuren, schwebend über der Flut, die Namen Schillers und Fichtes! siehe da alle Herzen ihnen zugewandt, alle Seelen erfüllt, alle Geister entbrannt von ihrer Lehre, ihrem Beispiel! [Absatz] Zwar Schiller selbst war nicht mehr unter den Lebenden; ein wohltätiger Tod hatte sein Auge geschlossen, bevor noch der Anblick des Elends, welches gleich darauf hereinbrach, die zartbesaitete Seele des Dichters gewaltsam zerrissen hätte. [Absatz] Noch aber lebten seine Werke, die unsterblichen! noch lebte sein ‚Wallenstein', seine ‚Jungfrau', sein ‚Tell', und hauchten Begeisterung, Mut, Stärke in die gebrochenen Seelen des Volks! Der Ästhetiker zergliedere die poetischen Eigenschaften dieser Werke, er messe ihren Wert, erwäge ihre Vorzüge und Mängel, das Gelungene und das Mißlungene: der Literarhistoriker in unserem Sinne wird hiervon als etwas Untergeordnetem, Nebensächlichem absehen, er wird mehr als den ästhetischen Wert, die historische Wirkung dieser Dichtungen ins Auge fassen, er wird es anmerken und aufzeichnen, welchen Anteil die Schillerschen Werke haben an der Erhebung, der Erstarkung, der Wiederherstellung unseres Volkes, dadurch, daß sie ihm die großen Ideen der

Freiheit und der Sittlichkeit überall gegenwärtig erhielten und daß zu einer Zeit, da alle übrigen Stimmen ängstlich verstummt waren, der Genius Schillers aus seinen Werken, von allen Bühnen, in allen Häusern, das Evangelium der Freiheit predigte."[19] In scharfer Pointierung erfährt das politische Antithesenmodell Goethe – Schiller bei Prutz seine auf die Situation der Vormärzliteratur indirekt bezogene Renaissance, wenn er in der fünften Vorlesung den Goethekult der zwanziger Jahre geißelt: „Hat an Schiller, in der gefährlichsten, verhängnisvollsten Zeit, die Nation sich aufgerichtet, haben seine letzten Werke, seine ‚Jungfrau', sein ‚Tell', ihr zu einem rettenden Kleinod, einem Schatz in der Not gedient: so ist sie [...] an den Altersdichtungen Goethes nur noch mehr gesunken, so sind ihr die letzten Gaben des sterbenden Dichters geworden, was jene Gaben des Glaukos, des schalkhaften Meergottes, den Gefährten des Odysseus wurden: Zaubermittel, die sie der Sinne beraubten und schmähliche Wandelung über ihre Glieder gossen."[20] In seiner Darstellung der zeitgenössischen Wirkungsgeschichte Schillers schreibt Norbert Oellers: „Genauso wenig wie in den Befreiungskriegen hat Schiller in den Auseinandersetzung des Vormärz eine entscheidende Rolle gespielt. Nicht nach seinen Ideen entwickelte sich die Geschichte, sondern die Geschichte reduzierte ihn auf einen Vorkämpfer ihrer Entwicklung. Das Ansehen, das Schiller als politischer Dichter genoß, hat zu seiner Würdigung und seinem Verständnis als Dichter nicht mehr beigetragen als die Begeisterung, die er im Herzen des Volkes erweckte."[21] Auch wenn man der berechtigten Kritik dieser Sätze an falschen Mythenbildungen wird zustimmen können, so muß doch die Frage gestellt werden, ob der Wirkungs- und Rezeptionsgeschichte primär die Aufgabe zukommt, festzustellen, ob die rezeptive Inanspruchnahme eines Autors etwas ‚zu seiner Würdigung und seinem Verständnis als Dichter' beigetragen habe oder nicht. Rezeptionsgeschichte als Funktionsgeschichte eines Autors wird sich nicht am Maßstab einer, wie immer ermittelten, Werkadäquanz orientieren, sondern die Gebrauchsspuren, die ein Werk in der Geschichte hinterlassen hat, auch dort als historisches Faktum ernstnehmen, wo sie dessen ‚Würdigung' und dessen ‚Verständnis' verdunkelt oder im Wege gestanden haben mögen.

Neben dem antithetischen, Schiller gegen Goethe ausspielenden Deutungsmodell begegnen wir früh der auf die Brüder Schlegel zurückgehenden Umkehrform dieses Argumentationsmusters. Es wird zum eigentlichen Credo der sogenannten Goetheaner, wennschon es bei ihnen nicht die Form einer schroffen Antithese annimmt wie bei ihren Gegnern. Charakteristisch für diese Position ist der Vergleich, den Adam Müller in seinen ‚Vorlesungen über die deutsche Wissenschaft und Literatur' von 1806 anstellt: „Schillers Werke streben nach der *Höhe,* Goethes Werke hingegen nach der *Mitte,* in der Höhe und Tiefe sich vereinigen. Schiller schweift mit nie befriedigter Sehnsucht planetarisch um sein Ideal her: bei Goethen ist Kunst, Leben und Ideal eins; die andern müssen alle ihm, dem Mittelsten, die Sonnenseite zuwenden. Keins der Schillerschen Werke kann Autorität für sich werden; seine trübe Sentimentalität haucht alle Orakel der Schönheit, die von seinem Munde ausgehen, wieder fort: vertieft in die Philosophie des großen Gedankens, den er aussprechen will, verbleichen die Worte, die Personen, die endlichen Gestalten, die das Ewige ausdrücken sollen, ihm unter den Händen: eine bestimmte Sache, eine fixierte Allegorie der Liebe, des Glaubens, der Religion hat er im Auge; er verrät sie bald durch eine glücklich ausgedrückte Sentenz; immer abstrakter, absolut-idealischer werden Begebenheit und Helden, und weil er sie in eine bestimmte höhere Region hinauftragen wollte, vermag er sie dort nicht zu halten: das Werk versteinert sich und bleibt als stolzer, aber unvollendeter Palast, als Mausoleum, als Denkmal einer erhabenen Absicht zurück. Autorität sollen und dürfen seine Werke nicht sein: aber eine überaus lehrreiche Schule der Kunst für alle Zeiten und unter allen Zuständen."[22] Ganz im Sinne von Adam Müllers Warnung, daß Schillers Werke keine Autorität sein sollen und dürfen, argumentiert auch der junge Eckermann in seiner streitbaren, apologetisch für Goethe eintretenden Frühschrift ‚Beyträge zur Poesie mit besonderer Hinweisung auf Goethe' (1824). Goethe und die Griechen sind für den jungen Eckermann die vorbildhaften Muster schlechthin. „Die studiere man, denen strebe man nach. Schiller hingegen, so groß er übrigens sein mag, ist dem angehenden jungen Dichter als Vorbild gefährlich. Die überall hervortretende bedeutende Persönlichkeit führt weniger zum Ursprünglichen, Natürlichen hin, als davon ab; die immer gleich prachtvoll tönende Sprache wird in den Schüler übergehen, er wird ihn nachahmen."[23] Eckermann orientiert sich zur Kennzeichnung der auf Gegenständlichkeit und Objektivität gerichteten Dichtungen Goethes an dessen Stilbegriff. Schiller dagegen ist der Dichter der Manier, die man, wie es bei Eckermann wörtlich heißt, „egoistisch, das Eigentümliche des Gegenstandes zerstörend nennen" kann.[24] Schillers Dichtung wird so zum Gegenpol zu derjenigen Goethes, und deren Nachahmung erscheint Eckermann um so gefährlicher, als hier eine große Persönlichkeit einem grundsätzlich verfehlten dichterischen Verfahren den Schein des Bedeutenden und die Würde der Größe verleiht. An anderer Stelle habe ich nachzuweisen versucht, daß die Voreingenommenheit Eckermanns gegen Schiller sich in der leicht polemischen Einfärbung der Aussagen, die Goethe in den vom ihm aufgezeichneten „Gesprächen" über Schiller macht, wiederfindet.[25] Nicht von dieser Einfärbung betroffen allerdings dürfte die unter dem 12. Mai 1825 von Eckermann notierte Bemerkung Goethes sein, in der dieser selbst lakonisch zu dem hier behandelten Problem ‚Goethe oder Schiller' Stellung nimmt: „Nun streitet sich das Publikum seit zwanzig Jahren, wer größer sei: Schiller oder ich, und sie sollten sich freuen, daß überall ein paar Kerle da sind, worüber sie streiten können."[26]

Zahlreich sind die Versuche, die Polarität oder Konstellation Goethe – Schiller nicht nur im Hinblick auf die Persönlichkeit und das Werk beider

Autoren zu charakterisieren und zu bewerten, sondern auch in Bezug auf das ihnen jeweils spezifisch zugeordnete Publikum. Hermann Marggraff benennt in einer diesbezüglichen Charakteristik aus dem Jahre 1839 knapp und eindringlich einige der wichtigsten Topoi einer solchen Publikumstypologie, wenn er schreibt: „Schiller hat die Jünglinge und Jungfrauen samt und sonders für sich, das flache Land, die Städte in den Provinzen, die Enthusiasten, die Reinen, denen nur das Reine rein ist; Goethe die Geistreichen, die über Vorurteile erhabene Gesellschaft, deren Mitglieder häufig bis zu einem Grade rein sind, daß für sie das Unreine sogar rein ist; er hat für sich den Salon, das Katheder, das emanzipierte Sofa, die junge und alte Blüte der Hauptstädte. Es gehört eine höhere Stufe der Bildung, eine tiefere Einsicht in den Kern der poetischen Dinge dazu, um Goethe als Schiller zu genießen und zu würdigen. Goethes Publikum besteht aus Selektanern, Schiller wird bereits von Quartanern, wenigstens in seiner äußeren pomphaft idealistischen Erscheinung erfaßt, gelesen, bewundert und herunterdeklamiert."[27] In der Fülle der einschlägigen Urteile über das unterschiedliche Publikum, das beide Dichter in Deutschland gefunden haben, läßt sich *ein* entscheidender Gegensatz immer wieder finden: Schiller sei der Dichter des Volkes, Goethe der Dichter einer kleinen, aristokratischen Elite. In seinem ‚Offenen Sendschreiben' an den Goethe-Ausschuß der Stadt Frankfurt hat Karl Gutzkow 1837 gegen den Plan, dem Dichter hier ein Denkmal zu errichten Einspruch erhoben mit dem Argument, daß er die Absicht nicht billige, „Goethe in die freie Luft zu stellen, ihn den Blicken der Menge preiszugeben und ihn dem Volke, das Goethe nie geliebt hat, gleichsam aufzudrängen",[28] Goethe, so argumentiert Gutzkow, „wird nie ein Heiliger des Volks werden. Er wird der Masse, die ihn nicht gelesen hat oder die ihn nicht versteht, immer gleichgültig bleiben".[29] Schiller dagegen „kann in der Allee stehen, aber Goethe kann es nicht." „Theseus, Schiller gehören ins Freie, in unsere Straßen, an öffentliche Plätze, wo man Äpfel und Birnen an dem eisernen Gitter rund herum feilbieten mag; aber Goethes innerstes Wesen verlangt eine Grotte, eine Kapelle, einen Kultus der Eingeweihten."[30] Auf Gutzkows Unterscheidung der Goethe und Schiller jeweils spezifisch zugeordneten Rezeptionsform findet die Benjaminsche Trennung von Kultwert und Ausstellungswert des Kunstwerkes Anwendung, wie er sie in seinem Reproduktionsaufsatz entwickelt hat. „Der Kultwert als solcher", so heißt es hier, „scheint heute geradezu daraufhinzudrängen, das Kunstwerk im Verborgenen zu halten: gewisse Götterstatuen sind nur dem Priester in der cella zugänglich, gewisse Madonnenbilder bleiben fast das ganze Jahr über verhangen, gewisse Skulpturen an mittelalterlichen Domen sind für den Betrachter zu ebener Erde nicht sichtbar. *Mit der Emanzipation der einzelnen Kunstübungen aus dem Schoße des Rituals wachsen die Gelegenheiten zur Ausstellung ihrer Produkte.* Die Ausstellbarkeit einer Portraitbüste, die dahin und dorthin verschickt werden kann, ist größer als die einer Götterstatue, die ihren festen Ort im Innern des Tempels hat."[31] Goethe wäre, dieser späteren Argumentation zufolge, der Vertreter einer ‚auratischen', Schiller hingegen derjenige einer ‚nichtauratischen' Dichtungsform. Es bleibe dahingestellt, ob diese Unterscheidung ein zutreffendes und tragfähiges Fundament sein kann zur Kennzeichnung der für beide Autoren spezifischen Rezeptionsform. Historische Tatsache jedenfalls ist es, daß Goethes ‚Jubelfeier' 1849 eher dem von Gutzkow ihm als angemessen zugeordneten ‚Kultus der Eingeweihten' glich, während das zehn Jahre später stattfindende Jubiläum des anderen der beiden Dioskuren zum Ausstellungsspektakel par excellence wurde, das ganz Deutschland auf die Beine brachte.

Der Begeisterungstaumel des Jubiläumsjahres 1859 ließ ein einseitiges Licht auf das Doppelstandbild unserer Klassiker fallen, wodurch die Figur Goethes zeitweilig hinter der des volkstümlichen Schiller in den Schatten trat. Das änderte sich spätestens nach 1870. Jetzt trat Goethe wieder eindeutig in den Vordergrund des Interesses und der Verehrung der nun zur Nation vereinten Deutschen. Diese Akzentverlagerung steht in einem unmittelbaren Zusammenhang mit der Entpolitisierung der Rezeptionsgeschichte beider Dichter im neuen Reich, durch die Schiller, dessen hundertjähriges Jubiläum „zu den gewaltigsten politischen Demonstrationen, die in Deutschland jemals geduldet wurden",[32] gehörte, das an Kurswert verlor, was der als unpolitisch geltende Goethe gewann. Trotz der sich abzeichnenden Kanonisierung des ‚Olympiers' Goethe zum ersten Dichter der Nation, blieb der Dioskurenmythus jedoch auch im neuen Reich der Kern der Klassikideologie in Deutschland. So spricht der Schriftsteller und Literaturwissenschaftler Alfred Klaar 1898 von dem „Doppelwesen Goethe und Schiller", in dem sich für die Deutschen ihr kultureller Überbau schlechthin verkörpere: „Wenn aber der Deutsche Goethe und Schiller sagt, so denkt er an den ganzen Bildungsschatz seines Volkes, nicht an zwei, sondern an Eines, das für den ganzen Kreis seiner höhern Interessen typisch ist und das er sich nicht entreißen lassen will. Diese Vorstellung ist längst auf fremde Völker übergegangen; die ehrliche Bewunderung deutscher Kultur hat sich an diese Namen wie an einen Sammelnamen geheftet, und der längst stumpf gewordenen Spott, der einst die ideologischen Triumphe der Deutschen heraushob, um im Abstich ihre politischen Schwächen um so greller zu zeigen, lief häufig genug auf den Ausspruch hinaus: die Deutschen haben nichts als Goethe und Schiller. In den breiteren Schichten unseres eigenen Volkstums aber gebraucht man Goethe und Schiller wie ein einziges Wort, um alles dasjenige zu bezeichnen, wodurch sich der Mensch über die gemeine Notdurft des Daseins zu einer höheren Anschauung des Lebens emporarbeiten kann".[33] Das von Wilhelm von Humboldt begründete und von Gervinus theoretisch ausgeführte Synthesemodell einer auf der Polarität und Versöhnung von Gegensätzen beruhenden, an die Namen von Goethe und Schiller geknüpften Klassik hat in Alfred Klaar um die Jahrhundertwende noch einmal einen beredten Popularisator gefunden: „Bei jedem Schritt aus der Enge unseres täglichen Daseins, bei jeder Betrachtung die über den engsten egoistischen Interessenkreis hinausgreift, kommt uns das vorarbeitende, erlösende Wort Schillers oder Goethes zu Hilfe. Und an der eigenen Entwicklung fühlen wir das Lebendige, das uns die große Zeit hinterlassen hat. Überall, wo wir uns als Gemeinschaft fühlen, die ein über allen Einzelinteressen schwebender Zweck zusammenhält, stellt sich bindend und festigend das Wort Schillers ein, und überall, wo ein sittlicher Konflikt auf den Schwächen des Volkes, auf den verbesserungsbedürftigen Einrichtungen des Staates und der Gesellschaft beruht, treten Schillers begeisterte Mahnungen auf unsere Lippen. Und immer wieder, wenn wir uns fast erschauernd als einzelne im Weltganzen fühlen, wenn wir gleichsam allein mit der Schöpfung, mit einem Gemisch von furchtbarem Bangen und grenzenloser Ehrfurcht der unfühlenden Natur gegenüberstehen, tritt Goethe an uns heran, um uns zu sagen: ‚Du bist daheim in diesem Ungeheuern'. Und in allen Lebenslagen, in denen die Forderungen der Natur mit den anerkannten Zwecken der Gesellschaft in Zwist zu geraten scheinen, sei es, daß ein kühnes Vorhaben, das dem Heile aller zu gelten scheint, an dem hemmenden Gange der natürlichen Entwicklung scheitert, sei es, daß das Bedürfnis unserer Natur nach Entfaltung vor den gegebenen Schranken der Gesellschaft haltmachen muß, finden wir Beruhigung in der Versöhnung von Goethe und Schiller, in der Erkenntnis, daß die Lebensauffassung, die in allem Getriebe der Widersprüche das nach Verwirklichung ringende Ideal erblickt, so wie jene, welche im Walten der Natur selbst die Liebe erfaßt, und dasselbe zu tun und zu leiden gebietet. Es liegt etwas Großes in der Versöhnung, die uns die Gegensätze nur als zwei Wege zur Höhe erkennen und nur in Liebe als getrennt betrachten läßt."[34]

Die restriktive Fixierung der deutschen Klassik auf das ‚Doppelwesen Goethe und Schiller', die sich trotz des Einspruchs der von uns im vorangegangenen Abschnitt zitierten Kritiker so lange hat behaupten können, bedeutete eine rigide Vereinfachung und zugleich Verfälschung der literarischen Entwicklung im klassisch-romantischen Zeitraum von 1770 bis 1830. Es ist vor allem das Verdienst Wilhelm Diltheys, die restriktive Engführung des Klassikbegriffs auf die Polarität Goethe – Schiller kritisch aufgebrochen und zugunsten weitergreifender Synthesen überwunden zu haben. Mit seiner Basler Antrittsvorlesung von 1867 über ‚Die dichterische und philosophische Bewegung in Deutschland 1770–1800' stehen wir am Beginn einer grundsätzlichen Neukonzeption des Klassikbegriffs. Unter Vermeidung des Begriffs wird hier der programmatische Versuch unternommen, die dichterische und philosophische Entwicklung von Lessing bis zu den Anfängen der Romantik als Einheit einer gemeinsamen neuen Lebens- und Weltansicht darzustellen. Erst die großen geistesgeschichtlichen Synthesen der zwanziger und dreißiger Jahre unseres Jahrhunderts haben dieses Programm einzulösen versucht. An späterer Stelle unserer Untersuchung werden wir Gelegenheit haben, auf diese Zusammenhänge erneut zurückzukommen.

## 8. Die ‚sozialistische' Goetheinterpretation

Hatte Gervinus den Wirkungsanspruch Goethes für eine politische Neugestaltung der gesellschaftlichen Verhältnisse in Deutschland bestritten, so formuliert die ‚sozialistische' Goethedeutung die Gegenposition. Ihr zu Unrecht vielgeschmähter und vermutlich nur noch als Anlaß von Friedrich Engels berühmter Rezension bekannter Ahnherr ist der Sozialist und Linkshegelianer Karl Grün, dessen Buch ‚Ueber Göthe vom menschlichen Standpunkte' von 1846[1] den ersten Versuch darstellt, das Werk Goethes mit der Bewegung des Sozialismus zu vermitteln. In scharfer Frontstellung gegen kunstfeindliche Tendenzen im Frühsozialismus, wie sie vor allem im Babouvismus vertreten wurden, der auch für Heine die Folie seines die Kunst verteidigenden Einspruchs gegen den Kommunismus war,[2] will Grün den Gegensatz zwischen Goethe und seinen politischen Gegnern in Deutschland überwinden helfen. Es geht ihm um die Versöhnung von Goethe und Börne, die Georg Herwegh schon Anfang der vierziger Jahre als „die nächste Aufgabe, das nächste Ziel unserer Literatur" bezeichnet hatte.[3] Die Kunst war nach Grün bisher „des Menschen einziger, ehrlicher Tröster, sie hat einzig die Nacht der Geschichte mit freundlich lichten Bildern erhellt, mit Bildern, die keine Traum-und Trugbilder waren".[4] Nur in der Kunst war der Vor-Schein eines humanen Lebens aufbewahrt, sie war „die eigentlich menschliche Sprache, die wahre Offenbarung des Menschentums",[5] die Realisierung dieser Offenbarung allerdings steht noch aus, da die Kunst sich idealistisch im „Kunsthimmel"[5] abgesondert hat und damit für die Gesellschaft abstrakt geblieben ist. Nach Grün ist jetzt der Zeitpunkt gekommen, den utopischen Vorlauf der Kunst durch ihre Realisation in der Wirklichkeit einzuholen, die Abstraktheit des bisherigen Verhältnisses von Kunst und Gesellschaft aufzuheben und die Welt selber zum Kunstwerk umzuschaffen. Es gilt, Goethe als die höchste Verkörperung der Kunst in Deutschland aus dem Kunsthimmel, in den die Goetheaner und Goethomanen ihn erhoben haben, auf die Erde zurückzuholen, ihm vom Kopf der Aristokratie auf die Füße des Proletariats zu stellen. Denn Goethe hat „in seiner ästhetischen Welt bereits die ganze Entwicklung antizipiert [...], welche eben jetzt am Gären und Keimen ist. [...] Goethe trifft erst mit der heutigen Bewegung zusammen. Der heutige Goethe – und das sind seine Werke – ist ein wahrer Koran des Menschentums, ein Kodex für die radikale Umgestaltung der Gesellschaft; Goethe ist so wenig veraltet, daß er vielmehr eben erst geboren wird."[7] Die positive Bedeutung dieses Programms, einen Ausweg aus der nur affirmativen Goetherezeption der Konservativen und der Goethenegation der Radikalen zu suchen mit der Forderung, die im schönen Schein der Kunst enthaltene Wahrheit des Goetheschen Werkes in der Realität zu verwirklichen, wird auf dem Hintergrund der radikalen Trennung von Politik und Ästhetik bei Gervinus deutlich. Als verfehlt dagegen muß das Grünsche Verfahren bezeichnet werden, den vermeintlichen Sozialismus Goethes materialiter in seinem Leben und Werk selbst nachzuweisen. Dies führte zu so absurden Behauptungen wie der, daß Wilhelm Meister Kommunist sei[8] oder daß Goethe aus einer Arbeiterfamilie stamme.[9] Hier bot das Werk von Grün der Kritik mehr als eine offene Flanke. Friedrich Engels hat sie mit überlegener Schärfe genutzt. Seine Rezension[10] muß in dem größeren Rahmen der Auseinandersetzung mit dem ‚wahren Sozialismus' gesehen werden, die ein wesentlicher Teil der Abgrenzungsstrategie gegenüber konkurrierenden Sozialismusmodellen war, die die polemische Publizistik von Marx und Engels in den vierziger Jahren bestimmte. Für Marx und Engels ist der ‚wahre Sozialismus' weiter nichts als die Verklärung des proletarischen Kommunismus und der ihm mehr oder minder verwandten Parteien und Sekten Frankreichs und Englands im Himmel des deutschen Geistes und [...] des deutschen Gemütes".[12] Der Hauptvorwurf den die Verfasser der ‚Deutschen Ideologie' an die Adresse der ‚wahren Sozialisten' richten, ist, daß es ihnen „nicht mehr um die wirklichen Menschen, sondern um ‚*den* Menschen' zu tun ist, [der] alle revolutionäre Leidenschaft verloren hat und an ihrer Stelle allgemeine Menschenliebe proklamiert".[13] Damit sei der Klassenstandpunkt zugunsten eines abstrakten Humanitätsideals verlassen, das sich, so Marx und Engels, bei genauerem Zusehen als das Ideal des deutschen Kleinbürgers entpuppe. Das ist auch der Kern von Engels' Rezension des Grünschen Goethebuches, der innerhalb der marxistischen Literaturwissenschaft bis heute kanonische Geltung für eine parteiliche Goetheinterpretation zugesprochen wird. In ihrem Lichte erscheint das Buch von Grün für den marxistischen Literaturwissenschaftler Walter Dietze als der „erste Versuch einer Verfälschung Goethes", während „alle vor seinem Buche erschienenen Schriften [...] mehr oder weniger ernsthafte und deshalb mehr oder weniger erfolgreiche Bemühungen [sind], sich über Goethe klar zu werden".[14] Auch die spätere, in kritischer Nachfolge zu Karl Grün stehende ‚sozialistische' ‚Wilhelm-Meister'-Deutung[15] verfällt dem Verdikt des marxistischen Kritikers[16] denn auch die Arbeiten von Rosenkranz, Gregorovius und Hettner überschreiten an keiner Stelle die Grenzen eines bürgerlichen Humanismus.

Varnhagen von Ense ist der erste gewesen, der in der sozialen Thematik das prophetisch in die Zukunft Weisende von Goethes Altersroman erkannt hat.[17] In seinem 1832 im letzten Heft von ‚Über Kunst und Altertum' erschienenen Aufsatz ‚Im Sinne der Wanderer'[18] heißt es, daß die ‚Wanderjahre' nicht mehr ein Spiel heiterer Willkür und einer selbstgenügsamen Einbildungskraft seien, sondern durch „den ganzen Ernst und die volle Schwere der Wirklichkeit"[19] ihr Gepräge erhalten hätten. Für Varnhagen sind die ‚Wanderjahre' „ein umfassendes Gebild neuer Lebensordnungen", in ihnen sind „fruchtbare Keime für die *Zukunft* ausgestreut".[20] Wennschon die Vokabeln ‚sozial' oder ‚sozialistisch' bei ihm noch nicht gebraucht werden, ist der Orientierungsrahmen seiner Betrachtungen das frühsozialistische Modell des

Saint-Simonismus, der seit 1830 in Deutschland bekannt geworden war und großes publizistisches Echo gefunden hatte. Während bei den Jungdeutschen und bei Gervinus die ‚Wanderjahre' dem allgemeinen Verdikt über Goethes Alterswerke zum Opfer fielen, ist es wiederum ein Goetheaner gewesen, Karl Rosenkranz, der in den dreißiger Jahren mit Nachdruck die epochale Bedeutung des Werkes in Erinnerung brachte.In seiner 1838 in den ‚Hallischen Jahrbüchern' erschienenen Abhandlung ‚Ludwig Tieck und die romantische Schule' heißt es, daß die ‚Wanderjahre' „über alles das, was unsere moderne Bellestristik in Ansehung der Auffassung der sozialen Zustände produziert hat, weit hinaus sind".[21] Goethe habe mit diesem Werk „in die *Zukunft* zu dringen" gesucht „und ein *positives Bild neuer Zustände* entworfen".[22] In seiner großen Goethemonographie von 1847 hat Rosenkranz eine ausführliche Interpretation der Goetheschen „Socialromane", wie er sie nennt, gegeben.[23] Die Bezeichnung ‚sozial' wird bei Rosenkranz noch ausdrücklich auf das Bedeutungsfeld „Geselligkeit und Gesellschaftlichkeit"[24] eingeschränkt. In diesem Sinne hatte sich das Wort in den vierziger Jahren zur Kennzeichnung des am Modell des französischen Romans, speziell der Werke von George Sand, orientierten Gesellschaftsromans durchgesetzt, so etwa in Ludwig Meyers Aufsatz ‚Der sociale Roman' von 1844.[25] Die Ersetzung von ‚sozial' durch ‚sozialistisch' im Titel des Buches des Rosenkranz-Schülers Ferdinand Gregorovius ‚Göthe's Wilhelm Meister in seinen socialistischen Elementen entwickelt' von 1849,[26] hat programmatische Funktion. So lautet der erste Satz des ‚Vorworts': „Das vorliegende Buch über Goethes Wilhelm Meister ist durch die Bewegung hervorgerufen worden, welche seit einem Jahrzehnt unsre Literatur vielseitig nach dem Sozialismus hindrängt."[27] Der Staatsrechtler und Nationalökonom Lorenz von Stein hatte mit seinem 1842 erschienenen Buch ‚Der Sozialismus und Kommunismus des heutigen Frankreichs' die Auseinandersetzung mit den Theorien der Frühsozialisten für die bürgerliche Öffentlichkeit in Deutschland eröffnet. Im Lichte dieser Diskussion hat Gregorovius den ‚Wilhelm Meister'-Roman neu entdeckt. Diese Entdeckung war zugleich scharfer Widerspruch gegen die herrschende Goethekritik, vor allem gegen Gervinus, der die politisch-soziale Relevanz einer Beschäftigung mit den klassischen Autoren bestritten hatte. „Die Literatur der neuesten Zeit hat daher im Angesichte des französischen Sozialismus in ihren eigenen Schatzkammern erst nachforschen müssen, und man darf es sagen, an Goethes Wilhelm Meister nun erst eine neue Entdeckung gemacht. Daß Wilhelm Meister seiner innersten Natur nach eine soziale Dichtung sei, hat die deutsche Wissenschaft vor zehn Jahren erst bescheidentlich angedeutet, dann entschiedener ausgesprochen und, man wird es einst schwer begreiflich finden, gegen die härtesten Angriffe der *herrschenden* Kritik erkämpfen müssen."[28] Für Gregorovius bilden die ‚Wanderjahre' mit ihrer Einbeziehung sozialer und gesellschaftlicher Themen, vor allem aber durch die Gestaltung der Arbeit und der Arbeitswelt, den „direkte[n] Gegensatz zum Hellenismus", für den der „Kultus der *Schönheit*" charakteristisch sei.[29] Mit dieser Parteinahme für ein gegenklassisches Werk setzt sich Gregorovius in schroffe Opposition zu Gervinus und zu dessen Klassikmodell, das als Gipfelpunkt der deutschen Literatur das ‚klassische Jahrzehnt' des Zusammenwirkens von Goethe und Schiller festgeschrieben hatte.

Der Tradition der ‚sozialistischen' ‚Meister'-Interpretation vor allem ist es zu danken, daß der Gegenstandsbereich Arbeit und Arbeitswelt in der literarischen Kritik des 19. Jahrhunderts ein Diskussionsforum erhalten hat. Zugleich jedoch wird an diesen Texten die Richtung deutlich, in die diese Diskussion durch den Rückgriff auf Goethes Altersroman gelenkt worden ist. Die Einsetzung der Arbeit und des Arbeiters als legitimer Gegenstände des nachklassischen Sozialromans bei Goethe wird von Gregorovius nicht in verfälschend aktualisierender Weise als Emanzipation des Proletariats als Klasse oder als realistische Beschreibung von Entfremdungs- und Verdinglichungsphänomenen im Sinne von Marx und Engels gedeutet. Nach Gregorovius hat Goethe vielmehr die Arbeit in den ‚Wanderjahren' zum eigentlichen Vehikel der Überwindung der Klassengegensätze gemacht; durch sie sei das „traurige Los des Proletariats" zur „schönen Menschlichkeit" poetisch verklärt worden, in der Gestalt des Lastträgers Sankt Christoph sei es zur „Legende geheiligt und idealisiert".[30] Die apologetische Funktion dieser vermeintlich ‚sozialistischen' ‚Wanderjahre'-Deutung gegenüber einem revolutionären Sozialismus wird hier schlagend deutlich. Die vor allem auf Fourier und Cabet gestützte These von der weltbefreienden und welterlösenden Macht der Arbeit konnte denn auch unverändert von Alexander Jung in seine ‚Wanderjahre'-Analyse übernommen werden,[31] die sich offen gegen den Sozialismus erklärt und dem „gefährliche[n] und fanatische[n] Losungswort: Freiheit und Gleichheit" das neue, nachrevolutionäre Losungswort „Zucht und Ehrfurcht vor dem Gesetz" entgegenstellt.[32] Dem ‚Nivellement' des Sozialismus setzt Jung im Einklang mit dem Liberalismus die ‚Würde des Individuums' entgegen. Ein Jahr nach Jungs Buch erscheint Gustav Freytags Roman ‚Soll und Haben', das Manifest des gegenrevolutionären liberalen Bürgertums in der zweiten Hälfte des 19. Jahrhunderts, ein Roman, der nach dem Motto von Julian Schmidt das „deutsche Volk da suchen [soll], wo es in seiner Tüchtigkeit zu finden ist, nämlich bei seiner Arbeit". Wenn Gregorovius trotz seines progressiven Anspruchs Schrittmacher eines antisozialistischen Gesellschaftsentwurfs werden sollte, so wird man seiner ‚Wanderjahre'-Deutung jedenfalls nicht den Vorwurf machen dürfen, den man Karl Grün nicht ersparen kann, sie hätte das Werk in Anpassung an den Zeitgeist verfälschend aktualisiert. Erst die blicköffnende und erkenntnisschärfende Perspektive der französischen Frühsozialisten hat Gregorovius befähigt, eine mit den Gegenwartsinteressen vermittelte Gesamtdeutung des ‚Wilhelm Meister' zu geben und mit ihr einen wichtigen Kontrapunkt zu setzen gegen die einseitige Fixierung Goethes als des zeitentrückten ästhetisierenden Klassikers des durch Gervinus kanonisierten Jahrzehnts von 1795 bis 1805. Was die ‚Wanderjahre' selbst und ihre Inanspruchnahme für den ‚Sozialismus' betrifft, so ist sicherlich dem Urteil von Klaus F. Gille zuzustimmen, wenn er schreibt: „Von den ‚Wanderjahren' aus gesehen, muß die Frage nach Goethes ‚Sozialismus' negativ beantwortet werden. Der Feudalismus soll nicht abgeschafft, sondern von oben her reformiert werden. Der Auswandererbund bewahrt die ständische Scheidung wie selbstverständlich: Die Kommandogewalt liegt beim Kapital, von demokratischer Repräsentation der Mitglieder ist keine Rede, die Polizei (Exekutive) ist autonom, die Religionsfreiheit problematisch. Im ganzen gleichen Goethes Staatsprojekte mehr einem agrarisch-handwerklich fundierten, kameralistischen Wohlfahrtsstaat des achtzehnten als einem verfassungsmäßigen Industriestaat des neunzehnten Jahrhunderts."[33]

## 9. Der repräsentative Goetheverehrer: Carl Gustav Carus

Wurde für Friedrich Engels der Versuch einer ‚Rettung' Goethes für den Sozialismus, wie ihn Karl Grün unternommen hatte, immerhin zum Anlaß eines energischen Einspruchs, so war ein solches Unternehmen für den Goetheverehrer Carl Gustav Carus allenfalls eine Kuriosität, mit der ernsthaft sich auseinanderzusetzen einer Zumutung gleichgekommen wäre. In seinen ‚Lebenserinnerungen und Denkwürdigkeiten' registriert Carus seit der Mitte der vierziger Jahre eine erfreuliche Zunahme von Goetheschriften, wobei er vor allem an die jetzt einsetzende Flut von Quellenpublikationen, vor allem der zahlreichen Briefwechsel des Dichters, denkt. „Selbst ein Brief von Friederike von Sesenheim wurde jetzt noch bekannt", heißt es hier, „und versetzte ganz in die erste idyllische Periode des Dichters." In vermutlich ungewolltem Kontrast zum Entzücken über das aufgetauchte Dokument, das die Euphorie einer erst jetzt einsetzenden sammelgierigen Goethephilologie vorausblickend beleuchtet, fährt Carus dann fort: „Das kurioseste Buch aber brachte jedenfalls ein junger Mann, Karl Grün, und zwar aus Paris! Dem Verfasser fehlte es nicht an glühender Liebe für den Dichterfürsten, aber tollerweise stellte er ihn jetzt so ziemlich an die Spitze des Kommunismus und mißverstand ihn natürlich in den meisten Beziehungen vollkommen."[1] Auf Carus trifft jene Selbstcharakteristik zu, wie sie David Friedrich Strauß in einem Brief an seinen Freund Vischer im Jahre 1848 gegeben hat: „Einer Natur wie der meinigen war es unter dem alten Polizeistaat viel wohler als jetzt, wo man doch Ruhe auf den Straßen hatte und einem keine aufgeregten Menschen, keine neumodischen Schlapphüte und Bärte begegneten. Man konnte in Gesellschaft noch ein Wort von Literatur und Kunst [...] sprechen. [...] Ich lerne mich in diesen Tagen deutlicher als jemals dahin kennen, daß ich ein Epigone jener Periode der Individualbildung bin, deren Typus Goethe bezeichnet, und aus diesen Schranken weder heraus kann noch will. Gegen diesen Ausguß des Geistes auf Knechte und Mägde, gegen diese jetzige Weisheit auf allen Gassen, kann ich mich nur schneidend ironisch, schnöde verachtend verhalten. Odi profanum vulgus et arceo ist und bleibt mein Wahlspruch."[2] Es ist kein Zufall, daß von den frühen Goetheschriften nur die von Carus im 20. Jahrhundert in Neuausgaben erschienen ist, und zwar allein im Jubiläumsjahr 1949 in vier konkurrierenden Editionen![3] Der Rückgriff auf Carus nach 1945, vorbereitet durch die Carus-Renaissance im Kreise von Ludwig Klages und seiner Schüler, entsprach in idealer Weise einem entpolitisierten, organologisch-biologistischen Dichtungsverständnis, wie es die gleichzeitige morphologische Literaturwissenschaft eines Günther Müller und Horst Oppel mit großer Breitenwirkung in die fünfziger Jahre hinein propagierte. Die Authentizität von Carus' Goethebild schien gesichert durch die Tatsache, daß der billigende Blick des Meisters auf den wissenschaftlichen Werken des jungen Gynäkologen und vergleichenden Anatomen geruht hatte, seine Objektivität durch die von keinem Parteiinteresse getrübte, dem gegenständlichen Denken Goethes verwandte morphologische Schau. „Ich habe ihn zu schildern versucht", heißt es bei Carus, „wie ich als Naturforscher gewohnt bin, irgend ein bedeutendes organisches Wesen – eine Pflanze, eine Palme, einen Adler, einen Löwen – zu betrachten und schildernd darzustellen."[4] Dieser scheinbar überparteilich-sachorientierte Blick des Naturwissenschaftlers auf seinen Gegenstand mußte nach 1945 einem Verständnis von Literatur entgegenkommen, das diese aus dem pervertierten Raum der Geschichte herausnehmen und ins zeitlos Übergeschichtliche stellen wollte. Der Versuch von Carus, mit Hilfe der morphologischen Gestaltschau ein jenseits der Parteiungen stehendes Bild Goethes und seines zeitlosen Werkes zu geben, enthüllt sich bei genauerem Zusehen als durchaus zeitgebunden und auf politische Wirkung in der Zeit abzielend. Das von ihm unter Berufung auf die Berichte von Goethes Ärzten Hufeland und Vogel entworfene Bild des Dichters als der schönen, einzigartigen und in sich stimmigen Individualität, deren Basis er in einer „vollkommnen Gesundheit"[5] sieht, ist eine Konstruktion, entworfen am Reißbrett seiner Polemik gegen die moderne, nachgoethesche Epoche, die er – in auffälliger Übereinstimmung mit Heine – als eine von Krankheit, Zerrissenheit und biologischer Dekadenz bedrohte charakterisiert. Sein Kult der Individualität trägt offen antidemokratische Züge. Nicht zufällig lautet der Titel seiner Denkschrift zum hundertjährigen Geburtsfeste Goethes: ‚Über ungleiche Befähigung der verschiedenen Menschheitsstämme für höhere geistige Entwicklung'.[6] Wenn Carus die „organische Notwendigkeit" des Schaffensprozesses bei Goethe betont, der „frei von allen Rücksichten auf Äußerliches, Weltliches, Zeitliches" geblieben sei,[7] so ist dies ein Gegenbild zur restlosen Vermarktung der Kunst in der Gegenwart, unter deren Diktat stehend er die moderne Literatur sieht: „Wahrhaftig! sollte man heraussuchen aus der ganzen Flut eines Dezennium, was frei und rein bloß um sein selbst willen und abgesehen von allem äußern Vorteil und Gewinn ans Licht tritt, die Zahlen würden ausnehmend zusammenschmelzen!"[8] Als Gegenentwurf zur kranken und von Dekadenz bedrohten Gegenwart erhält das Goethebild bei Carus mythische Züge. Dieses Bild zum Kolossalgemälde einer zeitentrückten Olympiergestalt auszuformen, war allerdings erst einer späteren Zeit vorbehalten. Carus blieb vor dieser Versuchung bewahrt durch einen ausgeprägten psychologischen Realismus, der seine noch ganz der romantische Kunstphilosophie verpflichteten ästhetischen Verallgemeinerungen mit scharfsinnigen und treffenden Detailbeobachtungen überlagert. Hier ist er den meisten zeitgenössischen Goetheinterpreten überlegen, so etwa in der äußerst differenzierten Analyse des Verhältnisses Goethes zu Schiller, die vom Schematismus der Gervinusschen Textcollage gleich weit entfernt ist wie vom Heroenkitsch wilhelminischer Klassikverehrung.

In einem früheren Zusammenhang haben wir bereits darauf hingewiesen, daß eine morphologische Betrachtungsweise Kritik am analysierten Gegenstand weitgehend ausschließt, da naturgesetzliche Werdeprozesse nur verstehend nachvollzogen, nicht aber kritisiert werden können. Der Maßstab und das Kriterium der Carusschen Goetheanalyse ist Goethe selbst, jeder Außenstandpunkt muß diesem methodischen Ansatz zufolge zu Verzerrungen und ungerechtfertigten Eingriffen führen. Von anderen Voraussetzungen herkommend, gelangt der junge Theodor Wilhelm Danzel in seiner im gleichen Jahr wie die Carussche Goethedarstellung erschienenen Schrift ‚Ueber Goethe's Spinozismus' zu der gleichen Feststellung. Bei Danzel heißt es in Bezug auf Goethe: „Dagegen kann ein bedeutendes Individuum nur nach eigenem Maß gemessen werden; es wird wegen dessen geschätzt, was es geleistet hat; wer darf daneben nach dem fragen, was es hätte leisten können, wenn es ein anderes gewesen wäre."[9] Es ist kein Zufall, daß bei beiden Autoren, bei denen sich der Funktionswechsel von der Goethekritik zum Goetheverstehen ankündigt, ein Phänomen zum erstenmal eine positive Würdigung erfährt, das in der politischen Goetherezeption Angelpunkt der Kritik gewesen war: Goethes Begriff der Entsagung. Die in der kritischen Auseinandersetzung mit Goethe leitmotivisch wiederkehrende Interpretation dieses Begriffs als des Ausdrucks von Goethes politischem Quietismus, seiner Flucht ins Private und seiner Resignation den geschichtlichen Ereignissen der nachrevolutionären Epoche gegenüber, wird bei Carus und Danzel ins Positive gewendet. Ist bei Carus die Goethesche Entsagung die „edle und freiwillige Selbstbeschränkung",[10] die sich das Individuum zur Erlangung des ihm werdegesetzlich eigenen Telos auferlegen muß, so leitet Danzel den Begriff aus Goethes Verhältnis zu Spinoza ab. Entsagung oder Resignation ist für ihn die Negation des Negativen als der inhaltlosen Endlichkeit, sie ist identisch mit „aller wahren Theorie",[11] die zur Grundlage von Goethes anschauender Erkenntnis der Objektivität der Wirklichkeit geworden ist, die ihn von allem „befriedigungslosen Sehnen und Streben" erlöst und ihn befähigt habe, „das Dasein in seiner Fülle als ein *präsentes* zu ergreifen".[12] Die Suspension der Kritik zugunsten des Verstehens, die Carus und Danzel mit ihren Goetheschriften eingeleitet haben, ist für den jungen Dilthey bereits zu einer Selbstverständlichkeit geworden. „Den Entwicklungsgang einer großen Individualität der Kritik zu unterwerfen", heißt es bei ihm 1861 in Auseinandersetzung mit Adolf Schölls Vortrag ‚Goethe als Staats- und Geschäftsmann',[13] „überschreitet überall die Grenzen unseres historischen Wissens."[14]

Mit werbendem Enthusiasmus hat Carus in seinem Goethebuch noch einmal den Wert der liebenden Hingabe an eine große schöpferische Individualität, wie die Goethes, beschworen. „Wer fähig ist, in die Betrachtung der Natur oder in die eines einzelnen mächtigen Genius sich so zu versenken, daß er das wahrhaft erfahren kann, was wir oben das ‚Außersichsein' nannten und als die eigentümliche Seelen-Entwickelung der Liebe bezeichneten, wie kann dem das triviale Getriebe des täglichen Lebens, wie können ihm vereitelte Hoffnungen, entwichene Neigung, Widerwärtigkeit der Verhältnisse an seinem bessern Selbst schaden, wie können sie ihm die Freude am Leben verleiden! – Das Glück der Begeisterung, das Außersichsein, legt sich wie die schirmende Ägis der Minerva über ihn und gibt ihm eine Weihe, ein inneres Genügen und eine irdische Seligkeit, die ihm oft genug beneidet werden würde, wenn die in das Treiben des Tages versunkenen Menschen fähig wären, sie zu verstehen."[15] Goethekult als säkularisierte religiöse Ekstasis, als Überwindung der Widerwärtigkeit der Verhältnisse im mystischen Hinaussein über alle Geschichte: erst auf der Folie des von Carus ausgeplauderten Schulgeheimnisses der Goetheaner erhält der Protest der jungen Literatur gegen die Kunstperiode nachträglich sein volles Relief. Im Jahre 1843 allerdings war dieser Protest schon weithin verstummt, und nicht wenige seiner einstigen Wortführer waren inzwischen nur allzu geneigt, eine Literatur der Gesundheit und der schönen Individualität, wie Carus sie am Beispiel Goethes beschrieben hatte, herbeiführen zu helfen.

Die Trivialversion des Carusschen Goethebildes hat August Friedrich Christian Vilmar in seiner Literaturgeschichte[16] geliefert, die, in zahlreichen Auflagen bis ins 20. Jahrhundert hinein verbreitet, vor allem dazu beitragen wollte, das protestantische Bürgertum des 19. Jahrhunderts mit dem ‚Heiden' Goethe zu versöhnen, Christentum und Klassik kommensurabel zu machen. Auch für Vilmar ist der erste Eindruck, den Goethes Dichterpersönlichkeit macht, der einer „starken, vollkommenen Gesundheit",[17] wobei ‚stark' ein bezeichnender Zusatz Vilmars ist. Die konservative Haltung von Carus schlägt bei Vilmar ins Reaktionäre um, wenn er die heilende, beruhigende und versöhnende Wirkung, die von dem Dichter Goethe ausgehe, als Einübung in kritiklose Affirmation ans Bestehende beschreibt: „Wir verlernen durch ihn unsere unruhige krankhafte Krittelei, mit welcher wir an die Gegenstände heftig heranzugehen und sie nach unserm Belieben herumzuzerren und aufzustutzen pflegen; wir verlernen an ihm die Hast des vorschnellen Urteilens und Aburteilens; wir lernen an ihm unsere Vorurteile ablegen und uns gleich ihm vor allem den Dingen die uns gegenüberstehen, mit Liebe zu öffnen, sie anzuerkennen und gelten zu lassen; wir lernen an ihm, daß wir zuvörderst und immer wieder zu *lernen* und uns unterzuordnen haben."[18] Goethe ist bei Vilmar zum Handlanger einer gegenrevolutionären Politik geworden, seine vielzitierte ,Objektivität' pervertiert bei ihm zum Pendant christlicher Demut, die an die Wirklichkeit keine Forderungen zu stellen, sondern diese in ihrem Sosein hinzunehmen hat. „Diese Entäußerung vom Egoismus, welcher die Dinge nur sich selbst, nur seiner zufälligen Neigung und Bildung gerecht machen, diese Entäußerung vom Eigensinn, welcher die Erscheinungen nur so haben will, wie er sie sich gedacht hat, diese großartige *Uneigennützigkeit,* welche an den Gegenstand keine dessen Natur fremdartige Anforderungen stellt, diese *Wahrhaftigkeit,* die nur ausspricht, was sie wirklich gesehen und erfahren, diese *Treue,* welche heilige Scheu trägt, an der dargebotenen Erscheinung willkürlich etwas zu verrücken – alles dies ist es nicht aus Goethes Sinnes- und Denkweise in die Sinnes- und Denkweise der besten unserer Zeitgenossen übergegangen?"[19] Mit seiner verfälschenden Verchristlichung des Goetheschen Werkes fällt es Vilmar nicht schwer, die Vorwürfe, er sei ein „Jugendverführer und Christenverstörer"[20] gewesen, zu entkräften. Wenn Vilmar mit Nachdruck betont, daß es die eigentliche Leistung der Goetheschen Dichtungen gewesen sei, daß „sie die Gemüter geheilt hat von der Unruhe und Ungeduld, den Ereignissen vorauszulaufen, die Objekte zu meistern, ehe man sie kennt, die Sachen zu verwerfen, ehe man sie begriffen und genossen hat",[21] so standen solche Sätze nach der gescheiterten Revolution von 1848 im Einklang mit der Absage an jegliche utopischen und revolutionären Gesellschaftsmodelle, waren Bestätigung der illusionslosen Hinwendung des um seine politischen Ideale und Forderungen betrogenen Bürgertums zur Realität, deren Gesetzen sich anzupassen das ökonomische und gesellschaftliche Leitziel der fünfziger Jahre wurde.

## 10. Goethes Realismus und die ,realistische' Goethekritik

Markierte die Julirevolution nur sehr bedingt einen Einschnitt in der Wirkungsgeschichte Goethes, so kann das Jahr 1849 als ihre wichtigste Zäsur in dem Zeitraum zwischen Goethes Tod und der Reichsgründung gelten. Es war nicht nur das Jahr des Scheiterns der bürgerlichen Revolution, sondern zugleich das Jahr von Goethes Jubelfeier, das Jahr der hundertjährigen Wiederkehr seines Geburtstages. Die bürgerliche Goetheforschung ist nicht müde geworden, in Nachfolge Hehns auf die Tatsache hinzuweisen, daß dieses Jubiläumsjahr der eigentliche Tiefpunkt der Wirkungsgeschichte Goethes in Deutschland gewesen sei. Man verwies, aus der Perspektive Goethes, nicht ohne Neid auf jenes andere Jubiläum, das zehn Jahre später stattfand und ganz Deutschland zu Ehren Schillers in einem großen Nationalfeste vereinigte, ohne dabei zu berücksichtigen, daß das allgemeine Interesse der bürgerlichen Öffentlichkeit im Jahre 1849 durch Wichtigeres in Anspruch genommen war als die Jubiläumsfeier eines Klassikers, dessen Werk ohnehin nur schwer mit den politischen Ereignissen dieses Schicksalsjahres zu vermitteln war.

Der Umschwung, der sich in der politischen und ästhetischen Einschätzung Goethes nach 1849 vollzieht, steht in engstem Zusammenhang mit der Herausbildung einer realistischen Welt- und Kunstauffassung, die die beiden nachrevolutionären Jahrzehnte in der Theorie und in der Praxis bestimmen sollten. Vergleichbar der Funktion, die Goethe als polemischer und affirmativer Bezugspunkt für die jungdeutsche Ästhetik gehabt hat, wird sein Werk nun integratives Moment einer programmatischen Neufundierung der Literaturtheorie des Frührealismus und – in weitaus stärkerem Maße als nach 1830 – Vorbild der literarischen Praxis. Die Auseinandersetzung mit Goethe im Zeichen des Realismus verläuft dabei keineswegs einheitlich, es handelt sich vielmehr um einen komplizierten und widerspruchsvollen Prozeß, der die Parteiungen und Antithesen der Rezeptionsgeschichte in den dreißiger Jahren gewissermaßen wiederholt.

Noch im Revolutionsjahr veröffentlicht Julian Schmidt seine große Rezension von Heinrich Düntzers Sammelband ‚Zu Goethe's Jubelfeier. Studien zu Goethes Werken',[1] die im Grundriß das Goethebild des nationalliberalen Flügels des programmatischen Frührealismus entwickelt, der in der von Schmidt und Gustav Freytag seit 1848 herausgegebenen einflußreichen Zeitschrift ‚Die Grenzboten' seine journalistische Plattform erhalten hat. Die in der Düntzer-Rezension aufgestellten Thesen bestimmen die weitere Auseinandersetzung mit Goethe und der deutschen Klassik, wie sie Schmidt als der einflußreichste Literarhistoriker zwischen 48er Revolution und Reichsgründung in den verschiedenen Auflagen seiner 1853 zuerst erschienenen Literaturgeschichte gegeben hat. In einem kritischen Resümee der bisherigen Wirkungsgeschichte Goethes definiert der frührealistische Programmatiker in der Düntzer-Rezension seinen eigenen Standpunkt. Er grenzt sich ab gegen die sensualistische Inanspruchnahme Goethes durch Heine, den er den ‚unbedingten Verehrern' des Dichters zuzählt, wie gegen den durch Rosenkranz repräsentierten Goethekult der Hegelianer; er kritisiert die ‚sozialistische' Goethedeutung von Karl Grün und wendet sich gegen den Versuch Düntzers, die politischen Ansichten Goethes gegen die Vorwürfe des modernen Liberalismus zu retten. Schmidts eigene Position scheint derjenigen von Gervinus am nächsten zu sein, im Unterschied zu dem Verfasser der ‚Geschichte der poetischen National-Literatur der Deutschen' stellt er jedoch kategorisch fest, daß die Blütezeit der deutschen Literatur an der Wende vom 18. zum 19. Jahrhundert keine ‚klassische' Periode war, vielmehr nur „die notwendige, aber krankhafte Übergangsphase zu einer neuen Bildungsform",[2] die zu realisieren zur vordringlichen Aufgabe der Gegenwart geworden sei. Anders als Gervinus, der die Kontinuität von Klassik und politischer Umgestaltung der Verhältnisse in Deutschland aufgehoben und damit die klassische Periode der deutschen Literatur nur als ästhetisches Phänomen hatte gelten lassen, fragt Schmidt nach ihrem politisch-gesellschaftlichen Gebrauchswert für die Gegenwart. Sein Urteil lautet negativ, ist doch „bei Goethe die angeborene Unart der deutschen Nation, die subjektive Willkür, das charakterlose Verschwimmen im Meere zufälliger Empfindung, das Auflehnen gegen Regel und Gesetz, auf die Spitze getrieben";[3] seine Werke seien daher als Anknüpfungspunkt für die Gegenwart denkbar ungeeignet. In der zweiten Auflage seiner Literaturgeschichte von 1855, die gegenüber der ersten von 1853 die Darstellung der deutschen Literatur im 19. Jahrhundert um die Vorgeschichte des klassischen Jahrzehnts erweitert, hat Schmidt seine Fundamentalkritik an der deutschen Klassik ausgebaut. Der Idealismus der Klassik, so heißt es jetzt, war „der Wirklichkeit entgegengesetzt",[4] der Rückgriff auf die Antike mußte Goethe und Schiller ersetzen, was ihnen die deutschen Verhältnisse vorenthielten. Ihren Dichtungen ermangelte es daher des verpflichtenden Ernstes, der nur im Bezug auf die konkreten Fundamente nationaler Lebenswirklichkeit sich herstellt. Indem die Klassik vor der Gestaltung dieser Wirklichkeit resignierte, wurden ihre Werke zum schönen unverbindlichen Spiel, letztlich zu einer „Flucht aus der Wirklichkeit".[5] Die Rezeption dieser Werke durch das deutsche Publikum kam nach Schmidt der Einübung in ein illusionäres, unrealistisches Verhalten der Wirklichkeit gegenüber gleich: „Um uns an den Werken unserer Dichter so zu erfreuen, wie sie es wert waren, mußten wir uns vorher die Wirklichkeit aus dem Sinn schlagen."[6] Eine ähnliche fundamentalkritische Position der deutschen Klassik gegenüber hatte gleichzeitig Hermann Hettner, wie Schmidt ein programmatischer Wegbereiter des Realismus, in seiner Schrift ‚Die romantische Schule in ihrem inneren Zusammenhange mit Goethe und Schiller' (1850) vorgetragen. Die Gemeinsamkeit von Klassik und Romantik wird hier damit begründet, daß beide Bewegungen auf der gleichen Grundlage stehen, beide mit dem gleichen Dilemma konfrontiert sind: „Sie leiden daran, daß sie nicht aus dem Bewußtsein ihrer Zeit schreiben, von ihr gehoben und getragen, sondern im bewußten Gegensatz und Widerstreit zu dieser. Ein *falscher Idealismus* ist ihnen gemeinsam."[7]

Die im Lichte gegenwärtiger Klassikkritik äußerst akutell anmutenden Ausführungen Julian Schmidts haben den germanistischen Ideologiekritiker Bernd Peschken bewogen, dem von der offiziellen, nachdiltheyschen Literaturwissenschaft vielfach verketzerten Literarhistoriker des nachrevolutionären Liberalismus bis zu dessen Einschwenken auf die Reichsideologie nach

1866 ein gesellschaftskritisch-fortschrittliches Bewußtsein zu bescheinigen.[8] Schmidts Kritik an der Klassik, schreibt Peschken, „geht über das hinaus, was Engels gedacht hat und was Marx zu äußern gewagt hätte".[9] Die vermeintlich ‚progressive' Klassikkritik Julian Schmidts ist allerdings, das wird bei Peschken verschwiegen, an Maßstäben orientiert, deren Fortschrittlichkeit erst noch zur Diskussion gestellt werden sollte. Die Düntzer-Rezension benennt als Kriterium der neuen, nachrevolutionären Kritik den „gesunden Menschenverstand",[10] und Schmidt hat sich dieses Kriteriums in seiner Auseinandersetzung mit Goethe, vor allem im großen ‚Wilhelm Meister'-Abschnitt der Literaturgeschichte von 1855, reichlich bedient. Hier wird der abenteuernde und zwecklos herumlungernde Wilhelm des Goetheschen Romans, der sträflicherweise nach dem Tode seines Vaters die Familie, dieses Fundament sittlicher Entwicklung, verläßt, mit dem Ideal des „strebsamen Bürgers, der die wahre Bildung"[11] sucht, konfrontiert. Anton Wohlfahrt und Sabine Schröter, die braven Helden seines Freundes Gustav Freytag aus ‚Soll und Haben', stehen als die neuen positiven Helden hinter dem spießbürgerlichen Verriß von Goethes Roman, der eine in seiner gesund-biderben Tüchtigkeit, die andere in ihrer ihre Aussteuer zählenden Frigidität. Nach Schmidt hat Goethe im ‚Wilhelm Meister' mit der Darstellung der „Ausbrüche der wildesten Sinnlichkeit"[12] den Leser bis hart an die Grenze des Erträglichen geführt. „Einen Schritt weiter, und wir wären im Schmutz. Man denke sich z. B. die Nachgeschichte der Philine, die Vorgeschichte der Marianne."[13] Eine andere Ideologiekritik der Klassik-Rezeption als diejenige, die Julian Schmidt ihr hat angedeihen lassen, hat Bertolt Brecht hundert Jahre später gegeben. In seinem Arbeitsjournal heißt es Pfingsten 1949: „blättere im WILHELM MEISTER. diese Bücher wurden uns auf der schule verleidet, indem sie von den langweiligsten menschen in der langweiligsten weise gerühmt wurden. wie konnte man vermuten, daß ein roman, den die deutschlehrer, diese geschlechtslosesten aller wesen, uns aufdrängten, etwas enthalten könnte wie die szene, in der philine ihre *pantöffelchen* vor das bett des *helden* stellt, damit er glaube, sie liege in seinem bett, ahnend, dies könnte ihn verstören, müßte ihn aber vorbereiten auf den wirklichen besuch? die deutschlehrer haben sich mit ihren langen bärten vor das einzige ruhelager der sinnlichkeit der deutschen literatur gestellt!"[14]

Die negative Klassik-Kritik in der ersten Hälfte der fünfziger Jahre, wie sie in der Position von Julian Schmidt ihre radikalste Ausprägung gefunden hat, bot kaum Anknüpfungspunkte für eine produktive Einbeziehung Goethes in die realistische Kunsttheorie oder Möglichkeiten der Vermittlung mit realistischer Kunstpraxis. In diesem Sinne schreibt auch Gottfried Keller am 4. März 1851 an seinen Freund Hermann Hettner: „Bei aller inneren Wahrheit reichen für unser jetziges Bedürfnis, für den heutigen Gesichtskreis, unsere alten klassischen Dokumente nicht mehr aus, und ich glaube keine krasse Dummheit zu sagen, wenn ich behaupte, daß die Lessingische ‚Dramaturgie' uns mehr in historischer und formeller Hinsicht noch berührt, fast wie sein Kampf mit dem Pastor Goeze. Und was ist seither geschrieben worden? Die praktischen, ebenfalls klassischen Erfahrungen und Beobachtungen von Goethe, Schiller und Tieck! aber diese Leute sind längst gestorben und ahnten nicht den riesenschnellen Verfall der alten Welt. Es verhält sich ja ebenso mit den Meisterdichtungen Goethes und Schillers; es ist der wunderliche Fall eingetreten, wo wir jene klassischen Muster auch nicht annähernd erreicht oder glücklich nachgeahmt haben und doch nicht mehr *nach ihnen zurück*, sondern nach dem unbekannten Neuen streben müssen, das uns so viele Geburtsschmerzen macht."[15] Wie ein Echo auf diesen Brief heißt es am Ende der fünfziger Jahre bei Robert Prutz, dem vormaligen Theoretiker einer politischen Literatur des Vormärz, der nach 1848 der neuen realistischen Literatur kritische Schützenhilfe erteilt hat: „Es ist den Vertretern der realistischen Richtung [...] einzuräumen, daß auch unsere klassischen Dichter den heutigen Anforderungen nicht völlig und nicht in allen Punkten genügen, um deswillen nämlich, weil der heutige Bildungszustand über den damaligen hinausgeschritten ist und weil wir seitdem Bedürfnisse kennen gelernt und Ideen in uns genährt haben, von denen jenes klassische Zeitalter noch keine Ahnung hatte und denen wir jetzt auch in unserer Poesie wiederbegegnen wollen."[16] Trotz dieser von ihm geteilten Vorbehalte will Prutz jedoch die Kluft, die die frührealistische Klassikkritik zwischen Goethe und Schiller und der Gegenwart aufgerissen hatte, wieder schließen. Es kann sich nach ihm „jetzt unmöglich darum handeln, diese erhabenen Ideen gleich unnützem Ballast über Bord zu werfen". Worum es vielmehr gehe, sei die Verknüpfung des goethezeitlichen Humanismus mit dem erwachenden Nationalgefühl, damit der Kosmopolitismus zum Patriotismus sich geselle und der Bürger Mensch bleibe. „Auch haben eben unsere klassischen Dichter uns einen köstlichen Fingerzeig hinterlassen, wie diese Schwierigkeiten zu beseitigen, diese scheinbar so unlösbaren Widersprüche zu versöhnen sein werden. Was sie auf ästhetischem Gebiete vollbracht, genau dasselbe muß die Nation jetzt auf dem Gebiete der Geschichte und der politischen Praxis tun. Das ist der eigentliche Charakter unserer klassischen Epoche, darum führt sie diesen Namen und darin vor allem besteht die unverlierbare und unschätzbare Erbschaft, die sie uns hinterlassen: daß sie die fremde hellenische Form mit deutschem Geist erfüllte und eben dadurch ein neues Drittes erschuf, das eben so sehr deutsch ist wie griechisch und in dem die edelsten und liebenswürdigsten Eigenschaften der modernen wie der antiken Zeit sich durchdringen und versöhnen."[17] Der Weg zu einer Synthese von nationalstaatlicher Einigung und positiver Klassikrezeption, den auch Julian Schmidt und Hermann Hettner nach 1866 eingeschlagen haben, wird hier am Ende der fünfziger Jahre von Robert Prutz als der politische Rahmen definiert, innerhalb dessen in den sechziger Jahren der Durchbruch zur ‚realistischen' Entdekkung oder Wiederentdeckung Goethes erfolgen sollte. Bevor wir uns dieser

Phase der Goetherezeption zuwenden, die mit den Namen von Adolf Schöll, Herman Grimm, Leo Cholevius, Berthold Auerbach, Friedrich Spielhagen u. a. verbunden ist, müssen wir einen Blick auf den Verfasser des eigentlichen Manifests der ‚realistischen' Goethedeutung werfen, auf Viktor Hehn. Sein schmales Buch über Goethes ‚Hermann und Dorothea', aus Vorlesungen hervorgegangen, die er 1851 in Dorpat gehalten hat und während seiner Verbannung in der Nähe von Moskau zur Abhandlung ausformte, ist nicht nur eine der bedeutendsten Interpretationen eines Goetheschen Werkes im 19. Jahrhundert, sondern zugleich ein überragendes literaturtheoretisches Schlüsseldokument an der Wende von der vorrevolutionären zur nachrevolutionären Epoche in Deutschland. Die im Schatten seiner berühmten ‚Gedanken über Goethe' erfolgte postume Veröffentlichung im Jahre 1893 hat die so eminent zeitbezogene und zeitorientierte Hehnsche Arbeit um ihre zeitgenössische Wirkung gebracht, die ihr aller Voraussicht nach in hohem Maße zuteil geworden wäre.

Die neue Qualität der um die Jahrhundertmitte entstandenen Goethearbeiten Viktor Hehns, seines Kommentars ‚Über Goethes Gedichte',[18] seiner Abhandlung über ‚Hermann und Dorothea'[19] und seines Fragments einer ‚Faust'-Vorlesung,[20] leitet sich nicht zuletzt ab aus einer neuen Einstellung dem literarischen Gegenstand gegenüber, die der Autor, in Opposition gegen die bisherige Praxis von „Goethe-Auslegern", als „Entzücken des poetischen Genusses und das Streben, auch andere daran teilnehmen zu lassen" bezeichnet hat.[21] In der ‚Faust'-Vorlesung heißt es: „Wie die genaueste Naturkenntnis, die genaueste empirische Geschichtsforschung das notwendige prius für die denkend begreifende Wissenschaft dieser Gebiete ist, so verlangen wir von dem Erklärer eines Kunstwerks, daß er dieses in seiner eigenen Natur mit aller Macht der Schönheit und der bestimmten Schönheit auf sich wirken lasse, daß er es, wie es in untrennbarer Einheit der Idee und des Bildes von der Phantasie eingegeben ist, so auch mit der Phantasie aufnehme und sich zuerst rein genießend verhalte."[22] Diese Forderung nach ästhetischer Sensibilisierung als der Voraussetzung eines adäquaten Umgangs mit den Dichtungen Goethes, die Hehn zum Anwalt einer einfühlenden, textimmanenten Interpretation werden läßt, ist nicht Ausdruck eines naiven, unreflektierten Kunstenthusiasmus, der die Auseinandersetzung mit Goethe aus dem Zusammenhang der politischen und sozialen Kritik entläßt, sondern Resultat gerade einer intensiven Auseinandersetzung mit ihr. Der Radikaldemokrat, der Hehn bis zur 48er Revolution war,[23] hat wie kaum ein anderer die Börneschen Verdikte über Goethe ernstgenommen, er hat ihre Berechtigung anerkannt und zugleich die Gefahr eines „drohenden Verlust[es] aller ästhetischen Güter"[24] als Konsequenz der Kunstfeindlichkeit der Radikaldemokraten und der Kommunisten gesehen.

Hehns Interpretation von Goethes idyllischem Epos ‚Hermann und Dorothea' ist ästhetische, historische und philosophische Analyse zugleich.[25] Sie will Goethes Werk aus den spezifischen Bedingungen und Möglichkeiten des 18. Jahrhunderts heraus erklären und steht damit in Opposition zu allen Versuchen, Goethe aktualisierend dem Verständnis und den Erwartungen der Gegenwart anzunähern. Dieser polemische Akzent betrifft vor allem die seine Abhandlung durchgängig bestimmende Auseinandersetzung mit der sozialistischen Goethedeutung, die Hehn in der Form des Grünschen Versuches vor Augen hatte. Nicht politische Revolution war nach Hehn die Aufgabe eines von den Fesseln des Feudalismus sich befreienden Bürgertums im 18. Jahrhundert, dem ‚Hermann und Dorothea' seine Entstehung verdankt, sondern Emanzipation von toten konventionellen Formen gesellschaftlichen Verhaltens, von einer zur Scholastik erstarrten Aufklärung, einer supranaturalen Theologie und einer von Orthodoxie bedrohten Kirche. Es ging darum, die „innere Freiheit und Schönheit des Gemütes"[26] zu erobern, die Innerlichkeit einer befreiten Subjektivität aus den Fesseln der Unnatur wieder in ihre natürlichen Rechte einzusetzen. „Goethe war das poetische Genie, das diese Befreiung in positiven Dichtertaten vollzog."[27] ‚Hermann und Dorothea' gehört für Hehn noch ganz einem vorpolitischen und vorrevolutionären Weltzustand an. „Mit der Politik, wo im Lärm der Leidenschaft und Tat die innere Musik der Seele verhallt und die stille Entwicklung natürlichen Werdens durch die Empörung des Eigenwillens unterbrochen wird, mit dieser konnte Goethe und das ganze ihn umgebende Geschlecht nichts zu schaffen haben wollen."[28] Die Welt von ‚Hermann und Dorothea' erhält in der Deutung Hehns die verklärenden Züge nichtentfremdeter, natürlicher gesellschaftlicher Verhältnisse. Dieser vorindustriellen Idylle, die auf den unerschütterten Fundamenten der Familie und des Privatbesitzes, „dieser Substanz des deutschen Geistes",[29] aufruht, wird scharf kontrastierend die abstrakt gewordene, arbeitsteilige Welt der prosaischen Gegenwart gegenübergestellt, deren inhaltliche Bestimmungen in auffälligem Einklang sich befinden mit Vischers berühmter Analyse des nachrevolutionären Weltzustandes im 1847/48 erschienenen zweiten Teil seiner ‚Ästhetik'.[30] Die Bedrohung der naturhaft-poetischen Welt von Goethes idyllischem Epos durch „das furchtbare Ereignis der Revolution und des Krieges" wird nach Hehn durch „die ewig wirksame Bildungskraft" der Natur aufgefangen und überwunden. „Die Revolution tritt uns nahe, aber nur damit antipolitisch und antikommunistisch die Privatexistenz, die Familie, das Eigentum sich bewähre und aus der Zerstörung neu erzeuge."[31] Schon der Wortgebrauch ‚antipolitisch' und ‚antikommunistisch' macht deutlich, daß Hehn hier den Standpunkt der reinen historischen Analyse des Werkes überschreitet und aktualisierend Stellung bezieht. Die Abhandlung wird zum gegenrevolutionären Manifest, befindet sich in Übereinstimmung mit der allgemeinen Abkehr vom Geist des Vormärz nach der gescheiterten 48er Revolution. Daß gerade ‚Hermann und Dorothea' zum vorrangigen Exempel einer gegenrevolutionären Goetheinterpretation werden sollte, ist gewißt nicht Hehns Schuld, beleuchtet jedoch eine Tendenz, die seine Gegenstandswahl zweifellos hat mitbestimmen helfen. Goethes ,Hermann und Dorothea' beginnt jetzt seinen beispielhaften Siegeszug in Schule und Öffentlichkeit als Paradigma deutscher Gesinnung, als ein Werk, in dem – wie es ein Anonymus 1863 in einem Aufsatz ,Goethe und der Patriotismus' formuliert hat – „Nationalismus und Humanismus versöhnt werden", eine Dichtung, die alle politischen Verleumdungen des Dichters „siegreich zu Boden" wirft, die auf den „Urquell" hinweist, aus dem das deutsche Leben „wieder neue Kraft und Jugend schöpfen" könne, auf das „Fundament, auf dem allein ein deutsches Staatsleben ruhen kann, auf ein kräftiges und gesundes Familienleben."[32]

Ein Manifest ist Hehns Abhandlung nicht nur in politischer, sondern auch in ästhetischer Beziehung. Goethe ist für Hehn der epische Dichter kat' exochen. Er erfüllt in ,Hermann und Dorothea' beispielhaft die Homerischen Gesetze der Überparteilichkeit, der Plastik, der Objektivität und der sinnlich-realistischen Anschaulichkeit. Mit seiner Analyse hat Hehn als erster den poetischen Realismus mit dem epischen Darstellungsstil Goethes vermittelt. Ganz im Sinne der Ziele des programmatischen Frührealismus heißt es bei ihm: „Alle Gefühlsschwelgerei, alle Exzentrizität der Leidenschaft hat der Dichter durchgängig abgewiesen; in der Gesinnung echter Bürger, sowie in dem Gange ihres Lebens waltet ja nicht sowohl phantastische Überspannung als verständiger Realismus."[33] Hatte Hehn den Goetheschen Realismus wesentlich im Rückbezug auf Homer entfaltet, so weist Leo Cholevius im zweiten Teil seiner ,Geschichte der deutschen Poesie nach ihren antiken Elementen' von 1856 in systematischer Analyse die Antike schlechthin als das Fundament des Goetheschen Realismus nach. In scharfer Opposition zu Hermann Hettner und Julian Schmidt, die den Antikebezug der Klassik als Flucht vor der Wirklichkeit interpretiert hatten, formuliert nur wenige Jahre später Cholevius: „Goethes antike Dichtungsweise bestand darin, daß er stets von dem sinnlich Individuellen ausging und nur das Wirkliche darstellte. Dies gab seinen Dichtungen die höchste Lebendigkeit, Wahrheit und Bestimmtheit."[34] Die scheinbar wirklichkeitsferne Klassik ist damit für den Realismus gerettet, ,Hermann und Dorothea' vor allem wird zum beispielgebenden Modell der vom programmatischen Frührealismus geforderten Verbindung von Idealität und Realität, die wiederum Cholevius in seinem Kommentar zu ,Hermann und Dorothea' von 1863 in genauer Übereinstimmung mit der zeitgenössischen Realismustheorie als das ästhetische Ideal des Goetheschen Werkes herausgearbeitet hat.[35]

Trotz seines Plädoyers für die vorrevolutionäre Idylle von Goethes Versepos bleibt das Denken Hehns der europäischen Aufklärung verpflichtet. Entschieden betont er die Kontinuität von französischer Aufklärung und deutscher Klassik, wenn er in Auseinandersetzung mit Friedrich Christoph Dahlmanns ,Geschichte der Französischen Revolution' (1845) schreibt: „Auch die geniale Auflehnung in Goethe und seinen Genossen ist ohne den unmittelbar vorausgegangenen Kampf der kritischen Geister Frankreichs, der in einer positivistisch erstarrten Welt Luft und Licht schaffte, nicht denkbar." Mit Vehemenz weist Hehn den Versuch Dahlmanns zurück, die „friedliche[n] Archäologen, Literaten und Dichter wie Winckelmann, Lessing, Goethe und Schiller höher zu schätzen, als historische Männer wie Voltaire und Rousseau" und beschließt seine Dahlmann-Kritik mit den Worten: „Nach dem Maß der Geschicke des Weltteils und der Geschichte der europäischen Menschheit im großen gemessen, ist der einzige Voltaire unendlich wichtiger als alle vier genannten Deutschen zusammen, und es müßte eine wahre Festlust für einen Historiker sein, seinen Einfluß zu schildern".[36] Diese kontrastierende Gegenüberstellung steht in einer Tradition, die Ludwig Börne begründet hatte, bei dem es im vierzehnten seiner ‚Briefe aus Paris' heißt: „Um so viel Rousseau mehr ist als Schiller, um so viel ist Goethe schlechter als Voltaire."[37] Es ist der Börneaner in Hehn, der ihn diesen Vergleich aufnehmen läßt. Ein Geistesverwandter Börnes, der Schriftsteller Heinrich Mann, wird ihn 1910 in seinem Aufsatz ‚Voltaire – Goethe' wiederholen.[38] Es bezeichnet einen der folgenreichsten Einschnitte in der Wirkungsgeschichte Goethes und der deutschen Klassik, wenn der junge Herman Grimm, der einer der repräsentativen und einflußreichsten Goetheinterpreten des neuen Reiches werden sollte, in seinen frühen, vor 1870 erschienenen Goetheschriften die von Hehn noch emphatisch betonte Zusammengehörigkeit von Aufklärung und Klassik aufhebt und eine autochthon deutsche Traditionskette konstruiert, die er chauvinistisch aus dem europäischen Kontext herauslöst. In seiner Vorlesung ‚Goethe in Italien' von 1861 sind es Luther, Lessing, Goethe und Schiller, über die er mit besitzstolzem nationalem Anspruch auf kulturelle Hegemonie ausführt: „Deutschland steht durch den Besitz solcher Männer einzig da unter den neueren Völkern, in deren Reihe es die erste Stelle einnimmt."[39] In seinem zwei Jahre zuvor erschienenen Aufsatz ‚Schiller und Goethe'[40] hatte er sich auch des Voltaire-Vergleichs bedient. Mit Bezug auf Goethe heißt es hier: „Welch ein Volk besaß einen solchen Mann? Voltaire ist eine Karikatur neben ihm. Auch dieser beherrschte seine Zeit Jahrzehnte lang, aber wie ein kleinlicher Tyrann, während Goethe ein uneigennütziger Herrscher war."[41]

## 11. Ein Berliner Goethekolloquium 1861

Herman Grimm, der 1860 mit dem ersten Band seiner Michelangelo-Biographie debütiert hatte, war mit seinem Vortrag ‚Goethe in Italien'[1] der jüngste von sechs Rednern, die sich im Frühjahr 1861 zu einem Zyklus von Goethevorlesungen „zum Besten des Goethedenkmals in Berlin" in der dortigen Singakademie zusammenfanden. Die Vorträge, die, bis auf einen, gedruckt vorliegen, stellen einen repräsentativen Querschnitt der Goetheauffassung am

Anfang der sechziger Jahre dar. Der junge Wilhelm Dilthey hat über jede Veranstaltung ausführlich in der ,Preußischen Zeitung' berichtet. Seine z. T. kritischen Auseinandersetzungen mit den Vorträgen sind die ersten öffentlichen Zeugnisse, die wir über die Goethekenntnis und Goetheauffassung des jungen Wissenschaftlers und späteren Begründers einer geistes- und problemgeschichtlichen Literaturbetrachtung besitzen. Eröffnet wurde der Zyklus mit Rudolf Virchows Vortrag ,Goethe als Naturforscher, besonders als Anatom',[2] einem der wichtigsten Zeugnisse der Auseinandersetzung der nachromantischen Naturwissenschaft mit dem Naturforscher Goethe im zweiten Drittel des 19. Jahrhunderts. Charakteristisch für den Wandel des Goethebildes in den sechziger Jahren ist die von jeder Polemik freie Selbstverständlichkeit, mit der Hermann Hettner in seinem Vortrag ,Goethes ,Iphigenie' in ihrem Verhältnis zur Bildungsgeschichte des Dichters'[3] die in diesem Drama erreichte „innige Versöhnung des Antiken und Modernen"[4] als Höhepunkt der Entwicklung Goethes darstellt. Hettner ist damit abgerückt von seiner Kritik am ,falschen Idealismus' der Klassik, die er in der Schrift über ,Die romantische Schule' von 1850 geübt hatte und eingeschwenkt auf die Linie einer neuen Kanonisierung von Goethes Klassik, die jetzt beginnt und im Zusammenhang mit dem durch Jacob Burckhardts Werk ,Die Kultur der Renaissance in Italien' (1860) eröffneten Renaissancismus und Renaissancekult gesehen werden muß.[5] Als Nestor der Hegelianischen Goethedeutung las Heinrich Gustav Hotho über ,Goethe und Schiller'.[6] Als einziger wies er wiederum auf die zentrale Bedeutung der ,Wanderjahre' hin, die den Weg geöffnet hätten „auf neue Zustände in der neuen Welt, wo man frei von den mittelalterlichen Schlössern und Kulturresten, von den Besten und Erfahrensten geleitet, ein neues Leben auf ursprünglichem Boden begönne".[7] In dem thematischen Zusammenhang einer Analyse der ,realistischen' Goetheinterpretation sind die beiden Vorträge von Adolf Schöll und Berthold Auerbach von besonderem Interesse. Der Vortrag von Adolf Schöll ,Goethe als Staatsmann'[8] ist neben der Abhandlung von Hehn über Goethes ,Hermann und Dorothea' das wichtigste theoretische Dokument einer Goethedeutung im Geiste des Realismus. Schöll hatte 1848/51 die Briefe Goethes an Frau von Stein herausgegeben,[9] deren Erscheinen nach Viktor Hehn einen „Wendepunkt" in der bisherigen Wirkungsgeschichte des Dichters bildete.[10] Erst jetzt schloß sich die Lücke in der Kenntnis der für Goethes Entwicklung entscheidenden zehn voritalienischen Jahre am Weimarer Hof, deren Darstellung der Dichter in seinen autobiographischen Schriften bewußt ausgeklammert hatte. Auf der Grundlage der intimen Kenntnis dieser Quellen gibt Schöll in kritischer Korrektur der vor allem durch Gervinus vorgebrachten Verdikte über Goethes amtliche Tätigkeit eine anschauungs- und faktengesättigte Analyse der frühweimarer Amtszeit Goethes, die er als eine Einübung des Dichters in eine realistische Lebenspraxis darstellt. Die amtliche Tätigkeit Goethes als Staats- und Geschäftsmann wird von Schöll nicht als Behinderung oder Ablenkung von seiner dichterischen Tätigkeit bewertet, sondern im Gegenteil als deren Basis, als der notwendige Weg, den Goethe zur Erlangung einer „konkreten Poesie", die alle „Höhen und Tiefen der Wirklichkeit" umfaßt, einschlagen mußte.[11] Gegenüber den stubengelehrten Dichtern der Aufklärung sei Goethe der erste gewesen, der die Poesie wieder unter den freien Himmel der Natur zurückgeführt habe. „Es war ihm Bedürfnis, immer in bewußtem Zusammenhang mit der Ökonomie der wirklichen Natur, mit Sonne und Luft, Flur und Wasser zu leben, den Witterungswechsel, den Schritt des Jahres, den Sternkreis der Nacht über sich stetig zu schauen und zu fühlen."[12] Im gleichen Sinne heißt es in Berthold Auerbachs Vortrag ‚Goethe und die Erzählungskunst':[13] „Goethe hat zuerst die freie Natur wieder erobert; Goethe war der erste deutsche Dichter, der wieder im Grase lag. [...] Goethe war der neue Antäus, der wieder die volle Lebenskraft aus der Berührung mit der Mutter Erde sog."[14] Für Schöll wie für Auerbach ist die Probe auf das Exempel von Goethes realistischem Verhältnis zur Wirklichkeit der Roman ‚Wilhelm Meisters Lehrjahre'. Die differenzierte Analyse von Goethes Romantechnik durch den realistischen Dichterkollegen Auerbach hebt als Kennzeichen der Erzählhaltung in den ‚Lehrjahren' vor allem die „Gelassenheit des Vortrags" hervor, die jenes „wohlige Behagen"[15] erzeuge, das zum Leitwert intendierter Rezeptionshaltung in der Frühphase des poetischen Realismus geworden war. Goethes vielberufene ‚Objektivität' wird von Auerbach ganz im Sinne der realistischen Forderung nach tendenzfreier Unparteilichkeit der epischen Darstellung als „Allliebe" gekennzeichnet, die „Keinen bevorzugt"[16] und die das Geheimnis seiner Charakterisierungskunst ist, „in der jede Persönlichkeit ihre eigene Lebensmelodie, ihre eigene Tonart hat".[17] Ähnlich hatte auch Hehn schon die Kunst der individuellen Charakteristik in ‚Hermann und Dorothea' mit Goethes überparteilichem Darstellungsstil in Zusammenhang gebracht. In seiner Besprechung des Vortrags von Auerbach hebt Dilthey diesen Aspekt besonders hervor und leitet ihn aus Goethes Spinozismus ab: „Wenn man von Goethes Objektivität reden will, so kann damit nur jene höchste Gerechtigkeit gemeint sein, jeden Menschen nach seiner eigentümlichen Natur anzuschauen. Es entspricht ganz seinem Spinozismus, daß er positiv Böses nicht kennt; er gibt als Gegengewicht gegen die guten rein negative Figuren."[18]

Mit den Arbeiten von Schöll und Auerbach ist Goethe konfliktlos in realistisches Kunst- und Lebensverständnis integriert worden. Damit war zugleich jede Form von politischer Kritik, die bis 1850 die Auseinandersetzung mit Goethe dominierend bestimmt hatte, stillgelegt. Wilhelm Dilthey hat die in den Berliner Goethevorträgen von 1861 zum Ausdruck kommende neue Qualität der Goetherezeption gegenüber „den Darstellungen von Gervinus, Julian Schmidt und anderen" dahingehend charakterisiert, „daß der erste Moment des Übergangs, welcher notwendig der einer schroffen Abkehr ist, vorüber und eine unparteiische Übersicht des Zusammenhanges jener Periode möglich geworden ist. So hat, wer jetzt von Goethes dichterischem Ideal ein Bild entwirft, die Perspektive und den Hintergrund jener ganzen Zeitbildung und eine klar begrenzende, doch milde Beleuchtung vor früheren Darstellungen voraus."[19] Deutlich ist hier der Zusammenhang formuliert, auf den ich zu Beginn dieses Untersuchungsabschnitts verwies: Der Autor wird historisiert, indem seine Wirkungsgeschichte für die Gegenwart außer Kraft gesetzt wird. Ihm wird nicht mehr zugestanden, noch die Gegenwart wirkend zu bestimmen. Seine Wirkungsgeschichte wird nur noch als Medium verstanden, das eine objektivierende Distanz zu ihm schafft, die wiederum Bedingung seines ‚historischen Verstehens' im Sinne der historistischen Hermeneutik ist.

Ein wesentliches Moment der in den sechziger Jahren sich herausbildenden neuen Stufe der Rezeptionsgeschichte des Dichters sind die Anfänge dessen, was Karl Gutzkow bereits 1861 Goethe-Philologie genannt hatte und was 1877 in Wilhelm Scherers gleichnamigem Aufsatz zum Programm erhoben wurde. Auf sie müssen wir zum Abschluß dieses Untersuchungsabschnittes noch einen kurzen Blick werfen.

## 12. Die Anfänge der Goethe-Philologie

Neben den bisher behandelten Zeugnissen zur Wirkungsgeschichte Goethes im zweiten Drittel des 19. Jahrhunderts nehmen die zahlreichen Erläuterungsschriften und Kommentare zu Goethes Leben und Werk einen breiten Raum ein. Sie sind in unserer primär problemorientierten Darstellung fast ganz unberücksichtigt geblieben. Dieser Verzicht bedeutet allerdings eine nicht unbeträchtliche Verkürzung der Wirkungsfaktoren, die das Bild Goethes vor allem im Unterricht an den Schulen, aber auch für den gebildeten Hausgebrauch, im 19. Jahrhundert und darüber hinaus bis heute vermittelt haben. Eine der ersten Erläuterungsschriften zu einem Goetheschen Werk überhaupt, die 1820 von dem Prenzlauer Rektor Karl Ludwig Kannegießer veröffentlichte ‚Einladungsschrift' über die ‚Harzreise im Winter', nahm der Dichter zum Anlaß einer Erwiderung, der wir nicht nur wertvolle biographische Aufschlüsse zum Verständnis des Gedichtes verdanken, sondern auch wichtige methodische Bemerkungen über Wert und Grenze solcher Kommentare aus der Sicht des Betroffenen. Oft genug hat Goethe betont, daß seinen Werken, vor allem den Gedichten, konkrete Anlässe zugrunde lägen, daß sie ‚Gelegenheitsdichtungen' seien, ein Begriff, den er in vielfältigen Variationen für diesen Sachverhalt benutzt hat. Das Aufspüren und Dokumentieren dieser ‚Gelegenheiten' wurde das eigentliche Anliegen der Goethekommentatoren im 19. Jahrhundert. Die Gefahr, die damit verbunden war, hat Goethe in seiner Kannegießer-Besprechung bereits deutlich bezeichnet: „Weil nun aber demjenigen, der eine Erklärung meiner Gedichte unternimmt, jene eigentlichen, im Gedicht nur angedeuteten Anlässe nicht bekannt sein können, so wird er den innern, höhern, faßlichern Sinn vorwalten lassen; ich habe auch hiezu, um die Poesie nicht zur Prose herabzuziehen, wenn mir dergleichen zur Kenntnis gekommen, gewöhnlich geschwiegen."[1] Indem Goethe in seinen eigenen Erläuterungen den Vorsatz, zu schweigen, durchbrochen hat, räumt er am Schluß die Legitimität eines die ‚Gelegenheit' aufschließenden und aufschlüsselnden Kommentars ein, ohne das Verständnis eines Gedichts davon abhängig zu machen: „Mein werter Kommentator wird hieraus mit eignem Vergnügen ersehen, wie er so vollkommen zum Verständnis des Gedichtes gelangt sei, als es ohne die Kennntis der besonders vorwaltenden Umstände möglich gewesen; er findet mich an keiner Stelle mit ihm in Widerstreit, und wenn das Reelle hie und da das Ideelle einigermaßen zu beschränken scheint, so wird doch dieses wieder erfreulich gehoben und ins rechte Licht gestellt, weil es auf einer wirklichen, doch würdigen Base emporgehoben worden. Gibt man nun aber dem Erklärer zu, daß er nicht gerade beschränkt sein soll, alles, was er vorträgt, *aus* dem Gedicht zu entwickeln, sondern, daß er uns Freude macht, wenn er manches verwandte Gute und Schöne an dem Gedicht entwickelt, so darf man diese kleine gehaltreiche Arbeit durchaus billigen und mit Dank erkennen."[2] Die zahlreichen Goethekommentatoren in der zweiten Hälfte des 19. Jahrhunderts haben nur in seltenen Fällen die vom Dichter angedeutete Gefahr, die ‚Poesie nicht zur Prose herabzuziehen', vermieden. Bekanntestes Beispiel hierfür ist Heinrich Düntzer, der ‚Goethe-Ausleger' kat' exochen in diesem Zeitraum, der zum vielzitierten und vielverlästerten Vertreter eines dichtungsfremden Kommentargewerbes geworden ist.[3] Ihm vergleichbar ist Heinrich Viehoff, der Verfasser einer Goethebiographie und eines vielgelesenen und vielbenutzten Kommentars zu Goethes Gedichten.[4] Die Charakteristik, die Hermann Hettner von Viehoff gegeben hat, kann auch für Düntzer gelten: „Er ist Philolog und nichts als Philolog. Hierin liegen alle seine Schwächen und Vorzüge. Gerade diesem philologischen Tick verdanken wir die genaue chronologische Sichtung und Reihenfolge, in die ich durchweg das wesentlichste Verdienst des ganzen Buches setze, diesem philologischen Tick verdanken wir auch die sorgfältige Sammlung der Varianten, die uns den lehrreichen Genuß gewähren, dem Künstler selbst beim Schaffen in die Werkstatt hineinlauschen zu können. Aber ihm verdanken wir auch andererseits die zahllosen Pedanterien und Trivialitäten der erklärenden Noten, die einem oft die Lektüre recht gründlich verleiden. Und was wichtiger als dies ist, dieser philologische Tick bannt Herrn Viehoff überall nur an das biographische Interesse und läßt ihn nirgends zu einer eigentlich künstlerischen, ästhetischen Auffassung gelangen. Dieses Buch gibt uns vortreffliche Handhaben zur Beurteilung Goethes, aber nie diese kritische Beurteilung selber."[5]

Die erst in den sechziger Jahren sich herausbildende Goethephilologie im engeren Sinne, die in dieser Frühphase vor allem mit den Namen Woldemar von Biedermann, Gustav von Loeper und Michael Bernays verbunden ist, hat sich von Männern wie Düntzer und Viehoff z. T. schroff distanziert, nicht ohne den Hochmut der gesellschaftlich Arrivierten gegenüber dem in seiner akademischen Laufbahn glücklosen ewigen Privatdozenten und dem pedantischen Provinzschulmeister. Für Woldemar Freiherrn von Biedermann, den hohen sächsischen Staatsbeamten, und Gustav von Loeper, den preußischen Juristen und Archivverwalter der Hohenzollern, war die Beschäftigung mit Goethe eine mit Leidenschaft betriebene Nebenbeschäftigung; sie waren, wie Erich Schmidt es für von Loeper formuliert hat, „Vertreter jenes unzünftigen, aber durchgebildeten Dilettantismus reiner, hoher Art, der aus innerem Drang heraus die Neigung zur Pflicht und seinen Namen von der Liebe hat".[6] Die Erstlingsschrift von Woldemar von Biedermann, ‚Die Quellen und Anlässe einiger dramatischer Dichtungen Goethes' (1860), bewegt sich noch ganz im Rahmen dessen, was Düntzer und Viehoff zu ihrer Lebensaufgabe gemacht hatten. Gewicht und Wert bis heute erhalten dann die Aufsätze über ‚Goethes Beziehungen zum sächsischen Erzgebürge' (1862)[7] und die Werke ‚Goethe und Leipzig' (1865) und ‚Goethe und Dresden' (1875). Sie eröffnen die stattliche Reihe der nun folgenden Arbeiten, die die lokalen Lebensbeziehungen Goethes zum Gegenstand reichdokumentierter Monographien gemacht haben. Die bleibende Leistung von Woldemar von Biedermann ist seine Sammlung von ‚Goethes Gesprächen', die 1889 bis 1896 in zehn Bänden erschienen ist und in der Neubearbeitung durch seinen Sohn Flodoard eines der Fundamente der Goethewissenschaft darstellt. Gustav von Loeper, der als Autor erst nach 1870 in Erscheinung tritt,[8] verdient in diesem Zusammenhang Erwähnung als der eigentliche Initiator der ersten wissenschaftlichen Goetheausgabe, deren erster Band 1868 im Verlag von Gustav Hempel in Berlin erscheint. Ein Jahr zuvor, in dem sogenannten ‚Klassikerjahr',[9] waren alle alten Verlagsprivilegien für die vor dem 9. November 1837 verstorbenen Autoren gemäß einem Beschluß der Bundesversammlung von 1856 aufgehoben wurden und damit auch Goethes Werke aus dem Monopol der J. G. Cottaschen Verlagsbuchhandlung entlassen. Die ‚Hempelsche Goethe-Ausgabe', an der neben von Loeper auch Woldemar von Biedermann, Heinrich, Düntzer, Salomon Kalischer, Friedrich Strehlke und Friedrich Förster mitgearbeitet haben, erschien von 1868 bis 1879 in 23 Bänden. Sie nannte sich im Untertitel eine „nach den vorzüglichsten Quellen revidierte Ausgabe" und erhob damit den Anspruch, in der Darbietung des Goethetextes philologisch-kritisch verfahren zu sein.[10] Diesen Anspruch allerdings hat die Hempelsche Ausgabe nur sehr bedingt erfüllt. Ihr ist noch nicht die Fundamentalkritik des in den bisherigen Ausgaben überlieferten Textes der Goetheschen Werke zugute gekommen, die Michael Bernays in seiner bahnbrechenden Schrift ‚Über Kritik und Geschichte des Goetheschen Textes' von 1866 geleistet hat.[11] Erst Bernays konnte in subtiler, streng philologischer Analyse die Korrumpierungen des Textes der Jugendwerke Goethes, vor allem des ‚Werther', in der Überlieferungsgeschichte der verschiedenen vorliegenden Ausgaben nachweisen und hat damit ein Fundament geschaffen, auf dem die philologische Kritik weiterbauen konnte. Bernays Arbeit ist nicht denkbar ohne die Anregung und tätige Mithilfe des Buchhändlers, Verlegers und Goethesammlers Salomon Hirzel, von dem vielfältige Ausstrahlungen und Einflüsse in die in den sechziger Jahren sich konstituierende Goethephilologie ausgegangen sind.

Mit der Freigabe der vor 1837 verstorbenen Klassiker im Jahre 1867 war die Möglichkeit geschaffen worden, billige Ausgaben in Massenauflagen auf den Markt zu bringen und so den Kreis der potentiellen Leser und Rezipienten der klassischen Literatur über den bisherigen Adressatenkreis hinaus beträchtlich auszuweiten. Gustav Hempel bot in seiner ‚Nationalbibliothek sämtlicher deutscher Classiker' eine vollständige Gesamtausgabe der wichtigsten deutschen ‚klassischen' Autoren an. Sie wurde mit insgesamt 714 Lieferungen 1879 abgeschlossen. Der Verleger Anton Philipp Reclam startete im Jahre 1867 seine berühmte Universal-Bibliothek, von der im gleichen Jahr bereits 35 Hefte erscheinen konnten. Das erste Bändchen brachte ‚Faust I', der zweite Teil folgte als Band zwei. Die nationalliberale Publizistik feierte die Freigabe der Klassiker als die einzigartige Möglichkeit, Hütte und Palast des deutschen Volkes im Zeichen der Erziehung durch seine Klassiker zu vereinen. So heißt es in Rudolf Gottschalls Aufsatz, Die Classiker als Nationaleigenthum' im ‚Börsenblatt für den deutschen Buchhandel' 1867: „Näher gerückt werden die geistigen Größen der Nation jedem einzelnen, erweitert die Kreise, denen der Zutritt in ihrer segenspendenden Nähe gestattet ist. Erst der Besitz der Werke schafft ein intimeres Verhältnis zu den Schriftstellern und Dichtern; ein dauerndes Band – und in diesen Besitz wird jetzt die Mansarde und der Salon sich teilen.'[12] Es fehlte allerdings nicht an kritischen Stimmen, die Wasser in den Wein der neuen Klassikbegeisterung schütteten. So ließ ein gewisser Christian W. Wurst als verspäteter Nachfahr Wolfgang Menzels in seiner anonym erschienenen Broschüre ‚Kreuz- und Querzüge in Sachen der deutschen Classiker' von 1868 die Mahnung verlauten: „Was ist das? Klingklang, schöner Klingklang ist es, hohle Phrase, weiter nichts. Denn, hilf Himmel, wo ist der Segen, den jene Geistmänner gespendet? Wie? Sollte es jemals dahin kommen, daß Kinder ihren Eltern im traulichen Familienkreis die ‚Wahlverwandtschaften' vorlesen oder die Komödiantenstreiche des ‚Wilhelm Meisters'? oder daß sie sich an den polierten Versen der ‚Natürlichen Tochter' erholen sollten und so fort. Sollte es dahin kommen, dann gute Nacht deutsches Wesen und deutsche Kraft! Aber es wird, ja es kann nie dahin kommen. Es ist noch zu viel gesunder Sinn vorhanden."[13] Die Deutschen sollten ihre ‚deutsche Kraft' und ihren ‚gesunden Sinn' wenige Jahre später unter Beweis stellen. Wie sie beides mit der Aufnahme des ‚Klassikers' Goethe verbunden haben, wird im fünften Kapitel dieser Untersuchung dargestellt werden.

Drittes Kapitel

# Die christliche Opposition

Unter allen Formen der Opposition gegen Goethe, von denen die Geschichte seiner Rezeption in Deutschland zu berichten weiß, darf die im Namen des Christentums geäußerte gewissermaßen das Erstgeburtsrecht für sich in Anspruch nehmen. Schon 1775 wird auf Antrag der Theologischen Fakultät in Leipzig ein Goethesches Werk, der ‚Werther', verboten. Die Argumente dafür lieferten die Attacken des Hamburger Hauptpastors Johann Melchior Goeze gegen diese „des Fluchs würdige Schrift",[1] die er als eine Apologie des Selbstmords verstand und anprangerte. Religiöse, insbesondere christliche Opposition bleiben von nun ab dominante Formen des Einspruchs und der Kritik gegen Werk und Person Goethes, mit denen er sich zeitlebens öffentlich und – stärker und intensiver – im privaten Bereich hat auseinandersetzen müssen. So ist das erste Weimarer Jahrzehnt wesentlich mitbestimmt durch die beiden großen kontroversen Debatten über Fragen der Religion und des Christentums mit Lavater und Jacobi, die zu schroffer Konfrontation und zur Klärung der weltanschaulichen Positionen führen. Die romantische Opposition gegen Goethe nach 1806 war, wie ich zu zeigen versucht habe, die Opposition eines restaurierten religiösen Bewußtseins gegen das an der Antike orientierte ‚Heidentum' des klassischen Goethe. Adam Müller hat diesen Einspruch in seinen ‚Vorlesungen über die deutsche Wissenschaft und Literatur' von 1806 als erster formuliert: „Novalis ahndete, ohne ihn deutlich auszudrücken, den einzigen Vorwurf, der gegen Goethe erhoben werden kann: *Die Allgegenwart des Christentums in der Geschichte und in allen Formen der Poesie und Philosophie,* ist selbst Goethen verborgen geblieben. An dieser Stelle ist er nicht rein von dem Anfluge der Zeit und den Einflüssen der Aufklärung: In der Gegenwart des Göttlichsten allein kann man sich ihm, dem in allen übrigen Fällen man sich ergebungsvoll unterordnen würde, bescheiden gegenüberstellen, und in seine eignen bedeutungsreichen Werke den heiligen Sinn hineinlegen, den er selbst unverkennbar verleugnet."[2] Friedrich Schlegel, der in seiner Rezension der 2. Auflage von Adam Müllers ‚Vorlesungen' von 1808 dem Verfasser noch vorgeworfen hatte, daß er „durchaus nicht berechtigt gewesen, dem vortrefflichen Dichter sein Glaubensbekenntnis auf eine so harte Art abzufordern, oder ihm das seinige aufzudringen",[3] schwenkt in seinen Wiener Vorlesungen über die ‚Geschichte der alten und neuen Literatur' von 1815 ins Lager der religiösen Kritiker Goethes über, indem er hier dem Dichter den vielzitierten Vorwurf macht, daß es seinem Werk, „dieser verschwenderischen Fülle von geistigem Spiel an einem festen innern Mittelpunkt fehlt".[4] Damit hatte Friedrich Schlegel das Stichwort geliefert, das dem Pfarrer Pustkuchen in seinen falschen ‚Wanderjahren' und Wolfgang Menzel in seiner Literaturgeschichte von 1828 zur Basis ihrer pietistischen und religiös-nationalen Angriffe auf Goethe dienen sollte.

Gleichzeitig mit der um 1830 sich verschärfenden politischen Goethekritik formierte sich auch der orthodoxe Flügel der evangelischen Kirche zu einem ersten frontalen Angriff auf den Dichter. Er erfolgte in zwei umfangreichen Rezensionen, die 1830 und 1831 in der von Ernst Wilhelm Hengstenberg, dem bedeutendsten Vertreter der neulutherischen Orthodoxie im 19. Jahrhundert, herausgegebenen ‚Evangelischen Kirchen-Zeitung' erschienen, die erste über den ‚Briefwechsel zwischen Schiller und Goethe',[5] die zweite über die ‚Wahlverwandtschaften'.[6] Beiden Rezensionen gemeinsam ist der scharf und aggressiv vorgetragene Vorwurf der Unchristlichkeit und der damit zwangsläufig verbundenen Unsittlichkeit des Lebens und der Werke Goethes und des in diesem Geiste ihm verbündeten Schiller. Vor allem die Rezension über die ‚Wahlverwandtschaften' zieht unerbittlich die Trennungslinie zwischen einer ‚wahren' Kunst, für die Gott das ‚Urschöne' ist, das sich in den vier Gemütselementen der ‚Ehre', der ‚Freiheit', der ‚höheren Geschlechtsliebe' und der ‚Religion' manifestiere,[7] und einer ‚Afterkunst', die dem Wahn huldige, Kunst sei „von dem Gesetz der Sittlichkeit entbunden, also von der Idee der Heiligkeit unabhängig, sich nach Regeln und Prinzipien bewege, die sie in sich selbst habe und finde".[8] Die beiden Besprechungen, die unter den Zeitgenossen nicht unbeträchtliches Aufsehen machten und viele Gegenstimmen auf den Plan riefen,[9] markieren eine Extremposition innerhalb der Auseinandersetzung der protestantischen Kirche mit Goethe. Noch einmal, dreißig Jahre später, hat die ‚Evangelische Kirchen-Zeitung' sich an der Auseinandersetzung mit Goethe beteiligt. Hatte die Besprechung des ‚Briefwechsels zwischen Schiller und Goethe' von 1830 keinen Unterschied in der kritischen Beurteilung der beiden Dichter gemacht, so wird jetzt – das Jahr der nationalen Schillerbegeisterung lag erst kurz zurück – der „Grundunterschied" zwischen beiden betont und der Subjektivismus Goethes gegen das „bei Schiller überall vorwaltende Bedürfnis der Hingebung, was diesen dem Charakter und Gefühle des Volkes näher stellt und ihm Sympathien sichert",[10] polemisch hervorgehoben. Goethes Subjektivismus sei dadurch charakterisiert, daß für ihn alles im isolierten Ich kulminiere; er sei der bindungslose Mensch schlechthin, der der Hingebung an eine Person, speziell an eine Frau, unfähig sei und darum „in ein Familienleben eben so wenig hineinpassen will, als in die Ehe".[11] Kein Dichter sei daher weniger als Goethe befugt, einen Eheroman zu schreiben, „denn wer hätte die Wahlverwandtschaften reflektierend gelesen und nicht, neben der psychologischen Wahrheit der Darstellung, den Schauer des absoluten Greuels, der die Familienverhältnisse zerfressenden

Macht der Sünde empfunden, die aus der tiefsten Nacht des Abgrunds heraus sich offenbart?".[12] Wie Goethe unfähig war, sich einer Frau hinzugeben und sich unter die Ordnung der Ehe zu stellen, genauso mangelte es ihm an der Hingabe an das Vaterland, ein Umstand, der „für die Erklärung der Stelle, die ein deutscher Dichter in der Gunst seines Volkes einnimmt, nicht wohl übersehen werden dürfe".[13] Mit dieser Argumentation stellt sich der Rezensent der ‚Evangelischen Kirchen-Zeitung' in die lange Tradition derer, die Goethe seit den Befreiungskriegen mangelnden Patriotismus vorgeworfen haben, ein Vorwurf, der bis 1870 die Rezeptionsgeschichte Goethes begleitet hat und bereits von Beginn an durch die Allianz von Christentum und Nationalismus bestimmt war. Für die protestantischen Kritiker des Jahres 1863 waren jedoch nicht mehr die ‚Wahlverwandtschaften' Goethes der zentrale Stein des Anstoßes wie noch 1831, sondern jenes Werk, das in zunehmendem Maße sich die Rolle eines dichterischen Symbols der weltanschaulichen Emanzipation vom Christentum hatte erobern können: der ‚Faust'. Der Kanonisierung dieses Werkes zur „weltlichen Bibel" (Heinrich Gelzer) der Deutschen, zur Inkarnation eines säkularisierten Kulturbewußtseins und nach 1870 zum Nationalgedicht der Deutschen schlechthin, haben christliche Interpreten früh Skepsis und Kritik entgegengebracht. Vor allem die katholische ‚Faust'-Deutung fühlte sich durch die ‚katholisierende' Symbolik des zweiten Teils des ‚Faust' zur Stellungnahme herausgefordert. Für Görres und Eichendorff ist Goethe der Dichter, der innerhalb des Bereichs der Natur das Höchste geleistet hat, was die moderne Literatur zu leisten fähig war. Der Schritt über die Natur hinaus zur Gnade allerdings, den nur die Kirche ermöglichen kann, blieb ihm versagt. So schreibt Görres 1845 in ‚Die Wallfahrt nach Trier' mit Bezug auf das Ende des zweiten Teils des ‚Faust': „Aber mehr Licht! möchten wir für den Dichter mit ihm rufen. Wie Luther durch den Glauben, so hat er durch die Liebe die Rechtfertigung zu erwirken geglaubt, aber dabei die ewige Gerechtigkeit verletzt; die Kirche aber lehrt sicherer: nur im *Glauben* und der *Liebe,* denen alsdann auch die Werke nimmer fehlen, wird die *Hoffnung* auf Rechtfertigung realisiert."[14] Ähnlich lautet sein Urteil im dritten Band von ‚Die christliche Mystik': „Die Dichtung ist ein großartiger Versuch, den Zauberglauben aller Zeiten, wie ihn die gegenwärtige Zeit versteht, zur poetischen Anschauung zu bringen; weil aber dies Verständnis nur ein zeitlich beschränktes ist, und es beim Ignorieren und gänzlichen Ausschließen des Gegensatzes ohnmöglich zu einem irgend befriedigenden Ende gebracht werden konnte; darum ist sie immer nur ein Sang des großen Zauberliedes: der Sang des achtzehnten, kritisch- und spekulativ-poetischen Jahrhunderts."[15] Für Eichendorff, der Goethe als den „eigentlichen Führer der modernen Kultur" bezeichnet, ist „Faust ohne Zweifel nicht nur das größte Gedicht unserer Literatur, sondern zugleich die wahrhafte Tragödie der neuen Zeit".[16] Die Kritik Eichendorffs richtet sich, wie schon bei Görres, auf den zweiten Teil des Werkes. Er nennt ihn einen „nüchterne[n] Rückfall in die alte Humanitätskrankheit. Faust, den doch offenbar schon längst der Teufel geholt, erscheint hier auf einmal als völlig courfähiger Kavalier am himmlischen Hofe, Gott, dem himmlischen Hofstaate und dem vor lauter Respekt ganz dumm gewordenen Teufel mit seiner eminenten Weltbildung imponierend – eine opernartige Heiligsprechung dieser Bildung, die auf den Unbefangenen fast den Eindruck macht, wie eine vornehme Umschreibung des trivialen Volkstextes: Lustig gelebt und selig gestorben."[17] Ist die katholische ‚Faust'-Kritik bei Görres und Eichendorff noch positiv kontrapunktiert durch die Anerkennung des „Natursymbolikers" (Görres) Goethe, so schlägt die ‚Evangelische Kirchen-Zeitung' im Jahre 1863 härtere Töne an. In einem längeren Artikel mit dem Titel ‚Göthes Verhältnis zum Christentum mit Rücksicht auf den zweiten Theil des Faust' heißt es unter Hinweis auf den berühmten Brief von Auguste Bernstorff, geb. Stolberg, an Goethe vom Oktober 1822, worin diese ihren Jugendfreund bittet, zu Gott zurückzukehren:[18] „Es ist dieser zweite Teil des Faust eine absichtliche, bewußte Beseitigung und Verleugnung Christi und die eigentliche und vollständige Antwort Goethes auf das Schreiben der Gräfin *Auguste Stolberg*, der er damals nur kurz, die Hinweisung auf das alleinige Heil in Christo ablehnend geschrieben hatte. Hier wird der neue Heilsweg, der [...] in nichts anderm als unablässiger Arbeit besteht, der Welt nun umständlich vor Augen gelegt."[19] Der Grundgedanke des zweiten Teils des ‚Faust' wird von dem evangelischen Kritiker als „weiter nichts als eine in Szene gesetzte *Erlösung ohne Erlöser*, ein Heilsweg von menschlicher Erfindung, ein Weg zum Himmel auf eigene Hand"[20] bezeichnet. Vornehmlichstes Vehikel dieser „Selbsterlösung" sei die „unablässige Arbeit", die in Goethes Werk zum Ersatz für die göttliche Gnade ideologisiert werde, ein Deutungsmodell, das im Zusammenhang mit der Entfaltung des Mythus vom ‚faustischen' Menschen nach 1870 eine folgenreiche Nachgeschichte haben sollte.[21]

Die radikale Kritik der ‚Evangelischen Kirchen-Zeitung' an Goethe in ihrer Artikelserie der Jahre 1862/63 stellt im Kontext der konfessionellen Goetherezeption der Zeit, wie schon 1830/31, eine Extremposition dar. Während der Katholizismus erst nach dem Vatikanischen Konzil (1869/70) den eigentlichen Kampf gegen Goethe eröffnet, ist für die protestantische Goetherezeption im Zeitraum zwischen 1832 und 1870 eine vermittelnde Position charakteristisch und repräsentativ, die in dem evangelischen Theologen August Friedrich Christian Vilmar ihren bis ins 20. Jahrhundert hinein wirksamen Hauptvertreter gefunden hat. Diese vermittelnde Haltung wurde im zweiten Drittel des 19. Jahrhunderts geteilt und gestützt durch die einflußreiche Goethedeutung der Rechtshegelianer, die im Sinne Hegels die moderne Kultur mit dem Christentum versöhnen wollten. Einen ersten Versuch in dieser Richtung hatte 1834 Carl Friedrich Göschel mit seinen seinerzeit vielbeachteten und vieldiskutierten ‚Unterhaltungen zur Schilderung Göthescher Dicht- und Denkweise'[22] unternommen. Auch in Karl Rosenkranz' die hegelianische Goethedeutung krönenden und abschließenden Vorlesungen ‚Göthe und seine Zeit' von 1847 ist die Vorstellung der Versöhnung von Dichtung, Philosophie und Christentum leitender Gesichtspunkt: „Wenn der Geist des Christentums in der Versöhnung des Menschen mit Gott und der Welt durch diejenige Freiheit liegt, welche Gott selber wieder als die alleinige Wahrheit zum Inhalt hat, so wird man diesen Geist weder in Goethes unaufhörlich zum Höchsten aufringendem Leben noch in seinen Werken vermissen, die ohne innige Anerkenntnis des christlichen Credo, welches Goethe nie verleugnet hat, unmöglich gewesen wären."[23] Während für Rosenkranz das perspektivische Zentrum der Versöhnung von Christentum und moderner Dichtung im Werk Goethes liegt, so ist für den Vermittlungsversuch zwischen christlich-ethischer Weltansicht und moderner deutscher Bildung, den der protestantische Theologe Heinrich Gelzer in seinem 1841 erschienenen Werk ‚Die deutsche poetische Literatur seit Klopstock und Lessing. Nach ihren ethischen und religiösen Gesichtspunkten'[24] unternommen hat, das Christentum der unbezweifelte Maßstab der Beurteilung. Gelzers Buch, das aus Vorlesungen, die er 1840 in Basel gehalten hatte, hervorgegangen ist, darf als einer der ersten Versuche betrachtet werden, das Verhältnis der modernen deutschen Kultur und Literatur zum Christentum aus der Sicht der protestantischen Theologie darzustellen. Gelzer will mit seinem Werk einen Beitrag zum innerchristlichen und innerkirchlichen Verständigungsprozeß leisten, und man sollte seiner Literaturgeschichte daher nicht, wie in der methodisch verfehlten Analyse von Reinhard Behm, ideologiekritisch zur Würde eines Paradigmas reaktionärer Literaturgeschichtsschreibung im Vormärz verhelfen.[25] Im Vorwort zu seinem Buch hat Gelzer sein Programm entwickelt: „Alle, die mit mir die *Feindschaft* zwischen Glauben und Wissen für ein Phantom der Leidenschaft oder der Beschränktheit ansehen; Alle, die jene Kluft zwischen dem Ernste christlicher Überzeugung und den echten Resultaten moderner Bildung für *keine unübersteigliche* halten – werden mir in den leitenden Grundgedanken zur Seite stehn."[26] Es geht dem Autor um die Versöhnung zwischen einem bildungsfeindlichen methodistischen Puritanismus einerseits und einem philosophisch-ästhetischen, unchristlichen Radikalismus andererseits. Nur ein Christentum, das „*alles Menschliche* umfaßt", wird sich nach Gelzer „als den ewigen Mittelpunkt des Daseins bewähren."[27] Es ist für ihn das Signum der Goetheschen Dichtung, dieses Menschliche in einer dezidiert modernen, nichtchristlichen Form, die auch das Unsittliche nicht ausschließt, verkörpert zu haben. Goethes ‚Faust', in den der Dichter „das tiefste Suchen und Sehnen seiner Jugend und die reifste Summe der Erfahrung seines Alters" hineingelegt habe, ist zum Ebenbild des strebenden deutschen Geistes geworden: „Deutschland hat [...] in Faust sich selbst erkannt; nicht nur die zahlreichen Nachbildungen bezeugen dies, auch das Urteil von Männern, die auf der Höhe unsrer Bildung stehend, den Faust für ihre weltliche Bibel, für den tiefsten Ausdruck modernen Bewußtseins erklärten."[28] Gelzer, dies macht seine Literaturgeschichte als Symptom wichtig, ist einer der ersten protestantischen Kritiker, der die Tatsache scharf und klar erkennt, daß die klassische deutsche Literatur in breiten Schichten des Bürgertums eine Ersatzfunktion für den verlorengegangenen christlichen Glauben bekommen hat. Er reagiert auf diese bedrohlich gewordenen Konkurrenzsituation nicht, wie die Kritiker der ‚Evangelischen Kirchen-Zeitung', mit rigider Negation, sondern mit einem sich unorthodox gebenden Verständnis, das sich bei genauerem Zusehen jedoch als eine Defensivstrategie entpuppt, die darauf abzielt zu beweisen, daß das Christentum dem Heilsangebot der modernen Kultur und Literatur überlegen sei. Das wird vollends deutlich in seiner Analyse des Verhältnisses zwischen Goethe und Schiller. Gelzer argumentiert ähnlich wie Gervinus, wenn er in der Polarität Goethe – Schiller die Synthese des modernen Bewußtseins begreift: „Soviel, denke ich, wäre nun dargetan: daß Goethe und Schiller darum so bedeutend sind, daß ein Verständnis dessen, was sie waren und wollten, darum so wichtig ist: weil sich in ihnen am deutlichsten die beiden Richtungen aussprechen, in welche sich alle die Menschen teilen, die in sich ein eigenes Leben führen. [...] Beide Richtungen – *wer* will es leugnen? – sind tief in uns gegründet; sie werden nie aus der Menschheit verschwinden; ist ja der Mensch selber nur ein Mittelglied zwischen der unsichtbaren und irdischen Welt; zwischen idealem und realem Dasein; und wie wir an beide angewiesen sind, können wir uns keiner von ihnen ungestraft entziehen."[29] Dieses Verständnisangebot wird jedoch im gleichen Atemzuge wieder zurückgenommen und relativiert durch die Behauptung, daß diese in Schiller und Goethe verkörperte Synthese im Christentum längst aufgehoben, ja dadurch längst überholt sei: „Das Wahre, Bleibende in der Lebensansicht beider Männer ist in der christlichen längst vereinigt, *da sie in den reinen Äther göttlicher Ideen erhebt, diese aber an dem Unscheinbarsten des wirklichen, tätigen Lebens weckt und nährt; da sie uns die höchste Bestimmung in der Zukunft vorhält, und doch in der unmittelbaren Gegenwart die höhere Gesinnung zu betätigen lehrt.* Eine andre versöhnende Verknüpfung beider Seiten und Richtungen des Lebens hat sich im Großen noch nirgend bewährt."[30] Im Klartext gesprochen bedeutet dies: Die moderne Literatur, deren herausragende Exponenten Goethe und Schiller sind, hat die Möglichkeiten eines säkularisierten Lebens- und Weltverständnisses in paradigmatischer Weise zur Darstellung gebracht, jedoch nicht in der Weise der ‚höchsten Bestimmung' des Menschen, die allein der Religion, genauer dem Christentum vorbehalten ist. Diese Argumentation, die in den theoretischen Spätschriften Eichendorffs ihr genaues Pendant findet,[31] bleibt im weiteren Verlauf des 19. Jahrhunderts das vorrangige Deutungsmuster aller konfessionell-christlichen Versuche, dem Konkurrenzdruck des Weltanschauungsangebots der klassischen deutschen Literatur gegenüber die grundsätzliche Überlegenheit des Christentums herauszustellen. Dies hat dem Wirkungsradius derart apologetischer Darstellungen von vornherein die engen Grenzen eines Einverständnisses mit dieser Prämisse gesetzt.

Heinrich Gelzer hat den apologetischen Charakter seines Vermittlungsversuchs zwischen Christentum und moderner Literatur in den weiteren Auflagen seiner Literaturgeschichte zugunsten einer Aufwertung der Rolle der Literatur der deutschen Klassik entscheidend modifiziert. So heißt es knapp zwanzig Jahre später, 1858, in der Vorrede zur dritten Auflage des ersten Bandes: „Die seit der Mitte des vorigen Jahrhunderts sich gestaltende deutsche Literatur birgt – wenn wir die nationalen Werke ihrer Dichter und Denker, ihrer Redner und Geschichtschreiber als ein organisches Ganzes anschauen – in ihrem Schoße die Elemente zu einer neuen selbständigen Kulturperiode in der Geschichte unsers Geschlechts, die im Reichtum des dichterischen, in der Tiefe des denkenden und forschenden Geistes nur mit der Glanzzeit der hellenischen Kultur zu vergleichen ist, während sie durch die Ursprünglichkeit und schöpferische Innigkeit des religiösen Sinnes und durch die Hoheit und den großartigen Gesichtskreis ihrer ethisch-religiösen Ideale, jeden Urteilsfähigen am unmittelbarsten an die mystische und prophetische Literatur der Hebräer und des orientalischen Genius überhaupt erinnert. Es gehört zu ihrem weltgeschichtlichen Charakter, daß sie, bewußter, entschiedener und gründlicher als irgend eine andere germanische oder romanische Nationalliteratur mit der scholastischen Bildung und mit der hierarchisch-feudalen Gesetzgebung des Mittelalters brechend, sich als die organische Fortsetzung der deutschen Reformation des sechzehnten Jahrhunderts bewährt, die nur zu bald durch theologische Verirrungen und politisch-hierarchische Gewalttaten in ihren besten Intentionen verstümmelt worden. Die neue National-Literatur ist das Erwachen des deutschen Genius, der, auf seine wahre Bestimmung sich wieder besinnend, mit begeisterter Zunge eine ahnungsvolle Verkündigung dessen brachte, was kommen wird und kommen muß. Unter ihrem Herzen trägt sie ein Kind der Hoffnung dieses und der kommenden Jahrhunderte: die fruchtbare, versöhnende Synthese der antiken und der mittelalterlichen Kultur, als freie Anbetung Gottes im Heiligtum des Gemütes und der tätigen Liebe, als freie Erkenntnis seiner Welt in Erforschung und Beherrschung der Natur und als sittliches Verständnis der geschichtlichen Ordnung und gerechten Leitung des Staates."[32] Mit diesen, die eindeutige Überlegenheit des Christentums über die moderne Literatur zugunsten einer liberal-protestantischen Kultursynthese zurücknehmenden Formulierungen schloß sich Gelzer der ideologischen Aufwertung der Klassik nach 1848/49 an und konnte der liberalen protestantischen Theologie des Kaiserreichs als Anknüpfungspunkt dienen, die religiösen Auffassungen Lessings, Herders, Schillers und Goethes konfliktlos mit denen des Christentums zu verschmelzen. So hat der Professor für evangelische Theologie in Bonn, Karl Sell, die oben zitierte Vorrede Gelzers als „noch heute beherzigenswerte Wahrheit" programmatisch seinem 1904 erschienenem Buch ‚Die

Religion unserer Klassiker' vorangestellt. Eine Anknüpfung an die frühe Position Gelzers von 1841 hätte den liberalen Rahmen der protestantischen Aneignung der deutschen Klassik gesprengt. Erst nach 1918, mit der Kulturkritik der dialektischen Theologie, sollte diese Position wieder aktuell werden.

Die Vermittlungsstrategie Gelzers in seiner Literaturgeschichte von 1841 unterscheidet sich grundsätzlich 1. von dem rigiden Verfahren der Negation der modernen Literatur in der neulutherischen Orthodoxie, 2. von der Versöhnungsideologie der Rechtshegelianer und 3. von dem durch August Friedrich Christian Vilmar repräsentierten Versuch, Christentum und moderne Literatur dadurch kommensurabel zu machen, daß man sie beide verfälschend einander angleicht. Die außerordentliche Breitenwirkung seiner in zahllosen Auflagen und Neubearbeitungen erschienenen Literaturgeschichte[33] beruht nicht zuletzt auf dem Kompromißcharakter seiner Darstellung, die es einem noch stark in christlichen Überlieferungen und Bindungen stehenden bürgerlichen Publikum ermöglichte, die moderne klassische Literatur ohne das Skandalon des ihr inhärenten Gegensatzes zum Christentum konfliktlos zu rezipieren. Durch Vilmars Literaturgeschichte vor allem ist den breiten christlich orientierten Leserschichten in Deutschland das Werk Goethes schmackhaft gemacht worden. Es war jedoch ein um die emanzipatorischen Potentiale entschärftes Bild Goethes und unserer klassischen deutschen Literatur, das mit einem gleichermaßen entschärften Christentum zu vermitteln keiner allzu großen Bemühungen bedurfte.

Mit der Bismarckschen Reichsgründung tritt die konfessionelle Goetherezeption in ein neues Stadium. Waren für den Zeitraum zwischen 1832 und 1870 die Grenzen zwischen einer spezifisch katholischen und einer spezifisch protestantischen Goethekritik eher fließend zu nennen, so daß die Argumente beider Lager, wie im Falle Eichendorffs und Gelzers, austauschbar waren, so ändert sich dies grundlegend nach dem Vatikanischen Konzil von 1869–70, dem 1864 die Enzyklika ‚Quanta cura' und der ‚Syllabus' vorausgegangen waren, der in den 80 ‚Irrtümern' in Fragen der Relgion, der Wissenschaft, der Politik und des Wirtschaftslebens den Kampf des Katholizismus gegen die leitenden Ideen der modernen Kultur eröffnete und die Grundlage des 1872 von Bismarck eröffneten Kulturkampfes und der von ihm durchgesetzten Kulturkampf-Gesetzgebung der Jahre 1873–1875 wurde. Diese Entwicklung findet im Bereich der Goetherezeption ihren Reflex in einer Verschärfung und Radikalisierung der Auseinandersetzung mit dem Dichter, der jetzt in den Mittelpunkt der Polemik gegen die moderne Literatur rückt. Die scharfe Frontstellung des katholischen Lagers gegen den Protestantismus als Teil der Kulturkampfstrategie hatte zur Folge, daß die konfessionell-protestantische Goethekritik nach 1870 fast ganz verstummt und das Feld der Opposition gegen Goethe nahezu gänzlich seinen katholischen Kritikern überläßt. Der gleichzeitige Abbruch der politischen Goethekritik im neuen

Reich führte zu der eigenartigen Konstellation, daß im Zeitraum zwischen 1870 und 1910 die Goetheopposition fast ausschließlich durch die katholische Kritik repräsentiert wurde. Ihr Hauptvertreter ist der Jesuit Alexander Baumgartner, dessen 1779–1886 erschienene monumentale Goethedarstellung[34] der bis heute umfassendste Versuch einer kritischen Auseinandersetzung mit dem Dichter von konfessioneller Seite geblieben ist.

Ein erstes Dokument des antimodernistischen Kampfes der katholischen Kirche im Bereich der Goetherezeption sind die 1869 erschienenen ‚Faust'-Vorlesungen von Wilhelm Molitor.[35] Molitor war einer der bekanntesten süddeutschen Vertreter des damaligen kämpferischen Katholizismus, der langjährige Sekretär des Bischofs von Speyer, Dr. Nikolas Weis, Abgeordneter des bayerischen Parlaments. Seit 1845 war Molitor vielfältig schriftstellerisch tätig. Sein ‚Faust'-Buch knüpft an die Tradition der katholischen ‚Faust'-Interpretation der vierziger und fünfziger Jahre an, die nun im Zeichen des beginnenden Kulturkampfes radikalisiert wird. „Goethes Faust", so heißt es bei Molitor, „steht wie ein Wegweiser im Labyrinthe unseres Jahrhunderts; er weist auf das Ziel desselben hin, wenn dieses auch kein erfreuliches ist; *Goethes Faust ist das Wahrzeichen unserer Zeit,* ihr ganzes Verderben und ihre heiligsten Hoffnungen werden uns in dieser Dichtung klar."[36] Der pseudoreligiöse Eklektizismus des Werkes komme vor allem darin zum Ausdruck, daß der Teufel als „bloßes Gedankenspiel" benutzt werde und damit jede Realität verliere.[37] Daß Goethe der Realität des Bösen in der Welt nicht gerecht geworden sei, war ein Vorwurf seiner christlichen Kritiker von Anfang an gewesen. So heißt es schon 1841 bei dem Protestanten Gelzer: „Er hat sich – können wir ungescheut aussprechen – die Erklärung und Behandlung des Bösen, Sündlichen in der sittlichen Welt *zu leicht gemacht.*"[38] Die humanistische Leugnung des Sündenbewußtseins im Werk Goethes bleibt auch in der Folgezeit der zentrale Vorwurf seiner katholischen Kritiker, der ‚Faust' das paradigmatische Werk der modernen Literatur, das die Ohnmacht der Selbsterlösung ohne die in der Kirche als Institution aufbewahrte göttliche Gnade am deutlichsten demonstriere. ‚Goethe's Faust als Wahrzeichen moderner Cultur', so lautet der Titel eines Aufsatzes, mit dem ein Jahrzehnt nach Molitor der Mainzer Bischof Paul Leopold Haffner in der von ihm herausgegebenen Reihe der ‚Frankfurter zeitgemäßen Broschüren' erneut den Kampf gegen Goethes Hauptwerk aufnimmt.[39] Ein Jahr später, 1881, folgt sein Aufsatz ‚Goethe's Dichtungen auf sittlichen Gehalt geprüft', der die Überlegungen des ‚Faust'-Aufsatzes in grundsätzliche Stellungnahmen überführt.[40] 1879 war der erste Band der Goethedarstellung von Alexander Baumgartner erschienen, die 1886 mit dem vierten Teil ‚Der Alte von Weimar', abgeschlossen wird. Bereits 1885/86 erscheint eine zweite Auflage des Gesamtwerks in drei Bänden unter dem Titel ‚Göthe. Sein Leben und seine Werke'.

An den Arbeiten von Haffner und Baumgartner läßt sich beispielhaft die

Stellung der katholischen Kirche zu Goethe und der durch ihn repräsentierten ‚klassischen' deutschen Literatur im Zeichen des Kulturkampfes ablesen. Beide katholischen Kritiker reagieren mit unverhohlener Schärfe auf den für das erste Jahrzehnt des neuen Reiches charakteristischen Klassiker- und Goethekult, der in David Friedrich Strauß' Alterswerk ‚Der alte und der neue Glaube' von 1872 eine dezidiert antiklerikale und antichristliche Pointe erhalten hatte. In dem ‚Von unsern großen Dichtern' betitelten Anhang zu seinem Werk sprach Strauß als erster aus, was spätestens seit der gescheiterten Revolution von 1848/49 für breite Teile des gebildeten Bürgertums öffentliches Geheimnis gewesen war: daß die klassische deutsche Literatur den Platz der Bibel und des Christentums eingenommen und deren weltanschauliche Orientierungs- und seelengeschichtliche Erbauungsfunktion übernommen und usurpiert hatte. „Die rechte und volle Erbauung", heißt es bei Strauß, „quillt uns nur in unsern Dichtern aus der zweiten Periode, den Vätern und Großvätern unsrer heutigen Geistes- und Gemütsbildung, deren weisen und holden Gesängen dankbar und lernbegierig zu lauschen, wir billig kein Ende finden."[41] Die Provokation, die diese Sätze für die katholische Kirche haben mußten, wurde verstärkt durch die Tatsache, daß Strauß seinen ‚neuen Glauben' auf die modernen Naturwissenschaften, speziell auf die Entwicklungslehre Darwins stützte, als deren Vorläufer er, im Anschluß an Haeckel, ausdrücklich Goethe in Anspruch nahm.[42] Damit aber wurde der Kampf gegen Goethe für die katholische Kirche zu einem integralen Bestandteil ihres scharfen Kampfes gegen den vor allem von Ernst Haeckel zur pantheistisch-monistischen Weltanschauung erhobenen und propagierten Darwinismus. Die pseudoreligiöse Vereinnahmung Goethes im Zeichen der Entwicklungslehre, angelegt bei Strauß, zum Programm erhoben von Haeckel und seinen Schülern, hat die Wirkungsgeschichte des Dichters im letzten Drittel des 19. Jahrhunderts wesentlich mitgeprägt. In den Veranstaltungen der zahlreichen Weltanschauungsbünden der Jahrhundertwende wurde Goethe als der Hohepriester eines entwicklungsgeschichtlichen Pantheismus gefeiert, so von dem Haeckel-Schüler Wilhelm Bölsche, der in seiner Festrede ‚Goethe im 20. Jahrhundert',[43] die er 1899 und 1900 vor jeweils über tausend Arbeitern gehalten hat, Goethe als den neuen Messias, als das neue Menschheitsideal verherrlicht: „Goethe, ein Idealtypus der Menschheit, soll einwachsen und auferstehen *in jedem von uns.* Jeder soll werden wie er. Fünfzehnhundert Millionen Menschen auf Erden, das Ideal vollziehend in sich. Dann ist die Menschheit nicht in Goethe, dem einzelnen Manne in seinem niedrigen Stübchen zu Weimar – dann ist Goethe in der Menschheit. Er, mit der Sternenweite seines Blicks, mit der Kraft des prometheischen Selbstdenkens wie der stillen Hingabe an das ‚Geheimnisvolle', an den im Dunkeln rinnenden Strom des innersten Ich – mit der Sehnsucht, die alle Schuld zerbrach und Faust in den Himmel führte – mit der unwandelbaren Treue zu der Einheit der Welt, die im Stern und im Bettler einen Bruder sah – er mit alle dem in uns."[44]

Wennschon aus einer späteren Zeit stammend, der es vorbehalten blieb, Goethe zum prometheischen Gegen-Messias auszurufen, vermag dieses Zeugnis Motivation und Stoßrichtung der katholischen Goetheopposition rückstrahlend zu beleuchten.

Es hieße allerdings die umfangreiche Goethedarstellung des Jesuiten Baumgartner gründlich mißverstehen, wollte man sie ausschließlich als eine Kampfschrift gegen Goethe auffassen. Derartige Kampfschriften, die sich der Mittel der Satire oder auch des groben Spotts bedienten, sind gleichzeitig mit dem Werk Baumgartners erschienen, so die Schriften von Sebastian Brunner,[45] von 1848–1865 Herausgeber der ‚Wiener katholischen Kirchenzeitung' und seit 1865 apostolischer Pronotar und päpstlicher Hausprälat, oder das Buch des Würzburger Diöcesan-Priesters Adam Müller ‚Ethischer Charakter von Göthes Faust. Mit einem Faustmärchen als Anhang,[46] in dem es über die Goethesche Faustgestalt u. a. heißt: „Eine solche Fratze, ein solches infernales Wolfsgerippe, das eine sittlich-ernste Grimasse schneidet, die Augen naturfromm verdreht und den schrecklichen Rachen bald andächtig zuspitzt, bald wichtigtuend aufreißt, als hätte es den Ton anzugeben im Chorale des Universums, ein solches Monstrum mit dem goldenen Vließ der Poesie zu umhängen und möglichst interessant und anmutig, als den Ausbund philosophischer Tiefe und dichterischer Divination hinzustellen, hat Goethe zwei Menschenalter hindurch einen guten Teil seiner schönen Begabung verschwendet! O tempora, o mores!"[47] Im Unterschied zu einer solchen unqualifizierten Vulgärkritik ist Baumgartners Werk bestimmt von einer kaum verhohlenen Bewunderung Goethes, von dem er in einer Umfrage aus dem Jahre 1899 bekennt: „Er ist unzweifelhaft der genialste Dichter der neueren Zeit; er steht zugleich an der Spitze unserer Klassiker und Romantiker; er ist der größte Meister der deutschen Sprache und Darstellung in allen Gattungen der Poesie und Prosa; er hat der deutschen Literatur vorzugsweise ihre hervorragende Stellung erobert, sich selbst einen Platz neben den gefeiertsten Dichtern aller Zeiten. Das werden wir nie vergessen."[48] Der Bewunderung für das ästhetische Phänomen Goethe steht die Ablehnung seiner religiös-weltanschaulichen Auffassungen sowie seiner sittlichen Lebensgrundsätze gegenüber, von denen es in der gleichen Umfrage heißt, daß sie „sehr zu wünschen übrig" lassen. Baumgartner hat in seiner Goethebiographie unendlich viel Scharfsinn auf den Nachweis von Goethes ‚unsittlicher' Lebensführung verwandt. Wichtiger und für eine Charakteristik des Werkes zentraler ist die polemische Abgrenzung, die er gegenüber dem ‚Grundprinzip" Goethes vornimmt, das für ihn identisch mit einem achristlichen, an der Antike orientierten Heidentum ist. Baumgartner hat diesen grundsätzlichen Einspruch am bündigsten im Schlußwort zum vierten Band seines Werkes formuliert: „Das beherrschende Grundprinzip des glänzend begabten Dichters ist keine vom Himmel stammende und gen Himmel strebende Inspiration, es sind nicht die christlichen Ideale, sondern der mächtige Eros des heidnischen

Altertums, eine um das Ewige und Göttliche unbekümmerte Lebenslust und Genußsucht, die sinnliche Liebe in ihrem vollen Frühlingszauber und Jugendreiz, wie in dem trüben Sturm und der öden Zerrissenheit, die sie nach kurzem Genuß im Menschenherzen zurückläßt. [...] Handelte es sich bei Goethe nur um eine oder die andere derartige Verirrung, so wäre es gewiß unbillig, nicht auch gegen ihn jene Nachsicht walten zu lassen, welche man andern Dichtern angedeihen läßt. Leider handelt es sich aber bei ihm nicht um solche verzeihlichen Schwächen. Bei ihm ist die Verirrung nahezu permanent geworden. Es hat sie zum Prinzip, zum System erhoben. Mitten in einer christlichen Gesellschaft hat er sich offen zum Heidentum bekannt und ebenso offen nach dessen Grundsätzen sein Leben eingerichtet."[49]

Baumgartners Polemik richtete sich nicht nur gegen Goethe selbst, sondern in vielleicht stärkerem Maße noch gegen „jene götzendienerische Verehrung" des Dichters, „die sich heute in einem großen Teil der Goethe-Literatur breit macht",[50] gegen den „Goethe-Kultus", der nach seiner Meinung zu „einem wahren Institut der Verführung gediehen" ist.[51] Stärker, als es ihm bewußt gewesen sein mag, ist Baumgartner durch das von ihm bekämpfte Goethebild seiner Gegner bestimmt und beeinflußt worden. Das gilt sowohl im Hinblick auf sein methodisches Vorgehen als auch für das heidnisch-optimistische, harmonisch-untragische Bild Goethes, das er nicht müde wird, als ein unchristliches zu denunzieren. Baumgartners Ehrgeiz, die moderne Goethephilologie mit deren eigenen Waffen zu bekämpfen und zu übertrumpfen, führte bei ihm ungewollt zu einer Parodie der biographistischen Methode der Scherer-Schule. Mit geradezu exzessiver Zitierwut hat Baumgartner jede seiner Behauptungen zu ‚belegen' gesucht, um damit seinem Werk eine vermeintlich überparteiliche Sachlichkeit und unanfechtbare Objektivität zu geben. Im gleichen Maße exzessiv hat er eklektisch die gesamte vorhandene Goetheliteratur herangezogen und benutzt, so daß sein Werk heute geradezu als ein monströses Kompendium der in- und ausländischen Goetherezeption bis 1886 gelesen werden kann. Der Bearbeiter der dritten Auflage von 1911/13, der Jesuit Alois Stockmann, hat diese pseudowissenschaftliche ‚Gelehrsamkeit' noch überboten, indem er die seither erschienene Goetheliteratur dem älteren Text als Fußnoten einkopierte. In ähnlicher Weise wie im Methodischen hat Baumgartner auch inhaltlich an die bürgerlich-liberale Goethephilologie angeknüpft und deren harmonisch-optimistisches Bild des ‚Olympiers' Goethe übernommen und ins Einseitig-Verzerrte übertrieben. An diesem Punkt hat die innerkatholische Kritik an Baumgartner angesetzt und in der Folgezeit der Klischeevorstellung vom genußsüchtigen, sensualistischen, amoralischen ‚Heiden' Goethe ein differenziertes, die Widersprüche im Leben und Werk des Dichters hervorhebendes Bild entgegengesetzt, an das eine moderne katholische Rezeption positiv anknüpfen konnte. Es ist das Verdienst von Carl Muth, dem späteren Begründer der Zeitschrift ‚Hochland', die katholische Goetherezeption aus dem Getto der Baumgartnerschen Goetheopposition herausgeführt und ihr zu einem vertieften Verständnis des Dichters verholfen zu haben, durch das eine neue Epoche der katholischen Goetheaneignung eröffnet wurde. Sein diese Entwicklung einleitender Aufsatz ‚Unser Verhältnis zu Goethe' von 1899[52] muß im Zusammenhang seines kulturpolitischen Programms gesehen werden, die katholische Literatur der Gegenwart von ihrer durch den Kulturkampf bedingten und inzwischen anachronistisch gewordenen Opposition zur Moderne zu befreien, das er in seiner 1898 pseudonym erschienenen Kampfschrift ‚Steht die katholische Belletristik auf der Höhe der Zeit? Eine literarische Gewissensfrage von Veremundus' entwickelt hatte.[53] Die bedeutenden Goetheaufsätze Muths aus dem Anfang der dreißiger Jahre, die 1935 in seinem Aufsatzband ‚Schöpfer und Magier' veröffentlicht wurden,[54] zeichnen ein Bild Goethes, das in fast allen Einzelzügen als Antithese zu demjenigen, das Baumgartner entworfen hatte, aufgefaßt werden kann. Die Angriffe auf Goethes Charakter, die Muth bereits in seinem Nachruf auf Baumgartner als „gänzlich verfehlt" bezeichnet hatte,[55] sind der Feststellung gewichen, daß Goethe „der echte, unverbildete, allzeit natürliche Mensch" gewesen sei.[56] Der Festlegung Goethes auf antikes Heidentum antwortet bei Muth die Gegenthese: „Antike Naivität und epikureische Lebensfreude waren der Goetheschen Natur völlig fremd. Er war durchaus ein nordischer Mensch, von grüblerischer Gemütsanlage, und Bildungseinflüsse aus seiner frühen christlichen Umgebung [die bibelgläubige Mutter, Fräulein von Klettenberg, Lavater u. a.] trugen das ihre dazu bei, sein Gewissen zu schärfen und lebendig zu erhalten. Er durfte als Greis wohl sagen, er habe allzeit ein ernstes Leben geführt, was nicht ausschließt, daß er menschlicher Schwäche seinen Tribut gezahlt hat."[57] Der Möglichkeit für den katholischen Betrachter, auch ‚Goethes Gottverhältnis' – so der Titel eines der späten Goetheaufsätze von Muth[8] – eine positive Bewertung abzugewinnen, war in den zwanziger Jahren die nichtkonfessionelle Goetheliteratur mit grundlegenden Arbeiten zu Goethes religiösen Auffassungen entgegengekommen,[59] in denen erst jetzt diese wesentliche Dimension Goetheschen Lebens- und Weltverständnisses recht eigentlich entdeckt wurde.

Für die protestantische Goetherezeption in der zweiten Hälfte des 19. Jahrhunderts gab es keinen ‚Fall Baumgartner' zu bewältigen oder zu überwinden. Die liberale protestantische Theologie des Kaiserreichs konnte die religiösen Anschauungen der deutschen Klassiker konfliktlos mit ihrem undogmatischen Religionsbegriff vermitteln. „Am *Gotteserlebnis unserer Klassiker kann sich unser eignes Gotteserlebnis entzünden*", schreibt Karl Sell in seiner schon erwähnten Darstellung ‚Die Religion unserer Klassiker'.[60] Einen Schritt weiter ging der evangelische Pastor an der Ansgariikirche in Bremen, Julius Burggraf, der Texte von Schiller und Goethe seinen Predigten zugrunde legte und die pseudoreligiöse Funktion, die sie für breite Teile des Bildungsbürgertums erhalten hatten, für eine Erneuerung des protestantischen Gottesdienstes ausbeutete.[61] Burggraf tat dies im Namen eines ‚Deutschen Christentums', das in ihm einen frühen Vorläufer gefunden hat. In schriller Dissonanz stehen sich die klerikale Goethekritik des Jesuiten Baumgartner und die bedingungslose Affirmation des Protestanten Burggraf an den Klassikerkult des Wilhelminischen Bürgertums gegenüber. Walter Benjamin hat beide Autoren 1932 in seinem Aufsatz ‚Hundert Jahre Schrifttum um Goethe' charakterisiert. Während er Baumgartners Werk mit leidenschaftsloser Objektivität und ohne wertenden Einspruch würdigt, schreibt er über Burggraf: „Hier vermählt sich das gestaltlose Goetheideal des Bildungsphilisters mit der auf ihren tiefsten Stand gesunkenen Kanzelberedsamkeit."[62]

Mit Karl Barth und der dialektischen Theologie tritt nach dem Ende des Ersten Weltkriegs die konfessionelle Auseinandersetzung mit der Literatur der deutschen Klassik und dem Idealismus der Goethezeit in eine neue Phase. Sie wird uns im zweiten Band dieser Darstellung beschäftigen.

Viertes Kapitel

# Die Rezeption der naturwissenschaftlichen Schriften

Unter den Äußerungen Goethes über die Aufnahme und Wirkung seiner Werke bei den Zeitgenossen nehmen diejenigen, die seine naturwissenschaftlichen Arbeiten betreffen, eine Sonderstellung ein. Während er dem Erfolg oder Mißerfolg seiner dichterischen Produktionen mit selbstbewußter Gelassenheit begegnete und sich, wie er mehrfach betont hat, über Mißverstandenwerden und enttäuschende Reaktionen durch den Rückzug auf das Glück des Hervorbringens selbst hinwegtröstete, war er als Wissenschaftler auf die Teilnahme, Anerkennung und Bestätigung der Mitlebenden und Mitforschenden in eminentem Maße angewiesen. „Wie wir also hier mit Ernst arbeiten nicht um unserer selbst, sondern um einer würdigen Sache willen", so heißt es 1820 in dem kleinen Aufsatz ‚Drei günstige Rezensionen', „so verlangen wir, indem wir die Bemühungen anderer anerkennen, auch anerkannt zu sein; wir sehnen uns nach Hülfe, Teilnahme, Fördernis."[1] Vor allem die Wirkungsgeschichte des Chef-d'œvres seiner naturwissenschaftlichen Forschungen, der ‚Farbenlehre', hat Goethe hellhörig-empfindlich registriert und auf genaueste die Reaktionen der Zunftgenossen wie auch der interessierten Laien gereizt verfolgt. Bereits kurz nach Erscheinen des Werkes heißt es in einem Brief vom 19. Juli 1810 an Sartorius: „Von meinem Farbenwesen ist mir hie und da ein Widerhall entgegengekommen, wie ohngefähr die Gebirge widerklingen, wenn man darin schießt. Man erfährt dadurch weiter nichts als daß geschossen worden." Er fordert den Adressaten auf, „einigermaßen achtzugeben, was sich Günstiges oder Ungünstiges ereignet; notieren Sie sichs auf ein Blättchen, wenn ich es auch erst spät erhalte, so bin ich dafür dankbar. Die große Arbeit, die ich gemacht und wovon ich doch noch einen Teil vor mir habe, soll mir wenigstens nützen, die Menschen, die Wissenschaften und mich selbst besser kennen zu lernen."[2] In den letzten Jahren seines Lebens häufen sich die von bitterstem Unmut zeugenden Bemerkungen über „die stockende Wirkung meiner Farbenlehre",[3] die er an mehreren Stellen „ein verbotenes Buch" nennt,[4] das vorsätzlich von den Zeitgenossen verschwiegen und verleugnet werde. Noch kurz vor seinem Tode heißt es in einem Brief an Zelter vom 4. Februar 1832: „Zwei Oktav-Bände und ein Quart-Heft sind seit dreiundzwanzig Jahren gedruckt, und es gehört zu den wichtigsten Erfahrungen meines hohen Alters, daß seit jener Zeit die Gilden und Sozietäten sich dagegen immer wehren und in greulicher Furcht davor begriffen sind. Sie haben recht! und ich lobe sie darum. Warum sollten sie den Besen nicht verfluchen der ihre Spinneweben, früher oder später, zu zerstören Miene macht? Damals schwieg ich, jetzt will ich doch einige Worte nicht sparen."[5] Besonders aufschlußreich für die fast neurotische Verletzlichkeit Goethes in Sachen Farbenlehre ist jene bekannte Stelle in Eckermanns ‚Gesprächen', wo der sonst so affirmativ sich gebende junge Adept aus der Rolle fällt und es wagt, aufgrund eigener Beobachtungen Zweifel an der Lehre des Meisters von den farbigen Doppelschatten anzumelden. „Ich hatte aber kaum zu reden angefangen, als Goethes erhaben-heiteres Wesen sich verfinsterte, und ich nur zu deutlich sah, daß er meine Einwendungen nicht billige."[6] Der in die Enge getriebene Eckermann weiß sich jedoch zu helfen, indem er das autoritäre, Widerspruch nicht duldende Verhalten Goethes mit einem um Verständnis bemühten Kommentar versieht: „Wenn es nun problematisch erscheinen mag, daß Goethe in seiner Farbenlehre nicht gut Widersprüche vertragen konnte, während er bei seinen poetischen Werken sich immer durchaus läßlich erwies und jede gegründete Einwendung mit Dank aufnahm, so löset sich vielleicht das Rätsel, wenn man bedenkt, daß ihm, als Poet, von außer her die völligste Genugtuung zuteil war, während er bei der Farbenlehre, diesem größten und schwierigsten aller seiner Werke, nichts als Tadel und Mißbilligung zu erfahren hatte. Ein halbes Leben hindurch tönte ihm der unverständigste Widerspruch von allen Seiten entgegen, und so war es denn wohl natürlich, daß er sich immer in einer Art von gereiztem kriegerischen Zustand, und zu leidenschaftlicher Opposition stets gerüstet, befinden mußte."[7]

Es hieße allerdings ein falsches Bild der Rezeptionsgeschichte von Goethes naturwissenschaftlichen Arbeiten entwerfen, wenn man Goethes oft gereizte und negative Perspektive auf sie zum Maßstab nehmen würde. Auch dieser Teilbereich seiner Wirkungsgeschichte ist nicht, wie wir dies an früherer Stelle bereits für die dichterischen Werke formuliert haben, das Kapitel einer ‚tragischen' Literaturgeschichte. Auch im Spiegel der Reaktionen auf seine naturwissenschaftlichen Forschungen war Goethe kein mißverstandener Einzelgänger, sondern ein von vielen Zunftgenossen anerkannter und ernstgenommener Partner. Die 1874 von Franz Thomas Bratranek herausgegebene zweibändige Sammlung von Goethes naturwissenschaftlicher Korrespondenz dokumentiert eindrucksvoll den breiten Kreis derer, die den fachlichen Kontakt mit Goethe gesucht haben. Unter seinen Briefpartnern finden sich angesehene Forscher wie Carus, Döbereiner, Hufeland, Alexander von Humboldt, Iken, Loder, Martius, Johannes Müller, Nees von Esenbeck, Seebeck u. a. Bedeutende Namen ausländischer Gelehrter wie d'Alton, Berzelius und Cuvier treten hinzu. Der durch diese Briefpartner bezeichnete Wirkungsraum ist ein spezifisch fachlich-wissenschaftlicher, und es charakterisiert die Wirkungsintention von Goethes naturwissenschaftlichen Forschungen aufs genaueste, daß er sich nicht mit der Zustimmung unzünftiger Außenseiter begnügt oder hat abspeisen lassen. Er wollte nicht als ein in den Naturwissenschaften nur dilettierender Dichter mißverstanden werden, sondern er trat unter den Wissenschaftlern seiner Zeit als ein Gleichberechtigter und Gleichbefugter auf. Zu Unrecht auch hat ihn die Nachwelt in die Nachbarschaft der romantischen Naturphilosophie gerückt, die als spekulative sich der Mühe der empirischen Forschung und des Experiments enthoben glaubte und sich auf die kombinatorische Einbildungskraft berief. Für die romantische Naturphilosophie war die Tatsache, daß ein Dichter Naturwissenschaft betrieb, nichts weniger als ein Skandalon, sondern vielmehr die Bedingung wahrer Naturerkenntnis überhaupt. „Diese spekulative Naturwissenschaft", schreibt einer ihrer Hauptvertreter, der Schelling-Schüler Henrik Steffens, „ist das ursprünglich angeborene Talent der Dichter."[8] Es muß mit Nachdruck darauf hingewiesen werden, daß Goethe das Verständnisangebot, das eine ganze Epoche ihm mit diesem Satz entgegenbrachte, in dieser Form abgelehnt hätte und auch abgelehnt hat. Nicht das ‚angeborene Talent der Dichter' war für ihn die Basis der Naturerkenntnis, sondern eine zur Erkenntnis sich steigernde Erfahrung der Natur war für ihn die Basis seines Dichtens. Liegt in dieser Verhältnisbestimmung die Abgrenzung gegenüber der Naturphilosophie beschlossen, so ist mit ihr zugleich die Grenze gegenüber einer Naturwissenschaft bezeichnet, für die der Erfahrungsbegriff einen anderen Stellenwert hat als für Goethe. Für diesen war Erfahrung der Natur in allen ihren Erscheinungsformen eingebettet in eine lebenspraktische Erfahrungstotalität, aus der das erfahrende Ich sich nicht zugunsten der Gewinnung reiner Erkenntnis ausklammert, sondern sich als solches im Erkenntnisvorgang zur Geltung bringt. Goethes Hefte ‚Zur Morphologie' tragen den Untertitel ‚Erfahrung, Betrachtung, Folgerung durch Lebensereignisse verbunden' und weisen damit auf den autobiographischen Gehalt seiner Naturstudien hin. Seine Naturerfahrungen und Naturerkenntnisse sind gebunden an einen lebensgeschichtlichen Kairos, sie haben eine Geschichte und bedürfen zur Erläuterung der Darstellung dieser Geschichte. Goethe hat sie für seine botanischen Studien und für seine Forschungen in der Farbenlehre selbst geliefert[9] und damit ein Verständnismodell für die Nachwelt geschaffen. Der Wiener Arzt und Schriftsteller Ernst Freiherr von Feuchtersleben, dem wir die erste umfassendere Darstellung des Naturwissenschaftlers Goethe verdanken, hat in seiner Abhandlung ‚Göthe's naturwissenschaftliche Ansichten' von 1837 diesen von Goethe selbst gewiesenen Weg eingeschlagen. Er entspricht dem Verfahren eines ‚hermeneutischen' Naturwissenschaftlers wie Goethe, der in dem historischen Teil seiner ‚Farbenlehre' nicht nur ein bedeutendes Stück Wissenschaftsgeschichte geschrieben, sondern die Erkenntnis der Natur als eine an geschichtliche Erfahrung gebundene und eine geschichtlich sich entwickelnde begriffen hat.

Die Rezeptionsgeschichte der naturwissenschaftlichen Schriften Goethes ist zum einen bestimmt durch den jeweiligen Gegenstandsbereich der rezipierten Arbeiten, zum anderen orientiert sie sich an Fragestellungen, die das Gesamtphänomen Goethe betreffen. Hier ist es vor allem die Frage nach dem Verhältnis des Naturwissenschaftlers zum Dichter und Künstler Goethe, die bis heute im Zentrum des Interesses vor allem der Literaturwissenschaft gestanden hat. Daß gerade die Geschichte der Rezeption des Naturwissenschaftlers Goethe eine eminent politische Bedeutung und Funktion hat, mag nur den überraschen, der den Bereich der Naturforschung für einen vergleichsweise ideologiefreien und apolitischen hält. Es läßt sich für Goethe im Gegenteil die These aufstellen, daß es gerade die verdeckt politische Funktion seiner naturwissenschaftlichen Ansichten gewesen ist, die ihre Aktualität und ihre Aktualisierungen bis heute auch dann bewirkt haben, wenn sie durch keinen naturwissenschaftlichen Fonds im engeren Sinne mehr gedeckt waren. Auch wenn die politischen Inanspruchnahmen und ‚Besetzungen' des Naturwissenschaftlers Goethe im Verlaufe seiner Rezeptionsgeschichte wechseln und schwanken, so ist die Verbindung von affirmativer Rezeption des Naturforschers Goethe und politischem Konservativismus eine wichtige Konstante dieses Bereichs seiner Wirkungsgeschichte. Goethes politische Gegner, wie Ludwig Börne, haben nicht von ungefähr gerade die naturwissenschaftliche Tätigkeit Goethes aufs schärfste attackiert und lächerlich zu machen gesucht.

Mit dem 1790 erschienenen ‚Versuch die Metamorphose der Pflanzen zu erklären' und den 1791/92 folgenden ‚Beyträgen zur Optik' tritt Goethe als Naturwissenschaftler zuerst vor die Öffentlichkeit. Die unterschiedliche Aufnahme und Rezeption, die Goethes Arbeiten aus diesen beiden Bereichen der Botanik und der Farbenlehre gefunden haben, ist vorweggenommen in einer anonymen Rezension der ‚Beyträge zur Optik' in den ‚Gothaischen Gelehrten Zeitungen' vom 26. September 1792, in der es heißt: „Der Verfasser, der dem Publikum schon durch seinen ‚Versuch über die Metamorphose der Pflanzen' einen Beweis gegeben hat, mit welchem Erfolg er auch andere Pfade, als denjenigen, auf welchem er vorher zum Tempel der Unsterblichkeit gedrungen war, zu betreten wisse, zeigt sich hier wieder auf einem neuen von beiden ganz verschiedenen Wege. In der Tat muß dieses um so unerwarteter und befremdender sein, da die Optik eine von den bisher bekannten Beschäftigungen des berühmten Verf. so heterogene Wissenschaft ist, die der Phantasie einen viel kleinern Spielraum, als ihr vielleicht noch in der Botanik offen steht, verstattet, wo Witz und Scharfsinn ohne eine tiefe Einsicht in die höhere Rechenkunst unnütz werden, und die durch die angestrengtesten Bemühungen der größten Männer zu einer Vollkommenheit gebracht ist, deren Kenntnis einen vieljährigen Fleiß erfordert."[10] Die Anerkennung des Erfolgs seiner morphologischen Arbeit geht hier gepaart mit der Skepsis hinsichtlich der Befähigung Goethes, einer so ‚heterogenen Wissenschaft' wie der Optik gewachsen zu sein. Das Resultat der Rezension lautet denn auch: „Kenner werden also hier nichts Neues finden",[11] das heißt, daß sich die von Goethe beschriebenen Phänomene auch mit Newtons Theorie erklären lassen. Es war das gängige Urteil der damaligen Physiker über Goethes Versuche auf diesem Gebiet, das sich auch nach Erscheinen der beiden Bände ‚Zur Farbenlehre' (1810) nicht wesentlich änderte. Ein Hauptexponent dieses Widerstands der Zunft war der Kieler Professor Christoph Heinrich Pfaff, der in seinem 1813 erschienenen Buch ‚Ueber Newton's Farbentheorie, Herrn von Goethe's Farbenlehre und den chemischen Gegensatz der Farben. Ein Versuch in der experimentalen Optik' die Unhaltbarkeit von Goethes physikalischen Behauptungen nachwies. Dennoch fehlte es unter den Zeitgenossen Goethes nicht an bedeutenden und einflußreichen Parteigängern für seine Farbenlehre. Unter den profilierten Naturwissenschaftlern waren es der Physiker Thomas Johann Seebeck, der Entdecker der Thermoelektrizität, und der bedeutende Physiologe und Anatom Johannes Müller, die sich, wenn auch mit Einschränkungen, zu Goethes Theorie bekannten, allerdings später wieder von ihr abrückten. In dem Abschnitt ‚Fragmente zur Farbenlehre, insbesondere zur Goetheschen Farbenlehre' seines 1826 erschienenen Werkes ‚Zur vergleichenden Physiologie des Gesichtssinnes des Menschen und der Thiere' schreibt Müller: „Das ist nun gerade bei den Physikern das Unverzeihliche an der Goetheschen Farbenlehre, daß sie sich als einfache ungekünstelte Darlegung der Phänomene von der Seite eines mit der freiesten und unbefangensten Sinnlichkeit begabten Menschen über die *Theorie* der Farbe erhebt und die Überzeugung hegt, daß über die Natur des den Sinnen selbst Angehörenden weiter nichts gesagt werden kann, als daß es eben gesehen, gehört wird, daß aber der Versuch einer *Farbentheorie* schon von einer in allem Beginnen irrigen Grenzbestimmung Zeugnis geben muß. Von dieser Seite ist der Goetheschen Farbenlehre gar nicht beizukommen; sie hat das Wenigste versprochen, indem sie uns auf das Einfache hinweist, was wir selbst schon besitzen, aber in unrechter Erklärungssucht draußen setzen und suchen. [Absatz] Ich meinesteils trage kein Bedenken, zu bekennen, wie sehr viel ich den Anregungen durch die Goethesche Farbenlehre verdanke, und kann wohl sagen, daß ohne mehrjährige Studien derselben in Verbindung mit der Anschauung der Phänomene selbst, die gegenwärtigen Untersuchungen wohl nicht entstanden wären. Insbesondere scheue ich mich nicht zu bekennen, daß ich der Goetheschen Farbenlehre überall dort vertraue, wo sie einfach die Phänomene darlegt und in keine Erklärungen sich einläßt, wo es auf die Beurteilung der Hauptkontroverse ankommt."[12] Diese Zustimmung betraf vor allem Goethes Erklärungen der physiologischen Farben, die, wie Dorothea Kuhn im Kommentar zum 13. Band der Hamburger Goethe-Ausgabe ausführt, „zu Goethes Lebzeiten und auch später sowohl Anerkennung als Fortführung erfahren [haben]. Es ist Goethes unbestrittenes Verdienst, diese Phänomene, die man bisher zum großen Teil als Anomalien gedeutet hatte, als normale Reaktionsformen des gesunden Auges erkannt zu haben."[13] Noch Müllers ‚Handbuch der Physiologie des Menschen' von 1840, in dem es jetzt entschieden heißt, die Hauptsätze der Goetheschen Farbentheorie beruhten auf dem

Mißverständnis, „in welchem sich Goethe in Hinsicht des Dunkeln oder Schwarzen als etwas Positivem befindet“,[14] hält daran fest: „Goethes große Verdienste um die Farbenlehre betreffen nicht die Hauptfrage von den Ursachen der prismatischen Farben. Es ist hier nicht der Ort seine erfolgreichen Bemühungen in Hinsicht der physiologischen Farben, der moralischen Wirkungen der Farben, und der Geschichte der Farbenlehre auseinanderzusetzen.“[15]

Vorbehaltlose Zustimmung fand Goethes Farbenlehre nur bei der zeitgenössischen, nachkantischen Philosophie des deutschen Idealismus. Schelling hatte bereits 1801 die ‚Beyträge zur Optik‘ gepriesen, mit denen Goethe die Welt von „dem Newtonischen Spektrum eines zusammengesetzten Lichts“ befreit habe.[16] Goethe selbst hatte auf das Verständnis und den Beifall der Philosophen gesetzt. Heißt es doch in der Einleitung zur ‚Farbenlehre‘: „Vom Philosophen glauben wir Dank zu verdienen, daß wir gesucht die Phänomene bis zu ihren Urquellen zu verfolgen, bis dorthin, wo sie bloß erscheinen und sind und wo sich nichts weiter an ihnen erklären läßt.“[17] Hegel und seine Schüler sind es vor allem, die ihm Dank abgestattet haben. In seiner ‚Enzyklopädie‘ von 1817 tritt Hegel nachdrücklich für Goethes Farbenlehre ein und übernimmt dessen scharfe Polemik gegen die ‚Barberei‘ der Newtonschen Theorie, der er „die ebenso klare als *gründliche,* auch sogar *gelehrte Goethesche* Beleuchtung“ der Phänomene gegenüberstellt.[18] Die emphatische Parteinahme Hegels für Goethes Farbenlehre hat deren Wirkungsgeschichte in der Folgezeit eher geschadet als genützt. So rückt etwa für Helmholtz Goethes naturwissenschaftliches Verfahren in die Nähe von Schellings und Hegels Naturphilosophie, welche „von der Annahme ausgeht, daß die Natur die verschiedenen Entwickelungsstufen des Begriffs unmittelbar darstelle“.[19] Von Hegel beauftragt und vom preußischen Minister Altenstein unterstützt, hält sein Schüler Leopold von Henning 1822 als erster öffentliche Vorlesungen über Goethes Farbenlehre an der Berliner Universität. Die Einleitung zu ihnen erscheint noch im gleichen Jahr im Druck.[20] Henning hat, von Goethe ermuntert, in den folgenden Jahren seine Vorlesungen regelmäßig wiederholt. Neben Hegel und seinen Schülern ist es vor allem Arthur Schopenhauer gewesen, der sich für Goethes Farbenlehre eingesetzt hat. Er war von Goethe zur Beschäftigung mit der Optik angeregt worden. Seine auf der Grundlage von Goethes Theorie geschriebene Abhandlung ‚Über das Sehn und die Farben‘ von 1816 fand allerdings nur die bedingte Zustimmung des Dichters. Schopenhauer hatte den Ehrgeiz gehabt, Goethes Farbenlehre zu ergänzen, indem er zu den in ihr enthaltenen „reichen Materialien zu einer künftigen Theorie“[21] die Theorie selbst liefern wollte. Noch 1851 heißt es in dem Abschnitt ‚Zur Farbenlehre‘ im zweiten Band der ‚Parerga und Paralipomena‘: „Hieraus erhellt, daß wenn Goethe meine physiologische Farbentheorie, welche die fundamentale und wesentliche ist, selbst aufgefunden hätte, er daran eine starke Stütze seiner physikalischen Grundansicht gehabt haben und zudem nicht in den Irrtum geraten sein würde, die Möglichkeit der Herstellung des Weißen aus Farben schlechthin zu leugnen; während die Erfahrung sie bezeugt, wiewohl stets nur im Sinne *meiner* Theorie, niemals aber in dem der Newtonischen. Allein obwohl Goethe die Materialien zur physiologischen Theorie der Farbe auf das vollständigste zusammengebracht hatte, blieb es ihm versagt, jene selbst, welche doch, als das Fundamentale, die eigentliche Hauptsache ist, zu finden."[22] Der Schopenhauerschüler Friedrich Grävell hat um die Jahrhundertmitte im Sinne seines Lehrers sich zum streitbaren Anwalt der Goetheschen Farbenlehre gemacht und in einer Reihe von Schriften die Optik Newtons bekämpft.[23]

Die vielleicht wichtigste und für die Zukunft folgenreichste Adaption der Goetheschen Farbenlehre erfolgte in jenem Anwendungsbereich, dem sie recht eigentlich ihren Ursprung verdankt, der Kunst, spezieller der Malerei.[24] Unter den zeitgenössischen Malern und Kunsttheoretikern, die sich für ihre eigene Praxis oder eigene Farbuntersuchungen auf Goethes Farbentheorie beriefen, ist Philipp Otto Runge für Goethe der wichtigste gewesen.[25] In seiner gleichzeitig mit Goethes ,Farbenlehre' erschienenen ,Farben-Kugel' (Hamburg 1810), die der Frage der Farbenmischungen und der Aufstellung eines Systems der Farbharmonien gewidmet ist, spricht Runge es bereits im Eingangsparagraphen aus, „wie hülflos den Künstler die aufgestellte Wissenschaft gelassen hat, wenn die bestehenden Verhältnisse farbiger Substanzen Würkungen erzeugten, die aus der bloßen Brechung des Lichtstrahles nicht zu erklären waren".[26] Im Unterschied zu Goethe, dessen Farbenlehre auf die totale Konfrontation mit der physikalischen Optik Newtons gerichtet ist, geht es Runge nur um jenen Teilbereich der Farbentheorie, der die unmittelbare Praxis des farbtheoretisch experimentierenden Malers betrifft, einen Bereich, für den auch die prinzipiellen Gegner der Goetheschen Farbenlehre dem Dichter bis heute Kompetenz und grundlegende Einsichten bescheinigt haben. So heißt es im Einklang mit und in Abgrenzung von Goethe im § 4 der ,Farben-Kugel': „Diese Erkenntnis kann daher angesehen werden als ganz abgesondert von der Wissenschaft, wie durch das Licht die Farben entstehen; indem wir vielmehr die Farbe als eine gegebene, ja selbständige Erscheinung, und in Verhältnissen zum Licht und zur Finsternis, zu Hell und Dunkel, zu Weiß und Schwarz, betrachten und so begreifen möchten. Gelangten wir auf diesem praktischen Wege, von einem so entgegengesetzten Standpunkte, endlich auf einerlei Resultat mit dem Lehrer der Theorie des Lichts, so würde es nur desto gewinnvoller sein."[27] Runge stand seit 1806 mit dem Dichter im brieflichen Gedankenaustausch über Fragen der Farbentheorie. Goethe hat einen umfangreichen Brief Runges vom 3. Juli 1806, in dem dieser seine Farbentheorie erläutert, als ,Zugabe' am Ende des ersten Teils seiner ,Farbenlehre' abgedruckt. Runge hat Goethes ,Farbenlehre' noch kurz vor seinem Tode auf dem Krankenbett gelesen. Der von ihm so heiß ersehnte Gedankenaustausch über das Werk kam nicht mehr zustande. Sein Urteil ist überliefert in einem Brief an Friedrich Perthes, in dem es heißt: „Schreibe ich ihm wieder, so muß er darauf rechnen, daß ich vieles nicht ganz verstanden, oder anders sehe; so wie hingegen manche Irrtümer mir durch das Buch vergangen sind; manche würde er mir noch zu verzeihen haben. Mein Ziel ist aber auch ein anderes."[28] Die Begegnung zwischen Runge und Goethe im Zeichen des gemeinsamen Interesses an Fragen der Farbenlehre hat prototypische Bedeutung für die Funktion, die Goethes Forschungen auf diesem Gebiet für Maler und bildende Künstler in der Folgezeit gehabt haben. 1840 übersetzt der Maler und Präsident der Akademie in London, Sir Charles Eastlake, den didaktischen Teil der Goetheschen ‚Farbenlehre' ins Englische. Johann Karl Bähr hält 1863 im Künstler-Verein zu Dresden, in polemischer Auseinandersetzung mit Helmholtz, Vorträge über Newtons und Goethes Farbenlehre (Dresden 1863). Das kunstpädagogische und kunstpraktische Interessse, das Goethes ‚Farbenlehre' in steigendem Maße bis in die Gegenwart hinein gefunden hat, ist ein entscheidender Faktor des Rezeptionsgeschichte dieses naturwissenschaftlichen Hauptwerks des Dichters.

Hatte sich Feuchtersleben in seiner Abhandlung ‚Göthe's naturwissenschaftliche Ansichten' von 1837 unter Berufung auf Runge, Steffens und Schopenhauer noch vorbehaltlos der Goetheschen Farbenlehre angeschlossen und gemeint, daß Pfaff der letzte in Deutschland gewesen sei, „der sich der reinen Lehre, die uns das Blau des Himmels erteilt, widersetzt hat",[29] so urteilt Carus sechs Jahre später bereits sehr viel vorsichtiger und zurückhaltender, wenn er schreibt, daß gerade von Goethes Forschungen im Bereich der Farbenlehre „das wenigste als ein festes aus der Zeitflut sich herausraffendes Eigentum der Wissenschaft betrachtet werden dürfe".[30] Dagegen wies Carus als erster auf die Bedeutung hin, die Goethes Beschäftigung mit der Farbenlehre für seine dichterische Produktion und ihre Rezeption gehabt hat. Er erläutert dies an den Versen „Zart Gedicht, wie Regenbogen" aus der Sammlung ‚Sprichwörtlich', wenn er ausführt, daß diese Verse „erst *dem* recht bedeutungsvoll erscheinen, wem nicht fremd ist, auf welche Weise die wunderbare tausendfache Farbenbrechung des Sonnenlichts im Wassertropfen zum Irisbogen sich gestaltet. Freilich wird dadurch der Kreis des Verständnisses etwas enger gezogen, und eben darum haben viele der späteren Gedichte von Goethe nicht die allgemeine Verständlichkeit seiner frühern; indes wer darf das leichte Verständnis zum Merkzeichen des geringeren oder höhern poetischen Wertes machen!"[31] Diese Andeutungen sind erst von einer späteren Goethephilologie zur fundamentalen Einsicht in den Fundierungszusammenhang von Kunstproduktion und Naturforschung bei Goethe, vor allem in dessen Spätwerk, ausgebaut worden. Wilhelm von Humboldt ist es gewesen, der in seiner Rezension von Goethes ‚Zweitem Römischen Aufenthalt' diese Fundierungsproblematik als erster programmatisch formuliert und der Goetheforschung bis heute ein Deutungsmodell an die Hand gegeben hat, das zu unterschreiten einer Zerstörung der strukturellen Einheit von

Naturerfahrung und Kunstproduktion im Werk des Dichters gleichkommen würde: „Goethes Dichtungstrieb, verschlungen [...] in seinen Hang und seine Anlage zur bildenden Kunst, und sein Drang, von der Gestalt und dem äußeren Objekt aus dem inneren Wesen der Naturgegenstände und den Gesetzen ihrer Bildung nachzuforschen, sind in ihrem Prinzip eins und ebendassselbe, und nur verschieden in ihrem Wirken. Denn so rein und entschieden sich auch Goethe, wenn man nicht gerade auf diesen Zusammenhang achtet, als Dichter und Naturforscher, zu diesen getrennten Richtungen hinwendet, so scheint es gewiß, daß, ohne jene Naturansicht, sein Dichten ein verschiedenes sein würde, und so entsteht gar sehr die Frage, ob, hätte ihn nicht das Dichten so mächtig gedrängt, die Worte in Anschauung zu verwandeln, und gerade in der sinnlichen Erscheinung eine reinere und tiefere Wahrheit zu suchen, er zu dieser eigentümlichen, sich nur in eignen Entdeckungen bewegenden Erforschungsweise der Natur gekommen wäre?“[32] Gegen welche Widerstände sich die Einsicht in diesen Zusammenhang im 19. Jahrhundert hat durchsetzen müssen, zeigt exemplarisch das Beispiel von Gervinus. Für ihn ist die mit der Romantik einsetzende Wendung von der Poesie zur Wissenschaft, an der auch Goethe teilhat, ein Zeichen für den Verfall der Poesie. „Diese Wendung von Poesie zur Wissenschaft und Prosa zeigt den Verfall der ersteren überall an. Sie ist nach jeder Abblüte irgend einer Dichtung, in welcher Periode und welcher Nation es sei, immer zu beobachten; sie ist immer von den leidenschaftlichen Anstrengungen der unterliegenden Partei begleitet; und immer haben wir die eigentümliche Bemerkung zu machen, daß sich die Geisteskräfte in diesem Streite der Richtungen verirren, daß die Phantasie sich in die Regionen der Wissenschaft, der Verstand in die Gebiete der Kunst verläuft. Nur die klaren Köpfe trennen beides rein ab, und machen die Übergänge, wenn es der Zwang der Zeit gebietet, ohne Irrwege, und, wenn sie kräftig und vielseitig die Tätigkeiten des Menschen nicht in Eine Richtung allein gepreßt haben wollen, auch ohne Klage und Mißstimmung; denn ihrem Geiste gibt die neue Beschäftigung neue Energie und Jugend zurück. So trennte sich Goethe von der Dichtung ohne Harm, und kehrte zu ihr, wenn ihn der Drang des Augenblicks nötigte, ohne Beschwerde zurück; er gab sich wissenschaftlichen Studien hin und machte in allen Naturreichen anregende Beobachtungen, merkte auf den Gang der plastischen Kunst, schrieb die Denkwürdigkeiten seines Lebens und skizzierte die Literatur, auf der er aufgewachsen war.“[33] In diesem Argumentationsmodell strikter Arbeitsteilung zwischen Poesie und Wissenschaft ist der Bedingungszusammenhang beider im Hinblick auf Goethes Gesamtwerk zerrissen. Es überrascht darum nicht, daß die wenigen Bemerkungen, die sich bei Gervinus über den Naturforscher Goethe finden, von kaum mehr zu unterbietender Dürre und Kläglichkeit sind, so etwa, wenn er schreibt: „Goethe war um die Zeit dieser Forschungen in ein philosophisches Verfahren hineingeraten, wobei man am besten sieht, wie wenig das begründet ist, was Schiller ihm Lobendes von der

Verträglichkeit seines betrachtenden Wesens mit der Philosophie sagte. Er neigte sich vielmehr, wie er selbst bemerkte, nur symbolisierend zu Schillers philosophischem Ordnungsgeiste hin, er setzte allegorisierend nur Eine Art der Anschauung an die Stelle der anderen; daher begannen mit seinen Studien über Licht und Farbe jene wunderlichen symbolischen Schemata und tabellarischen Darstellungen, mehr Spiele als methodische Tätigkeit des Geistes, wovon uns einige sonderbare Reste geblieben sind. In einer Stelle des Briefwechsels mit Schiller beobachtet man Goethes Verfahren bei dieser Schematisierung und philosophischen Betrachtung der Phänomene für seine Farbenlehre auf frischer Tat, und den Eindruck der Unsicherheit, den dies auf jeden machen wird, der einige Übung in wissenschaftlichen Untersuchungen hat, macht die Farbenlehre selbst, so weit ich bemerken konnte, auf jeden scharfen Kenner der Materie."[34] Mit der Literaturgeschichte von Gervinus hat die Rezeptionsgeschichte des Naturwissenschaftlers Goethe ihren absoluten Tiefstand im 19. Jahrhundert erreicht. Sein mangelndes Verständnis für die von Goethe mitgeschaffene und mitgestaltete Einheit von Wissenschaft und Poesie, die einen modernen von einem vormodernen Dichtungsbegriff unterscheidet, hat der Einsicht in die epochale historische Bedeutung dieses Werkes mehr im Wege gestanden als die schärfsten Angriffe seiner Gegner auf streng fachwissenschaftlichem Gebiet.

Als ein solcher Gegner auf dem Gebiet der physikalischen Wissenschaften ist Hermann von Helmholtz 1853 mit seiner epochemachenden Abhandlung ‚Ueber Goethe's naturwissenschaftliche Arbeiten' hervorgetreten.[35] Mit großer Klarheit hat der bedeutende Physiker und Physiologe in dieser als Vortrag in der deutschen Gesellschaft zu Königsberg gehaltenen Arbeit zusammenfassend dargelegt, was die moderne exakte Naturwissenschaft von Goethe und dessen Naturforschung trennt. Goethe ist für Helmholtz auch auf diesem Feld geistiger Tätigkeit im wesentlichen Dichter geblieben, er ist der Natur wie einem Kunstwerk entgegengetreten und hat den Bereich des unmittelbar sinnlichen Eindrucks und der unmittelbar geistigen Anschauung nicht überschritten in Richtung auf eine abstrakte, mathematisch verifizierbare, unsinnliche Gesetzlichkeit. Dieses Verfahren hat Goethe nach Helmholtz auf dem Gebiet der beschreibenden Naturwissenschaften zu großen und in die Zukunft weisenden Erfolgen geführt, indem er der vergleichenden Anatomie mit dem Typusgedanken und der Botanik mit der Metamorphosenlehre leitende Ideen an die Hand gab, die die wissenschaftliche Forschung in diesen Bereichen wesentlich und bis in die Gegenwart hinein gefördert haben. Anders auf dem Gebiet der physikalischen Forschungen, der Farbenlehre. Indem Goethe auch hier am sinnlichen Eindruck und den unmittelbar wahrzunehmenden Phänomenen festgehalten hat, ist er mit den von Newton bereits klar erkannten Forderungen einer physikalischen Wesenserkenntnis in einen unaufhebbaren Widerspruch getreten. Seine Farbenlehre ist daher „ihrem Wesen nach grundfalsch", denn für den modernen Physiker „ist der sinnliche Eindruck keine unumstößliche Autorität, er untersucht die Berechtigung derselben, fragt, ob wirklich das ähnlich, was die Sinne für ähnlich, ob wirklich das verschieden, was sie für verschieden erklären, und kommt häufig zu einer verneinenden Antwort. Das Resultat dieser Prüfung, wie es jetzt vorliegt, ist, daß die Sinnesorgane uns zwar von äußern Einwirkungen benachrichtigen, dieselben aber in ganz veränderter Gestalt zum Bewußtsein bringen, so daß die Art und Weise der sinnlichen Wahrnehmung weniger von den Eigentümlichkeiten des wahrgenommenen Gegenstandes, als von denen des Sinnesorgans abhängt, durch welches wir die Nachricht bekommen."[36] Helmholtz faßt am Schluß der Abhandlung seine Auseinandersetzung mit den falschen Voraussetzungen der Goetheschen Farbenlehre in einem Satz zusammen, der Goethes erbitterten Kampf mit der physikalischen Farbenlehre in einen größeren Sinnzusammenhang stellt, wenn er schreibt: „Seine Farbenlehre müssen wir als den Versuch betrachten, die unmittelbare Wahrheit des sinnlichen Eindrucks gegen die Angriffe der Wissenschaft zu retten."[37] Im Lichte der weiteren Wirkungsgeschichte der Goetheschen Farbenlehre erhält dieser Satz ein wahrhaft prophetisches Gewicht. Er bezeichnet aufs genaueste den Stellenwert, den Goethes auf Unmittelbarkeit der Erfahrung und auf Bewahrung und Erhaltung der Sinnlichkeit insistierendes Verfahren der Naturerkenntnis in einer Epoche ständig fortschreitenden Erfahrungsverlustes und einer ständig fortschreitenden Entsinnlichung durch eine die Natur vernichtende Technologie erhalten hat. In seinem 1941 zuerst veröffentlichten Aufsatz ‚Die Goethesche und die Newtonsche Farbenlehre im Lichte der modernen Physik' konstatiert Werner Heisenberg mit direktem Bezug auf den oben zitierten Satz von Helmholtz, daß sich uns heute diese Aufgabe, die „Wahrheit des sinnlichen Eindrucks gegen die Angriffe der Wissenschaft zu retten", dringender als je stelle, „denn die ganze Welt wird verwandelt durch die ungeheure Erweiterung unserer naturwissenschaftlichen Kenntnisse und durch den Reichtum der technischen Möglichkeiten, der uns wie jeder Reichtum teils als Geschenk, teils als Fluch gegeben ist. Daher sind in den letzten Jahrzehnten immer wieder warnende Stimmen laut geworden, die zur Umkehr raten. Sie weisen darauf hin, daß dieser Abkehr von der unmittelbaren sinnlich gegebenen Welt und der damit verbundenen Teilung der Welt in verschiedene Bereiche schon jetzt eine große Zersplitterung des Geisteslebens gefolgt sei und daß wir uns mit der Entfernung von der lebendigen Natur gewissermaßen in einen luftleeren Raum begeben, in dem kein weiteres Leben möglich sei. Dort, wo diese Warner nicht einfach zur Aufgabe der bisherigen Naturwissenschaft und Technik überhaupt raten, ermahnen sie uns, bei der Entwicklung der Naturwissenschaft in enger Verbindung mit der anschaulichen Erfahrung zu bleiben."[38]

Daß der Naturforscher Goethe der Anwalt der Erfahrungsunmittelbarkeit sei und daß seine wissenschaftlichen Arbeiten Lehrstücke sinnlich-gegenständlicher Anschauung sind, ist das Leitmotiv der Rezeptionsgeschichte vor allem seiner morphologischen Untersuchungen im Bereich der Botanik und der Anatomie. Vornehmlich Ärzte und Physiologen sind es gewesen, die Rang und Bedeutung dieser Arbeiten früh erkannt und bis in die Gegenwart hinein verteidigt haben. Die Kette der hier aufzuführenden Namen reicht von Carus über Feuchtersleben, Rudolf Virchow bis zu Gottfried Benn. Johannes Müller hat in seiner Bonner Antrittsvorlesung ‚Von dem Bedürfnis der Physiologie nach einer philosophischen Naturbetrachtung' vom 19. Oktober 1824 diesen der sinnlichen Erfahrung verpflichteten Typus des Naturforschers unter Berufung auf Goethe und Alexander von Humboldt charakterisiert: „Diese anspruchslose schlichte Anschauung der Natur, die in sich selbst gezwungen, in allen Dingen nur das Rechte der Dinge, die Wahrheit ihres Scheines erkennt, ist der *Sinn* des Naturforschers und namentlich des Physiologen. Lasset einen solchen Geist erfahren, was Ihr immer wollt, er erfährt mehr, als in den Dingen selbst scheinbar sinnlich Erkennbares ist; und wie seine Erfahrungen und Betrachtungen aus der Idee hervorgehen, so gehen sie auch in Ideen zurück. Ich erinnere an die ‚Ansichten der Natur' von Alexander vom Humboldt und an die naturforschenden Arbeiten Goethes. Die Erfahrung wird zum Zeugungsferment des Geistes. Nicht das abstrakte Denken über die Natur ist das Gebiet des Physiologen. Der Physiologe erfährt die Natur, damit er sie denke."[39] Am schärfsten hat Feuchtersleben in seinem schon mehrfach angeführten Aufsatz von 1837 diesen Aspekt als das eigentliche Spezifikum des Naturforschers Goethe herausgestellt: „Nun hat aber, seit den Griechen, deren Behelf, leider! zu arm war, niemand zu erfahren gewußt, wie Goethe; ja, das Erfahren ist ihm ganz eigentlich zur Kunst geworden. Die Unschuld, Reinheit, Klarheit, Schärfe und Unmittelbarkeit seiner Beobachtungen hat in der Geschichte der Naturwissenschaften nicht ihresgleichen."[40]

Die wichtigste Konstante aller Aussagen über den Botaniker und Anatomen Goethe in dem hier zu behandelnden Zeitraum ist die Feststellung, daß Goethe als erster die genetische Methode in die bezeichneten Wissenschaftsgebiete eingeführt habe. „Ist nun irgend eine Idee der neuern Naturwissenschaft fruchtbar geworden", so schreibt Carl Gustav Carus 1832 in seiner Rezension der Soretschen Übersetzung des ‚Versuchs über die Metamorphose der Pflanzen', „so ist es die der *genetischen Methode,* einer Methode, welche ihr Ziel darein setzt, die Natur nicht als Beharrendes, Erstarrtes und folglich Totes, sondern als das, was sie ihrem Namen und Wesen nach ist, nämlich als *ein stets Werdendes* zu erfassen und zu erforschen. Wir möchten sagen, der Schlüssel zum Verständnis aller der großen Fortschritte, welche die Naturwissenschaften neuerlich gemacht haben, liege wesentlich *in der Idee der Genesis,* und es ist nicht zu leugnen, daß alle Zweige der Naturwissenschaften immer erst um desto mehr den Namen der Wissenschaft verdienen, je mehr in ihnen diese Idee Eingang und Durchbildung gefunden hat."[41] Wir haben bereits gesehen, wie Carus als erster diese genetische Methode als

Schlüssel zum Gesamtverständnis der Persönlichkeit und des Werks des Dichters anwendet. Mit Carus bekommt die Rezeption des Naturwissenschaftlers Goethe zugleich eine eminent wichtige politische Dimension. Die Betonung des steten Werdens als Kern des genetischen Verfahrens mußte im Jahr der Soret-Rezension, 1832, unwiderruflich Assoziationen zu jenem Postulat der Bewegung hervorrufen, das die junge liberale Literatur zu ihrem Programm gemacht hatte. In seiner Schrift über Goethe von 1843 hat Carus selbst diesen politischen und gesellschaftlichen Bezug der Metamorphosenlehre, wennschon individualistisch verengt, herausgestellt. Hier wird die Goethesche Idee der Metamorphose einer Haltung gegenübergestellt, die am Starren, Toten, Überlebten festhalten möchte: „Nun hat der Mensch aber eine solche Neigung, stabil zu werden, er findet es großenteils so bequem, sich dem ewig Beweglichen zu entziehen und an ein, seiner Meinung nach doch wohl wenigstens eine gewisse Zeit Beharrendes sich festzuhalten, daß eine besondere innere und äußere Begünstigung und Befähigung dazu gehört, von dieser Neigung sich frei zu machen und durchaus an das Werden und nicht an das Gewordene sich zu halten."[42] Noch deutlicher und auf die aktuelle Situation bezogen hat Carus die politische Dimension des Metamorphosegedankens in seiner Festrede ‚Göthe und seine Bedeutung für diese und die künftige Zeit' von 1849 herausgearbeitet. Das 18. Jahrhundert wird in dieser Rede von ihm als vom Prinzip der Stabilität und des Pedantismus beherrscht bezeichnet, während das 19. Jahrhundert das der Bewegung und der Emanzipation ist. Die weltgeschichtliche Funktion Goethes nun sei es gewesen, beide Positionen versöhnend miteinander zu vermitteln, sich dem falschen Extrem des Beharrens auf Totem und Überlebtem genauso entgegengestellt zu haben wie dem falschen Extrem des revolutionären Umsturzes. Das genetische Verfahren des Naturforschers Goethe, das die Schrift von 1843 bereits als „das stete Protestieren gegen Einseitigkeit in jeder, auch der sonst wahrhaftigsten Richtung",[43] charakterisiert, erhält bei Carus die politische Funktion einer Vermittlung zwischen den Extremen, ein Argumentationsmodell, das auf Adam Müllers ‚Lehre vom Gegensatze' (1804) zurückgeht und in der konservativen Programmschrift ‚Zur Vermittlung der Extreme in den Meinungen' (1828/31)[44] des preußischen Staatsmanns Friedrich Ancillon ihre gegen den Geist des vormärzlichen Liberalismus gerichtete Aktualisierung erfahren hat. Das gleiche Argumentationsmodell bestimmt die nachmärzlichen Goetheschriften Viktor Hehns, durch den dieser Strang einer konservativen Goetherezeption, der durch die Namen Adam Müller, Friedrich Ancillon und Carl Gustav Carus bezeichnet ist, an das Goethebild des Wilhelminischen Reiches vermittelt wird.

Im gleichen Jahr, in dem Helmholtz in Königsberg seinen Vortrag über Goethes naturwissenschaftliche Arbeiten hält, spricht der Jenaer Botaniker Oscar Schmidt im wissenschaftlichen Verein zu Berlin über ‚Goethes Verhältnis zu den organischen Naturwissenschaften' (Berlin 1853). Schmidts

Vortrag ist frei von jeder Polemik, er registriert dankbar das von Goethe auf diesem Gebiet Geleistete, spricht darüber jedoch wie über ein Vergangenes, das einer aktualisierenden Erneuerung nicht bedarf oder ihrer nicht mehr fähig ist. Das sollte sich allerdings bald ändern. 1859 erscheint Charles Darwins epochemachendes Werk ‚On the Origin of Species by means of natural Selection', dessen Wirkungsgeschichte in Deutschland auch eine neue Phase der Geschichte der Rezeption des Naturwissenschaftlers Goethe eröffnen sollte. Hatte schon 1861 Karl Heinrich Meding in seiner Schrift ‚Goethe als Naturforscher in Beziehung zur Gegenwart' (Dresden 1861) darauf hingewiesen, daß sich Goethes Ansichten der organischen Natur vielfach mit denen Darwins berühren, so war es der Jenaer Zoologe und Naturphilosoph Ernst Haeckel, der Goethe zu einem der Vorläufer und Begründer der Deszendenztheorie erklärt hat.[45] Haeckel war Schüler und Assistent Rudolf Virchows gewesen, der wiederum durch seinen Lehrer Johannes Müller an die frühe Rezeptionsgeschichte des Naturwissenschaftlers Goethe angeschlossen war. In seiner Rede ‚Göthe als Naturforscher und in besonderer Beziehung auf Schiller' von 1861 hat Virchow ausgeführt, daß er seine eigenen Entdekkungen auf dem Gebiet der Wirbeltheorie des Schädels „wesentlich der Anwendung jener genetischen Methode und der weiteren Entwickelung jener Wirbeltheorie, die Goethe geschaffen hat", verdanke.[46] Mit Haeckels fundamentalem Werk ‚Generelle Morphologie der Organismen' von 1866, in dem zum erstenmal Goethe als Begründer der Deszendenztheorie in Anspruch genommen wird, ist eine neue Epoche der Rezeptionsgeschichte des Naturwissenschaftlers Goethe eröffnet. Sie ist gekennzeichnet durch die Koppelung seines Namens mit dem Darwins. Diese Verbindung Goethe–Darwin hat im Zusammenhang der allgemeinen Darwinismus-Diskussion das Interesse für den Naturwissenschaftler Goethe auch in breiteren, nichtfachwissenschaftlichen Kreisen geweckt, und Haeckel selbst hat in seinen weitverbreiteten populären Schriften dieses Interesse wachzuhalten gesucht. Seine Schüler wiederum, allen voran Wilhelm Bölsche, haben dieses Interesse an den Naturalismus und an die Arbeiterbildungsvereine vermittelt. Im 1906 von E. Haeckel und A. Kalthoff gegründeten Monistenbund hat es seine einflußreiche öffentliche Institution erhalten.

Auch wenn von seiten der Wissenschaft früh Einspruch gegen die Vereinnahmung Goethes durch die Deszendenztheorie erhoben wurde,[47] blieb das Problem Darwin und Goethe bis zur Jahrhundertwende aktuell und hat die Geschichte seiner Rezeption wesentlich mitbestimmt. Haeckel hat den zweiten Band seiner ‚Generellen Morphologie' Darwin, Goethe und Lamarck gewidmet und damit jene drei Namen genannt, deren Anschauungen auch seine 1868 unter dem Titel ‚Natürliche Schöpfungsgeschichte' erschienene und in vielen Auflagen weitverbreitete populäre Darstellung der Entwicklungslehre verpflichtet ist. Der entscheidende Passus aus der Goethedarstellung im zweiten Band der ‚Generellen Morphologie' lautet: „Das Wichtigste aber, was wir von *Goethe* als Naturforscher hier hervorheben müssen, und was unseres Erachtens noch niemand gebührend gewürdigt hat, ist, daß wir ihn als den *selbständigen Begründer der Deszendenz-Theorie in Deutschland* feiern dürfen. Zwar führte er dieselbe nicht, wie *Lamarck*, in Form eines wissenschaftlichen Lehrgebäudes aus, und er versuchte nicht, wie *Darwin*, physiologische Beweise für die gemeinsame Abstammung der Organismen aufzufinden; aber die Idee derselben schwebte ihm klar und bestimmt vor; alle seine morphologischen Arbeiten waren von diesem monistischen Gedanken der ursprünglichen Einheit der Form und der Abstammung durchdrungen, und wir finden den Grundgedanken der Abstammungslehre vor *Lamarck* und vor dem neunzehnten Jahrhundert nirgends klarer und schärfer ausgesprochen als bei *Goethe*, welcher ihn (schon 1796!) für die Wirbeltiere in den oben angeführten merkwürdigen Worten aussprach: ‚Dies also hätten wir gewonnen, ungescheut behaupten zu dürfen, daß alle vollkommneren organischen Naturen, worunter wir Fische, Amphibien, Vögel, Säugetiere *und an der Spitze der letzten den Menschen* sehen, alle nach Einem Urbilde geformt seien, das nur in seinen sehr beständigen Teilen mehr oder weniger hin- und herweicht, *und sich noch täglich durch Fortpflanzung aus- und umbildet*'. Wenn je der dichterische Genius in Wahrheit auf den Flügeln der Phantasie seiner Zeit weit vorausgeeilt war, so ist es gewiß hier der Fall, wo wir *Goethe* mit der vollsten Klarheit und Bestimmtheit auf der Höhe einer Anschauung sehen, die eben so wohl zu den wichtigsten Errungenschaften des menschlichen Forschungsgeistes gehört, als sie noch weit entfernt ist, die allgemeine Anerkennung einer fundamentalen Wahrheit gefunden zu haben."[48] Haeckels ‚Generelle Morphologie' ist nicht allein nur wegen der Inanspruchnahme für die Abstammungslehre ein für die Rezeptionsgeschichte des Naturwissenschaftlers Goethe merkwürdiges und denkwürdiges Buch, sondern auch durch die Tatsache, daß in diesem rein fachwissenschaftlichen Werk die Goethesche Wissenschaftstheorie erkenntnisleitende Funktion erhält. Haeckel hat jedes der dreißig Kapitel unter das Motto einer wissenschaftstheoretischen Maxime Goethes gestellt. Dem vorletzten Kapitel, das das System des Monismus in Grundzügen erläutert, hat Haeckel die Prometheus-Ode vorangestellt, das abschließende, das in der Darstellung des pantheistisch-monistischen Gottesbegriffs aufgipfelt, wird durch Verse des Gottesgesprächs aus ‚Faust I' präludiert. Die Inanspruchnahme nicht nur der naturwissenschaftlichen, sondern auch der weltanschaulich-religiösen Positionen Goethes für den von Haeckel propagierten monistischen Pantheismus sollte nicht unbeträchtliche Folgen haben. Sie hat u. a., wie wir gesehen haben, die Auseinandersetzung mit Goethe im sogenannten Kulturkampf der siebziger und achtziger Jahre wesentlich mitbestimmt.

Mit Helmholtz und Haeckel ist die Rezeptionsgeschichte des Naturwissenschaftlers Goethe aus dem engeren Bereich derer, die ihn noch als Zeitgenossen begleitet und aus den gleichen zeitgenössischen Bedingungen heraus rezipiert hatten, herausgetreten in die Epoche einer modernen, nachgoethezeitlichen Naturwissenschaft. Ein Geistesverwandter Goethes, wie dieser der sinnlichen Erfahrung verpflichtet und um die Integration dieser Erfahrung in humane Lebenstotalität bemüht, Alexander von Humboldt, hat mit seinem großangelegten Alterswerk ‚Kosmos. Entwurf einer physischen Weltbeschreibung' (1845–1862) den Epilog der Naturwissenschaft des deutschen Idealismus geliefert, unter deren Bedingungen und innerhalb von deren Grenzen auch Goethe entscheidenden Anteil an ihr hatte. Humboldt hat im zweiten Band (1847) dem Dichter und Weggenossen seinen Dank abgestattet mit dem Bekenntnis: „Wo ist das südlichere Volk, welches uns nicht den großen Meister der Dichtung beneiden sollte, dessen Werke alle ein tiefes Gefühl der Natur durchdringt: in den ‚Leiden des jungen Werthers' wie in den Erinnerungen an Italien, in der ‚Metamorphose der Gewächse', wie in seinen vermischten Gedichten. Wer hat beredter seine Zeitgenossen angeregt ‚des Weltallts heilige Rätsel zu lösen', das Bündnis zu erneuern, welches im Jugendalter der Menschheit Philosophie, Physik und Dichtung mit Einem Bande umschlang? Wer hat mächtiger hingezogen in das ihm geistig heimische Land,

‚Ein sanfter Wind vom blauen Himmel weht
Die Myrthe still und hoch der Lorbeer steht'!"[49]

War die Einschätzung der Leistung des Naturwissenschaftlers Goethe von Beginn an, wie wir gesehen haben, umstritten, so trat die Auseinandersetzung um ihn jedoch bis zur Mitte des 19. Jahrhunderts weithin zurück hinter der das öffentliche Interesse weitaus stärker bestimmenden politischen, nationalen und ideologischen Kritik an dem Dichter. Die Ablösung des Führungsanspruchs der Philosophie durch die Naturwissenschaften nach der gescheiterten 48er Revolution bewirkte hier eine erste Akzentverschiebung, die erst nach 1871 zu einer Umbesetzung der Kritikfronten führen sollte. Erst jetzt eigentlich beginnt ein mit Vehemenz und aggressivem Pathos geführter Kampf um dem Naturwissenschaftler Goethe, ein Kampf, der jenen Platz einnahm, den die im neuen Reich stillgestellte politische Polemik gegen Goethe, die für dessen Rezeption im Jungen Deutschland und im Vormärz bestimmend gewesen war, innegehabt hatte. Die Namen Helmholtz und Haekkel haben für die erste Phase dieses Kampfes gewissermaßen eine symbolische Bedeutung, bezeichnen sie doch die kaum zu vermittelnde Antithetik, in der das Bild des Naturforschers Goethe uns in den beiden ersten Jahrzehnten nach 1870 entgegentritt. Die Kritik von Helmholtz an den erkenntnistheoretischen Grundlagen der physikalischen Farbenlehre Goethes erfuhr in dem einflußreichen Physiologen Emil Du Bois-Reymond eine aggressive Radikalisierung. Seine berühmt-berüchtigte Berliner Rektoratsrede ‚Goethe und kein Ende' von 1882,[50] in der er mit beißendem Spott im Namen der offiziellen Naturwissenschaften den Stab über den Naturforscher Goethe brach, blieb bis heute das vielzitierte Dokument eines vermeintlich bornierten Unverständnisses der positivistischen Wissenschaft Goethe gegenüber. Diesem radikalen Verdikt von seiten der offiziellen mechanisch-positivistischen Naturwissenschaften stand die emphatische Inanspruchnahme Goethes für die Darwinsche Entwicklungslehre gegenüber, die sich bei Haeckel und seinen Anhängern zur pseudoreligiösen Inthronisation Goethes als des Hohenpriesters eines entwicklungsgeschichtlichen Pantheismus und Monismus steigerte.[51] In die wissenschaftliche Goetheforschung hat die Haeckelsche Darwinismusthese vor allem durch Salomon Kalischer Eingang gefunden, der die naturwissenschaftlichen Schriften in der Hempelschen Ausgabe mit einer umfangreichen Einleitung über ‚Goethe's Verhältniß zur Naturwissenschaft und seine Bedeutung in derselben', die auch als Sonderdruck erschien,[52] herausgab, die ‚Farbenlehre' in der Weimarer Ausgabe edierte[53] und für den zweiten Band der Bielschowskyschen Goethebiographie 1904 den Abschnitt über ‚Goethe als Naturforscher' verfaßte. Unter den Anhängern und Populisatoren von Haeckel verdient im Rahmen einer Rezeptionsgeschichte Goethes der Schriftsteller, Romanautor und Naturphilosoph Wilhelm Bölsche Beachtung, der das deszendenztheoretische Goethebild an den Naturalismus und an die Weltanschauungsbünde der Jahrhundertwende vermittelte. Seine 1889 in der Zeitschrift ‚Die Gesellschaft' erschienene Abhandlung ‚Goethes Wahlverwandtschaften im Lichte moderner Naturwissenschaft'[54] dokumentiert allerdings sehr deutlich die Grenzen, die den Möglichkeiten einer Goetheinterpretation gezogen waren, die der naturalistischen Programmatik folgte, der Poesie eine naturwissenschaftliche Grundlage zu geben.[55] Bölsches im Jahre 1900 auf Massenveranstaltungen gehaltene Festrede ‚Goethe im 20. Jahrhundert'[56] ist kennzeichnend für die oben erwähnte Wendung der monistisch gefärbten Goethebünde zu religiösen Weiheveranstaltungen im Namen eines entwicklungsgeschichtlich gedeuteten Goethe.[57]

Einen immensen Aufschwung nahm im Kaiserreich die Detailforschung zum Werk des Naturforschers Goethe. In ihren herausragenden und bleibenden Beiträgen galt sie vor allem seinen Arbeiten zur beschreibenden Naturwissenschaft. Wesentlich beigetragen zu dieser erst jetzt einsetzenden breiten Erschließung der naturwissenschaftlichen Arbeiten Goethes haben die Editionen seiner naturwissenschaftlichen Schriften und Briefe in diesem Zeitraum. Bereits hingewiesen haben wir auf die 1874 von Franz Thomas Bratranek veröffentlichte Ausgabe von Goethes naturwissenschaftlicher Korrespondenz, die eindrucksvoll die vielverzweigten fachlichen Kontakte Goethes dokumentierte und dem Vorurteil entgegenwirkte, Goethe habe sich nur in Nebenstunden und als müßiger Dilettant mit wissenschaftlicher Forschung beschäftigt. Wichtigte Impulse vermittelten der Forschung die von Rudolf Steiner 1883–1897 im Rahmen von Kürschners ‚Deutscher National-Litteratur' herausgegebenen und mit Einleitungen versehenen Naturwissenschaftlichen Schriften Goethes,[58] während die Ausgabe der naturwissenschaftlichen

Werke in der 2. Abteilung der Weimarer Ausgabe (13 Bände, 1890–1904) die reiche Ausbeute von Goethes Nachlaß nutzen konnte und der Forschung ein umfassendes, wennschon nicht immer unproblematisch erarbeitetes Fundament schuf.

Überblickt man die Fülle der in den Jahren 1870 bis 1918 erschienenen rein fachwissenschaftlichen Arbeiten zum naturwissenschaftlichen Werk Goethes, an denen alle Disziplinen sich beteiligten, so könnte man dem Eindruck erliegen, man habe es mit einem der meistdiskutierten Naturwissenschaftler aller Zeiten zu tun. Der oft erhobene Vorwurf, Goethe sei als Naturwissenschaftler in dieser Epoche nicht oder nur am Rande beachtet worden, ist eine Legende, mit der gründlich aufgeräumt werden sollte. Richtig ist allerdings, daß die Forschungen zum Naturwissenschaftler Goethe sich in diesem Zeitraum zumeist in arbeitsteiliger Isolation von der auf das dichterische Werk konzentrierten Goethephilologie vollzogen. Erst mit den Goethebüchern von Chamberbain und Simmel erfolgte hier ein Durchbruch zu einer synthetischen, auf die Totalität des Goetheschen Schaffens gerichteten Sehweise, deren erkenntnistheoretische Durchdringung zur zentralen Aufgabe der Goetheforschung der zwanziger und dreißiger Jahre unseres Jahrhunderts wurde. Erst hier wurde die Forderung zu erfüllen gesucht, die Wilhelm Dilthey bereits 1878 für eine künftige Goethedarstellung erhoben hatte: „Wie er [Goethe] der Naturforschung in ihre einzelnen Probleme folgte, nicht als Naturforscher selbst, sondern als ein kontemplativer, im Ganzen der Natur jedem Tatbestand seine Stelle zuweisender Geist: dies ganz darzustellen, heißt ihn heute im höchsten Sinne dem Zeitalter nahe bringen."[59] Die beste Zusammenfassung der in den drei ersten Jahrzehnten des Kaiserreichs in der Detailforschung erarbeiteten neuen Einsichten in das naturwissenschaftliche Werk des Dichters bilden die Vorlesungen, die der Pharmakologe Rudolf Magnus im Sommersemester 1906 an der Universität Heidelberg gehalten hat.[60] Unter den zahlreichen Spezialuntersuchungen über Goethes Forschungen auf dem Felde der beschreibenden Naturwissenschaften während dieses Zeitraums sind als herausragend und für die weitere Forschung grundlegend zu nennen die Arbeit von Adolph Hansen ‚Goethes Metamorphose der Pflanzen. Geschichte einer botanischen Hypothese' (1907)[61] und das umfangreiche Werk ‚Die geologischen Studien Goethes. Beiträge zur Biographie Goethes und zur Geschichte und Methodenlehre der Geologie' (1914) von Max Semper.[62]

Besondere Beachtung in einer Rezeptionsgeschichte des Naturwissenschaftlers Goethe im Kaiserreich verdienen, nicht zuletzt der vielfältigen Ausstrahlungen und Impulse wegen, die von ihnen ausgegangen sind, die Arbeiten Rudolf Steiners, des späteren Begründers der Anthroposophie.[63] Der junge Steiner war während seines Studiums an der Technischen Hochschule in Wien durch den Germanisten Karl Julius Schröer mit dem Werk Goethes in Berührung gekommen. Intensive Beschäftigung mit Fragen der

Optik und der Farbenlehre ließen bei ihm Zweifel an der physikalischen Erklärung der Phänomene ‚Licht' und ‚Farbe' wach werden. „Ich trat mit dieser Orientierung an die Optik der Physiker heran. Ich mußte in dieser vieles ablehnen. Da gelangte ich zu Anschauungen, die mir den Weg zu Goethes Farbenlehre bahnten. Von dieser Seite her öffnete ich mir das Tor zu Goethes naturwissenschaftlichen Schriften. [...] Trotz aller Einwände, die von seiten der Physiker gegen die Goethesche Farbenlehre gemacht werden, wurde ich durch meine eigenen Experimente immer mehr von der gebräuchlichen physikalischen Ansicht zu Goethe hin getrieben."[64] Als Einundzwanzigjähriger wird Steiner, von Schröer an den Verleger Joseph Kürschner empfohlen, mit der Herausgabe der Naturwissenschaftlichen Schriften im Rahmen der ‚Deutschen National-Litteratur' beauftragt. Steiners umfangreiche Einleitungen zu den seit 1883 erscheinenden Bänden, vielfach neu aufgelegt und seit 1962 als Taschenbuch leicht zugänglich, sind bedeutsam nicht nur als Quellen zur Vorgeschichte der anthroposophischen Weltanschauung, sondern mehr noch als der erste systematische Versuch, die Naturanschauung Goethes in der Totalität ihrer Anwendungsbereiche der zeitgenössischen positivistisch-mechanischen Naturwissenschaft als Alternative entgegenzusetzen. Der Maßstab zur Beurteilung der naturwissenschaftlichen Arbeiten Goethes liegt bei Steiner nicht im gegenwärtig erreichten Stand der wissenschaftlichen Erkenntnis, sondern in ihnen selbst, die es nach seiner Meinung gegen das Verdikt der herrschenden materialistisch-mechanischen Naturauffassung neu zu entdecken galt. Scharf hat Steiner gegen die zentrale These von Helmholtz' Weimarer Festvortrag ‚Goethe's Vorahnungen kommender naturwissenschaftlicher Ideen' von 1892 opponiert,[65] bei dem er als Zuhörer anwesend war, und ihr die Gegenthese entgegengestellt: „Goethes Bedeutung liegt nicht [...] in diesen Einzelentdeckungen, sondern darin, daß er durch seine Art die Dinge anzusehen, zu ganz neuen leitenden Gesichtspunkten der Naturerkenntnis kam."[66] Ähnlich hatte es schon in den Einleitungen zu Kürschners ‚Deutscher National-Litteratur' geheißen: „Nicht nur eine dichterische Prophezeihung späterer Entdeckungen sind Goethes Ideen, sondern selbständige, theoretische Entdeckungen, die noch lange nicht genug gewürdigt sind, an denen die Naturwissenschaft noch lange zehren wird. Wenn die empirischen Tatsachen, die er benützte, längst durch genauere Detailforschungen überholt, teilweise sogar widerlegt sein werden; die aufgestellten Ideen sind ein für allemal grundlegend für die Organik, denn sie sind von jenen empirischen Tatsachen unabhängig. Wie jeder neu aufgefundene Planet nach Keplers Gesetzen um seinen Fixstern kreisen muß, so muß jeder Vorgang in der organischen Natur nach Goethes Ideen geschehen. Lange vor Kepler und Kopernikus sah man die Vorgänge am gestirnten Himmel. Diese fanden erst die Gesetze. Lange vor Goethe beobachtete man das organische Naturreich, Goethe fand dessen Gesetze. *Goethe ist der Kopernikus und Kepler der organischen Welt.*"[67] Charakteristisch für die Goetheschriften

Steiners ist deren erkenntnistheoretische Fundierung, der er bereits 1886 seine ‚Grundlinien einer Erkenntnistheorie der Goetheschen Weltanschauung mit besonderer Rücksicht auf Schiller'[68] widmete. Erkenntnistheoretisch gelangt Steiner zu einer scharfen Abgrenzung des Goetheschen Erkenntnisverfahrens von demjenigen Kants, das im zeitgenössischen Neukantianismus zur wichtigsten Stütze der positivistischen Naturwissenschaft geworden war: „Denn es besteht ein tiefer Gegensatz zwischen dem, was die Kantsche Philosophie lehrt, und dem, was wir als Goethesche Denkweise erkennen. Ja, man kann geradezu sagen, daß das gesamte deutsche Denken in zwei parallelen Richtungen abläuft, einer von der Kantschen Denkweise durchtränkten und einer andern, die dem Goetheschen Denken nahesteht. Indem sich aber heute die Philosophie immer mehr Kant nähert, entfernt sie sich von Goethe, und damit geht für unsere Zeit immer mehr die Möglichkeit verloren, die Goetheschen Weltanschauung zu begreifen und zu würdigen."[69] Gleichzeitig mit Steiners ‚Einleitungen' hatte Nietzsche in der ‚Götzen-Dämmerung' 1889 mit Bezug auf Goethe geschrieben' „Er [Goethe] löste sich nicht vom Leben ab, er stellte sich hinein; er war nicht verzagt und nahm so viel als möglich auf sich, über sich, in sich. Was er wollte, das war *Totalität*; er bekämpfte das Auseinander von Vernunft, Sinnlichkeit, Gefühl, Wille (– in abschreckendster Scholastik durch *Kant* gepredigt, den Antipoden Goethes).."[70]

Die Antithese Kant – Goethe, von Steiner zuerst zur Achse einer erkenntnistheoretischen Ortsbestimmung der Spezifik der Goetheschen Natur- und Weltanschauung gemacht, gewinnt seit der Jahrhundertwende überragende Bedeutung in der Auseinandersetzung mit dem Denker und Wissenschaftler Goethe. So bezeichnet Georg Simmel in seiner 1906 erschienenen Schrift ‚Kant und Goethe. Zur Geschichte der modernen Weltanschauung' das Verhältnis beider als weltanschauliche Polarität im Sinne einer erkenntnistheoretischen und einer metaphysischen Lösung des Weltproblems,[71] ein Gegensatz, der als methodischer Ansatz in seinem 1913 erschienenen Goethebuch wiederkehrt. Ähnlich hat Houston Stewart Chamberlain in den beiden ersten seiner Vorlesungen über ‚Immanuel Kant. Die Persönlichkeit als Einführung in das Werk' (1905) die Weltauffassung Goethes als Kontrastfolie seiner Kantdarstellung benutzt, allerdings nicht im Sinne eines ausschließenden Gegensatzes, sondern als sich „gegenseitig ergänzende Kontraposition", wie er das Verhältnis Goethe – Kant in seinem Goethebuch von 1912 umschrieben hat.[72]

Hatte sich Steiner energisch gegen das Auseinanderdividieren der Goetheschen Forschungsergebnisse in ‚Einzelentdeckungen' gewehrt, so umgreift seine vorbehaltlos affirmative Einschätzung der Totalität der Goetheschen Naturanschauung auch jenen Bereich, der das eigentliche Ziel der Angriffe der modernen Naturwissenschaft geworden war: Goethes physikalische Farbenlehre. In Auseinandersetzung mit ihr hatte Helmholtz 1853 seine polemische Grenzziehung vorgenommen, und auch in seinem sehr viel stärker versöhnlich-vermittelnden Vortrag von 1892 spricht er mit Bezug auf sie noch von einem „verunglückten Bestreben des Dichters".[73] Ungleich aggressiver hatte es Du Bois-Reymond 1882 formuliert: „*Der Begriff der mechanischen Kausalität war es, der Goethe gänzlich abging.* Deshalb blieb seine Farbenlehre, abgesehen von deren subjektivem Teil, die totgeborene Spielerei eines autodidaktischen Dilettanten."[74] Für Du Bois-Reymond reduzierte sich die Auseinandersetzung mit Goethes Farbenlehre im wesentlichen auf deren physikalischen Teil, den er „als längst gerichtet"[75] bezeichnete, während sein Lehrer, der berühmte Physiologe Johannes Müller, bereits früh den Wert von Goethes Analysen der physiologischen Farben betont hatte.[76] Diese Doppelperspektive einer Kritik an der Polemik Goethes gegen Newton auf dem Felde der physikalischen Farbenlehre und einer zunehmenden Einsicht in die fundamentale Bedeutung des Goetheschen Werkes für eine physiologische Betrachtung der Farben und einer aus ihr abgeleiteten Farbenästhetik wurde der Grundtenor der Rezeptionsgeschichte von Goethes ‚Farbenlehre' in der zweiten Hälfte des 19. Jahrhunderts. Dieser Einschätzung nun, die auch der heutigen Auffassung des Werkes mit Modifikationen weithin entspricht, widersprach Steiner, indem er, sich mit Goethe identifizierend, der modernen Naturwissenschaft jedes Recht der Kritik auch am physikalischen Aspekt des Goetheschen Werkes streitig machte. Steiners Position bildet die undialektische Antithese zu derjenigen von Du Bois-Reymond. Hatte dieser den physikalischen Aspekt des Werkes für das Ganze genommen und zum Kriterium seiner Kritik gemacht, so setzt Steiner den physiologischen Aspekt absolut und ordnet ihm den physikalischen als einen sekundären unter: „Das ‚Licht' im Goetheschen Sinne kennt die moderne Physik nicht; ebensowenig die ‚Finsternis'. Die Farbenlehre Goethes bewegt sich somit in einem Gebiet, welches die Begriffsbestimmungen der Physiker gar nicht berührt. Die Physik *kennt* einfach alle die Grundbegriffe der Goetheschen Farbenlehre nicht. Sie kann somit von ihrem Standpunkt aus diese Theorie gar nicht beurteilen. Goethe beginnt eben da, wo die Physik aufhört. Es zeugt von einer ganz oberflächlichen Auffassung der Sache, wenn man fortwährend von dem Verhältnis Goethes zu Newton und zu der modernen Physik spricht und dabei gar nicht daran denkt, daß damit auf zwei ganz verschiedene Arten, die Welt anzusehen, gewiesen ist."[77] Steiners antithetische Konzeption einer Verhältnisbestimmung Goethes zur modernen exakten Naturwissenschaft hat eine folgenreiche und nicht nur auf die Anthroposophie beschränkte Nachgeschichte gehabt. Sie eröffnet eine neue Phase der Rezeptionsgeschichte des Naturwissenschaftlers Goethe, die erst in den zwanziger Jahren unseres Jahrhunderts voll zum Durchbruch kommen sollte. In schroffer polemischer Abgrenzung sowohl zum ‚Materialismus' der Darwinschen Entwicklungslehre als auch zum Positivismus der mechanischen Naturwissenschaften wird der Naturforscher Goethe von der seit der Jahrhundertwende sich formierenden konservativen Kulturkritik als Alternative zum herrschenden Geist der

Zeit entdeckt und in Dienst gestellt. Programmatisch wird diese Wendung in Julius Langbehns Buch ‚Rembrandt als Erzieher' (1890) vorweggenommen, wo gegen den undeutschen Geist der positivistischen Naturwissenschaften, verkörpert in Helmholtz und Du Bois-Reymond, zu Felde gezogen wird; ihm stellt Langbehn die Goethesche Naturforschung entgegen, die zugleich ‚Weltforschung' gewesen sei.[78]

Der eigentliche Wortführer der mit Langbehn einsetzenden Funktionalisierung Goethes zum Antipoden der modernen Naturwissenschaft ist Houston Stewart Chamberlain gewesen, dessen 1912 erschienene Goethedarstellung auch nach 1945 noch als entscheidender Markstein der Entdeckung des Naturerforschers Goethe, wie Chamberlain den Dichter in Abgrenzung zum Verfahren der Wissenschaft nennt, gefeiert wurde.[79] Im Unterschied zu Steiner, der die Naturauffassung Goethes derjenigen der modernen Naturwissenschaft antithetisch gegenübergestellt und folgerichtig dieser die Kompetenz eines Urteils über Goethe abgesprochen hatte, konzediert Chamberlain dieser die Kompetenz auf ihrem Gebiet: „Nichts, was wir Menschen zu wissen imstande sind, ist gewisser als die Berechtigung der mechanischen Naturforschung. Kant, auf den Goethe sich gern beruft, hat gezeigt, daß hinter dem mechanischen Gesetz der Verknüpfung von Ursache und Wirkung ein Gesetz des menschlichen Verstandes liegt, daher es ‚unter keinem Vorwande erlaubt' ist, ‚irgend eine Erscheinung davon auszunehmen', da diese dadurch zu einem ‚bloßen Gedankending' und ‚Hirngespinst' gemacht würde. Zur Überzeugung genügt aber auch der Gang der wissenschaftlichen Entdeckungen; wie spottet nicht Goethe über die von dem ‚guten Fraunhofer' im Spektrum entdeckten Linien und ‚lehnt seine Bemühungen ab', bis zuletzt ungläubig, daß es sich um mehr als ‚einen Hokuspokus' handle, und welche erstaunliche Fülle von Tatsachen – verborgen in dem Staub unter unseren Füßen, und von da bis zu den fernsten Nebelgestirnen – hat nicht die Spektralanalyse uns im Laufe von noch nicht einhundert Jahren offenbart! Eine Diskussion hierüber ist nicht möglich; an diesem Punkte hat Goethe geirrt. Er hat sogar gegen sein besseres Wissen geirrt; denn er selber ist es, der den Wert der Mathematik behufs Vermittlung ‚reinen Anschauens' so hoch schätzt, daß er sie auf eine Stufe mit ‚Poesie des Genies' stellt."[80] Chamberlain geht es primär nicht darum, „einen Kampf *für* Goethe und *gegen* die exakte Mechanik" zu führen, wie Steiner dies getan hatte, sondern um den „Kampf für das Existenzrecht anderer Weltanschauungen neben der mechanischen, welche heute bereits fast alles Denken und Handeln überschattet, indem auch bei politischen, sozialen, religiösen Fragen ihre angeblichen ‚Ergebnisse' entscheidende Argumente abzugeben pflegen, als besäße keine andere Denkweise Wert und Würde."[81] Hinter der Analyse des Naturerforschers Goethe werden die Umrisse einer umfassenden Kulturkritik vom Standpunkt eines antiaufklärerischen und antidemokratischen Konservatismus sichtbar. Die Geschichte der Gegenwart ist für Chamberlain Verfallsgeschichte, verursacht durch die ‚Aufklärung' der Wissenschaft: „Die Wissenschaft wollte Aufklärung bringen und zeugt nun Obskurantismus. Das ist ein Urteil, dessen Richtigkeit heute dem besonnen Beobachtenden offenliegt. Wir leben in einer Zeit des geistigen Verfalles. [...] Die Schuld an diesem Verfall trägt unsere angeblich ‚siegreiche' Wissenschaft. Sobald nämlich Wissenschaft auch für den denkfähigen, gebildeten Laien ‚unbegreiflich' geworden ist, sobald sie, wie Goethe des öfteren hervorhebt, nur noch eine ‚Technik' für Spezialforscher darstellt, die dem einen Zweige – um sich darin auszukennen – ihr ganzes Leben widmen müssen, da hat sie jeden geistesbildenden und geistesrichtenden Wert verloren."[82] Mit seiner Kritik an der Abstraktheit der modernen Naturwissenschaft und ihrer auf Entseelung gerichteten Technisierung der Welt ist Chamberlain ein Vorläufer des von uns zitierten warnenden Einspruchs von Heisenberg gegen den Alleinvertretungsanspruch der exakten Naturwissenschaften, dessen Argumentation allerdings die kulturkonservative Stoßrichtung Chamberlains fehlt. Der ‚Naturerforscher' Goethe nun wird von Chamberlain als Kontrapunkt zur durch die moderne Wissenschaft bewirkten Verfallsgeschichte der Moderne eingesetzt. Dies ist das eigentliche Movens seiner Ausführungen. Bereits in seinem Kant-Buch von 1905 heißt es: „Lassen Sie mich hier mein Bekenntnis aussprechen. Wir sehr ich der exakten Wissenschaft ergeben bin, wissen Sie; auf ihrem Gebiete eher als auf irgend einem andern wäre ich – wenn das Schicksal mich begünstigt hätte – befähigt gewesen, etwas zu leisten. Trotzdem bin ich tief überzeugt, je weiter die Entwickelung der echten Wissenschaften gedeiht, um so unentbehrlicher wird eine rein anschauliche – zur Analogie mit der Kunst gehörige – Auffassung der Natur werden, und zwar im Interesse der Kultur der Menschheit. Und wenn wir vom Standpunkt Leonardo's [da Vinci] aus, d. h. vom Standpunkt des streng logisch verknüpfenden Verstandes aus diese Anschauungsart definieren wollen, so müssen wir sagen, sie sei *eine kausalitätslose Betrachtung der Natur.* [...] Für Goethe käme es also auf die Ausbildung des nachschaffenden, sagen wir dreist, des ‚künstlerischen' Sehens an – was nur im Anschluß an das Genie geschehen kann – im Gegensatz zu der ausschließlich zerlegenden und nach Ursachen spähenden begrifflichen Naturbetrachtung. Wer uns lehrte, diese unwillkürlich schematisierende Tätigkeit des Geistes – nicht auf immer, doch nach Belieben – zu Gunsten des Schauens und [...] des ‚Auferbauens' zu unterdrücken, würde uns mit neuen Augen begaben. Wie jene mathematische Methode mit neuen Maschinen, so würde diese Methode der reinen Anschauung uns mit neuen Gedanken und Bildern bereichern. Reicher als je zuvor würde die Quelle der Phantasie fließen, weil inzwischen die Wissenschaft das Gebiet des Sichtbaren erweitert hat. Folgen wir dagegen nicht dem Beispiel Goethes, so wird unsere Zivilisation sich in lauter Gleichungen verflüchtigen; Goethe hat den Weg zur Kultur gewiesen."[83] Mit der Entgegensetzung von Kultur und Zivilisation reiht sich Chamberlain ein in die Phalanx der kulturkonservativen Zeitkritik der Jahrhundertwende, für die Ferdinand Tönnies in seinem Buch ‚Gemeinschaft und Gesellschaft' von 1887 den Topos dieser Entgegenstellung epocheprägend herausgestellt hatte.[84]

Für Chamberlain besteht zwischen der modernen „wissenschaftlichen Weltanschauung" und Goethe ein „diametraler Gegensatz", es handelt sich für ihn um „zwei Methoden, die vielleicht nebeneinander Berechtigung erheischen, nicht aber miteinander zusammenwirken können".[85] Es ist der Gegensatz zwischen Technik und Architektonik, Mechanik und Organologie, Maschine und Leben und – in letzter Konsequenz – zwischen jüdischer und germanischer Weltauffassung. Im Hinblick auf die seit Helmholtz die Diskussion über den Naturwissenschaftler Goethe bestimmende Frage nach der wissenschaftlichen ‚Richtigkeit' von Goethes physikalischer Optik, vertritt Chamberlain die These einer Koexistenz von Newton und Goethe, wobei seine früheren Arbeiten stärker die „friedliche Koexistenz" betonen,[86] während er im Goethebuch durch seine entschiedene Parteinahme für Goethe diese Koexistenz zu einer notwendigen Konzession, im Grunde zu einer ‚feindlichen' werden läßt: „Leidenschaftlich streitet man für und wider seine Farbenlehre, doch Keiner fragt, ob nicht mathematisch-analytische Optik und organisch-architektonische Farbenlehre ‚ruhig nebeneinander fortwandeln' können. Die Wissenschaft verwirft Goethes Farbenlehre, hieß es früher von allen Seiten; jetzt heißt es: die Wissenschaft verwirft nur einen Teil, nimmt einen anderen Teil an, läßt einen dritten gelten; niemand fand sich, der *Silentium!* gerufen und begreiflich gemacht hätte, daß die Wissenschaft gar nicht gefragt wird noch werden soll, da es sich bei Goethes Farbenlehre um eine unmechanische und antiatomistische Auffassung der Natur handelt und wir zu diesem Versuch nicht der Erlaubnis der berufsmäßigen Mechaniker und Atomisten bedürfen."[87]

Die Position Chamberlains berührt sich aufs engste mit den Versuchen der zwanziger Jahre, den Naturforscher Goethe zum gegenzivilisatorischen Antipoden der gesamten bisherigen Naturwissenschaft zu machen. In dem Steiner-Adepten Hans Wohlbold hat diese Tendenz einen wichtigen und einflußreichen Vertreter gefunden. Seine große Einleitung zu der von ihm veranstalteten Neuausgabe der Goetheschen ‚Farbenlehre' von 1928[88] ist ein weiteres zentrales Manifest der kultur-konservativ-idealisitischen Interpreation des Naturwissenschaftlers Goethe, sie muß als Pendant zur gleichzeitigen ‚konservativen Revolution' gelesen werden. Für Wohlbold stehen Newton und Goethe einander als zwei unversöhnliche und nicht zu vermittelnde Denkformen gegenüber. Während Newton und die ihm folgende moderne Naturwissenschaft durch Intellektualismus und Verstand charakterisiert sind und die Natur unter dem Aspekt der Naturbeherrschung betrachten, wurzelt Goethes Naturauffassung in einer kosmischen Idee, ist künstlerische Auffassung der Welt als Werden, als Metamorphose, hat ihre Vorläufer in Alchemie und Naturmystik, ist „Naturverwandlung und Vergeistigung, sie ist Tat".[89] Für diese extrem idealistische Naturmetaphysik ist die Kontroverse Goethe – Newton endültig obsolet geworden. Die Auseinandersetzung um diese „hundertjährige Debatte" (W. Benjamin) unterliegt bei Wohlbold nicht mehr den Kriterien der Ratio, sondern ist zu einer Frage der weltanschaulichen Einstellung geworden: „Deshalb kann es sich nur darum handeln, Menschen, die eine lebendige Beziehung zur Natur suchen, darauf aufmerksam zu machen, daß in der Farbenlehre eine solche zu finden ist, daß Goethe über die Köpfe einer immer mehr in die Erstarrung und Abstraktion hineintreibenden Fachwissenschaft hinweg trotz alles Mißverstehens und aller Anfeindung unbeirrt seinen Weg gegangen ist, den andere ihm nachgehen können. Schließlich kommt es nicht auf Berechnungen und äußere Beweise an. Es gibt ein Empfinden, einen Instinkt, könnte man fast sagen, für das, was ein rechter und ein falscher Weg ist. Beweise liegen, wie des Schicksals Sterne, in der eigenen Brust. Maßgebend ist letzten Endes der innere Gewinn. Wenn Naturbetrachtung einen Wert haben soll, so kann dieser doch schließlich nur in einer Erhöhung des Menschentums liegen, in einer Steigerung des Erlebens, einer inneren Gestaltung und Verwandlung."[90] Walter Benjamin, der Wohlbolds Ausgabe rezensiert hat, bemerkt zu den eben zitierten Ausführungen: „Das ist nun in der Tat die Sprache eines ‚Hüters der Schwelle'. Bedenklich genug, daß es die des physikalischen Kabinetts im Goethe-Haus ist, zu dessen optischen Sammlungen der Herausgeber den Katalog verfaßte."[91]

Die von Rudolf Steiner initiierte, von Julius Langbehn und Houston Stewart Chamberlain zur Kampfparole ‚Kultur versus Zivilisation' erhobene und von Hans Wohlbold voluntaristisch untermauerte Entgegensetzung von Goethescher Naturanschauung und moderner Naturwissenschaft, auf deren Gefahren bereits 1930 Karl Wessely in seinem Aufsatz ‚Welche Wege führen noch heute zu Goethes Farbenlehre?'[92] hingewiesen hatte, erfuhr durch Werner Heisenberg und Carl Friedrich von Weizsäcker eine besonnene Korrektur und souveräne Richtigstellung.[93] Die politische Sprengkraft der Polemik dieser sich auf Goethe gegen die moderne Naturwissenschaft berufenden kulturkonservativen Autoren in ihrem Kampf gegen instrumentelle Vernunft, Naturbeherrschung und die „Barbarei des Maschinenzeitalters, des Merkantilismus und Industrialismus" (Wohlbold) hat im gegenwärtigen Zeitpunkt erneut an Aktualität gewonnen. Es bleibt abzuwarten, ob auch Goethe heute als ‚grüner' Eckstein der alternativen Kulturbewegung wiederentdeckt und reaktualisiert wird.

Ein wichtiger Aspekt von Steiners und Chamberlains Goethedeutung bleibt nachzutragen, nämlich ihr nachdrücklicher Hinweis auf das grundlegende Fundierungsverhältnis, in dem Kunst und Wissenschaft bei Goethe stehen. Bei Steiner heißt es in fast gleichlautender Formulierung mit Wilhelm von Humboldts entscheidendem Hinweis in seiner Rezension über Goethes ‚Zweiten Römischen Aufenthalt': „Für ihn [Goethe] entsprangen Kunst und Wissenschaft aus *einer* Quelle."[94] Ähnlich formuliert es Chamberlain: „Worauf es mir nun an dieser Stelle ankommt, ist, die innig nahe Verwandtschaft zwischen dem allbekannten Poeten und dem weniger bekannten Schöpfer einer neuen Ideenwelt hervorzuheben. Goethe selbst empfindet beide Tätigkeiten in seinem Geiste als einheitliches Walten und Wirken und redet von ‚dem alten poetisch-wissenschaftlichen Wesen', an dem er ‚fortfahre auszubilden'. Bei anderen Dichtern sind Poesie und Wissenschaft entgegengesetzte Begriffe, die sich zueinander wie freie Einbildungskraft zu treuem Beobachtungsfleiß verhalten und sich insofern gegenseitig ausschließen; bei Goethe ist das nicht der Fall. Denn seine Poesie gilt nicht weniger als seine Wissenschaft der Wirklichkeit; der *Gehalt* ist bei beiden genau der gleiche. Es ist das selbe Erschauen und das selbe Umbilden zu Ideen; ja mehr als das, es ist die selbe Macht der Phantasie, welche sich ‚der Natur gewachsen' fühlt und sie frei nach Bedürfnissen des Geistes zu gestalten unternimmt. Suchten wir nach geistreichen Wendungen, wir könnten sagen: der Naturerfahrene dichtet, und der Dichter ist es, der über die Natur Theorien aufstellt."[95] Diese Einsicht barg nicht nur die Forderung in sich, Goethes Naturwissenschaft im Lichte seiner künstlerischen Tätigkeit zu betrachten, sondern umgekehrt auch diejenige, seine Dichtung im Lichte seiner naturwissenschaftlichen Arbeiten zu interpretieren. Erste Ansätze dazu finden wir bei Carus und – sehr viel später – in Bölsches Aufsatz über die ‚Wahlverwandtschaften'. Die Chance, Goethes naturwissenschaftlichen Ansichten für die Analyse seiner dichterischen Werke zu nutzen, ist erstaunlich spät erst erkannt und realisiert worden. Die erwähnte arbeitsteilige Isolierung der fachspezifischen Forschung zum Naturwissenschaftler Goethe von der zum Dichter Goethe mag dazu beigetragen haben, diese Kluft zu zementieren. Erst Wilhelm Hertz hat sie mit seinen bahnbrechenden Arbeiten zu Goethes ‚Faust' überwinden helfen und mit ihnen neue Maßstäbe für eine an der Idee der Einheit von Kunst und Wissenschaft bei Goethe orientierten Forschung gesetzt.[96]

Stand die moderne positivistische Naturwissenschaft am Beginn des neuen Reiches im Zenit ihres Ansehens, so wurde der fast uneingeschränkte Geltungsanspruch ihrer mechanistisch-kausalanalytischen Methode am Ende des Kaiserreichs einer tiefgreifenden Erschütterung ausgesetzt. Die mit den Namen Einstein und Planck verbundene neue Physik eröffnete auch der Goetherezeption neue Möglichkeiten, dem erbitterten Gegner Newtons ohne jene Vorurteile zu begegnen, die der an der klassischen Physik orientierten Forschung den Blick für die aktuellen Dimensionen von Goethes Kampf gegen die herrschende Naturwissenschaft seiner Zeit verstellt hatten. Den ersten Versuch, vor dem Hintergrund der durch die Relativitätstheorie bewirkten Revolution der physikalischen Weltansicht das Verhältnis der Goetheschen Naturanschauung zur modernen Physik neu zu bestimmen, hat Ernst Cassirer in seiner Abhandlung ‚Goethe und die mathematische Physik' von 1921 unternommen.[97] Durch die „moderne Entwicklung der Relativitätstheorie", so Cassirer, „war der Dogmatismus des Newtonischen Systems, über den Goethe so oft geklagt hatte, ein für allemal gebrochen".[98] Damit stellt sich für die moderne Philosophie und Erkenntnistheorie die entscheidende Frage: „Wird sie das Verdikt, das die zeitgenössische Wissenschaft über Goethe gefällt hat, im allgemeinen bestätigen – oder wird sie sich für Goethe und gegen die ‚flach-mechanische' Ansicht der Naturwissenschaft seiner Zeit erklären? An Versuchen in dieser letzteren Richtung hat es nicht gefehlt; aber man muß freilich bekennen, daß man damit meist nur zu einer karikierenden Übertreibung der Goetheschen Ansicht, nicht aber zu ihrer zentralen methodischen Begründung und Rechtfertigung gelangt ist. Immer bestimmter scheint sich daher zu ergeben, daß hier ein bloßes Entweder-Oder nicht auslangt. Ehe die Lösung des Konflikts gesucht wird, scheint vielmehr die Fragestellung selbst einer Umformung und einer Klärung zu bedürfen."[99] Mit dem Lösungsangebot Cassirers, unter Rückgriff auf Kant und der Weiterentwicklung seiner Erkenntnistheorie zu einem funktional-relationalen Perspektivismus des Erkennens den Gegenstand der Goetheschen und der physikalisch-mathematischen Naturwissenschaft neu zu bestimmen, das uns im zweiten Band unserer Darstellung beschäftigen wird, haben wir die Grenzen dieses Untersuchungsabschnitts bereits überschritten. Für die morphologischen Wissenschaften, die in den zwanziger Jahren durch Wilhelm Troll u. a. als organische Morphologie eine Erneuerung erfuhren, bedurfte es der Erschütterung der klassischen Mechanik und des Kausalgesetzes nicht, um neue Wege zu Goethe zu finden: „In ihrer reinsten Ausprägung kennt die Morphologie die Frage nach der Ursache nicht, wenigstens ist ihr der Begriff der mechanischen Kausalität fremd, ebenso wie das begrifflich-analytische Vorgehen. Morphologische Bezüge werden vielmehr anschaulich erfaßt, anschaulich-vergleichend gewonnen. Alle diese Charaktere haben sich in Goethes morphologischem Werk in typischer Reinheit entfaltet und haben sich von dort aus auf die morphologische Wissenschaft weiter vererbt. Diese kann demnach in Goethe ihren wahren Heros und Gesetzgeber erblicken."[100]

Fünftes Kapitel

# Goetherezeption im Kaiserreich

## 1. Der Olympier Goethe

Goetherezeption und Reichsgründung: die Verbindung dieser beiden Vokabeln ist geeignet, beim gegenwärtigen Betrachter Distanz, wenn nicht Desinteresse hervorzurufen. Nur eine kritische Haltung scheint die dieser Epoche der Goetherezeption allein adäquate Form der Annäherung zu sein. Diese Annahme gründet sich auf Fakten genauso wie auf Vorurteile, die benannt und analysiert werden müssen, will man sich einen ersten Zugang zu diesem noch weithin unerschlossenen und zudem von zahlreichen Klischees zugedeckten Forschungsfeld eröffnen. Daß die Geschichte der Rezeption eines klassischen Autors nicht die Geschichte einer fortschreitenden Annäherung an ein, im einzelnen wie auch immer geartetes, Gegenwartsverständnis zu sein braucht, lehrt ein nur flüchtiger Vergleich der Rezeptionsgeschichte Goethes in der Epoche zwischen 1832 und 1870 und der im Wilhelminischen Kaiserreich. Der partiellen Entsprechung der gegenwärtig geführten Goethediskussion[1] mit dem ideologischen und politischen Kampf um Goethe im Zeitraum zwischen dessen Tod und der Reichsgründung steht die Fremdheit des überlebensgroßen Denkmals gegenüber, das die zur Nation vereinten Deutschen nach 1871 dem ‚Olympier' Goethe haben errichten helfen. Die Bezeichnung ‚Olympier', zu Lebzeiten des Dichters nicht belegt und bis 1870 nur vereinzelt verwendet, wird im neuen Reich zum Markenzeichen des zeitenthobenen, harmonischen und über jede Kritik erhabenen Dichterheros, der in den Olymp versetzte Goethe wird zur Inkarnation des kulturellen Über-Ichs der zur politischen Großmacht sich entwickelnden und an ökonomischer Expansion vorrangig interessierten Nation. Der Olympier-Topos hat seine Vorgeschichte, die – wenn wir von der schwärmerischen Genie-Verehrung in den Berichten über den jungen Goethe absehen – in den späten achtziger Jahren des 18. Jahrhunderts zuerst greifbare Gestalt annimmt. Es ist die 1787 entstandene, dem Apollo im Belvedere nachstilisierte Marmorbüste Goethes von Alexander Trippel, auf die die Bezeichnung Goethes als Apollo zurückgeht. Nicht ohne Sarkasmus schreibt Herder am 21. Februar 1789 aus Rom an seine Frau: „Übermorgen fängt Trippel meine Büste an, die zu Goethe seiner ein Pendant werden soll, auf des Herzogs Bestellung. O der leidigen Pendants! Goethe hat sich als einen Apollo idealisieren lassen: wie werde ich Armer mit meinem kahlen Kopf dagegen aussehn?"[2] 1808 spricht

Zacharias Werner in einem Brief über Goethe als den „nie alternden Apollo von Belvedere“,[3] eine Bezeichnung, die vor allem durch Heine populär geworden ist, der Goethe 1827 im zweiten Teil der ‚Reisebilder‘ „Wolfgang Apollo“ nennt.[4] Neben Apollo tritt seit der Jahrhundertwende die Bezeichnung Jupiter. So vergleicht Graf Wolf Baudissin in einem Brief aus dem Jahre 1809 Goethes Augen mit denen des „olympischen Jupiter“.[5] Der polnische Goethe-Besucher A. E. Kózmian benutzt in einem Bericht von 1829 beide Bezeichnungen bereits im Sinne einer etablierten Konvention: „Die Deutschen erzählen von ihm [Goethe], er sei in seiner Jugend dem Apollo von Belvedere ähnlich gewesen und im Alter dem donnernden Jupiter.“[6] Von größter Bedeutung für die Vorgeschichte des Olympier-Topos ist der Bericht Heinrich Heines über seinen Besuch bei Goethe im Jahre 1824, der den Goetheabschnitt in seiner ‚Romantischen Schule‘ abschließt. Heine schreibt: „In der Tat, die Übereinstimmung der Persönlichkeit mit dem Genius, wie man sie bei außerordentlichen Menschen verlangt, fand man ganz bei Goethe. Seine äußere Erscheinung war ebenso bedeutsam wie das Wort das in seinen Schriften lebte; auch seine Gestalt war harmonisch, klar, freudig, edel gemessen, und man konnte griechische Kunst an ihm studieren, wie an einer Antike. Dieser würdevolle Leib war nie gekrümmt von christlicher Wurmdemut; die Züge dieses Antlitzes waren nicht verzerrt von christlicher Zerknirschung; diese Augen waren nicht christlich sünderhaft scheu, nicht andächtelnd und himmelnd, nicht flimmernd bewegt: – nein, seine Augen waren ruhig wie die eines Gottes. [...] Daher bin ich überzeugt, daß er ein Gott war. Goethes Auge blieb in seinem hohen Alter ebenso göttlich wie in seiner Jugend. Die Zeit hat auch sein Haupt zwar mit Schnee bedecken, aber nicht beugen können. Er trug es ebenfalls immer stolz und hoch, und wenn er sprach wurde er immer größer, und wenn er die Hand ausstreckte, so war es, als ob er, mit dem Finger, den Sternen am Himmel den Weg vorschreiben könne, den sie wandeln sollten. Um seinen Mund will man einen alten Zug von Egoismus bemerkt haben; aber auch dieser Zug ist den ewigen Göttern eigen, und gar dem Vater der Götter, dem großen Jupiter, mit welchem ich Goethe schon oben verglichen. Wahrlich als ich ihn in Weimar besuchte und ihm gegenüber stand, blickte ich unwillkürlich zur Seite, ob ich nicht auch neben ihm den Adler sähe mit den Blitzen im Schnabel.“[7] Der von Heine bewußt als Gegenbild zum byronisch-zerrissenen, weltflüchtig-nazarenischen Geist der Zeit emporstilisierte heidnisch-antike, harmonisch mit sich identische ‚Gott‘ Goethe ist der Archetyp des späteren ‚Olympiers‘ Goethe, eine Bezeichnung, die sich erst nach 1871 durchsetzt und von der noch 1922 Thomas Mann in seinem Essay ‚Goethe und Tolstoi‘ sagen kann: „Die Redensart vom ‚Olympier‘ ist Gemeinplatz.“[8] War der ‚große Jupiter‘ Heines noch eine dynamisch gebrauchte Kampfformel gewesen, polemisch eingesetzt als Trumpf in der Auseinandersetzung zwischen Hellenentum und Nazarenertum, so erstarrt der Olympier-Topos im neuen Reich zur jederzeit verfügbaren Schablone eines weihrauchdampfenden Goethekults, wird zur Chiffre eines zeit- und weltentrückten Heros-Bildes. „Wir verlangen monumentale Bilder unserer großen Männer", schreibt Herman Grimm 1898. „Nicht wie das Licht ihrer einstigen Wohnungen und Arbeitsstuben sie zeigten, sondern wie sie, in Wind und Wetter oder Sonnenschein in freier Luft unerschüttert dastehend, der Zeit zu trotzen scheinen. Nicht wie sie waren, wollen wir sie sehen, denn die Generationen sind bald verstorben, welche Bildsäulen auf die Ähnlichkeit prüfen, sondern wie sie innerhalb der Volksphantasie sich erheben. Es werden Zeiten kommen, denen Hut und Zopf und Krückstock bei Rauch's Friedrich dem Großen überflüssig erscheinen: die den siegreichen kraftvollen Helden sehen wollen, nicht den altersgebeugten Regenten, wie er in seinen letzten Jahren einherritt; und so wird auch bei Goethe weder das Hofkleid noch der Arbeitsrock einst die richtige Gewandung sein. Das Thronende, das Olympische, das seinen Mitlebenden schon als sein eigentliches Wesen hervortrat, muß seine Statue umschweben."[9] Auch über die Grenzen des Reichs hinaus wurde Goethe als Olympier gefeiert, so von dem Prager Literarhistoriker August Sauer, in dessen Rede zur Enthüllung des Goethedenkmals in Franzensbad am 9. September 1906 es heißt: „Diesem Dichter ersteht heute ein neues Denkmal in deutschen Landen, ein neuer Opferalter dankbarer und demütiger Verehrung, ein neues Siegeszeichen seines unermeßlichen Ruhmes. In einsamer Höhe ragt das olympische Haupt des Dichterfürsten riesengroß empor. Des ewigen Lebens voll, fließt die alte heilige Königsquelle der Dichtung, behütet von den Symbolen der Schönheit und der Wahrheit, ein reines Abbild des begeisterten Dichters, der in der tauigen Frühe des Morgens der Dichtung Schleier aus der Hand der Wahrheit empfangen. Die unabsehbare Masse seiner geistigen Schöpfungen, verdichtet zu Sinnbildern des Schaffens, durch die Dichtungsgattungen vertreten, in denen er das Höchste geleistet. Abgestreift ist alles Irdische von ihm, versunken des Lebens Glück und Leid, verschwunden alle Einzelheiten seines Daseins. In hehrer Erhabenheit herrscht der mächtige Genius. Die echte und rechte Verkörperung deutscher Kunst."[10]

Es fehlte jedoch nicht an Stimmen, die an diesem Wilhelminischen Olympier-Mythos Kritik übten. Zwei Jahre nach der Rede Sauers erschien in der ‚Allgemeinen Zeitung' Richard Dehmels Manifest ‚Der Olympier Goethe. Ein Protest'.[1] Dehmels Einspruch lautet: „Es heißt Goethe *verkleinern*, wenn man ihn als Olympier anspricht. Soweit er wirklich olympische Anlagen hatte, war er weder ein Zeus noch ein Apoll; dazu mangelte ihm vor allem andern die unerschütterliche Hartherzigkeit dieser antiken Ideale. Nicht einmal ein Dionysos war er in seinen unbekümmerten Stimmungsstunden, sondern höchstens ein Ganymed oder Hermes, ein Spender der Anmut und Lebensklugheit, und mehr im römischen als im griechischen Sinne, wie er selbst einmal zu Herrn Eckermann sagte."[12] Dehmel spricht von Goethes „ruhelos ringendem Doppelwesen, kraft dessen er selber ein Vorbild wurde, ein Vorbild für jede Übergangszeit, d. h. für jede ursprüngliche, neue Werte entdeckende Zeit"[13] und signalisiert damit einen Wandel der Goetheauffassung, der wenig später in dem Goethebuch von Chamberlain zur Infragestellung des Bildes vom harmonischen Olympier führen sollte. Bereits 1887 hatte ein anderer im Einflußbereich Wagners stehender Schriftsteller, Karl Heinrich von Stein, in seinen Vorlesungen über ‚Die Aesthetik der deutschen Klassiker' geschrieben: „Für Goethe weisen wir das Symbol des ‚Olympiers' zurück. Das ist nicht der Goethe, den wir kennen, nicht der Mann der ‚grenzenlosen Tränen', nicht der, den noch als beinahe Achtzigjährigen eine Leidenschaft wehrlos, fieberkrank auf das Lager warf. Goethe erwehrte sich seiner selbst und erschien gelassen, er erschien unnahbar. Wer aber das andere in ihm nicht als die Tiefe seines Wesens erkennt, würde weder die große Wirkung verstehen, welche von jener seiner sicheren Haltung hier und da ausging, noch würde er sich die Ablenkungen eingestehen, welche gerade ‚des Lebens ernstes Führen' für den Künstler und Dichter Goethe mit sich brachte. *Dionysos* stelle uns Goethes Wesen dar."[14] Zur gleichen Zeit heißt es in einer Nachlaßnotiz Nietzsches: „Goethes angebliches Olympiertum".[14] In seiner 1897 erschienenen Bilanz ‚Goethe am Ausgang des Jahrhunderts' setzt der Publizist Franz Servaes dem „olympischen Frieden" von Goethes „harmonischer Vollendung" den modernen Dichtertypus des „tragischen Heroismus" entgegen.[16] Beethoven, Kleist, Schopenhauer und Nietzsche sind die vier Namen, die für ihn die ‚Gegenlinie' zu Goethe und der durch ihn bezeichneten Tradition bilden. Die Décadence mit den „fünf Grundtönen der modernen Gefülsskala" „Sehnsucht, Resignation, Spott, Desillusionierung, müdes Lächeln" habe den Olympier Goethe zum Anachronismus werden lassen: „Eine ungetrübte Harmonie zwischen ihm [dem neuen Menschen der Jahrhundertwende] und der Welt ist unerringbar. Der alte Christengeist hat das neu errungene Heidentum schon allenthalten angefressen, und wir haben erst abzuwarten, was an lebenskräftigem Neuem noch daraus entstehen wird. Auf Goethe aber blicken wir zurück, wie auf eine versunkene Welt der Schönheit, Kraft und wundersamen Harmonie. Auf seiner seligen Insel hin und wieder zu landen, das wird uns eine oft begehrte Stärkung sein."[17]

Bereits diese als erste Einstimmung in den neuen Untersuchungsraum gedachte Analyse des zentralen Topos vom ‚Olympier' Goethe kennzeichnet die Widersprüchlichkeit des neuen Goethebildes, mit der uns der Zeitraum von 1871 bis 1918 konfrontiert. Sie bestimmt auch das vielleicht wichtigste Faktum dieser Phase von Goethes Rezeptionsgeschichte, die Theorie und Praxis der Goethe-Philologie. Das neue Reich hat sein gründerzeitliches Pathos auch auf sein geistiges Erbe, allem voran Goethe, übertragen. Die erst jetzt einsetzende monumentale Philologisierung Goethes ist von der gleichen gründerzeitlichen Energie und dem gleichen expansiven Optimismus getragen, denen die Nation ihren wirtschaftlichen Aufstieg und ihre politisch-militärische Macht verdankt. Der Besitzergreifung Goethes durch die Philologie verdanken wir die wissenschaftlichen Fundamente, auf denen auch heute noch unser gesichertes Wissen um den Dichter ruht, sie hat jedoch zugleich eine dynamisch-lebenspraktische Rezeption Goethes vielfach verhindert, indem sie den Zugang zu ihm und seinem Werk an die Kandare philologischer Gelehrsamkeit legte. An die Stelle einer lebendigen Auseinandersetzung mit einem noch immer als ‚aktuell' empfundenen und erfahrenen Autor trat nach 1871 dessen philologische Verwaltung, die sich in einer geradezu gigantischen Flut von Goetheliteratur niederschlug, die vollständig zur Kenntnis zu nehmen auch einen bornierten Spezialisten heute überfordern würde.

Es wäre ein allzu billiges Unternehmen, in der Nachfolge von Paul Rillas 1949 erschienenem, gegen den Goethekult nach 1945 gerichteten Pamphlet ‚Goethe in der Literaturgeschichte'[17] die bürgerliche Goetheinterpretation im Wilhelminischen Reich als eine rapide Verfallsgeschichte zu beschreiben, die bruchlos in den Faschismus hineingeführt habe. Die Zeit derartiger ideologiekritischer Verrisse, auch wenn sie in jüngster Vergangenheit eine Reihe nicht immer unberechtigter Nachblüten erfahren haben, ist endgültig vorbei. Die Absage an ein zur Schablone erstarrtes ideologiekritisches Verfahren schließt freilich Kritik am untersuchten Gegenstand nicht aus. Sie wird auch die folgenden Kapitel stärker bestimmen als die positive Charakteristik. Es ist jedoch nicht die Kritik eines bornierten Besserwissens, sondern die Kritik eines Betroffenseins, das sich bewußt in die Kontinuität einer ‚bürgerlichen' Goetherezeption stellt, die dort am hartnäckigsten in ihren schlechten Formen überlebt hat, wo man glaubte, sie hinter sich gelassen zu haben.

## 2. Berlin und Weimar

In dem vielleicht berühmtesten Beitrag zur Redeflut des Goethejubiläumsjahres 1932 hatte der spanische Philosoph und Kulturkritiker Ortega y Gasset gefordert, man solle die Klassiker vor ein Tribunal von Schiffbrüchigen stellen und knüpfte daran die Frage: „Wie würde Goethe vor diesem Gerichtshof bestehen?“[1] Ortegas Beitrag war ein leidenschaftlich vorgetragener Protest gegen ein Goethebild aus monumentaler Optik, war ein entschiedener Einspruch gegen das Objektivitätsideal einer Wissenschaft, das die Bedürfnisse, Wünsche und Leiden des Betrachters suspendiert hatte zugunsten einer zeitenthobenen Klassikerideologie, der nach Ortega durch die Gegenwart des Jahres 1932 die Legitimität entzogen worden war. Seine Bitte an einen künftigen Goethebiographen lautete dementsprechend: „Schreiben Sie einen Goethe für Ertrinkende“,[2] eine Aufforderung, die in Deutschland erst nach 1945 ihr vielfältiges Echo gefunden hat. Nichts bezeichnet schroffer den Unterschied zu dieser Rezeptionshaltung, die Goethe vor das Tribunal eines krisenerschütterten Scheiterns zitiert, als der Vergleich mit seinem Eintritt in das neue Reich Bismarcks. Nicht als Gescheiterte und Schiffbrüchige näherten sich 1871 die Deutschen Goethe, sondern als Sieger, und es mag berechtigt sein, die Frage von Ortega y Gasset für die nun folgende Epoche im gegenläufigen Sinne zu formulieren: Wie hat Goethe vor dem Forum von Siegern bestanden?

Den ersten großangelegten Versuch, Reichsgründung und Goetherezeption in ein produktives Wechselverhältnis zu setzen, hat Herman Grimm in seinen 1874/75 an der Königlichen Universität zu Berlin gehaltenen Vorlesungen über Goethe unternommen.[3] Der Kunst- und Literarhistoriker Herman Grimm, der älteste Sohn Wilhelm Grimms, seit 1873 Professor für Neuere Kunstgeschichte in Berlin, war durch sein Elternhaus und durch persönliche Beziehungen zu Bettina von Arnim und Marianne von Willemer noch unmittelbar an den Traditions- und Wirkungsbereich der Goethezeit angeschlossen und er sah es als seine Aufgabe an, dieses Erbe an die nachgoethesche, realistische Epoche zu vermitteln. Ist Karl August Varnhagen von Ense der Statthalter Goethes im Vormärz gewesen, so kann man Grimm als dessen Reichsstatthalter nach 1871 bezeichnen. Sein durch die Goethevorlesungen wie auch durch zahlreiche Essays und Vorträge dokumentiertes Goethebild ist charakterisiert durch eine hohe Sensibilität gegenüber der Frage nach der Verhältnis des Autors zur jeweils wechselnden Gegenwart seiner Rezeption. Bezeichnend für diese wirkungsästhetische Blickrichtung ist der Titel des Festvortrags, den Grimm am 2. Mai 1886 auf der Generalversammlung der Goethe-Gesellschaft in Weimar gehalten hat: ‚Goethe im Dienste unserer Zeit'.[4] Auch seine Goethevorlesungen stellen Goethe in den Dienst der neuen, durch die Reichsgründung geschaffenen Zeit, indem sie die gewandelte Situation, in die die Goetherezeption durch sie eingetreten ist, zu bestimmen suchen. „Eine neue Zeit beginnt, die sich ihr eignes Bild Goethes von frischem schaffen muß. Sie stürzt das alte, ihn selber aber berührt niemand."[5] Diese neue Zeit wird von Grimm in der ersten Vorlesung wie folgt charakterisiert: „Wir besitzen eine Gegenwart, weit über unsere Wünsche hinaus. Ihre Gaben sind nicht mehr, wie früher, erst zu erhoffen oder zu erringen, sondern festzuhalten, auszubilden und auszunutzen. Mit dem Lichte dieses neuangebrochenen Tages leuchten wir jetzt anders in die Zeiten hinein welche hinter uns liegen. Wir suchen in ihnen nicht mehr Waffen die uns zur Erlangung der Freiheit dienlich werden könnten, sondern wir suchen nach dem, was, nach dem siegreich vollbrachten Kampfe um die Freiheit, uns in der gewonnenen Stellung kräftigt und uns im Besitze des gewonnenen Gutes befestigt. Wir suchen die Natur der historischen Bewegungen zu ergründen, um unsere eigene danach zu regeln."[6]

„Die wahre Geschichte Deutschlands ist die Geschichte der geistigen Bewegungen im Volke."[7] Mit diesem Satz hatte Herman Grimm 1859 seinen Aufsatz über ‚Schiller und Goethe' eröffnet. Nicht die politische Geschichte sei für das Nationalbewußtsein der Deutschen konstitutiv gewesen, sondern die Geschichte des Geistes. Darum müsse die deutsche Geschichtsschreibung „an die höchsten Dinge anknüpfen, welche den Menschen bewegen“[8] und darum sei seit Luthers Zeiten „die Geschichte der Literatur die innerste Geschichte des Volkes“.[9] Diese eigentliche Geschichte der Deutschen, deren höchsten Gipfel seit Luther Goethe darstellt, ist nun durch die politische Geschichte eingeholt worden, die „weit über unsere Wünsche hinaus“ zum erstenmal die Möglichkeit geschaffen hat, sich das Erbe der Goethezeit als einen gesicherten „Besitz“ anzueignen. „Goethes Arbeit hat den Boden schaffen helfen, auf dem wir säen und ernten. Er gehört zu den vornehmsten Gründern der deutschen Freiheit.“[10] Berlin, die neue Reichshauptstadt, der Ort, an dem Grimm diese Sätze gesprochen hat, und Weimar, die bisherige heimliche Hauptstadt des geistig-literarischen Deutschland, sind endlich vereinigt, die nationale Geschichte der Deutschen, verkörpert in höchster Potenz von Goethe und Schiller, und die politische Geschichte der Deutschen sind durch die Reichsgründung von 1871 endlich versöhnt.

Daß Goethe ein für die politische Entwicklung und Emanzipation der Deutschen hinderliches Faktum gewesen sei, wie Ludwig Börne gemeint hatte, ist seiner Wirkungsgeschichte in gleichem Maße eingeschrieben wie die seit 1815 oft wiederholte Feststellung, daß nur in seiner Person und in seinem Werk sich die politisch noch nicht realisierte Nation der Deutschen verkörpere. In diesem Sinne hatte 1845 Joseph Hillebrand in seiner Geschichte der ‚Deutschen Nationalliteratur seit dem Anfange des achtzehnten Jahrhunderts‘ geschrieben: „Wenn wir gemach zur nationalen Selbstbesinnung gekommen sind, verdanken wir es nicht zunächst Friedrich dem Großen hauptsächlich Goethen, der dadurch, daß er mit regsamster Tätigkeit in das Getriebe unserer nationalen Denk- und Empfindungsweise hineingriff und die Tiefe und Vielseitigkeit unseres Geistes zu reiner Selbstanschauung hinstellte, ohne unser Wissen und Wollen das Bewußtsein der Nation emporbildete und uns nach außen hin die Ehre des Genius eroberte?“[11] Friedrich der Große und Goethe als die beiden vornehmlichsten Gestalten, an denen die Deutschen zur ‚nationalen Selbstbesinnung gekommen sind‘: mit dieser Namenskoppelung, die nicht von einem spätromantischen Deutschtümler, sondern von einem vormärzlichen Liberalen stammt, der 1850 seiner demokratischen Gesinnung wegen seiner Professur enthoben wurde wurde, ist bereits ein Spannungsfeld benannt, innerhalb dessen sich die Goetherezeption nach 1870 vollziehen wird: Weimar und Preußen, beziehungsweise Weimar und Berlin. Während die preußische Komponente die militärische Macht, durch die die Einigung der Nation erzwungen worden war, bezeichnet, symbolisiert Weimar ihre ideelle Vorgeschichte. Einer der führenden Goethephilologen der Epoche, Gustav von Loeper, hat in seinem Weimarer Festvortrag ‚Berlin und Weimar‘ von 1890[12] die seiner Meinung nach im neuen Reich realisierte konfliktfreie Verbindung von Macht und Geist darzulegen versucht. Auch er unterscheidet zwischen einer staatlich-politischen und einer national-ideellen

Entwicklung der Deutschen. Während die erstere in der klassischen Dichtung Goethes und Schillers keine direkte Förderung erhalten hat, war deren Wirkung auf die nationale Entwicklung um so bedeutsamer. Der Universalismus und Kosmopolitismus der Klassik habe den Partikularismus der Deutschen überwinden helfen und im „deutschen Volksgemüt ein Gesamtbewußtsein"[13] erzeugt, das, einmal hervorgerufen, auch nach staatlich-politischer Realisation verlangte. Dieses auf die Klassik selbst zurückgehende Verlangen eingelöst zu haben, sei die große Leistung der Reichsgründung gewesen, die den Staat selbst „zum Träger humanistischer Ideen"[14] gemacht und zugleich dem freischwebenden Kosmopolitismus der Klassik ein festes nationales Gehäuse geschaffen habe. Den satirischen Kommentar zu diesen Festüberlegungen Gustav von Loepers sollte vierzig Jahre später Carl Zuckmayer liefern, in dessen ‚Hauptmann von Köpenick' es heißt: „Der alte Fritz, der kategorische Imperativ, und unser Exerzierreglement, das macht uns keiner nach! Das und die Klassiker, damit hammers geschafft in der Welt!"[15]

Neben die ideologische Achse Berlin – Weimar trat im Kaiserreich die Namenskoppelung Bismarck – Goethe. Der Name des Reichsgründers, Otto von Bismarck, trat in eine auf zahlreichen Versammlungen und Festreden strapazierte Konjunktion zu dem des Weimarer Dichters. Auch wenn, wie der Historiker Erich Marcks in seinem Festvortrag auf der 26. Generalversammlung der Goethe-Gesellschaft am 3. Juni 1911 in Weimar über ‚Goethe und Bismarck' ausführt, „innerhalb des neuen Deutschlands [...] Bismarck, unmittelbar genommen zu Goethe den Gegenpol" bezeichnet, da „alles, was Goethe nicht war und nicht wollte, hier schöpferisch hervortrat", so führen nach ihm „doch überall unaustilgbare Spuren von Weimar nach Berlin und selbst nach Friedrichsruh".[16] Berlin und Weimar, Bismarck und Goethe: diese Orts- und Namenskoppelung bildet auch das Argumentationsmuster einer ‚literarisch-politischen Betrachtung' von Emil Walther, die unter dem Titel ‚Von Goethe zu Bismarck' 1896 im ‚Bismarck-Jahrbuch' erschienen ist. Hier heißt es: „Wie unsere heutige *politische* Zentrale, die Reichshauptstadt *Berlin,* das alte klassische *Weimar* als eine Art *geistigen* Mittel- und Brennpunktes zur geschichtlichen Voraussetzung hat, so dürfen wir von dem gewaltigen Hersteller unserer politischen Macht und Größe, *Otto von Bismarck,* denselben logischen Rückschluß machen auf den genialen Schöpfer unserer idealen Macht und unseres geistigen Ansehens, *Johann Wolfgang von Goethe.* Beide bedingen einander."[17] Das formelhafte Fazit von Walthers Betrachtung lautet: „*Wie Goethe die ideale Verkörperung des Volkes der Dichter und Denker, so ist Bismarck die ideale Verkörperung des Volkes der Taten.*"[18] Herman Grimm, wie Viktor Hehn und viele andere führende Goetheinterpreten des neuen Reichs ein leidenschaftlicher Bismarckverehrer, der in seinen Goethevorlesungen den Reichsgründer noch mit keinem Wort erwähnt, holt dies in seinem Beitrag zum Goethe-Jubiläumsjahr 1899 ‚Goethe in freier Luft' nach. Dieser gipfelt in einem für die Reichsideologie charakteristischen Hinweis auf den imperialistischen Machtanspruch der Sprache Goethes, die in der Sprache Bismarcks ihre legitime Nachfolge gefunden habe: „Das Deutsch Goethes wird die Sprache des neuen germanischen Weltreichs sein. So ist die Sprache Homers die des griechischen Weltreiches gewesen, deren uranfängliches Denkmal Ilias und Odyssee, und deren abschließendes das Evangelium des Johannes war. Wie weit das Reich der deutschen Sprache Goethes einmal werden wird, weiß niemand. Der erste Nachfolger Goethes ist Bismarck als Verfasser seines eigenen Lebens, ein Werk, das als das erste deutsche Kunstwerk genannt werden darf, welches in der Sprache Goethes geschrieben wurde, ohne doch eine Spur von Nachahmung zu zeigen.“[19]

Wie sehr die zum Doppelgestirn des Kaiserreichs verbundene Namen Goethes und Bismarcks auch in den Bereich der Schule eindrangen, zeigt unter vielen anderen das Beispiel des Direktors des Görlitzer Gymnasiums, Emil Stutzer, der seine aus Anlaß der Abiturientenentlassung gehaltenen Reden 1904 unter dem Titel ‚Goethe und Bismarck als Leitsterne für die Jugend‘ veröffentlichte.[20]

Die Syntheseformel ‚Berlin und Weimar‘ hat ein dauerhaftes Nachleben gehabt. Sie hat das Kaiserreich überlebt und ist in der Weimarer Republik von konservativer Seite reaktiviert und reformuliert worden. Ging es nach 1871 darum, die durch Berlin symbolisierte Macht daran zu erinneren, daß sie die mit Weimar bezeichnete national-ideelle Vorgeschichte zu integrieren habe, so haben die Gegner der Weimarer Republik deren politische Vorgeschichte beschworen, ohne die eine nur auf dem Geist von Weimar errichtete Republik nicht bestehen könne. In diesem Sinne hat der Philosoph Bruno Bauch 1926 seine Jenaer Akademierede ‚Der Geist von Potsdam und der Geist von Weimar‘ gehalten.[21] An die Stelle Berlins ist Potsdam getreten, eine Antithese zu Weimar, der eine reiche und verhängnisvolle Nachgeschichte beschert sein sollte.

Das harmonische Modell einer konfliktlosen Kooperation von Macht und Geist, symbolisiert in der Syntheseformel ‚Berlin und Weimar‘, hatte die Annullierung der politischen Goethekritik, die bis in die sechziger Jahre hinein aktuell geblieben war, zur Voraussetzung. David Friedrich Strauß hat in dieser Frage in der berühmt-berüchtigten ‚Ersten Zugabe‘ zu seinem Alterswerk ‚Der alte und der neue Glaube‘ von 1872, die ‚Von unseren großen Dichtern‘ überschrieben ist, das weithin akzeptierte Machtwort gesprochen. „Wundern kann man sich“, so heißt es hier, daß bei Schiller und Goethe „während eines politisch so bewegten Zeitraums in ihrem Briefwechsel die öffentlichen Dinge so gar keine Rolle spielen“.[22] Der Kommentar, den Strauß zu dieser Beobachtung gibt, lautet: „Erst die neuesten Ereignisse haben uns auf den Standpunkt gestellt, zu ermessen, wie richtig die herrlichen Männer ihren Beruf erkannten. Wozu hätte es helfen können, wenn sie sich in die politischen Zeitinteressen hineinziehen ließen? Hier hieß es in der Tat: laß die

Toten ihre Toten begraben, du aber gehe hin und verkündige das Reich Gottes. Ihr Beruf war es, unbeirrt durch den unaufhaltsamen politischen Ruin um sie her, eine feste Burg des Geistes zu bauen, worin die Deutschen, indem sie sich als Menschen ausbildeten, zugleich als Nation sich fühlen lernten, um dann, wenn die Stunde schlug, ebenso den Feinden gewachsen, als zum Aufbau eines deutschen Staates fähig zu sein."[23] Dies ist eine der Kernstellen, die uns das gewandelte Goethebild nach 1871 verstehen lehrt. Der Dichter, so lautet das in der Folgezeit tausendfältig nachgesprochene Fazit der Goethebetrachtung von Strauß, wird seine nationale Funktion um so besser und um so wirksamer erfüllen, je weniger er sich in die politischen Zeitinteressen hineinziehen läßt. Sich ,unbeirrt durch den unaufhaltsamen politischen Ruin eine feste Burg des Geistes zu bauen', wird zur vorbildlichen Haltung eines Autors erklärt, der Anspruch darauf erheben kann, als Klassiker in die Geschichte seines Volkes einzugehen! Das Argument, mit dem David Friedrich Strauß am Beginn des neuen Reiches die Klassiker Schiller und Goethe von dem Vorwurf freigesprochen hat, sie hätten sich ,in einem politisch so bewegten Zeitraum' der ,öffentlichen Dinge' nicht angenommen, ist überraschend lange in Geltung geblieben. Die politische Goethekritik, die seit 1806 ein zentrales Moment der Wirkungsgeschichte des Dichters geblieben war, verstummt – bis auf wenige Stimmen – im Wilhelminischen Reich fast völlig. An ihre Stelle tritt, bedingt und angeheizt durch den Kulturkampf der siebziger und achtziger Jahre, die religiöse, genauer die ultramontane Kritik an Goethe, das einzige Forum, auf das die Goetheopposition während dieses Zeitraums sich zurückgezogen hat. Erst 1910 wird Heinrich Mann mit seinem Aufsatz ,Französischer Geist' (seit 1919 u. d. T. ,Voltaire – Goethe')[24] eine neue Epoche politischer Goethekritik eröffnen, die die wenig später angesichts des Ersten Weltkrieges einsetzenden radikalen Abrechnungen mit dem olympischen Dichterfürsten des bürgerlichen Zeitalters prophetisch präludiert.

Heinrich Mann kündigte die in der Syntheseformel ,Berlin und Weimar' symbolisierte harmonische Verbindung von Macht und Geist auf, indem er auf deren Unversöhnlichkeit unter den politischen und gesellschaftlichen Bedingungen des Kaiserreichs verwies. Bekanntlich hat sein Bruder Thomas dieser Aufkündigung widersprochen. Er tat dies mit den Argumenten eines genuin Wilhelminischen Goetheverständnisses, das den Weimarer Dichter zum Prototyp des unpolitischen, antirevolutionären Schriftstellers schlechthin gemacht hatte. Thomas Manns ,Betrachtungen eines Unpolitischen' von 1918 sind sein erstes Werk einer dezidierten Goethenachfolge, einer in der Folgezeit allerdings ,proteischen' Nachfolgeschaft, die die Positionen des kulturkonservativen Bekenntnisses der ,Betrachtungen' bald hinter sich lassen sollte. Die polemische Konstellation des Jahres 1918 allerdings ist eindeutig. Sie kann als Summe und zugleich Epilog eines Bildungsbürgertums gelesen werden, das in „machtgeschützter Innerlichkeit"[25] sich gefahrlos dem

Kult seiner Klassiker glaubte hingeben zu können. „Der Zivilisationsliterat steht im ganzen nicht gut mit Goethe, dem Anti-Revolutionär, dem Quietisten, dem Fürstenknecht. Hundertmal hat er Voltaire gegen ihn ausgespielt, den Mann der Calas-Affaire gegen den, der zu sagen wagte, daß er lieber eine Ungerechtigkeit als eine Unordnung dulden wolle. Gegen das ‚Reich' aber spielt er Goethe aus und pflichtet recht unwählerisch der demokratischen Allerweltsmeinung bei, daß das Machtreich ein Affront gegen den Geist von Weimar sei. Sollte er nicht vielmehr aus der gleichmäßigen Abneigung, die er gegen beide, gegen Goethe *und* Bismarck hegt, ihre Verwandtschaft und Zusammengehörigkeit folgern?"[26] Der Forderung nach Politisierung, die der ‚Zivilisationsliterat' Heinrich Mann mit Voltaire gegen Goethe eingeklagt hatte, stellt Thomas Mann die ‚Bildung', diesen „spezifisch deutschen Begriff", gegenüber, der von Goethe stamme und von ihm den „plastisch-künstlerischen Charakter, den Sinn der Freiheit, Kultur und Lebensandacht erhalten" habe.[27] „Ich glaube darum, daß alles politische Palaver dieses Volk in tiefster Seele widert, und glaube eben darum, daß das zivilisatorische Unternehmen, in diesem Volke eine demokratische, das heißt: literarisch-politische Atmosphäre zu schaffen, zum Scheitern verurteilt ist. Denn auch darüber kann kein Zweifel sein, daß Bildung, ‚ruhige' Bildung, wie Goethe sie dem Franztum, das heißt: der Politik entgegenstellt, *quietistisch* stimmt und daß das tief unpolitische, antiradikale und antirevolutionäre Wesen der Deutschen zusammenhängt mit der bei ihnen errichteten Oberherrschaft der Bildungsidee."[28]

## 3. Goethe-Philologie

In den für die Gründerjahre so ungemein charakteristischen Goethevorlesungen, die Herman Grimm im Winter 1874/75 an der Berliner Universität gehalten hat, heißt es: „Es gibt seit Jahrtausenden eine Wissenschaft welche Homer heißt und die in nicht abreißender Kontinuität ihre Vertreter gefunden hat, seit Jahrhunderten eine die Dantes, eine die Shakespeares Namen trägt: so wird es von nun eine geben welche Goethe heißt. Sein Name bezeichnet längst nicht mehr seine Person allein sondern den Umfang einer ganzen Herrschaft."[1] Wilhelm Scherer hat mit seinem 1877 in der Zeitschrift ‚Im neuen Reich' erschienenen Aufsatz ‚Goethe-Philologie'[2] diesem neuen Sonderforschungsbereich, dessen Anfänge, wie wir gesehen haben, in die Mitte der sechziger Jahre zurückreichen, das programmatische Fundament geliefert. Auch nach seinem frühen Tode blieb die von ihm aus der Taufe gehobene Goethephilologie mit seinem Namen verbunden, und viele seiner Schüler haben auf diesem Felde literaturwissenschaftlicher Tätigkeit ihr Handwerk erlernt.

Die wissenschaftliche Beschäftigung mit Goethe als ein neuer Berufszweig und Lebensunterhalt, Goethephilologie als Lebensform: unter diesen Bestimmungen hat Hermann Bahr 1921 das Betätigungsfeld, das sich für eine nicht unbeträchtliche Zahl alter und junger Philologen mit der Eröffnung des Goetheschen Nachlasses und der Errichtung des Weimarer Goethe-Archivs im Jahre 1885 bot, umschrieben: „Damit begann ein neuer Beruf; eine neue Laufbahn tat sich auf: wie man bisher Philosoph, Arzt oder Jurist geworden war, wurde man jetzt Goethephilolog, es ließ sich auf Goethe fortan eine Existenz gründen. Und eigentlich begann damit noch mehr: eine neue Menschenart. Diese jungen Germanisten saßen im Archiv zu Weimar über Goethes Schriften, Frühling kam und ging, es ward wieder Herbst, Nietzsche sank in Geistesnacht, der alte Kaiser starb, ihm folgte der Sohn, folgte der Enkel auf den Thron, Bismarck ging, Bismarck starb, Deutschland schwoll, stark und reich und neu, dem Deutschen ward enge, Volk zog aus, übers Meer, in die Welt, Deutschland wurde kühn und laut, ein neues Geschlecht wuchs auf, Krieg brach aus, aber jene saßen noch immer tagaus, tagein dort im Archiv zu Weimar über Goethes Schriften. Sie lasen Goethe, darin bestand ihr Leben: es hat etwas Heroisches, und es hat etwas Mönchisches, und es hat auch etwas Monomanisches zugleich. Einen eigenen Menschenschlag ergab es, Kundrys ‚Dienen, dienen!' so rein erfüllend, höchster Bewunderung wert, zugleich aber fast unheimlich und ebenso wieder leise, ganz leise doch auch ein bißchen komisch. Ein fast erhabenes, rührendes, leicht ans Lächerliche streifendes Geschöpf mit faustischen Zügen, aber auch einigen vom Famulus, gewissermaßen: Eckermann als Generation ist der Goethephilolog."[3] Das von Bahr der Goethephilologie nicht ohne Ironie attestierte Hauptverdienst ist die minutiös genaue Aufklärung über Goethes Leben, das in jedem Detail dem nacherlebenden Zugriff der Nachwelt nun endlich offenliege: „Wir wissen jetzt von Tag zu Tag, wann er aufstand, was er in der befruchtenden Stille morgendlicher Einsamkeit halb nachtwandlerisch auf breite Zettel schrieb, was er dann, wenn der Sekretär erschien, amtlich oder brieflich oder dichtend diktierte, gemach auf und ab schreitend, die Hände auf dem Rücken, welches Wetter, wie der Wind war, wie die Wolken an diesem Tage standen, wen er empfing und was er mit ihm sprach, ob er ausging oder im Garten saß oder zu Hause blieb, wen er bei Tisch zu Gast hatte, was er aß und trank und ob ihm die geliebten Teltower Rübchen mundeten, ob er abends ins Theater oder zu Hofe ging, daheim vorlas oder sich vom kleinen Mendelssohn vorspielen ließ oder bald gesprächig mit dem heiteren Zelter, bald wieder moros und taciturn mit dem weltklugen Kanzler von Müller saß, wir kennen jeden derben Spaß von ihm, wir kennen die erhabenen Stunden, wenn er gleichsam schon sich selber entrückt, sein eigener Mythos und selber Merlin im leuchtenden Grabe schien, wir kennen die furchtbaren Stunden völliger innerer Desperation, ja wir kennen ihn besser, als eigentlich irgendwer unter uns sich selber kennt, wir wissen von ihm viel mehr als von uns selbst, weil wir doch, was wir erleben, Gott sei Dank meistens gleich wieder vergessen, aber jeder Atemzug seines Lebens ist uns unvergeßlich."[4] Dieses gewiß einseitige Bild des Ertrags einer über vierzigjährigen kollektiven wissenschaftlichen Bemühung um Goethe entbehrt angesichts der realpolitischen Situation des Jahres 1921 nicht der gewollt grotesken, ja der absurden Züge. Goethephilologie als eine alle Zeitereignisse, alle Kriege und Revolutionen unbeirrt und unbeirrbar überdauernde Lebensform mit dem Ziel, Materialien zur Kenntnis eines Lebens in asketischer Kleinarbeit bereitzustellen, das nicht das eigene Leben ist: ein Modell wissenschaftlichen Verhaltens, das – so könnte man erwidern – nicht auf Goethe als Urheber und Gegenstand allein bezogen zu werden braucht, das jedoch in der Form der Goethephilologie in das Bewußtsein einer breiteren Öffentlichkeit getreten ist.

Die gleiche Öffentlichkeit, in deren Namen Herman Bahr nach dem Ende des Ersten Weltkriegs seinen ironischen Abgesang auf die Goethephilologie formulierte, hat ihre Anfänge, die mit den Gründerjahren des neuen Reichs zusammenfielen, mit lebhafter Anteilnahme begleitet. Unüberhörbar ist das Pathos, mit dem der junge Scherer seine Goetheforschungen als ein von der ganzen Nation mit Interesse und Neugier begleitetes Unternehmen betreibt: „Goethe überschattet unsere ganze sonstige Literatur. Die verwickeltsten Untersuchungen über die Entstehung seiner Werke können Gemeingut werden; in die intimsten Verhältnisse seines Lebens sucht die Neugierde der ganzen Nation fast indiskret einzudringen; jede Diskussion wird mit Spannung verfolgt; niemand wird müde, fremde Meinungen zu hören und selbst neue aufzustellen. Und sollte hier und da unreine Skandalsucht sich einmischen, so überwiegt doch im ganzen und großen die reine, hohe Teilnahme an einer auf Jahrhunderte hin unvergleichlichen Persönlichkeit."[5] Das Pathos der Goethearbeiten Scherers ist das Pathos einer Germanistik, die in Goethe einen der klassischen Philologie ebenbürtigen Gegenstand zu erobern sich anschickt und die berufen schien, das Vakuum, das das nachlassende Interesse an der antiken Literatur geschaffen hatte, durch die Beschäftigung mit dem modernen Klassiker schlechthin aufzufüllen: „Und wenn die klassische Philologie mehr und mehr aufhört, zur ästhetischen Erziehung der Nation mitzuwirken, vielleicht ist das Vorbild der deutschen Philologie imstande, ihren erlahmenden Eifer von neuem zu beleben. Hat erst Goethe den Thron bestiegen und herrscht er über die Geister der Jugend, so werden die Weisen und Dichter Athens sich von selbst ihm gesellen."[6]

Die Goethephilologie markiert nicht nur eine bedeutende Etappe der Goetherezeption, sie ist auch für die Geschichte der Germanistik und der neueren deutschen Literaturwissenschaft grundlegend und wegweisend geworden. Sie wurde das Studienseminar einer Literaturwissenschaft, die sich aus der wissenschaftstheoretischen Hegemonie der älteren Germanistik und ihrem an mittelalterlichen Texten orientierten Methodenbewußtsein emanzipierte und in Goethe das eigentliche Experimentierfeld fand, das die Möglichkeit der Anwendung und Erprobung exakter philologischer Verfahrensweisen mit der

der lebensgeschichtlichen Anknüpfung an den Gegenstand und der Identifikation mit ihm verband. Durch die Goethephilologie ist der deutschen Literaturwissenschaft auf lange Zeit hin das entstehungsgeschichtliche und das autorzentrierte, autobiographische Betrachtungs- und Erklärungsmodell von Literatur eingeimpft worden. Goethes ‚Dichtung und Wahrheit‘, von Scherer bereits in der berühmten Widmung seiner ‚Geschichte der deutschen Sprache‘ an Karl Müllenhoff von 1868 als „Kausalerklärung der Genialität“[7] apostrophiert, wurde zum Paradigma eines werkgenetischen Autorkommentars und zum Kanon der Beurteilung der deutschen Literaturgeschichte des 18. Jahrhunderts.

Für Scherer steht die Klassizität und Kanonizität Goethes außer Frage, sie ist für ihn kein Problem mehr, um das gestritten werden müßte. Für ihn und die in seinem Einflußbereich sich konstituierende Goethephilologie steht die Rezeption Goethes nicht mehr unter Legitimationszwang, an die Stelle der Auseinandersetzung mit dem nun endgültig zum Klassiker erklärten Dichter ist die Auseinandersetzung um die richtige Methode seiner Auslegung getreten. Diese Suspendierung einer Rechtfertigung der Beschäftigung mit Goethe und seinem Werk vor dem Forum gewandelter Zeitinteressen verleiht den Arbeiten der Goethephilologie einen vielfach technizistischen und formalistischen Charakter. Dem Postulat einer methodischen Wahrheitsfindung, dem „Streben nach der Wahrheit an sich, nach dem Echten, Ursprünglichen, Authentischen“, wie Scherer es formuliert hat,[8] ist die Frage nach der Funktion der Bemühungen um Goethe weitgehend geopfert worden. Das etwa unterscheidet Scherer und die Goethephilologie wesentlich von den Goetheschriften Herman Grimms, die durch ein waches seismographisches Bewußtsein für den Funktionsaspekt der Goetherezeption nach 1870 gekennzeichnet sind.

Der Versuch einer methodischen Grundlegung der Goethephilologie bei Scherer und seinen Schülern war zum einen gerichtet gegen die spekulativ-philosophische Goetheinterpretation, die in dem Hegelianer Karl Rosenkranz ihren letzten einflußreichen Vertreter gefunden hatte, zum anderen gegen einen ästhetisierenden Dilettantismus, der in der Beliebigkeit subjektiver Urteile und Kritik befangen blieb. Bekanntlich hat Scherer seine philologische Methode nach dem Vorbild naturwissenschaftlicher Verfahrensweisen entwickelt. Exaktheit, gerichtet auf Wesenserkenntnis des literarischen Gegenstandes, wird leitendes Ziel philologischer Arbeit. Ihre Basis ist die Herstellung eines von Fehlern gereinigten Textes, eine Aufgabe, für deren Lösung Karl Lachmann mit seiner berühmten Lessing-Ausgabe (1838–1840) ein frühes Beispiel gegeben und für die im Bereich der Goethephilologie Michael Bernays und Salomon Hirzel[9] wegweisende Vorarbeiten geleistet hatten. Ein weiteres wichtiges Arbeitsfeld war die Rekonstruktion von nur bruchstückhaft überlieferten Werken oder von Werkplänen und die Zuweisung von Texten, für die Goethes Autorschaft, wie bei seinen Beiträgen zu Lavaters

,Physiognomischen Fragmenten' oder den ,Frankfurter Gelehrten Anzeigen' nicht gesichert war. In beide Forschungsbereiche hat die Goethephilologie unendlich viel Mühe und Scharfsinn, wennschon mit wechselndem Erfolg, investiert. Eine alles überragende Bedeutung jedoch erhielt die entstehungsgeschichtliche Rekonstruktion jener Werke, in denen die Goethephilologie diejenigen Fragen und Probleme wiederzufinden glaubte, die ihr aus ihrer altphilologischen und altgermanistischen Herkunft vertraut waren. Der ,Faust' vor allem wurde das Zentrum eines Forschungsinteresses, das auf die Aufdeckung entstehungsgeschichtlich bedingter Brüche und Widersprüche gerichtet war. Scherer hat diese Problemanalogie in der Einleitung zu seinen Fauststudien hervorgehoben: „Goethes Werke bieten der philologischen Untersuchung vielfach ähnliche Probleme wie die großen Volksepen und andere Schriften, bei denen aus Widersprüchen, Zusammenhangslosigkeit und Stilverschiedenheiten der Verdacht einer Kompilation oder fremder Zutaten, kurz einer nicht völlig einheitlichen Abfassung sich aufdrängt."[10] Erich Schmidt hat in seinem Nachruf auf Wilhelm Scherer (1888) die Eingangssätze überliefert, mit denen dieser im Wintersemester 1883/84 sein ,Faust'-Kolleg eröffnet hat. Sie enthalten in gedrängter Form das Programm einer ,Faustphilologie', ein Begriff, den Erich Schmidt zur Bezeichnung eines Sonderforschungsbereichs innerhalb der Goethephilologie geprägt und dem er 1891 einen programmatischen Aufsatz[11] gewidmet hat: „Kein Bummelkolleg will ich bieten, sondern ernsthafte Forschung, bei der wir uns nichts erlassen, nichts erleichtern, an keiner schwierigen Frage vorbeigehen, sondern methodisch eindringen in das Werk, das wie kein anderes die moderne deutsche Literatur überragt. Methodisch eindringen, zum wahren Verständnis eindringen heißt in diesem Fall Folgendes: Goethes Faust ist sehr allmählich entstanden, zu verschiedenen Zeiten, in verschiedenen Stimmungen, in verschiedenen Stilformen abgefaßt; er ist nicht vollkommen fertig, vollkommen einheitlich geworden. Das Verständnis kann nicht darin bestehen, daß man sich über die Unvollkommenheiten hinwegtäuscht, sie hinweginterpretiert und dem Werk eine Einheit anlügt, die es nicht besitzt – sondern umgekehrt; daß man in die Entstehungsgeschichte so viel als möglich eindringt, die ursprünglichen und die späteren Intentionen unterscheiden lernt und womöglich jedem Zuge, jeder Szene, jedem Motive seine ursprüngliche Stelle anweist und sich stets vergegenwärtigt, daß Szenen oder Motive fehlen können, welche, ursprünglich beabsichtigt, dann nicht ausgeführt, den Zusammenhang des Ganzen in einer Weise herstellen würden, wie er tatsächlich in dem äußerlich abgeschlossenen Werke nicht hergestellt ist. Das Ziel der Interpretation muß bei dem Faust nicht nur das Verständnis des Einzelnen und des unmittelbaren Zusammenhangs sein, sondern es muß immer zugleich die Entstehungsgeschichte im Auge haben."[12] An die Stelle der spekulativen ,Faust-Deutung, die nach der ,Idee' des Werkes gefragt und unter der Ägide Hegels in der ersten Hälfte des 19. Jahrhunderts fast ausschließlich das Feld beherrscht hatte, tritt jetzt die entstehungsgeschichtlich-genetische Rekonstruktion des Werkes, die „den sechzigjährigen Werdeprozeß verfolgend, Inhalt und Form, Absicht und Gestaltung dieses Pandämoniums Goethischer Dichtung allseitig erfassen“[13] will. Zahlreiche Goetheforscher haben sich, angeregt und ermuntert durch den hypothesenfreudigen Scherer, mit monomanischem Scharfsinn auf dieses neue Erprobungsfeld philologischer Kombinatorik geworfen, so daß Erich Schmidt bereits 1891 die Faustphilologie zum Maßhalten und zur Umkehr ermahnen zu müssen glaubte.[14]

Für die Goethephilologie war die Erforschung und Rekonstruktion der Entstehungsgeschichte eines Werkes weithin identisch mit dessen Interpretation. Sie konnte sich mit diesem zentralen methodologischen Credo auf Goethe selbst berufen, der am 4. August 1803 an Zelter geschrieben hatte: „Natur- und Kunstwerke lernt man nicht kennen wenn sie fertig sind; man muß sie im Entstehen aufhaschen, um sie einigermaßen zu begreifen.“[15] Die Legitimation der eigenen methodischen Verfahren durch bestimmte, immer wieder in Anspruch genommene Äußerungen Goethes, allen voran den berühmten Abschnitt aus dem siebten Buch von ‚Dichtung und Wahrheit‘, in dem er seine Werke als „Bruchstücke einer großen Konfession“ bezeichnet,[16] ist charakteristisch für das poetologische und ästhetische Selbstverständnis der Goethephilologie, das einem kausalgenetisch verengten Verständnis des Goetheschen Morphologiegedankens verhaftet blieb, ohne die grundsatztheoretischen Implikationen dieser erkenntnistheoretischen Übertragung zu reflektieren. Entstehungsgeschichtliche Analyse ist nach Scherer und Schmidt vor allem auf zwei Faktoren gerichtet: das Erlebte und das Erlernte. Die kausale Ableitung des dichterischen Werkes aus dem vom Dichter Erlebten, die in der Form einer biographistischen Modellphilologie für die Schererschule sprichwörtlich geworden ist, konfrontierte die an Goethe sich emanzipierende neuere deutsche Literaturwissenschaft mit dem grundsätzlichen Problem der Erfassung und Beschreibung der Spezifik dichterischer Weltaneignung und Weltdarstellung. Scherers programmatische Behauptung, daß man „*in sorgfältiger und besonnener Aufsuchung von Ähnlichkeiten in dem Leben und der Bildung eines Dichters einerseits und in seinen Werken andererseits gar nicht weit genug gehen*“ könne,[17] forderte gebieterisch eine erkenntnistheoretische Begründung. Scherer selbst hat sie nur in Ansätzen geliefert, indem er sich auf das Wesen der dichterischen Phantasie berief, deren Leistung er als „Kraft des Gedächtnisses“,[18] als Reproduktion der Erinnerung bezeichnet hat.[19] An dieses von Scherer nicht bewältigte Problem hat Wilhelm Dilthey mit seinem Versuch angeknüpft, der Poetik durch eine Theorie der Einbildungskraft ein neues Fundament zu schaffen. Seine kritischen Überlegungen zielen auf die methodologische Achillesferse der jungen Goethephilologie: den für die Arbeiten der siebziger Jahre charakteristischen erkenntnistheoretischen Eklektizismus, der die Orientierung an Verfahren der modernen Naturwissenschaften mit einer Restauration der klassischen

Ästhetik verbinden wollte. Indem Dilthey die Erforschung der dichterischen Phantasie aus den Fesseln der naturwissenschaftlich-erklärenden Psychologie zu lösen sucht und zugleich die überzeitliche Geltung der klassisch-idealistischen Ästhetik in Frage stellt, unterminiert er bereits in den siebziger und achtziger Jahren die Grundlagen, auf denen die Goethephilologie aufruht. In der aus Anlaß von Herman Grimms Goethevorlesungen 1878 veröffentlichten Abhandlung ‚Ueber die Einbildungskraft der Dichter'[20] heißt es programmatisch: „Die Phantasie des Dichters, ihr Verhältnis zu dem Stoff der erlebten Wirklichkeit und der Überlieferung, zu dem, was die Dichtung vorher erarbeitet hat, die eigentümlichen Grundgestalten dieser schaffenden Phantasie und der dichterischen Werke, welche aus dieser Beziehung entspringen: das ist Anfang und Ende aller Literaturgeschichte. Die Erforschung der dichterischen Phantasie ist die naturgemäße Grundlegung des wissenschaftlichen Studiums der poetischen Literatur und ihrer Geschichte."[21] Die knapp zehn Jahre später in der Zeller-Festschrift veröffentlichte umfangreiche Abhandlung ‚Die Einbildungskraft des Dichters. Bausteine für eine Poetik' (1887) führt diese Ansätze weiter zu einer im Begriff des Erlebnisses fundierten Poetik, für die der radikale Bruch mit dem normativen Anspruch der klassischen Ästhetik konstitutiv ist: „Unsere [deutsche] Ästhetik lebt wohl hier und da noch auf einem Katheder, aber nicht mehr in dem Bewußtsein der leitenden Künstler oder Kritiker, und da allein wäre doch ihr Leben. [...] Als seit der französischen Revolution immer stärker die ungeheuren Wirklichkeiten London und Paris, in deren Seele eine neue Art von Poesie zirkuliert, die Augen der Dichter wie des Publikums auf sich zogen, als Dickens und Balzac das Epos des in diesen Städten kreisenden modernen Lebens zu schreiben begannen, da war es auch vorbei mit den Grundsätzen der Poetik, wie sie einst in dem idyllischen Weimar zwischen Schiller, Goethe und Humboldt beraten worden waren. Aus allen Zeiten und Völkern dringt eine bunte Formenmenge auf uns ein und scheint jede Abgrenzung von Dichtungsarten und jede Regel aufzulösen."[22] Diese Sätze, veröffentlicht 1887, zu einem Zeitpunkt, in dem der Goethe- und Klassikkult im neuen Reich seinen Höhepunkt erreicht hatte, verraten eine bemerkenswert realistische und nüchterne Einschätzung der zeitgeschichtlichen Situation, die mit den der klassischen deutschen Literatur zugrundeliegenden Normen in einen unaufhebbaren Widerspruch getreten war. Die folgenden Sätze Diltheys stehen dem naturalistischen Dichtungsprogramm weitaus näher als dem größten Teil der gleichzeitigen Goetheliteratur, die nicht motiviert oder gewillt schien, ihren Gegenstand vor dem Forum aktueller Zeitinteressen und eines gewandelten Erfahrungshorizontes zur Diskussion zu stellen: „Der Künstler und der Dichter fühlen heute, daß eine wahre und große Kunst der Gegenwart einen Inhalt und ein Geheimnis dieser Zeit auszusprechen hätte, so gewaltig als das, welches aus den Madonnen oder den Teppichfiguren Raphaels auf uns blickt, aus den Iphigenien zu uns redet, und er empfindet leidenschaftlich, um so leidenschaftlicher, je dunkler ihm das Ziel seiner Kunst vorschwebt, seinen Widerspruch gegen jene Ästhetik mit rückwärts gewandtem Antlitz, die aus den Werken der Vergangenheit oder aus abstrakten Gedanken einen Begriff der idealschönen Formen ableitet und an diesem die produktive Arbeit des ringenden Künstlers mißt.“ [23]

Der Widerspruch Diltheys gegen die methodisch an naturwissenschaftlichen Verfahrensweisen orientierte, poetologisch den Normen der klassischen Ästhetik verpflichteten Goethephilologie blieb in den achtziger und neunziger Jahren nahezu unbeachtet und griff erst mit der 1960 in erster Auflage erschienenen Aufsatzsammlung ‚Das Erlebnis und die Dichtung‘ [24] entscheidend in die Goetherezeption ein. Beachtung dagegen erfuhr und Aufsehen unter den Angesprochenen erregte die 1892 erschienene Streitschrift ‚Göthekult und Göthephilologie‘ des Tübinger Professors Friedrich Braitmaier,[25] in der, ähnlich wie bei Dilthey, doch ohne dessen erkenntnistheoretische Grundlegung, die Grundsätze der Schererschen Poetik einer scharfen Kritik unterzogen werden. Auch Braitmaier polemisiert gegen die von Scherer behauptete Analogie des Erlebten und der Dichtung und setzt ihr die Grundverschiedenheit der Welt der Phantasie und der Wirklichkeit entgegen.[26] Für Braitmaier ist die Goethephilologie weithin ‚Wortphilologie‘ geblieben, die sich im Aufspüren von Quellen und Parallelstellen erschöpfe, ein Verfahren, für das „die Gegenwart und vor allem die Jugend wenig Sinn mehr“ habe.[27] Ihr setzt er das, was er „Sachphilologie‘ nennt, entgegen: „Aber für die Sachphilologie, die Erforschung der realen Verhältnisse des Altertums, seiner politischen, religiösen, künstlerischen, allgemein kulturellen Zustände hat nie ein so allgemeines und tiefes Interesse bestanden wie heutzutage.“ [28] Wie fern den Vertretern der Goethephilologie das Programm einer derartigen ‚Sachphilologie‘ lag, zeigt eine Äußerung von Erich Schmidt, der in seinem Aufsatz ‚Aufgaben und Wege der Faustphilologie‘ empört die Zumutung zurückweist, die Gretchen-Tagödie im ‚Faust‘ mit dem Straßburger Kindesmörderinprozeß in Zusammenhang zu bringen: „Wohler als am Rabenstein und im anatomischen Theater fühlen wir uns doch in Werthers ästhetischer Sphäre und das von ihm leidenschaftlich entworfene, an allgemeineren und greifbaren besonderen Analogien zu unserm in Wetzlar noch nicht ‚ausgebrausten‘ Drama reiche Lebensbild eines einfachen Mädchens, das sich der Liebe hingab und gewaltsam endete, möge auch herbeiholen, wer die Reihe der Gretchen-Szenen als künstlerische Einheit darstellt, nach tieferer Erkenntnis strebend als der landläufigen sogenannten Erläuterung, die Goethes Poesie mit ihrer nachstümpernden Alltagsprosa knebelt.“ [29] Goethes Poesie und der ihr zugrundeliegende Alltagsprosa bleiben hier streng getrennt, es sei denn, diese Alltagsprosa begegne in dem bereits poetisch verklärten Bilde ‚eines einfachen Mädchens, das sich der Liebe hingab‘.

Blieb das Programm einer die Alltagsprosa einbeziehenden ‚Sachphilologie‘ weiterhin ein nicht realisierter Wunsch, so häufen sich seit Mitte der neunziger Jahre die Stimmen, die die rein philologisch-entstehungsgeschichtliche Erklärung der Goetheschen Werke durch eine philosophisch-ästhetische Interpretation ergänzt sehen möchten. Für die Faustphilologie hat Georg Witkowski 1894 in einer Besprechung im ‚Euphorion' diese Forderung aufgestellt: „Eine neue Periode hat begonnen, deren Aufgabe es sein muß, die ästhetische und philosophische Methode, wie sie vor Scherers Einwirkung herrschte, in strengerer Weise als früher und in engster Verbindung mit der Textgeschichte fortzuführen. Die Errungenschaft des verflossenen Jahrzehnts ist die Überzeugung, daß alle Faustarbeit, mag sie auch mit dem Haupte in den Wolkenhimmel der Spekulation hineinragen, auf dem festen Fuße der philologischen Kritik stehen muß. Hierzu tritt nun die Forderung, daß die philologischen Untersuchungen, selbst wenn sie ins einzelnste tiefbohrend sich versenken, doch in irgendeiner Weise der Erkenntnis höherer Art nützlich sein sollen."[30] Für den Bereich der Lyrik hat der Literaturwissenschaftler und Literaturtheoretiker Rudolf Lehmann in seinem 1905 veröffentlichten Aufsatz ‚Goethes Lyrik und die Goethe-Philologie'[31] die Goetheforschung in die Richtung eines „hermeneutisch und ästhetisch begründeten Verständnis[ses]" des literarischen Kunstwerks verwiesen. „Über das Wissen um Goethe", so lautet der zentrale Satz des ersten, programmatischen Teils seiner Abhandlung, ist „das Denken über Goethe einigermaßen in Rückstand gekommen".[32] Die „genetische Erklärung", so meint Lehmann, ist „in gewissem Sinne dem Verfahren des Künstlers entgegengesetzt",[33] sie löse in seine Bestandteile auf, was der Künstler als organische Einheit geschaffen habe. Nicht die analytische Zerlegung des Werkes in die verschiedenen Stufen seines Entstehungsprozesses sei die eigentliche Aufgabe der Goethephilologie, es gelte vielmehr „in die Eigenart der vollendeten Schöpfungen einzudringen!"[34]

Die Abkehr von den Prinzipien und Verfahrensweisen der Goethephilologie seit Mitte der neunziger Jahre und die Forderung nach einer ästhetisch-philosophischen Goetheinterpretation stehen in engem Zusammenhang mit der Überwindung des Naturalismus und dem Aufkommen neuer, gegennaturalistischer Strömungen und Tendenzen in der gleichzeitigen Kunst- und Literaturpraxis, deren gemeinsames Merkmal die Restitution der Form und die Wiedergewinnung des Ästhetischen ist. Die jetzt allenthalben einsetzende Kritik an der Goethephilologie der Scherer-Schule bedeutete zugleich die Überwindung ihres Klassizismus, die vorwaltende Orientierung an den klassischen Werken Goethes und der klassischen Ästhetik, die allererst die Möglichkeit eines neuen Zugangs zu seinem Spätwerk und dessen gegenklassischem Formenreichtum eröffnete. Diese Entwicklung wurde mit den Arbeiten von Konrad Burdach, Georg Simmel, Helene Herrmann u. a. eingeleitet, die uns in einem späteren Zusammenhang noch beschäftigen werden.

Die Intention der Goethephilologie war es, der Beschäftigung mit Goethe ein methodisches Fundament zu schaffen, das der intersubjektiven Nachprüfbarkeit standhalten und der wissenschaftlichen Erforschung seines Werkes jenen Rang und jene Bedeutung verleihen sollte, die in der Tradition philologischer Arbeit bislang den antiken Autoren und den herausragenden Werken der mittelalterlichen Literatur vorbehalten gewesen waren. Der bleibende Ertrag dieser kollektiven Bemühungen liegt aus heutiger Sicht weniger in den Beiträgen, die die Goethephilologie zur Deutung und Interpretation Goethes und seiner Werke beigesteuert hat, als in den fundamentalen Leistungen auf den Gebieten der Edition und der Dokumentation. Es bedürfte mehr Raum, als mir zur Verfügung steht, und es würde zudem den Rahmen einer Rezeptionsgeschichte Goethes sprengen, wollte ich alle einschlägigen Unternehmungen und Werke hier angemessen würdigen. Die wichtigsten und auch für die heutige Goetheforschung noch immer unverzichtbaren sollen jedenfalls knapp charakterisiert werden, auch wenn ihr Wirkungsradius zumeist auf den engeren Bereich der fachwissenschaftlichen Beschäftigung mit Goethe beschränkt geblieben ist.

Das zentrale Opus der Goethephilologie ist die im Auftrag der Großherzogin Sophie von Sachsen herausgegebene sogenannte Weimarer oder Sophien-Ausgabe von Goethes Werken, Briefen und Tagebüchern, die von 1887 bis 1919 in 133 (in 143) Bänden erschienen ist. Das ursprüngliche Redaktionskollegium bildeten Wilhelm Scherer, Erich Schmidt und Gustav von Loeper. An die Stelle des 1886 verstorbenen Scherer trat Herman Grimm. Auch Bernhard Seuffert, der die Pläne für die Ausgabe mitentworfen hatte und Bernhard Suphan, Erich Schmidts Nachfolger als Leiter des Goethe-Archivs, waren als Mitredaktoren leitend an der Ausgabe beteiligt. Es war der Wunsch Wilhelm Scherers gewesen, „die Ausgabe zu einem Nationalunternehmen dadurch zu stempeln, daß möglichst viele Gelehrte zur Mitarbeit herangezogen wurden".[35] Die Berufung zur Mitarbeit galt als eine Auszeichnung, vor allem zu einer Zeit, in der die Textphilologie in hohem Ansehen stand und es als ein testimonium eruditionis scientificae galt, sich darin sattelfest zu zeigen. „An ‚Goethes Werken' wirkte ein großer Teil der deutschen Germanistenwelt mit", schreibt Rudolf Steiner in dem höchst anschaulichen und aufschlußreichen Bericht über seine eigene Archiv-Zeit in Weimar in seiner Autobiographie. „Es war ein fortwährendes Kommen und Gehen von Professoren und Privatdozenten der Philologie. Man war mit diesen dann auch außerhalb der Archivstunden während ihrer längeren und kürzeren Besuche viel zusammen. Man konnte sich ganz in die Interessenkreise dieser Persönlichkeiten einleben."[36] Trotz ihrer z. T. schweren Mängel, die die Redaktion das Einstampfen einzelner Bände erwägen ließ,[37] ist die Weimarer Ausgabe bis heute die inhaltlich vollständigste Standardedition Goethes geblieben und noch immer unersetzt. Die editorische Grundentscheidung, die ‚Ausgabe letzter Hand', und zwar in der Textrezension der Octavausgabe (C), zum von Goethe selbst ‚letztwillig' verfügten Maßstab der Textredaktion zu machen und damit die jeweils späteste Textform zu favorisieren, hat früh den Einspruch der Kritiker hervorgerufen. Vor allem Heinrich Düntzer hat in den Jahrgängen 1891 bis 1901 der ‚Zeitschrift für deutsche Philologie' das Entstehen der ‚Weimarer Ausgabe' mit einem gigantischen kritischen Kommentar begleitet,[38] in dem viele Einwände zur Sprache kommen, die die heutige Goethe-Editorik berücksichtigt hat. Gustav von Loeper hat die erste der Düntzerschen Kritiken 1891 im Goethe-Jahrbuch mit einem manifestartigen Rechenschaftsbericht über die Arbeit an der Weimarer Goethe-Ausgabe beantwortet, in dem er sich kategorisch gegen „Verbesserungen des uns durch C gewährten, in seiner historischen Entwicklung mit Hilfe der übrigen Ausgaben und der Handschriften erkennbaren Textes" zur Wehr setzt: „Was Düntzer Sorgfalt nennt, heißt uns Korruption, Übermalung. Unser ganzes Unternehmen will hiegegen ein Bollwerk aufrichten, wir wollen grade verhindern, daß eines der wertvollsten Denkmale unsrer klassischen Literatur, unter der Flagge der Verbesserung, aus theoretischen Gründen oder nach subjektivem Fürwahrhalten umgeformt werde."[39] Die Orientierung an der ‚Ausgabe letzter Hand' hatte auch Konsequenzen für die Anordnung der Goetheschen Werke, speziell der Gedichte. Wilhelm Scherer hatte in seiner großen Abhandlung ‚Über die Anordnung Goethe'scher Schriften' (1882/84)[40] noch vor Beginn der Arbeit an der ‚Weimarer Ausgabe' zu dieser Frage eindeutig Stellung genommen: „Eine Ausgabe von Goethes sämtlichen Schriften in der Reihenfolge ihrer Entstehung würde gewiß manchen Nutzen stiften. Aber ich halte sie für einen Luxus, den wir nicht bezahlen können. Und niemals würde ich sie für eine wissenschaftliche Ausgabe nach den höchsten Forderungen der Treue halten können. Welcher klassische Philologe möchte es wagen die Werke eines alten Autors in eine andere als die überlieferte Ordnung zu bringen, wenn man Ursache hat, die überlieferte für die vom Dichter selbst gewollte zu nehmen? Goethes Anordnung kennen wir genau – und wir sollten uns daran nicht gebunden erachten?"[41] Für den jungen Goethe hatte Salomon Hirzel in seiner bahnbrechenden Edition die thematische und zyklische Anordnung der Gedichte zugunsten einer entstehungsgeschichtlichen geopfert, ein Verfahren, dem die ‚Weimarer Ausgabe' aufgrund ihrer Entscheidung für die ‚letztwillige' Redaktion nicht folgen konnte. Herman Grimm hat in seiner großen Besprechung der ersten Bände der Weimarer Ausgabe diese Entscheidung zu rechtfertigen gesucht: „Goethe hat bei der Einrichtung der Gedichte Absichten gehabt, die nicht vereitelt werden dürfen. Kein Leser sollte sich zu tief in das Studium der Entstehungsdaten und Entstehungsbedingungen der Verse verleiten lassen. Auch soll uns nicht die mit den Jahren wechselnde Gestalt Goethes bei diesen Bänden seiner Gedichte vor Augen stehen, sondern Goethe als einheitliche Erscheinung, jung und alt zu gleicher Zeit, darüber schweben."[42] Unter Berufung auf Hirzel hat Otto Erich Hartleben in seinem erfolgreichen ‚Goethe-Brevier. Goethes Leben in seinen Gedichten' von 1895[43] die Gedichte wieder in chronologischer Anordnung geboten. Unter den wissenschaftlichen Editionen haben erst die ‚Propyläen-Ausgabe' (1909–1932) und in jüngerer Zeit die Hamburger Ausgabe das Goethesche Anordnungsprinzip der Gedichte durchbrochen und sich für eine entstehungsgeschichtliche Darbietung entschieden.

Gegenüber der Hempelschen Goethe-Ausgabe, die wegen ihrer ausführlichen Kommentare ein Novum darstellte und die Goetheforschung und Goethekenntnis vielfach erweitert und bereichert hat, haben die Redaktoren der ‚Weimarer Ausgabe' auf eine Kommentierung verzichtet. Wiederum ist es Herman Grimm gewesen, der diese Entscheidung mit dem Argument begrüßt hat, daß ein Klassiker keiner Mittelsperson zwischen sich und dem Leser bedürfe. „Der Leser", schreibt Grimm, „darf nur dem Dichter allein gegenüberstehen, wenn er von der innersten Kraft seiner Sprache und seiner Gedanken ergriffen werden soll."[44] Diese fast programmatische Stellungnahme beruhte auf einem bildungselitären Optimismus, dem Herman Grimm Genüge leisten mochte, der für einen breiteren Rezipientenkreis jedoch eher die Aufforderung enthielt, Goethe in den ort- und zeitlosen Himmel eines der Kommentierung nicht mehr bedürftigen Olympiers zu versetzen. Die Lücke, die die ‚Weimarer Ausgabe' durch den Verzicht auf Einleitungen und Kommentar ließ, füllte aufs glücklichste die von Eduard von der Hellen in den Jahren 1902–1912 herausgegebene Jubiläums-Ausgabe der Werke Goethes in 40 Bänden, die neben der ‚Weimarer Ausgabe' bedeutendste Goethe-Edition im Wilhelminischen Reich. Die Bearbeiter der einzelnen Bände waren z. T. die gleichen wie bei der ‚Weimarer Ausgabe' und konnten so die dort gemachten Erfahrungen in die neue Ausgabe produktiv einbringen. In der Textgestaltung beanspruchte die Jubiläums-Ausgabe durchaus Eigenständigkeit gegenüber der ‚Weimarer Ausgabe', indem sie sich stärker von dem Vorbild der ‚Ausgabe letzter Hand' löste und in einer Reihe von Fällen auf die Handschriften und die frühen Drucke zurückging. Die Jubiläums-Ausgabe zeichnet ein hoher Grad von Benutzerfreundlichkeit aus. Die Auswahl der Texte ist so umfassend, daß auch strenger wissenschaftlichen Ansprüchen Genüge geleistet wird. Besonders wertvoll ist das 1912 als 41. Band erschienene umfassende Personen- und Sachregister, das wegen seiner Zuverlässigkeit und seiner nuanciert aufgefächerten Begrifflichkeit noch immer ein unentbehrliches Hilfsmittel für die Forschung und für ein ‚unzünftiges' Informationsbedürfnis darstellt. Mit der Jubiläums-Ausgabe hat die Goethephilologie ihre überzeugendste und in sich stimmigste Leistung erbracht. Ihr zur Seite trat als weiteres grundlegendes Unternehmen die Neuausgabe von Hirzels Sammlung ‚Der junge Goethe', die Max Morris 1909–1912 in sechs Bänden besorgte und mit der der um Goethe hochverdiente Berliner Arzt seine jahrzehntelangen Goetheforschungen krönte.[45] Synchron mit der Jubiläums-Ausgabe und vom gleichen Herausgeber betreut erschien 1901–1913 in Cottas Bibliothek der Weltliteratur eine sechsbändige kommentierte Auswahlausgabe von Goethes Briefen, die das in der ‚Weimarer Ausgabe' nur schwer zugängliche riesige Briefcorpus einer breiteren Öffentlichkeit erstmals zugänglich machte.[46] Der Erschließung und Edition des vielverzweigten Goetheschen Briefwechsels waren vor allem die seit 1885 in regelmäßigen Abständen erschienenen ‚Schriften der Goethe-Gesellschaft' gewidmet,[47] die die in die ‚Weimarer Ausgabe' nicht aufgenommene reiche Ernte der Briefe an Goethe in adressaten- oder gruppenorientierten Briefwechseln vorlegten, die vielfach, wie in den zweibändigen Sammlungen ‚Goethe und die Romantik' (Bd. 13/14) und ‚Goethe und Österreich' (Bd. 17/18), allererst die Textbasis für eine genauere Erforschung dieser zentralen Lebensbeziehungen des Dichters schufen.

Die Sammlung und Erschließung der Goetheschen Gesprächszeugnisse ist das Werk eines Goethephilologen der ersten Stunde gewesen, Woldemar Freiherr von Biedermann, der von 1889 bis 1896 seine Ausgabe ‚Goethes Gespräche' in 10 Bänden vorlegte, die von seinem Sohn Flodoard unter Mitwirkung von Max Morris, Hans Gerhard Gräf und Leon[h]ard Mackall in einer verbesserten und vervollständigten zweiten Auflage 1909–1911 in 5 Bänden herausgegeben wurde. Ein besonderer Platz unter den noch heute unentbehrlichen Hilfsmitteln, die die Goethephilologie dieser Epoche der Forschung erarbeitet hat, gebührt dem monumentalen neunbändigen Werk ‚Goethe über seine Dichtungen. Versuch einer Sammlung aller Äußerungen des Dichters über seine poetischen Werke', das Hans Gerhard Gräf in den Jahren 1901–1914 vorgelegt hat. Eine Art Summe der von der Goethephilologie im Wilhelminischen Reich erschlossenen Kenntnis von Goethes Leben und Werk bildet das dreibändige ‚Goethe-Handbuch', das, in Verbindung mit zahlreichen Goetheforschern von Julius Zeitler herausgegeben, in den Jahren 1916-1918 erschienen ist.

Im Rückblick auf den – hier nur höchst fragmentarisch skizzierten – bleibenden Ertrag der Arbeit der Goethephilologie mag einem in diesem Arbeitsbereich selber seit Jahren tätigen Philologen und fast täglichen Benutzer der hier erwähnten Editionen und Dokumentationen die Bemerkung gestattet sein, daß die Tugend des Fertigwerdens und Abschließens vielfach monumentaler Unternehmen innerhalb erstaunlich kurzer Fristen das vielleicht eindrucksvollste Signum dieser Arbeiten ist. Dies scheint nur möglich unter Bedingungen, die die asketische Klausur monomanischer Detailarbeit mit dem Lohn eines öffentlichen Interesses honoriert, wie dies im Wilhelminischen Deutschland der Fall war. Goethekult und Goethephilologie stehen in dieser Beziehung in einem durchaus positiven Wechselverhältnis. Der allzu leicht und freigebig gespendete Beifall einer Öffentlichkeit jedoch, die den von ihr zum Olympier hochstilisierten Autor Goethe zum Nationalheiligtum erklärte, barg jedoch auch beträchtliche Gefahren für eine Philologie in sich, die ihre Normen zunehmend in einer soliden Handwerklichkeit suchte und sich vielfach selbstgenügsam mit ihr zufriedengab. Unerfahren in der Konfrontation mit einer anderen als der philologischen Kritik, stieß die Goethephilologie dort an ihre Grenzen, wo ihr Gegenstand erneut aus der Selbstverständlichkeit einer eingeübten Klassikerpflege vor das Forum aktueller Zeitinteressen zitiert wurde, die zunehmend in Widerspruch gerieten zu dem dichterischen Idol des bürgerlichen Zeitalters. Das Ende des Kaiserreichs bedeutete auch das Ende einer mit dieser Epoche verbundenen Lebensform: des Goethephilologen, wie ihn Hermann Bahr 1921 in ironisch gebrochener Verklärung dargestellt hat. In den zwanziger Jahren wurde es unter den jüngeren Goetheforschern Mode, in polemischer Abgrenzung von dem philologischen Ballast, den die Goethephilologie angehäuft hatte, den Dichter nach philologisch unausgewiesenen Reclam-Ausgaben zu zitieren. Der funktionale Aspekt einer Beschäftigung mit Goethe trat wieder in den Vordergrund. Ein Goethe ‚für Ertrinkende', wie ihn sich Ortega y Gasset 1932 erbeten hatte, bedarf keiner Lesarten, um wirksam zu sein. Eine Erfahrung, die sehr viel später auch Plenzdorfs Edgar Wibeau mit seinem umschlaglosen Reclam-Heft des ‚Werthers' machen sollte.

## 4. Goethe-Gesellschaft

Am 15. April 1885 war Walther Wolfgang von Goethe, der letzte Enkel des Dichters und der alleinige Erbe seines gesamten Besitzes, gestorben. Damit war der Weg frei geworden zur Öffnung des bis dahin für die Öffentlichkeit unzugänglichen Goethehauses am Frauenplan mit seinen reichen, bislang nicht bekannten Schätzen des Goetheschen Nachlasses. Weimar, um die Jahrhundertmitte vor allem die Musikstadt Franz Liszts und seit Goethes Tod nur gelegentliches Ziel einzelner Goethepilger,[1] wurde nun das Zentrum der Goethepflege, der Goetheforschung und der Goetheverehrung in Deutschland. Aus dem Goethehaus wurde das Goethe-Nationalmuseum, der handschriftliche Nachlaß des Dichters bot die Grundlage des Goethe-Archivs, das wenige Jahre später zum Goethe- und Schiller-Archiv erweitert werden konnte.[2] Den weithin sichtbaren Rahmen dieser neuen Epoche der Goetherezeption bildete die Gründung der ‚Goethe-Gesellschaft in Weimar', die bis in die Gegenwart eine der einflußreichsten und bekanntesten Dichtergesellschaften im deutschsprachigen Raum geblieben ist.[3] Unermüdlich tätige und teilnehmende Förderin der Gesellschaft und der mit ihr verbundenen Institutionen und wissenschaftlichen Vorhaben war die Großherzogin Sophie von Sachsen, königliche Prinzessin der Niederlande, der zu Ehren die Weimarer Ausgabe von Goethes Werken auch den Namen ‚Sophien-Ausgabe' erhalten hat.

Bereits 1859 war durch Otto Volger in Frankfurt am Main das ‚Freie Deutsche Hochstift' gegründet worden, das 1863 das Geburtshaus Goethes erwarb und damit ein erstes öffentlich zugängliches Zentrum der Goetheverehrung in Deutschland schuf.[4] Die nicht unbedeutende Goethebibliothek und die Sammlung der auf Goethe bezüglichen Bilder und Dokumente bildeten fortan ein wichtiges Instrumentarium der Goetheforschung. Seit 1876 erschienen die jährlichen ‚Berichte des Freien Deutschen Hochstifts' (ab 1902: ‚Jahrbuch des Freien Deutschen Hochstifts'), die sich neben dem 1880 von Ludwig Geiger begründeten und seit 1886 zum Organg der Goethe-Gesellschaft erklärten ‚Goethe-Jahrbuch' einen wichtigen Platz als Forum der Goetheforschung und der Goethediskussion haben erobern können.

Am 20. und 21. Juni 1885 fand die Gründungssitzung der ‚Goethe-Gesellschaft' im Saale der Armbrustschützengesellschaft in Weimar statt. Zu ihrem ersten Präsidenten wurde Eduard Simson gewählt, der Präsident des deutschen Reichsgerichts zu Leipzig und vormalige Präsident der Paulskirche und des deutschen Reichstages. „Aus dem Zeitalter Goethes", so Erich Schmidt 1899 in seinem Nachruf auf den ersten Präsidenten, „war Simson harmonisch wahrend und mehrend, human und national über Frankfurt hinweg in das Zeitalter Bismarcks eingegangen."[5] „Wie sehr er von Goethischem Geiste getränkt war", so heißt es 1925 in einem Rückblick Gustav Roethes auf die ersten vierzig Jahre der Goethe-Gesellschaft, „das bewährte er an jenem 28. März 1849, da die Deutsche Nationalversammlung im Gegensatz zur Linken, zu den Republikanern die Wahl Friedrich Wilhelms des Vierten zum deutschen Kaiser beschloß: eindrucksvoll mahnend erklangen damals aus Simsons Munde Goethes Worte durch die Paulskirche:

> Nicht dem Deutschen geziemt es, die fürchterliche Bewegung
> Fortzuleiten und auch zu wanken hierhin und dorthin.
> Dies ist unser! so laßt uns sagen und so es behaupten."[6]

Über die Gründungssitzung der Goethe-Gesellschaft hat Otto Brahm in einem Artikel in der ‚Deutschen Rundschau' berichtet: „Der Bann ist gelöst. Jahrzehnte hindurch hat die Sehnsucht der Forscher jenes stille Goethehaus zu Weimar umkreist, das der unerschütterliche Wille seiner Besitzer vor den Unberufenen und den Berufenen verschloß; und die Wissenschaft, welche auf den Namen Goethe getauft ist, konnte zu keiner sicheren Fundierung ihres gewaltigen Baus gelangen, so lange nicht der literarische Schatz gehoben war, den die Enkel des Dichters mit zäher Treue vergraben hielten. Jetzt ist der letzte Nachkomme Goethes aus der Welt gegangen und die erlauchten Erben ihres Besitzers öffnen ihn der Nation: der Großherzog von Sachsen-Weimar wird das Goethehaus, seine Kunstschätze und Sammlungen erschließen, die Großherzogin mit der Herausgabe des literarischen Nachlasses rasch und freudig vorschreiten. Den gelehrten Mitgliedern der neu begründeten Goehe-Gesellschaft fällt dabei die schöne Aufgabe zu, ratend und tatend in das große Unternehmen mit einzugreifen."[7] In einem vom 1. Juli 1885 datierten Aufruf ‚An alle Verehrer Goethes',[8] der in allen größeren Tagesblättern veröffentlicht wurde, werden die vornehmlichsten Aufgaben der neugegründeten Goethe-Gesellschaft benannt, unter denen eine Ausgabe von Goethes Werken,

„welche den wissenschaftlichen Forderungen der Gegenwart entspricht“, den zentralen Platz einnimmt. Bereits 1859 hatte Jacob Grimm in seiner ‚Rede auf Schiller‘ eine solche Ausgabe mit Nachdruck gefordert,[9] und Herman Grimm beschloß seine Berliner Goethevorlesungen mit der Mahnung: „Ein anderes Denkmal aber noch ihm zu errichten, bleibt übrig. Einer unserer deutschen Akademien scheint die Pflicht obzuliegen, Goethes Werke würdig herauszugeben. Doch davon heute zu reden, würde zwecklos sein, wenn auch zugestanden werden müßte, daß die Sammlung und Edition seiner Briefe als eine bereits fast unaufschiebbare nationale Aufgabe in Angriff zu nehmen sei.“[10] Den Begriff ‚Akademie‘ benutzt auch der Aufruf ‚An alle Verehrer Goethes‘, wenn hier das ‚Goethe-Archiv‘, die ‚Goethe-Bibliothek‘ und das ‚Goethe-Museum‘ unter dem Titel einer ‚neuen Goethe-Akademie‘ zusammengefaßt werden. Herman Grimm hat in seinem anläßlich der Eröffnung des neuen Gebäudes des Goethe- und Schiller-Archivs am 28. Juni 1896 geschriebenen Aufsatzes ‚Die Zukunft des Weimarischen Goethe-Schiller-Archivs‘, rückblickend auf eine über zehnjährige Praxis, ausdrücklich den Gedanken einer ‚Goethe-Akademie‘ zurückgewiesen: „Das Weimarische Goethe-Schiller-Archiv ist keine Stätte, wo gelehrt wird, sondern ein Ort, wo der einzelne, mag er kommen, woher er will, sich aus eigener Veranlassung allein belehrt; keine Schule, wo feste Sätze dem Gedächtnisse eingeprägt werden, keine Universität, wo Lehrer Zuhörern ihren wissenschaftlichen Reichtum vortragen, keine Akademie, wo Gelehrte sich ihre Gedanken mitteilen. Wer in das Goethe-Schiller-Archiv als Arbeitender eintritt, muß wissen was er vorhat, und empfängt nur zum Studium was er verlangt. Das Haus ist der stillen Arbeit des deutschen Volkes geweiht, das seinen eignen geistigen Reichtum kennen lernen will.“[11] Grimm knüpfte an diese ‚stille Arbeit‘ die Hoffnung: „Das in sich fortwachsende Goethe-Archiv wird einst als die ideale Residenz derer dastehen, die unantastbar die deutsche Literatur unserer, dann in der Zukunft liegenden Vergangenheit repräsentieren.“[12] Anschaulich hat Rudolf Steiner in seiner Autobiographie über das Goethe- und Schiller-Archiv und seine Funktion innerhalb der Weimarer Gesellschaft der neunziger Jahre berichtet: „Das Archiv stand in bezug auf seinen Verkehr zwischen der wissenschaftlichen, künstlerischen und der Weimarischen Hofgesellschaft darinnen. Von beiden Seiten her erhielt es seine eigene gesellschaftliche Färbung. Kaum hatte sich die Türe hinter einem Kathedermann geschlossen, so ging sie wieder für irgendeine fürstliche Persönlichkeit auf, die am Hofe zum Besuche erschienen war. Viele Menschen aller gesellschaftlichen Stellungen nahmen teil an dem, was im Archiv geschah. Es war im Grunde ein reges, in vieler Beziehung anregendes Leben.“[13]

In dem Aufruf ‚An alle Verehrer Goethes‘ war der innere Zusammenhang von Reichsgründung und einer neuen, vorurteilslosen Würdigung Goethes mit Nachdruck hervorgeboben worden: „Mit dem neuen deutschen Reich ist die Zeit einer großen nationalen und politischen Denkart gekommen, für welche jene Vorurteile und Befangenheiten nicht mehr sind, die in vergangenen Jahrzehnten die richtige Erkenntnis und Würdigung Goethes bei vielen gehemmt haben. Ein großes nationales Reich weiß den größten seiner Dichter in seinem vollen Werte zu schätzen. Die Begründung und Erhaltung der politischen Größe unseres Volkes geht Hand in Hand mit der Pflege und Förderung seiner idealen Güter."[14] Gegen diesen Passus erhob der bekannte württembergische liberale Politiker und Historiker Gustav Rümelin, wennschon erfolglos, Protest. Die Goetheverehrung, so erklärte er, „habe mit dem neuen Reich nichts zu schaffen, das ja auch schon seit fünfzehn Jahren bestehe. Das Reich sei kleindeutsch, Goethe aber gehöre der ganzen Nation in und außerhalb des Reiches an. Die Deutschen in Österreich, der Schweiz, den Ostprovinzen usw. hätten den gleichen Anspruch an ihn. Jeder einzelne Satz des Abschnittes sei sehr anfechtbar, was er nicht des näheren ausführen wolle. Schwierigkeiten wolle er zwar nicht machen, wenn die anderen Mitglieder nichts dagegen hätten, aber er gäbe seine Unterschrift nur ungern".[15] Tatsächlich war bereits 1878 in Wien ein Goethe-Verein begründet worden, der mit der von Karl Julius Schröer herausgegebenen ‚Chronik des Wiener Goethe-Vereins' sein eigenes, bis heute erscheinendes Organ erhielt.[16] Eine wichtige, hier nicht zu leistende Aufgabe wäre es, die Spezifik der österreichischen Goetherezeption im Vergleich und im Unterschied zur reichsdeutschen darzustellen. 1902/03 veröffentlichte der Prager Literaturwissenschaftler August Sauer die beiden Briefbände ‚Goethe und Österreich',[17] die eindrucksvoll die weitverzweigten persönlichen Beziehungen Goethes in die Donaumonarchie dokumentierten. Die Wirkungsgeschichte Goethes im vor- und nachmärzlichen Österreich, bezeichnet durch Namen wie Joseph Stanislaus Zauper,[18] Franz Grillparzer,[19] Adalbert Stifter,[20] Ernst Freiherr von Feuchtersleben[21] u. a., findet in der zweiten Hälfte des 19. Jahrhunderts auf dem Gebiet der Goetheforschung ihre Fortsetzung durch Gelehrte wie Franz Thomas Bratranik, den Herausgeber von Goethes naturwissenschaftlicher Korrespondenz, Karl Julius Schröer, den Lehrer Rudolf Steiners, Eduard Castle, den späteren Herausgeber der ‚Chronik des Wiener Goethe-Vereins', Jakob Minor, den bedeutenden ‚Faust'-Forscher und Oskar Walzel, dessen akademischer Wirkungsbereich allerdings, wie der des Österreichers Wilhelm Scherer, im wesentlichen an Universitäten des Deutschen Reiches geknüpft war.[22] Einen Höhepunkt der Rezeptionsgeschichte Goethes in Österreich bildet der Goethekult des Jungen Wien, der in Hermann Bahr einen einflußreichen Wortführer[23] und in Hugo von Hofmannsthal einen das Goethebild im 20. Jahrhundert wesentlich mitbestimmenden repräsentativen Vertreter gefunden hat. Mit Josef Nadler, dem Schüler August Sauers, meldet sich am Ende dieser Epoche die Gegenstimme zu der mit den hier genannten Namen bezeichneten affirmativen Goetherezeption zu Wort, die moderne Variante einer spezifisch österreichisch-katholischen Goetheopposition, die ihre bis in die Anfänge des 19. Jahrhunderts zurückreichende Vorgeschichte hat.[24]

Die Repräsentation der Weimarer Goethe-Gesellschaft nach außen, vornehmlich für die Öffentlichkeit ihrer Mitglieder, fand statt auf den seit 1886 an jedem Sonnabend und Sonntag nach Pfingsten abgehaltenen Generalversammlungen, in deren Mittelpunkt ein Festvortrag und zumeist die Aufführung eines Goetheschen Werkes im Weimarer Theater stand. Die Namen der von der Gesellschaft eingeladenen Redner und die von ihnen behandelten Themen bilden gewissermaßen den Kanon der offiziellen Goetherezeption im Kaiserreich. Sie seien daher hier zur Orientierung aufgeführt:

1886: Herman Grimm, Goethe im Dienste unserer Zeit[25]
1887: Bernhard Suphan, Goethe und Herder[26]
1888: Kuno Fischer, Goethes Iphigenie[27]
1889: Michael Bernays, Goethes Geschichte der Farbenlehre[28]
1890: Gustav von Loeper, Berlin und Weimar[29]
1891: Veit Valentin, Die klassische Walpurgisnacht[30]
1892: Hermann von Helmholtz, Goethes Vorahnungen kommender naturwissenschaftlicher Ideen[31]
1893: Ottokar Lorenz, Goethes politische Lehrjahre[32]
1894: Paul Heyse, Goethes Dramen in ihrem Verhältnis zur heutigen Bühne[33]
1895: Friedrich Spielhagen, Die epische Poesie und Goethe[34]
1896: Konrad Burdach, Goethes west-östlicher Divan[35]
1897: Kein Festvortrag
1898: Ulrich von Wilamowitz-Möllendorff, Goethes Pandora[36]
1899: Erich Schmidt, Prometheus[37]
1900: Rudolf Eucken, Goethe und die Philosophie[38]
1901: Richard M. Meyer, Goethe als Psycholog[39]
1902: Friedrich Paulsen, Goethes ethische Anschauungen[40]
1903: Kein Festvortrag
1904: Adolf von Berger, Über Goethes Verhältniß zur Schauspielkunst[41]
1905: Bernhard Suphan, Schiller und Goethe[42]
1906: Henry Thode, Goethe der Bildner[43]
1907: Jakob Minor, Goethes Mahomet[44]
1908: Albert Köster, Goethe und sein Publikum[45]
1909: Georg Treu, Hellenische Stimmungen in der Bildhauerei von einst und jetzt[46]
1910: Kein Festvortrag
1911: Erich Marcks, Goethe und Bismarck[47]
1912: Otto Heuer, Goethe in seiner Vaterstadt[48]
1913: Bernhard Seuffert, Wieland[49]
1914: Gustav Roethe, Goethes Helden und der Urmeister[50]
1915: Max Lenz, Deutsches Nationalempfinden im Zeitalter unserer Klassiker[51]

1916: Max Friedlaender, Goethe und die Musik[52]
1917: Generalversammlung ausgefallen
1918: Generalversammlung ausgefallen

Bei diesem Vortragsangebot fällt die überdurchschnittliche Repräsentanz der Vertreter der Goethephilologie auf, die genau die Hälfte der insgesamt 28 Vorträge bestritten haben. Der Rest verteilt sich auf Philosophen, Historiker, Altphilologen, Kunst-, Theater- und Musikwissenschaftler, einem Naturwissenschaftler und zwei Vertreter der zeitgenössischen Dichtung. Bezeichnend ist die, bis auf den Vortrag von Seuffert über Wieland, fast ausschließliche Konzentration der Themenwahl auf Goethe und dessen Werk, eine Fixierung, die der biographistischen Einengung des Blickfeldes der Goethephilologie entsprach und die den Einspruch zweier Außenseiter herausforderte, deren Kritik den selbstgefällig-idyllischen Frieden der im Weimar Erbauung und Bestätigung ihrer Goetheverehrung Suchenden zeitweilig gestört hat. 1903 veröffentlicht Ernst von Wildenbruch seine Flugschrift 'Ein Wort über Weimar', in der er anklägerisch feststellt: „Möge Goethe unser Haupt-Augenmerk, möge die Herausgabe der Sophien-Ausgabe das große Werk der Goethe-Gesellschaft bleiben – aber man lasse im Repertoire der Fest-Vorträge Wechsel und Wandel eintreten. Wenn immer, immer und immer nur über Goethe gesprochen wird, so muß das schließlich zur Künstelei und Wiederkäuerei führen. Also lasse man auch über Schiller, Herder und Wieland, über Heinrich von Kleist, die Romantiker, ja über die hauptsächlichen Vertreter des jungen Deutschland, Otto Ludwig, Hebbel und Gutzkow sprechen."[53] Im vorletzten Kriegsjahr, 1917, hat der Germanist Friedrich von der Leyen in seinem in der ‚Deutschen Rundschau' veröffentlichen Aufsatz ‚Aufgaben der Goethe-Gesellschaft' die Kritik Wildenbruchs wiederholt und radikalisiert.[54] Auch von der Leyen beklagt die geringe öffentliche Resonanz, die die Goethe-Gesellschaft aufgrund ihrer betont konservativ-philologischen Behandlung und Würdigung Goethes bisher in Deutschland gehabt habe und fordert mit deutlichem Hinweis auf Bayreuth „eine oder zwei Festspielwochen", um „Weimar eine führende Stelle im deutschen Theaterleben zurückzuerobern".[55] Den Vorschlag, die Aufführung Goethescher Werke, vor allem des ‚Faust', in Analogie zu Bayreuth zu nationalen Festspielen zu machen, hatten bereits 1876 Franz Dingelstedt und gleichzeitig Herman Grimm geäußert.[56] Man mag es im nachhinein begrüßen, daß die Goethe-Gesellschaft es abgelehnt hat, ihre Jahrestagungen zu nationalen Goethe-Festspielen umzufunktionieren, Weimar möglicherweise zum Gegen-Bayreuth zu machen im Sinne der in der Nietzsche-Nachfolge stehenden Sätze Thomas Manns in seinem Brief an Julius Bab vom 14. 9. 1911: „Die Deutschen sollte man vor die Entscheidung stellen: Goethe oder Wagner. Beides zusammen geht nicht. Aber ich fürchte, sie würden ‚Wagner' sagen. Oder doch vielleicht nicht? Sollte nicht doch vielleicht jeder Deutsche im

Grunde seines Herzens *wissen,* daß Goethe ein unvergleichlich verehrungs- und vertrauenswürdigerer Führer und Nationalheld ist, als dieser schnupfende Gnom aus Sachsen mit dem Bombemtalent und dem schäbigen Charakter? Quaeritur."[57] Dennoch signalisieren die Einwände von Wildenbruch und von der Leyen gegen die Praxis der Goethe-Gesellschaft ein entscheidendes Merkmal der institutionalisierten Goetherezeption im Kaiserreich, den Sachverhalt nämlich, den Hans Mayer im Hinblick auf die Goetheforschung des 20. Jahrhunderts „die geheime Funktionslosigkeit von Goethes Werk" genannt hat.[58] Hatte Herman Grimm in seinem auf der ersten Generalversammlung der Goethe-Gesellschaft 1886 gehaltenen Vortrag noch über ‚Goethe im Dienste unserer Zeit' gesprochen, so verschwindet dieses Bedürfnis, Goethe im Kontext aktueller Zeitinteressen zu interpretieren und neu zu beleuchten, in zunehmendem Maße zugunsten seiner museal-philologischen Verwaltung. Dem messianisch überdonnerten kulturrevolutionären Pathos der Bayreuther Festspiele steht auf seiten Weimars der philologisch-aseptische Umgang mit einem zeitentrückten Klassiker gegenüber, dessen Gemeinde sich im ideologiefreien Raum ewiger kultureller Werte geborgen glaubte und deren politisch-reaktionärer Besetzung vor und nach 1918 umso hilfloser ausgeliefert war.

Es ist das Verdienst von Wolfgang Leppmann, in seinem Buch ‚Goethe und die Deutschen' von 1962 der Rolle der Goethe-Gesellschaft für eine soziologisch fundierte Rezeptionsgeschichte Goethes besondere Aufmerksamkeit gewidmet zu haben.[59] Seiner im ganzen vorbehaltlos positiven Einschätzung der Funktion, die die Goethe-Gesellschaft als kanonbildende Institution der Goetherezeption im Wilhelminischen Reich und in der Folgezeit gehabt hat, wird man allerdings mit beträchtlicher Skepsis begegnen müssen. Leppmann schreibt: „Im Laufe der Zeit ist die Gesellschaft [...] zu einer letzten Instanz in vielen Fragen der Goethe-Interpretation geworden. Der Grund hierfür ist wohl in ihren überragenden Leistungen auf diesem Gebiet zu suchen. Auf jeden Fall war es sehr zu begrüßen, daß eine allgemein anerkannte Autorität dieser Art existierte, besonders als das von Generationen fähiger und selbstloser Gelehrter in mühevoller Arbeit gezeichnete Goethebild im Dritten Reich manchen Verzerrungen unterworfen wurde."[60] In diesen Sätzen, mit denen Leppmann die Goethe-Gesellschaft zum guten Genius der Goetheinterpretation hochstilisiert, ist die Tatsache völlig verschwiegen, daß sie sich weithin unkritisch und widerspruchslos den feudalaristokratischen Herrschaftsstrukturen des neuen Reiches angepaßt hat, daß sie nach 1918, vor allem unter der Präsidentschaft Gustav Roethes, zum Hort eines reaktionären und dezidiert antidemokratischen Bewußtseins im Namen Goethes wurde und daß Julius Petersen die Gesellschaft mit dem ihm eigenen Pathos reibungslos ins Dritte Reich hinübergeschifft hat. Kritik, Polemik, kontroverse Diskussion haben in der Goethe-Gesellschaft kein Forum gefunden. Mit unfreiwilliger Komik berichtet Wolfgang Goetz in seiner Geschichte der Goethe-Gesellschaft über die öffentliche Kritik, mit der Gustav Roethe auf der Hauptversammlung der Goethe-Gesellschaft 1926 die Angriffe auf Goethe zurückwies, die Josef Nadler ein Jahr zuvor in seinem Aufsatz ‚Goethe oder Herder?' vorgetragen hatte. „Es war", so schreibt er, „unseres Wissens das erstemal in den vierzig Jahren der Gesellschaft, daß ex cathedra einem Angriff heftig pariert wurde. Wir dürfen hoffen, daß wir nicht wieder in diese Lage kommen, und doch will uns diese letzte schneidige Geste Roethes als eine Mahnung gelten. Nicht nur für Goethe hat unsere Gemeinde zu wirken, sie hat auch gegebenenfalls den Widergeist niederzukämpfen, er mag sich hüllen in welches Gewand er wolle."[61] Die Goethe-Gesellschaft hat den Widergeist allerdings nur dort bekämpft, wo er sich in das Gewand der Goethekritik gehüllt hat. Der goethefreundliche Widergeist war jederzeit, bis heute, hochwillkommen. Es ist die Gefahr aller im Namen eines verehrten Autors versammelten Gesellschaften, sich in apologetischer Sterilität zu isolieren und die Distanz und damit auch die Kritikfähigkeit gegenüber ihrem Idol einzubüßen. Diesem Schicksal ist gerade die Goethe-Gesellschaft nicht entgangen. Sie hat es von Anfang an versäumt, sich der Herausforderung durch progressive Zeittendenzen zu stellen, so wie sie es versäumt hat, der produktiven Goethekritik in ihren Versammlungen und in ihren Veröffentlichungen Raum zu geben. Man blättere in dem bändereichen ‚Goethe-Jahrbuch' nach und suche die Stellen auf, an denen – wenn überhaupt – Heine und Börne erwähnt werden und in welcher Weise sie erwähnt werden werden! Noch vor der Gründung der Goethe-Gesellschaft hat Gottfried Keller anläßlich des Wiederabdrucks seines Gedichts ‚Goethe-Philister' den typischen Goetheverehrer in einem Brief an Ludwig Geiger vom 11. März 1884 charakterisiert: „Es existiert eine Art Muckertum im Goethekultus, das nicht von Produzierenden, sondern von wirklichen Philistern vulgo Laien betrieben wird. Jedes Gespräch wird durch den geweihten Namen beherrscht, jede neue Publikation über Goethe beklatscht – er selbst aber nicht mehr gelesen, weshalb man auch die Werke nicht mehr kennt, die Kenntnis nicht mehr fortbildet. Dies Wesen zerfließt dann einesteils in blöde Dummheit, anderenteils wird es wie die religiöse Muckerei als Deckmantel zur Verhüllung von allerlei Menschlichem benutzt, das man nicht merken soll. Zu alledem dient eben die große Universalität des Namens."[62] Der notwendigen Sterilität einer unkritischen Heldenverehrung vor allem ist es zu verdanken, daß die Jugend sich der neuen Institutionalisierung Goethes gegenüber skeptisch und abweisend verhalten hat. Ein köstliches Zeugnis hierfür aus den neunziger Jahren ist das Enfant terrible Otto Erich Hartleben, der mit seinem kecken und unprofessionellen ‚Goethe-Brevier' von 1895[63] frischen Wind in die um ihr Idol versammelten Graubärte der Goethe-Gesellschaft geblasen hat. Hartlebens unkonventionelle Anthologie Goethescher Gedichte hat mehr zur lebendigen Goethewirkung beigetragen als viele Bände des gelehrten ‚Goethe-Jahrbuchs', sie hat vor allem, wie Hermann Bahr bezeugt, die Jugend der Jahrhundertwende zu Goethe zurückgeführt.[64] Leppmanns Behauptung, die Goethe-Gesellschaft sei zu einer „letzten Instanz in vielen Fragen der Goethe-Interpretation geworden“, wird nicht zuletzt durch die Tatsache relativiert, daß wesentliche Impulse der Erneuerung und Revolutionierung des Goethebildes im Zeitraum zwischen 1871 und 1918 unabhängig und im Widerspruch zur durch die Gesellschaft institutionalisierten Goetherezeption gegeben worden sind. Dies gilt vor allem für die Epoche nach der Jahrhundertwende, in der Nietzsches Goethebild, vermittelt über Stefan George und seine Schüler, wesentlichen Einfluß auf die geisteswissenschaftliche und lebensphilosophische Goetherezeption von Simmel und Gundolf gewinnt; dies gilt in gleichem Maße auch für die Arbeiten Wilhelm Diltheys und für die revolutionären formanalytischen Aufsätze von Helene Herrmann, die den Rahmen der offiziellen, im ‚Goethe-Jahrbuch‘ vertretenen Goethedeutung sprengen und in Richtung auf zukünftige Entwicklungen weit überschreiten. Eine den Anforderungen der Gegenwart auch nur annähernd genügende Geschichte der Goethe-Gesellschaft existiert nicht. Sie zu schreiben wäre eine der vordringlichsten Aufgaben einer sozialgeschichtlich orientierten Literaturwissenschaft. Sie hätte als eines ihrer wichtigsten Ziele den Gründen nachzuspüren, warum der institutionelle Umgang mit Goethe auch heute noch immer mit dem Odium der Langeweile, des sektiererhaften Philistertums und eines gepflegten Konservativismus behaftet ist.

## 5. Wandlungen des Goethekanons

Bei keinem der großen Autoren der Weltliteratur ist die Rezeptionsgeschichte in so starkem Maße wie bei Goethe geprägt durch die immer wechselnden Versuche, neue Schwerpunkte des Interesses, neue Kern- und Mittelpunktzonen der rezeptiven Aneignung zu setzen, Korrespondenzen herzustellen zwischen den Fragen und Bedürfnissen der eigenen Zeit und der schier unerschöpflichen Variationen, die das universale Werk dieses Autors dem jeweils wechselnden Identifikationsbedürfnis darbietet. Welchen Goethe hat das neue Reich rezipiert, welche Wandlungen hat dieser den Bedürfnissen der Sieger von 1870/71 entsprechende Goethe erfahren? Eine eindeutige Antwort auf diese Frage ist nur bedingt zu geben, ist nur unter dem Vorbehalt einer ungenauen Verallgemeinerung möglich. Für die erste Rezeptionsphase, die etwa zeitgleich mit den sogenannten Gründerjahren ist, läßt sich die Frage pauschal durch die Feststellung beantworten: Es ist der junge Goethe, der im Mittelpunkt des allgemeinen Interesses und im Zentrum der Forschung steht. Wilhelm Scherer hat 1875 das im gleichen Jahr erschienene Quellenwerk „Der junge Goethe“ in seinem Aufsatz „Goethe und Adelaide“ mit folgenden Worten charakterisiert: „Goethes Jugend ist ein unvergleichliches, einziges Phänomen, in dessen Anschauen wir nicht müde werden uns immer von neuem zu vertiefen. Welche Kraft und welcher Glanz strahlt aus den Briefen, Gedichten, Romanen, Dramen, aus allen schriftlichen Denkmälern dieser drangvollen Zeit, welche erst jetzt durch Salomon Hirzels Sorgfalt in chronologischer Folge reinlich und wohlgeordnet vorliegen, und aus denen ein so treues Bild gewonnen wird, wie es keine Schilderung jemals gewähren konnte."[1] Er geht im folgenden genauer auf die Gründe ein, die die Faszination durch das Frühwerk des Dichters ausmachen, indem er es mit dem des späteren Goethe vergleicht: „Wenn ich mich dem späteren Goethe nähere, so ist mir zu Mute, als wenn ich vor einem Gewaltigen der Erde stünde. Respektvolle Scheu erfüllt mich, ich fühle mich geehrt und gehoben. Aber mir geht das Herz nicht dabei auf. [Absatz] So tut es hingegen bei Goethes Jugendwerken. Er hat die Schöpferkraft auf alle Zeiten hin. Er bläst in uns hinein wie Gott Jehova in Adam, den Lehmkloß: das Beste in uns bläst er zum Leben auf. Aber er bleibt uns menschlich nahe. Wir haben ihn als Kind gekannt, wir haben ihn aufwachsen sehen. Vom Leipziger Liederbuch bis zum Werther, das scheint eine Bewegung Schritt für Schritt, und wir glauben uns Rechenschaft ablegen zu können, wie es so vorwärts ging."[2] Vielfältige Motive mögen in diese emphatische Identifikation mit dem jungen Goethe, von der Scherer übrigens später abgerückt ist, weil er befürchtete, daß „sonst der Formlosigkeit weiterer Vorschub geleistet würde",[3] zu diesem Zeitpunkt eingeflossen sein: die Korrespondenz des Aufbruchspathos der Gründerzeit mit dem Lebensgefühl des Stürmers und Drängers, die Tatsache der Eingliederung des Elsaß, der Landschaft des Straßburger Goethe, in das neue Reich, die Alfred Dove in seinem Goethe-Geburtstagsartikel von 1871 in der von ihm herausgegebenen Wochenschrift ‚Im neuen Reich' feiert,[4] und im speziellen Fall des Philologen Scherer die einzigartige Möglichkeit, das Verhältnis von Leben und Werk in der doppelten Brechung der unmittelbaren Lebenszeugnisse und der späteren Autobiographie zum genuinen Experimentierfeld positivistischer Analysen zu machen. Es gab jedoch auch Gegenstimmen, die früh an der einseitigen Bevorzugung des jungen Goethe Kritik übten. Die einflußreichste war die Herman Grimms, der in seinen Goethevorlesungen gegen die „in eine Art Kultus ausgeartete Wertschätzung der vorweimarischen Zeiten Goethes" Einspruch erhob und ihr die Auffassung entgegenstellte, daß die Jugendwerke Goethes es sich gefallen lassen müßten, „von den Arbeiten seines reifen Alters in Schatten gestellt zu werden".[5] Dementsprechend erhalten bei ihm die klassizistischen Werke, vor allem ‚Hermann und Dorothea' und ‚Alexis und Dora' die höchste ästhetische Wertschätzung. Lag für den jungen Scherer die Bevorzugung des Frühwerks in der Tatsache begründet, daß in ihm die Persönlichkeit des Dichters greifbar hervortrete, so ist für das an Goethes Stilbegriff orientierte ästhetische Bewußtsein Herman Grimms gerade die unpersönliche Objektivität der klassischen Werke ihr auszeichnendes Merkmal: „Und so sind die vor seinen römischen Zeiten entstandenen Werke Goethes nur abgesplitterte Teile einer

Persönlichkeit, welche selber uns ebenso wichtig bleibt als ihre Werke, und erst was er nach der italienischen Reise gedichtet hat, bedarf Goethes Person nicht mehr, um eine vollendete freie Schöpfung mit eigenem Willen und eigner Bewegung zu sein. Das ist es, was die Arbeiten des jungen Goethe zurücktreten läßt gegen die des Goethe, welcher in Rom den Griechen das Geheimnis des Stiles abgesehen hatte."[6] Noch radikaler hat Grimm die Tilgung des Erlebnisses in der Objektivität des gestalteten Werkes anläßlich der ,Wahlverwandtschaften' formuliert: „Seine Fabeln, auch wenn sie aus den persönlichsten Erfahrungen entstanden, sind ja niemals bloß verhüllte Wiederholungen des Erlebnisses, sondern gestalteten sich, je mehr ihr Wachstum sich ausbreitet und abrundet, zu neuen Schöpfungen, deren letzte Vollendung eben darin besteht, daß der Charakter des Erlebten, auf dem zuerst alles beruhte, zuletzt vernichtet wird."[7] Grimm befand sich allerdings mit dieser radikalen Stellungnahme zum Problem des Verhältnisses von Erlebnis und Dichtung weithin im Widerspruch zu seinem eigenen Verfahren, das weniger auf die Erschließung der Objektivität literarischer Strukturen gerichtet war als auf die in den Kontext von Goethes Lebensgeschichte eingebettete Entstehungsgeschichte seiner Werke. An diese Aporie hat Wilhelm Dilthey in seiner im Anschluß an Grimms Vorlesungen geschriebenen Abhandlung ,Ueber die Einbildungskraft der Dichter' von 1878[8] angeknüpft, die die Reihe seiner bedeutenden Versuche, der Poetik durch eine Theorie der Einbildungskraft ein neues Fundament zu geben, eröffnet.

Die Begeisterung Scherers und vieler seiner Schüler für den jungen Goethe wurde von den Naturalisten geteilt.[9] So wollen Heinrich und Julius Hart in dem programmatischen Eröffnungsartikel ,Wozu, Wogegen, Wofür?' ihrer ,Kritischen Waffengänge'[10] die junge Dichtung in Abkehr von dem überlebten Antikekult einer kraftlosen Epigonenliteratur auf den Sturm und Drang des jungen Goethe verpflichten: „Reißen wir die jungen Geister los aus dem Banne, der sie umfängt, machen wir ihnen Luft und Mut, sagen wir ihnen, daß das Heil nicht aus Ägypten und Hellas kommt, sondern daß sie schaffen müssen aus der germanischen Volksseele heraus, daß wir einer echt nationalen Dichtung bedürfen, nicht dem Stoffe nach, sondern dem Geiste, daß es wieder anzuknüpfen gilt an den jungen Goethe und seine Zeit und daß wir keine weitere Formenglätte brauchen, sondern mehr Tiefe, mehr Glut, mehr Größe."[11] Ein Nachklang dieses naturalisitschen Programms findet sich noch in Arno Holz ,Die Blechschmiede' von 1902, wo es heißt:

Du warst kein Großer aus einem Guß,
o Goethe, du Eklektikus!
Du warst, und wenn sich auch alles entsetzt,
aus tausend Lappen zusammengefetzt!
Zwar in deiner Jugend, à la bonne heure,
gingst du durch jedes Nadelöhr.

Da hatte dein Rückgrat noch keinen Knax,
ehrlich schwurst du auf Hans Sachs.
Tänzeltest nicht in französischem Schuh,
hörtest den Herderschen Volksliedern zu.
Krochst in kein Mausloch, sondern läutetest mit Sturm,
klettertest auf den Straßburger Münsterturm!
Doch der Deutsche in dir hielt nicht lange Stich.
Der Herr Geheimrat empörte sich.
Und als du dann gar noch Minister geworden –
Schwamm drüber! Ich will dich nicht ganz ermorden.[12]

Der Hinweis auf die ‚germanische Volksseele', der nach Meinung der Brüder Hart die Dichtung des jungen Goethe mehr entspreche als die antikisierende ‚Iphigenie', ist der gemeinsame Tenor aller jener Stimmen, die die ‚Deutschheit' des Stürmers und Drängers Goethe gegen den Kosmopolitismus seiner Klassik ausspielen. Diese Position hat in Carl Weitbrechts 1895 erschienenem Buch ‚Diesseits von Weimar. Auch ein Buch über Goethe'[13] ihren schärfsten Ausdruck erfahren. Es ist die zeitgemäße Erneuerung der bereits von Ludwig Tieck 1828 aufgestellten These, daß der Sturm-und-Drang-Goethe der *eigentliche* Goethe ist, der Weimarer Klassiker hingegen ein „Sektierer für das Altertum"[14] geworden sei. Bei Weitbrecht liest sich diese genuin spätromantische Goethedeutung so: „Was auch von französischen Einflüssen die junge Seele gestreift hat, so offenen Sinnes auch der junge Goethe schon in die Welt des klassischen Altertums geschaut hat, dieser Goethe ist doch deutsch bis ins Mark und will nichts anderes sein. Man fahre hier nicht dazwischen in dem bekannten Tone: das gehe die Poesie, die Kunst nichts an; Kunst sei international, ein Dichter wie Goethe gehöre der Menschheit an – und was dergleichen immer wieder nachgebetete Un- und Halbwahrheiten sind! Mit Verlaub: die Kunst ist nicht international! Mit Verlaub: die Menschheit hat rein gar nichts von einem Dichter, wenn er nicht seiner Nation angehört!"[15] Die These, daß die Kunst nicht international sei, hatte bereits Julius Langbehn in seinem 1890 anonym erschienenen Werk ‚Rembrandt als Erzieher' mit großer Wirkung auf seine Zeitgenossen verkündet. Sein national-konservatives Goethebild, das von mir zum erstenmal im Zusammenhang dokumentiert worden ist,[16] hat auf den Goethekult der verschiedenen antizivilisatorisch-irrationalistischen ‚Kunst'-Bewegungen der Jahrhundertwende (Goethebünde, Heimatkunst u. a.) größten Einfluß ausgeübt.

Die hohe Wertschätzung des vorweimarer Jugendwerkes, die Pate bei Goethes Einzug ins neue Reich gestanden hatte, mußte allerdings früher oder später in Widerspruch treten zu dem Lebensgefühl einer Epoche, das in der narzistischen Selbstdarstellung Werthers, dem scheiternden Selbsthelfertum des Götz und der Liebes- und Naturlyrik des jungen Goethe nur wenig Anknüpfungspunkte einer identifikatorischen Rezeption fand. Überaus aufschlußreich in diesem Zusammenhang ist die ‚Werther'-Deutung von Karl Hillebrand in seiner 1885 in der Essaysammlung ‚Zeiten, Völker und Menschen' veröffentlichten berühmten Abhandlung ‚Die Werther-Krankheit in Europa', deren Fazit lautet: „Man verkennt nicht ungestraft das Gesetz der Arbeit und der gesellschaftlichen Tätigkeit; ein Sichbeschränken auf das innere Leben, so rein und schön es sein mag, muß zum Pessimismus führen."[17] Hätte Werther, so heißt es bei Hillebrand weiter, „nur ein wenig Energie, ein wenig Mut – wie der Dichter selber sie hatte – er könnte kämpfen, sich retten, siegen; aber nein, der Kampf erschreckt ihn, er zieht es vor, sein Herzchen wie ein krankes, verwöhntes, Kind zu behandeln, dem man jeden Willen tun muß. Werther ist blasiert, blasierter als der korrupteste Wüstling; wiewohl es der Idealismus, nicht der Materialismus ist, der ihn blasiert hat".[18] Die Zeit verlangte in zunehmendem Maße nach anderen Werten und Idealen, als sie das Jugendwerk Goethes bot. Männlich-sieghafte Tüchtigkeit und produktive gesellschaftliche Bewährung waren gefragter als sentimentale Introspektion und jugendliches Aufbegehren gegen das Bestehende. Der Wertherschen Krankheit zum Tode setzte die Wilhelminische Epoche recht bald das Faustische ‚Wer immer strebend sich bemüht' entgegen. Der ‚Faust', in dem nach der vorherrschenden Deutung der Zeit der titanische Trotz der auf Tat und Tüchtigkeit zielenden Idee der Perfektibilität des Menschen weichen muß, wurde das paradigmatische Werk der Epoche. Weitere Gründe, die zu einer Akzentverlagerung des Interesses vom jungen auf den klassischen und am Ende der Epoche auch auf den späten Goethe führten, kamen hinzu. Der Weg des jungen Goethe vom bürgerlichen Rebellen zum Dichter am Weimarer Hof wurde als Analogie des Weges der bürgerlichen Klasse von der überwundenen 48er Revolution zur Integration in das von Hof und Adel bestimmte neue Reich interpretiert. Die zentrale gesellschaftspolitische Ideologie der deutschen Klassik, der Klassenkompromiß zwischen Adel und Bürgertum, erhielt Vorbild- und Leitfunktion für die Goetherezeption im Wilhelminischen Deutschland. In zahlreichen Festreden der Goethe-Gesellschaft ist gerade dieses Motiv der Goetheverehrung immer wieder hervorgehoben und unterstrichen worden. Viele der führenden Goetheforscher wie Herman Grimm und Gustav von Loeper hatten selbst enge persönliche Beziehungen zum Kaiserhof und haben dessen Interessen in ihre Goethedeutung einfließen lassen. Im Vorwort zur fünften Auflage seiner Goethevorlesungen von 1894 hat Herman Grimm die soziale Situation benannt, vor deren Hintergrund sich die Goetherezeption am Ende des Jahrhunderts vollzog: „Ein Kampf ist in Deutschland entbrannt, wie keine frühere Zeit ihn durchmachte. Dessen Ursachen nicht die Feindseligkeit der Stämme, sondern die Versuche eines allgemeinen Ansturmes der Niederen gegen die Höheren sind."[19] Der Abwehr des Ansturms der Niederen gegen die Höheren galt auch der Kampf gegen den Naturalismus, für den Goethe jetzt als Bundesgenosse ausgerufen und in Dienst gestellt wurde. Hier konnte das Werk des jungen Goethe wenig

Hilfe bieten, hatten sich doch die Naturalisten selbst auf ihn und dessen ‚naturalistische' Darstellungspraxix berufen. Nur die Hinwendung zum klassischen Goethe und seiner Idealität und Realität versöhnenden klassischen Ästhetik vermochte hier einen Kontrapunkt zum Geist der naturalistischen Epoche zu setzen. In diesem durchaus zeitpolemischen und zeitbezogenen Sinne veröffentlichte Otto Harnack 1892 sein Werk ‚Die klassische Ästhetik der Deutschen'. In seinem Vortrag ‚Goethe's Kunstanschauung in ihrer Bedeutung für die Gegenwart' von 1894 hat Harnack die Funktion, die Goethes Kunstanschauung für seine Gegenwart hat, bezeichnet: „Der Dienst der Schönheit als die Aufgabe, als das Streben und Sehnen des Künstlers stand Goethe in erster Linie vor der Seele und in dieser Anschauung war er mit den größten Künstlern aller Zeiten einig. Wenn heutzutage ‚Moderne' sich darin gefallen, diesen Standpunkt als ‚Gymnasial-Ästhetik' zu verspotten, so beweisen sie damit nur ihre Pygmäennatur, die an das Große überhaupt nicht heranreicht."[20] Im Zwiespalt zwischen einer akademischen und einer naturalistischen Kunstauffassung, so argumentiert Harnack, „ist es die Stimme Goethes, welche uns als eine wahrhaft versöhnende und zielweisende Offenbarung erscheint, die Stimme des Meisters, der den Gesetzen der Kunst wie der Natur mit gleich empfänglichen Sinnen und mit gleich verständnisvollem Empfinden nachging".[21] Wiederum, wie schon im Jungen Deutschland, im Vormärz und im poetischen Realismus, wird die Goetherezeption unmittelbar eingreifender Bestandteil der aktuellen literarischen Auseinandersetzung, wird auch die Geschichte der Goetheforschung integrales Moment der Literaturgeschichte. In wie starkem Maße Goethe Leitfunktion für eine gegennaturalistische Dichtungsauffassung erhalten hat, zeigt u. a. beispielhaft der 1906 erschienene Aufsatz ‚Goethe und der moderne Roman' von Karl Rehorn, in dem das nach Meinung des Autors auf „Wahrheit und Schönheit" beruhende Menschenbild der Goetheschen Romane gegen den Milieu-Determinismus und das „moralische Gift" des Pathologischen im ‚Berliner Roman' der achtziger und neunziger Jahre polemisch ins Feld geführt wird.[22]

Entscheidende Bedeutung für die Verlagerung des Interesses vom jungen auf den klassischen und den alten Goethe, die sich seit Ende der achtziger Jahre beobachten läßt, hat das Werk Friedrich Nietzsches gehabt. Sein Goethebild, das im Zusammenhang der erst nach 1890 einsetzenden Wirkungsgeschichte Nietzsches in Deutschland seit der Jahrhundertwende auch für die Goetherezeption Einfluß gewinnt, ist orientiert an den Werken des klassischen und des nachklassischen Goethe. Bereits die dritte der ‚Unzeitgemäßen Betrachtungen' von 1874 stellt dem Menschen Rousseaus, der „zu ungestümen Revolutionen drängte und noch drängt", den Menschen Goethes gegenüber, „das Korrektiv und Quietiv gerade jener gefährlichen Aufregungen, denen der Mensch Rousseaus preisgegeben ist".[47] Der Mensch Goethes, so heißt es weiter, ist „der beschauliche Mensch im hohen Stile", „eine erhaltende und verträgliche Kraft",[24] der Typus des Antirevolutionärs schlechthin.

Der Abschnitt ‚Die Revolution in der Poesie' aus dem ersten Band von ‚Menschliches, Allzumenschliches' (1878), das Kern- und Zentralstück der Nietzscheschen Äußerungen über Goethe, beschreibt die Überwindung der durch Lessings Kritik am französischen Klassizismus ausgelösten Literaturrevolution, die die Kontinuität der Tradition mit dem ‚Sprung in den Naturalismus' durchbrach, durch das Werk des klassischen Goethe: „Gerade weil seine Natur ihn lange Zeit in der Bahn der poetischen Revolution festhielt, gerade weil er am gründlichsten auskostete, was alles indirekt durch jenen Abbruch der Tradition an neuen Fundamenten, Aussichten, Hülfsmitteln entdeckt und gleichsam unter den Ruinen der Kunst ausgegraben worden war, so wiegt seine spätere Umwandelung und Bekehrung so viel: sie bedeutet, daß er das tiefste Verlangen empfand, die Tradition der Kunst wiederzugewinnen und den stehengebliebenen Trümmern und Säulengängen des Tempels mit der Phantasie des Auges wenigstens die alte Vollkommenheit und Ganzheit anzudichten, wenn die Kraft des Armes sich viel zu schwach erweisen sollte, zu bauen, wo so ungeheure Gewalten schon zum Zerstören nötig waren. So lebte er in der Kunst als in der Erinnerung an die wahre Kunst: sein Dichten war zum Hülfsmittel der Erinnerung, des Verständnisses alter, längst entrückter Kunstzeiten geworden."[25] Die sich hieran anschließenden berühmten und vielzitierten Sätze greifen noch weiter. Sie umreißen in einer Zeit, die noch ganz im Bann und in der Faszination durch den Sturm-und-Drang-Dichter stand, kongenial das Bild des alten Goethe, indem sie Stilzüge benennen, die erst im Spätwerk, im ‚West-östlichen Divan', ‚Faust II' und in der letzten Lyrik, ausgebildet sind: „Nicht Individuen, sondern mehr oder weniger idealische Masken; keine Wirklichkeit, sondern eine allegorische Allgemeinheit; Zeitcharaktere, Lokalfarben zum fast Unsichtbaren abgedämpft und mythisch gemacht; das gegenwärtige Empfinden und die Probleme der gegenwärtigen Gesellschaft auf die einfachsten Formen zusammengedrängt, ihrer reizenden, spannenden, pathologischen Eigenschaften entkleidet, in jedem andern als dem artistischen Sinne *wirkungslos* gemacht; keine neuen Stoffe und Charaktere, sondern die alten, längst gewohnten in immerfort währender Neubeseelung und Umbildung: das ist die Kunst, so wie sie Goethe später *verstand,* so wie sie die Griechen, ja auch die Franzosen *übten*".[26] Zwei Jahre zuvor hatte der alte Friedrich Theodor Vischer in seinem eine lebenslange Beschäftigung mit dem Gegenstand abschließenden Buch über ‚Göthes Faust. Neue Beiträge zur Kritik des Gedichts' (1876) noch einmal sein geliebtes Steckenpferd geritten und gegen den Spätstil Goethes im zweiten Teil des ‚Faust' gewettert: „Und wem die *Sprache* natürlich und poetisch vorkommt, dem ist auch nicht zu helfen! Begreife ein anderer als ich, wie man die Sprache im ersten Teile noch bewundern kann und die Sprache im zweiten noch genießen, noch verdauen! Ich kämpfe im Namen des Naturgefühls der Sprache, im Namen des Naturgefühls, das in Goethe, wo er er selbst ist, so wunderbar und einzig lebt, gegen die Naturlosigkeit, ja Naturwidrigkeit in seinem Altersstil. Nicht zur Bereicherung, sondern zum Verderbnis unserer Sprache sehe ich ihn wirken."[27] Beide Positionen, so könnte man formulieren, sind zu diesem Zeitpunkt unzeitgemäße. Während Vischers grobianischer Einspruch gegen den ‚Faust II' bereits überholt ist durch Versuche, diesem lange verkannten Hauptwerk Goethes gerecht zu werden, weisen die kühnen Formulierungen Nietzsches voraus in die Epoche der eigentlichen Entdeckung des Goetheschen Alterswerkes, die erst um die Jahrhundertwende beginnt. Bereits 1887 hatte Otto Harnack in seinem Werk ‚Goethe in der Epoche seiner Vollendung 1805–1832. Versuch einer Darstellung seiner Denkweise und Weltbetrachtung' einen ersten Versuch in dieser Richtung hin unternommen. Bahnbrechend wurden erst die Arbeiten Konrad Burdachs über den ‚West-östlichen Divan', die er mit seinem Weimarer Festvortrag von 1896 eröffnet.[28] In seinem Aufsatz ‚Die Aufnahme und Wirkung des West-östlichen Divans' von 1911 hat Burdach die Wiederentdeckung des Goetheschen ‚Divan' in den Kontext der gegennaturalistischen Strömungen des Fin de siècle, der Neuromantik und des Symbolismus, gestellt: „Die Zeit war endlich reif geworden für ein innerliches Verhältnis zu der rätselreichen Dichtung. Die Wellen der politisch-sozialen Tendenzliteratur und der naturalistischen Poesie wurden still und stiller. Das Gefühl für *poetischen Stil* erwachte wieder aus langem Schlaf. Es wuchs das Interesse und der Sinn für das Phantastische, Symbolische, Mystische. Übermächtig drang der alte Orient in den Gesichtskreis der modernen Bildung."[29] Der Analyse des Philologen antwortete bestätigend der Dichter, der die antinaturalistische Wendung zum Symbolischen und Mystischen hatte herbeiführen helfen, Hugo von Hofmannsthal. In seinem Aufsatz ‚Goethes West-östlicher Divan' von 1913 feiert er den Altersstil dieses Werkes und dessen schwebende Doppelperspektive von Nähe und Ferne, Immanenz und Transzendenz, Sinnlichkeit und Vergeistigung, Jugend und Alter, mit der Goethe die Unsagbarkeit des Lebendigen umkreise. Der philologischen Erschließung des Goetheschen Altersstils hatte schon die Arbeit ‚Von Goethes Sprache und Stil im Alter' (1898) von Paul Knauth vorgearbeitet. Mit Georg Simmels tiefdringender Phänomenologie der Spezifik von Goethes Alterskunst in seinem Goethebuch von 1913 und Helene Herrmanns großer Abhandlung ‚Faust, der Tragödie zweiter Teil: Studien zur inneren Form des Werkes' von 1917[30] findet die Entdeckung des späten Goethe ihren über die Grenze des Jahres 1918 hinausweisenden Abschluß.

Die wichtigste und folgenreichste Umwertung, die der Goethekanon im Wilhelminischen Reich erfuhr, haben wir bisher nur angedeutet. Sie betrifft Goethes ‚Faust', der nach 1871 zum Nationalgedicht der Deutschen schlechthin avancierte. Die euphorische Inbesitznahme der Faustdichtung im Kaiserreich erst verleiht der Rezeptionsgeschichte ihres Autors in dieser Epoche das unverwechselbare Gepräge.

## 6. Der Mythos Faust

Daß die Reichsgründung die vielleicht folgenreichste Zäsur der Wirkungsgeschichte Goethes im 19. Jahrhundert markiert, läßt sich beispielhaft vor allem am Wandel der Einschätzung jenes Werkes ablesen, in dem der Goethekult des neuen Reichs sein eigentliches Zentrum gefunden hat, an Goethes ‚Faust'. Die Kanonisierung des ‚Faust', seine Erhebung zum Hauptwerk unter den Dichtungen Goethes, gehört allerdings einer früheren Phase seiner Rezeptionsgeschichte an. Will man dem von Heinrich Luden in seinem Werk ‚Rückblicke in mein Leben' (1847) mitgeteilten bekannten ‚Faust'-Gespräch mit Goethe im August 1806 Glauben schenken, so hat bereits das 1790 erschienene, in der öffentliche Kritik weithin unbeachtet gebliebene ‚Faust'-Fragment unter den damaligen Jenaer Studenten größte Beachtung gefunden und zu weitreichenden Spekulationen über eine mögliche Fortsetzung Anlaß gegeben. In Ludens Bericht über die ‚Faust'-Interpretation seiner Jenaer Gesprächspartner finden sich schon Formulierungen, die in der Folgezeit zum festen Bestand jeder ‚Faust'-Deutung gehören sollten: „In der Anschauung dieses Geistes aber erkenne man und müsse man erkennen, daß dieses Fragment, Faust genannt, ein Bruchstück aus einer großen, erhabenen, ja göttlichen Tragödie sei. In dieser Tragödie, wenn sie einst vollendet erscheine, werde der Geist der ganzen Weltgeschichte dargestellt sein; sie werde ein wahres Abbild des Lebens der Menschheit sein, Vergangenheit, Gegenwart und Zukunft umfassend. In Faust sei die Menschheit idealisiert; er sei der Repräsentant der Menschheit."[1] Auch der auf Schellings frühe prophetische Äußerungen über das ‚Faust'-Fragment aus dem Jahre 1803 zurückgehende Vergleich zwischen Goethes ‚Faust' und Dantes ‚Divina comedia'![2] findet sich in dem Luden-Gespräch von 1806: „Meine Freunde hatten, wie gesagt, behauptet: der Faust sei oder werde sein eine divina tragoedia, in welcher der Geist der ganzen Weltgeschichte dargestellt, in welcher das ganze Leben der Menschheit sei, Vergangenheit, Gegenwart und Zukunft umfassend."[3] Die eigentliche Wirkungsgeschichte von Goethes ‚Faust' setzt jedoch erst mit der Veröffentlichung des vollendeten ersten Teils im Jahre 1808 ein. Sie ist dokumentiert in zahlreichen brieflichen Äußerungen und in Gesprächsaufzeichnungen der Zeitgenossen, sie hat ihren bedeutenden Niederschlag gefunden in den bereits wenige Jahre später einsetzenden ‚Faust'-Illustrationen der Romantiker und in den in den zwanziger Jahren zur Mode werdenden Faust-Fortsetzungen. Was auffällt, ist, daß eine für die zeitgenössische Goetherezeption bis 1832 repräsentative und autoritative Kritik oder Deutung des ‚Faust' in der schon zu Goethes Lebzeiten ausufernden Literatur fehlt! Während solche Deutungen, auf die die spätere Rezeption zurückgreifen konnten, Friedrich Schlegel und Heinrich Gustav Hotho für die ‚Lehrjahre' und die ‚Wanderjahre' und Wilhelm von Humboldt für ‚Hermann und Dorothea' geliefert hatten, können die beiden zu Goethes Lebzeiten veröffentlichten ‚Faust'-Kommentare des Hegelianers Hermann Friedrich Wilhelm Hinrichs[4] von 1825 und von Karl Ernst Schubarth[5] von 1830 den Rang, die Bedeutung und die Funktion der obengenannten Arbeiten nicht für sich in Anspruch nehmen. Die Deutungswut, die nach Luden bereits die Jenaer Studenten um die Jahrhundertwende angesichts des ‚Faust'-Fragments ergriffen hatte, feierte nach Goethes Tod und nach dem Erscheinen des zweiten Teils der Dichtung 1832 vor allem bei den Hegelianern wahre Orgien, denen Friedrich Theodor Vischer in seiner berühmten Abrechnung mit der ‚Faust'-Literatur aus dem Jahre 1839 ein vorläufiges Ende setzte.[6] Unbeschadet der divergierenden Einschätzung und Interpretation des Goetheschen Werkes, die vor allem in Hinblick auf den zweiten Teil eine breite Skala von Lob und Kritik, Zustimmung und Ablehnung aufweisen und in diesem Zusammenhang im einzelnen nicht erwähnt werden können,[7] läßt sich bereits für die Mitte der dreißiger Jahre feststellen, daß der ‚Faust' zum zentralen Werk Goethes schlechthin avanciert ist, zu einem Werk, das sich europäische Geltung verschafft hatte und das zum unverzichtbaren Bildungserlebnis eines jeden jungen Deutschen geworden war. So spricht Heine 1833 davon, daß „das deutsche Volk [...] selber jener gelehrte Doktor Faust" sei,[8] für Wienbarg ist ‚Faust' der „‚Hiob' und das ‚Hohe Lied' der Deutschen"[9] und Jacob Burckhardt erinnert in einem Brief an einen jungen Studenten, der ihm von seinem ‚Faustfieber' berichtet hatte, an eine ‚ähnliche Epoche' unter seinen Kommilitonen am Ende der dreißigerJahre: „Ihr *Faustfieber* erinnert mich auf rührende Weise an eine ähnliche Epoche, weniger in meinem Leben als in dem meiner Kommilitonen vor sechzehn bis siebzehn Jahren. [...] Nur soviel will ich Ihnen sagen: es ist ein festes, unabweisliches Schicksal der gebildeten deutschen Jugend, daß sie in einem bestimmten Lebensalter am Faust bohre und grüble, und dieses Schicksal sind Sie nun eben im Begriff zu erfüllen. Sie helfen eine Regel konstatieren."[10] Goethes ‚Faust', das Bildungserlebnis der deutschen Jugend der dreißiger und vierziger Jahre des 19. Jahrhunderts par excellence: Dieses bemerkenswerte sozialisationsgeschichtliche und literatursoziologische Faktum führt unvermeidlich zur Frage nach dem spezifischen Identifikationsangebot, das speziell der erste Teil des ‚Faust' der Jugend im Vormärz so nachdrücklich eröffnete. Auf die Gefahr der Vereinfachung hin möchte ich den aktuellen ‚Gebrauchswert' des ‚Faust' für die zumeist akademisch gebildeten Rezipienten, die das eigentliche Trägerpotential der frühen Wirkungsgeschichte dieses Werkes darstellen, für die Epoche von 1815 bis 1848 auf der Grundlage der vorhandenen Rezeptionszeugnisse in sechs Punkten zusammenfassen: 1. Der Protest gegen die ‚mittelalterlichen' Formen des Universitätswesen; 2. die Wissenschaft-Leben-Problematik, die zum Kernbestand auch der jungdeutschen Programmatik gehörte; 3. die antiklerikale, auf Emanzipation des individuellen religiösen Bewußtseins gerichtete Grundhaltung des Werkes; 4. die Schuld-Sühne-Verstrickung in der nichtsanktionierten Liebesbeziehung Faust – Gretchen und deren poetische ‚Versöhnung', die für die zahlreichen sexuell frustrierten Akademiker ein Therapeutikum von großer Suggestivkraft darstellte; 5. die ethische Zielvorstellung eines unendlichen, durch keine ‚prosaischen' Zwecke eingeschränkten Strebens, das der individuellen ‚Besetzung' breitesten Spielraum bot; 6. die grundsätzliche Vieldeutigkeit des Werkes, die eine produktive, im Sinne Goethes ‚supplierende' Rezeption geradezu herausforderte. Wenn Heinrich Heine 1833 das deutsche Volk mit dem Doktor Faust identifiziert, so scheint sich in dieser Formulierung bereits die spätere Parole von ‚Faust' als dem deutschen Nationalgedicht anzudeuten. Faust, ein deutsches Problem: das meint für Heine und für die Jugend des Vormärz im Gegenteil immer auch den Protest gegen jenes in die Gegenwart hineinreichende Mittelalter Deutschlands, von dem der Held des Goetheschen Werks sich in sensualistischer Hinwendung an das Leben befreien möchte. Mit dieser emanzipatorischen Deutung des ‚Faust' unterscheiden sich Heine und das Junge Deutschland grundlegend von der Identifikation mit der mittelalterlichen Faust-Welt, wie sie die Nazarener in ihren ‚Faust'-Illustrationen gestaltet haben.[11] Goethes ‚Faust' als Protest gegen eine Wirklichkeit und eine Gesellschaft, die sich noch immer in einem unversöhnten Konflikt zwischen revolutionärem Aufbruch und mittelalterlicher Reaktion befindet: mit diesem jungdeutschen Interpretationsmodell hat sich Gervinus im fünften Band seiner Literaturgeschichte von 1842 auseinandergesetzt. Man muß diese Deutung, die sich primär auf den ersten Teil der Dichtung bezieht, kennen, um die weitere Rezeptionsgeschichte des Werkes, vor allem aber ihre radikale Wendung nach 1870 zu verstehen. „Es leuchtet ein", heißt es bei Gervinus, „daß *Faust* diesen Durchbruch und die titanische Bewältigung dieser Hemmungen darstellt, daß er, noch zum Opfer dieses Ganges unserer Entwicklung geschickt, das schreckliche Gesetz zu überwinden von dem Dichter ausersehen war, obgleich er von ihm nicht bis zu diesem Ziele geführt ward. Hierin liegt die eingreifende Verzweigung dieses Gedichtes in die höchsten Ideen der Zeit. Es lebt mit diesen fort, es ward als ihr Kanon angesehen, als eine Weltbibel erklärt, als das System einer Lebensweisheit und Strebensregel bewundert; Jeder fand sich bei seiner Erscheinung, wie es Niebuhr von sich aussagt, in seinen innersten Regungen ergriffen und fühlte sich geneigt, es fortzusetzen; man versuchte die eigene Kraft daran, und Jeder glaubte, dem geheimnisvollen Dichter erst nachgeholfen zu haben, wenn er ihm seine eigenen Empfindungen unter- und anschob. Aber alle die unendlichen Nachbildungen, die Faust erfahren hat, waren nicht Lösungen des ungelösten Rätsels, es waren nicht Fortsetzungen, sondern, wie Goethe selber sagte, Wiederholungen. Und wie vielfach auch diese Dichtung auf jene reine Seite der Jugend gewirkt hat, mit der diese gerne den Gegensatz schlichter Natur gegen das mechanische Leben und die tote Wissenschaft, gegen die profane Amtswelt und gegen die Last der Konventionen bildet, so wirkte sie doch nirgends in dem Sinne der Ausgleichung dieser feindlichen Gewalten, sondern sie nährte den Skeptizismus des Verstandes, sprach zu dem Libertinismus des Geistes, und schmeichelte den menschenfeindlichen Stimmungen, in denen die ideale Jugend die gemeine Wirklichkeit der Welt betrachtet; sie fand keine männlichen Kreise Herangereifter, sondern sie erntete den zweideutigen Dank der Werdenden, vollkommen in jener Weise, wie es der Prolog ahnend vorausgesagt hat. Sie änderte nicht so sehr, als sie vielmehr die Jugend bestärkte in dem Wechsel zwischen angespannten geistigen Trieben und erfrischter Tierheit, zwischen dem Vollkommenheitssinn, dem Gottähnlichkeitsstreben und der erdekriechenden Natur des Menschen; sie lehrte sie seltener Leben, Staat, Amt und Sitte zu reinigen und zu veredeln, als zu verachten und niederzutreten; weniger die Wissenschaft fruchtbar anzubauen und vom tötenden Worte zu befreien, als dilettantisch zu zerbröckeln und mit hohler Rhetorik zu untergraben; die Kunst minder auf der erreichten Höhe des Ebenmaßes und der Ordnung zu halten, als aufs neue der Zügellosigkeit preis oder der mechanischen Versmacherei gefangen zu geben; sie lehrt ein Ideal der rohen Begierde, die mit ihrer Ungemessenheit schmeichelt und irgend ein Großes hinter sich träumen läßt.“ [12] Gervinus hält es aufgrund dieser Analyse an der Zeit, die Jugend des Vormärz von dem grassierenden ‚Faustfieber‘ zu kurieren und sie an die Umgestaltung der bestehenden politischen und gesellschaftlichen Verhältnisse zu verweisen: „Bei diesen Verhältnissen ist es, nach unserer Überzeugung, viel richtiger, daß wir mit aller Macht streben, diese leidigen Hindernisse unserer nationalen Fortbildung zu brechen, als daß wir jene faustischen Probleme immer wiederholen, die wie ein Geier an dem Herzen unserer Jugend nagen.“ [13]

Die ‚Faust‘-Kritik von Gervinus ist die logische Konsequenz seiner Grundthese, daß für die Deutschen mit Goethes Tod die Epoche der ästhetischen Kultur beendet sei und daß es jetzt darauf ankomme, handelnd in die Wirklichkeit einzugreifen, um sie zum Besseren zu verändern. Goethe könne, so Gervinus, schon darum kein Führer auf diesem neuen Weg sein, da er, im Unterschied zu Schiller, „keinen Sinn für das handelnde Leben und die Willenskräfte des Menschen“ [14] gehabt habe. Diese These, die wie ein roter Faden die Goetheanalyse in Gervinus’ Literaturgeschichte durchzieht, muß angesichts der dominanten Stellung, die der Problemkreis Tat, Handeln und Arbeit in Goethes Gesamtwerk, vor allem dem Spätwerk, zukommt, einigermaßen absurd erscheinen. Gervinus verfährt auch hier wieder nach seinem bekannten Rezept, Goethe ästhetisierend auf den Bereich der Klassik festzuschreiben. Dessen gegenklassische Öffnung in die aktuelle Thematik von gesellschaftlicher Arbeit und politischem Handeln, die vor allem durch den zweiten Teil des ‚Faust‘ und die ‚Wanderjahre‘ dokumentiert ist, wird von Gervinus mit dem Argument ästhetischer Denunziation dieser Werke anhand der Maßstäbe der klassischen Ästhetik negiert.

1827 erschien im 4. Band der ‚Ausgabe letzter Hand‘ der Helena-Akt, eine erste Kostprobe des zweiten Teils der Goetheschen Faustdichtung. Bereits

1823 hatte Karl Christian Ludwig Schöne eine ‚Fortsetzung von Goethe's Faust, als zweiter Theil'[15] veröffentlicht. Ihm folgten Gustav Pfizer mit seinen ‚Faustischen Szenen' von 1831,[16] Karl Rosenkranz mit seinem ‚Geistlich Nachspiel zur Tragödie Faust'[17] im gleichen Jahr und J. D. Hoffmann 1833 mit seinem ‚Faust'. Eine Tragödie von Goethe. Fortgesetzt'.[18] Seine eigene Fortsetzung bot Goethe in einer hochartifiziellen, humoristisch und symbolisch verschlüsselten Form, die einer auf Praxisnähe und politischem Veränderungswillen insistierender Literaturtheorie und Dichtungspraxis wenig bieten konnte und entweder zur Kritik oder zur Korrektur herausforderte. In der Kritik dieses zweiten Teils waren sich politisch engagierte Autoren wie Heine,[19] Gervinus und Vischer einig, wennschon sie ihre politischen Vorbehalte zumeist hinter einer ästhetischen Argumentation versteckten. Die explizite politische Korrektur des zweiten Teils von Goethes ‚Faust' lieferte Friedrich Theodor Vischer, der 1844 in der Vorrede zu seinen ‚Kritischen Gängen' den Vorschlag machte, Faust solle am Bauernkrieg teilnehmen und „an die Spitze einer Bauernschar treten".[20] Mit dieser Lösung der im ersten Teil der Dichtung ungelöst gebliebenen Rätsel würde nach Vischer „in Aussicht gestellt, daß vielleicht das deutsche Volk, das so lange in politischem Schlummer begraben nur in den Bergwerken der inneren Bildung arbeitete, einst noch beweisen werde, daß es auch handeln kann, daß aber seine Handlung reiner und fruchtbarer sein wird, weil eine lange, gründliche, tiefe Bildung des Denkens dieser Handlung voranging. So wäre dieser Faust und dieser Schluß ein Vorbild und Zeichen unserer Hoffnungen und Zukunft."[21] Mit Vischers ‚Bauernkriegsthese', die er 1861 in der Neuen Folge der ‚Kritischen Gänge' wiederholte und konkretisierte,[22] hat die politische ‚Faust'-Kritik im Zeitraum zwischen 1832 und 1870 ihren Höhepunkt erreicht. Ihr – wenn man so will – rechtes Pendant bildet in dieser Epoche die im Abschnitt ‚Christliche Opposition' charakterisierte christlich-klerikale ‚Faust'-Polemik. Liegt der ersteren der Vorwurf zugrunde, Goethe habe bei der Lösung des Faust-Problems das politische Handeln und die in die gesellschaftlichen Verhältnisse eingreifende und verändernde Tat zu kurz kommen lassen, so tadelt die letztere gerade den ‚unchristlichen' Aspekt des Werkes, durch rastlose irdische Tätigkeit und Arbeit sich prometheisch den Anspruch auf Erlösung ertrotzen zu wollen.

Hatten die durch Goethes ‚Faust' angeregten und provozierten zahlreichen Faust-Dichtungen und Faust-Fortsetzungen zum Teil auf ältere Überlieferungsstufen des Fauststoffs zurückgegriffen und diese, wie zum Beispiel Heine in seinem ‚Tanzpoem' ‚Der Doktor Faust', gegen die Goethesche Fassung ausgespielt, so bemächtigte sich auch die im Entstehen begriffene germanistische Wissenschaft dieser Zusammenhänge und schuf die ersten Grundlagen für eine traditionsgeschichtliche Analyse des Goetheschen Werkes. In seinem bahnbrechenden Buch ‚Faust und das Faustische'[23] hat Hans Schwerte die mit Emil Sommers Faust-Artikel von 1845 in Ersch-Grubers

‚Allgemeiner Encyklopädie'[24] einsetzende Umdeutung des Fauststoffs in eine spezifisch deutsche Sage des Mittelalters als Beginn eines Ideologisierungsprozesses der Faustsage zur ‚deutschen Mythologie' des ‚faustischen Strebens' nachgewiesen, die der Aufwertung des ‚Faust' zum deutschen Nationalgedicht und zum Symbol des faustischen deutschen Menschen nach 1870 den Weg hat bereiten helfen. Als ein besonders prägnantes Beispiel einer solchen Vereinnahmung „Fausts für den deutschen Sagen- und Heldenhimmel in dieser Zeit zitiert Schwerte Ferdinand Brockerhoff, der 1853 in einer anonymen Rezension schreibt: Faust hat unseres Erachtens für die neuere, mit der Reformation anhebende Epoche der deutschen Bildungsgeschichte eben dieselbe Bedeutung, welche Siegfried, der Held des Nibelungenliedes, für eine frühere Periode derselben in Anspruch nehmen darf. Der Eine wie der Andere ist ein treuer und scharfer Ausdruck des spezifisch deutschen Volksgeistes; in beiden ist das ihn beseelende Prinzip der freien, unendlichen Persönlichkeit in verschiedenen Formen ausgeprägt worden. *Faust ist im Wesentlichen nichts als eine höhere Potenz des Siegfried;* was dieser für die Sphäre der sinnlichen Unmittelbarkeit, ist jener für die des denkenden Geistes; der tiefere Grund, die eigentliche Wurzel des deutschen Wesens, das Gemüt mit seinem unendlichen Inhalte und dem nimmer rastenden Schöpfungsdrange, ist beiden gemeinsam. Es scheint uns nicht zweifelhaft, daß eine Darstellung, welche die Sagen von Siegfried und Faust in allen ihren wechselnden Formen umfaßte und den ganzen Reichtum der sich an sie anknüpfenden Anschauungen und Gedanken aufnähme, den wesentlichen Gehalt der historischen Entwicklung des deutschen Geistes ziemlich vollständig zu Tage legen würde."[25] Daß diese Inanspruchnahme Fausts als eines deutschen Sagenhelden auch gegen die Goethesche Faustdichtung ausgespielt werden konnte, hat Schwerte am Beispiel der Schrift ‚Speculation und Glauben. Die Faustsage nach ihrer Entstehung, Gestaltung und dichterischen Fortbildung insbesondere durch Goethe' (1859) von Karl Friedrich Rinne gezeigt, in der die These entwickelt wird, daß Goethe „den ursprünglichen Sinn dieses Sagenkerns nicht erfaßt und daher Faust seiner Nation entfremdet" habe.[26] Der politische und konfessionelle Streit um Goethes ‚Faust', der seine Rezeptionsgeschichte zwischen 1832 und 1870 bestimmt, findet in diesem Zeitraum in der gelehrten germanistischen Forschung zum Fauststoff und zur Faustsage seine Entsprechung und Verlängerung!

Der zentrale und am meisten umstrittene Punkt der Auseinandersetzung um Goethes ‚Faust' im Zeitraum zwischen 1832 und 1870 war die Frage nach dem Verhältnis des ersten zum zweiten Teil des Werkes, eine Frage, bei der es nur vordergründig um Probleme der ästhetischen Wertung ging, die vielmehr ins Zentrum der ideologischen Auseinandersetzung mit Goethe führte. Es bezeichnet den entscheidenden Einschnitt in der Rezeptionsgeschichte der Faustdichtung nach 1870, daß das Goethesche Problemlösungsangebot des Fauststoffs aus der Relativierung durch konkurrierende Entwürfe und der

Problematisierung durch Kritik herausgenommen und für kanonisch erklärt wurde. Was das konkret bedeutet, läßt sich innerhalb eines kurzen Zeitraums, nämlich der ersten zehn Jahre des neuen Reichs, mit überwältigender Deutlichkeit zeigen. In Franz Dingelstedts ‚dramaturgischer Studie' ‚Eine Faust-Trilogie' von 1876[27] lesen wir: „Welchen Deutschen, und kenne er noch so genau den Goetheschen ‚Faust', die zweite Bibel unserer Nation, überrieselt nicht ein leiser Schauer beim Eintritt in das Allerheiligste unseres nationalen Schrifttums, als sei es ein deutscher Dom, Eichendom oder Domkirche, deren hohe Wölbungen und dämmerhelle Säulenhallen ihn magisch umfangen? Nicht hundert Jahre ist es her, daß sich der Wunderbau in seinen Anfängen zum ersten Male aufgetan; nicht fünfzig, daß er vollendet dasteht. In dieser, vergleichsweise kurzen Zeit ist Goethes ‚Faust' das Gemeingut aller Nationen geworden, die schwerverständlichste und dennoch populärste aller Dichtungen, der Quell, aus welchem die Maler aller Schulen, die Musiker aller Stile, die dramatischen Künstler aller Fächer schöpfen, das ewige Rätsel, an dessen Lösung tiefsinnige Philosophen und vielwisserische Literarhistoriker sich versucht haben. Faust überall, in der Wissenschaft, in der Kunst!"[28] Goethes Reichsstatthalter Herman Grimm verkündet in seinen Goethevorlesungen, der ‚Faust' sei das „poetische Werk an sich" und meint, daß Fausts Person „uns heute als ein natürliches, unentbehrliches Produkt des deutschen Lebens" erscheine.[29] Er zuerst hat den imperialistischen Herrschaftsanspruch des neuen Reichs mit dem ‚Faust' gekoppelt: „Faust ist für uns Deutsche der Herrscher unter den übrigen Figuren der gesamten europäischen Dichtung. Hamlet, Achill, Hektor, Tasso, der Cid, Frithjof, Siegfried und Fingal: all diese Gestalten erscheinen unseren Blicken nicht mehr ganz frisch, wenn Faust erscheint."[30] Oder noch deutlicher und anmaßender: „Dadurch, daß wir Faust und Gretchen besitzen, stehen die Deutschen in der Dichtkunst aller Zeiten und Nationen an erster Stelle."[31] Diese Behauptung sollte vierzig Jahre später ihr vielfältiges chauvinistisches Echo finden, so etwa bei dem Schriftsteller Rudolf Wustmann, der 1915 schreibt, daß die deutschen Soldaten im Felde bei Fausts Selbstgesprächen an ihre Feinde dächten: „So etwas habt ihr doch nicht."[32]

Die ‚Faust'-Euphorie nach 1870 hat Gründe, die als erster Hans Schwerte plausibel zu machen gesucht hat. Voraussetzung für diese fast plötzlich einsetzende ‚ideologische Aufhöhung' von Goethes ‚Faust' nach 1870 ist nach Schwerte die Identifikation des Goetheschen Werkes mit dem Attribut des ‚Faustischen', das den Fauststoff und seine dichterische Gestaltung in zunächst negativ gemeinter Bedeutung begleitet hatte, nach 1840 im Gegenzug zur weiterhin kritischen Verwendung sich jedoch durchsetzt zur Kennzeichnung einer ‚perfektibilistischen' ‚Faust'-Deutung, die zur offiziellen Interpretation im neuen Reich werden sollte. Wörtlich heißt es bei Schwerte: „Das imperiale Reichsdenken hatte von ‚Faust' Besitz ergriffen. Der nationale Aufschwung und Ausgriff wurde ‚faustisch' interpretiert – und umgekehrt: ‚faustisch' wurde ein ‚visionäres' Leitwort nationalen Selbstbewußtseins und ideologischer Selbstberuhigung und Selbstverherrlichung, bis in die Schützengräben des Ersten Weltkrieges, bis in die nationalen Manifeste der Weimarer Zeit und noch in die des Nationalsozialismus. Die Reichsgründung von 1871 verteilte jene Gewichte neu, wenigstens nach ‚außen'. Die weiterhin kritischen, ablehnenden, verurteilenden Stimmen wurden zurückgedrängt, sie hielten sich nur am Rande der offiziellen ‚faustischen' Hochstimmung. Diese setzte sich jetzt mehr und mehr durch, in ihr erzog man die kommenden Generationen. Der interpretatorische Stimmungswechsel war zu auffällig, er kam zu plötzlich, als daß er nur auf neuen ästhetischen und philologischen Einsichten beruhen sollte. Die nationale Ideologie hatte das heimlich vorbereitet stehende Fahrzeug des ‚Faustischen' gekapert und segelte in ihm mit breit geschwellten Segeln auf dem scheinbar so glatten Meer geschichtlicher Zukunft und Sendung dahin."[33] „‚Faustisch'", so heißt es bei Schwerte weiter, „begann ein auszeichnendes Schicksalswort zu werden, dessen innere Problematik (einschließlich der ‚Faustischen Tragik') einem bestimmten Geschichtsraum und Kulturkreis zur Einlösung vorbehalten blieb – dem germanischen Abendland (womit jedoch meist verschämt ‚Deutschland', in welcher Form immer, umschrieben wurde). [...] Aus einem Sammelwort fragwürdiger, mißlicher (nationaler) Problematik war ein Sammelwort der (nationalen) Auszeichnung und Berufung geworden. Das ‚Problem' wurde zu einem nationalen Programm entwickelt!"[34] Das im neuen Reich anhand von Goethes ‚Faust' entwickelte nationale Programm des ‚Faustischen' kulminiert nach Schwerte bei Spengler, Alfred Rosenberg und in der faschistischen Verherrlichung des faustischen Menschen. Es erhielt in Thomas Manns Roman ‚Doktor Faustus' (1947) seinen bedeutendsten kritischen Kontrapunkt, dem auch Schwertes eigene Analyse wesentliche Erkenntnisimpulse verdankt.

Das Buch von Hans Schwerte, 1962 erschienen, ist der erste umfassende Versuch einer ideologiekritischen Auseinandersetzung mit der Rezeptionsgeschichte eines zentralen Werkes der klassischen deutschen Literatur. Es hat Initialfunktion gehabt für die kurz danach auf breiter Front einsetzende Goethe- und Klassikkritik, in deren Einflußbereich auch heute noch jede produktive Auseinandersetzung mit diesem Kernbereich unserer nationalen Literatur steht. Es kann nicht meine Absicht sein, im Namen einer restaurativen Kritik des kritischen Ansatzes von Schwerte die wilhelminische ‚Faust'-Rezeption zu retten oder neu aufzuwerten. Ich möchte jedoch auf ein Dilemma des Verfahrens von Schwerte hinweisen, das mir ein grundsätzliches Dilemma jeder ideologiekritischen Auseinandersetzung mit Goethe und dessen Rezeptionsgeschichte zu sein scheint. Schwerte zeichnet, in berechtigter methodischer Vereinfachung ein ‚doppelläufiges' Bild der Rezeptionsgeschichte von Goethes ‚Faust', indem er die Vertreter des ‚Faustischen' mit ihren Kritikern konfrontiert. Diesen Kritikern muß Schwerte, ob er es will oder nicht, ein Gewicht und eine Bedeutung beimessen, die weder von der Sache her gerechtfertigt sind noch mit seinen eigenen politischen Überzeugungen im Einklang stehen dürften. So beruht die ‚Faust'-Kritik von Gervinus, auf die Schwerte sich gern und oft bezieht, schlicht auf einer grandiosen Fehleinschätzung von Goethes Spätwerk. Noch problematischer dürfte die positive Inanspruchnahme der breiten Front der klerikalen Goethekritik sein, mit der man sich kaum deshalb solidarisieren kann, weil sie gegen das ‚Faustische' polemisiert hat. Ein solches Verfahren gerät in die gefährliche Nähe jenes Satzes, mit dem Börne sich mit der frömmelnden und stockreaktionären Goethekritik des Pfarrers Pustkuchen in einem Brief aus dem Jahre 1832 identifiziert hat: „Pustkuchen hat gegen Goethe geschrieben und wer gegen Goethe schreibt, den hohen Priester von Karlsbad, ist ein Revolutionär."[35] Heine hat die für Börnes Goetheopposition charakteristische Versuchung einer Solidarisierung mit der falschen Seite vielleicht am klarsten erkannt und sie in seinem eigenen Versuch einer dialektischen Auseinandersetzung mit dem Dichter zu vermeiden gesucht. Ein solches Verfahren scheint mir auch für den kritischen Historiker der ‚Faust'-Rezeption im Kaiserreich angemessen zu sein, der nicht umhin kann festzustellen, daß hinter der chauvinistischen Fassade einer ‚reichisch' gesinnten ‚Faust'-Adaption fruchtbare und wertvolle Ansätze zu einem neuen Verständnis des Werkes verborgen liegen, die gegenüber früheren Verständnisstufen einen wesentlichen Fortschritt bedeuten.

Zu Recht hat Schwerte die 1870 erschienene ‚Faust'-Ausgabe mit Einleitungen und Kommentaren von Gustav von Loeper an den Anfang des Abschnittes ‚Ideologische Aufhöhung seit 1870' seines Buches gestellt.[36] In den beiden großen Einleitungen dieser Ausgabe sieht Schwerte die folgenreiche Anknüpfung an die zuerst vom Emil Sommer gezogene Verbindung von Goethes Dichtung zur germanischen Mythen- und Sagenwelt hergestellt, die durch Loeper ihren Eingang in die ‚Faust'-Interpretation des neuen Reichs findet. Tatsache ist, daß Loeper nur die ‚erhöhte nationale Bedeutung' der Faustsage mit derjenigen der Siegfriedsage vergleicht, im übrigen aber gerade jeden Bezug beider entschieden ablehnt: „Es fehlen hier alle Bindeglieder, und ist auch das Übergreifen in die göttliche Sphäre, das Übermenschliche, beiden gemeinsam, so ist doch der Titanismus des lichten Siegfried, des nordischen Achilles, und der vorwiegend innerliche des mönchischen, grübelnden Faust so verschieden, daß uns jede Vergleichung unstatthaft dünkt."[37] Wennschon Loeper die Mittelalterthese von Sommer und Brockerhoff abgelehnt hat und die ‚Faustlegende' der Reformationszeit zuweist, spricht er von dem „rein nationalen Inhalt dieser Sage"[38] und an anderer Stelle bezeichnet er den Schluß des zweiten Teils von Goethes ‚Faust' als einen „echt germanischen Gesang".[39] Die These von dem ‚rein nationalen Inhalt' des Fauststoffs und der Faustsage blieb gerade unter den ‚reichisch' gesinnten Goethephilologen nicht unwidersprochen. Kuno Fischer,[40] Erich Schmidt[41] und Herman Grimm[42] haben der Vorgeschichte der Faustsage eindringende Studien gewidmet, die den engen Bereich des rein Nationalen weit hinter sich lassen.

Gustav von Loepers ‚Faust'-Deutung präludiert die ‚Faust'-Aufwertung im neuen Reich mit der Behauptung, daß „Inhalt und Form [...] die Tragödie zum ersten deutschen Dichterwerk der neuern Zeit erhoben" haben.[43] Aus einem bloßen ‚Zeitwerke' ist „ein Werk für die Jahrhunderte, aus einem nur poetischen ein Werk von kulturhistorischer Mission geworden".[44] Daß Goethes ‚Faust' hier aus der Dimension des ‚nur Poetischen' herausgenommen und zu einem Werk von ‚kulturhistorischer Mission' emporgehoben wird, kann geradezu als Motto seiner Rezeptionsgeschichte im neuen Reich in Anspruch genommen werden. Diesen weltanschaulichen und pseudoreligiösen Status verdankt die Goethesche Faustdichtung nach Loeper weniger dem populären ersten Teil als – und dies sollte eine überaus folgenreiche Feststellung werden – ihrem zweiten Teil, „der, an Lebendigkeit, warmem Kolorit und Kraft hinter dem ersten zurückstehend, diesen doch vielleicht als poetisches Kunstwerk überhaupt, jedenfalls aber an Ideengehalt und durch das Aussprechen gleichsam positiver Resultate überragt".[45] Das Verhältnis des ersten zum zweiten Teil des ‚Faust' wird von Loeper als ein dialogisches aufgefaßt, derart, daß beide Teile sich zueinander verhalten „wie Frage und Antwort, wie Aufstellung und Lösung des Problems".[46] Dieses Problemlösungsmodell war die vorherrschende Denkfigur der Verhältnisbestimmung beider Teile der Goetheschen Faustdichtung in der Epoche des Vormärz gewesen, wobei allerdings die Goethesche Lösung in der Mehrzahl der Fälle kritisiert oder durch andere Lösungsvorschläge beantwortet worden war. Loeper nimmt die Goethesche Lösung an und setzt damit die *Einheit* der Goetheschen Faustdichtung unter dem Aspekt der Problemhomologie als Prämisse seiner Deutung voraus. Beides ist von der folgenden ‚Faust'-Forschung der Goethephilologie in Frage gestellt worden. Die ‚positive' Antwort, die der zweite Teil des ‚Faust' auf die Frage des ersten gibt, ist nach Loeper die „Hoffnung auf eine unendliche Fortentwicklung" des Menschengeschlechts „auf der Grundlage der *Selbsttätigkeit* und der *Selbstbestimmung*", eine Zielvorstellung, die mit den „höchsten Kulturideen, welche unsre philosophische und poetische große Epoche in ihrem Schoße getragen", im Einklang steht.[47] Diese positive Antwort sei nach Loeper gerichtet vor allem gegen „die krankhafte, alt- und neu-romantische Sehnsucht der Zeit, die mystischen, katholisierenden und altertümelnden Tendenzen, die Geisterseherereien der Hoffmann und J. Kerner, Lenaus Weltschmerz, den oberflächlichen Skeptizismus und Nihilismus" und setze diese falsche und krankhafte Sehnsucht „um in das gesunde Streben nach einem würdigen Dasein, in den Glauben an die Wirklichkeit des Lebens und an den Wert des Menschen und in die Hoffnung auf eine Verwirklichung seiner Ideale".[48] Die ‚Heilung des Faust' ist nach Loeper eine rein innerweltliche, daher „müssen die religiösen Begriffe der Sünde, der Schuld, der Buße, müssen die Äußerungen des moralischen Gewissens ganz zurücktreten".[49] Zu Recht hat Schwerte in diesem Zusammenhang von einem „Verschweigen der Schuld Fausts, die Goethe selbst, als Tragödie, vorgeführt hatte", gesprochen,[50] seine Schlußfolgerung allerdings, daß dies „das Aufnehmen dieser Schuld in das imperiale Programm" bedeute, das Schuld als Größe und die faustische Aufgabe als eine Aufgabe heroischer Größe gefaßt habe, scheint mir eher ein Vorgriff auf spätere Inanspruchnahme des ‚Faustischen' für einen tragizistischen Heroenkult zu sein. Wennschon Loeper gegen Jean Paul, der mit Bezug auf den ersten Teil des ‚Faust' 1810 gemeint hatte, die Tragödie sei *gegen* die Titanenfrechheit geschrieben, behauptet, daß man diesen „Satz auch umkehren und sagen [könne], die Tragödie schildere die *Berechtigung* titanischen Strebens",[51] so verwahrt er sich ausdrücklich dagegen, von einem ‚Heroismus' Fausts zu sprechen. Dieser vermeintliche Heroismus werde vielmehr im zweiten Teil durch den ‚Heroismus' Helenas ‚kuriert'.[52] Angemessener scheint es mir zu sein, Loepers Leugnung der Schuld Fausts als Konsequenz seiner optimistisch-perfektibilistischen Deutung des ‚Faust'-Schlusses zu interpretieren, hinter der weniger das Postulat heroischer Größe als vielmehr eine kantisch-preußische Pflichtethik steht. Daß die im Verlauf der Rezeptionsgeschichte zur ‚Idee' des ‚Faust' verkommenen Zeilen aus dem Chor der Engel, „Wer immer strebend sich bemüht, den können wir erlösen", ein Analogon zum Formalismus des kategorischen Imperativs Kants darstellt, ist früh bemerkt worden, und Leo Cholevius hat diese Worte daher auch nicht ohne Grund als ‚leer' bezeichnet. Loeper bezieht sich auf diesen Einwand und konkretisiert die Goethesche Lösung des Faustproblems, indem er lapidar feststellt: „Der *Abenteurer* Faust endigt als *Ansiedler*."[53] Mit diesem Praktischwerden seines titanischen Strebens habe Goethe „Idealismus und Realismus, Wissenschaft und Leben, Vernunft und Freiheit" miteinander versöhnt, eine „Lösung des Faustischen Problems", die keinen universalistischen für „die Menschheit überhaupt giltigen" Anspruch machen könne, sondern nur partiale Geltung für die neuere Zeit und germanische Abendland habe,[54] denn „der indischen Anschauung ist das Betrachten das Höchste, der abendländischen die Übung des Vernünftigen, auf der die dem Orient fremde Entwicklung des Menschengeschlechts beruht".[55]

Gustav von Loepers optimistisch-perfektibilistische ‚Faust'-Deutung, die auf eine untragische Versöhnung von Poesie und Prosa, Idealismus und Realismus hinauslief, bot eine geradezu ideale Plattform für die Rezeption des Werkes in der Gründerzeit. In allen Variationen tönt uns aus der ‚Faust'-Literatur dieser Zeit das hohe Lied der Arbeit, der entsagungsvollen Tätigkeit und der Preis des Kolonisators entgegen. Sechs Jahre nach Loeper heißt es bei Franz Dingelstedt: „Das Ende Fausts im fünften Aufzug stellt uns in eine vollkommen moderne Welt: Faust als Gründer; nicht gerade von Eisenbahnen mit Staatsgarantie oder von industriellen Unternehmungen auf Aktien, aber doch als Stifter und Beherrscher einer Kolonie, welche den dem Meere abgewonnenen Landstrich urbar macht, der Kultur und dem Verkehr erobert. So führt der Dichter seinen Helden in der letzten Phase auf die erhabenste Stufe des Menschendaseins: Faust wird Souverän. In praktischer, realistischer Tätigkeit beschleicht den lebensmüden Titanen das Alter, der Tod."[56] Oder: „Die Moral des ‚Faust', die tiefsinnigste, gewichtigste, welche jemals gepredigt worden, sie heißt: Arbeit und Entsagung – Die Losung für jedes Menschenleben!"[57] Daß auch die Sozialdemokratie aufgrund dieser Deutung zu einem positiven Verhältnis zu Goethe fand, bezeugt u. a. Max Grunwald, der in seiner 1909 auf einer Massenveranstaltung gehaltenen Rede ‚Goethe und die Arbeiter'[58] den Autor des ‚Faust' als Verherrlicher der Arbeit und der Tätigkeit feiert: „Das ist es, was Faust und Goethe als Höchstes in diesem Leben sahen: Stück für Stück durch der Menschheit Arbeit, durch der Menschheit Tätigkeit der Natur abzuringen; wieder etwas absolut Wahrhaftiges, etwas absolut Tätiges, wieder eine reine Objektivierung der inneren Energie, der geistigen und körperlichen Kraft; wieder diese Objekte, die sich von dem Subjekt losringen, wieder diese Wahrhaftigkeit, durchgesetzt ins Tätige, – das ist es, worin Faust und Goethe das Höchste des Lebens sehen."[59] Für den Themenbereich Arbeit und Arbeitswelt in Goethes Gesamtwerk trat nach 1870 an die Stelle der ‚Wanderjahre', die ihn bis in die sechziger Jahre hinein repräsentiert hatten, der zweite Teil des ‚Faust'. Wennschon der Zusammenhang zwischen den ‚Wanderjahren' und ‚Faust II' bei Loeper noch angedeutet wird,[60] verschwindet der bedeutende Altersroman Goethes in zunehmendem Maße aus dem öffentlichen Interesse und wird erst am Ende des Kaiserreichs durch Max Wundt[61] und Gustav Landauer[62] wiederentdeckt. Wie ist diese eigenartige Verschiebung und Umbesetzung des Rezeptionsinteresses trotz der für beide Werke konstitutiven gemeinsamen Thematik zu erklären? Der Grund liegt meines Erachtens zunächst in der Tatsache begründet, daß die ‚Wanderjahre' durch ihre ‚sozialistische' Interpretationsgeschichte[63] für die Reichsideologie vorbelastet waren. Wichtiger jedoch scheint mir zweierlei zu sein. Erstens daß der Themenkreis Arbeit und gesellschaftliche Tätigkeit sich im Roman nicht in der poetisch verklärten Form darbietet wie im ‚Faust', sondern in der, von den Jungdeutschen bereits gerügten, Weise prosaischer Konkretheit. Und zweitens, daß der Bereich Arbeit im ‚Faust' individualistisch, als Tat und Unternehmen eines Einzelnen gestaltet ist, während die ‚Wanderjahre' den gleichen Sachverhalt kollektivistisch, als Bund organisierter Gleichgesinnter darstellen. Goethe hat in seinem Alterswerk, und das ist Ausdruck seines proteischen Universalismus, beide Möglichkeiten angeboten und sie in geheimer Kontrapunktik aufeinander bezogen. Die Nachwelt ist dem Totalitätsanspruch des Goetheschen Gesamtwerkes gegenüber selektiv verfahren und hat jeweils die Aspekte isolierend aus dem Kontext des Ganzen herausgelöst, in denen sie sich und ihr borniertes Interesse wiederfand.

Verglichen mit der vorangegangenen reichen ‚Faust'-Literatur ist es Gustav von Loeper gelungen, auf relativ knappem Raum eine in sich konsequente, auf griffige und nachvollziehbare Resultate hin geschriebene Deutung des Goetheschen Werkes zu liefern. Die Plausibilität seiner Thesen allerdings ist erkauft durch einen oft platten Utilitarismus und Optimismus, der jedoch wesentlich dem Verständnis seiner gründerzeitlichen Rezipienten entgegenkam. Was Loeper und der ihm folgenden Faustphilologie des neuen Reichs weithin fehlt, ist jedwede Sensibilität für die artistisch-ironische Distanz und für die humoristische Gebrochenheit, mit der Goethe das Spiel der Figuren in seinem Alterswerk behandelt und gestaltet hat. Sein vermächtnishaftes Wort im Brief an Wilhelm von Humboldt von den „sehr ernsten Scherzen"[64] seiner Faustdichtung ist von der Wilhelminischen Epoche negiert worden. Die fast ausschließliche Betonung des ‚Ernstes' führte zu einer weltanschaulichen und pseudoreligiösen Pathetisierung des ‚Faust', die seine Rezeptionsgeschichte für lange Zeit bestimmen sollte und durch die die strukturbestimmenden Züge des Spielerischen, Humoristischen und Satirischen dieses Werkes verschüttet wurden. Es sollte lange Zeit dauern, bis das Pathos, das die preußisch und reichisch gesinnte Goethephilologie dem ‚Faust' angedeihen ließ, abgetragen war und man wieder befreit über die sublimen Scherze dieses Werkes lachen konnte. Voraussetzung dafür war nicht zuletzt ein tieferes Eindringen in die ästhetische Gestalt des Werkes, vor allem die Sprache des zweiten Teils. Hier herrschten noch weithin jene Vorbehalte und Verdikte, die eine an klassizistischen Normen orientierte Kritik und Literaturtheorie, gestützt durch berühmte Autoritäten, gegen das Werk geltend gemacht hatten. Dingelstedt formuliert 1876 eine zu diesem Zeitpunkt noch weithin herrschende opinio communis, wenn er schreibt: „Er ist so verrufen, dieser zweite Teil, bei der Kritik als mißraten, bei dem Publikum als unverständlich, im Theater als undarstellbar."[65] Und mit Bezug auf die Sprache: „Zugegeben endlich, daß die Sprache – diese im ersten Teile mit so unglaublicher Meisterschaft gehandhabte Sprache, daß sie mit einer wahrhaft elementarischen Gewalt wirkt – daß sie in den widerlichsten Satzverrenkungen und Reimfoltern des zweiten Teils unerträglich wird!"[66] Angesichts dieses noch immer herrschenden Vorurteils verdienen die ersten Versuche, Eigenart und Spezifik der Goetheschen Alterssprache im ‚Faust II' zu erkunden, besonderes Gewicht. Unter denen, die einem Verständnis für die Goethesche Alterssprache den Weg haben bahnen helfen, ist mit Nachdruck Gustav von Loeper zu nennen. Seine knappen Bemerkungen zum Altersstil von ‚Faust II' haben programmatischen Charakter und verdienen es, in Gänze zitiert zu werden: „Die Wirkung der Dichtung wäre ohne die neologisierende Sprachbehandlung unmittelbarer und allgemeiner gewesen, wie sich nicht leugnen läßt, und schon Jean Paul hob hervor, daß ein Dichter durch den Gebrauch neuer Worte die poetische Wirkung gefährde. Dieser Gefahr hat sich Goethe allerdings wiederholt ausgesetzt, aber sie auch jedesmal durch den innern Wert seiner Sprache überwunden und dadurch sich die unschätzbarsten Verdienste *als Regenerator der deutschen Sprache* erworben. Jene Goethe eigne Ablehnung sogenannter

‚schöner Diktion' (Hegel, Ästhetik, III.288), die Benutzung durch den Gebrauch abgeschliffener, gewöhnlicher Wörter in ihrer ursprünglichen Lebendigkeit, das Konkretnehmen abstrakt gewordener Wendungen, wo andre immer abstrakter werden, das Zurückführen der Komposita auf die einfachen Formen, die Bevorzugung des stets lebendigeren substantivischen Infinitivs (wie im Italienischen) oder des Adjektivs an Stelle des zu fester Gestalt erstarrten Substantivs, der dem neuern Deutsch fast abhanden gekommne Gebrauch des absoluten Superlativs nach der verwandtschaftlich berechtigten Analogie des Griechischen, Lateinischen und Italienischen, der reiche Gebrauch poetischer Lizenzen, namentlich den Alten entlehnter, wie des fast bis zum Übermaß angewandten ἓν διὰ δυοιν̃, im ganzen aber eine paradiesische Unbefangenheit und Unschuld der Sprachwendungen, als sei der Bruch zwischen Poesie und Prosa, zwischen Volks- und Buchsprache noch nicht eingetreten: dies alles gibt der Goetheschen Diktion im ‚Faust' ein ganz charakteristisches Gepräge. Immer ist der höchstentwickelte, aus den Grundtiefen des deutschen Volksgeistes schöpfende, stets lebendig formende Sprachsinn tätig. Die *Universalität und Freiheit,* welche den Geist des Werks kennzeichnen, sind auch die Merkmale der Sprache, mit der nur Rückert in der Totalität seiner Dichtung wetteifern kann. Einzelne Flecken und Härten verschwinden bei dem Blick auf das Ganze, in welchem sie, wie grelle Tinten bei einem in richtiger Entfernung betrachteten Gemälde, nur als Charakter verleihende Nuancen wirken."[67]

Die von Gustav von Loeper mit so entschiedenem Nachdruck vertretene These von der Einheit der Goetheschen Faustdichtung fand wenige Zeit später Nachfolge in ersten Versuchen, beide Teile des Goetheschen Werkes in *einem* Aufführungszyklus auf die Bühne zu bringen. In seiner bereits erwähnten ‚dramaturgischen Studie' ‚Eine Faust-Trilogie' von 1876 entwickelte Franz Dingelstedt den Plan, beide Teile von Goethes ‚Faust', in Analogie zur ‚Wallenstein'-Trilogie Schillers, zum ‚Goldenen Fließ' Grillparzers und zur ‚Nibelungen'-Trilogie Hebbels, in drei Teilen aufzuführen. Dingelstedt, der 1867 von Weimar als Dramaturg nach Wien berufen worden war und dort seit 1875 das Amt eines Generaldirektors beider Wiener Hoftheater innehatte, dachte dabei an ein nationales dramatisches Festspiel, dem jeweils zur Feier von Goethes Geburtstag ein ganzer Tag gewidmet sein sollte. Als Ort hatte er Bayreuth, das „deutsche Olympia",[68] im Auge. Die Vision einer festspielartigen Aufführung des gesamten ‚Faust' hatte bereits Herman Grimm in seinen 1874/75 in Berlin gehaltenen Goethevorlesungen vorgeschwebt: „Ich zweifle nicht, daß eine Zeit kommen wird, wo Aufführungen des zweiten Teiles des Faust, vereint mit dem ersten, sich zu wirklichen dramatischen Volksfesten gestalten könnten. Die Laufbahn dieses größten Werkes des größten Dichters aller Völker und Zeiten hat erst begonnen, und es sind für die Ausnutzung seines Inhalts nur die ersten Schritte getan worden."[69] Dingelstedts Plan einer dreiteiligen Bearbeitung beider ‚Faust'-Teile wurde erst 1883 von seinem Nachfolger Adolf Wilbrandt am Wiener Burgtheater verwirklicht.[70] Gleichzeitig mit und nicht unbeeinflußt von Dingelstedts Programm hatte Otto Devrient, der Sohn des bekannten Theaterleiters und Verfassers der bekannten ‚Geschichte der deutschen Schauspielkunst' (1848–1874), Eduard Devrient, eine Inszenierung beider Teile von Goethes ‚Faust' vorbereitet, die am 6. und 7. Mai 1876 in Weimar zur Aufführung gelangte und dem ‚Faust II' auf der Bühne recht eigentlich zum Durchbruch verhalf.[71] Ich muß es mir leider versagen, hier die weitere Geschichte der ‚Faust'-Aufführungen im neuen Reich zu verfolgen. Erwähnt sei an dieser Stelle nur wegen des außerordentlichen Erfolges und des breiten Echos in der Kritik die Aufführung des Schlußaktes von ‚Faust II' am 5. September 1889 im Deutschen Theater in Berlin, die Adolf L'Arronge, unter Benutzung einiger einleitender Szenen unter dem Titel ‚Fausts Tod' eingerichtet hat.[72] Unter den Besprechungen dieser Aufführung ist diejenige von Heinrich Hart im Hinblick auf die Funktion, die der zweite Teil des ‚Faust' an der Wende vom Naturalismus zum Impressionismus gehabt hat, besonders aufschlußreich. Heinrich Hart, der noch sieben Jahre zuvor in dem gemeinsam mit seinem Bruder Julius verfaßten programmatischen Eröffnungsartikel ‚Wozu, Wogegen, Wofür?' des ersten Heftes der ‚Kritischen Waffengänge' den Klassizismus der ‚Iphigenie' kritisiert und der jungen naturalistischen Dichtung die Anknüpfung an das Werk des jungen Goethe empfohlen hatte,[73] feiert jetzt, zwei Monate vor der Uraufführung von Gerhart Hauptmanns ‚Vor Sonnenaufgang', den poetischen ‚Stimmungszauber' von Goethes Spätwerk, das in seiner Besprechung geradezu zum Prototyp einer antinaturalistischen Ästhetik wird: „Was will alles naturalistische Salbadern besagen gegenüber dem abendduftigen Zauber der Idylle ‚Philemon und Baucis', gegenüber der grauenvollen Tragik der Todesszene, und mögen noch so viele Gespenster in ihr umgehen, gegenüber der Verklärung der Himmelfahrt, die uns ins Allerheiligste des Gottmenschentums erhebt. Der Naturalist, der einzig dem Alltagsgetriebe lauscht und am liebsten das Tier im Menschen sucht, er hat seinen Teil dahin, wenn er dem Alltäglichen in uns genug tut, aber er soll es uns nicht verdenken, wenn wir auch Festtage feiern wollen, Festtage des zu Gott sich aufschwingenden Idealismus, Festtage, deren Losung heißt: dieser Tag gehört dem Genius. Ja, der Genius der Poesie lebt noch, und wohl uns, daß wir seine Macht noch empfinden können; so haben wir denn wohl auch selbst teil an ihm ... Eine dramatische oder gar theatralische Wirkung im gewöhnlichen Sinne übt freilich Fausts Ende nicht aus; was uns bannt, erschüttert, emporträgt, das ist einzig die Gewalt der Goetheschen Lyrik, der Stimmungszauber, der von ihm ausgeht. Die Verse allein sind eine Kraft für sich; wer sie vernimmt, hat nur ein Lächeln des Mitleids für die Ibsen und ihresgleichen, die gegen die höchste dichterische Form anstürmen, weil sie zu ihren Alltagsgeschöpfen nicht paßt, wie Alpenglühen nicht zur Zimmerbeleuchtung paßt."[74]

Verglichen mit der erst mit Wilhelm Scherer, Erich Schmidt und Kuno Fischer beginnenden Faustphilologie im engeren Sinne, hat der Kommentar von Loeper insofern noch einen ‚vorwissenschaftlichen' Charakter, als die erst Mitte der siebziger Jahre auf breiter Front einsetzende biographische und entstehungsgeschichtliche Betrachtungsweise bei ihm noch fehlt. Ausdrücklich wehrt sich Loeper vielmehr dagegen, den ‚Faust' aus Goethes Lebensgeschichte erklären zu wollen: „Jenes Aufsuchen von Reminiszenzen aus des Dichters eignem Lebensgange bringt etwas durchaus Fremdartiges in das Stück. Es ist dies ein ebenso unberechtigter als unfruchtbarer Gesichtspunkt. Denn der Dichter gibt nur Fausts Geschichte und nicht die eines andern Individuums."[75] In den Goethevorlesungen von Herman Grimm, der wie Loeper von der Einheit der beiden Teile des ‚Faust' ausgeht, ist die entscheidende Wendung zum biographischen Erklärungsmodell bereits vollzogen: „Faust repräsentiert Goethes wirkliches Leben. In seiner allgemeinen Existenz wird Faust fähig, mit Goethe zu altern und doch jung zu bleiben. Bis zu den letzten Tagen nimmt er ihm jeden Gedanken ab. Faust ist der verkörperte Geist Goethes, dem keine Entfernung zu weit, keine Erfahrung unmöglich war. Wir trauten Faust zu, alle Gedichte Goethes, all seine wissenschaftlichen Werke geschrieben zu haben. Was Goethe an einzelnen Versen und Gedanken hinterlassen hat, die der Moment von ihm ablöste, könnte samt und sonders als Paralipomena zum Faust betrachtet werden."[76] Auch die wenig präzisen Aussagen, die Grimm zur Deutung des ‚Faust' macht, erschöpfen sich fast ganz im Aufweis von vermeintlichen Parallelen zwischen den Hauptfiguren und Gestalten aus Goethes Leben, ohne daß Grimm bereits jenen entscheidenden Schritt tut, der die eigentliche ‚Faustphilologie' im neuen Reich eröffnet und sie fast vierzig Jahre lang bestimmen sollte: den Schritt von der biographischen zur entstehungsgeschichtlichen Interpretation. Mit ihm sollte zugleich die These von der Einheit und Einheitlichkeit der Goetheschen Faustdichtung wieder zurückgenommen bzw. modifiziert werden durch die von Kuno Fischer zuerst mit Nachdruck und großem Einfluß vertretene Auffassung, daß die Einheit von Goethes ‚Faust' nicht im Werk selbst zu suchen, sondern nur in der Person seines Autors, Goethe, gegeben sei.

Fischer hat sein Programm einer entstehungsgeschichtlichen ‚Faust'-Interpretation 1877, im gleichen Jahr, in dem auch Scherer seinen Aufsatz ‚Goethe-Philologie' vorgelegt hat, veröffentlicht.[77] Seine zentrale These lautet, daß von einer im Werk selbst begründeten und nachweisbaren Einheit beim ‚Faust' nicht die Rede sein könne, da Goethe „seine Dichtung keineswegs aus *einer* Idee konzipiert, keineswegs in *einem* Gusse vollendet [hat]; es sind vielmehr sechzig Jahre darüber vergangen, durch viele und große Pausen unterbrochen. Plan und Grundidee haben sich während dieser Zeit verändert, das Gedicht hat sich mit dem Dichter entwickelt, einzelne Teile, in dem Gedicht unmittelbar verknüpft, sind in ihrer Entstehung durch weite Zeiträume getrennt, ihrem Inhalt nach wie durch eine Kluft geschieden."[78] Angesichts dieses Befundes stellt sich für die wissenschaftliche Forschung die vordringliche Aufgabe, diese Widersprüche namhaft zu machen und zu erklären. Dies ist allein duch eine entstehungsgeschichtliche Analyse zu leisten: „Der Gesichtspunkt zu der Erklärung des Goethes ‚Faust' ist damit gegeben. Um das Gedicht zu verstehen, muß man vor allem seine *Entstehung* kennen. Goethe liebte es wohl, die Entstehung seiner Dichtungen geheim zu halten und die Spuren ihres Ursprunges den Augen des Publikums zu verhüllen, er wollte nicht, daß man ihm in die Werkstätte sah; darum fand er jene Experimente zur Erklärung seines ‚Faust' so ergötzlich, da sie augenfällig genug bewiesen, wie wenig den Erklärern die Entstehung des Werkes bekannt war; sie nahmen es, als wäre es wie mit einem Male aus dem Geiste des Dichters entsprungen, gleich der Pallas aus dem Haupte des Zeus. Die Frage nach dem Ursprung und der Entstehung eines Objekts, gleichviel ob dasselbe ein Werk der Natur oder Kunst ist, nennen wir *kritisch* und den geordneten Gang der Untersuchung zur Auflösung einer solchen Frage die kritische Methode. Eine solche Methode will angewendet sein auf den Goetheschen ‚Faust', damit wir die Bedingungen einsehen, aus denen das Gedicht hervorging."[79] Fischer hat sein Programm einer ‚kritischen' ‚Faust'-Erklärung in drei ‚Hauptfragen' zusammengefaßt: „1. Wie hat sich *vor* Goethe die Sage vom Faust ausgebildet und entwickelt? Wie ist sie aus der Volkssage übergegangen in die Volksliteratur, wie hat sie aus dieser sich erhoben zu einem Gegenstand nationaler Dichtung? 2. Wie ist in Goethe das Gedicht vom Faust entstanden und wie hat es sich entwickelt? 3. Worin besteht die *Komposition,* sowohl was den Plan oder die Idee als die Teile der Dichtung betrifft."[80] Von den hier genannten drei Fragen haben vor allem die erste und die zweite, insbesondere jedoch die zweite, in einer Fülle von Arbeiten im Zeitraum von 1880 bis 1910 die unterschiedlichsten Antworten erfahren, während die Beantwortung der dritten Frage sich zumeist in monographischen Analysen der Hauptfigur und seines Kontrahenten sowie der wichtigsten Nebenfiguren erschöpfte, ohne zu einer befriedigenden ästhetischen Gesamtdeutung des Werkes zu gelangen. Diese wurde erst in dem Moment möglich, als die philologisch-detektivische Jagd nach Widersprüchen, die zum Berufsspaß der Faustphilologen geworden war, einem neuen Ganzheitsverständnis wich. Wie sehr das Aufspüren von Gegensätzen und Widersprüchen zum Markenzeichen der Goethe- und Faustphilologie geworden war, zeigt folgende Bemerkung von Oskar Walzel, einem Wegbereiter einer ganzheitlich-synthetischen Literaturwissenschaft, in seinem 1908 veröffentlichten Aufsatz ‚Goethe und das Problem der faustischen Natur': „Nicht Goethephilologie will ich treiben, nicht Gegensätze und Widersprüche in Goethes ‚Faust' aufdecken. Sondern kulturhistorischer Charakteristik sollen die folgenden Worte dienen, eine kulturelle Entwicklung wollen sie zeichnen."[81]

Bahnbrechend für die ästhetische Erschließung der Kompositionsform von

Goethes ‚Faust' wurde die große Abhandlung von Helene Herrmann ‚Faust, der Tragödie zweiter Teil: Studien zur inneren Form des Werkes'[82] die 1917 in Max Dessoirs ‚Zeitschrift für Ästhetik und allgemeine Kunstwissenschaft' erschien. Sie war angeregt durch die Abhandlungen, die Max Dessoir 1914 als Einleitungen zur ‚Faust'-Ausgabe in Ullsteins ‚Pandora-Klassikern' zu beiden Teilen des Werkes geschrieben hatte und in denen programmatisch-bündig gegen die vorangegangene Goethe-Philologie formuliert wird: „Das hier befolgte Verfahren will die Eigenart des ‚Faust' nicht aus seiner Entstehungsgeschichte durch ein Zurückraten erschließen, sondern versucht, sie aus dem Gebilde betrachtend zu erhellen."[83] „Ein Ausweichen in die Entstehungsgeschichte führte wohl auch zur Nichtachtung des Gegenstandes, sofern die in ihm wirksamen Gesetze vernachlässigt wurden. Man vergaß den Werkmeister Goethe über dem Lebe- und Lesemeister."[84] Pointierter und knapper noch hat Helene Herrmann in ihrer Abhandlung diese methodische Devise formuliert: „*Wir* haben nur das ‚Daß' und das ‚Warum' in der *fertigen Erscheinung* aufzuzeigen."[85] Mit dieser radikalen Abkehr von dem methodologischen Dogma der positivistischen Goethephilologie, die in Gundolfs Goethebuch von 1916 ihre monumentale Entsprechung und im Bereich der ästhetischen Erschließung des ‚Faust' in den Arbeiten von Max Kommerell und Kurt May ihre Fortsetzung gefunden hat, rückte der zweite Teil des ‚Faust', dessen Umwertung 1870 begonnen hatte, endgültig ins Zentrum des Forschungsinteresses.[86] Wurde der zweite ‚Faust-Teil am Beginn dieser Epoche als ‚positive' Antwort auf die offenen Fragen des ersten entdeckt und in Anspruch genommen, so zeichnet sich an deren Ende die Tendenz seiner Loslösung und Verselbständigung von den Voraussetzungen und Vorgaben des ersten Teils ab, eine Entwicklung, die heute allgemein zur Einsicht in die strukturelle Eigenständigkeit von Goethes Spätwerk geführt hat. Der gegen das Dogma der entstehungsgeschichtlichen Erklärungsweise des ‚Faust' gerichtete Vorstoß in die Richtung ästhetischer und formanalytischer Interpretation barg jedoch auch Gefahren in sich, die exemplarisch bereits in der großen ‚Faust'-Analyse von Helene Herrmann sichtbar werden, nämlich die phänomenologische Reduktion des Kunstwerks auf das bloße, aus allen biographischen, zeitgeschichtlichen und sozialen Bedingungen herausgenommene Textgefüge, dessen von der Interpretin einfühlsam erschlossene musikalische Strukturen ins Zeit- und Raumlose zu entschweben scheinen, ein unwirklich-artistisches Interpretationsspiel jenseits und scheinbar unberührt von den gleichzeitig wütenden Materialschlachten des Ersten Weltkrieges.

Die historischen, ideen- und entstehungsgeschichtlichen Bezüge in neuer Weise für die Deutung des ‚Faust' erschlossen und produktiv gemacht zu haben, ist das Verdienst der Arbeiten jener beider Forscher, die neben Helene Herrmann im letzten Jahrzehnt des Reiches ein neues, nachposivistisches und für die weitere Entwicklung wegweisendes ‚Faust'-Bild haben entwerfen helfen: Konrad Burdach und Wilhelm Hertz. Burdach, dessen Interesse sich zunächst auf den ,West-östlichen Divan' konzentriert hatte, eröffnet 1912 mit der Abhandlung ,Faust und Moses' den Zyklus seiner ,Faust'-Aufsätze, die zu den bedeutendsten Beiträgen der deutschsprachigen ,Faust'-Forschung gehören und in dem 1932 erschienenen Aufsatz ,Das religiöse Problem in Goethes Faust' ihren krönenden Abschluß gefunden haben.[87] Gottfried Wilhelm Hertz, als Reichsfinanzrat ein gelehrter Außenseiter in der Goetheforschung wie vor ihm Max Morris und andere, hat mit seinen seit 1908 erschienenen Aufsätzen zum zweiten Teil des ,Faust' wegweisend die zentrale Rolle der Goetheschen Naturforschung für das richtige Verständnis dieses Werkes erkannt. Eine erste zusammenhängende Darstellung seiner Ergebnisse bot das 1913 erschienene Buch ,Goethes Naturphilosophie im Faust. Ein Beitrag zur Erklärung der Dichtung'. Eine Zusammenfassung und Weiterführung seiner weitverzweigten, um das Zentrum der Homunculus-Gestalt gruppierten Arbeiten hat Hertz 1931 in seinem Werk ,Natur und Geist in Goethes Faust' vorgelegt. Die früh von Wilhelm von Humboldt bereits erkannte Einheit von Naturforschung und Kunstproduktion im Werk Goethes hat in Wilhelm Hertz einen berufenen Exegeten gefunden, dessen Einsichten die Goetheforschung in der Folgezeit vielfältig angeregt und befruchtet haben. Im Bereich der Forschung zu ,Faust II' ist ihm vor allem Dorothea Lohmeyer mit ihrem 1940 erschienenen Buch ,Faust und die Welt. Zur Deutung des zweiten Teils der Dichtung' gefolgt, das 1975 in einer wesentlich erweiterten Fassung wieder vorgelegt worden ist.[88]

Die hier entworfene Skizze einer Rezeptionsgeschichte von Goethes ,Faust' in der Epoche von 1870 bis 1918 stellt eine rigorose Vereinfachung dar gegenüber der tatsächlichen Vielfalt und Widersprüchlichkeit der schier unübersehbaren Flut der in diesem Zeitraum erschienenen ,Faust'-Literatur, die eine eigene Bibliothek bildet und einer nüchternen Betrachtung als Schutthalde eines fehlgeleiteten Forschungsinteresses erscheinen könnte. Auch die Zeitgenossen sahen sich mit dem Problem konfrontiert, aus diesem Wust von Philologenscharfsinn noch irgendeinen praktischen Nutzen zu ziehen. So wurde auf der Philologentagung in Hamburg 1906 beschlossen, ein enzyklopädisches ,Faust'-Werk zu erarbeiten, in dem zu jeder Detailfrage jede bisher vorgeschlagene Antwort erfaßt werden sollte. Das Werk hätte sieben Bände in Lexikonformat umfaßt, kein Verleger jedoch fand sich bereit, sich auf dieses Abenteuer einzulassen, und so blieb der Nachwelt dieses Unikum erspart.[89] Über alle Divergenzen und alle aufgedeckten Widersprüche des Werkes hinweg behauptete sich die Idee des ,Faustischen', mit der Goethes Dichtung ihren Einzug in das neue Reich gehalten hatte. Faust als Sinnbild des Fortschritts, der rastlosen Tätigkeit und der optimistischen Zuversicht, durch immer strebendes Bemühen der Erlösung teilhaftig zu werden: dieses Interpretationsmodell, von Gustav von Loeper am Vorabend der Reichsgründung verkündet, durch die Autorität Kuno Fischers unterstützt und von zahllosen ,Faust'-Kommentatoren wiederholt, wurde die eigentliche Konstante der ‚Faust'-Rezeption im Kaiserreich. Dieses ‚faustische' Faustbild, durch das, wie Hans Schwerte es formuliert hat, „die fehlende ‚Weltanschauung' des neuen deutschen Staates, bis zum Ersten Weltkrieg, ersetzt werden" sollte,[90] war noch 1917 für Oskar Walzel das Fundament, auf dem sich seiner Meinung nach inmitten einer von Krieg, von der Maschine und vom Materialismus bedrohten goethefremden Welt die „Neubegründung des deutschen Weltbildes auf idealistische Grundlage" errichten ließ. Hinter dem Aufstand und dem Protest der jungen expressionistischen Generation sieht Walzel das Morgenrot einer neuen Goetherenaissance aufsteigen. Die Forderung der jungen Dichter nach „einer neuen durchgeistigten Weltanschauung" ist ihm ein Zeichen dafür, „daß ein faustisches Streben nach einem faustischen Begriff des Wissens zu neuem Leben erwacht. Trotz allem darf die Hoffnung gelten, daß die neugeborene Zukunft den faustischen Stimmungen Goethes näher kommen wird, als der überwundene Materialismus der nächsten Vergangenheit."[91] Die Summe dieses ‚faustischen' Faustbildes zog Oswald Spengler. Der erste Band seines ‚Untergangs des Abendlandes' erschien 1918. Die Inanspruchnahme der Faustgestalt als Symbol der abendländischen Kultur bei Spengler trägt Züge der Apotheose und der Kritik zugleich. Der Weg Goethes von der Faustgestalt des ersten zu der des zweiten Teils ist für ihn identisch mit dem Weg von der Kultur zur Zivilisation, vom Forscherdrang zur Hybris praktischer Weltbeherrschung, die in den Untergang führt. „So ruft der Faust des ersten Teiles der Tragödie, der leidenschaftliche Forscher in einsamen Mitternächten, folgerichtig den des zweiten Teils und des neuen Jahrhunderts hervor, den Typus einer rein praktischen, weitschauenden, nach außen gerichteten Tätigkeit. Hier hat Goethe psychologisch die ganze Kultur Westeuropas vorweggenommen. Das ist Zivilisation an Stelle von Kultur, der äußere Mechanismus statt des innern Organismus, der Intellekt als das seelische Petrefakt an Stelle der erloschenen Seele selbst. So wie Faust am Anfang und Ende der Dichtung, stehen sich innerhalb der Antike der Hellene zur Zeit des Perikles und der Römer zur Zeit Cäsars gegenüber."[92] Die kritiklose Übernahme der im neuen Reich entwickelten ‚faustischen' Faustinterpretation durch Spengler führt bei ihm paradoxerweise zu deren Verabschiedung, indem er sie mit dem Abendland ersatzlos dem Untergang preisgibt. Das ‚Faustische' allerdings hat diesen Untergang überlebt und sollte noch einmal, trotz des entschiedenen Einspruchs, den vor allem Konrad Burdach und Wilhelm Böhm gegen seine Wiederbelebung im Namen des Goetheschen ‚Faust' erhoben,[93] eine brutale Renaissance erfahren. ‚Faust im Braunhemd', so lautet der Titel eines 1933, im gleichen Jahr wie Wilhelm Böhms ‚Faust der Nichtfaustische' erschienenes Buch von Kurt Engelbrecht, in dessen Vorwort es heißt: „Höchste Beglückung findet der deutsche Faust [...] im Ringen um neuen Heimatboden für sein Volk."[94]

Die entschiedenste Kritik an diesem optimistischen Bild vom ‚faustischen' Faust wurde von der katholischen Goetheopposition vorgetragen.[95] Doch auch nichtchristliche Stimmen haben sich gegen den ‚Faust'-Kult des neuen Reichs erhoben, allen voran diejenige Nietzsches, dessen Ideal des Übermenschen in der Folgezeit nicht selten mit der Idee des Faustischen in Verbindung gebracht und dessen „Zarathustra' früh bereits mit dem ‚Faust' verglichen worden ist.[96] Auch Thomas Manns Kontamination der Faust-Figur des Volksbuchs, der Nietzsche-Gestalt und der Goetheschen Faustdichtung in seinem Roman ‚Doktor Faustus' steht noch im Einflußbereich dieser Rezeptionsbezüge. Nietzsches Charakteristik der Goetheschen ‚Faust-Idee' in ‚Der Wanderer und sein Schatten' (1880) ist eine bewußte Trivialisierung des Werkes, sie muß gelesen werden als Protest gegen die ideologische Überhöhung des ‚Faust' im ersten Jahrzehnt des neuen Reiches: „Eine kleine Nähterin wird verführt und unglücklich gemacht; ein großer Gelehrter aller vier Fakultäten ist der Übeltäter. Das kann doch nicht mit rechten Dingen zugegangen sein? Nein, gewiß nicht! Ohne die Beihülfe des leibhaftigen Teufels hätte es der große Gelehrte nicht zustande gebracht. – Sollte dies wirklich der größte ‚tragische Gedanke' sein, wie man unter Deutschen sagen hört?"[97] Nietzsches ‚Faust'-Kritik markiert die Grenze seiner emphatischen Goethenachfolge. Für Nietzsche bleibt Goethe mit seinem ‚Faust' im 18. Jahrhundert befangen, er ist das Drama des nur theoretischen Menschen, dessen sentimentale Bindung an Gretchen die im Stück angelegte Tragödie der Erkenntnis verhindert und dessen auf Erlösung hin angelegten Schluß die Idee des Tragischen korrumpiert hat: „Für Goethe war aber auch dieser Gedanke noch zu fürchterlich; sein mildes Herz konnte nicht umhin, die kleine Nähterin, ‚die gute Seele, die nur einmal sich vergessen', nach ihrem unfreiwilligen Tode in die Nähe der Heiligen zu versetzen; ja, selbst den großen Gelehrten brachte er, durch einen Possen, der dem Teufel im entscheidenden Augenblick gespielt wird, noch zur rechten Zeit in den Himmel, ihn ‚den guten Menschen' mit dem ‚dunklen Drange': – dort im Himmel finden sich die Liebenden wieder. – Goethe sagt einmal, für das eigentlich Tragische sei seine Natur zu konziliant gewesen."[98] Eine Eintragung Nietzsches aus dem Nachlaß der achtziger Jahre lautet: „Wie wird sich später einmal Goethe ausnehmen! wie unsicher, wie schwimmend! Und sein ‚Faust' – welches zufällige und zeitliche, und wenig notwendige und dauerhafte Problem! Eine Entartung des Erkennenden, ein Kranker, – nichts mehr! Keineswegs die Tragödie des Erkennenden selber! Nicht einmal die des ‚freien Geistes'."[99] Eine der spätesten Nachlaßeintragungen Nietzsches faßt noch einmal seine höchst ‚unzeitgemäßen' Vorbehalte gegen das Lieblingswerk der Zeit zusammen und radikalisiert sie zur Abschiedserklärung an Goethe überhaupt und die durch ihn repräsentierte Epoche der europäischen Aufklärung: „*Faust* – das ist für den, der den Erdgeruch der deutschen Sprache aus Instinkt kennt, für den Dichter des Zarathustra, ein Genuß ohnegleichen: er ist es *nicht* für den Artisten, der ich bin, dem mit dem ‚Faust' Stückwerk über Stückwerk in die Hand gegeben wurde, – er ist es noch weniger für den Philosophen, dem das vollkommen

Arbiträre und Zufällige – nämlich durch Kultur-Zufälle Bedingte in allen Typen und Problemen des Goetheschen Werks widerstrebt. Man studiert achtzehntes Jahrhundert, wenn man den ‚Faust' liest, man studiert Goethe: man ist tausend Meilen weit vom *Notwendigen* in Typus und Problem."[100]

## 7. Goethebiographik im Kaiserreich

Charakteristisch für das neue Goethebild im Wilhelminischen Reich ist die Verlagerung des Interesses von Goethes Werk auf sein Leben, die erst nach 1870 in vollem Maße einsetzt, um im weiteren Verlauf Formen anzunehmen, die im Allgemeinbewußtsein die dichterischen Produktionen Goethes zeitweilig völlig hinter der mythisierten Fassade seines Lebens verschwinden ließ. „Rein künstlerisch ein Werk Goethes zu messen, haben wir fast verlernt", schreibt Hermann Bahr 1921 im Rückblick auf das Goethebild des Wilhelminischen Zeitalters, „ja wir können uns kaum auch nur der Möglichkeit noch entsinnen, seine Werke von seiner Person und dann jedes noch von den andern für sich abzusondern: sie sind uns sämtlich eine einzige große Selbstbiographie geworden."[1] „Was der gebildete Deutsche von Goethes Werken am besten kennt", heißt es bei Bahr weiter, „sind die, worin er am meisten von Goethes Person zu finden hofft: Dichtung und Wahrheit, Italienische Reise, Campagne in Frankreich, und kaum irgendein Werk Goethes ist ihm so vertraut, so geläufig wie Eckermanns Gespräche. Dem gebildeten Deutschen geht es nämlich weniger darum, Goethe zu lesen, als über Goethe. Der Mann, der Mensch ist es, den er kennen lernen will, nicht der Dichter oder der Denker, sondern das sinnenverwirrende, herzbetörende Phänomen dieses unerschöpflichen Lebens."[2] Nach Christa Bürger ist die „Verschiebung des Rezeptionsinteresses vom Werk auf die Person des Autors" ein „entscheidendes und meines Erachtens bisher unzureichend berücksichtigtes Moment im Prozeß der Institutionalisierung des autonomen Kunstbegriffs", wie ihn die deutsche Klassik im Gegenzug gegen die bürgerliche Aufklärung eingeleitet habe.[3] Goethe selbst sei es gewesen, der mit seiner Winckelmann-Deutung diese „für die deutsche Literaturgeschichte folgenreiche Entwicklung" begonnen habe.[4] Das von Christa Bürger beobachtete und von ihr mit der bürgerlichen Institution Kunst in Zusammenhang gebrachte Phänomen findet in der Rezeptionsgeschichte Goethes seine vielfältige Bestätigung. Mit Nachdruck bezweifeln möchte ich allerdings, ob ihm jene Verallgemeinerungsfähigkeit zukommt, die die Autorin ihm in ihrer typologischen Alternative von bürgerlich-aufklärerischer Literatur einerseits und der autonomen Institution Kunst seit der Klassik andererseits zubilligt. Man braucht hier nicht auf jene Autoren des 19. Jahrhunderts zu rekurrieren, denen eine solche Verschiebung des Rezeptionsinteresses vom Werk auf das Leben erspart geblieben ist: schon die Rezeptionsgeschichte Goethes selbst beweist die Fragwürdigkeit der Bürgerschen These, da in ihr Phasen der Konzentration des Interesses am Leben von Phasen der ausschließlichen Konzentration auf das Werk abgelöst werden. Typologische Modelle haben nun einmal das Mißliche an sich, daß sie durch Geschichte widerlegt zu werden pflegen.

Die These, daß die größte Dichtung Goethes sein eigenes Leben sei, die die Goethebiographik zu immer erneuten Versuchen beflügelt hat, diese Dichtung einfühlsam nachzuzeichnen, findet sich zuerst in dem Festartikel zum 28. August 1849 von Gustav Freytag in aller Deutlichkeit ausgesprochen: „Die größte Dichtung, welche wir von ihm [Goethe] besitzen, fast die einzige künstlerisch fertige und vollendete, ist sein eigenes Leben. *Er hat sich sein ganzes Leben selbst gedichtet,* seine Poesien sind nur die erklärenden Noten dazu, seine Selbstbiographie ist eine kurze Beschreibung schöner Stellen aus dem großen Roman.“[5] Diese Blickverschiebung vom Werk Goethes auf dessen Leben ist wesentlich mitbedingt durch die überragende Stellung, die die autobiographischen Arbeiten innerhalb des Werkganzen bei ihm einnehmen. Noch zu Goethes Lebzeiten wurde das autobiographische Œuvre durch den Briefwechsel mit Schiller ergänzt, dem 1833/34 derjenige mit Zelter folgte. Weitere Briefpublikationen erschienen nach Goethes Tod in regelmäßiger Folge. Wenn David Friedrich Strauß in seiner Goethedarstellung 1872 den Goetheschen Briefwechseln einen gleichrangigen Platz neben den Werken einräumt, so reagiert er bereits auf ein gewandeltes Publikumsinteresse, das seit Beginn der sechziger Jahre sich zunehmend dem Leben Goethes zugewandt hatte. „Durch diese Briefsammlungen insbesondere, in Verbindung mit ‚Dichtung und Wahrheit‘, ist es immer mehr gekommen, daß uns in Goethe neben dem Dichter der Mensch lieb und vertraut geworden, daß wir neben den literarischen Kunstwerken, die er geschaffen, zugleich das Kunstwerk seines wohlgeführten, bewegten und reichen, und doch durchaus in harmonischer Einheit zusammengehaltenen Lebens zu betrachten, zu bewundern und für uns fruchtbar zu machen nicht müde werden.“[6] Dieses Interesse an Goethes Biographie erfuhr durch die Goethephilologie, deren zentrales Erkenntnisziel der Aufweis der Verbindung zwischen Leben und Werk war, eine zusätzliche Motivation. Die Freigabe des Goetheschen Nachlasses, der vor allem im Bereich der Briefe und Tagebücher wichtiges neues Material zutage förderte, verstärkte die Neugier von Forschung und Öffentlichkeit an biographischen Fakten und Problemen. Nicht zufällig wurde zugleich mit dem Plan einer historischen-kritischen Gesamtausgabe der einer monumentalen Goethebiographie entworfen, der dann allerdings nicht realisiert wurde.

Verglichen mit der schon früh einsetzenden Flut der Erläuterungsliteratur zu den einzelnen Werken Goethes, hat es relativ lange gedauert, bis das wachsende öffentliche Interesse an einer Biographie des Dichters befriedigt wurde. Seit der Mitte des Jahrhunderts mehren sich die Stimmen derer, die das Fehlen einer Lebensgeschichte des größten deutschen Dichters registrieren und beklagen. So beschließt Gustav Freytag seinen bereits erwähnten Festartikel von 1849 mit den Worten: „Wir feiern jetzt sein Gedächtnis durch Rede und neue Schriften über ihn. Ein Buch fehlt uns noch immer, sein Leben. Wer uns Deutschen das reichen könnte, wie es geschrieben werden muß, ohne Diplomatie und Schonung, mit großem Blick und genauer Kenntnis des Details, dem wollen wir sehr danken."[7] Der erste umfassende Versuch einer Darstellung von Goethes Leben stammt aus der Feder von Heinrich Viehoff, eines Realschullehrers, dessen rein kompilatorische Goethebiographie 1847–1854 in vier Teilen erschienen ist. Sie war, wie der Autor im Vorwort zum zweiten Teil mitteilt, begonnen worden aus ‚Unmut' über die Nachricht, daß ein Engländer sich rüste, den Deutschen „den Ruhm des Erstlingsversuches" einer Darstellung von Goethes Leben zu entreißen.[8] Dieser Engländer war George Henry Lewes, ein begabter und fruchtbarer philosophischer Schriftsteller, der Freund und Lebensgefährte der Romanschriftstellerin George Eliot, dessen ‚Life and Works of Goethe' 1855 in zwei Bänden erschien und in der Übersetzung von Julius Frese (1857) auch in Deutschland ein großer und anhaltender Erfolg wurde. 1872 erschien in New York eine Goethebiographie von George H. Calvert und im gleichen Jahr in Paris eine zweibändige französische Biographie von Alfred Mézières.

Die Forderung nach einer deutschen Biographie Goethes, die die Ansprüche der Forschung und der gebildeten Öffentlichkeit in gleichem Maße befriedigte, wurde erst mit den 1877 veröffentlichten Goethevorlesungen von Herman Grimm erfüllt. Die locker-essayistische Form, das trotz Überarbeitung erhalten gebliebene Pathos der gesprochenen Rede, der Verzicht auf jeden gelehrten Apparat, die souveräne, wennschon oft einseitig pointierte Beherrschung des Stoffs haben dieser Goethedarstellung als einziger neben der von Carus[9] noch bis in die Gegenwart hinein zu aktualisierenden Neuauflagen verholfen.[10] Der in puncto Goethe sonst nicht gerade überschwenglich gestimmte Fontane hat mit seiner Besprechung, die vor allem auf die formale Brillanz und den Esprit der Darstellung abhebt,[11] der großen Verbreitung des Buches den Weg bahnen helfen. Herman Grimms Goethevorlesungen sind, wennschon nicht unbeeinflußt von ihr, noch kein spezifisches Werk der Goethephilologie. Sie stehen vielmehr in einer Tradition europäischer Essayistik, wie sie durch Namen wie Macaulay und Emerson bezeichnet ist und neben Grimm im deutschsprachigen Raum nur in Karl Hillebrand ein ebenbürtiges Pendant gefunden hat. „Wenn man heute oft den Wunsch nach einer großen abschließenden Biographie Goethes äußern hört", so schreibt Wilhelm Dilthey 1878 im Hinblick auf Herman Grimms Goethevorlesungen, „in welcher alles für Goethe Belangreiche aus dem Quellenmaterial und den Untersuchungen über ihn seine Stelle fände, so kann nur Unkenntnis der Sachlage ihn hervorrufen."[12] Dilthey meint die Tatsache, daß die für eine ‚abschließende Biographie' erforderlichen Quellen noch immer für die öffentliche Benutzung unzugänglich waren. Bereits in seinem Aufsatz ‚Goethe und Corona

Schröter' von 1876 hatte er geschrieben: „Eine Biographie Goethes würde eine der höchsten Aufgaben für die Geschichte des 18. und unseres eigenen Jahrhunderts sein. Arbeiten wie die von Herman Grimm und Schöll zeigen, daß die Personen vorhanden sind, welche imstande wären, diese große Aufgabe zu lösen. Aber die Jahre verstreichen, und das Material für die Lösung derselben bleibt verschlossen. Das Studium der größten Epoche unserer Literatur steht immer noch vor etwas Verborgenem oder Verschlossenem. Dies ist ein Verlust für die ganze Nation, denn nur das volle biographische Verständnis kann ihr den ganzen Goethe zueignen; und was könnte uns Goethe nicht heute sein: der höchste Typus innerer Bildung einem Zeitalter, welches in dem Kampfe um das Dasein und die Geltung in der Gesellschaft die Menschen sich verzehren und ihre höchsten Kräfte vergeuden sieht!"[13]

Erst zwei Jahrzehnte nach den Vorlesungen von Grimm erscheint die erste positivistische Goethedarstellung, die die inzwischen alexandrinisch angewachsene Einzelforschung der Goethephilologie synthetisch zusammenfaßt: Richard Moritz Meyers preisgekrönter dreibändiger ‚Goethe' (Berlin 1895), der noch im gleichen Jahr von den populäreren Darstellungen von Karl Heinemann (2 Bände, Leipzig 1895) und Eugen Wolff (Kiel 1895) flankiert wird. Das Interesse und der Markt für Goethebiographien schienen um die Jahrhundertwende unbegrenzt. Ins Schwarze bei der Gunst des Publikums traf Albert Bielschowsky, dessen zweibändiges Werk ‚Goethe. Sein Leben und seine Werke' recht eigentlich ein Hausbuch der Goethekenntnis und des Goetheerlebnisses für das deutsche Bürgertum einer ganzen Generation wurde. Der erste Band erschien im Herbst 1895 (mit der Jahreszahl 1896) und erreichte innerhalb von zwölf Jahren eine Auflagenhöhe von 65 000 Exemplaren. Der zweite Band folgte postum 1904. Das Gesamtwerk erschien 1922 in 42. Auflage. 1928 wurde eine Neubearbeitung von Walther Linden herausgebracht. Der außerordentliche Erfolg des Bielschowskyschen ‚Goethe' beruht auf der Fähigkeit des Verfassers, Ergebnisse der gelehrten Forschung in eine effektvoll arrangierte, einfühlsame Nachdichtung des Goetheschen Lebens zu integrieren und so die Bedürfnisse des Bildungsbürgertums nach Belehrung und romanhafter Unterhaltung gleichermaßen zu befriedigen. In einem Brief an seinen Verleger Oscar Beck vom 30. November 1893 hat sich Bielschowsky über Ziel und Intention seiner geplanten Goethedarstellung ausgesprochen: „Goethes Gestalt sollte in meiner Zeichnung etwas von der göttlichen Sendung verraten, die auf ihr ruht. Kommt dies zum Gefühl oder zum Bewußtsein, dann darf man hoffen, daß Goethe dasjenige Ferment für das deutsche Geistesleben wird, das seiner weltgeschichtlichen Bedeutung entspricht. Bis jetzt ist Goethes Gestalt immer noch zu sehr unterirdischer Strom. Man kennt seine Existenz, bewundert sie hie und da, aber man läßt sich nicht von ihr heben und tragen."[14] Friedrich Spielhagen hat den ersten Band im Feuilleton der Berliner ‚Nationalzeitung' vom 1. Dezember 1895 in einer vielbeachteten Rezension besprochen. Er feiert Bielschowsky als den

‚deutschen Lewes', attestiert ihm ein „poetisches Gemüt", „in welchem die von dem Dichter angeschlagenen Töne rein wiederklingen", und hebt vor allem die epische Objektivität der Darstellung hervor, der er selbst als Romanautor und Romantheoretiker verpflichtet war. Methodisch folgt Bielschowsky der positivistischen Goethephilologie, indem er der Entstehungsgeschichte der Goetheschen Werke breiten Raum gibt und für jede der Goetheschen Gestalten ein Modell ausfindig zu machen sucht. Werkanalyse ist für Bielschowsky einfühlsame Paraphrase der Charaktere der Goetheschen Werke, ein Verfahren, das vor allem die Deutschlehrer in ungezählten Variationen ausgebeutet und ausgeschlachtet haben. Die Goetherezeption ist durch Bielschowsky jahrzehntelang auf das Bild des harmonischen Olympiers fixiert worden, an dem ein bildungsbeflissenes Bürgertum sich gefahrlos erbauen und in das es sich kritiklos einfühlen konnte. Bielschowsky auch ist es gewesen, der jene Verschiebung des Rezeptionsinteresses vom Werk auf die Person des Autors, von der unsere Überlegungen ausgingen, zum Programm erhoben hat. So heißt es in der Einleitung zum ersten Band: „Wer den reichen, in zahllosen Farben glänzenden Strahlenkranz sah, der diese Persönlichkeit umleuchtete, dem schienen die dichterischen Strahlen nur ein beschränkter Ausschnitt des Kranzes zu sein; der urteilte, der Mensch sei größer als der Dichter und das, was er lebe, besser, als was er dichte. Und auch wir Nachgeborenen, die wir uns bemühen, durch Studium und Phantasie die Persönlichkeit Goethes uns nachzuerschaffen, haben diesen Eindruck. Uns dünkt sein Leben das gehaltreichste, anziehendste, bewunderungswürdigste unter allen seinen Werken!"[15]

Angesichts des Erfolges von Bielschowskys ‚Goethe' war es schwer, konkurrierende Darstellungen auf dem Markt unterzubringen. Der Goethehunger des lesenden Publikums scheint jedoch mit diesem Werk nicht gestillt gewesen zu sein. In kurzen Abständen folgten die Goethedarstellungen von Georg Witkowski (1899), Ludwig Geiger (1901) und Eduard Engel (1909), alle, wie schon der ‚Goethe' von Karl Heinemann, z. T. opulent mit Illustrationen und Faksimilebeilagen versehen, um die immer gleiche und wahrlich nicht besser als von Bielschowsky erzählte Lebensgeschichte durch zusätzliche Anreize schmackhafter zu machen. Nur auf der Folie dieser Eskalation der positivistisch-biographistischen Goethedarstellung, wie sie für das erste Jahrzehnt des 20. Jahrhunderts kennzeichnend ist, wird die mit Chamberlains (1912) und Simmels (1913) Goethebüchern einsetzende und in Gundolfs ‚Goethe' (1916) kulminierende Zurücknahme der biographischen zugunsten einer auf Wesensschau und Wesenserfassung gerichteten Goethedeutung verständlich.

Das Erkenntnisinteresse der Goethedarstellungen von Chamberlain, Simmel und Gundolf ist fixiert auf die eine herausragende und aus dem historischen Kontext isolierte Gestalt Goethes. Die antibiographistische Reduktion Goethes auf sein ‚Wesen' oder die ‚Gestalt' seiner Werke führte zu seiner radikalen Enthistorisierung, der in den positivistischen Goethebiographien durch die Berücksichtigung der Lebensumstände und der vielverzweigten Lebensbeziehungen noch relativer Einhalt geboten war. Erst am Ende des Wilhelminischen Reichs hat der Mythos des einsamen, nur seiner individuellen Entelechie verpflichteten, das Zeitliche ins Überzeitliche transzendierenden schöpferischen Genies seine Aufgipfelung erfahren. Daß gerade Goethe das Paradigma einer solchen ahistorischen Mythisierung wurde, die seither in Deutschland nicht selten das Bild vom großen Dichter bestimmt hat, ist um so verwunderlicher, als er selbst es gewesen ist, der in ‚Dichtung und Wahrheit' ein kontextorientiertes, breit historisch und sozialgeschichtlich fundiertes Bild seiner eigenen Entwicklung gegeben hat. Oskar Walzel hat an diese Tatsache in seinem Aufsatz ‚Analytische und synthetische Literaturforschung' von 1910 erinnert und zugleich die deutsche Literaturwissenschaft kritisiert, daß sie die Anregungen, die von Goethe für eine synthetische Literaturbetrachtung ausgegangen sind, zur Einflußforschung verengt habe.[16] Bereits 1906 hatte Walzel in seinem Aufsatz Goethes ‚Wahlverwandtschaften' im Rahmen ihrer Zeit' gegen die einseitig biographisch ausgerichtete Literaturwissenschaft seiner Zeit polemisiert: „Das Studium der neueren deutschen Literaturgeschichte, das in den letzten Jahrzehnten wissenschaftliche Wege eingeschlagen und sich nach Kräften von der Willkür subjektiv-ästhetischer Gefühlsmaßstäbe zu befreien versucht hat, hält im ganzen den individualistischen Charakter älterer Darstellungsweise fest, ja prägt ihn mehr und mehr aus. Im Vordergrund des Interesses stehen die einzelnen Großen, vor allem Goethe. [...] Entwicklung, Wesen und Schaffen eines Dichters ist der Lieblingsgegenstand von Forschung und Darstellung, sei es daß Einzeluntersuchung oder daß zusammenfassende Arbeit getrieben werde. Die einzelne Persönlichkeit und ihr Schaffen steht für sich da; und neben sie tritt, in gleicher Weise behandelt, eine zweite und eine dritte. Daß im Wirken einer großen Anzahl gleichzeitiger oder aufeinanderfolgender Künstler gemeinsame Triebkräfte tätig sind, wird zwar nicht vergessen, aber zu wenig beherzigt. Diesen biographischen Charakter trägt in erster Linie fast alle neuere Erforschung und Darstellung des deutschen Klassizismus."[17] Gegen diese vorherrschende Tendenz setzt Walzel die Einsicht: „Die einzelnen Kunstwerke unserer Größten werden verständlicher, wenn sie im Zusammenhang der Entwicklung ihrer Verfasser betrachtet werden; doch noch weit klarer offenbaren sich ihre wesentlichen Züge, sobald Geist und Produktion des Zeitalters, in dem sie entstanden sind, sobald Schaffen und Denken der Zeitgenossen, die in verwandtem Sinne tätig waren, die Grundlage der Betrachtung bilden."[18] Mit Walzels programmatischem Aufsatz stehen wir am Beginn einer neuen Epoche der Literaturgeschichtsschreibung und der Goetherezeption. Nicht mehr die isolierte Dichterbiographie des aus allen historischen und sozialgeschichtlichen Kontexten herausgehobenen einzelnen ist nunmehr das vorrangige Forschungsziel, sondern die Erarbeitung polyphoner Synthesen, in denen der einzelne als Teil eines größeren Ganzen fungiert. Im gleichen Jahr wie Walzels Abhandlung erscheint die 1. Auflage von Wilhelm Diltheys Aufsatzsammlung ‚Das Erlebnis und die Dichtung', die zum Auslöser einer geistesgeschichtlichen Erneuerung der Literaturwissenschaft und speziell auch der Goetheforschung werden sollte. Die Verwirklichung dieser in Opposition zur positivistischen Goethebiographik entworfenen Programme wurde erst in den zwanziger Jahren in Angriff genommen. Nicht mehr als Dichterfürst und Alleinherrscher, zu dem das Wilhelminische Zeitalter ihn gemacht hatte, sondern in konstellativer Konkurrenz mit anderen literarischen Erscheinungen erhielt Goethe in diesen geistesgeschichtlichen Synthesen seinen neuen Ort zugewiesen, wennschon ein Titel wie ‚Der Geist der Goethezeit', den Hermann August Korff dem ersten großangelegten Versuch dieser Art gab, noch an der angestammten Suprematie des ‚Olympiers' festhält.

## 8. Dreimal ‚Goethe': Chamberlain, Simmel, Gundolf

Während die Goethephilologie auf dem Gebiet der Biographik kein Werk hervorgebracht hat, das die Goetherezeption nach 1918 wesentlich hat beeinflussen und bestimmen können, so haben die zwischen 1912 und 1916 erscheinenden Goethedarstellungen von Chamberlain, Simmel und Gundolf das Goethebild der nachwilhelminischen Epoche entscheidend mitgeprägt und mitgestaltet. Das gleiche gilt von Wilhelm Diltheys 1906 zuerst erschienener Aufsatzsammlung ‚Das Erlebnis und die Dichtung', deren Goetheabschnitt in der zweiten Auflage von 1907 erheblich umgearbeitet und erweitert wurde und in der endgültigen Fassung von 1910 eine nochmalige Überarbeitung erfuhr.[1] Die vier hier genannten Autoren blieben in mehr oder minder starkem Maße Orientierungspunkte und polemische Folie für die Goetherezeption der zwanziger Jahre und z. T. über sie hinaus bis in die Gegenwart. Die außerordentliche Beachtung, die die Bücher von Chamberlain, Simmel und Gundolf nicht nur im engeren Bereich der Goetheforschung, sondern auch in einer breiteren Öffentlichkeit fanden, liegt darin begründet, daß diese Werke verglichen mit der Biographik der Goethephilologie, durch eine universale kulturkritische Intention charakterisiert sind, die sie von vornherein den Rahmen der sogenannten Goetheliteratur weit überschreiten läßt. Sowohl für die philologische Goethepflege im Kaiserreich als auch für die von der Goethephilologie weithin dominierte offizielle Repräsentation des Dichters in der Goethe-Gesellschaft war der Verlust des Funktionsaspekts einer Beschäftigung mit Goethe kennzeichnend, mit dem das neue Reich seine auf interessenlose ‚Objektivität' gerichtete Goetheaneignung nach 1871 erkauft hatte. Ein charakteristisches Dokument der methodischen Hilflosigkeit und eklektischen Orientierungslosigkeit der Goethephilologie am Ende dieser

Epoche ist die Berliner Rektoratsrede ‚Die litterarische Persönlichkeit', die ihr prominentester Vertreter, Erich Schmidt, am 15. Oktober 1909 gehalten hat.[2] Es bezeichnet, bei aller Unterschiedlichkeit im einzelnen, das Gemeinsame und zugleich Neue der Goethebücher von Chamberlain, Simmel und Gundolf, daß in ihnen die Sinnfrage einer Beschäftigung mit Goethe für die eigene Gegenwart entschieden und mit polemischer Verve gestellt und beantwortet wird. Nicht um ein ‚objektives' Bild Goethes geht es diesen Autoren, sondern um dessen Funktionalisierung im Kampf um eine geistschöpferische Erneuerung der Gegenwart. Dem scheint auf den ersten Blick zu widersprechen, daß in diesen Darstellungen Person und Werk Goethes aus allen historischen Bezügen herausgenommen und auf ein Wesensbild oder – wie Simmels Formulierung lautet – eine ‚Wesensformel' reduziert werden, die in ihrer zeitenthobenen Abstraktheit eine Vermittlung mit gegenwärtiger Geschichte unmöglich zu machen scheint. Gerade diese radikale Enthistorisierung jedoch, diese Reinigung des Goethebildes von der positivistischen Konkretheit des Details, ist nach Meinung dieser Autoren der einzige Weg, Goethe aus einem musealen Besitz wieder in ein lebendiges und wirksames „Vorbild" (Gundolf) umzuschaffen.

Charakteristisch für alle drei hier in Frage stehenden Goethedarstellungen ist die Perspektivierung ihres Gegenstandes von einem Außenstandpunkt her, einer erkenntnisstiftenden Lichtquelle, die das Vergangene für die Gegenwart neu sichtbar werden läßt und es zu einer produktiven Setzung des umgestaltenden Rezipienten macht. Am deutlichsten greifbar ist dieses Verfahren bei Gundolf, dessen ‚Goethe' von zwei Quellen gespeist wird: Nietzsche und George. Die Stilisierung Goethes zum mythischen Heros ist Nietzschesches Erbe, gebrochen im Medium Georges, dessen Gestalt in Umrißlinien dem Gundolfschen Goethe Relief verleiht. Gundolfs Aufsatz ‚Vorbilder', veröffentlicht 1912 im dritten Jahrgang des ‚Jahrbuchs für die geistige Bewegung',[3] kann als Prolegomenon des vier Jahre später erschienenen ‚Goethe' gelesen werden. Dante, Shakespeare und Goethe sind hier die drei ‚Heroen', die es gilt, „in eignes dasein" umzusetzen und „in neues gebild zu verwandeln".[4] Sie sollen als „kulturheilande" einer chaotisch zersplitterten, mechanisch verflachten und bürokratisch geordneten „deutschen gegenwart" entgegengesetzt werden.[5] Sie werden beschworen als die drei herausragenden „formbringer" der neuzeitlichen Geschichte, wobei Goethe, als der – im Unterschied zu Dante und Shakespeare – in einer abgeleiteten Bildungswelt Lebende, die größte „synthetische leistung" zu vollbringen hatte und als der „einzige gesamtmensch" zum „ersten *Gestalter* der Deutschen" wurde.[6] Für Chamberlain ist es Richard Wagner, „in dessen Werken wieder wie in Hellas unerschöpflicher poetischer Gehalt in einer Kunst der Sinne ewige Prägung erhalten hat",[7] der zum Richtmaß einer Neuentdeckung Goethes wird. Nur mit ihm kann für Chamberlain Goethe, „als Dichter eine einzige Erscheinung", verglichen werden.[8] Die emphatische Inanspruchnahme des Naturforschers Goethe als Alternative zur modernen positivistischen Naturwissenschaft steht beim Chamberlain im Zeichen des Bayreuther Kulturgedankens, die schroffe Antithese von Kultur und Zivilisation verbindet sein Goethebild mit dem Gundolfs und des George-Kreises. Weniger auffällig und aufdringlich ist die interessengeleitete Perspektivierung des Goethebildes bei Simmel, das sich bei genauerem Zusehen als lebensphilosophisch gedeutete Antithese zum herrschenden Geist der Zeit entschlüsselt. Während Goethe als Person bei Simmel zum Gegenbild des leistungsorientierten Typus des ‚modernen Menschen' stilisiert wird, wird seine Weltanschauung als strikter Gegensatz zu der der modernen Naturwissenschaft interpretiert, die in Kant und im Neukantianismus ihre philosophische Entsprechung gefunden hat.

Kennzeichnend für die in eine fundamentale Kulturkritik einmündende Goetheinterpretation bei Chamberlain, Simmel und Gundolf ist die ihr zugrundeliegende elitäre, antidemokratische und antizivilisatorische Haltung. Für das Goethebild des George-Kreises grundlegend ist das Gedicht ‚Goethe-Tag' von Stefan George, entstanden am 28. August 1899, veröffentlicht erst 1907 in ‚Der siebente Ring'. Die letzte Strophe wendet sich schroff gegen den Goethekult des Wilhelminischen Reiches und verweist auf eine radikale Umwertung des Goethebildes, die den wenigen Wissenden vorbehalten ist:

Ihr nennt ihn euer und ihr dankt und jauchzt –
Ihr freilich voll von allen seinen trieben
Nur in den untren lagen wie des tiers –
Und heute bellt allein des volkes räude ...
Doch ahnt ihr nicht daß er der staub geworden
Seit solcher frist noch viel für euch verschließt
Und daß an ihm den strahlenden schon viel
Verblichen ist was ihr noch ewig nennt.[9]

Von Wilhelm Dilthey wird berichtet, daß er bei einer Lesung dieses Gedichts in Berlin im Jahre 1906 „erschreckt vor diesem neuen Bild Goethes zurückgewichen" sei.[10] Das von einem „abgrundtiefen Massenhaß" (Günter Schulz) zeugende missionarische Bewußtsein dieser Verse bestimmt auch die heroisierende Goethedarstellung Gundolfs, für den die großen Heroen kosmische Urgeister sind, keine ‚Ichlein', wie die Massenmenschen der Gegenwart, sondern ‚Weltkräfte'.[11] Für Chamberlain ist der aus der göttlichen Freiheit seines Ich lebende ‚Weise' Goethe ein über jede Alltäglichkeit herausgehobener ‚Mythos': „Wer so lebt, lebt in Gott; wer nicht so lebt, wer nicht mitten im lebendigen Mythos denkt und schafft, sondern in der öden, inhaltlosen Prosa des Tags, der tue sich um nach einer Religion, nach irgend einer, denn die der nackten Botokuden wird besser sein als die gähnende Öde im Herzen von Millionen elektrisch beleuchteter, in Automobilen aus einer Seelenleere in die andere herumrasender Kosmopoliten des heutigen Tages."[12] Auch für Simmel steht derjenige, dem, wie Goethe, „die tätige Entwicklung der eigenen

Kraft Selbstzweck ist, von vornherein im Unvergleichbaren".[13] Scharf wird bei ihm die Phänomenologie des Goetheschen Menschentyps abgehoben von der des „gewöhnlichen Menschen",[14] der „Durchschnittsnaturen",[15] denen das „metaphysische Glück" der Goetheschen Existenz[16] nicht zuteil wurde.

Alle drei in diesem Kapitel behandelten Goethebücher tragen den lapidaren Titel ‚Goethe'. Der Wegfall jedes Zusatzes bedeutet ein Programm, das am schärfsten Georg Simmel im Vorwort zu seiner Darstellung formuliert hat: „Es ist der völlige Gegensatz zu einer Darstellung, die den Titel: Goethes Leben und Werke – führen könnte."[17] Allen drei Autoren ist die polemische Frontstellung gegen den Positivismus der Goethephilologie gemeinsam. Sie hat in Chamberlain ihren unduldsamsten Eiferer gefunden. Kennzeichnend für seinen Stil der Auseinandersetzung ist der Brief an Rudolf Kassner vom 19. Oktober 1903, in dem er mit dem ersten Band der Goethebiographie Bielschowskys abrechnet: „Bielschowsky ist ein elender talentloser Schuft, ein Kujon, ein Arschpauker; [...] Pfui, und so etwas läßt sich das deutsche Volk als ein epochemachendes Buch über Goethe aufbinden. Überhaupt Sie sollten sich diese prosaische *Erzählung* von einem jedem Werke G.s ansehen; ganz so wie in unseren landläufigen Wagnerbüchern."[18] Der wissenschaftlichen Methodik der Goethephilologie setzt Chamberlain sein auf Intuition und Subjektivität sich berufendes Verfahren gegenüber: „Wir waten in einem wahren Dschungel hergebrachter Phrasen, die nachgerade Gesetzeswert zu beanspruchen und jedes freie Urteil zu ersticken drohen; entsetzlich vieles wissen wir über Goethe, verlieren aber dabei das, was zu wissen not tut, aus den Augen. Uns wird es bald ergehen wie jenen Gelehrten, von denen Calderon spricht, die ‚alles wissen, nichts erfahren'. Erfahren! ja, erfahren, wer Goethe war: danach zu streben müßte jedes denkenden Menschen Sache sein, wogegen die gerade über Goethe wie der Sand am Meere angehäufte Tatsachenübermenge auf Jeden, der sich nicht die Goethephilologie zum Fachstudium erwählte, als ein zu Boden drückender Ballast wirkt. Freilich, wirkliches Erfahren ist immer die Tat des Einzelnen; keiner kann für den anderen ‚erfahren'; der Weg aber zur Erfahrung – der Weg wenigstens für verwandte Geister – läßt sich vielleicht weisen; und das ist es, was ich mit meinem Buche zu leisten versuche. Rücksichtslos subjektiv will ich zu Werke gehen, denn dadurch allein kann das objektive Ziel der bestimmenden Anregung erreicht werden. Es gibt keine ‚Wissenschaft' der Persönlichkeit, vielmehr muß diese erraten, erhascht, blitzartig erblickt und erkannt werden. Hierzu anzuleiten ist eine Kunst; nur wer sie versteht, kann über Ziel, Methode und Leistung mit Sachkenntnis urteilen."[19] Auch Gundolf hatte sich bereits im Vorwort zu seinem Buch ‚Shakespeare und der deutsche Geist' von 1911 von der wissenschaftlichen ‚Methodik' der Philologie distanziert: „Methode ist Erlebnisart, und keine Geschichte hat Wert die nicht erlebt ist: in diesem Sinne handelt auch mein Buch nicht von vergangenen Dingen, sondern von gegenwärtigen: von solchen die unser eigenes Leben noch unmittelbar angehen."[20]

Von den drei hier untersuchten Autoren ist Chamberlain derjenige, der die von uns im Abschnitt ,Goethebiographik im Kaiserreich' behandelte Verlagerung des Interesses vom Werk auf die Person des Autors am entschiedendsten zur Prämisse seines Werkes gemacht hat, wennschon die biographischen Fakten von Goethes Lebensgeschichte nur in Umrißlinien dargeboten werden. An die Stelle einer Biographie tritt bei ihm die in konzentrischen Kreisen unhistorisch auf einen Mittelpunkt hin orientierte Darstellung von Goethes Persönlichkeit. Für Chamberlain gilt weiterhin der Satz: „Die bedeutendste aller Dichtungen Goethe's ist fraglos sein eigenes Leben",[21] und es ist kein Zufall, daß er über Goethes Dichtungen wenig zu sagen weiß. „Das gedankenloseste Dogma des Goethekults", so heißt es in Walter Benjamins ,Wahlverwandtschaften'-Aufsatz, „das blasseste Bekenntnis der Adepten: daß unter allen Goetheschen Werken das größte sein Leben sei – Gundolfs ,Goethe' hat es aufgenommen."[22] Diese Kritik Bejamins an Gundolf erscheint angesichts der Biographik der Goethephilologie und im Vergleich zu Chamberlain ungerecht und überzogen. Sie richtet sich bei ihm darauf, daß bei Gundolf Leben und Werk nicht ,streng geschieden' seien, beide einer ästhetischen Betrachtung unterworfen sind. Dies führe zu einer Vermischung der Erkenntnisformen, denen die beiden Bereiche zugeordnet sind, „denn menschliches Leben läßt sich nicht nach Analogie eines Kunstwerks betrachten".[23] Gerade die von Benjamin eingeklagte Trennung von Leben und Werk jedoch will Gundolf mit seinem Werk überwinden: „Die bloße Biographie hätte es nur zu tun mit einer Bewegung, einem Ablauf, falls sie nicht etwa gar, wie es gewöhnlich geschieht, ein bloßes Nacheinander von einzelnen Fakten gibt: jedenfalls ist der Schwerpunkt einer Goethe-biographie nicht seine Form, sondern seine Entwicklung, nicht was sich entwickelt, sondern wie sichs entwickelt. Die Werke aber haben als abgelöste Gebilde ihre eigenen Formen, ihre eigenen Gesetze, sie haben keine darstellbare Entwicklung. Was man meist Entstehungsgeschichte eines Werkes nennt, ist etwas völlig anderes als Entwicklung. Was wir an Werken fassen und geschichtlich darstellen können ist ein Machen, ein Hervortreten, nicht das *Werden* eines Gebildes: wir müssen uns bei den Werken an das Sein halten. Nur der Mensch selbst, die menschliche Gestalt ist uns zugleich als Werden und als Sein, als geprägte Form und als lebendige Entwicklung faßbar: denn der geistige, vor allem der schöpferische Mensch tut und erleidet nichts, bewegt und entwickelt nichts was nicht ein Bild von ihm machte, was nicht seine Gestalt ewig festlegte, und er hinterläßt kein Gebild, kein Werk, kein Bild von sich worin nicht seine Lebensbewegung fühlbar und wirksam wäre. Für den Biographen sind die Werke Zeugnisse eines Ablaufs, Mittel zu seiner Erkenntnis, für den Ästhetiker ist das Leben Stoff zum Aufbau der Werke, für den Betrachter der Gestalt sind Leben und Werk nur die verschiedenen Attribute einer und derselben Substanz, einer geistig leiblichen Einheit, die zugleich als Bewegung und als Form erscheint."[24] Bei Georg Simmel, dessen Erkenntnisintention auf ein

Drittes jenseits von Leben und Werk gerichtet ist, nämlich auf den „reine[n] Sinn, die Rhythmik und Bedeutsamkeit des Wesens, die sich einerseits an dem zeitlich gelebten persönlichen Leben, andrerseits an den objektiven Leistungen ausformen, wie sich ein Begriff sowohl in der Seele realisiert, die ihn denkt, wie an dem Ding, dessen Inhalt er bestimmt",[25] ist der These, daß unter allen Goetheschen Werken das größte sein Leben sei, eindeutig eine Absage erteilt: „Man hat das Goethesche Leben oft genug als ‚ein Kunstwerk' bezeichnet. Daß man diesem Leben damit den höchsten Wert zuzusprechen meinte, gehört zu dem Größenwahn modernen Artistentums. Das Leben wächst aus eigner Wurzel und seine Normen sind autonom, nicht aus denen anderer Gebilde herleitbar, die vielleicht erst aus ihm entsprungen sind: das Leben kann und soll so wenig ein Kunstwerk sein, wie es ein logisches Schlußverfahren oder eine mathematische Rechnung sein kann und soll."[26]

Die programmatische Abkehr vom Typus der positivistischen Biographie ist in dem Goethebuch von Georg Simmel am radikalsten verwirklicht worden. Während die Goethedarstellungen von Chamberlain und Gundolf von Beginn an im Kreuzfeuer einer heftigen Polemik standen, war das Echo auf den ‚Goethe' von Simmel fast einhellig positiv.[27] „Simmels ‚Goethe'", so schreibt Martin Havenstein 1914 in den ‚Preußischen Jahrbüchern', „bedeutet einen Höhepunkt in der Goethe-Literatur, wie er nach meiner Meinung noch niemals erreicht worden ist."[28] Rudolf Unger bezeichnet in seiner großen Rezension in der ‚Deutschen Literaturzeitung' 1914 das Buch „als eine der bedeutendsten philosophischen Analysen jenes Geistestypus [...], dessen Ausprägung Diltheys Psychologie der Metaphysik als objektiven Idealismus oder als Pantheismus bezeichnet hat. Und zwar beruht ihre Bedeutung besonders darin, daß dieser Typus hier nicht, wie es in philosophiegeschichtlichem Zusammenhange fast immer geschieht, einseitig nach der Seite eben dieser theoretischen Objektivierung in Gedankenwelt und Lehre charakterisiert wird, sondern in der unmittelbaren Einheit von subjektivem Lebensprozeß, objektiver geistiger Leistung in Denken und Kunst und hinter beiden stehender, sie umfangender und tragender ‚Idee' der Persönlichkeit".[29] Nach Walter Benjamins Urteil aus dem Jahre 1932 ist es die „spannungsreichste und für den Denker spannendste Darstellung, die Goethe gefunden hat. Wenn Franz Mehring als erster das soziologische Material für eine zukünftige Goethe-Darstellung zusammengetragen hat, so finden sich bei Simmel die wertvollsten Hinweise auf deren dialektische Struktur".[30]

Die erkenntnisleitende Frage Simmels lautet: „Was ist *der geistige Sinn der Goetheschen Existenz überhaupt?*" Folgende Erläuterung fügt er dieser Frage hinzu: „Unter geistigem Sinn verstehe ich das Verhältnis von Goethes Daseinsart und Äußerungen zu den großen Kategorien von Kunst und Intellekt, von Praxis und Metaphysik, von Natur und Seele – und die Entwicklungen, die diese Kategorien durch ihn erfahren haben."[31] Wie bereits in seinen Vorlesungen über Kant (1904; 6. Aufl. 1924), über ‚Schopenhauer und Nietzsche'

(1907; 3. Aufl. 1923) und in dem 1916 erschienenen Rembrandt-Buch verzichtet Simmel in seinem ‚Goethe' auf jede psychogenetisch-kausale ‚Erklärung' seines Gegenstandes. Er grenzt sich ab sowohl von der ‚naturalistischen' Milieu- und Modelltheorie als auch von dem Erlebnisbegriff Diltheys, durch den, wie er meint, „die Genesis aus Milieu und Modell keineswegs grundsätzlich verlassen, sondern nur subjektivistisch verfeinert"[32] sei. Sein Erkenntnisinteresse zielt auf die Erfassung des ‚Urphänomens' Goethe, es geht ihm um die Erkundung der ‚Lebens- oder Wesensformel' Goethes, wie der leitmotivisch wiederkehrende Begriff bei ihm lautet. Die ‚Wesensformel' ist für Simmel der komprimierte Ausdruck der jeweilig individuellen Lösung der Grundantinomien der menschlichen Existenz, des Verhältnisses, in dem das Leben zu seiner Gestaltung, das Subjekt zur objektiven Welt steht. Diese Lebens- oder Wesensformel definiert den ‚Gesamtsinn', unter dem alle Äußerungsformen einer Existenz sich zusammenfassen. „Die Wesensformel, die an Goethe ihre reinste und stärkste historische Verwirklichung findet, war doch immer diese: daß ein Leben, ganz dem eigenen Gesetz gehorchend, wie in einheitlich naturhaftem Triebe sich entwickelnd, eben damit dem Gesetz der Dinge entspricht, d. h. daß seine Erkenntnisse und Werke, reine Ausdrücke jener innerlichen, aus sich selbst wachsenden Notwendigkeit, doch wie von den Forderungen des Objekts und denen der Idee her gebildet sind. Er hat jeden eigengesetzlichen Sachgehalt durch die Tatsache, da er ihn erlebte, so von innen geformt, als wäre er aus der Einheit dieses Lebens selbst geboren."[33] Goethes Weltanschauung ist nach Simmel der Kantische Dualismus von Erkenntnissubjekt und Erkenntnisgegenstand fremd; sein gegenständliches Anschauen der Welt ist eine von „unsern gewöhnlichen erkenntnistheoretischen Voraussetzungen und Kategorien [...] völlig abweichende Grundposition".[34] „Wo der *ganze Mensch* anschaut, jenseits der Goethe so verhaßten Getrenntheit der ‚oberen und unteren Seelenvermögen', da fällt der Widerspruch fort und die volle Wirklichkeit, d. h. die in der Erscheinung offenbarte Idee wird mit den Sinnen erschaut, die jetzt nur der Kanal für die ungeteilte Lebensströmung sind."[35] Goethe, dem „heraklitischen Menschen",[36] der „Proteusnatur",[37] wie Simmel ihn unter Benutzung eines altehrwürdigen Topos der Goetherezeption[38] nennt. ist jede Form ‚systematischen' Denkens fremd, die Gegensätze des logischen Denkens vermitteln sich bei ihm in einer organischen Einheit, die nicht als ‚Allgleichheit', ‚Allverschwommenheit' interpretiert werden darf, sondern als ‚dynamische Einheit des Lebens', die die ihr inhärente Polarität dialektisch im ‚Gleichgewicht' hält, wie ein zentraler Beggriff Simmels lautet.[39] Dieses Gleichgewicht, diese ‚Ausgeglichenheit' in der organischen Vermittlung der Extreme darf nach Simmel nicht als flache ‚Harmonisierung' ausgelegt werden, „als die ‚goldene Mittelstraße' des Philisteriums, als Harmonisierung um jeden Preis und aus einem ästhetisierenden und wohlweisen Klassizismus heraus".[40] Gegen diesen „schematischen und billigen Sinn der ‚harmonischen Existenz'"[41] gilt es, deren dialektische Bedingungen freizulegen. Ein großer Teil des Simmelschen Buches ist dieser Aufgabe gewidmet.

Einen ähnlichen Versuch, die Goethesche Welt- und Lebensanschauung aus dem ‚Gefühl der Einheit des Universums' zu begreifen, hatte vor Simmel Wilhelm Dilthey in seinem Goetheaufsatz in ‚Das Erlebnis und die Dichtung' unternommen. Ein Vergleich zwischen seinem Wesensbild Goethes und demjenigen Simmels ist aufschlußreich und hilft uns, die Differenzierungen innerhalb des lebensphilosophischen Ansatzes der Goetherezeption bei beiden Autoren zu verstehen. Bereits der im Anschluß an Herman Grimms Goethevorlesungen geschriebene Aufsatz Diltheys ‚Ueber die Einbildungskraft der Dichter' von 1878,[42] die Urfassung des Goetheabschnitts in ‚Das Erlebnis und die Dichtung', betont „das Versöhnende und die Welt Verklärende" von Goethes Poesie,[43] den „unerschütterlichen innerlich beglückenden Glauben an den dichterisch-idealen Zusammenhang der Welt".[44] In der ersten Auflage von ‚Das Erlebnis und die Dichtung' von 1906 heißt es dann: „In dem Lebensgefühl Goethes ist auch die Grundstimmung seiner Weltanschauung begründet. Er glaubt an einen wohltätigen Zusammenhang im Universum. Wie er im Leben Sinn und Bedeutung findet, so auch in der Welt. Er faßt jedes Begebnis und jede Tatsache in ihrem Verhältnis zu dem harmonischen Ganzen der Welt auf."[45] In der dritten Fassung von 1910 hat diese Diltheysche ‚Wesensformel' Goethes ihre endgültige Formulierung gefunden: „Indem ich nun das Verhältnis von Leben, Lebenserfahrung, Phantasie und dichterischen Werken in Goethe auszusprechen suche, ergreift mich wieder vor allem die wunderbare Einheit und Harmonie in diesem Dasein. Es gibt in ihm kaum Rätsel und Dissonanzen. Dies Leben ist ein Wachstum nach einem inneren Gesetz, und wie einfach ist dies Gesetz, wie regelmäßig und stetig wirkt es!"[46] Zu dieser „Kernstelle von der versöhnenden Funktion der Dichtung Goethes" schreibt Bernd Peschken: „Das Bild, das jetzt entworfen wird, ist eindeutig. Es hat in dieser Eindeutigkeit die Geschichte des Goethebildes im 20. Jahrhundert bis in die sechziger Jahre bestimmt."[47] Dieser Behauptung von dem bis in die sechziger Jahre weiterwirkenden Einfluß des ‚harmonischen' Goethebildes von Dilthey muß entschieden widersprochen werden. An keiner Stelle der wie immer unterschiedlich akzentuierten Rezeptionsgeschichte Goethes nach 1918 ist – von erbaulichen Trivialversionen abgesehen – diese ‚Kernstelle' unkorrigiert, unkritisiert oder unmodifiziert aufgenommen worden, ja man kann behaupten, daß das Goethebild der zwanziger Jahre sich in z. T. strikter Opposition zu ihr entwickelt hat. Diltheys Ergriffensein von der ‚wunderbaren Einheit und Harmonie in diesem Dasein' reproduziert das Goethebild der achtziger und neunziger Jahre des 19. Jahrhunderts, ist Epilog einer Phase der Goetherezepetion, deren Überwindung sich in den Goethebüchern von Chamberlain, Simmel und Gundolf abzeichnet und die mit der Erfahrung des Ersten Weltkriegs endgültig ihr Ende gefunden hat. Simmels Goetheauffassung partizipiert zwar noch am

Harmonieideal des Wilhelminischen Goethebildes, betont die „Versöhntheit sonst getrennter und sich gegenseitig aufhebender Lebenspunkte oder Tendenzen",[48] der Autor weist jedoch mit Nachdruck darauf hin, wie „wenig dies Gleichgewicht ein starres und irgendwie mechanisches war", sondern „vielmehr ein lebendig labiles, aus fortwährender Verschiebung fortwährend neu zu gewinnendes",[49] angewiesen auf Verzicht, Resignation, Begrenzung und Entsagung, Begriffe, die bei Simmel einer tiefgründigen Analyse unterworfen werden. „Die ,Harmonie der Existenz', unter deren Ägide sich das Goethesche Lebensideal bildete, ist etwas keineswegs eindeutiges."[50] Simmel geht so weit, am Schluß seines Buches von einem „eigentümlichen negativen Zug in Goethes Gesamtbild" zu sprechen: „Ich habe es in diesen Blättern oft genug als die umfassendste Formel seiner Produktion hingestellt, daß zwischen seinem natürlichen, vom terminus a quo her wirkenden Triebe zum Schaffen, Bilden, Handeln – und den wertentscheidenden Normen für das Geschaffene und Erwirkte eine tiefere, selbstverständlichere Harmonie herrschte, als die Menschen sie sonst zu besitzen pflegen, daß er mehr als andere nur seinen unmittelbaren Impulsen, dem, was seiner Natur gemäß war, zu folgen brauchte, damit das theoretisch, dichterisch, sittlich Normgemäße sich ergäbe. Dieses: daß er auch sein Schwierigstes und Vollkommenstes, nach seinem eigenen Ausdruck, ,spielend' und als ,Liebhaber' geschaffen habe – gilt sicher für den Goethe, auf den es ankommt, für die ,Idee Goethe'. Allein der Schluß aus dieser Harmonie zwischen der subjektiven Lebensäußerung und der Objektivität der Dinge und Normen: daß all sein Geschaffenes objektiv vollendet wäre – ist durch die Tatsachen keineswegs bestätigt."[51] Simmel benennt das „Minderwertige, Unzulängliche" in Goethes Gesamtwerk, das „Quantum von Unpoesie und fahriger Banalität" und stellt abschließend fest: „Immerhin stellen diese Wertausfalls-Erscheinungen bei Goethe ein Rätsel, für das eine ganz befriedigende Lösung fehlt."[52] Hatte Dilthey noch 1910 behauptet, daß es bei Goethe ,kaum Rätsel und Dissonanzen' gebe, so werden diese drei Jahre später bei Simmel aufgespürt und ohne Lösung stehengelassen. Auch Chamberlain hatte ein Jahr zuvor in strikter Opposition zum Olympier-Mythos des Kaiserreichs in seinem Goethebuch geschrieben: „Im entschiedensten Gegensatz zu den Göttern des hellenischen Olymps, wo jede einzelne Gestalt einen einzigen Zug des menschlichen Wesens verkörpert und dadurch jene große innere Ruhe eines, wenn auch bewegten, so doch eindeutigen Daseins gewinnt, bildet den Mittelpunkt der intellektuellen und moralischen Persönlichkeit Goethe's eine zwiespältige Anlage, eine Anlage, aus welcher mit Notwendigkeit, wenn nicht gerade logische Widersprüche, so doch einander widerstreitende Gegensätze überall hervorgehen – im Fühlen, im Denken, im Handeln, im künstlerischen Erschaffen. Goethe kann nicht anders: auf Schritt und Tritt muß er mit sich selbst in Widerstreit geraten, das heißt, er muß die überzeugende Kraft entgegengesetzter Meinungen, Wünsche, Ideale in sich und an sich erleben."[53]

Simmels Wesensschau der Goetheschen Existenz ist eine hochformalisierte Abstraktion, die den Dichter aus allen historischen, gesellschaftlichen und zwischenmenschlichen Bezügen löst, in ihr „gerinnt die konkrete Geschichte zum lediglich exemplarischen Fall einer umfassenden Wesensspannung zwischen Subjektivität und Objektivität", wie es Hans-Joachim Lieber in seiner kritischen Simmel-Analyse formuliert hat.[54] In ihrer Abgehobenheit vom Typus der ‚Durchschnittsnaturen' bleibt Goethes Existenz für jede lebenspraktische Rezeption abstrakt und unzugänglich. „Goethes Dasein", so heißt es in Simmels Aufsatz ‚Goethe und die Jugend' von 1914, „war das schlechthin typische Menschenleben, es ist die Nachzeichnung der Idee Mensch in den reinsten Linien; seiner Entwicklung gegenüber empfinden wir anderen unser Leben, als ob es durch lauter Zufälligkeiten und innere Lücken und Übertriebenheiten fortwährend von der eigentlichen, einfach natürlichen, unserem echten Menschenwesen eingeborenen Richtung und Periodik abgebogen wäre".[55] Diese Transzendenz jeder an Alltagserfahrung gebundenen Identifikation, die die Goethebiographik des Kaiserreichs so reichlich geboten hatte, ist der Preis, der hier für die Wiedergewinnung der Frage nach dem Sinn von Goethes Existenz für die Gegenwart gezahlt wird. In weit stärkerem Maße noch gilt dies für den ‚Goethe' Gundolfs, mit dem das neue, gegen- und nachpositivistische Goethebild seine einflußreichste Verwirklichung gefunden hat.

Kein Werk der unübersehbar reichen Goetheliteratur des 20. Jahrhunderts hat eine so starke Beachtung gefunden, an keinem haben sich die Geister im Für und Wider so geschieden wie an dem ‚Goethe' Friedrich Gundolfs.[56] Für die Literaturwissenschaft der zwanziger Jahre wurde das Werk zum vielerörterten Paradigma einer neuen Form der Dichterbiographie. In zahlreichen Rezensionen, die z. T. den Umfang von Abhandlungen hatten, wurde die ‚Methode' dieses Werkes auf ihre Übertragbarkeit auf andere Gegenstände hin geprüft, die Zeitschrift ‚Euphorion' widmete ihm 1921 sogar ein eigenes Ergänzungsheft. Der Kampf um dieses Buch, geführt von rechten wie von linken Positionen aus,[57] schlug nach 1945 in der Streitschrift ‚Goethe in der Literaturgeschichte' (1949) von Paul Rilla noch einmal hohe ideologiekritische Wellen. Er darf heute als beendet gelten, eine nochmalige Kritik des tausendfach erörterten und beredeten Heroenkults dieser Goethedarstellung scheint offene Türe einzurennen. Im Unterschied zu Chamberlain und Simmel legt Gundolf seinem Werk eine geschichtsphilosophische Konstruktion zugrunde, die er im Rückgriff auf ein George-Zitat stützt,[58] die sich jedoch auf ältere Vorstellungen zurückführen läßt. Die zentrale These Gundolfs, die sämtliche seiner Einzelanalysen fundiert, lautet: „Goethe war ein ursprünglicher Mensch in einer abgeleiteten, einer Bildungswelt."[59] Diese Konfiguration unterschiedet ihn, wie Gundolf bereits in seinem Aufsatz ‚Vorbilder' von 1912 ausgeführt hatte, fundamental von den beiden anderen abendländischen ‚Heroen': Dante und Shakespeare. Gundolfs grundlegende These ist die Variante jener Deutung Goethes, die Schiller in seinem berühmten Geburtstagsbrief vom 23. August 1794 an den Dichter entwickelt hatte, in dem es heißt: „Wären Sie als ein Grieche, ja nur als ein Italiener geboren worden, und hätte schon von der Wiege an eine auserlesene Natur und eine idealisierte Kunst Sie umgeben, so wäre Ihr Weg unendlich verkürzt, vielleicht ganz überflüssig gemacht worden. Schon in die erste Anschauung der Dinge hätten Sie dann die Form des Notwendigen aufgenommen, und mit Ihren ersten Erfahrungen hätte sich der große Stil in Ihnen entwickelt. Nun, da Sie ein Deutscher geboren sind, da Ihr griechischer Geist in diese nordische Schöpfung geworfen wurde, so blieb Ihnen keine andere Wahl, als entweder selbst zum nordischen Künstler zu werden, oder Ihrer Imagination das, was ihr die Wirklichkeit vorenthielt, durch Nachhilfe der Denkkraft zu ersetzen und so gleichsam von innen heraus und auf einem rationalen Wege ein Griechenland zu gebären."[60] Nicht zufällig sagt Gundolf von diesem Brief, er sei „der erste wirkliche Versuch Goethe als Wesen darzustellen, den Sinn seines Daseins zu deuten, philosophisch bis auf den heutigen Tag das Tiefste was über Goethe gesagt ist".[61] Der Gegensatz zwischen einem ursprünglichen und einem abgeleiteten ‚Weltalter', der als dichotomisches Modell die Darstellung Gundolfs bestimmt, entspricht der Hegelschen Entgegensetzung eines heroischen und eines prosaischen Weltzustandes, die von Gundolf mit fast wörtlichen Anklängen an Hegelsche Formulierungen in seiner Einleitung reproduziert wird: „Das heroische Leben war noch überall sinnlich bewegte Gegenwart der öffentlichen Zustände, Sein und Geist waren noch nicht auseinandergetreten in Wirklichkeit und Bildung, es gab noch keine vom tätigen täglichen Dasein unabhängige Theorie um der Theorie, Bildung um der Bildung, Wissenschaft um der Wissenschaft willen: kurz, keine selbständig etablierte Bildungswelt gegenüber der wirklichen. Sage, Ferne, Traum, Wunder, Märchen und dergleichen Jenseits waren Zierrat oder Zuflucht, Komplement oder Korrelat der tatsächlich gelebten Wirklichkeit, aber jedenfalls immer eine Funktion dieser Wirklichkeit, noch nicht ein Schleier der von der Wirklichkeit trennte, nicht eine Brille durch die hindurch man seine Wirklichkeit sah."[62] Nicht allein Nietzsche, Bergson und George ist die Goethedeutung Gundolfs verpflichtet, sie findet ihr geschichtsphilosophisches Gerüst vielmehr in einer genauen Analogie zur Hegelschen ‚Ästhetik'. Der Entgegensetzung der beiden Weltalter entspricht bei Gundolf die Differenzierung des Diltheyschen Erlebnisbegriffs in die beiden Formen des Urerlebnisses und des Bildungserlebnisses. Das jeweilige Verhältnis beider Erlebnisformen zueinander bei Goethe wird für Gundolf zum eigentlichen Schlüssel der Interpretation seiner Werke. Während das Urerlebnis in die übergeschichtlich-kosmischen Dimensionen des Religiösen, Titanischen oder Erotischen hineinreicht, richtet sich das Bildungserlebnis auf die Geschichte in der Form der Überlieferung und der Erfahrung von Gesellschaft.

Nur sehr bedingt wird man diesem dichotomischen Begriffsgerüst den

Rang einer ‚Methode' zusprechen können. Es handelt sich viel eher um eine Art von Privatmythologie, die sich aus dem verdünnten Erbe der Geschichtsphilosophie der Goethezeit speist. Diesem methodischen Defizit des Gundolfschen Buches steht in den analytischen Teilen eine oft erstaunlich undoktrinäre Konkretheit des interpretatorischen Zugriffs gegenüber, der den meisten prosaischen ‚Erklärungen' der Goethephilologie, vor allem in den beiden ersten Teilen des Werkes, weit überlegen ist. Zur Veranschaulichung dieses qualitativen Unterschieds genügt es, Gundolfs meisterhafte Analyse der ‚Theatralischen Sendung' mit dem zwei Jahre zuvor in Weimar gehaltenen Festvortrag ‚Goethes Helden und der Urmeister' von Gustav Roethe[63] zu vergleichen. Bei Gundolf eine reichnuancierte, die stilistische und gedankliche Eigenart dieses vor kurzem erst entdeckten Werkes scharf und genau treffende Charakteristik, in der kongenial die Funktion Mignons und des Harfners herausgearbeitet wird, und das Ensemble der Romanfiguren sich in vortrefflichen Einzelanalysen plastisch-anschaulich auffächert; bei Roethe der analytisch bodenlos bleibende Versuch, durch fragwürdige Analogien den vermeintlich von Goethe intendierten positiven Ausgang der ‚Sendung' zu beweisen, vorgetragen in dem schulmeisterlichen Ton eines virilen Kraftjargons, dessen Prüderie die Sinnlichkeit Philines zur „mütterlichen Zuneigung" herabdämpft,[64] während Gundolf mit urbanem Behagen die „mollige Schlamperei" der Bohèmewirtschaft des Theaters in der ‚Sendung' beschreibt.[65]

Die Mängel von Gundolfs ‚Goethe' liegen auf der Hand. Sie werden vor allem dort sichtbar und faßbar, wo die höchst problematische Systematik des Buches den Blick des Analytikers bestimmt und seine Urteile lenkt. Das gilt vor allem für den gesamten dritten Teil des Werkes, dem Gundolf die Überschrift ‚Entsagung und Vollendung' gegeben hat. Der von ihm gebrauchte Begriff ‚Entsagung' scheint auf den ersten Blick jener Opposition gegen ein harmonisches Goethebild zu entsprechen, wie wir sie bei Simmel und Chamberlain im Unterschied zu Diltheys Goetheauffassung beobachten konnten. In diesem Sinne bemerkt bereits Leopold Magon in seinem Aufsatz ‚Die philosophischen Grundlagen von Gundolfs Buch' aus dem Jahre 1922: „So läßt Gundolf nicht Goethes Leben in schöner Harmonie sich vollenden, sondern sieht die geheime Tragik, die ihm bis zum Schluß treu blieb. Nicht ‚Vollendung', sondern ‚Entsagung und Vollendung' ist der dritte Teil des Gundolfschen Buches betitelt."[66] Im Unterschied zu Simmel ist Entsagung bei Gundolf kein dialektischer Begriff, sondern wird von ihm eindeutig als Synonym für ‚Abfall' und ‚Verzicht' gebraucht, dient zur Charakteristik eines Goethe von dem Weltalter, in das er hineingeboren wurde, aufgezwungenen Verrats am klassizistischen Ideal eines „geistig und sinnlich einheitlichen, sich verleiblichenden, unmittelbar formhaften und gleichmäßig durchseelten Menschentums",[67] das er zwar für sich als Person noch hat verwirklichen können, das er jedoch in den Werken seines Alters angesichts einer vom

Kosmisch-Ursprünglichen abgefallenen Welt und Gesellschaft nicht mehr zu gestalten vermochte. Hinter der mythisierenden Fassade dieser geschichtsphilosophischen Konstruktion kommen die alten Verdikte gegen das Alterswerk Goethes fast unverhüllt zum Vorschein. So ist für Gundolf die ,Pandora' ein Werk, in dem der Dichter „im Dienst der *Gesellschaft* als Dekorateur oder Lehrer" Allegorien schafft,[68] der Weg Goethes von den ,Lehrjahren' zu den ,Wanderjahren' ist der „Weg von Arkadien nach Amerika",[69] wobei man die äußerst negative Besetzung der Reizvokabel Amerika für den George-Kreis mitdenken muß, um die unterschwellige Schärfe dieses Verdikts zu verstehen. Die Antwort, die Goethe in den ,Wanderjahren' gibt, ist „also nicht mehr als symbolische Antwort auf die Fragen zu verstehen die er in den Lehrjahren als Gleichnis des allsuchenden, zur Harmonie der Persönlichkeit mit sich und Gesellschaft strebenden Goethe gestellt hat, sondern als pädagogische Antwort des jenen Fragen entrückten Weisen (nicht Dichters, nicht Bekenners) Goethe an die vielen *durchschnittlichen* tüchtigen und ernsten, aber nicht schöpferischen Menschen der ihn umgebenden Gesellschaft die in ihm ihren Führer verehrten, und deren heilbringende Lebensleitung eine Aufgabe des verantwortlichen, gesetz-wissenden und gesetz-gebenden alten Führer-denkers Goethe war.".[70] Am krassesten äußert sich nach Gundolf Goethes Abfall vom Urerlebnis, sein Kotau vor der Gesellschaft und der Durchschnittlichkeit im zweiten Teil des ,Faust', über den es heißt: :,Faust als Festordner und der große Pan als weiser Fest-Hanswurst sind zwar nur relative Formen des Goethischen Strebens nach Einfügung um der Weltwerdung willen, aber sie bezeichnen doch die tiefste Demütigung von Goethes Genius vor der einst verachteten und zersprengten, vor der auch jetzt noch weit übersehenen Welt."[71] Vergleichen wir das hier entworfene, durch die antithetische Gegenüberstellung von Urerlebnis und Bildungserlebnis methodisch gestützte Bild der Altersdichtung Goethes mit den gleichzeitigen Forschungen von Konrad Burdach zum ,West-östlichen Divan', von Helene Herrmann zu ,Faust II' und von Ernst Cassirer zur ,Pandora',[72] so wird das Antiquierte des Gundolfschen ,Goethe' im Zeitpunkt seines Erscheinens sichtbar. Es ist, in der Verschleierung einer geschichtsphilosophischen Mystifikation, das Goethebild der achtziger Jahre des 19. Jahrhunderts, das uns hier entgegentritt. Es ist ein Goethebild, das weit hinter den Maßstäben zurückbleibt, die Gundolfs Mentor Nietzsche bereits am Ende der siebziger Jahre für die Analyse des Goetheschen Altersstils gesetzt hatte.[73]

Unsere Ausführungen über die Trias der Goethebücher von Chamberlain, Simmel und Gundolf standen unter der leitenden Prämisse, daß wir es hier nicht mit Dokumenten der Goetheliteratur allein, sondern mit Dokumenten eines kulturkritischen Engagements zu tun haben, deren letztes und eigentliches Ziel auf die geistschöpferische Erneuerung und Umwandlung der Gegenwart gerichtet ist Die Antwort auf die Frage, welche Funktion dem Gundolfschen Goethebuch innerhalb des kulturrevolutionären Programms des

George-Kreises zukommt, führt in Zusammenhänge, die die Grenzen dieser Darstellung sprengen würden. In seinem George-Buch von 1920 hat Gundolf die Gegenwelt beschrieben, die als polemische Antithese auch hinter seiner Goethedarstellung steht: „Fragen wir nach dem einen Grundwillen dieser Zeichen [der Zeit], so heißt er: weg vom leibhaften, gottgestaltigen welthaltigen Menschen! ‚Weil die dünne Lymphe Gottes Kraft nicht mehr erträgt', weil dem geschwächten Blut das menschliche Leibgesetz zu streng wird, strebt es vom europäischen Menschen der ewigen Gestalt hinweg entweder zum tropischen Pflanzentum der unbedingten Ruhe, zum exotischen Tiertum der heißen Einfalt, zum russischen Seelentum der ausschweifenden Wallung, zum amerikanischen Maschinentum der sensationellen Wohlfahrt, zum Chinesentum der alt-klugen Wohlfahrt, zur Allerweltsmenschheit worin alles gilt und nichts mehr west. Diese Welten – in ihrer Stätte und Stunde richtig und sinnvoll – sind für wurzellose Europäer nicht ‚Welten' sondern Reize, Wähne, bestenfalls Gleichnisse ihrer unruhigen Selbstflucht inmitten der rollenden Zeit. Ihr *eigener* Boden ist ihnen verloren und darum wird auch die beste Fremdwelt sie nicht wurzeln lassen, und kein Gott wird aus dem Tanz um gewesene Götter entstehen: es bleibt beim naschhaften Erlebnis, meist beim bloßen Erlebenwollen. Eine Unmenge Anregungen, Aufregungen, Betäubungen, Entzückungen einerseits, eine Unmenge Forderungen, Bestrebungen, Verheißungen und Utopien anderseits: ‚Fülle fehlt', weil gerade die eine Stufe übersprungen oder ausgefallen ist die all das halte und binde: der leibhaftige Mensch."[74] Um die Darstellung eines ‚leibhaftigen Menschen' als Antwort auf die gott- und seinsverlorene Gegenwart ging es Gundolf in seinem Goethebuch. Wie bei Simmel und Chamberlain ist es der Glaube an die große exemplarische Persönlichkeit, an den ‚Dichter als Führer', wie ein späteres Buch des George-Kreises über die deutsche Klassik betitelt ist, von dem die Lösung der Probleme einer Epoche erwartet wird, die mit dem Ersten Weltkrieg ihr Ende gefunden hat. Nach Walter Benjamins Urteil war Gundolf der „Sinn des Goethischen für die bestimmtesten und tiefsten Aufgaben des gegenwärtigen Lebens verschlossen",[75] die Generation der Expressionisten hat gereizt auf diesen heroisierten Goethe geantwortet, dessen „formhaftes und gleichmäßig durchseeltes Menschentum" nur schlecht zu den verstümmelten Opfern der Materialschlachten passen wollte, die nur in den ‚zerbrochenen Formen' der expressionistischen Kunst ihren adäquaten Ausdruck finden konnten.[76]

## 9. Goetheopposition und Goethekritik

Bereits ein erster Überblick über die spezifischen Trends der Goetherezeption und deren Wandlungen im Kaiserreich verbietet es, generalisierend und pauschalisierend von *dem* Goethebild dieser Epoche zu sprechen. Wenn sich dennoch im Rückblick trotz aller Unterschiedlichkeit und Widersprüchlichkeit im einzelnen ein negativer Gesamteindruck herstellt, der als Trauma jede produktive Goetheaneignung bis heute belastet, so wird man die Gründe dafür in dem mißglückten Versuch der Sieger von 1870/71 suchen müssen, das geistige Erbe Goethes und der Goethezeit mit dem neuen Staat und der ihn tragenden neuen Gesellschaft positiv zu vermitteln. Einer der ersten, der an diesem zentralen Phänomen einer Diskrepanz zwischen der mit dem Namen Goethe bezeichneten geistigen Vorgeschichte der Deutschen und ihrer durch die Reichsgründung geschaffenen neuen politischen, ökonomischen und sozialen Realität Kritik geübt hat, war der französische Schriftsteller und Religionswissenschaftler Ernest Renan, dessen berühmte ‚Lettre à un ami d'Allemagne' vom 16. August 1879 mit dem Bekenntnis beginnt: „Niemand hat mehr als ich Ihr großes Deutschland geliebt und bewundert, das Deutschland von vor fünfzig und sechzig Jahren, das im Genius Goethes personifiziert ist und das in den Augen der Welt von jenem herrlichen Bündnis der Dichter, Philosophen, Historiker, Kritiker und Denker repräsentiert wird, welches wahrhaftig den Reichtümern menschlichen Geistes eine neue Domäne hinzugefügt hat. Wir alle, die wir da sind, verdanken ihm viel – diesem großen, klugen und tiefgründigen Deutschland, das uns durch Fichte den Idealismus lehrte, durch Herder den Glauben an die Humanität, durch Schiller die Poesie der moralischen Empfindung, durch Kant die abstrakte Pflicht. Diese neuen Errungenschaften erschienen uns keineswegs als Widersprüche zur alten französischen Geistigkeit – wir faßten sie als deren Fortsetzung auf."[1] Dieses von den Franzosen bewunderte Deutschland, dessen idealistisches Bild deutlich die Pinselführung der Madame de Staël verrät, hat für Renan im Bismarckschen Reich keine Fortsetzung gefunden: „Sie hatten achtzig Jahre lang eine bewundersnwerte literarische Bewegung; in dieser Zeit blühten Schriftsteller bei Ihnen auf, die den größten der anderen Nationen an die Seite zu stellen sind. Woher kommt es, daß diese Ader so gut wie versiegt ist? [...] Wo ist die Nachfolge Goethes, Schillers, Heines? An Talent fehlt es Ihnen sicher nicht; doch schaden nach meiner Auffassung zwei Dinge Ihrer literarischen Produktion: erstens Ihre übertriebenen Militärlasten und zweitens Ihre sozialen Verhältnisse. Angenommen, Goethe hätte Militärdienst leisten müssen und wäre den groben Reden ausbildender Feldwebel ausgeliefert gewesen – glauben Sie nicht, daß er unter solchem Dienst die Blüte seiner Eleganz und Freiheit eingebüßt hätte? [...] Ihre sozialen Zustände scheinen mir ebenfalls der Entfaltung einer großen Literatur wenig günstig. Die Literatur setzt eine heitere, glanzvolle, freie, zur Selbstironie geneigte Gesellschaft voraus, in der die Ungleichheit noch so groß sein mag, jedoch die Klassen sich mischen und alle dasselbe Leben leben. Man sagt mir, daß Sie seit zehn Jahren große Fortschritte auf diese Einheit des gesellschaftlichen Lebens hin gemacht hätten; indessen sehe ich noch nicht das eigentliche Ergebnis solcher Bemühungen, das in einer gemeinsamen Literatur besteht, in der sich mit Talent oder Genie alle Spielarten des nationalen Geistes ausdrücken, eine Literatur, die von allen geliebt, bewundert, akzeptiert und diskutiert wird. Ich kenne wohl die sehr respektablen Namen, die sie mir entgegenhalten werden. Trotzdem kann ich nicht finden, daß Ihr neues Reich das gebracht hat, was man von einer Regierung erwarten darf, in der sich alle Kräfte des deutschen Genius vereinigen. [...] Der deutsche Genius ist groß und machtvoll; er bleibt eines der wichtigsten Organe des menschlichen Geistes; aber sie haben ihn in einen Schraubstock gespannt, und darunter leidet er."[2] Der Kritik Renans an der gescheiterten Integration des geistigen Erbes der Goethezeit in das neue Reich entspricht zur gleichen Zeit das scharfe Verdikt Nietzsches über den deutschen Bildungsphilister, der „sich auf der Schiller-Goetheschen Basis, wie auf einem Ruhebett niederzulassen"[3] versucht, über die Deutschen, denen Goethe „nicht not" tat, „daher sie auch von ihm keinen Gebrauch zu machen wissen. Man sehe sich die besten unserer Staatsmänner und Künstler daraufhin an: sie alle haben Goethe nicht zum Erzieher gehabt, – nicht haben können".[4] Nietzsches Kritik am Klassikerkult des deutschen Bildungsphilisters berief sich auf Goethe, einen tiefer und besser verstandenen Goethe, ein Kritikmodell, das in der konservativen Kulturkritik seit der Jahrhundertwende eine reiche Nachfolge erfuhr und in Stefan Georges Gedicht ‚Goethe-Tag' von 1899 seinen schroffsten elitär-antidemokratischen Ausdruck gefunden hat. Der breiten Phalanx der konservativen Kritiker wie Viktor Hehn, Julius Langbehn, Houston Stewart Chamberlain, Friedrich Gundolf u. a., die im Namen Goethes gegen den Materialismus, das Fortschrittspathos und den wissenschaftlichen Positivismus des Wilhelmischen Reiches zu Felde zogen, stand nur eine verschwindend kleine Zahl derer gegenüber, die Goethe selbst zum Gegenstand ihrer Kritik machten. Höchst charakteristisch für das Goethebild in der Epoche von der Reichsgründung bis zum Ersten Weltkrieg ist es, daß von den zwei Lagern der noch zu Lebzeiten des Dichters sich formierenden Goetheopposition, der christlich-konfessionellen und der politisch-sozialen, nur die erste Gruppe sich entschieden und militant zur Wort meldete. Bekanntester Exponent dieser nach 1871 fast ausschließlich von katholischer Seite ausgehenden christlich-konfessionellen Goethekritik war der Jesuitenpater Alexander Baumgartner, dessen monumentale vierbändige Goethebiographie von 1879–1844 als Waffe im Kulturkampf der siebziger und achtziger Jahre interpretiert werden muß.[5] Gegenüber der christlich-konfessionellen Opposition gegen Goethe und den Goethekult des neuen Reichs tritt die im Vormärz noch breit dokumentierte politisch-soziale Goethekritik fast völlig in den Hintergrund. Die im Vergleich mit der in der Sozialdemokratie engagiert und differenziert geführten Schillerdebatte[6] eher spärlich zu nennende Auseinandersetzung mit Goethe hat, außer bei Franz Mehring, in diesem Zeitraum keinen nennenswerten Beitrag hervorgebracht, an dem eine spätere sozialistische Goetheinterpretation als Erbe hätte anknüpfen können. Ein Beispiel für die affirmative, in der Tradition der Arbeiterbildungsvereine stehenden Goetherezeption in der deutschen Sozialdemokratie ist die Rede von Max Grunwald ‚Goethe und die Arbeiter' von 1909.[7] Gegenüber solchen und ähnlichen Versuchen, das Goethesche Erbe problem- und konfliktlos mit den Zielen der Arbeiterbewegung zu vermitteln, hat Franz Mehring scharf die Grenze bezeichnet, die das Proletariat unter den politischen und ökonomischen Bedingungen des Kaiserreichs von Goethe trennt. „So viel ist auf den ersten Blick klar", heißt es in dem Artikel ‚Goethe und die Arbeiter' von 1899, „daß unter den Größen unserer klassischen Literatur Goethe dem heutigen Proletariat keineswegs am nächsten steht."[8] In dem gleichen Artikel wird von Mehring der Gegensatz zwischen bürgerlicher und proletarischer Erbeaneignung unmißverständlich klar formuliert: „Während das deutsche Bürgertum seine großen Denker und Dichter mit dem Munde überschwänglich feiert, ist es tatsächlich dazu verdammt, ihren Geist auf Schritt und Tritt zu verleugnen. Umgekehrt kann das deutsche Proletariat ohne alle Umschweife verleugnen, was an den klassischen Lehren und Schriften sterblich war, und dennoch kann oder vielmehr muß es seiner ganzen Klassenlage nach ihr Unsterbliches aus den Wolkenregionen des Ideals auf die ebene Erde des praktischen Lebens verpflanzen."[9] Der Hauptvorwurf Mehrings gegen Goethe lautet, er habe sich nach seiner Rückkehr aus Italien ganz auf die Pflege einer „rein ästhetischen Kultur"[10] beschränkt, habe die revolutionären Ideen seiner Jugend preisgegeben und als „gefesselter Prometheus" sich unter das Joch des Bestehenden begeben.[11] Die für die bürgerliche Goetheverehrung charakteristische „Verhimmelung der rein ästhetischen Kultur", wie es in Mehrings wichtigem Aufsatz ‚Goethe am Scheideweg' von 1909 heißt,[12] ist für ihn der „Deckmantel", unter den „sich noch jede reaktionäre Torheit zu flüchten gewußt hat. Es ist nicht von ungefähr, daß sich die unbedingteste Goetheverehrung mit dem unglaublichsten Stumpfsinn gegenüber dem nationalen Leben und seinen Bedürfnissen, gegenüber den politischen und sozialen Problemen der Gegenwart paart".[13] Während man Mehrings Polemik gegen den apolitischen Goethekult des Kaiserreichs eine Berechtigung nicht wird absprechen können, dokumentiert seine These von der angeblich ‚rein ästhetischen Kultur', der Goethe sich nach Italien ausschließlich gewidmet habe, eine erstaunliche Blindheit gegenüber den Versuchen des nachklassischen Goethe, gerade die von Mehring inkriminierte ästhetische Kultur kritisch zu überwinden durch ein auf Totalität aller Lebensbezüge gerichtetes Gesellschaftsbild und Erziehungsprogamm.

Ein Jahr nach Mehrings Betrachtung über ‚Goethe am Scheideweg' erscheint Heinrich Manns Aufsatz ‚Französischer Geist',[14] seit 1919 bekannt unter dem Titel ‚Voltaire – Goethe', das bedeutendste Dokument einer politischen Goetheopposition im Wilhelminischen Reich. In früherem Zusammenhang habe ich darauf hingewiesen, daß die polemische Antithese Voltaire – Goethe eine Vorgeschichte hat, die sich bis zu Ludwig Börne zurückverfolgen läßt. Bis in die Formulierungen hinein begegnet uns das Pathos der Börneschen Anklage gegen Goethe wieder, wenn Heinrich Mann schreibt, daß „sein Werk, der Gedanke an ihn, sein Name in Deutschland nichts verändert [haben], keine Unmenschlichkeit ausgemerzt, keinen Zoll Weges Bahn gebrochen in eine bessere Zeit".[15] In Heinrich Manns Aufsatz erfährt die radikale politische Goetheopposition der zwanziger und dreißiger Jahre des 19. Jahrhunderts ihre lange unterdrückte Renaissance, er nimmt die Goethekritik der expressionistischen Generation im Ersten Weltkrieg vorweg und ist der Text, an den die Goetheopposition marxistisch orientierter Linksintellektueller wie Max Herrmann-Neiße, Egon Erwin Kisch, Bertold Brecht u. a. in den zwanziger Jahren anknüpfen konnte.

Gegenüber der sozialistischen und aktivistischen Goethekritik Franz Mehrings und Heinrich Manns ist der vermächtnishafte Aufsatz ‚Goethes Politik' von Gustav Landauer,[16] geschrieben kurz vor der Novemberrevolution 1918, der Versuch, im Werk Goethes selbst Ansätze und Möglichkeiten einer sozialistischen Politik der Veränderung der bestehenden Verhältnisse aufzuweisen. Die folgenden Sätze Landauers lesen sich wie eine Korrektur der These Mehrings vom ausschließlich der Pflege der ästhetischen Kultur hingegebenen Goethe und dem Verdikt Heinrich Manns über den der politischen Tat ausweichenden Dichter: „Für Goethe gab es keine Möglichkeit einer Trennung zwischen Ästhetischem, Ethischem, Politischem und Wissenschaftlichem. Es ist wenig beachtet, wie geradezu aktivistisch er sich fassen mußte, wenn er es einmal unternahm, sein ästhetisches Glaubensbekenntnis in so etwas wie eine Definition zu bringen."[17] Landauers entschiedener Hinweis auf die ‚Wanderjahre' steht, wennschon von ihm nicht bewußt registriert, in der Tradition der ‚sozialistischen' ‚Wanderjahre'-Interpretation, die fast gleichzeitig in Gustav Radbruchs Aufsatz ‚Wilhelm Meisters sozialpolitische Sendung. Eine rechtsphilosophische Goethe-Studie'[18] ihre Erneuerung erfuhr. Neben den ‚Wanderjahren' ist es Goethes ‚Märchen' aus den ‚Unterhaltungen deutscher Ausgewanderten', dem Landauer die Utopie einer „sozialen Gemeinschaft" der in ihren „Herzenswirren Isolierten"[19] abgewinnt. Landauers Ausführungen gipfeln in der Antwort auf Goethes vielzitierten Satz aus seinem Aufsatz ‚Literarischer Sansculottismus' von 1795, daß er „die Umwälzungen nicht wünschen [wolle,] die in Deutschland klassische Werke vorbereiten können". Bereits Gervinus hatte im Schlußteil seiner Goethedarstellung im fünften Band seiner ‚Geschichte der poetischen National-Literatur der Deutschen' von 1842 die Korrektur formuliert: „*Wir* aber wünschen diese Veränderungen."[20] Im Geiste dieses vormärzlichen Einspruchs schließt auch Landauer seine Goethebetrachtung: „Es ist an der Zeit! Wir wollen die Umwälzungen *wünschen,* die in Deutschland klassische Werke vorbereiten könnten."[21] Landauers Versuch, den Goetheschen Humanismus des ‚Märchens' und der ‚Wanderjahre' in die politische Praxis umzusetzen, ein Versuch zudem, den er mit dem Tode hat bezahlen müssen, ist *kein* typisches Kapitel einer Wirkungsgeschichte Goethes in Deutschland. In einem dezidierten Sinne gilt dies für deren am stärksten unpolitische Phase, im Wilhelminischen Kaiserreich, wo die Stimmen von Franz Mehring, Heinrich Mann und Gustav Landauer die Stimmen von Außenseitern geblieben sind. Sie blieben es auch nach der entscheidenden Zäsur des Jahres 1918, die weder in der Goetheforschung noch in der institutionellen Goethepflege der Goethe-Gesellschaft jene politische Neuorientierung brachte, die notwendig gewesen wäre, um die Goetherezeption und die gleichzeitige, sich ihrer gesellschaftlichen und politischen Aufgabe bewußt werdende moderne deutsche Literatur in ein Verhältnis produktiver Wechselwirkung zu setzen. Ungebrochen und unbeeinflußt von Krieg und Revolution trachtete vor allem die Goethe-Gesellschaft die Kontinuität des Wilhelminischen Goethebildes in der Weimarer Republik zu bewahren. Sie wurde jetzt in zunehmendem Maße ein Hort des antidemokratischen Protestes gegen den Ungeist von Revolution und Demokratie, zivilisatorischer Sachlichkeit und sozialem Engagement. In Gustav Roethes Festvortrag zum 28. August 1924 zur Jahresversammlung der Goethe-Gesellschaft hat diese antidemokratische Goetherezeption ihr bezeichnendstes Dokument gefunden. „Die Schlagworte der Revolution" ließen Goethe, so heißt es hier, „wie den noch stolzeren Aristokraten Schiller ganz kühl. Ihm war Freiheit das hohe Recht, sich selbst Gesetze zu geben: ‚vergebens werden ungebundne Geister nach der Vollendung reiner Höhe streben'; in Frankreich sah er nur wachsende Zuchtlosigkeit, brutalen Gewissenszwang. Aufs äußerste stößt ihn die Krankheit des Zeit- und Parteigeistes ab, den er, mit der göttlichen Duldung des Schöpfers gegen alles persönlich Echte gerüstet, in seiner unduldsamen Gleichmacherei tief verabscheut. Er erfuhr es mit Bitterkeit, wie in der Luft der neuen Republik ernsthafte Bestrebungen und Leistungen durch unfruchtbare Forderungen ersetzt wurden. Und ihm graut vor der Herrschaft der Unwürdigen, Unfähigen, Ungeschulten, die die Revolution nach oben trägt. Er war überzeugter ‚Royaliste'; nur die Monarchie verbürgt ‚Gewalt und Folge', die Macht und Dauer, dazu die Herrschaft der wahren Sachkunde, die Voraussetzung jedes Gedeihens ist."[22] Mit diesem postumen Dokument genuin Wilhelminischer Goetheaneignung stehen wir bereits in einem neuen politischen und ideologischen Kontext der Goetherezeption, der uns im zweiten Band dieser Darstellung beschäftigen wird.

# Anhang

# Abkürzungen und Siglen

B. a. G. = Briefe an Goethe. Hamburger Ausgabe in 2 Bänden. Gesammelt, textkritisch durchgesehen und mit Anmerkungen versehen von Karl Robert Mandelkow. Mit einem Register, bearbeitet von Hendrik te Veldhuis. Hamburg 1965–1969. Ab 1973: München.

Biedermann-Herwig = Goethes Gespräche. Eine Sammlung zeitgenössischer Berichte aus seinem Umgang. Auf Grund der Ausgabe und des Nachlasses von Flodoard Frhn von Biedermann. Ergänzt und hg. von Wolfgang Herwig. 4 Bde. Zürich und Stuttgart 1965 ff.

Bode = Goethe in vertraulichen Briefen seiner Zeitgenossen. Zusammengestellt von Wilhelm Bode. 3 Bde. Berlin 1917–1923.

Fambach = Goethe und seine Kritiker. Die wesentlichen Rezensionen aus der periodischen Literatur seiner Zeit, begleitet von Goethes eigenen und seiner Freunde Äußerungen zu deren Gehalt. In Einzeldarstellungen, mit einem Anhang: Bibliographie der Goethe-Kritik bis zu Goethes Tod. Von Oscar Fambach. Düsseldorf 1953.

Goethe im Urteil = Goethe im Urteil seiner Kritiker. Dokumente zur Wirkungsgeschichte Goethes in Deutschland. Herausgegeben, eingeleitet und kommentiert von Karl Robert Mandelkow. Teil I 1773–1832. München 1975. Teil II 1832–1870. München 1977. Teil III 1870–1918. München 1979. = Wirkung der Literatur 5. I/II/III.

H. A. = Goethes Werke. Hamburger Ausgabe in 14 Bänden. Herausgegeben von Erich Trunz u. a. Hamburg 1948–1960. Ab 1973: München

H. A. Briefe = Goethes Briefe. Hamburger Ausgabe in 4 Bänden. Herausgegeben von Karl Robert Mandelkow unter Mitarbeit von Bodo Morawe. Mit einem Gesamtregister, bearbeitet von Klaus F. Gille. Hamburg 1962–1967. Ab 1973: München.

Holzmann = Aus dem Lager der Goethe-Gegner. Mit einem Anhange: Ungedrucktes von und an Börne. Von Dr. Michael Holzmann. Berlin 1904. = Deutsche Literaturdenkmale des 18. und 19. Jahrhunderts. No. 129.

Houben = Johann Peter Eckermann, Gespräche mit Goethe in den letzten Jahren seines Lebens. Nach dem ersten Druck, dem Originalmanuskript des dritten Teils und Eckermanns handschriftlichem Nachlaß neu hg. von H. H. Houben. 24. Originalauflage. Wiesbaden 1949.

J. A. = Goethes sämtliche Werke. Jubiläums-Ausgabe in 40 Bänden. In Verbindung mit ... herausgegeben von Eduard von der Hellen. 40 Bde. u. Registerband. Stuttgart o. J. [1902–1912].

Jb. G. Ges. = Jahrbuch der Goethe-Gesellschaft. 21 Bde. u. 1 Registerband 1914–1935.

Leopoldina = Goethe, Die Schriften zur Naturwissenschaft. Hg. im Auftrag der Deutschen Akademie der Naturforscher (Leopoldina) zu Halle von R. Matthaei, W. Troll und L. Wolf. Weimar 1949 ff.

Oellers = Schiller – Zeitgenosse aller Epochen. Dokumente zur Wirkungsgeschichte Schillers in Deutschland. Herausgegeben, eingeleitet und kommentiert von Norbert Oellers. Teil I 1782–1859. Frankfurt am Main 1970. Teil II 1860–1966. München 1976. = Wirkung der Literatur 2. I/II.

Pyritz = Goethe-Bibliographie. Von Hans Pyritz unter Mitarbeit von Paul Raabe. Fortgeführt von Heinz Nicolai und Gerhard Burkhardt unter redaktioneller Mitarbeit von Klaus Schröter. Heidelberg 1955–1969. Band II: 1955–1964. Heidelberg 1968.

Schr. G. Ges. = Schriften der Goethe-Gesellschaft. Weimar 1885 ff.

W. A. = Goethes Werke. Weimarer Ausgabe. 143 Bände. Weimar 1887–1919.

# Anmerkungen

## Einleitung: Zur Geschichte der Rezeptionsgeschichte Goethes. Standortbestimmung der vorliegenden Darstellung (S. 9–18)

1 Vgl. dazu meinen Aufsatz ‚Rezeptionsgeschichte als Erfahrungsgeschichte. Vorüberlegungen zu dem Versuch einer Wirkungsgeschichte Goethes in Deutschland', der 1981 in dem Erich Trunz gewidmeten Beiheft des ‚Euphorion' erscheint.

2 Emil Staiger, Goethe. Band 1. 1749–1786. Zürich und Freiburg 1952. S. 11f.

3 Vgl. dazu exemplarisch die Rede von Johannes R. Becher ‚Der Befreier' von 1949. Für eine ausführliche Darstellung der Goetherezeption und der Erbediskussion in der DDR verweise ich auf den zweiten Band dieser Untersuchung.

4 Vgl. Pyritz Nr. 10281.

5 Heinz Kindermann, Das Goethebild des XX. Jahrhunderts. Wien-Stuttgart 1952. S. 701f.

6 Vgl. Goethe und die Folgen ... Richard Friedenthals Buch in der Diskussion. München o. J. [1964].

7 Die Klassik-Legende. Second Wisconsin Workshop. Hg. von Reinhold Grimm und Jost Hermand. Frankfurt am Main 1971.

8 Ebenda S. 11.

9 In seiner Rezension über Goethes ‚Wanderjahre' in: Blätter für literarische Unterhaltung (1830). Hier: Goethe im Urteil I, S. 453.

10 Emil Staiger, Die Kunst der Interpretation. Studien zur deutschen Literaturgeschichte. Zürich 1955, S. 10f.

11 Neben den Texten zur Plenzdorf-Debatte enthält der Jahrgang 1973 von ‚Sinn und Form' folgende wichtige Beiträge zur Erbe- und Klassikdiskussion: Werner Mittenzwei, Brecht und die Probleme der deutschen Klassik, S. 135–168; Helmut Holtzhauer, Von Sieben, die auszogen, die Klassik zu erlegen, S. 169–188; Wolfgang Harich, Der entlaufene Dingo, das vergessene Floß. Aus Anlaß der ‚Macbeth'-Bearbeitung von Heiner Müller, S. 189–218; Hans-Heinrich Reuter, Die deutsche Klassik und das Problem Brecht. Zwanzig Sätze der Entgegnung auf Werner Mittenzwei, S. 809–824; Hans-Dietrich Dahnke, Sozialismus und deutsche Klassik, S. 1083–1107. Die gesamte Klassik-Debatte, erweitert um neue Texte, ist jetzt abgedruckt in: Wer war Brecht. Wandlung und Entwicklung der Ansichten über Brecht. Hg. von Werner Mittenzwei. Berlin (Ost) 1977, S. 483–731. Auch als Lizenzausgabe Berlin (West).

12 Goethe-Jahrbuch 90 (1973), S. 352.

13 Ebenda S. 357.

14 Goethe im Urteil I, T. 72.

15 Goethe im Urteil I, S. 386.

16 Zuerst 1837 aus Goethes Nachlaß veröffentlicht. J. A. 37, S. 223f.

17 Alfred Nicolovius über Goethe. Zuerst: Über Kunst und Altertum VI, 2, 1828. Zitat: J. A. 38, S. 176.

[18] H. A. Briefe IV, S. 251.
[19] In der erweiterten Fassung von 1836 u. d. T. ‚Die romantische Schule'.
[20] Viktor Hehn, Gedanken über Goethe. Vierte durchgesehene Auflage. Berlin 1900. S. 165. Zu Hehns Abhandlung ‚Goethe und das Publikum' vgl. Jörn Stückrath, Historische Rezeptionsforschung. Ein kritischer Versuch zu ihrer Geschichte und Theorie. Stuttgart 1979. S. 33 – 50.
[21] Jahrbuch der Sammlung Kippenberg 4 (1924), S. 59.
[22] Reinhard Buchwald, Goethezeit und Gegenwart. Die Wirkungen Goethes in der deutschen Geistesgeschichte. Stuttgart 1949, S. XI.
[23] Ebenda S. XI.
[24] Ebenda S. X.
[25] Ebenda S. 362.
[26] Ebenda S. XIII.
[27] Stuttgart 1962. = Sprache und Literatur 3. Ohne dazu aufgefordert zu sein, möchte ich an dieser Stelle mein burschikos-absprechendes Urteil über das Buch von Leppmann in der Einleitung zum ersten Band von ‚Goethe im Urteil seiner Kritiker' (S. XXII) zurücknehmen. Auch wenn ich zur Rechtfertigung meiner damaligen negativen Einschätzung Gründe beibringen kann, so halte ich heute die Form einer solchen polemischen Abfuhr für indiskutabel.
[28] Leppmann, a. a. O. S. 15f.
[29] Stuttgart 1962.
[30] Ebenda S. 240.
[31] Ebenda S. 241.
[32] Berlin (Ost) 1957. = Neue Beiträge zur Literaturwissenschaft. Bd. 6.
[33] Hans-Joachim Mähl, Goethes Urteil über Novalis. Ein Beitrag zur Geschichte der Kritik an der deutschen Romantik. In: Jb. des Freien Deutschen Hochstifts 1967, S. 130–270.
[34] Klaus F. Gille, ‚Wilhelm Meister' im Urteil der Zeitgenossen. Ein Beitrag zur Wirkungsgeschichte Goethes. Leiden/Assen 1971.

## Erstes Kapitel: Die zeitgenössische Goetherezeption

### 1. Goethe in den Zeugnissen der Mitlebenden. Umrisse einer Rezeptionsgeschichte (S. 19–27)

[1] Vgl. meinen Aufsatz ‚Der proteische Dichter. Ein Leitmotiv in der Geschichte der Deutung und Wirkung Goethes' (1962). In: Mandelkow, Orpheus und Maschine. Acht literaturgeschichtliche Arbeiten. Heidelberg 1976, S. 23–37.
[2] Vgl. Goethe im Urteil I, T. 76.
[3] Karl Rosenkranz, Göthe und seine Werke. Zweite verbesserte und vermehrte Auflage. Königsberg 1856, S. 7ff.
[4] Houben, S. 86f.
[5] von Lose, Schattenrisse edler Teutschen. Aus dem Tagebuche eines physiognomischen Reisenden. Halle 1783/84. Zitiert nach: Goethe als Persönlichkeit. Gesammelt von Heinz Amelung. Bd. 1. 2. Aufl. München 1925. S. 256. = Propyläen-Ausgabe von Goethes Sämtlichen Werken. Ergänzungsband 1.

[6] Goethe im Urteil I, T. 21.
[7] Braun II, S. 73.
[8] Braun II, S. 52.
[9] Goethe im Urteil I, T. 25.
[10] Tieck, a. a. O. S. XXXIII.
[11] Adam Müller, Kritische, ästhetische und philosophische Schriften. Kritische Ausgabe. Hg. von Walter Schroeder und Werner Siebert. Band 2. Neuwied und Berlin 1967. S. 210.
[12] Berlin und Stettin 1799. Goethe im Urteil I, T. 39 (Auszug).
[13] Friedrich Schlegel, Göthe. Ein Fragment. In: Deutschland, 1. Band, 2. Stück. Berlin 1796. S. 258–261. Zitat: Goethe im Urteil I, S. 126.
[14] F. M. Klingers Werke. 11. Band. Leipzig 1832. S. 9.
[15] B. a. G. I, S. 187. Zur Kritik Jacobis und des Emkendorfer Kreises an Goethes ‚Lehrjahren' vgl. Heinz Nicolai, Goethe und Jacobi. Studien zur Geschichte ihrer Freundschaft. Stuttgart 1965. S. 214ff.
[16] Bode I, S. 576f.
[17] Brief an die Gräfin Baudissin von Mitte Februar 1795. Bode I, S. 513.
[18] Nach dem Tagebuch von Böttiger am 31. Oktober 1796. Bode I, S. 576.
[19] So heißt es in Herders Brief vom 7. März 1789 aus Rom an seine Frau: „Goethes Gedichte sind hier angekommen; er hat ein Exemplar noch ohne Titel an die Angelica geschickt. Ich kenne die meisten, und es sind unglaublich schöne Stücke darunter; alles aber, wie es da ist, hätte er nicht sollen drucken lassen. Nicht nur daß er den Kritikern das Maul darüber aufreißt, sondern auch weil die jugendlichen Fratzen und Späße doch niemals recht für den Druck sind. Was Du, gutes Herz, zu seiner Entschuldigung sagst, reicht meinem Gefühl nicht zu. Hole der Henker den Gott, um den alles rings umher eine Fratze sein soll, die er nach seinem Gefallen brauchet; oder gelinder zu sagen, ich drücke mich weg von dem großen Künstler, dem einzigen rückstrahlenden All im All der Natur, der auch seine Freunde bloß als Papier ansieht, auf welches er schreibt, oder als Farbe des Paletts, mit dem er malet." (Herders Reise nach Italien. Herders Briefwechsel mit seiner Gattin vom August 1788 bis Juli 1789. Hg. von Heinrich Düntzer und Ferdinand Gottfried von Herder. Gießen 1859, S. 273).
[20] Vgl. 8. Sammlung, 104. Brief. Vgl. dazu Goethes Brief an Schiller vom 14. Juni 1796. H. A. Briefe II, S. 224f.
[21] Tieck, a. a. O. S. XXXIV.
[22] Goethe im Urteil I, T. 48.
[23] Goethe im Urteil II, S. 71.
[24] Goethe im Urteil I, T. 81.
[25] Vgl. Christian Dietrich Grabbes Abhandlung über den Briefwechsel zwischen Goethe und Schiller (1830). – Goethe im Urteil I, T. 79.

### 2. Goethe und das Publikum (S. 27–34)

[1] Unter der nicht eben zahlreichen Literatur zum Thema ‚Goethe und sein Publikum' ist immer noch anregend und lesenswert der gleichnamige Aufsatz von Martin Sommerfeld. In: Sommerfeld, Goethe in Umwelt und Folgezeit. Gesammelte Studien. Leiden 1935, S. 36–59. Die beiden 1973 und 1974 erschienenen materialreichen

Aufsätze von Katharina Mommsen zu dem Thema sind durch eine schiefe, weil auf falschen Voraussetzungen beruhende Polemik gegen die neuere Rezeptionsforschung geprägt. Mommsen, Goethe and his Audience. In: Carleton Germanic Papers 1 (1973), pag. 25–39. Mommsen, Goethes Vorstellung von einer idealen Lesergemeinde. In: seminar. A Journal of Germanic Studies. Vol 10 (1974), No. 1, S. 1–18.

[2] Germaine de Staël, Über Deutschland. Nach der Übersetzung von Robert Habs hg. und eingel. von Sigrid Metken. Stuttgart 1962, S. 183.

[3] Ebenda S. 183.

[4] Ebenda S. 182.

[5] Berlin und Stettin 1797. S. 168.

[6] Goethe im Urteil I, S. 335.

[7] Heinrich Steffens, Was ich erlebte. Hg. von Willi A. Koch. Leipzig 1938, S. 62.

[8] Friedrich Wilhelm Riemer, Mittheilungen über Goethe. Aus mündlichen und schriftlichen, gedruckten und ungedruckten Quellen. Erster Band. Berlin 1841, S. 485.

[9] H. A. 11, S. 413.

[10] H. A. Briefe III, S. 211.

[11] H. A. 12, S. 503.

[12] Friedrich Wilhelm Riemer, Mitteilungen über Goethe. Auf Grund der Ausgabe von 1841 und des handschriftlichen Nachlasses hg. von Arthur Pollmer. Leipzig 1921. S. 324.

[13] Brief an Zelter, 29. Januar 1830. H. A. Briefe IV, S. 370.

[14] Brief an Zelter, 29. März 1827. H. A. Brief IV, S. 221.

[15] H. A. 12, S. 19f.

[16] Graf Carmagnola noch einmal. Zuerst: Über Kunst und Altertum III, 2, 1821. – J. A. 37, S. 180.

[17] Vgl. Gert Ueding, Schillers Rhetorik. Idealistische Wirkungsästhetik und rhetorische Tradition. Tübingen 1971. – Kurt Müller-Vollmer, Poesie und Einbildungskraft. Zur Dichtungstheorie Wilhelm von Humboldts. Stuttgart 1967.

[18] Biedermann-Herwig II, S. 362.

[19] Gespräch mit Eckermann vom 11. Oktober 1828. Houben, S. 233f.

[20] Der junge Goethe. Hg. von Max Morris. 3. Band. Leipzig 1910, S. 86.

[21] H. A. 1, S. 151.

[22] Brief an Philipp Seidel vom 15. Mai 1787. H. A. Briefe II, S. 52.

[23] H. A. Briefe II, S. 120.

[24] An Georg Joachim Göschen vom 4. Juli 1791. H. A. Briefe II, S. 141.

[25] Briefe an Schiller 1795–1797. Hg. von Norbert Oellers. Weimar 1972. S. 259. = Schillers Werke. Nationalausgabe. Bd. 36, I.

[26] Vgl. Goethe im Urteil I, T. 83.

[27] Hans Rudolf Vaget, Dilettantismus und Meisterschaft. Zum Problem des Dilettantismus bei Goethe: Praxis, Theorie, Zeitkritik. München 1971.

[28] In: Georg Forster. Fragment einer Charakteristik der deutschen Klassiker. – Friedrich Schlegel, Charakteristiken und Kritiken I (1796–1801). Hg. und eingel. von Hans Eichner. München/Paderborn/Wien 1967. S. 79. = Kritische Friedrich Schlegel-Ausgabe. Bd. 2.

[29] H. A. Briefe III, S. 117.

[30] H. A. Briefe III, S. 173.
[31] An Zelter am 14. April 1816. H. A. Briefe III, S. 349.
[32] Gespräch vom 12. Mai 1825. Houben, S. 127.
[33] J. A. 37, S. 219.
[34] H. A. 13, S. 315.
[35] J. A. 38, S. 138.

3. ‚Götz' und ‚Werther' (S. 35–44)

[1] Von neuerer Forschungsliteratur zur zeitgenössischen Wirkung des ‚Werther' möchte ich nennen: Klaus R. Scherpe, Werther und Wertherwirkung. Zum Syndrom bürgerlicher Gesellschaftsordnung im 18. Jahrhundert. Bad Homburg v. d. H./Berlin/Zürich 1970. – Gerhard Kaiser, Zum Syndrom modischer Germanistik. Bemerkungen über Klaus Scherpe, Werther und Wertherwirkung. In: Euphorion 65 (1971), 2. Heft, S. 195–199. – Peter Müller, Angriff auf die humanistische Tradition. Zu einer Erscheinung bürgerlicher Traditions-Behandlung. In: Weimarer Beiträge 19 (1973), Nr. 1, S. 109–127 u. Nr. 3, S. 92–109. – Walther Migge, Goethes ‚Werther'. Entstehung und Wirkung. In: Insel-Almanach auf das Jahr 1973. Die Leiden des jungen Werthers. Frankfurt am Main 1972, S. 23–69. – Hartmut Schmidt, Goethes ‚Werther' als Schule der Leidenschaften. Werther-Rezensionen im Horizont der Populärästhetik um 1775. In: Insel-Almananach auf das Jahr 1973. A. a. O, S. 70–122. – Georg Jäger, Die Wertherwirkung. Ein rezeptionsästhetischer Modellfall. In: Historizität in Sprach- und Literaturwissenschaft. Vorträge und Berichte der Stuttgarter Germanistentagung 1972. In Verbindung mit Hans Fromm und Karl Richter hg. von Walter Müller-Seidel. München 1974, S. 389–409.
[2] H. A. 12, S. 503.
[3] H. A. 9, S. 589f.
[4] H. A. 9, S. 593.
[5] Goethe im Urteil I, S. 423.
[6] Der Teutsche Merkur, Weimar, 3. Band, 3. Stück, September 1773, S. 267–287. Goethe im Urteil I, T. 3.
[7] Der Teutsche Merkur, Weimar, 6. Band, 2. Stück, Juni 1774, S. 321–333. Goethe im Urteil I, T. 4.
[8] De la Littérature Allemande; des defauts qu'on peut lui reprocher; Quelles en sont causes; et par quels moyens on peut les corriger. Berlin 1780, S. 46–48. Goethe im Urteil I, T. 19.
[9] Der Teutsche Merkur, November 1774, S. 179–183. Goethe im Urteil I, T. 7.
[10] Goethe im Urteil I, S. 21.
[11] Klaus R. Scherpe, a. a. O. (vgl. Anm. 1), S. 15).
[12] Vgl. Karl Ludwig Schneider. Klopstock und die Erneuerung der deutschen Dichtersprache im 18. Jahrhundert. Heidelberg 1960.
[13] Johann George Sulzer, Allgemeine Theorie der Schönen Künste. Zweyter Theil. Leipzig 1774, S. 611.
[14] Ebenda S. 611.
[15] Diese möglicherweise wiederum Mißverständnissen ausgesetzte Formulierung soll kein Freibrief sein für eine beliebige Auslegbarkeit des ‚Werther', sondern, in vielleicht überspitzter Form, die radikal neuen Bedingungen bezeichnen, unter denen die Auslegung dieses Werkes rezeptionstheoretisch steht.

[16] Brief an Johann Joachim Eschenburg vom 28. Oktober 1774. Goethe im Urteil I, T. 6.
[17] Vgl. Goethes Brief an Reinhard vom 31. Dezember 1809. H. A. Briefe III, S. 117.
[18] H. A. 9, S. 588.
[19] Berlin 1775. Goethe im Urteil I, T. 10.
[20] Georg Wilhelm Friedrich Hegel, Ästhetik. Nach der zweiten Ausgabe Heinrich Gustav Hothos (1842) redigiert und mit einem ausführlichen Register versehen von Friedrich Bassenge. Band 1. Berlin und Weimar 1976. S. 568.
[21] Goethe im Urteil I, T. 13.
[22] Goethe im Urteil I, S. 83.
[23] Ebenda S. 85.
[24] Ebenda S. 85.
[25] Scherpe, a. a. O. S. 75.
[26] Goethe im Urteil I, T. 12.
[27] Der junge Goethe im zeitgenössischen Urteil. Bearbeitet und eingeleitet von Peter Müller. Berlin (Ost) 1969. S. 129. = Deutsche Bibliothek. 2.
[28] Johann Kaspar Riesbeck, Briefe eines reisenden Franzosen über Deutschland an seinen Bruder zu Paris. Übersetzt von K. R. Erster und zweiter Band. Zweite beträchtlich verbesserte Ausgabe. Zürich 1784. Hier zitiert nach der Neuausgabe: Berlin (Ost) 1976, S. 324.
[29] Goethe im Urteil I, S. 55.
[30] Ebenda S. 122.
[31] Über ‚Struensee' von Michael Beer. Heinrich Heine, Sämtliche Schriften in zwölf Bänden. Hg. von Klaus Briegleb. Band 1: 1817–1840. München/Wien 1976, = Reihe Hanser 220/1, S. 431.
[32] Hillebrands Aufsatz ist 1885 erschienen in seiner Essaysammlung ‚Zeiten, Völker, Menschen' (1874–1886). Hier zitiert nach: Hillebrand, Völker und Menschen. Volksausgabe. Straßburg 1914, S. 291 f.
[33] H. A. Briefe I, S. 179.
[34] J. A. 1, S. 351.
[35] Goethe im Urteil I, S. 428.
[36] Goethe im Urteil I, T. 21.
[37] Vgl. Wielands Gedicht ‚An Psyche' von Anfang 1776.
[38] Vgl. Friedrich Sengle, Wieland und Goethe. In: Wieland. Vier Biberacher Vorträge. 1953. Wiesbaden 1954, S. 55–79.
[39] Goethe im Urteil I, S. 97.

## 4. Der ‚Statthalter des poetischen Geistes auf Erden' (S. 44–57)

[1] Göttingische Anzeigen von gelehrten Sachen. Göttingen 1795. 25. Julius. Zitiert nach: Goethe im Urteil I, S. 118.
[2] Goethe im Urteil I, T. 36.
[3] Goethe im Urteil I, S. 154. Hervorhebung von mir.
[4] Ebenda S. 170. Hervorhebung von mir.
[5] Vgl. dagegen Klaus F. Gille, a. a. O. S. 109: „Schlegels Standpunkt ist rein ästhetisch. [...] Schlegels Beschreibung läßt an Kants ‚interessenloses Wohlgefallen' denken

und hebt sich deutlich von der eifernden Interessiertheit der genannten Kritiker [der neunziger Jahre] ab."

[6] Vgl. Hans Robert Jauß, Schlegels und Schillers Replik auf die ‚Querelle des Anciens et des Modernes'. In: Jauß, Literaturgeschichte als Provokation. Frankfurt am Main 1970. = edition suhrkamp 418, S. 67–106.

[7] A.W. Schlegel, Über Litteratur, Kunst und Geist des Zeitalters. In: Europa. 2. Band. 1803. Hier zitiert nach: Goethe im Urteil I, S. 207.

[8] Schillers Briefe. 1. 7. 1795 – 31. 10. 1796. Hg. von Norbert Oellers. Weimar 1969. S. 98. = Schillers Werke. Nationalausgabe. Bd. 28.

[9] Friedrich Schlegel, Charakteristiken und Kritiken I (1796–1801). Hg. und eingeleitet von Hans Eichner. München/Paderborn/Wien 1967. = Kritische Friedrich Schlegel-Ausgabe. Bd. 2, S. 8.

[10] Friedrich Schlegels Briefe an seinen Bruder August Wilhelm. Hg. von Oskar F. Walzel. Berlin 1890, S. 170.

[11] Goethe im Urteil I, S. 198.

[12] Goethe im Urteil I, T. 31.

[13] Ebenda S. 127.

[14] In den ‚Fragmenten' von 1798. Goethe im Urteil I, S. 154f.

[15] Friedrich Schlegel, Studien des klassischen Altertums. Eingel. und hg. von Ernst Behler. Paderborn/München/Wien 1979. = Kritische Friedrich Schlegel-Ausgabe. Bd. 1, S. 241f.

[16] Ebenda S. 291.

[17] Goethe im Urteil I, S. 155.

[18] Friedrich Schlegel, Charakteristiken und Kritiken I (1796–1801). A.a.O. S. 183.

[19] Ebenda S. 335.

[20] Heidelbergische Jahrbücher der Literatur. Heidelberg 1808. 5. Abt., 2. Heft, S. 145–184. – Goethe im Urteil I, T. 49.

[21] Ebenda S. 252.

[22] Friedrich Schlegel, Geschichte der alten und neuen Literatur. Hg. und eingel. von Hans Eichner. Paderborn/München/Wien 1961. = Kritische Friedrich Schlegel-Ausgabe. Bd. 6, S. 274.

[23] Ebenda S. 275.

[24] Ebenda S. 274f.

[25] Goethe im Urteil I, S. 175.

[26] Ebenda S. 170.

[27] Goethe im Urteil I, T. 38c. Zur Textgeschichte dieser ‚Abhandlung' vgl. Goethe im Urteil I, Einleitung zu T. 38.

[28] Ebenda S. 173.

[29] Goethe im Urteil I, T. 38d.

[30] Goethe im Urteil I, T. 38e.

[31] Ebenda S. 176.

[32] Der Briefwechsel zwischen Schiller und Goethe. Hg. von Hans Gerhard Gräf und Albert Leitzmann. Erster Band: 1794–1797. Leipzig 1912, S. 424.

[33] Vgl. Friedrich Schlegel, Literary Notebooks 1797–1801. Edited with introduction and commentary by Hans Eichner. London 1957, Nr. 289.

[34] Wilhelm von Humboldt, Ästhetische Versuche. Erster Teil. Über Göthe's Hermann und Dorothea. Braunschweig 1799. – Goethe im Urteil I, T. 40 (Auszüge). – Vgl.

Kurt Müller-Vollmer, Poesie und Einbildungskraft. Zur Dichtungstheorie Wilhelm von Humboldts. Stuttgart 1967.

[35] Goethe im Urteil I, S. 185.

[36] Ebenda S. 184.

[37] Georg Gottfried Gervinus, Schriften zur Literatur. Hg. von Gotthard Erler. Berlin (Ost) 1962, S. 42.

[38] Herman Grimm, Goethe. Vorlesungen gehalten an der Kgl. Universität zu Berlin. Elfte und Zwölfte Auflage. Zweiter Band. Stuttgart 1923, S. 230.

[39] Emil Staiger, Goethe. 1786–1814. Zweite, unveränderte Auflage. Zürich 1958, S. 173.

5. Der romantische Protest (S. 57–65)

[1] August Wilhelm von Schlegel, Kritische Schriften. Zweiter Teil. Berlin 1828, S. 367.

[2] Briefe an Friedrich Baron de la Motte Fouqué. Hg. von Albertine Baronin de la Motte Fouqué. Berlin 1848, S. 356ff.

[3] Ebenda.

[4] Zuerst in den ‚Heidelbergischen Jahrbüchern der Literatur für Philologie, Historie, Literatur und Kunst', Jg. 1, 1808. – Friedrich Schlegel, Charakteristiken und Kritiken II (1802–1829). Hg. und eingel. von Hans Eichner. München/Paderborn/Wien 1875. = Kritische Friedrich Schlegel-Ausgabe. Bd. 3, S. 156.

[5] Brief vom 19. November 1808. – Wilhelm von Humboldt, Briefe. Hg. von Wilhelm Rößle. München 1952, S. 284.

[6] Goethe im Urteil I, T. 48.

[7] Friedrich Schlegel. Goethe im Urteil I, T. 31.

[8] Goethe im Urteil I, S. 232.

[9] Vgl. die ausführliche Darstellung bei Hans-Joachim Mähl, Goethes Urteil über Novalis. Ein Beitrag zur Geschichte der Kritik an der deutschen Romantik. In: Jb. des Freien Deutschen Hochstifts 1967, S. 198ff.

[10] Goethe im Urteil I, T. 49.

[11] Walter Benjamin, Briefe. Hg. und mit Anmerkungen versehen von Gershom Scholem und Theodor W. Adorno. Bd. 1. Frankfurt am Main 1966, S. 229.

[12] Klaus F. Gille, a.a.O. S. 196.

[13] Goethe im Urteil I, S. 247.

[14] 2 Bände. Wien 1815. – Goethe im Urteil I, T. 58 (Auszug aus der 16. Vorlesung).

[15] Goethe im Urteil I, S. 295.

[16] Ebenda S. 126.

[17] Der Roman ‚Wilhelm Meisters Wanderjahre' von Johann Friedrich Wilhelm Pustkuchen [-Glanzow] erschien in fünf Teilen Quedlinburg und Leipzig 1821–1828. 1822 erschienen als ‚Beilagen': ‚Wilhelm Meisters Tagebuch' und ‚Gedanken einer frommen Gräfin'. Eine stark veränderte, ‚verbesserte' Auflage der drei ersten Teile des Romans erschien 1823. Der von Ludwig Geiger besorgte Neudruck der ‚Wanderjahre' von Pustkuchen (Berlin 1913) basiert für die Teile I-III auf der veränderten Auflage von 1823. – Vgl. Klaus F. Gille, a.a.O. S. 209–238.

[18] Nr. 184, Sp. 1476ff.

[19] Zeitung für die elegante Welt, 31. Oktober 1822, Nr. 213. Goethe im Urteil I, T. 62.

[20] Münster 1823. Goethe im Urteil I, T. 65.

[21] Vgl. Heine an Immermann vom 21. Januar und 10. April 1823.
[22] Brief von Ende 1827. Vgl. auch Goethe im Urteil II, S. 70.
[23] Vgl. Holzmann, a. a. O. S. 67ff.
[24] Europäische Blätter oder das Interessanteste aus Literatur und Leben für die gebildete Lesewelt. Hg. von Wolfgang Menzel. 1. Jg. 1824. 1. Band. Nr. 5, S. 101–108. – Goethe im Urteil I, T. 67.
[25] Goethe im Urteil I, T. 73.
[26] Goethe im Urteil I, S. 388.
[27] Ebenda S. 398.
[28] Ebenda S. 398.
[29] Ebenda S. 399.
[30] Ebenda S. 398f.
[31] Vgl. den Abschnitt ‚Heinrich Heine und das Junge Deutschland' der vorliegenden Darstellung.
[32] Vgl. den Abschnitt ‚Goethe oder Schiller?' der vorliegenden Darstellung.
[33] Bode II, S. 118.
[34] Wiederabgedruckt in: Ein Jahrhundert deutscher Literaturkritik. Hg. von Oscar Fambach. Bd. 5. Berlin 1963, S. 650–686.
[35] Ebenda S. 654.
[36] Wolfgang Menzel, Die deutsche Literatur. Zweiter Theil. Stuttgart 1828, S. 237.
[37] Ebenda S. 240.
[38] Ludwig Börne, Denkrede auf Jean Paul. Vorgetragen im Museum zu Frankfurt, am 2. Dezember 1825. In: Ludwig Börne, Sämtliche Schriften. Neu bearbeitet und hg. von Inge und Peter Rippmann. Erster Band. Düsseldorf 1964, S. 789–798.
[39] Wolfgang Harich, Jean Pauls Revolutionsdichtung. Versuch einer Deutung seiner heroischen Romane. Berlin (Ost) 1974.
[40] In: Literaturmagazin 2. Von Goethe lernen? Fragen der Klassikrezeption. Hg. von Hans Christoph Buch. Reinbek bei Hamburg 1974, S. 101–111.
[41] Goethe im Urteil I, T. 74.

6. Die ‚Goetheaner' (S. 65–71)

[1] Steffens, a. a. O. S. 236.
[2] Immermanns Werke. Auswahl in sechs Teilen. Hg. von Werner Deetjen. 5. Teil. Berlin/Leipzig/Wien/Stuttgart o. J. [1911], S. 127.
[3] Ebenda S. 127.
[4] Ebenda S. 128.
[5] Germaine de Staël, Über Deutschland. A. a. O. S. 158.
[6] Berliner ‚Jahrbücher für wissenschaftliche Kritik', Jg. 1830, Nr. 45–47 (September). – Goethe im Urteil I, T. 80.
[7] Berliner ‚Jahrbücher für wissenschaftliche Kritik', Jg. 1829 und 1830. Wiederabdruck bei Fambach, a. a. O. S. 314–366.
[8] Goethe im Urteil II, S. 71. Vgl. die Variante zu dieser Stelle!
[9] Wilhelm von Humboldt über Schiller und Goethe. Gesammelt und erläutert von Eberhard Haufe. Weimar 1963, S. 340.
[10] Goethe im Urteil II, S. 71.
[11] Goethe im, Urteil I, S. 223.

[12] Ebenda S. 223.
[13] Ebenda S. 414.
[14] Zitiert nach: K.A. Varnhagen von Ense, Zur Geschichtsschreibung und Litteratur. Berichte und Beurtheilungen. Hamburg 1833, S. 384f.
[15] Goethe im Urteil II, S. 76.
[16] Stuttgart 1824. Einen Neudruck veranstaltete Karl Georg Wendriner 1911 in der Goethe-Bibliothek. – Goethe im Urteil I, T. 66 (Auszüge).
[17] Vgl. meinen Aufsatz ‚Das Goethebild J. P. Eckermanns' (1963). In: Mandelkow, Orpheus und Maschine. Acht literaturgeschichtliche Arbeiten. Heidelberg 1976, S. 38–62.
[18] Goethe im Urteil I, S. 436.
[19] Ebenda S. 401.
[20] Zuerst: Literarisches Konversations-Blatt. Nr. 240. 18. Oktober 1824. Hier zitiert nach dem Wiederabdruck in: Erich von dem Hagen, Goethe als Herausgeber von ‚Kunst und Alterthum' und seine Mitarbeiter. Berlin 1912, S. 215.

7. Liberaler Goethekult: Rahel und Karl August Varnhagen von Ense (S. 71–77)

[1] K.A. Varnhagen von Ense, Denkwürdigkeiten des eigenen Lebens. Hg. und eingeleitet von Joachim Kühn. Erster Teil 1785–1810. Berlin 1922, S. 266.
[2] Herbert Scurla, Begegnungen mit Rahel. Der Salon der Rahel Levin. Berlin. 2. Aufl. 1963, S. 358.
[3] Rahel Varnhagen, Ein Frauenleben in Briefen. Ausgewählt und mit einer Einleitung versehen von Dr. Augusta Weldler-Steinberg. Dritte durchgesehene Auflage. Potsdam 1925, S. 25.
[4] Ebenda S. 407.
[5] Goethe an Varnhagen, 11. Dezember 1811. W.A. IV, 22, S. 207.
[6] Rahel Varnhagen, Ein Frauenleben in Briefen. A.a.O. S. 208.
[7] Goethe im Urteil II, T. 4. Vgl. den Abschnitt ‚Die ‚sozialistische' Goetheinterpretation' der vorliegenden Darstellung.
[8] Vgl. Goethe im Urteil II, Einleitung zu T. 4.
[9] Rahel Varnhagen, Ein Frauenleben in Briefen. A.a.O. S. 90f. = Morgenblatt, Nr. 176, S. 702.
[10] Morgenblatt, Nr. 161, S. 643.
[11] Fambach, S. 252–271.
[12] J.A. 37, S. 219f.
[13] Wolfgang Goetz, Fünfzig Jahre Goethe-Gesellschaft. Weimar 1936. = Schr. G. Ges. 49, S. 4.
[14] Zitiert nach: Karl August Varnhagen von Ense, Literaturkritiken. Mit einem Anhang: Aufsätze zum Saint-Simonismus. Hg. von Klaus F. Gille. Tübingen 1977. = Deutsche Texte. 42, S. 84.
[15] Neue Quellen zur Geschichte Preußens im 19. Jahrhundert. Hg. und bearb. von Hans-Joachim Schoeps. Berlin 1968, S. 194f.
[16] Goethe im Urteil II, S. 351.
[17] Karl August Varnhagen von Ense, Literaturkritiken. A.a.O. S. 107.

### 8. Das ‚Ende der Kunstperiode' (S. 77–84)

[1] Friedrich Schlegels Briefe an seinen Bruder August Wilhelm Hg. von Oskar F. Walzel. Berlin 1890, S. 170. (Brief vom 27. Februar 1794).
[2] Heinrich Heine, Sämtliche Schriften. Band 5. Schriften 1831–1837. Hg. von Karl Pörnbacher. München/Wien 1976. = Reihe Hanser 220/5, S. 72.
[3] Goethe im Urteil I, S. 453.
[4] Ebenda S. 454.
[5] Goethe im Urteil I, T. 71.
[6] Heinrich Heine, Werke und Briefe in zehn Bänden. Hg. von Hans Kaufmann. Bd. 8. Briefe 1815–1838. Textrevision und Erläuterungen von Eva Kaufmann. Berlin 1961, S. 198.
[7] Heinrich Heine, Sämtliche Schriften. Band 3. Schriften 1822–1831. Hg. von Günter Häntzschel. München/Wien 1976. = Reihe Hanser 230/3, S. 297.
[8] Ebenda S. 298f.
[9] Goethe im Urteil I, T. 74.
[10] Ebenda S. 401. Hervorhebung von mir.
[11] Blätter für literarische Unterhaltung. Leipzig. Jg. 1830, Nr. 264–266 (21.-23. September). – Goethe im Urteil I, T. 78b.
[12] Goethe im Urteil I, S. 453.
[13] Berliner Conversations-Blatt für Poesie, Literatur und Kritik. Jg. 1829, Nr. 214–218. – Goethe im Urteil I, T. 78a.
[14] Goethe im Urteil I, S. 446.
[15] Vgl. den Abschnitt ‚Die ‚Goetheaner", Anm. 7.
[16] Fambach, S. 318.
[17] Ebenda S. 329.
[18] Goethe im Urteil I, S. 457.
[19] Ebenda S. 458.
[20] Gille, a.a.O. S. 301.
[21] Ein besonders krasses Beispiel unter vielen ist die Abrechnung mit Börne in Heinrich von Treitschkes ‚Deutsche Geschichte im 19. Jahrhundert'. Vgl. dazu meinen Aufsatz ‚Heinrich Heine und die deutsche Klassik'. In: Mandelkow, Orpheus und Maschine. Acht literaturgeschichtliche Arbeiten. Heidelberg 1976, S. 70ff.
[22] Goethe im Urteil I, S. 515.

## Zweites Kapitel: Von Goethes Tod bis zur Reichsgründung

### 1. Wirkungsgeschichte im Spannungsfeld von Negation und Apotheose (S. 85–88)

[1] Viktor Hehn, Gedanken über Goethe. Vierte durchgesehene Auflage. Berlin 1900, S. 170. Ähnlich auch Otto Harnack in seinem Vortrag ‚Wandlungen des Urteils über Goethe': „Goethes 100. Geburtstag, der mitten in das Gewühl der Revolutionsjahre hineinfiel, bedeutete vielleicht den Tiefpunkt in der Schätzung des Dichters." Harnack, Aufsätze und Vorträge. Tübingen 1911, S. 38.
[2] Vgl. den Abschnitt ‚Goethebiographik im Kaiserreich' der vorliegenden Darstellung.

[3] Wilhelm Scherer, Aufsätze über Goethe. Zweite Auflage. Berlin 1900, S. 21.
[4] Goethe im Urteil II, S. 499f.
[5] Vgl. den Abschnitt ‚Das Ende der Kunstperiode' der vorliegenden Darstellung.
[6] Wilhelm Scherer, Bemerkungen über Goethes ‚Stella'. In: Scherer, Aufsätze über Goethe. A.a.O. S. 124.
[7] Goethe im Urteil II, S. 501.

2. Die Weimarischen Kunstfreunde (S. 89–94)

[1] Vgl. Goethes Tod und die ‚Weimarischen Kunstfreunde'. Aus dem unveröffentlichten Tagebuch eines Weimarischen Zeitgenossen, des Schriftstellers Dr. Stephan Schütze. Mitgeteilt von Richard Wolff. In: Alere flammam. Georg Minde-Pouet zum 50. Geburtstage. Leipzig 1921, S. 149–169.
[2] J.P. Eckermann. Sein Leben für Goethe. Nach seinen neu aufgefundenen Tagebüchern und Briefen dargestellt von H. H. Houben. Zweiter Teil. Leipzig 1928, S. 63f.
[3] Ebenda S. 66.
[4] Goethes Tod und die ‚Weimarischen Kunstfreunde'. A.a.O. S. 161.
[5] Jahrbuch der Sammlung Kippenberg 4 (1924), S. 61.
[6] Goethe im Urteil I, S. 454.
[7] Jahrbuch der Sammlung Kippenberg 5 (1925), S. 36.
[8] Ebenda S. 37.
[9] Friedrich Wilhelm Riemer, Mitteilungen über Goethe. Auf Grund der Ausgabe von 1841 und des handschriftlichen Nachlasses herausgegeben von Arthur Pollmer. Leipzig 1921.
[10] Vgl. Julius Petersen, Die Entstehung der Eckermannschen Gespräche und ihre Glaubwürdigkeit. 2. Aufl. Frankfurt am Main 1925. = Deutsche Forschungen. 2. – Karl Robert Mandelkow, Das Goethebild J. P. Eckermanns (1963). Vgl. den Abschnitt ‚Die ‚Goetheaner'', Anm. 17.
[11] Blätter für literarische Unterhaltung. Jg. 1837, Nr. 137–138, 17.–19. Mai. Zitat: Nr. 137.
[12] J. P. Eckermann, Beiträge zur Poesie mit besonderer Hinweisung auf Goethe. [Hg. von Karl Georg Wendriner]. Berlin 1911, S. 16 u. 29.
[13] Heinrich Heine, Werke und Briefe. Hg. von Hans Kaufmann. Bd. 9. Briefe 1839–1856. Berlin (Ost) 1962, S. 449.
[14] J. P. Eckermann. Sein Leben für Goethe. A.a.O. S. 163.
[15] Friedrich von Müller, Goethe in seiner praktischen Wirksamkeit. Ein Beytrag zu Seiner Charakteristik. Weimar 1832. – Goethe im Urteil II, T. 2.
[16] Goethe im Urteil II, S. 253.

3. Die Hegelianer (S. 94–100)

[1] Berliner ‚Jahrbücher für wissenschaftliche Kritik', Jg. 1829, Nr. 85–88, Mai, Sp. 679–686; 690–691 [Erster und zweiter Teil]; Jg. 1830, Nr. 86–89, Mai, Sp. 681–690; 700–707 [Dritter bis sechster Teil]. – Goethe im Urteil I, T. 77.
[2] Vgl. den Abschnitt ‚Die ‚Goetheaner'', Anm. 7.
[3] Vgl. den Abschnitt ‚Die ‚Goetheaner'', Anm. 6.
[4] Berliner ‚Jahrbücher für wissenschaftliche Kritik', Jg. 1832, Nr. 1, Januar, Sp. 1–8; Nr. 2, Januar, Sp. 9–11. – Goethe im Urteil I, T. 82.

[5] Berliner ‚Jahrbücher für wissenschaftliche Kritik', Jg. 1835, Bd. 1, Sp. 953–965; 969–972.

[6] F. Gustav Kühne, Wie die Kunst bei den Deutschen nach Brot geht! Eine Rede, gehalten bei der Eröffnung eines literarischen Vereines. In: Literarischer Zodiacus. Jg. 1. 1835. Bd. 2. November, S. 305–323. – Goethe im Urteil II, T. 15 (Auszug).

[7] Karl Rosenkranz, Georg Wilhelm Friedrich Hegels Leben. Berlin 1844, S. 340.

[8] Vgl. die Zusammenstellung der auf Goethe bezüglichen Passagen in: Goethe im Urteil II, T. 17.

[9] Vgl. Goethe im Urteil II, S. 77f.

[10] Georg Gottfried Gervinus, Über den Göthischen Briefwechsel. Leipzig 1836, S. 150.

[11] Friedrich Wilhelm Joseph Schelling, Philosophie der Kunst. Darmstadt 1966. S. 377 = Schelling, Ausgewählte Werke.

[12] Georg Wilhelm Friedrich Hegel, Ästhetik. Nach der zweiten Ausgabe Heinrich Gustav Hothos (1842) redigiert und mit einem ausführlichen Register versehen von Friedrich Bassenge. Band 2. Berlin und Weimar 1976, S. 374.

[13] Friedrich Theodor Vischer, Die Litteratur über Göthe's Faust. Eine Übersicht. In: Hallische Jahrbücher für deutsche Wissenschaft und Kunst. Jg. 1839, Nr. 9–67. – Wiederabdruck in: Vischer, Kritische Gänge. Bd. 2. Tübingen 1844, S. 49–215. – Vischer, Kritische Gänge. Zweite, vermehrte Aufl. Hg. von Robert Vischer. Bd. 2. Leipzig 1914, S. 199–319. – Goethe im Urteil II, T. 20 (Einleitung).

[14] Goethe im Urteil II, S. 270 u. 294.

[15] Hans Mayer, Goethe. Ein Versuch über den Erfolg. Frankfurt am Main 1973, S. 134–160 [Exkurs 2: Goethe, Hegel und das neunzehnte Jahrhundert].

[16] Mayer, a.a.O. S. 139.

[17] Ebenda S. 151.

[18] Georg Lukács, Goethe und seine Zeit. Bern 1947, S. 143.

[19] Hier zitiert nach dem Abdruck in: Spiegelungen Goethes in unserer Zeit. Hg. von Hans Mayer. Wiesbaden o.J. [1949], S. 262. Die gesamte Argumentation: S. 262–267.

[20] Zuerst in: Sinn und Form 8, 1956. In: Bloch, Das Prinzip Hoffnung. Frankfurt am Main, S. 1194–1201.

[21] Vischer, Kritische Gänge. 2. Aufl. Bd. 2. A.a.O. S. 300.

[22] Vgl. Heinrich Rickert. Der Erdgeist in Goethes Faust und die Erdgeisthypothese [Bes. Abschnitt 2: Die Herkunft der Erdgeisthypothese]. In: Jb. des Freien Deutschen Hochstifts. Frankfurt am Main 1930, S. 91–130.

[23] Friedrich Theodor Vischer, Dr. Strauß und die Württemberger (1838). In: Vischer, Ausgewählte Werke. Bd. 3. Prosaschriften. Stuttgart und Berlin 1918, S. 172.

[24] Vgl. Ernst Beutler, Der Kampf um die Faustdichtung. In: Beutler, Essays um Goethe. Bd. 1. Wiesbaden o.J. [1948], S. 365–386.

[25] Vgl. den Abschnitt ‚Goethebiographik im Kaiserreich' der vorliegenden Darstellung.

[26] Rosenkranz' Abhandlung über ‚Faust II' erschien zuerst in: Berliner ‚Jahrbücher für wissenschaftliche Kritik', Jg. 1833, Juni, Nr. 101–103. – Ein erweiterter Abdruck in: Rosenkranz, Zur Geschichte der Deutschen Literatur. Königsberg 1836, S. 102–142. – Goethe im Urteil II, T. 8. – Das Zitat: Goethe im Urteil II, S. 56.

[27] Ebenda S. 56.

[28] Ebenda S. 68.
[29] Vgl. den Abschnitt ‚Das ‚Ende der Kunstperiode' der vorliegenden Darstellung.
[30] Goethe im Urteil I, S. 512.
[31] Zitiert nach: Alfred Estermann (Hrsg.), Politische Avantgarde 1830–1840. Eine Dokumentation zum ‚Jungen Deutschland'. Band 1. Frankfurt am Main 1972, S. 286f.
[32] Jg. 1833, Bd. 1, Nr. 97–99.
[33] A.a.O. Sp. 772f. u. 786.

4. Heinrich Heine und das Junge Deutschland (S. 101–109)

[1] Vgl. Goethe im Urteil I, S. 391.
[2] Vgl. Goethe im Urteil II, T. 12.
[3] Ebenda S. 95.
[4] Zitiert nach: Walter Dietze, Junges Deutschland und deutsche Klassik. Zur Ästhetik und Literaturtheorie des Vormärz. Berlin (Ost) 1957, S. 27.
[5] Phönix. Frühlings-Zeitung für Deutschland. Literatur-Blatt Nr. 1. 7. Januar 1835, S. 21.
[6] Walter Dietze, Junges Deutschland und deutsche Klassik. A.a.O. S. 107.
[7] Phönix. Frühlings-Zeitung für Deutschland. Literatur-Blatt Nr. 17. 30. April 1835, S. 407.
[8] Ebenda.
[9] In seiner Grün-Rezension von 1847. Goethe im Urteil II, S. 300.
[10] Literatur-Blatt vom 7. Januar 1835. A.a.O. S. 23.
[11] Goethe im Urteil II, T. 9.
[12] Goethe im Urteil II, S. 73.
[13] Vgl. den Abschnitt ‚Goethe oder Schiller?' der vorliegenden Darstellung.
[14] Goethe im Urteil II, S. 71.
[15] Ebenda S. 71f.
[16] Ebenda S. 75.
[17] Peter Uwe Hohendahl, Kunsturteil und Tagesbericht. Zur ästhetischen Theorie des späten Heine. In: Wolfgang Kuttenkeuler (Hg.), Heinrich Heine. Artistik und Engagement. Stuttgart 1977, S. 225.
[18] Heinrich Heine, Sämtliche Schriften. Hg. von Klaus Briegleb. Bd. 5. Schriften 1831–1837. München/Wien 1976, S. 317.
[19] Vgl. Lutetia, Zweiter Teil, Kap. LV.
[20] Vgl. Wolfgang Preisendanz, Der Funktionsübergang von Dichtung und Publizistik. In: Preisendanz, Heinrich Heine. Werkstrukturen und Epochenbezüge. München 1973, S. 21–68.
[21] Vgl. den Abschnitt ‚Die Hegelianer', Anm. 6.
[22] Goethe im Urteil II, S. 88.
[23] Ebenda.
[24] Ebenda S. 89.
[25] Vgl. den Abschnitt ‚Die ‚sozialistische' Goetheinterpretation' der vorliegenden Darstellung. Vgl. Goethe im Urteil II, S. 297f.
[26] Ludolf Wienbarg, Goethe und die Weltliteratur (1835). Zitiert nach: Wienbarg, Ästhetische Feldzüge. Textredaktion Jürgen Jahn. [Einleitung: Walter Dietze]. Berlin und Weimar 1964, S. 201.

[27] Ebenda S. 204f.
[28] Ebenda S.205.
[29] Ebenda S. 205.
[30] Ebenda S. 201.
[31] Gutzkows Werke. Hg. von Peter Müller. Bd. 2. Leipzig und Wien o.J. [1911], S. 311.
[32] Vgl. den Abschnitt ‚Die Auflösung der romantischen Kunstform' der ‚Vorlesungen über die Ästhetik'.
[33] Gutzkow, a.a.O. S. 22.
[34] Ebenda S. 24.
[35] Berlin 1836. – Goethe im Urteil II, T. 16 (Auszüge).
[36] Gutzkow, Über Göthe im Wendepunkte zweier Jahrhunderte. A.a.O. S. 230.
[37] Goethe im Urteil II, S. 135.
[38] Gutzkows Werke. A.a.O. Bd. 2. S. 310f.
[39] Gutzkow, Ueber Göthe im Wendepunkte zweier Jahrhunderte. A.a.O. S. 249.
[40] Der Goethe-Abschnitt in der ersten Fassung des ‚Grünen Heinrich' (Braunschweig 1854/55) findet sich im dritten Teil, erstes Kapitel.
[41] Gutzkow, Ueber Göthe im Wendepunkte zweier Jahrhunderte. A.a.O. S. 187f.
[42] Vgl. den Abschnitt ‚Der repräsentative Goetheverehrer: Carl Gustav Carus' der vorliegenden Darstellung.
[43] Goethe im Urteil II, S. 72.
[44] Ebenda S. 139.
[45] Goethe im Urteil II, T. 19 (Auszüge). Vgl. das Kapitel ‚Die Rezeption der naturwissenschaftlichen Schriften' der vorliegenden Darstellung.

### 5. Bettina, Börne und die politische Vormärzlyrik (S. 109–120)

[1] Bettina von Arnim, Goethe's Briefwechsel mit einem Kinde. Seinem Denkmal. 3 Bände. Berlin 1835. 2. Aufl. 1837. – Letzter Wiederabdruck: Bettina von Arnim, Werke und Briefe. Zweiter Band. Hg. von Gustav Konrad. Frechen/Köln 1959, S. 5–407; 709–769 (Anmerkungen und Anhang). – Über die wichtigsten Rezensionen informiert die Einleitung zu T. 13 von Goethe im Urteil II.
[2] Viktor Hehn, Ueber Goethes Hermann und Dorothea. Aus dessen Nachlaß hg. von Albert Leitzmann und Theodor Schiemann. Stuttgart 1893, S. 26f. Vgl. auch Hehns Einleitung zu seiner Vorlesung über Goethes Lyrik von 1848 (Goethe im Urteil II, S. 390).
[3] Holzmann, S. 120f.
[4] Goethe im Urteil I, T. 83a.
[5] Ludwig Börne, Sämtliche Schriften. Neu bearb. und hg. von Inge und Peter Rippmann. Bd. 5. Darmstadt 1968, S. 971.
[6] Goethe im Urteil II, T. 6.
[7] Goethe im Urteil II, S. 44.
[8] Heine an Varnhagen von Ense, 27. Februar 1830.
[9] Grabbe, Werke. Vierter Band. Emsdetten (Westf.) 1966, S. 245.
[10] Vgl. die siebte der ‚Geschichtsphilosophischen Thesen' von Walter Benjamin.
[11] Goethe im Urteil II, S. 107.
[12] Ebenda S. 107.

[13] Ebenda S. 109.
[14] Ebenda S. 114.
[15] Ebenda S. 111.
[16] Goethe im Urteil I, S. 175.
[17] Ebenda S. 212f.
[18] Ebenda S. 213.
[19] Joseph Görres, Goethe's Briefwechsel mit einem Kinde. In: Morgenblatt für gebildete Stände. Jg. 29. 1835. Nr. 78–87, 1.–11. April, S. 309–310; 314–315; 317–318; 322–323; 326–327; 329–330; 334–336; 337–338; 343–344; 346–347. Hier zitiert nach: Joseph Görres, Geistesgeschichtliche und politische Schriften der Münchner Zeit (1828–1838). Hg. von Ernst Deuerlein. Köln 1958. = J. Görres, Gesammelte Schriften. Bd. 15, S. 465. Da der Abdruck in den ‚Gesammelten Schriften' fehlerhaft ist, wurden die Zitate mit dem Erstdruck verglichen. – An zeitgenössischen Reaktionen auf den Aufsatz von Görres vgl. Karl Gutzkow, Görres über Göthe. In: Phönix, Jg. 1835, Literaturblatt Nr. 14, 8. April, – Konrad Schwenck, Görres und Börne gegen Goethe. In: Schwenck, Literarische Charakteristiken und Kritiken. Frankfurt am Main 1847, S. 90–97.
[20] Görres, a.a.O. S. 470.
[21] Ebenda S. 471.
[21] Ebenda S. 471.
[22] Ebenda S. 471f.
[23] Clemens Brentano, Briefe. Hg. von Friedrich Seebaß. Zweiter Band. 1810–1842. Nürnberg 1951, S. 340 u. 342.
[24] Goethe im Urteil II, S. 111.
[25] Goethe im Urteil I, S. 175f.
[26] Heinrich Heine. Sämtliche Schriften. Hg. von Klaus Briegleb. Band 7. Schriften 1837–1844. München/Wien 1976, S. 18.
[27] Ebenda S. 18.
[28] Ebenda S. 17.
[29] Georg Herwegh, Literatur und Politik. Hg. von Katharina Mommsen. Frankfurt am Main 1969. = sammlung insel 37, S. 91.
[30] Ebenda S. 110.
[31] Ebenda S. 91.
[32] Herweghs Werke. Hg. von Hermann Tardel. Erster Teil. Berlin/Leipzig/Wien/Stuttgart o.J. [1909], S. 73.
[33] August Heinrich Hoffmann von Fallersleben, Gedichte und Lieder. Im Auftrag der Hoffmann von Fallersleben-Gesellschaft hg. von Hermann Wendebourg und Anneliese Gerbert. Hamburg 1974, S. 261. Vgl. auch Hoffmann von Fallerslebens Gedichte ‚Die Goethekneipe' (a.a.O. S. 344), ‚Zopf und Haarbeutel' (a.a.O. S. 345) und ‚Goethescher Farbenwechsel' (a.a.O. S. 356).
[34] Gottfried Keller, Gedichte. Heidelberg 1846, S. 94.
[35] Gottfried Kellers Briefe und Tagebücher 1861–1890. Hg. von Emil Ermatinger. Dritte und vierte Auflage. Stuttgart und Berlin 1919. = Gottfried Kellers Leben, Briefe und Tagebücher. Auf Grund der Biographie Jakob Baechtolds dargestellt und hg. von Emil Ermatinger. Dritter Band. S. 459f.
[36] Heine, Sämtliche Schriften. A.a.O. Band 7, S. 422f.
[37] Vgl. Walter Hinck, Ironie im Zeitgedicht Heines. Zur Theorie der politischen Lyrik.

In: Heine-Studien. Hg. von Manfred Windfuhr. Internationaler Heine-Kongreß 1972. Hamburg 1973, S. 81–104.
38 Heine, Sämtliche Schriften. A.a.O. Band 7. S. 412.
39 Vgl. Realismus und Gründerzeit. Manifeste und Dokumente zur deutschen Literatur 1848–1880. Mit einer Einführung in den Problemkreis und einer Quellenbibliographie hg. von Max Bucher, Werner Hahl, Georg Jäger und Reinhart Wittmann. Band 2. Manifeste und Dokumente. Stuttgart 1975, S. 78–83.
40 Viktor Hehn, Über Goethes Gedichte. Aus dessen Nachlaß hg. von Eduard von der Hellen. Stuttgart und Berlin 1911.
41 Hehn, Gedanken über Goethe. A.a.O. S. 165.
42 Hehn, Über Goethes Gedichte. A.a.O. S. 335.
43 Ebenda S. 53.
44 Ebenda S. 54.
45 Ebenda S. 54.
46 Ebenda S. 54f.
47 Gespräch vom 14. März 1830. Houben, S. 580f.
48 Hehn, Über Goethes Gedichte. A.a.O. S. 165.
49 Ebenda S. 165.

## 6. Georg Gottfried Gervinus und das Synthesemodell der deutschen Klassik (S. 120–125)

1 Zitiert nach: Georg Gottfried Gervinus, Schriften zur Literatur. Hg. von Gotthard Erler. Berlin (Ost) 1962, S. 37f.
2 Ebenda S. 43.
3 „Goethe und Schiller führten zu einem Kunstideal zurück, das seit den Griechen niemand mehr als geahnt hatte." (Gervinus, Schriften zur Literatur. A.a.O. S. 155).
4 Vgl. Goethe im Urteil II, S. 350f.
5 Gervinus, Ueber den Göthischen Briefwechsel. A.a.O. S. 56.
6 Ebenda S. 96.
7 Vgl. Goethe im Urteil II, T. 23.
8 Goethe im Urteil II, S. 213f.
9 Das läßt sich unschwer anhand seiner berühmten Herwegh-Kritik von 1843 nachweisen.
10 Friedrich Theodor Vischer, Kritische Gänge. Zweite, vermehrte Auflage. Hg. von Robert Vischer. Bd. 2. Leipzig 1914, S. 146.
11 Vgl. dazu das Vorwort von Gotthard Erler zu der Ausgabe der ‚Schriften zur Literatur' von Gervinus. A.a.O. S. XLff.
12 Benno von Wiese, Friedrich Schiller. Erbe und Auftrag. Pfullingen 1964. Hier zitiert nach dem Wiederabdruck in: Oellers II, S. 450.
13 Vischer, Kritische Gänge. A.a.O. Bd. 2. S. 53. Zur rivalisierenden Gegenüberstellung von Shakespeare und Goethe vgl. vor allem Theodor Mundts Programmartikel ‚Ueber Bewegungsparteien in der Literatur'. Goethe im Urteil II, S. 93. Vgl. bereits Goethe im Urteil I, T. 78b, Anm. 13.
14 Gervinus, Schriften zur Literatur. A.a.O. S. 407.
15 Vgl. ‚Über Shakespeares dramatische Kunst' (1839; 3. Aufl. 1874) und ‚Geschichte Shakespeares und seiner Dichtung' (1862).

16 Rümelins ‚Shakespearestudien eines Realisten' sind zuerst erschienen im ‚Morgenblatt für gebildete Leser', Jg. 1864, Nr. 48–52 und Jg. 1865, Nr. 4–9. Hier zitiert nach der Buchausgabe: Rümelin, Shakespearestudien. Stuttgart 1866, S. 211.
17 Vgl. Goethe im Urteil III, S. 339f. u. Anm. 10.
18 Goethe im Urteil II, T. 49.
19 Goethe im Urteil II, S. 464.
20 Ebenda S. 465.
21 Vgl. den Abschnitt ‚Der romantische Protest' der vorliegenden Darstellung.

## 7. Goethe oder Schiller? (S. 126–136)

1 In meinem Aufsatz ‚Wandlungen des Klassikbildes in Deutschland im Lichte gegenwärtiger Klassikkritik. In: Deutsche Literatur zur Zeit der Klassik. Hg. von Karl Otto Conrady. Stuttgart 1977, S. 430.
2 Friedrich Schlegel, Charakteristiken und Kritiken I (1796–1801). Hg. und eingel. von Hans Eichner. München/Paderborn/Wien 1967. = Kritische Friedrich Schlegel-Ausgabe. Bd. 2, S. 8.
3 Goethe im Urteil III, S. 145f.
4 Goethe im Urteil I, T. 80. – Oellers I, T. 32.
5 Oellers I, S. 260.
6 Ebenda S. 261.
7 Ebenda S. 261.
8 Ebenda S. 265.
9 Norbert Oellers, Schiller, Geschichte seiner Wirkung bis zu Goethes Tod. 1805–1832. Bonn 1967. = Bonner Arbeiten zur deutschen Literatur. Band 15, S. 295ff.
10 Immermann, Werke, A.a.O. Teil 5, S. 128f.
11 Goethe im Urteil I, S. 363.
12 Ebenda S. 367.
13 Ebenda S. 367.
14 Ebenda S. 384f.
15 Ebenda S. 400.
16 Goethe im Urteil II, S. 140.
17 Zeitung für die elegante Welt 1844, Nr. 49 vom 4. Dezember, S. 770–780. – Oellers I, T. 41.
18 Oellers I, S. 374 u. 381.
19 Robert Prutz, Zwischen Vaterland und Freiheit. Eine Werkauswahl. Hg. und kommentiert von Hartmut Kircher. Mit einem Geleitwort von Gustav W. Heinemann. Köln 1975. = Materialien zum Vormärz, S. 303.
20 Prutz, a.a.O. S. 317.
21 Oellers, Schiller. Geschichte seiner Wirkung bis zu Goethes Tod. A.a.O. S. 303.
22 Goethe im Urteil I, S. 231. Vgl. auch die Gegenüberstellung Goethes und Schillers in Müllers Vorlesungen ‚Von der Idee der Schönheit' (1809). Hier heißt es: „Sie alle sind schon Zeugen des vielbelobten Streites über die Vorzüglichkeit Goethes oder Schillers gewesen. Man pflegt sich in solchem Streite meistensteils roh an die Vergleichung ihrer Werke zu halten, hingegen den Geist und die Natur der Absichten beider weniger zu beachten. Goethe ist der Virtuos in vollem Sinne des Wortes und

Schiller der Streber von einer Ungemeinheit und Erhabenheit des Sinnes, daß er sich mit den Größten dieser Gattung messen kann. – Wenn Sie betrachten möchten, wie er in allen seinen Werken im Gefühle seiner Macht über die Ufer tritt, die er ihnen selbst angewiesen hat, während Goethe freilich befriedigter nie das Flußbette verläßt, selbstzufrieden mit den Kieseln und den Blumen des Ufers spielt und sich vielmehr in seiner Klarheit und in seinen Schranken gefällt. Es sind dieses zwei durchaus verschiedene Naturen, die entweder gar nicht oder nur von der Höhe aus, wo der Mensch und der Dichter als eines erscheinen, verglichen werden dürfen. Wenn man das erhabene Drängen bemerkt, die Zeit, ihre Bewegungen, ihr Unglück und ihren Trost mit hineinzuziehen in den Kreis der Poesie; wenn so unendlich viel Großes zugleich erreicht werden soll, wenn der Sänger alle Schranken seines Instruments vergißt, wenn er die selbstverzeichneten Umrisse des Werks verläßt und lieber scheitert und das Werk unausgesprochen läßt, ehe er das Vorhaben, wozu ihn die Natur und die ursprüngliche Gewalt seiner Seele nötigt, ehe er das Vorhaben, die ganze Menschheit zugleich und alle ihre Bedürfnisse, ihr stillstes Begehren wie ihre lautesten Forderungen auszusprechen, aufgibt – so kann er allerdings nicht in die Schranken mit Goethe treten, der die Ruhe und die künstlerische Besonnenheit vor ihm voraus hat. – Lassen Sie uns demnach jeden in seiner Art erkennen: es ist durchaus nicht davon die Rede, einem von beiden ein Talent abzusprechen, weder Schillern die Anlage zur Virtuosität noch Goethen das Streben.“ (Adam Müller, Kritische, ästhetische und philosophische Schriften. Kritische Ausgabe hg. von Walter Schroeder und Werner Siebert. Band 2. Neuwied und Berlin 1967, S. 67).

23 J. P. Eckermann, Beiträge zur Poesie mit besonderer Hinweisung auf Goethe. A.a.O. S. 133f.

24 Eckermann, a.a.O. S. 40.

25 Vgl. meinen Aufsatz ‚Das Goethebild J.P. Eckermanns‘. Vgl. den Abschnitt ‚Die ‚Goetheaner‘‘, Anm. 17.

26 Houben, S. 127.

27 Hermann Marggraff, Deutschlands jüngste Literatur- und Kulturepoche. Leipzig 1839, S. 77.

28 Karl Gutzkow, Offenes Sendschreiben an den hiesigen Göthe-Ausschuß. In: Frankfurter Telegraph (Neue Folge), Jg. 1837, Nr. 11, S. 81–88. Zitat: S. 85.

29 Gutzkow, a.a.O. S. 85.

30 Ebenda S. 87.

31 Walter Benjamin, Gesammelte Schriften. Band I, 2. Hg. von Rolf Tiedemann und Hermann Schweppenhäuser. Frankfurt am Main 1974, S. 483f.

32 Norbert Oellers in seiner Einleitung zu Oellers I, S. 51.

33 Alfred Klaar, Schiller und Goethe. In: Goethe-Jahrbuch 19 (1898), S. 202–228. Hier zitiert nach: Goethe im Urteil III, S. 289f.

34 Ebenda S. 294.

### 8. Die ‚sozialistische‘ Goetheinterpretation (S. 137–141)

1 Karl Grün, Ueber Göthe vom menschlichen Standpunkte. Darmstadt 1846. – Goethe im Urteil II, T. 29 (Auszüge).

2 Vgl. Leo Kreutzer, Heine und der Kommunismus. Göttingen 1970.

3 Herwegh, Goethe, Börne, Gutzkow. In: Die Waage. Blätter für Unterhaltung, Lite-

ratur und Kunst. Jg. 1841. Nr. 15. Hier zitiert nach: Georg Herwegh, Literatur und Politik. Hg. von Katharina Mommsen. Frankfurt am Main 1969. = sammlung insel 37, S. 121.

[4] Grün, a.a.O. S. VII.

[5] Ebenda S. XV.

[6] Ebenda S. 291.

[7] Ebenda S. XXII.

[8] Ebenda S. 254.

[9] Ebenda S. 293.

[10] Karl Marx/Friedrich Engels, Deutscher Sozialismus in Versen und Prosa. 2. Teil. In: Deutsche Brüsseler Zeitung. Jg. 1847. Nr. 93–98, 21. November–9. Dezember. – Karl Marx/Friedrich Engels. Über Kunst und Literatur. Auswahl und Redaktion: Manfred Kliem. Bd. 1. Berlin (Ost) 1967. S. 457–483. – Goethe im Urteil II, T. 30 (Auszug).

[11] In der großen Analyse von Grüns Werk ‚Die soziale Bewegung in Frankreich und Belgien' (1845) im zweiten Teil der ‚Deutschen Ideologie' wird der Autor in die Nähe zu „jungdeutschem Literatentum" gerückt. „Welch graziöser Mutwille! Welche schnippische Naivität! Welch heroisches Durchwühlen durch die Ästhetik! Welche Heinesche Nonchalance und Genialität!" Karl Marx/Friedrich Engels, Werke. Bd. 3. Berlin 1969, S. 475.

[12] Marx/Engels, Werke. Bd. 3. A.a.O. S. 442.

[13] Ebenda S. 442f.

[14] Dietze, Junges Deutschland und deutsche Klassik. A.a.O. S. 258.

[15] Vgl. Pierre-Paul Sagave, ‚Les années de voyage de Wilhelm Meister' et la critique socialiste (1830–1848). In: Etudes Germaniques 8 (1953), S. 241–251.

[16] Dietze, a.a.O. S. 349.

[17] Vgl. Gille, a.a.O. S. 306–312.

[18] Über Kunst und Altertum VI, 3, 1832, S. 533–551. – Goethe im Urteil II, T. 4.

[19] Goethe im Urteil II, S. 31.

[20] Ebenda S. 30.

[21] Hallische Jahrbücher für deutsche Wissenschaft und Kunst. Jg. 1838, S. 1300f.

[22] Ebenda.

[23] Karl Rosenkranz, Göthe und seine Werke. Zweite verbesserte und vermehrte Auflage. Königsberg 1856, S. 351–396.

[24] Ebenda S. 353.

[25] Wigand's Vierteljahrsschrift. Bd. 1 Leipzig 1844, S. 132–163. Auszug in: Hartmut Steinecke (Hg.), Romantheorie und Romankritik in Deutschland. Band II. Quellen. Stuttgart 1976, S. 173–177.

[26] Königsberg 1849. – Goethe im Urteil II, T. 34 (Auszug).

[27] Gregorovius, a.a.O. S. III.

[28] Ebenda.

[29] Ebenda S. 190.

[30] Ebenda S. 192.

[31] Alexander Jung, Göthe's Wanderjahre und die wichtigsten Fragen des 19. Jahrhunderts. Mainz 1854. – Goethe im Urteil II, T. 44 (Auszug).

[32] Ebenda S. 318.

[33] Gille, a.a.O. S. 312.

9. Der repräsentative Goetheverehrer: Carl Gustav Carus (S. 141–145)

[1] Carl Gustav Carus, Lebenserinnerungen und Denkwürdigkeiten. Nach der zweibändigen Originalausgabe von 1865/66 neu herausgegeben von Elmar Jansen. Zweiter Band. Weimar 1966, S. 143.
[2] Brief vom 14. 4. 1848. In: Briefwechsel zwischen Strauß und Vischer. In zwei Bänden hg. von Adolf Rapp. Erster Band: 1836–1851. Stuttgart 1952, S. 213.
[3] Vgl. Pyritz Nr. 2133.
[4] Carus, Göthe. A. a. O. S. 148.
[5] Ebenda S. 54.
[6] Leipzig 1849.
[7] Carus, Göthe. A. a. O. S. 160.
[8] Ebenda.
[9] Theodor Wilhelm Danzel, Zur Literatur und Philosophie der Goethezeit. Ges. Aufsätze zur Literaturwissenschaft. Neu hg. von Hans Mayer. Stuttgart 1962, S. 58.
[10] Carus, Göthe. A. a. O. S. 128.
[11] Danzel, a. a. O. S. 60.
[12] Ebenda S. 75.
[13] Vgl. den Abschnitt ‚Ein Berliner Goethekolloquium 1861' der vorliegenden Darstellung.
[14] Preußische Zeitung Nr. 129 vom 17. 3. 1861. Auch: Dilthey, Gesammelte Schriften XVI, S. 46.
[15] Carus, Göthe. A. a. O. S. 156.
[16] August Friedrich Christian Vilmar, Vorlesungen über die Geschichte der deutschen National-Literatur. 2 Bände. Marburg und Leipzig 1845. 1848 erschien die dritte vermehrte Auflage in zwei Bänden u. d. T. ‚Geschichte der deutschen National-Literatur'. Bis 1883 21 Auflagen. Danach weitere Bearbeitungen, die letzte 1936. – Goethe im Urteil II, T. 28 (Auszüge aus der dritten Auflage).
[17] Goethe im Urteil II, S. 272.
[18] Ebenda S. 273 f.
[19] Ebenda S. 281 f.
[20] Ebenda S. 283.
[21] Ebenda S. 281.

10. Goethes Realismus und die ‚realistische' Goethekritik (S. 145–153)

[1] Die Grenzboten 8/III (1849), S. 201–211. – Goethe im Urteil II, T. 36.
[2] Goethe im Urteil II, S. 337.
[3] Ebenda S. 355.
[4] Ebenda S. 472.
[5] Ebenda S. 428.
[6] Ebenda S. 426 f.
[7] Hermann Hettner, Schriften zur Literatur. Zusammengestellt und Textrevision von Jürgen Jahn. Berlin (Ost) 1959, S. 61.
[8] Bernd Peschken, Versuch einer germanistischen Ideologiekritik. Goethe, Lessing, Novalis, Tieck, Hölderlin, Heine in Wilhelm Diltheys und Julian Schmidts Vorstellungen. Stuttgart 1972. = Texte Metzler 23.

[9] Peschken, a. a. O. S. 83.
[10] Goethe im Urteil II, S. 335.
[11] Julian Schmidt, Weimar und Jena in den Jahren 1794–1806. Supplement zur ersten Auflage der Geschichte der deutschen National-Literatur im neunzehnten Jahrhundert. Leipzig 1855, S. 231.
[12] Schmidt, a. a. O. S. 227.
[13] Schmidt, a. a. O. 228.
[14] Bertolt Brecht, Arbeitsjournal. Zweiter Band. 1942–1955. Hg. von Werner Hecht. Frankfurt am Main 1973, S. 900.
[15] Der Briefwechsel zwischen Gottfried Keller und Hermann Hettner. Hg. von Jürgen Jahn. Berlin und Weimar 1964, S. 46.
[16] Robert Prutz, Die Literaturgeschichte und ihre Stellung zur Gegenwart. In: Prutz, die deutsche Literatur der Gegenwart. 1848–1858. Erster Band. Leipzig 1859, S. 22.
[17] Prutz, a. a. O. S. 20 u. 21.
[18] Viktor Hehn, Über Goethes Gedichte. Aus dessen Nachlaß hg. von Eduard von der Hellen. Stuttgart und Berlin 1911. – Goethe im Urteil II, T. 42a. (Auszug).
[19] Viktor Hehn, Über Goethes Hermann und Dorothea. Aus dessen Nachlaß hg. von Albert Leitzmann und Theodor Schiemann. Stuttgart 1893. – Goethe im Urteil II, T. 42b (Auszüge).
[20] Aus Victor Hehns Vorlesungen über Faust. Mitgeteilt von Theodor Schiemann. Goethe-Jahrbuch 14 (1894), S. 129–139; 16 (1895), S. 107–126.
[21] Hehn, Über Goethes Hermann und Dorothea. A. a. O. S. 1.
[22] Goethe-Jahrbuch 15 (1894), S. 135.
[23] Mein Hamburger Kollege Dr. Klaus Bartels wird über diese Zusammenhänge in Kürze eine ausführlichere Abhandlung vorlegen. Gesprächen mit ihm verdanke ich viele Anregungen und weiterführende Hinweise zu dieser Frage.
[24] Hehn, Über Goethes Gedichte. A. a. O. S. 8.
[25] Zur Hehnschen Verhältnisbestimmung von ästhetischer, historischer und philosophischer Kritik vgl. seine Faust-Vorlesung. Goethe-Jahrbuch 15 (1894), S. 135f.
[26] Hehn, Über Goethes Hermann und Dorothea. A. a. O. S. 32.
[27] Ebenda S. 38.
[28] Ebenda S. 39.
[29] Ebenda S. 45.
[30] Friedrich Theodor Vischer, Aesthetik oder die Wissenschaft des Schönen. Zweiter Teil. Das Schöne in einseitiger Existenz. Reutlingen 1847/48, § 374ff.
[31] Hehn, Über Goethes Hermann und Dorothea. A. a. O. S. 74.
[32] Morgenblatt für gebildete Leser. Jg. 1863. Nr. 29. 16. Juli, S. 677.
[33] Hehn, Über Goethes Hermann und Dorothea. A. a. O. S. 96.
[34] Carl Leo Cholevius, Geschichte der deutschen Poesie aus ihren antiken Elementen. Zweiter Theil. Leipzig 1856, S. 271.
[35] Carl Leo Cholevius, Aesthetische und historische Einleitung nebst fortlaufender Erläuterung zu Goethe's Hermann und Dorothea. Leipzig 1863. Vgl. vor allem den Abschnitt ‚Das ideale Element der Dichtung im Gegensatz zu dem Realismus', S. 26–35.
[36] Hehn, Über Goethes Hermann und Dorothea. A. a. O. S. 51.
[37] Goethe im Urteil I, S. 515. Vgl. auch S. 505 u. 511.
[38] Ursprünglicher Titel ‚Französischer Geist'. – Goethe im Urteil III, T. 49.

[39] Herman Grimm, Goethe in Italien. Vorlesungen gehalten zum Besten des Goethedenkmals in Berlin. Berlin 1861, S. 3.
[40] Herman Grimm, Essays. Hannover 1859, S. 293–353. – Goethe im Urteil II, T. 48 (Auszüge).
[41] Goethe im Urteil II, S. 452.

11. Ein Berliner Goethekolloquium 1861 (S. 153–156)

[1] Vgl. Anm. 40 des vorigen Abschnitts. Dazu Dilthey in der ‚Preußischen Zeitung' Nr. 143 vom 26. 3. 1861. – Dilthey, Gesammelte Schriften XVI, S. 210–216.
[2] Gedruckt u. d. T. ‚Göthe als Naturforscher und in besonderer Beziehung auf Schiller. Eine Rede nebst Erläuterungen', Berlin 1861. [Neudruck: Darmstadt 1962]. Dazu Dilthey in der ‚Preußischen Zeitung' Nr. 69 vom 10. 2. 1861. – Dilthey, Gesammelte Schriften XVI, S. 334–340.
[3] Gedruckt in: Westermanns Monatshefte 10 (1861), S. 157–166. Wiederabdruck in: Hettner, Kleine Schriften. Braunschweig 1884, S. 452–474. Dazu Dilthey in der ‚Preußischen Zeitung' Nr. 81 vom 17. 2. 1861. – Dilthey, Gesammelte Schriften XVI, S. 201–203.
[4] Hettner, Kleine Schriften. A. a. O. S. 471.
[5] So heißt es in Hettners Aufsatz ‚Goethe's Stellung zur bildenden Kunst seiner Zeit' von 1866: „Goethe, welcher als Dichter so unvergängliche Werke echtester und lebensvollster Renaissancekunst geschaffen hatte, fühlte und erkannte nunmehr wärmer als zuvor auch die tiefe geschichtliche Bedeutung und Mustergiltigkeit der Renaissance für die bildende Kunst, als der vollendetsten Einheit und Versöhnung des Antiken und Modernen." Hettner, Kleine Schriften. A. a. O. S. 505. Der Zusammenhang von Renaissancekult und Klassikverehrung in der zweiten Hälfte des 19. Jahrhunderts verdiente eine ausführlichere Darstellung.
[6] Der Vortrag ist, soweit ich sehe, nicht gedruckt. Vgl. dazu Dilthey in der ‚Preußischen Zeitung' Nr. 161 vom 7. 4. 1861. – Dilthey, Gesammelte Schriften XVI, S. 216–222.
[7] Nach dem Bericht von Dilthey, a. a. O. S. 222.
[8] Gedruckt u. d. T. ‚Goethe als Staats- und Geschäftsmann' in: Preußische Jahrbücher 10 (1862), S. 423–470; 585–616; 11 (1863), S. 135–161; 211–240. Wiederabdruck in: Schöll, Goethe in Hauptzügen seines Lebens und Wirkens. Gesammelte Abhandlungen. Berlin 1882, S. 98–279. – Goethe im Urteil II, T. 51 (Auszüge). – Dazu Dilthey in der ‚Preußischen Zeitung' Nr. 129 vom 17. 3. 1861. – Dilthey, Gesammelte Schriften XVI, S. 46–50.
[9] Göthe's Briefe an Frau von Stein aus den Jahren 1776 bis 1826. Zum erstenmal herausgegeben durch Adolf Schöll. 3 Bände. Weimar 1848–1851.
[10] Hehn, Gedanken über Goethe. A. a. O. S. 170f.
[11] Goethe im Urteil II, S. 473.
[12] Ebenda S. 474.
[13] Stuttgart 1861. Dazu Dilthey in der ‚Preußischen Zeitung' Nr. 91 vom 23. 2. 1861. – Dilthey, Gesammelte Schriften XVI, S. 203–209.
[14] Auerbach, a. a. O. S. 18f.
[15] Ebenda S. 30.
[16] Ebenda S. 35.

[17] Ebenda S. 36.
[18] Dilthey, Gesammelte Schriften XVI, S. 207.
[19] Ebenda S. 202.

## 12. Die Anfänge der Goethe-Philologie (S. 156–173)

[1] H.A. 1, S. 393.
[2] Ebenda S. 399f.
[3] Vgl. Düntzers Autobiographie ‚Mein Beruf als Ausleger. 1835–1868', Leipzig 1899. Zu einer erstaunlich hohen Einschätzung gelangt Wilhelm Scherer in seinem Programmaufsatz ‚Goethe-Philologie' (1877), wo es über dessen Kommentar zu Goethes Gedichten in den ‚Erläuterungen zu den deutschen Classikern' heißt: „Jeder gebildete Deutsche, dem es darum zu tun ist, in Goethes Gedichte wahrhaft einzudringen, sollte dieses Buch besitzen. Er wird sich nicht versucht fühlen, den Kommentar zu lesen, statt der Gedichte. Er wird die Bändchen überhaupt nicht lesen, sondern aufschlagen. Er wird für alles Tatsächliche, was Nachweisung der Quellen, Beibringung von lichtgebenden Briefstellen, kurz, was Sammlung des Materials anlangt, sich keinen kundigeren Führer wünschen können, obgleich dieser Führer manchmal sehr persönliche Wege einschlägt und darauf beharrt. Er wird allerdings, was das einfache poetische Verständnis betrifft, öfters in der Lage sein, widersprechen zu müssen. Er wird auch vergeblich nähere Aufschlüsse über poetische Technik oder über die feineren Unterschiede des Stiles bei Goethe suchen. Er wird aber trotzdem für reiche Belehrung danken müssen und sich gern über das, was er vermißt, trösten mit dem, was er findet." Scherer, Aufsätze über Goethe. Zweite Auflage. Berlin 1900, S. 11.
[4] Heinrich Viehoff, Goethe's Leben. Vier Bände. Stuttgart 1847–1854. – Goethe's Gedichte erläutert und auf ihre Veranlassung und Vorbilder zurückgeführt. 3 Teile, 1846–1853. – Vgl. Goethe im Urteil II, T. 33 (Auszug).
[5] Hermann Hettner, Heinrich Viehoffs Kommentar zu Goethes Gedichten (1848). Zitiert nach: Hettner, Schriften zur Literatur. Zusammengestellt und Textrevision von Jürgen Jahn. Berlin (Ost) 1959, S. 270.
[6] Erich Schmidt, Gustav von Loeper. In: Schmidt, Charakteristiken. Zweite Reihe. Zweite vermehrte Auflage. Berlin 1912, S. 256.
[7] In erweiterter Form als Buch 1877 erschienen.
[8] Vor allem mit seinen bedeutenden Kommentaren zur Hempelschen Goethe-Ausgabe. Vgl. den Abschnitt ‚Der Mythos Faust' der vorliegenden Darstellung.
[9] Vgl. Birgit Sippell-Amon, Die Auswirkung der Beendigung des sogenannten ewigen Verlagsrechts am 5. 11. 1867 auf die Editionen deutscher ‚Klassiker'. In: Archiv für Geschichte des Buchwesens 14 (1974), Sp. 351–414.
[10] Vgl. dazu: Friedrich Strehlke, Zur Textkritik von Goethe's Werken. Berlin (Gustav Hempel) 1873.
[11] Berlin 1866. – Goethe im Urteil II, T. 53 (Auszüge).
[12] Realismus und Gründerzeit. A.a.O. (Vgl. den Abschnitt ‚Bettina, Börne und die politische Vormärzlyrik', Anm. 39) S. 654.
[13] Ebenda S. 657.

## Drittes Kapitel: Die christliche Opposition (S. 160–173)

[1] Goethe im Urteil I, S. 41.
[2] Ebenda S. 217f.
[3] Ebenda S. 257.
[4] Ebenda S. 295. Bereits in den Aufzeichnungen von 1797 heißt es: „Goethe ist ohne Wort Gottes". Schlegel, Literary Notebooks (ed. H. Eichner), Nr. 1075.
[5] Oellers I, T. 30.
[6] Fambach, S. 387–423.
[7] Ebenda S. 413.
[8] Ebenda S. 387.
[9] Vgl. Norbert Oellers, Schiller. Geschichte seiner Wirkung bis zu Goethes Tod. 1805–1832. Bonn 1967, S. 284ff.
[10] Der Grundunterschied zwischen Schiller und Göthe. In: Evangelische Kirchen-Zeitung. Hg. von Hengstenberg. Berlin. Jg. 1863. Nr. 29. Beilage, S. 341.
[11] Ebenda S. 342.
[12] Ebenda S. 342.
[13] Ebenda S. 343.
[14] Joseph Görres, Eine Auswahl aus seinen Werken und Briefen. Hg. von Wilhelm Schellberg. Köln 1927, S. 538.
[15] Joseph von Görres, Die christliche Mystik. Band 3. Regensburg 1840, S. 128f.
[16] Geschichte der poetischen Literatur Deutschlands (2 Bde, Paderborn 1857). Zitiert nach: Joseph Freiherr von Eichendorff, Literarhistorische Schriften. Historische Schriften. Politische Schriften. Hg. von Gerhart Baumann in Verbindung mit Siegfried Grosse. Stuttgart 1958. = Eichendorff, Neue Gesamtausgabe der Werke und Schriften in vier Bänden. Bd. 4. S. 239.
[17] Ebenda S. 239.
[18] B.a.G. II, Nr. 538.
[19] Evangelische Kirchen-Zeitung. Jg. 1863. Nr. 35, S. 413.
[20] Ebenda S. 412.
[21] Vgl. den Abschnitt ‚Der Mythos Faust' der vorliegenden Darstellung.
[22] 2 Bände, Schleusingen 1834; ein dritter Band folgte 1838.
[23] Karl Rosenkranz, Goethe und seine Werke. Zweite vermehrte und verbesserte Auflage. Königsberg 1856, S. 23.
[24] Leipzig 1841. 1847–1849 erschien eine zweibändige Ausgabe u.d.T. ‚Die neuere Deutsche National-Literatur nach ihren ethischen und religiösen Gesichtspunkten. Zur inneren Geschichte des deutschen Protestantismus'. Von der 3. Auflage 1858 ist nur der erste Band erschienen.
[25] Reinhard Behm, Aspekte reaktionärer Literaturgeschichtsschreibung des Vormärz. Dargestellt am Beispiel Vilmars und Gelzers. In: Literaturwissenschaft und Sozialwissenschaften 2. Germanistik und deutsche Nation 1806–1848. Zur Konstitution bürgerlichen Bewußtseins. Hg. von Jörg Jochen Müller. Stuttgart 1974, S. 227–271.
[26] Gelzer (1841), a.a.O. S. VIII.
[27] Ebenda S. IX.
[28] Ebenda S. 303.
[29] Ebenda S. 309f.
[30] Ebenda S. 311.

[31] Eichendorff hat dementsprechend die Literaturgeschichte Gelzers für seine eigenen Arbeiten ausgiebig benutzt, ja ausgebeutet.

[32] Zitiert nach: Karl Sell, Die Religion unserer Klassiker. Lessing, Herder, Schiller, Goethe. Tübingen und Leipzig 1904, S. VI.

[33] Vgl. den Abschnitt ‚Der repräsentative Goetheverehrer: Carl Gustav Carus', Anm. 16.

[34] Vgl. Goethe im Urteil III, T. 13 und die Einleitung zu diesem Text.

[35] Über Goethe's Faust. Mainz 1869. Vgl. dazu Schwerte, Faust und das Faustische. A.a.O. S. 143–147.

[36] Molitor, a.a.O. S. 14.

[37] Ebenda S. 78.

[38] Gelzer (1841), a.a.O. S. 287.

[39] Frankfurter zeitgemäße Broschüren. Hg. von Dr. Paul Haffner. Neue Folge. Band I. Frankfurt am Main 1880, S. 1–40.

[40] A.a.O. Bd. II. S. 1–32. Vgl. Schwerte, Faust und das Faustische. A.a.O. S. 205 ff.

[41] David Friedrich Strauß, Der alte und der neue Glaube. Ein Bekenntniß. Leipzig 1872, S. 300.

[42] Ebenda Kap. 55. S. 177–181.

[43] Berlin 1900. Auszug in: Goethe im Urteil III, T. 39.

[44] Goethe im Urteil III, S. 316.

[45] ‚Drei Stichproben aus der Goethe-Literatur', Wien 1885. – ‚Die Hofschranzen des Dichterfürsten. Der Goethecult und dessen Tempeldiener zum ersten Male aktenmäßig von der humoristischen Seite betrachtet', Würzburg und Wien 1889. – 2. Aufl. 1891. – Vgl. Konrad Kienesberger, Sebastian Brunners Stellung zu Lessing, Goethe und Schiller. Ein österreichischer Beitrag zur antiliberalen Kritik an der deutschen Klassik im späten 19. Jahrhundert. Wels 1965.

[46] Regensburg 1885.

[47] Ebenda 51.

[48] Das litterarische Echo. Halbmonatsschrift für Litteraturfreunde. 1. Jg. 1899. H. 22 vom 18. August, Sp. 1383.

[49] Baumgartner, Der Alte von Weimar. Göthe's Leben und Werke von 1808 bis 1832. Freiburg im Breisgau 1886, S. 274f. u. 276.

[50] Goethe im Urteil III, S. 121.

[51] Ebenda S. 123.

[52] Die Kultur. Zeitschrift für Wissenschaft, Literatur und Kunst. Wien. Jg. 1. 1899. H. 1 u. 2, S. 58–67; 148–157.

[53] Vgl. auch: Karl Muth, Die Wiedergeburt der Dichtung aus dem religiösen Erlebnis. Gedanken zur Psychologie des katholischen Literaturschaffens. Kempten und München 1909.

[54] Carl Muth, Schöpfer und Magier. Drei Essays. Leipzig 1935. Eine zweite, um ein Nachwort von Clemens Heselhaus vermehrte Auflage erschien 1953 in München.

[55] Hochland. 8. Jg. 1910/11. Band 1, S. 238.

[56] Muth, Schöpfer und Magier. 2. Aufl. A.a.O. S. 109. Vgl. dazu den Aufsatz ‚Goethes Persönlichkeit' (a.a.O. S. 65–119).

[57] Ebenda S. 103.

[58] Hochland 29 (1932), H. 7, S. 17–32. Muth, Schöpfer und Magier. 2. Aufl. A.a.O. S. 120–151.

[59] Vgl. u. a. die Bücher und Aufsätze von Karl Justus Obenauer, Ferdinand Weinhandl, Erich Franz, Hans von Schubert und Eduard Spranger.
[60] Karl Sell, a. a. O. S. 260.
[61] Vgl. Burggrafs ‚Schillerpredigten' (1905) und ‚Goethepredigteten' (1913). Vgl. Goethe im Urteil III, T. 53 und die Einleitung zu diesem Text.
[62] Walter Benjamin, Gesammelte Schriften. Band III. Hg. von Hella Tiedemann-Bartels. Frankfurt am Main 1972, S. 337.

## Viertes Kapitel: Die Rezeption der naturwissenschaftlichen Schriften (S. 174–200)

[1] Zur Morphologie I, 2, 1820. Leopoldina I, 9, S. 101.
[2] H. A. Briefe III, S. 130.
[3] An Ernst Heinrich Friedrich Meyer, 23. April 1829. H. A. Briefe IV, S. 328.
[4] An Zelter am 2. April 1829 (H. A. Briefe IV, S. 325) und am 4. Februar 1832 (H. A. Briefe IV, S. 470).
[5] H. A. Briefe IV, S. 470.
[6] Gespräch vom 19. Februar 1829. Houben, S. 259.
[7] Houben, S. 260.
[8] Die gegenwärtige Zeit und wie sie geworden mit besonderer Rücksicht auf Deutschland. Zweiter Theil. Berlin 1817, S. 801.
[9] ‚Der Verfasser teilt die Geschichte seiner botanischen Studien mit' (H. A. 13, S. 148–168) und ‚Konfession des Verfassers' in der ‚Geschichte der Farbenlehre' (H. A. 14, S. 251–269). Vgl. Dorothea Kuhn, Goethes Geschichte der Farbenlehre als Werk und Form. Dt. Vjschr. 34 (1960), S. 356–377.
[10] Braun II, S. 111f.
[11] Ebenda S. 118.
[12] Johannes Müller, Zur vergleichenden Physiologie des Gesichtssinnes des Menschen und der Thiere nebst einem Versuch über die Bewegungen der Augen und über den menschlichen Blick. Leipzig 1826, S. 395f.
[13] H. A. 13, 7. Aufl. S. 613.
[14] Johannes Müller, Handbuch der Physiologie des Menschen für Vorlesungen. Zweiter Band. Coblenz 1840, S. 299.
[15] Ebenda S. 300.
[16] Zeitschrift für spekulative Philosophie. Jena und Leipzig 1801. Bd. II. Heft 2, S. 60.
[17] H. A. 13, S. 327.
[18] § 320. Theorie Werkausgabe. Suhrkamp. Bd. 9, S. 246ff.
[19] Goethe im Urteil II, S. 408.
[20] Berlin 1822. Vgl. Goethe im Urteil I, T. 64 (Auszug).
[21] Einleitung zu ‚Über das Sehn und die Farben', S. 2.
[22] Goethe im Urteil II, S. 372.
[23] Vgl. Grävells Arbeiten: Göthe im Recht gegen Newton (1857); Charakteristik der Newton'schen Farbentheorie (1858); Ueber Licht und Farben (1859); Die zu sühnende Schuld gegen Göthe (1860).
[24] Vgl. Geschichte der Farbenlehre, Konfession des Verfassers. H. A. 14, S. 254ff.
[25] Runges Schriften zur Farbenlehre sind abgedruckt in: Runge, Hinterlassene Schriften. Hg. von dessen ältestem Bruder. Erster Theil. Hamburg 1840, S. 84–170. – Vgl.

Philipp Otto Runges Briefwechsel mit Goethe. Hg. von Hellmuth Frhn von Maltzahn. Weimar 1940. = Schr.G.Ges. 51. – Heinz Matile, Die Farbenlehre Ph. O. Runges. Bern 1973.

[26] Runge, a.a.O. S. 113f.

[27] Ebenda S. 114.

[28] Zitiert nach: Runge in seiner Zeit. Katalog der Ausstellung in der Hamburger Kunsthalle. 21. Oktober bis 8. Januar 1878. Hg. von Werner Hofmann, S. 140.

[29] Goethe im Urteil II, S. 168.

[30] Ebenda S. 252.

[31] Ebenda S. 254f.

[32] Goethe im Urteil I, S. 481.

[33] G. G. Gervinus, Geschichte der poetischen National-Literatur der Deutschen. Fünfter Theil. Dritte verbesserte Auflage. Leipzig 1852, S. 588f.

[34] Ebenda S. 679f.

[35] Zuerst in: Allgemeine Monatsschrift für Wissenschaft und Literatur. Braunschweig. Jg. 1853. Mai, S. 383–398. Letzter Wiederabdruck: Goethe im Urteil II, T. 43.

[36] Goethe im Urteil II, S. 412f.

[37] Ebenda S. 413f.

[38] Zuerst in: Geist der Zeit 19 (1941), H. 5, S. 261–275. Hier zitiert nach: Goethe im XX. Jahrhundert. Spiegelungen und Deutungen. Hg. von Hans Mayer. Hamburg 1967, S. 427f.

[39] Zitiert nach: Biologie der Goethezeit. Hg. und eingl. von Adolf Meyer-Abich. Stuttgart 1949, S. 280.

[40] Goethe im Urteil II, S. 171.

[41] Goethe im Urteil I, S. 497f.

[42] Carus, Göthe. Zu dessen näherem Verständniß. A.a.O. S. 170.

[43] Ebenda S. 171.

[44] 2 Bände. Berlin 1828–1831. Vgl. Goethe im Urteil, T. 81.

[45] Vgl. das noch immer brauchbare und lesenswerte Buch von Walther May: Goethe. Humboldt. Darwin. Haeckel. Vier Vorträge. Berlin-Steglitz 1904. Neue Ausgabe 1906.

[46] Rudolf Virchow, Göthe als Naturforscher und in besonderer Beziehung auf Schiller. Eine Rede nebst Erläuterungen. Berlin 1861, S. 60.

[47] Vgl. Oscar Schmidt, War Goethe ein Darwinianer? Graz 1871. Zur zeitgenössischen Diskussion siehe ferner A. Bliedner, Goethe und die Urpflanze. Frankfurt am Main 1901. – Waldemar von Wasielewski, Goethe und die Descendenzlehre. Frankfurt am Main 1903.

[48] Ernst Haeckel, Generelle Morphologie der Organismen. Zweiter Band. Entwicklungsgeschichte der Organismen. Berlin 1866. S. 160. Anmerkung Haeckels zum Goethe-Zitat: Vorträge über die drei ersten Kapitel des Entwurfs einer allgemeinen Einleitung in die vergleichende Anatomie, ausgehend von der Osteologie (1796).

[49] Alexander von Humboldt, Kosmos. Entwurf einer physischen Weltbeschreibung. Band 2. Stuttgart und Tübingen 1847, S. 75.

[50] Emil Du Bois-Reymond, Goethe und kein Ende. Rede bei Antritt des Rectorats der Universität zu Berlin am 15. October 1882. Leipzig 1883. – Goethe im Urteil III, T. 11.

[51] Vgl. das Kapitel ‚Die christliche Opposition' der vorliegenden Darstellung.

[52] Berlin 1877.
[53] 2. Abteilung, Bd. 1–5, 1890–1897.
[54] Die Gesellschaft 5 (1889), H. 9. S. 1330–1340. – Goethe im Urteil III, T. 19.
[55] Vgl. Bölsches Programmschrift ‚Die naturwissenschaftlichen Grundlagen der Poesie. Prolegomena einer realistischen Ästhetik' (1887).
[56] Berlin 1900. Goethe im Urteil III, T. 39 (Auszug).
[57] Noch immer fehlt eine Untersuchung zu den Goethebünden und Goethevereinen um die Jahrhundertwende, die im Kampf gegen die Lex Heinze zeitweilig eine gemeinsame Plattform gefunden hatten. Vgl. dazu die Diskussion in ‚Der Kunstwart', Jg. 13. 1900.
[58] Goethes Werke, Naturwissenschaftliche Schriften, herausgegeben von Rudolf Steiner. Mit einem Vorwort von Prof. Dr. Karl Julius Schröer. In: Deutsche National-Litteratur, herausgegeben von Joseph Kürschner. Erster Band (114. Band, Goethes Werke Bd. 33) 1883. Zweiter Band (115. Band, Goethes Werke Bd. 34) 1887. Dritter Band (116. Band, Goethes Werke Bd. 35) 1890. Vierter Band I. und II. Abteilung (117 Band, Goethes Werke Bd. 36/1.2.) 1897. Die Einleitungen von Rudolf Steiner sind gesondert herausgegeben worden Dornach 1926, Freiburg i. Br. 1949 und Stuttgart 1962 (Taschenbuchausgabe). Wir zitieren nach der Taschenbuchausgabe.
[59] Zeitschr. f. Völkerpsychologie und Sprachwissenschaft. 10. Band. Berlin 1878, S. 102.
[60] Leipzig 1906.
[61] Vgl. auch Hansens Buch ‚Goethes Morphologie (Metamorphose der Pflanzen und Osteologie). Ein Beitrag zum sachlichen und philosophischen Verständnis und zur Kritik der morphologischen Begriffsbildung', Gießen 1919.
[62] Leipzig 1914.
[63] Aus der reichen Steiner-Literatur sei hier nur genannt: Goethe in unserer Zeit. Rudolf Steiners Goetheanismus als Forschungsmethode. Herausgegeben von der Naturwissenschaftlichen Sektion am Goetheanum Dornach durch Dr. Guenther Wachsmuth. Dornach und Basel 1949.
[64] Rudolf Steiner, Mein Lebensgang. Hg. von Marie Steiner. Dornach 1925. Hier zitiert nach der Taschenbuch-Ausgabe: Dornach 1975. = Steiner, Taschenbuch-Ausgabe. 13, S. 68 u. 69.
[65] Deutsche Rundschau 72 (1892), S. 115–132. – Goethe im Urteil III, T. 25.
[66] Goethes Naturanschauung gemäß den neuesten Veröffentlichungen des Goethe-Archivs (1893). Hier zitiert nach: Goethe im Urteil III, S. 254.
[67] Rudolf Steiner, Goethes naturwissenschaftliche Schriften. Stuttgart 1962. = Steiner, Taschenbuch-Ausgaben. 7, S. 76.
[68] Berlin 1886.
[69] Steiner, Goethes naturwissenschaftliche Schriften. A. a. O. S. 156.
[70] Goethe im Urteil III, S. 136.
[71] Vgl. 4. Aufl. Berlin 1924, S. 36.
[72] Chamberlain, Goethe. München 1912, S. 599.
[73] Goethe im Urteil III, S. 237.
[74] Ebenda S. 113.
[75] Ebenda S. 112.
[76] OhJohannes Müller, Zur vergleichenden Physiologie des Gesichtsinsinnes des Menschen und der Thiere nebst einem Versuch über die Bewegungen der Augen und über den menschlichen Blick. Leipzig 1826, S. 395f.

[77] Steiner, Goethes naturwissenschaftliche Schriften. A. a. O. S. 216.

[78] Vgl. Goethe im Urteil III, S. 184ff.

[79] Vgl. Heinz Kindermann, Das Goethebild des XX. Jahrhunderts. Wien/Stuttgart 1952. S. 68–77. – Reinhard Buchwald, Goethezeit und Gegenwart. Die Wirkungen Goethes in der deutschen Geistesgeschichte. Stuttgart 1949, S. 293–296.

[80] Chamberlain, Goethe. A. a. O. S. 306.

[81] Ebenda S. 380.

[82] Ebenda S. 286.

[83] Chamberlain, Immanuel Kant. Die Persönlichkeit als Einführung in das Werk. München 1905, S. 161 u. 162.

[84] Vgl. den Abschnitt ‚Kultur statt Zivilisation' in Richard Hamann/Jost Hermand, Stilkunst um 1900. Berlin (Ost) 1967. = Deutsche Kunst und Kultur von der Gründerzeit bis zum Expressionismus. Bd. IV, S. 109–130.

[85] Chamberlain, Goethe. A. a. O. S. 599 (beide Zitate).

[86] So heißt es in Chamberlains 1908 in der Wiesner-Festschrift veröffentlichter Abhandlung ‚Goethe, Linné und die exakte Wissenschaft der Natur': „Kant's Kopernikanische Tat der Erkenntniskritik hat die Unfruchtbarkeit aller rein metaphysischen Spekulation ein für allemal nachgewiesen, den Instinkt aller echten Naturforscher somit rechtfertigend; ohne Synthese aber und ohne ein Etwas, das ich als neue innige Anknüpfung an die Natur bezeichnen möchte, die als Jungbrunnen für Gemüt und Phantasie zu dienen hat, steuern wir ins Chaos und in ein an Kenntnissen reiches, an Ideen armes Greisentum. Was Goethe bietet, ist nun gerade diese Ergänzung der Wissenschaft – nicht ihr Gegenteil, sondern ihr Gegenstück, nicht ihre Verleugnung, sondern eine neue Methode, die im Interesse der Kultur unerläßliche, infolge der zunehmenden Stoffmenge immer dringender geforderte Synthese nicht mehr auf metaphysischem, sondern auf konkretem Wege herzustellen. [...] Wollte man das Neue auch durch einen neuen Namen bezeichnen, was bisweilen zur Klärung der Vorstellungen beiträgt, so würde man vielleicht dieses eigentümliche Durchschauen der Natur, wodurch Goethe die Mannigfaltigkeit zu Einheit zaubert, im Gegensatz zur Metaphysik eine *Diaphysik* heißen." (Chamberlain, Lebenswege meines Denkens. München 1919, S. 148).

[87] Chamberlain, Goethe. A. a. O. S. 381.

[88] Goethes Farbenlehre. Hg. und eingel. von Hans Wohlbold. Jena 1926. – Neuausgabe: 1932.

[89] Wohlbold, a. a. O. S. 28.

[90] Ebenda S. 100f.

[91] Walter Benjamin, Gesammelte Schriften III. Hg. von Hella Tiedemann-Bartels. Frankfurt am Main 1972, S. 150.

[92] In: Goethe als Seher und Erforscher der Natur. Untersuchungen über Goethes Stellung zu den Problemen der Natur. Hg. von Johannes Walther. Halle/Saale 1930, S. 157–184.

[93] Zu Heisenberg vgl. Anm. 38 des vorliegenden Abschnitts. Vgl. auch Heisenbergs Weimarer Festvortrag von 1967 ‚Das Naturbild Goethes und die technisch-naturwissenschaftliche Welt'. In: Goethe 29 (1967), S. 27–42. Wiederabdruck in: Heisenberg, Schritte über Grenzen. Gesammelte Reden und Aufsätze. München 1971, S. 243–262. – Carl Friedrich von Weizsäcker, Nachwort zu Band 13 der Hamburger Ausgabe von Goethes Werken. H. A. 13, S. 537–554.

[94] Steiner, Goethes naturwissenschaftliche Schriften. A. a. O. S. 98.
[95] Chamberlain, Goethe. A. a. O. S. 433f.
[96] Vgl. den Abschnitt ‚Mythos Faust' der vorliegenden Darstellung.
[97] Ernst Cassirer, Goethe und die mathematische Physik. Eine erkenntnistheoretische Betrachtung. In: Cassirer, Idee und Gestalt. Berlin 1921. S. 27–76. – 2. Aufl. 1924. S. 35–80. – Reprint der 2. Aufl. Darmstadt 1971.
[98] A. a. O. Darmstadt 1971. S. 38.
[99] Ebenda S. 37.
[100] Goethes morphologische Schriften. Ausgewählt und eingeleitet von Wilhelm Troll. Jena 1926, S. 81.

## Fünftes Kapitel: Goetherezeption im Kaiserreich

### 1. Der Olympier Goethe (S. 201–205)

[1] Vgl. dazu meinen Aufsatz ‚Wandlungen des Klassikbildes in Deutschland im Lichte gegenwärtiger Klassikkritik'. In: Deutsche Literatur zur Zeit der Klassik. Hg. von Karl Otto Conrady. Stuttgart 1977, S. 423–439.
[2] Bode I, S. 413.
[3] Bode II, S. 144.
[4] Goethe im Urteil I, S. 384.
[5] Bode II, S. 208.
[6] Biedermann-Herwig III, S. 526.
[7] Goethe im Urteil II, S. 79.
[8] Thomas Mann, Adel des Geistes. Sechzehn Versuche zum Problem der Humanität. Stockholm 1948, S. 184.
[9] Herman Grimm, Die Zukunft des Weimarischen Goethe-Schiller-Archivs (1898). In: Grimm, Fragmente. Erster Band. Berlin und Stuttgart 1900, S. 159f. Vgl. auch Goethe im Urteil III, S. 72, Anm. 4.
[10] Goethe im Urteil III, S. 353f.
[11] Allgemeine Zeitung, 111 Jg. 1908, 38. – Goethe im Urteil III, T. 46. Vgl. die Erwiderung von Julius Petersen in: Allgemeine Zeitung, Jg. 112. 1909, 5.
[12] Goethe im Urteil III, S. 356.
[13] Ebenda S. 356.
[14] Ebenda S. 145.
[15] Ebenda S. 138.
[16] Goethe im Urteil III, T. 32.
[17] Goethe im Urteil III, S. 288.
[18] Paul Rilla, Goethe in der Literaturgeschichte. Zur Problematik der bürgerlichen Bildung. Berlin 1949. Wiederabdruck in: Rilla, Literatur als Geschichte. Zwei Streitschriften. Mit einem Vorwort von Jürgen Rühle. München 1978. = Beck'sche Schwarze Reihe. Band 164, S. 93–165.

2. Berlin und Weimar (S. 205–211)

[1] José Ortega y Gasset, Um einen Goethe von innen bittend. Aus dem Spanischen übersetzt von Helene Weyl. Stuttgart 1950, S. 10.
[2] Ebenda S. 11.
[3] 2 Bände. Berlin 1877. – Goethe im Urteil III, T. 7 (1. Vorlesung). – Vgl. den Abschnitt ‚Goethe-Biographik im Kaiserreich' der vorliegenden Darstellung.
[4] Vgl. den Abschnitt ‚Goethe-Gesellschaft', Anm. 25.
[5] Goethe im Urteil III, S. 73.
[6] Ebenda S. 73.
[7] Goethe im Urteil II, S. 450.
[8] Ebenda S. 450.
[9] Ebenda S. 451.
[10] Goethe im Urteil III, S. 73.
[11] Joseph Hillebrand, Die deutsche Nationalliteratur seit dem Anfange des achtzehnten Jahrhunderts, besonders seit Lessing, bis auf die Gegenwart historisch und ästhetisch-kritisch dargestellt. Zweiter Teil. Hamburg und Gotha 1845, S. 66.
[12] Deutsche Rundschau 16 (1890), 10. Heft, S. 30–39. – Goethe im Urteil III, T. 22.
[13] Goethe im Urteil III, S. 203.
[14] Ebenda S. 206.
[15] Carl Zuckmayer, Der Hauptmann von Köpenick. Ein deutsches Märchen in drei Akten. Berlin 1930, S. 13.
[16] Beide Zitate: Goethe-Jahrbuch 22 (1911), S. 22f.
[17] Bismarck-Jahrbuch 4 (1896), H. 3, S. 363.
[18] Ebenda S. 387.
[19] Goethe im Urteil III, S. 302.
[20] Berlin 1904. – Goethe im Urteil III, T. 40 (Auszug).
[21] Bruno Bauch, Der Geist von Potsdam und der Geist von Weimar. Eine Rede bei der von der Universität Jena veranstalteten Feier des Jahrestages der Gründung des Deutschen Reiches, gehalten am 18. Januar 1926. Jena 1926. = Jenaer akademische Reden. 1.
[22] Goethe im Urteil III, S. 12.
[23] Ebenda S. 12.
[24] Der Sozialist. Organ des Sozialistischen Bundes. Berlin. Jg. 2, Nr. 11, 1. Juni 1910, S. 84–87. – Goethe im Urteil III, T. 49.
[25] Thomas Mann, Leiden und Größe Richard Wagners (1933). In: Mann, Adel des Geistes. Sechzehn Versuche zum Problem der Humanität. Stockholm 1948, S. 450.
[26] Thomas Mann, Betrachtungen des Unpolitischen. Siebente bis zehnte Auflage. Berlin 1919, S. 275.
[27] Ebenda S. 517.
[28] Ebenda S. 518.

3. Goethe-Philologie (S. 211–224)

[1] Goethe im Urteil III, S. 72.
[2] Im neuen Reich 7, I (1877), S. 162–178. Wiederabdruck in: Scherer, Aufsätze über Goethe. 2. Aufl. Berlin 1900. S. 3–27. – Goethe im Urteil III, T. 8 (leicht gekürzt).

[3] Aus Hermann Bahrs Aufsatz ‚Goethebild'. Zuerst erschienen: Preußische Jahrbücher 185 (1921), S. 46–72. Hier zitiert nach: Bahr, Sendung des Künstlers. Leipzig 1923, S. 23.
[4] Ebenda S. 24.
[5] Scherer, Aufsätze über Goethe. A. a. O. S. 124.
[6] Goethe im Urteil III, S. 83.
[7] Zitiert nach: Materialien zur Ideologiegeschichte der deutschen Literaturwissenschaft. Hg. von Gunter Reiß. Band 1: Von Scherer bis zum Ersten Weltkrieg. Tübingen 1973. = Deutsche Texte 21, S. 3.
[8] Scherer, Aufsätze über Goethe. A. a. O. S. 21.
[9] Vgl. den Abschnitt ‚Die Anfänge der Goethephilologie' der vorliegenden Darstellung.
[10] Scherer, Aufsätze über Goethe. A. a. O. S. 293.
[11] Goethe im Urteil III, T. 23.
[12] Zitiert nach: Materialien zur Ideologiegeschichte der deutschen Literaturwissenschaft. Band 1. A. a. O. S. 42f.
[13] Erich Schmidt, Aufgaben und Wege der Faustphilologie (1891). Goethe im Urteil III, S. 208.
[14] Goethe im Urteil III, S. 210.
[15] H. A. Briefe II, S. 454.
[16] H. A. 9, S. 283.
[17] Scherer, Aufsätze über Goethe. A. a. O. S. 126.
[18] Ebenda S. 126.
[19] Ebenda S. 126.
[20] Zeitschrift für Völkerpsychologie und Sprachwissenschaft. Hg. von M. Lazarus und H. Steinthal. Band 10. 1878, S. 42–104. – Einen Auszug bringt: Goethe im Urteil III, T. 9.
[21] Zitiert nach: Goethe im Urteil III, S. 95.
[22] Wilhelm Dilthey, Gesammelte Schriften. VI. Band. 4. Aufl. Stuttgart/Göttingen 1962. S. 104.
[23] Ebenda, S. 105.
[24] Leipzig 1906. Auszug: Goethe im Urteil III, T. 43.
[25] Tübingen 1892. Auszug: Goethe im Urteil III, T. 24.
[26] Braitmaier, a. a. O. S. 64.
[27] Ebenda S. 67. Auch: Goethe im Urteil III, S. 220.
[28] Ebenda.
[29] Goethe im Urteil III, S. 216.
[30] Euphorion 1 (1894), S. 626.
[31] Goethe-Jahrbuch 26 (1905), S. 133–144. Teilabdruck: Goethe im Urteil III, T. 42.
[32] Goethe im Urteil III, S. 135.
[33] Ebenda S. 137.
[34] Ebenda S. 141.
[35] Bernhard Seuffert in einer aus dem Jahre 1924 stammenden gutachterlichen Stellungnahme zur ‚Weimarer Ausgabe'. In: Jb. des Wiener Goethe-Vereins 75 (1971), S. 10.
[36] Steiner, Mein Lebensgang. A. a. O. (4. Kapitel: ‚Die Rezeption der naturwissenschaftlichen Schriften', Anm. 64) S. 146.

[37] Seuffert, a. a. O. S. 11.
[38] Die genauen bibliographischen Angaben: Pyritz Nr. 641.
[39] Goethe-Jahrbuch 12 (1891), S. 276–281. Das Zitat: S. 279.
[40] Goethe-Jahrbuch 3 (1882), S. 159–173; 4 (1883), S. 51–78; 5 (1884), S. 258–287.
[41] Goethe-Jahrbuch 5 (1884), S. 286f.
[42] Grimm, Die neue Goethe-Ausgabe. In: Deutsche Rundschau 53 (1887), S. 427.
[43] München 1895. 2., vermehrte und verbesserte Auflage 1900. Vgl. Goethe im Urteil III, T. 28 (Vorwort).
[44] Grimm, Die neue Goethe-Ausgabe. A. a. O. S. 426.
[45] Vgl. Hans Gerhard Gräf, Ein Goethe-Forscher. Persönliche Erinnerungen an Max Morris. In: Gräf, Goethe. Skizzen zu des Dichters Leben und Werken. Leipzig 1924, S. 388–430.
[46] Vgl. auch Pyritz Nr. 972 u. 973. Hermann Hesses Rezension der drei ersten Bände: Goethe im Urteil III, T. 41.
[47] Eine Aufschlüsselung der Bände findet sich: H. A. 14, S. 567ff.

4. Goethe-Gesellschaft (S. 224–232)

[1] Vgl. Weimar im Urteil der Welt. Stimmen aus drei Jahrhunderten. Hg. von Herbert Greiner-Mai in Zusammenarbeit mit Gerhard Hendel, Annerose und Wolfgang Schneider. Berlin und Weimar 1975.
[2] Vgl. Bernhard Suphan, Das Goethe- und Schiller-Archiv in Weimar. Vortrag. Deutsche Rundschau 60 (1889), S. 139–142. – Herman Grimm, Die Zukunft des Weimarischen Goethe-Schiller-Archivs (1898). In: Grimm, Fragmente. Erster Band. Berlin und Stuttgart 1900, S. 133–163. – Karl-Heinz Hahn, Zur Geschichte des Goethe- und Schiller-Archivs. Festschrift für Wolfgang Vulpius. Weimar [1957], S. 37–51. – Vgl. Pyritz Nr. 362–366.
[3] Ludwig Geiger, Die Constituierung der Goethe-Gesellschaft in Weimar. Deutsche Litteraturzeitung. Jg. 1885. Nr. 27. 4. Juli, Sp. 985–992. – Wolfgang Goetz, Fünfzig Jahre Goethe-Gesellschaft. Weimar 1936. = Schr.G.Ges. 49. – German Werth, Die Goethe-Gesellschaft. In: Börsenblatt für den deutschen Buchhandel. Frankfurter Ausgabe. Jg. 29 (1973). Beilage: Aus dem Antiquariat. Nr. 8, S. 293–299. – Karl-Heinz Hahn, Die Goethe-Gesellschaft in Weimar. Jahrbuch für Internationale Germanistik 6 (1974), H. 2, S. 143–158.
[4] Vgl. Fritz Adler, Freies Deutsches Hochstift. Seine Geschichte. Erster Teil. 1859–1885. Frankfurt am Main 1959.
[5] Erich Schmidt, Charakteristiken. Zweite Reihe. Zweite vermehrte Auflage. Berlin 1912, S. 263.
[6] Jb.G.Ges. 11 (1925), S. 374.
[7] Goethe im Urteil III, S. 129.
[8] Goethe-Jahrbuch 7 (1886), S. 11–12 [Anhang: Jahresbericht der Goethe-Gesellschaft]. Auch: Goethe im Urteil III, T. 14.
[9] Oellers I, S. 454ff.
[10] Grimm, Goethe. A. a. O. Zweiter Band, S. 255.
[11] Grimm, Fragmente. Erster Band. Berlin und Stuttgart 1900, S. 149.
[12] Ebenda S. 159.
[13] Steiner, Mein Lebensgang. A. a. O. S. 149f.

[14] Goethe im Urteil III, S. 128.
[15] Goetz, Fünfzig Jahre Goethe-Gesellschaft. A. a. O. S. 34.
[16] Vgl. Pyritz Nr. 82.
[17] Schr. G. Ges. 17 u. 18.
[18] Vgl. Zaupers ‚Grundzüge zu einer deutschen theoretisch-praktischen Poetik, aus Göthe's Werken entwickelt', Wien 1821 und seine ‚Studien über Goethe. Als Nachtrag zur deutschen Poetik aus Goethe', Wien 1822. – 2 Bände, Wien 1840. – Zu Zauper vgl. H. A. Briefe IV, Einleitung zu Nr. 1187.
[19] Vgl. Goethe im Urteil I, T. 63 und II, T. 24.
[20] Vgl. Joachim Müller, Stifter und Goethe. Dt.Vjschr. 22 (1944), S. 412–438.
[21] Vgl. Goethe im Urteil II, T. 19.
[22] Vgl. Wachstum und Wandel. Lebenserinnerungen von Oskar Walzel. Aus dem Nachlaß hg. von Carl Enders. Berlin 1956.
[23] Vgl. Hermann Bahr, Um Goethe. Wien 1917. Ferner Bahrs Aufsätze ‚Goethebild' von 1921 (Bahr, Sendung des Künstlers. Leipzig 1923. S. 23–61) und ‚Expressionismus und Goethe' (Neue Rundschau 25, III, 1914, S. 913–926).
[24] Vgl. Josef Nadler, Goethe oder Herder? In: Hochland 22 (1924/25), S. 1–15.
[25] Deutsche Rundschau 47 (1886), S. 434–450. – Grimm, Aus den letzten fünf Jahren. Fünfzehn Essays. Gütersloh 1890, S. 1–24.
[26] Deutsche Rundschau 53 (1887), S. 63–76.
[27] Heidelberg [1888]. = Fischer, Goethe-Schriften. 1. Reihe. Bd. 1. – 4. Aufl. 1890.
[28] Nicht gedruckt.
[29] Deutsche Rundschau 16 (1890), 10. Heft, S. 30–39. – Goethe im Urteil III, T. 22.
[30] Frankfurt am Main 1891.
[31] Deutsche Rundschau 72 (1892), S. 115–132. – Zu den verschiedenen Wiederabdrukken vgl. Pyritz Nr. 6735. – Goethe im Urteil III, T. 25.
[32] Goethes politische Lehrjahre. Ein in der VIII. Generalversammlung der Goethegesellschaft gehaltener und erweiterter Vortrag mit Anmerkungen, Zusätzen und einem Anhang: Goethe als Historiker. Berlin 1893.
[33] Deutsche Rundschau 80 (1894), 10. Heft, S. 14–32.
[34] Goethe-Jahrbuch 16 (1895), S. 1*–29*. – Goethe im Urteil III, T. 27 (Auszug).
[35] Goethe-Jahrbuch 17 (1896), S. 1*–40*. – Wiederabdruck u. d. T.: Goethes West-östlicher Divan in biographischer und zeitgeschichtlicher Beleuchtung. In: Burdach, Goethe und sein Zeitalter. Halle 1926. = Burdach, Vorspiel. Gesammelte Schriften zur Geschichte des deutschen Geistes. Bd. 2. = Dt. Vjschr. Buchreihe 3, S. 282–324. – Goethe im Urteil III, T. 31 (gekürzt).
[36] Goethe-Jahrbuch 19 (1898), S. 1*–21*. – Letzter Wiederabdruck in: Wilamowitz-Möllendorff, Reden und Aufsätze. 4. Aufl. Bd. 1. Berlin 1925, S. 257–381.
[37] Goethe-Jahrbuch 20 (1899), S. 1*–22*. – Schmidt, Charakteristiken. Zweite Reihe. Zweite vermehrte Auflage. Berlin 1912, S. 145–164.
[38] Goethe-Jahrbuch 21 (1900), S. 1*–22*, – Eucken, Gesammelte Aufsätze zur Philosophie und Lebensanschauung. Leipzig 1903. S. 65–85.
[39] Goethe-Jahrbuch 22 (1901), S. 1*–26*. – Meyer, Gestalten und Probleme, Berlin 1905. S. 56–83.
[40] Goethe-Jahrbuch 23 (1902), S. *–32*.
[41] Goethe-Jahrbuch 25 (1904), S. 1*–15*.
[42] Goethe-Jahrbuch 26 (1905), S. 1*–21*.

43 Goethe-Jahrbuch 27 (1906), S. 1*–26*. – Einzelausgabe: Heidelberg 1906.
44 Jena 1907.
45 Goethe-Jahrbuch 29 (1908), S. 1*–20*.
46 Goethe-Jahrbuch 31 (1910), S. 1*–14*.
47 Goethe-Jahrbuch 32 (1911), S. 1*–26*. – Marcks, Männer und Zeiten. Aufsätze und Reden zur neueren Geschichte. Zweiter Band. Siebente erweiterte Auflage. Hg. von Gerta Andreas. Stuttgart und Berlin 1942. S. 152–179.
48 Nicht gedruckt.
49 Jb. G. Ges. 1 (1914), S. 63–98.
50 Jb. G. Ges. 1 (1914), S. 157–188. – Roethe, Gesammelte Vorträge und Aufsätze. Berlin 1932. S. 93–118.
51 Jb. G. Ges. 2 (1915), S. 265–300. – Lenz, Kleine Historische Schriften. II. Band. Von Luther zu Bismarck. München und Berlin 1920, S. 204–229.
52 Jb. G. Ges. 3 (1916), S. 275–340.
53 Berlin 1903, S. 24.
54 Deutsche Rundschau 170 (1917), S. 220–236.
55 Ebenda S. 233.
56 Vgl. den Abschnitt ‚Der Mythos Faust' der vorliegenden Darstellung.
57 Thomas Mann. Briefe 1889–1936. Hg. von Erika Mann. Frankfurt am Main 1961. S. 91. 1937 dagegen heißt es in dem Vortrag ‚Richard Wagner und der ‚Ring des Nibelungen'': „Goethe und Wagner, beides ist Deutschland. Es sind die höchsten Namen für zwei Seelen in unserer Brust, die sich voneinander trennen wollen und deren Widerstreit wir doch als ewig fruchtbar, als Lebensquell inneren Reichtums immer aufs neue empfinden lernen müssen; für die deutsche Doppelheit, den deutschen Zwiespalt, der immer im Seeleninneren des höheren deutschen Menschen selbst verläuft, und den wir hier durch Wagners selbstlose Altersbewunderung für Goethes griechische Phantasmagorien mit tiefem Vergnügen einen Augenblick überbrückt sehen." (Mann, Adel des Geistes. Sechzehn Versuche zum Problem der Humanität. Stockholm 1948, S. 465 f.).
58 Hans Mayer, Goethe im 20. Jahrhundert. Die Germanisten und Goethe. In: Rezeption der deutschen Gegenwartsliteratur im Ausland. Internationale Forschungen zur neueren deutschen Literatur. Hg. von D. Papenfuss, Jürgen Söring. Stuttgart/Berlin/Köln/Mainz 1976, S. 56.
59 Leppmann, Goethe und die Deutschen. A. a. O. Vgl. Einleitung zur vorliegenden Darstellung, Anm. 27.
60 Leppmann, Goethe und die Deutschen. A. a. O. S. 144.
61 Goetz, Fünfzig Jahre Goethe-Gesellschaft. A. a. O. S. 81 f.
62 Gottfried Kellers Briefe und Tagebücher 1861–1890. Hg. von Emil Ermatinger. 3. u. 4. Aufl. Stuttgart und Berlin 1919. = Gottfried Kellers Leben, Briefe und Tagebücher. Bd. 3, S. 460.
63 Otto Erich Hartleben, Goethe-Brevier. Goethes Leben in seinen Gedichten. München 1895. Zweite, reichlich vermehrte und verbesserte Auflage 1900. – Goethe im Urteil III, T. 28 (Vorwort).
64 Vgl. Bahrs Aufsatz ‚Goethebild' (Anm. 23), a. a. O. S. 32 f.

5. Wandlungen des Goethekanons (S. 232–239)

[1] Scherer, Aufsätze über Goethe. A. a. O. S. 91.
[2] Ebenda S. 92.
[3] E. Schmidt in seinem Nachruf auf Scherer. A. a. O. S. 39.
[4] Im neuen Reich. 1. Jg. 1871. Zweiter Band (Juli bis Dezember), S. 281–284. – Goethe im Urteil III, T. 1.
[5] Grimm, Goethe. Erster Band. A. a. O. S. 42.
[6] Grimm, Goethe. Zweiter Band. A. a. O. S. 140.
[7] Ebenda S. 193.
[8] Vgl. den Abschnitt ‚Goethe-Philologie', Anm. 20.
[9] Rüdiger Bernhard, Goethe und der deutsche Naturalismus. In: Wissenschaftliche Zeitschrift der Universität Halle 18 (1969), S. 213–221.
[10] Heinrich Hart. Julius Hart, Kritische Waffengänge. Erstes Heft. Leipzig 1882, S. 3–7. – Goethe im Urteil III, T. 12.
[11] Goethe im Urteil III, S. 120.
[12] Das Werk von Arno Holz. Erste Ausgabe mit Einführungen von Hans W. Fischer. Bd. 3. Die Blechschmiede I. Berlin 1924, S. 136f.
[13] Carl Weitbrecht, Diesseits von Weimar. Auch ein Buch über Goethe. Stuttgart 1895. – Goethe im Urteil III, T. 29 (Auszug).
[14] Goethe im Urteil I, S. 426.
[15] Goethe im Urteil III, S. 267.
[16] Goethe im Urteil III, T. 21.
[17] Karl Hillebrand, Völker und Menschen. Volksausgabe. Straßburg 1914, S. 292.
[18] Ebenda S. 293.
[19] Grimm, Goethe. A.a.O. Zweiter Band, S. 315.
[20] Otto Harnack, Essais und Studien zur Literaturgeschichte. Braunschweig 1899, S. 173.
[21] Ebenda S. 172.
[22] Jb. des Freien Deutschen Hochstifts. Jg. 1906, S. 201–134. – Goethe im Urteil III, T. 44 (Auszug).
[23] Goethe im Urteil III, S. 18.
[24] Ebenda S. 19.
[25] Ebenda S. 24.
[26] Ebenda S. 24f.
[27] Stuttgart 1876. S. 115f.
[28] Vgl. den Abschnitt ‚Goethe-Gesellschaft', Anm. 35.
[29] Konrad Burdach, Goethe und sein Zeitalter. Halle/Saale 1926, S. 399f.
[30] Vgl. den Abschnitt ‚Der Mythos Faust' der vorliegenden Darstellung.

6. Der Mythos Faust (S. 240–261)

[1] Biedermann-Herwig II, S. 89.
[2] Vgl. Schellings ‚Vorlesungen über die Methode des akademischen Studiums' (1803) und ‚Über Dante in philosophischer Beziehung' (1803).
[3] Biedermann-Herwig II, S. 93.
[4] Aesthetische Vorlesungen über Göthe's Faust als Beitrag zur Anerkennung wissenschaftlicher Kunstbeurtheilung. Halle 1825.

[5] Ueber Goethe's Faust. Vorlesungen. Berlin 1830.
[6] Vgl. den Abschnitt ‚Die Hegelianer', Anm. 12.
[7] Vgl. Hans Titze, Die philosophische Periode der deutschen Faustforschung (1817–1839) nebst kurzen Überblicken über die philologisch-ästhetische Periode zur Beleuchtung der Gesamtentwicklung der deutschen Faustphilologie bis zur Gegenwart. Ein Beitrag zur Entwicklung der deutschen Faustphilologie. Diss. Greifswald 1916.
[8] Goethe im Urteil II, S. 77.
[9] Ebenda S. 87.
[10] Brief an Albert Brenner vom 11. November 1855. Zitiert nach: Jacob Burckhardt. Briefe zur Erkenntnis seiner geistigen Gestalt. Mit einem Lebensabriß hg. von Fritz Kaphan. Leipzig 1935. = Kröner Taschenausgabe. Bd. 134, S. 222.
[11] Vgl. Christian Lenz, Goethe und die Nazarener. In: Ausstellungskatalog ‚Die Nazarener'. Städelsches Kunstinstitut und Städtische Galerie Frankfurt am Main. 28. April bis 28. August 1977. Hg. von Klaus Gallwitz. Frankfurt am Main 1977, S. 295–319.
[12] G. G. Gervinus, Geschichte der poetischen National-Literatur der Deutschen. Fünfter Theil. Von Göthe's Jugend bis zur Zeit der Befreiungskriege. Dritte verbesserte Auflage. Leipzig 1852, S. 111f.
[13] Ebenda S. 114[14] Ebenda S. 113.
[15] Berlin 1823.
[16] Morgenblatt für gebildete Stände, Jg. 1831.
[17] Leipzig 1831.
[18] Leipzig 1833.
[19] Zum Helena-Akt von 1827 vgl. Heines Brief an Rudolf Christiani vom 19. September 1827, in dem es heißt: „Was aber die ganze klassisch-romantische Helena soll, versteh ich nicht. Es ist vielleicht ein großherzogl. weimarisches Staatsgeheimnis – also von keiner großen politischen Wichtigkeit. Den Euphorion könnte man als die romantische Poesie selbst ausdeuten – er wird gezeugt von dem Goethe-Faust und der antiken hellenischen Helena. – Ja! ja! Hätte er uns nicht verraten und verkauft und die Schule stände noch in wogender Blüte – 20000 Schleglianer, 20000 Glöckner der romantischen Minne würden geharnischt auftreten und die Sonetten und Kritiken beweisen, daß Goethes klassisch-romantische Helena ein Meisterstück sei! Jetzt aber wird es über letzteres sehr seufzend still hergehen, und im Notfall versichert man, es sei nicht ganz schlecht." (Heine, Werke und Briefe. Briefe 1815–1838. Textrevision und Erläuterungen von Eva Kaufmann. Berlin [Ost] 1961, S. 280f.). 1851 erscheint Heines eigene Bearbeitung des Faust-Stoffs: Der Doctor Faust. Ein Tanzpoem. Nebst kuriosen Berichten über Teufel und Dichtkunst. Hamburg 1851. Vgl. dazu: Hans Henning, Heine und Faust oder Klassik und Romantik in Heines Faust-Poem. In: Heinrich Heine. Streitbarer Humanist und volksverbundener Dichter. Internationale wissenschaftliche Konferenz aus Anlaß des 175. Geburtstages von Heinrich Heine vom 6. bis 9. Dezember 1972 in Weimar. Weimar 1973, S. 379–384.
[20] Goethe im Urteil II, S. 258.
[21] Ebenda S. 259.
[22] Zum zweiten Teile von Goethes Faust. Erschienen im dritten Heft der Neuen Folge der ‚Kritischen Gänge', Stuttgart 1861, S. 135–178.

[23] Vgl. ,Einleitung' der vorliegenden Darstellung, Anm. 29.
[24] Ersch/Gruber, Allgemeine Encyklopädie I, 42. Leipzig 1845, S. 93ff. Vgl. Schwerte, a. a. O. S. 100ff.
[25] Ferdinand Brockerhoff, Besprechung von: Franz Peter, Die Literatur der Faustsage ... Leipzig 1851. In: Herrigs ,Archiv für das Studium der neueren Sprachen und Literaturen', Jg. 7, Bd. 12, 1853, S. 474f. Hier zitiert nach Schwerte, a. a. O. S. 103.
[26] Schwerte, a. a. O. S. 106.
[27] Dingelstedt, Eine Faust-Trilogie. Dramaturgische Studie. I. II. III. In: Deutsche Rundschau 7 (1876), S. 208–224; 382–399; 8 (1876), S. 84–105. Buchausgabe unter dem gleichen Titel: Berlin 1876. – Goethe im Urteil III, T. 5 (zweiter Teil).
[28] Goethe im Urteil III, S. 32.
[29] Grimm, Goethe. A.a.O. Zweiter Band, S. 218.
[30] Ebenda S. 219.
[31] Ebenda S. 222.
[32] Goethe im Urteil III, S. 432.
[33] Schwerte, a.a.O. S. 148f.
[34] Ebenda S. 153.
[35] Holzmann, S. 178.
[36] Faust. Eine Tragödie von Goethe. Mit Einleitung und erläuternden Anmerkungen von G[ustav] von Loeper. Erster und Zweiter Theil. 2 Bde. Berlin 1870. Vgl. Schwerte, a.a.O. S. 149–157.
[37] Loeper, Faust. A.a.O. Erster Teil, S. XXX.
[38] Ebenda S. XXXV.
[39] Ebenda. Zweiter Teil, S. XVI.
[40] Vgl. Anm. 77.
[41] Faust und das sechzehnte Jahrhundert. In: Goethe-Jahrbuch 3 (1882), S. 77–131. Wiederabgedruckt in: Schmidt, Charakteristiken I, S. 1–37.
[42] Die Entstehung des Volksbuch vom Dr. Faust. In: Preußische Jahrbücher 47 (1881), S. 445–465.
[43] Loeper, Faust. A.a.O. Erster Teil, S. XXXV.
[44] Ebenda S. XXXVI.
[45] Ebenda S. XXXVI.
[46] Ebenda S. V.
[47] Ebenda. Zweiter Teil, S. XVI.
[48] Ebenda S. XVIIf.
[49] Ebenda S. LVIIIf.
[50] Schwerte, a.a.O. S. 155.
[51] Loeper, Faust. A.a.O. Zweiter Teil, S. VI.
[52] Ebenda S. LIX.
[53] Ebenda S. LXX.
[54] Ebenda S. XII.
[55] Ebenda S. LXIX.
[56] Goethe im Urteil III, S. 40f.
[57] Ebenda S. 42.
[58] Goethe im Urteil III, T. 47.
[59] Ebenda S. 363.
[60] Loeper. Faust, A.a.O. Zweiter Teil, S. VI.

[61] Max Wundt, Goethes Wilhelm Meister und die Entwicklung des modernen Lebensideals. Berlin 1913. – 2. Auflage 1932.

[62] Vgl. Landauers Aufsatz ,Goethes Politik. Eine Ankündigung'. In: Landauer, Der werdende Mensch. Aufsätze und Schriften. Potsdam 1921, S. 138–154. – Goethe im Urteil III, T. 59.

[63] Vgl. den Abschnitt ,Die ,sozialistische' Goetheinterpretation' oben S. 137ff.

[64] Brief vom 17. März 1832. H. A. Briefe IV, S. 481.

[65] Goethe im Urteil III, S. 37.

[66] Ebenda S. 41.

[67] Loeper, Faust. A.a.O. Zweiter Teil, S. XXXIIf.

[68] Dingelstedt, Eine Faust-Trilogie. Buchausgabe. A.a.O. S. 159.

[69] Grimm, Goethe, A.a.O. Zweiter Band, S. 251.

[70] Vgl. Goethe, Faust-Tragödie. Für die Bühne in drei ,Abenden' eingerichtet von A. Wilbrandt. Wien 1895. Vgl. Konrad Burdachs Besprechung im ,Literarischen Zentralblatt', Jg. 1896, 26. September, Sp. 1436f. In: Burdach, Goethe und sein Zeitalter. Halle/Saale 1926, S. 80f.

[71] Vgl. die Besprechung von Karl Frenzel: Die Faust-Aufführungen in Weimar. In: Deutsche Rundschau 7 (1876), S. 478–484.

[72] Vgl. Fausts Tod. Aus der Tragödie zweitem Theil von Goethe. Für die Bühne eingerichtet von Adolph L'Arronge. Zum ersten Male aufgeführt im Deutschen Theater zu Berlin am 3. September 1889. Berlin 1889. Die Besprechung von Heinrich Hart ist abgedruckt in: Hart, Gesammelte Werke. Hg. von Julius Hart. Vierter Band. Berlin 1907, S. 197–201. Auch in: Goethe im Urteil III, T. 20.

[73] Vgl. den Abschnitt ,Wandlungen des Goethekanons' der vorliegenden Darstellung.

[74] Goethe im Urteil III, S. 178f.

[75] Loeper, Faust. A.a.O. Zweiter Teil, S. XXXIII.

[76] Grimm, Goethe. A.a.O. Zweiter Band, S. 248.

[77] Kuno Fischer, Goethe's Faust. Über die Entstehung und Composition des Gedichts. In: Deutsche Rundschau 13 (1877), S. 54–98; 251–285. Buchausgabe: Stuttgart 1878. – 2. neu-bearbeitete und vermehrte Auflage ebenda 1887. – 3. Auflage 2 Bde. ebenda 1893. – 4. Auflage [nur Band 1 und 2] in 4 Bänden u.d.T. ,Goethes Faust'. Heidelberg 1902–1903. – 7. Auflage [der Bände 1 und 2]: 1913. – 4. Auflage [der Bände 3 und 4]: 1912–1913. – Goethe im Urteil III, T. 6 (Auszüge aus der Fassung der ,Deutschen Rundschau' von 1877).

[78] Goethe im Urteil III, S. 52.

[79] Ebenda S. 52f.

[80] Ebenda S. 53.

[81] Oskar Walzel, Vom Geistesleben alter und neuer Zeit. Aufsätze. Leipzig 1922, S. 367.

[82] Zeitschrift für Ästhetik und allgemeine Kunstwissenschaft. Hg. von Max Dessoir. Jg. 12. 1917, S. 86–137; 161–178; 316–351. – Goethe im Urteil III, T. 58 (Auszüge).

[83] Max Dessoir, Beiträge zur allgemeinen Kunstwissenschaft. Stuttgart 1929, S. 119f.

[84] Ebenda S. 122

[85] Zeitschrift für Ästhetik und allgemeine Kunstwissenschaft 12 (1917), S. 335.

[86] Vgl. Ada M. Klett, Der Streit um ,Faust II' seit 1900. Jena 1939.

[87] Zur Bibliographie der ,Faust'-Aufsätze von Konrad Burdach vgl. die Einleitung zu T. 31 von Goethe im Urteil III.

[88] Dorothea Lohmeyer, Faust und die Welt. Der zweite Teil der Dichtung. Eine Anleitung zum Lesen des Textes. München 1975.
[89] Vgl. Ernst Beutler, Der Kampf um die Faustdichtung. In: Beutler, Essays um Goethe. Dritte, vermehrte Auflage. Band 1. Wiesbaden 1946. = Sammlung Dieterich. Bd. 101, S. 384.
[90] Schwerte, a.a.O. S. 165.
[91] Oskar Walzel, Goethe und die Kunst der Gegenwart. Jb. G. Ges. 4 (1917). Hier zitiert nach: Goethe im Urteil III, S. 460.
[92] Oswald Spengler, Der Untergang des Abendlandes. Umrisse einer Morphologie der Weltgeschichte. Erster Band. Gestalt und Wirklichkeit. 66. bis 68. Auflage. München 1931, S. 449.
[93] Vgl. Schwerte, a.a.O. S. 25.
[94] Leipzig 1933. S. 25.
[95] Vgl. das Kapitel ‚Die christliche Opposition' der vorliegenden Darstellung.
[96] Hermann Hesse, Faust und Zarathustra. Vortrag, gehalten in der Bremer Ortsgruppe des Deutschen Monisten-Bundes am 1. Mai 1909. Bremen 1909.
[97] Goethe im Urteil III, S. 28f.
[98] Ebenda S. 29.
[99] Ebenda S. 137f.
[100] Ebenda S. 140.

7. Goethebiographik im Kaiserreich (S. 261–267)

[1] Bahr, Goethebild. A.a.O. (Abschnitt ‚Goethe-Philologie', Anm. 3) S. 34.
[2] Ebenda S. 31.
[3] Christa Bürger, Der Ursprung der bürgerlichen Institution Kunst im höfischen Weimar. Literatursoziologische Untersuchungen zum klassischen Goethe. Frankfurt am Main 1977, S. 70.
[4] Ebenda S. 68ff.
[5] Goethe im Urteil II, S. 344.
[6] Goethe im Urteil III, S. 13f.
[7] Goethe im Urteil II, S. 346.
[8] Ebenda S. 317.
[9] Vgl. den Abschnitt ‚Der repräsentative Goetheverehrer: Carl Gustav Carus' der vorliegenden Darstellung.
[10] Vgl. die Neuausgaben von Grimms Goethevorlesungen von Reinhard Buchwald (Das Leben Goethes. Neu bearb. und eingeleitet. [Gekürzt und berichtigt] Stuttgart 1939; 6. Auflage 1949) und von Wilhelm Hansen (Detmold-Hiddensee 1948).
[11] Theodor Fontane, Aufsätze zur Literatur. Hg. und mit einem Nachwort von Kurt Schreinert. München 1963. = Nymphenburger Fontane-Ausgabe Sämtlicher Werke Band XXI/1, S. 34–44.
[12] Goethe im Urteil III, S. 92.
[13] Wilhelm Dilthey, Gesammelte Schriften. XV. Band. Göttingen 1970, S. 200.
[14] Albert Bielschowsky, Goethe. Sein Leben und seine Werke. Erster Band. 25. Auflage. München 1913, S. X.
[15] Ebenda S. 6.
[16] Oskar Walzel, Das Wortkunstwerk. Mittel seiner Erforschung. Leipzig 1926, S. 27ff.

[17] Oskar Walzel, Vom Geistesleben alter und neuer Zeit. A.a.O. S. 390.
[18] Ebenda S. 391.

8. Dreimal ‚Goethe': Chamberlain, Simmel, Gundolf (S. 267–280)

[1] Einen aufschlußreichen Vergleich der verschiedenen Fassungen des Goethe-Aufsatzes in ‚Das Erlebnis und die Dichtung' gibt Bernd Peschken in seinem Buch ‚Versuch einer germanistischen Ideologiekritik', Stuttgart 1972. Texte Metzler 23.
[2] Erich Schmidt, Reden zur Litteratur- und Universitätsgeschichte, Berlin 1911, S. 1–20.
[3] S. 1–20. Wiederabdruck in: Gundolf, Dichter und Helden. Heidelberg 1911. Hier zitiert nach: Der Georgekreis. Hg. von Georg Peter Landmann. Köln/Berlin 1965, S. 171–186.
[4] A.a.O. S. 173.
[5] Ebenda S. 178.
[6] Ebenda S. 184.
[7] Houston Stewart Chamberlain, Goethe. München 1912, S. 417.
[8] Ebenda S. 418.
[9] Goethe im Urteil III, S. 309.
[10] Mitgeteilt von Günter Schulz in seinem Aufsatz ‚Der George-Kreis in Heidelberg und Goethe'. In: Goethe und Heidelberg. Heidelberg 1949, S. 330f.
[11] Friedrich Gundolf, Goethe. Siebente unveränderte Auflage. Berlin 1920, S. 542.
[12] Chamberlain, Goethe. A.a.O. S. 710.
[13] Georg Simmel, Goethe. Leipzig 1913. S. 4.
[14] Ebenda S. 17.
[15] Ebenda S. 1.
[16] Ebenda S. 61.
[17] Ebenda S. V.
[18] Rudolf Kassner, Buch der Erinnerung. Leipzig 1938, S. 358f.
[19] Chamberlain, Goethe. A.a.O. S. 3.
[20] Friedrich Gundolf, Shakespeare und der deutsche Geist. Berlin 1911, S. X.
[21] Chamberlain, Goethe. A.a.O. S. 106.
[22] Walter Benjamin, Gesammelte Schriften. Band I, 1. Hg. von Rolf Tiedemann und Hermann Schweppenhäuser. Frankfurt am Main 1974, S. 160.
[23] Ebenda S. 161.
[24] Gundolf, Goethe. A.a.O. S. 1.
[25] Simmel, Goethe. A.a.O. S. Vf.
[26] Ebenda S. 175.
[27] Eine Ausnahme bildet Franz Koch, der spätere faschistische Papst der Literaturwissenschaft im Dritten Reich mit seiner kurzen Anzeige des Buches im ‚Literarischen Zentralblatt', Jg. 64, 1913, in der es heißt: „Das von Simmel eingeschlagene Verfahren vermag in keiner Weise unsere Einsicht zu fördern. Das ist so üble philosophische Konstruktion, wie sie eigentlich einer längst überwundenen Betrachtungsweise angehört." (Sp. 1179).
[28] Martin Havenstein, Chamberlains und Simmels ‚Goethe'. In: Preußische Jahrbücher 155 (1914), I, S. 27–70. Das Zitat: S. 29.
[29] Rudolf Unger, Simmels ‚Goethe'. In: Deutsche Literaturzeitung 35 (1914), 1. Band, Sp. 1157–1166. Das Zitat: Sp. 1160f.

[30] Benjamin, Hundert Jahre Schrifttum um Goethe. In: Benjamin, Gesammelte Schriften. Band III. Hg. von Hella Tiedemann-Bartels. Frankfurt am Main 1972, S. 339.
[31] Simmel, Goethe. A.a.O. S.V.
[32] Ebenda S. 16.
[33] Ebenda S. 199.
[34] Ebenda S. 58.
[35] Ebenda S. 59.
[36] Ebenda S. 81.
[37] Ebenda S. 201.
[38] Vgl. den Abschnitt ‚Goethe in den Zeugnissen der Mitlebenden. Umrisse einer Rezeptionsgeschichte', Anm. 1.
[39] Simmel, Goethe. A.a.O. S. 87.
[40] Ebenda S. 90.
[41] Ebenda S. 91.
[42] Zeitschrift für Völkerpsychologie und Sprachwissenschaft. Hg. von M. Lazarus und H. Steinthal. Jg. 10. 1878, S. 50–104.
[43] Ebenda S. 100.
[44] Ebenda S. 100.
[45] Goethe im Urteil III, S. 338.
[46] Wilhelm Dilthey, Das Erlebnis und die Dichtung. Lessing. Goethe. Novalis. Hölderlin. Siebente Auflage. Berlin 1921, S. 200.
[47] B. Peschken, a.a.O. S. 40.
[48] Simmel, Goethe. A.a.O. S. 201.
[49] Ebenda S. 93.
[50] Ebenda S. 181.
[51] Ebenda S. 247.
[52] Ebenda S. 248.
[53] Chamberlain, Goethe. A.a.O. S. 82.
[54] Hans-Joachim Lieber, Kulturkritik und Lebensphilosophie. Studien zur Deutschen Philosophie der Jahrhundertwende. Darmstadt 1974, S. 77.
[55] Georg Simmel, Brücke und Tür. Essays des Philosophen zur Geschichte, Kunst und Gesellschaft. Im Verein mit Margarete Susman hg. von Michael Landmann. Stuttgart 1957, S. 187.
[56] Zur zeitgenössischen Diskussion und Aufnahme des Werkes vgl.: Georg Simmel, Das Goethebuch. Die neue Rundschau 28 (1917), I, S. 254–264. – Paul Kluckhohn, Friedrich Gundolf, Goethe. Jahrbuch der deutschen Shakespearegesellschaft 55 (1919), S. 186–188. – Hugo Bieber, Friedrich Gundolf, Goethe. Zeitschrift für Ästhetik und Allgemeine Kunstwissenschaft 14 (1920), S. 194–208. – Euphorion. 14. Ergänzungsheft (Gundolf-Heft). Leipzig und Wien 1921. – Werner Mahrholz, Literaturgeschichte und Literaturwissenschaft. Zweite, erweiterte Auflage. Durchgesehen und mit Nachwort von Franz Schultz. Leipzig 1932. = Kröners Taschenausgabe. Bd. 88, S. 109–114. – Vgl. Anmkg. 57.
[57] Von faschistischer Seite stammt die bis heute scharfsinnigste Abrechnung mit Gundolf: Hans Rößner, Georgekreis und Literaturwissenschaft. Zur Würdigung und Kritik der geistigen Bewegung Stefan Georges. Frankfurt am Main 1938. Von marxistischer Seite vgl. außer der im Text erwähnten Streitschrift von Paul Rilla Georg Lukács, Die Zerstörung der Vernunft. Berlin (Ost) 1954, S. 340. Ferner: Franz

Leschnitzer, George und die Folgen (1934/35). In: Leschnitzer, Von Börne zu Leonhard oder Erbübel – Erbgut. Aufsätze aus dreißig Jahren zur Literaturgeschichte. Rudolstadt 1966, S. 63–87.

[58] In der ‚Einleitung' zu Gundolfs ‚Goethe' heißt es: „Die Menschen der Goethischen Welt waren, um das Wort Stefan Georges zu gebrauchen, nicht mehr Söhne der Gaea, sondern ihre Enkel, d. h. nicht mehr genährt aus den erdhaften Stoffen selbst, sondern aus bereits abgeleiteten." (A.a.O. S. 25). Der Hinweis bezieht sich auf Georges Gedicht ‚Goethes letzte Nacht in Italien', V. 27. Die Stelle lautet im Zusammenhang: „Euch betraf nicht beglückterer stämme geschick/Denen ein Seher erstand am beginn ihrer zeiten/Der noch ein Sohn war und nicht ein Enkel der Gäa". Dazu schreibt Edgar Salin (Um Stefan George. Düsseldorf und München 1952): „Wenn Goethe selbst nur ein Enkel der Gäa war, so liegt darin eine tiefere Begrenzung als Gundolf wahrnimmt, der Goethe als den ursprünglichen Menschen in einer abgeleiteten, einer Bildungswelt begreift; denn dieses könnte im äußern Verstand auch von George gelten und doch ist er Sohn der Gäa gewesen. Es wäre ein anderes Goethebild als das Gundolfs, das von solchem Wissen jenseits der Goethewelt zu zeichnen wäre, es würde von hier aus mancherlei zutage treten, auf das George schon in seinem Spruch 1899 hindeutete, daß Goethe noch viel Unerschlossenes in sich birgt und daß schon viel von ihm verblichen sei, was ihr noch ewig nennt." (Hier zitiert nach: Günter Schulz, Der George-Kreis in Heidelberg und Goethe. In: Goethe und Heidelberg 1949, S. 334).

[59] Gundolf, Goethe A.a.O. S. 26.

[60] B.a.G. I, S. 165.

[61] Gundolf, Goethe. A.a.O. S. 481.

[62] Ebenda S. 25.

[63] Jb. G. Ges. 1 (1914), S. 157–188.

[64] Ebenda S. 166.

[65] Gundolf, Goethe, A.a.O. S. 357.

[66] Euphorion. 14. Ergänzungsheft (Gundolf-Heft). Leipzig und Wien 1921, S. 69.

[67] Gundolf, Goethe. A.a.O. S. 602.

[68] Ebenda S. 583.

[69] Ebenda S. 728.

[70] Ebenda S. 731.

[71] Ebenda S. 763.

[72] Ernst Cassirer, Goethes Pandora. In: Zeitschrift für Ästhetik und allgemeine Kunstwissenschaft 13 (1918), S. 113–134. Wiederabdruck In: Cassirer, Idee und Gestalt. Berlin 1921, S. 1–26. – 2. Auflage 1924, S. 7–31.

[73] Vgl. den Abschnitt ‚Wandlungen des Goethekanons' der vorliegenden Darstellung.

[74] Gundolf, George. Berlin 1920, S. 17.

[75] Benjamin, Gesammelte Schriften. Band I, 3. A.a.O. S. 827f.

[76] Vgl. Peter Stehlin, Zum Goethe-Bild des literarischen Expressionismus. Zürich 1967.

## 9. Goetheopposition und Goethekritik (S. 280–285)

[1] Zuerst veröffentlicht im ‚Journal des Débats', 16 avril 1879. Zitiert nach: Ernest Renan, Discours et Conférences. Paris 1928, S. 48f. Deutsche Übersetzung von mir.
[2] Ebenda S. 57–62.
[3] Goethe im Urteil III, 21.
[4] Ebenda S. 28.
[5] Vgl. Das Kapitel ‚Die christliche Opposition' der vorliegenden Darstellung.
[6] Vgl. Wolfgang Hagen, Die Schillerverehrung in der Sozialdemokratie. Zur ideologischen Formation proletarischer Kulturpolitik vor 1914. Stuttgart 1977. = Literaturwissenschaft und Sozialwissenschaften 9.
[7] Goethe im Urteil III, T. 47.
[8] Goethe im Urteil III, S. 306.
[9] Ebenda S. 307.
[10] Franz Mehring, Aufsätze zur deutschen Literatur von Klopstock bis Weerth. Berlin (Ost) 1961. = Mehring, Gesammelte Schriften. Bd. 10, S. 80.
[11] Ebenda S. 81.
[12] Ebenda S. 81.
[13] Ebenda S. 81.
[14] Goethe im Urteil III, T. 49.
[15] Ebenda S. 376.
[16] Gustav Landauer, Der werdende Mensch. Aufsätze und Schriften. Potsdam 1921, S. 138–154. – Goethe im Urteil III, T. 59.
[17] Goethe im Urteil III, S. 479.
[18] Logos 8 (1919/20), S. 152–162.
[19] Goethe im Urteil III, S. 484.
[20] Goethe im Urteil II, S. 225.
[21] Goethe im Urteil III, S. 486.
[22] Jb.G.Ges. 11 (1925), S. 22.

# Bibliographie zur Rezeptionsgeschichte Goethes im Zeitraum von 1773 bis 1918

Um der nachfolgenden Bibliographie keinen ausufernd enzyklopädischen Charakter zu geben, ist auf die Spezialliteratur zu den einzelnen Wirkungsträgern und ihrem Verhältnis zu Goethe hier verzichtet worden.

## A. Quellensammlungen (allgemein)

[Karl August Varnhagen von Ense], Goethe in den Zeugnissen der Mitlebenden. Beilage zu allen Ausgaben von Goethe's Werken. 1. Sammlung. [Mehr nicht erschienen]. Berlin 1823.

Alfred Nicolovius, Ueber Goethe. Literarische und artistische Nachrichten. Th. 1. [Mehr nicht erschienen]. Leipzig 1828.

Christian Wenig, Zum 28. August 1849, dem hundertjährigen Geburtsfeste Goethe's. Denkschrift auf denselben in seiner welthistorischen Bedeutung als eine der Hauptsäulen am Tempelbau der Menschheit. Ein möglichst vollständiges Repertorium der von seinen denkwürdigsten Zeitgenossen bekannt gewordenen Urtheile über ihn und der gesamten Goethe-Literatur überhaupt. Weimar 1849. – 2. Aufl. u. d. T.: Goethe in seiner welthistorischen Bedeutung als eine der Hauptsäulen am Tempelbau der Menschheit. Hg. von Heinrich Döring. 1857.

Goethe im Urtheile seiner Zeitgenossen. Zeitungskritiken, Berichte, Notizen, Goethe und seine Werke betreffend aus den Jahren 1773–1812. Gesammelt und hg. von Julius W. Braun. 3 Bde. Berlin 1883–1885.

Michael Holzmann, Aus dem Lager der Goethe-Gegner. Mit einem Anhange: Ungedrucktes von und an Börne. Berlin 1904. – Deutsche Literatur-Denkmale des 18. und 19. Jahrhunderts. 129.

Goethe in vertraulichen Briefen seiner Zeitgenossen. Auch eine Lebensgeschichte. Zusammengestellt von Wilhelm Bode. 3 Bde. Berlin 1918–1923. – Revidierte Neuausgabe: Berlin und Weimar 1979. [Quellennachweis, Textrevision und Register Regine Otto. Anmerkungen Paul-Gerhard Wenzlaff].

[Leo Schidrowitz], Der unbegabte Goethe. Die Anti-Goethe-Kritik aus der Goethe-Zeit. Wien 1924. – Neuauflage: Wien 1949.

Wilhelm Michael Treichlinger, Der talentlose Goethe. Meinungen der Goethe-Gegner. Zürich 1949.

Oscar Fambach, Goethe und seine Kritiker. Die wesentlichen Rezensionen aus der periodischen Literatur seiner Zeit, begleitet von Goethes eigenen und seiner Freunde Äußerungen zu deren Gehalt. In Einzeldarstellungen, mit einem Anhang: Bibliographie der Goethe-Kritik bis zu Goethes Tod. Düsseldorf 1953.

Goethe im Urteil seiner Kritiker. Dokumente zur Wirkungsgeschichte Goethes in Deutschland. Hg., eingeleitet und kommentiert von Karl Robert Mandelkow. Teil I

1773–1832. München 1975. Teil II 1832–1870. München 1977. Teil III 1870–1918. München 1979. = Wirkung der Literatur 5. I/II/III.

Goethe unter den Deutschen. Materialien zur literarischen Wirkung in drei Jahrhunderten. Hg. von Bodo Lecke. Frankfurt am Main/Berlin/München 1978. = Text und Materialien zum Literaturunterricht. Hg. von H. Ivo, V. Merkelbach und H. Thiel.

## B. Quellensammlungen zu einzelnen Werken

Zeitgenössische Rezensionen und Urteile über Goethes „Götz" und „Werther". Hg. von Hermann Blumenthal. Berlin 1938. = Literarhistorische Bibliothek. 14.

Der junge Goethe im zeitgenössischen Urteil. Bearb. und eingel. von Peter Müller. Berlin 1969. = Deutsche Bibliothek. 2.

Edgar Lohner [Hrsg.], Studien zum West-östlichen Divan Goethes. Darmstadt 1971. = Wege der Forschung Bd. 287. [Enthält aus dem Zeitraum bis 1918 u. a. Texte von K. Burdach, H. Grimm, J. G. L. Kosegarten, C. Wurm].

Goethes „Werther" als Modell für kritisches Lesen. Materialien zur Rezeptionsgeschichte zusammengestellt und eingeleitet von Karl Hotz. Stuttgart 1974.

Klaus F. Gille [Hrsg.], Goethes Wilhelm Meister. Zur Rezeptionsgeschichte der Lehr- und Wanderjahre. Königstein/Ts. 1979. = Texte der deutschen Literatur in wirkungsgeschichtlichen Zeugnissen. Hg. von K. R. Mandelkow. Bd. 3.

## C. Literatur zu Goethe und das Publikum

Viktor Hehn, Goethe und das Publikum. Eine Literaturgeschichte im Kleinen. In: Hehn, Gedanken über Goethe. Berlin 1887. S. 49–185. – 9. Aufl. 1909. S. 55–209.

Albert Köster, Goethe und sein Publikum. In: Goethe-Jahrbuch 29 (1908), S. 1*–20*.

Wilhelm Robert Richard Pinger, Der junge Goethe und das Publikum. Berkeley 1906. University of California Publications in Modern Philology. Vol. 1, No. 1, pp. 1–67. May 8, 1909.

Martin Sommerfeld, Goethe und sein Publikum. In: Sommerfeld, Goethe in Umwelt und Folgezeit. Leiden 1935. S. 36–59.

Alfred Nollau, Das literarische Publikum des jungen Goethe von 1770 bis zur Übersiedlung nach Weimar. Mit einem Anhang: Neudrucke zeitgenössischer Götz- und Werther-Kritiken. Weimar 1935. = Literatur und Leben. 5.

Katharina Mommsen, Goethe and his Audience. In: Carleton Germanic Papers 1 (1973), S. 25–39.

## D. Literatur zur Rezeptionsgeschichte Goethes (allgemein)

Adolf Schöll, Goethe in seinen Zeiten. In: Schöll, Goethe in Hauptzügen seines Lebens und Wirkens. Gesammelte Abhandlungen. Berlin 1882. S. 368–417.

Otto Harnack, Wandlungen des Urteils über Goethe. In: Berichte des Freien Deutschen Hochstifts. N. F. 17 (1901), S. 47–65. – Wiederabdruck in: Harnack, Aufsätze und Vorträge. Tübingen 1911. S. 26–44.

Harry Maync, Geschichte der deutschen Goethe-Biographie. Ein historisch-kritischer Überblick. In: Neue Jahrbücher für das klassische Altertum, Geschichte und deutsche Literatur 9 (1906), S. 46–76. – Buchausgabe mit dem Untertitel: Ein kritischer Abriß. Leipzig 1914.

Julius Kühn, Der junge Goethe im Spiegel der Dichtung seiner Zeit. Heidelberg 1912. = Beiträge zur neueren Literaturgeschichte. N. F. 1.

Oskar Kanehl, Der junge Goethe im Urteile des jungen Deutschland. Greifswald 1913.

Frank Thieß, Die Stellung der Schwaben zu Goethe. Diss. Stuttgart 1914. – Gleichzeitig erschienen als Bd. 16 der Darstellungen aus der Württembergischen Geschichte. Stuttgart 1915.

Hermann Bahr, Goethebild. In: Preußische Jahrbücher 185 (1921), S. 46–72. – Wiederabdruck in: Bahr, Sendung des Künstlers. Leipzig 1923. S. 23–61.

Max Wundt, Goethes Gestalt im Wandel deutscher Weltanschauung. In: Jb. G. Ges. 13 (1927), S. 347–383.

Rudolf Unger, Wandlungen des literarischen Goethebildes seit hundert Jahren. In: Unger, Gesammelte Studien. Band 2. Aufsätze zur Literatur- und Geistesgeschichte. Berlin 1929. S. 220–232.

Wilhelm Porstner, „Der Freimütige" (1803–1806) im Kampf gegen Goethe und die Romantik. Diss. (Masch.) Wien 1930.

Julius Petersen, Goethe im Nachruf. Sitzungsberichte der Preußischen Akademie der Wissenschaften zu Berlin. Phil.-hist. Klasse. Jg. 1931. S. 744–766.

Friedrich Muckermann, Goethe im Lichte des Katholizismus. In: Vierteljahrsschrift für wissenschaftliche Pädagogik 8 (1932), S. 93–106.

Walter Benjamin, Hundert Jahre Schrifttum um Goethe. In: Literaturblatt der Frankfurter Zeitung, 20. 3. 1932. – Wiederabgedruckt in: Benjamin, Gesammelte Schriften III. Hg. von Hella Tiedemann-Bartels. Frankfurt am Main 1972. S. 326–340.

Julius Petersen, Goetheverehrung in fünf Jahrzehnten. Ansprache zur Feier des 50jährigen Bestehens der Goethe-Gesellschaft am 27. August 1935. In: Jb. G. Ges. 21 (1935), S. 1–25. – Wiederabdruck in: Petersen, Drei Goethe-Reden. Leipzig 1942. S. 28–54.

Ernst Beutler, Der Ruhm. In: Beutler, Essays um Goethe. Band 1. Leipzig 1941. = Sammlung Dieterich. 101. S. 319–338. – 4. Aufl. Wiesbaden 1948. S. 387–408.

William J. Mulloy, The German catholic estimate of Goethe (1790–1939). A contribution to the study of the relation of German catholicism to secular culture. Berkeley 1944. (University of California publications in modern philology. 24. 4.). S. I–VII, 357–457.

Paul Rilla, Goethe in der Literaturgeschichte. Zur Problematik der bürgerlichen Bildung. Berlin 1949. – Neudruck: Rilla, Literatur als Geschichte. Zwei Streitschriften. Mit einem Vorwort von Jürgen Rühle. München 1978. = Beck'sche Schwarze Reihe. Bd. 164. S. 93–165.

Reinhard Buchwald, Goethezeit und Gegenwart. Die Wirkungen Goethes in der deutschen Geistesgeschichte. Stuttgart 1949.

Bruno Wachsmuth, Die Wertung des Dichters im Wechsel der Generationen. In: Goethe in Berlin. Mit Beiträgen von Adam Adrio, Hans Knudsen, Walther G. Oschilewski, Bruno Wachsmuth. Hg. von Fritz Moser. Berlin 1949. S. 38–66.

Rudolf Deger, Goethes Wirken, Weltanschauung und Dichtung im Urteil seiner Zeitgenossen von 1775–1805. Diss. (Masch.) Freiburg 1950.

Heinz Kindermann, Das Goethebild des XX. Jahrhunderts. Wien-Stuttgart 1952. = Sammlung Die Universität. Bd. 34. – Zweite, verbesserte und ergänzte Ausgabe mit Auswahl-Bibliographie der Goetheliteratur seit 1952. Darmstadt 1966.

Gisela Schulze-Marmeling, Die Erschließung der Goetheschen Alterswerke (1819–1952). Ein Beitrag zur Geschichte der Literaturwissenschaft. Diss. (Masch.) Münster 1953.

Walter Dietze, Junges Deutschland und deutsche Klassik. Zur Ästhetik und Literaturtheorie des Vormärz. Berlin 1957. = Neue Beiträge zur Literaturwissenschaft. 6. – 3. Aufl. 1962.

Andreas B. Wachsmuth, Vom Wandel des Goethe-Bildes. Festvortrag. In: Goethe 22 (1960), S. 1–20.

Wolfgang Leppmann, The German image of Goethe. Oxford 1961. Deutsche Übersetzung u. d. T.: Goethe und die Deutschen. Vom Nachruhm eines Dichters. Stuttgart 1962. = Sprache und Literatur. 2.

Karl Robert Mandelkow, Der proteische Dichter. Ein Leitmotiv in der Geschichte der Deutung und Wirkung Goethes. Groningen 1962. – Auch in: Neophilologus 46 (1962), S. 19–31. – Wiederabdruck in: Mandelkow, Orpheus und Maschine. Acht literaturgeschichtliche Arbeiten. Heidelberg 1976. S. 23–37.

Peter Stehlin, Zum Goethe-Bild des literarischen Expressionismus. Zürich 1967.

Rüdiger Bernhardt, Goethe und der deutsche Naturalismus. In: Wissenschaftliche Zeitschrift der Universität Halle 18 (1969), S. 213–221.

Hans Wilhelm Kelling, The Idolatry of Poetic Genius in German Goethe-Criticism. Bern 1970. = Europäische Hochschulschriften. R. 1. Dt. Literatur u. Germanistik. Bd. 27.

Die Klassik-Legende. Second Wisconsin Workshop. Hg. von Reinhold Grimm und Jost Hermand. Frankfurt am Main 1971. = Schriften zur Literatur. Hg. von R. Grimm. Bd. 18.

Klaus L. Berghahn, Von Weimar nach Versailles. Zur Entstehung der Klassik-Legende im 19. Jahrhundert. In: Die Klassik-Legende. A. a. O. S. 50–78.

Von Goethe lernen. Fragen der Klassikrezeption. Hg. von Hans Christoph Buch. Reinbek bei Hamburg 1974. = Literaturmagazin 2.

Hans Mayer, Goethe im 20. Jahrhundert. Die Germanisten und Goethe. In: Rezeption der deutschen Gegenwartsliteratur im Ausland. Hg. von Dietrich Papenfuss u. a. Stuttgart 1976. S. 43–56.

Frank Trommler, Die sozialistische Klassikpflege seit dem 19. Jahrhundert. In: Deutsche Literatur zur Zeit der Klassik. Hg. von Karl Otto Conrady. Stuttgart 1977. S. 409–422.

Karl Robert Mandelkow, Wandlungen des Klassikbildes in Deutschland im Lichte gegenwärtiger Klassikkritik. In: Deutsche Literatur zur Zeit der Klassik. Hg. von Karl Otto Conrady. Stuttgart 1977. S. 423–439.

Christa Bürger, Der Ursprung der bürgerlichen Institution Kunst im höfischen Weimar. Literatursoziologische Untersuchungen zum klassischen Goethe. Frankfurt am Main 1977. [Abschnitt 4: Zeitgenössische Goethe-Rezeption. Zum Verhältnis von Kunst und Lebenspraxis in der bürgerlichen Gesellschaft. Exkurs zur Goethe-Rezeption um die Wende zum 20. Jahrhundert.]

## E. Literatur zur Rezeptionsgeschichte einzelner Goethescher Werke

*Werther:*

Johann Wilhelm Appell, Werther und seine Zeit. Zur Goethe-Literatur. Leipzig 1855. – 4. Aufl. Oldenburg 1896.

Georg Zimmermann, Werther's Leiden und der literarische Kampf um sie. In: Archiv für das Studium der neueren Sprachen und Literaturen 45 (1869), S. 241–298.

Karl Hillebrand, Die Werther-Krankheit in Europa. In: Hillebrand, Culturgeschichtliches. Aus dem Nachlasse. Hg. von Jessie Hillebrand. Berlin 1885. (Hillebrand, Zeiten, Völker und Menschen. Bd. 7). S. 102–142.

Ingeborg Bickelmann, Goethes „Werther" im Urteil des 19. Jahrhunderts (Romantik bis Naturalismus 1830–1880). Diss. Frankfurt am Main 1934.

Stuart Pratt Atkins, The testament of Werther in poetry and drama. Cambridge 1949. = Harvard studies in comparative literature. 19.

Gunter H. Hertling, Die „Werther"-Kritik im Meinungsstreit der Spätaufklärer. In: The German Quarterly 36 (1963), S. 403–413.

Klaus R. Scherpe, Werther und Wertherwirkung. Zum Syndrom bürgerlicher Gesellschaftsordnung im 18. Jahrhundert. Anhang: Vier Werther-Schriften aus dem Jahr 1775 in Faksimile. Bad Homburg v. d. H./Berlin/Zürich 1970. – 3. Aufl. 1980.

Hartmut Schmidt, Goethes „Werther" als Schule der Leidenschaften. Werther-Rezensionen im Horizont der Populärästhetik um 1775. In: Insel Almanach auf das Jahr 1973. Die Leiden des jungen Werthers. Frankfurt am Main 1973. S. 70–122.

Georg Jäger, Die Wertherwirkung. Ein rezeptionsästhetischer Modellfall. In: Historizität in Sprach- und Literaturwissenschaft. Vorträge und Berichte der Stuttgarter Germanistentagung 1972. In Verbindung mit Hans Fromm und Karl Richter hg. von Walter Müller-Seidel. München 1974. S. 389–409.

*Iphigenie:*

Helmut Eidam, Goethes „Iphigenie" im deutschen Urteil. Diss. Frankfurt am Main 1939.

Erika Fischer-Lichte, Probleme der Rezeption klassischer Werke – am Beispiel von Goethes „Iphigenie". In: Deutsche Literatur zur Zeit der Klassik. Hg. von Karl Otto Conrady. Stuttgart 1977. S. 114–140.

*Tasso:*

Werner Gaede, Goethes Torquato Tasso im Urteil von Mit- und Nachwelt. Diss. München 1929.

*Wilhelm Meisters Lehrjahre:*

Clemens Heselhaus, Die Wilhelm-Meister-Kritik der Romantiker und die romantische Romantheorie. In: Nachahmung und Illusion. Kolloquium Gießen 1963. Vorlagen und Verhandlungen. Hg. von H. R. Jauß. München 1964. = Poetik und Hermeneutik. S. 113–127.

Klaus F. Gille, „Wilhelm Meister" im Urteil der Zeitgenossen. Ein Beitrag zur Wirkungsgeschichte Goethes. Assen (Niederlande) 1971.

*Faust:*

Hans Titze, Die philosophische Periode der deutschen Faustforschung (1817–1839) nebst kurzen Überblicken über die philologisch-ästhetische Periode zur Beleuchtung der Gesamtentwicklung der deutschen Faustphilologie bis zur Gegenwart. Ein Beitrag zur Entwicklung der deutschen Faustphilologie. Diss. Greifswald 1916.

Robert Schinzinger, Über philosophische Faustdeutung. In: Goethe-Jahrbuch, Die Goethe-Gesellschaft in Japan 2 (1933), S. 1–18. – Wiederabdruck in: Schinzinger, Beiträge zur deutschen Geistesgeschichte. Tokio 1934. S. 1–16.

Ada M. Klett, Der Streit um „Faust II" seit 1900. Chronologisch und nach Sachpunkten geordnet. Mit kommentierter Bibliographie von 512 Titeln. Jena 1939. = Jenaer Germanistische Forschungen. 33.

Ernst Beutler, Der Kampf um die Faustdichtung. In: Beutler, Essays um Goethe. Band 1. Leipzig 1941. = Sammlung Dieterich. 101. S. 300–318. – 3. Aufl. Wiesbaden 1946. S. 364–386.

Hans Schwerte, Faust und das Faustische. Ein Kapitel deutscher Ideologie. Stuttgart 1962.

*Wahlverwandtschaften:*

Martin Sommerfeld, Goethes Wahlverwandtschaften im neunzehnten Jahrhundert. In: Jahrbuch des Freien Deutschen Hochstifts 1926. S. 203–250. – Wiederabgedruckt in: Sommerfeld, Goethe in Umwelt und Folgezeit. Gesammelte Studien. Leiden 1935. S. 209–257; 278–281.

H. G. Barnes, Goethes „Wahlverwandtschaften" vor der katholischen Kritik. In: Literaturwissenschaftliches Jahrbuch der Görres-Gesellschaft. N. F. 1 (1960), S. 53–65.

Jürgen Kolbe, Goethes „Wahlverwandtschaften" und der Roman des 19. Jahrhunderts. Stuttgart 1968. = Studien zur Poetik und Geschichte der Literatur. 7.

*Farbenlehre:*

Arnold Sommerfeld, Goethes Farbenlehre im Urteile der Zeit. In: Deutsche Revue 42, III (1917), S. 100–106.

*West-östlicher Divan:*

Konrad Burdach, Die Aufnahme und Wirkung des West-östlichen Divans. Einleitung zur Faksimilewiedergabe ausgewählter Blätter seiner Reinschrift. Weimar 1911. = Schr. G. Ges. 26. – Wiederabgedruckt in: Burdach, Goethe und sein Zeitalter. Halle/Saale 1926. S. 375–401.

*Wanderjahre:*

Gustav Dichler, Die Aufnahme von Wilhelm Meisters Wanderjahren in der zeitgenössischen Kritik. Diss. (Masch.) Wien 1930.

Pierre-Paul Sagave, „Les années de voyage de Wilhelm Meister" et la critique socialiste (1830–1848). In: Etudes Germaniques 8 (1953), S. 241–251.

# Register

## 1. Personen

## 2. Goethes Werke

*Gedichte*



*Epen und Prosadichtungen*

*Dramatische Dichtungen*



*Autobiographische Schriften*



*Schriften zur Kunst und Literatur*



*Schriften zur Naturwissenschaft*



*Werkausgaben, Übersetzungen und Sonstiges*



*Pläne und Entwürfe*